德州市志

（1986—2011）

下 册

德州市地方史志编纂委员会 编

方志出版社
Publishing House of Local Records

目 录

第二十八编 人力资源和社会保障

第二十九编 民 政

第三十编　科学技术

第三十一编　教　育

第三十二编　文　化

第三十三编　体　育

第三十四编　医疗　卫生

第三十五编　社　会

第三十六编　县（市、区）概况

人　　物

附　　录

索　　引

第二十八编

人力资源和社会保障

RENLIZIYUANHESHEHUIBAOZHANG

1986年，德州地区劳动人事局统一负责全区劳动人事工作。1988年12月，劳动、人事分设。此后，随着职能转换，1999年4月，劳动局改为德州市劳动和社会保障局。2010年，撤销劳动和社会保障局、人事局，合并组建德州市人力资源和社会保障局，原与人事局合署的机构编制委员会办公室单设，列党委序列。

1986年后，人事管理紧紧围绕全市中心任务做好干部招录、调配、培训和转业军人安置、大中专毕业生分配等工作。1986—1994年，共招录机关工作人员1638人，1986—1996年选聘补充乡镇干部793人，为12105名国企在岗人员办理聘用干部备案手续。1995年10月，实行国家公务员制度，到1996年有18036人考试或直接过渡为国家公务员。此后，实行公务员考试录用制度，到2011年累计考录公务员1660人。军队转业干部、大中专毕业生是干部队伍的重要来源，1986—2011年，接收安置军转干部4719人，接收分配及招考大中专毕业生147259人。同时，围绕招商引资活动，引进外国专家900多人次，服务领域涉及10多个行业。

机构编制管理围绕党政机构改革、干部录用、安置和事业单位分级管理开展工作。做到统而不死，活而不乱，使各自行业(岗位)稳定有序运转。

劳动管理紧密配合企业改革、推进劳动用工、协调劳动关系和工资分配开展工作。1986—1992年，通过劳务市场和职业介绍，共办理各种求职登记18.7万人，招收合同制工人17.49万人。健立完善求职人员和招聘岗位信息库，为用人单位和和劳动者搭建信息平台。1994年全市外出务工人员达到190万人次。

1986年，全区社会保障工作开始起步，相继构建起覆盖面广、功能完善的以养老、医疗、工伤、失业、生育为主要内容的社会保险体系。到2011年，全市征缴社会保险基金43亿元，增长幅度进入全省前三名。

第一章　人　事

1986—2011年，全市人事工作坚持以经济建设为中心，努力实践“两个调整”，在深化人事制度改革、实施人才战略和整体性人才资源开发等方面取得新突破。

1986年9月，开始进行职称改革、实行专业技术职务聘任制试点工作。到1987年5月，此项工作在全民事业单位和集体事业单位先后推开。1994年，组织实施全区机关事业单位第三次工资制度改革，使机关和事业单位工资制度相分离，建立符合各自特点的工资制度和正常的工资增长机制。1995年10月，在试点基础上，全市国家公务员制度工作全面推开。同年，根据国家人事部提出的人事工作“两个调整”(把适应计划经济的人事管理体制调整到与社会主义市场经济相配套的人事管理体制上来，把传统的人事管理调整到整体性人才资源开发上来）的部署，德州市各级人事部门根据经济和社会发展对人事人才工作的需求，对整体性人才资源开发进行了积极探索，取得成效。2008年起，着力构建“四大人才版块”（大规模引进、大规模提升、大规模对接、大规模聚集），实施“四项人才计划”（“811”人才引进、“双万”人才提高、“双千”对接合作、“1313”人才聚集），抓好“三站两园一区域”（博士后科研工作站、国内人才工作联络站、海外人才工作站，引智示范园、留学生创业园，环渤海城市人才区域协作联盟）建设，构建起全市新时期人才引进开发体系。与此同时，以人事代理为突破口，不断完善人事服务功能，发挥人才市场在人才资源配置中的基础性作用；加强人事法制建设，建立人事争议仲裁机构，维护人才和用人单位的合法权益；做好大中转毕业生和军队转业干部安置工作。2009年6月，德州市获“全国军队转业干部安置工作先进单位”称号。

第一节 干部管理

一、干部录用

在德州市实施《国家公务员暂行条例》前，为补充党政机关工作人员，全区先后于1986年、1988年、1990年、1991年、1994年组织5次面向社会的招考，共招考录用机关工作人员1638名。

1986年，为公安、检察、法院系统126名符合条件的民警办理转为国家干部（简称“转干”）手续。1987年，为129名交通民警办理转干手续。1991年起，依据省委组织部、省人事厅《关于补充乡镇机关干部实行选任制和聘用制几个问题的通知》，为任职3年以上的选聘制乡镇党委书记、副书记、委员和乡镇长、副乡镇长办理转干手续。至1996年，全市共有98名符合条件人员被吸收录用为国家正式干部。

二、干部聘用

根据中组部、劳动人事部《关于颁发执行〈关于补充乡镇干部实行选任制和聘用制的暂行规定〉的通知》精神，1987年、1988年、1991年、1993年、1994年、1995年、1996年，全市（区）7次补充乡镇聘用制干部793名。

根据《山东省全民所有制企业、事业单位补充干部实行聘用制暂行规定》和中组部、人事部《关于印发〈全民所有制企业聘用制干部管理暂行规定〉的通知》，1988—1995年，全区共为12105名全民所有制企事业单位在干部岗位符合条件人员办理聘用制干部备案审批手续。

三、干部调配

1986年，干部调配工作的重点是解决专业技术人员用非所学和干部夫妻两地分居问题。1987年，改革干部调配办法，对专业技术人员采取积极引进、从严控制调离，对非专业技术人员坚持调入从严、调出从宽的原则。同年，按照全省统一部署，采取考试办法，重点在超编党政机关、事业单位中，为全区工商、税务、银行等部门选调干部174人。1988年，地区劳动人事局与地委组织部、地区教育局共同制定《关于对专业技术人员和非专业技术人员实行分类调配的意见》，实行调入专业技术人员优惠政策，全年调入各类专业技术干部145名。同年，根据全省统一部署，从党政机关、事业单位选调农业税征干部174名，充实到乡镇基层税征部门。1989年，地委组织部、地区人事局、地区教育局印发《全区关于进一步加强干部调配工作的意见》，明确干部调配工作必须按照国家规定的编制员额和干部人员计划进行，保证干部在地区、行业、部门之间的合理分布与部门内的合理配置。

自1991年起，执行人事部下发的《干部调配工作规定》。1995年1月，执行省政府印发的《山东省专业技术人员和管理人员合理流动暂行规定》，专业技术人员和管理人员，可以在不同所有制单位之间流动，不受身份、地区、学历、职称、专业等限制。1997年，有针对性地引进高科技人才，调整积压人才，全年调配干部755人，其中跨省市调入58人，调出64人，市内调整633人。2000年12月，在市直7所成人学校（经济干校、省企业管理培训中心、农业广播学校、农机化学校、公安干校、司法干校、乡镇企业职工中专）中，为市区中学考选优秀教师21人。2003年，在市直3所高中学校为市教育局教研室选招9名教研员。2005年，为市安全生产监察支队考选工作人员7人。2011年，为市政务服务中心选调工作人员8名。

1986—2011年，德州市（地区）共办理跨省、市干部调动962人。其中调出619人，大专以上学历的422人，占调出总数的68.2%；调入343人，大专以上学历的215人，占调入总数的62.7%。

四、公务员管理

公务员过渡　1994年，依据《国家公务员暂行条例》，确定庆云县和陵县为推行国家公务员制度试点县。1995年10月，在试点基础上，全市国家公务员制度全面推开。1996年7—8月，全市分两批组织18158人参加公务员过渡考试，其中122人因补考不及格或作弊被取消过渡资格。同年11月，组织全市机关现有工作人员向国家公务员和机关工作者进行过渡考核，考核内容包括德、能、勤、绩4个方面。全市17997人参加过渡考核，19人因考核不合格被取消过渡资格。1997年3—6月，市直各部门、单位按照每个国家公务员职位的任职资格条件，采取公开平等、竞争上岗的办法，对过渡考核合格人员择优配置到合适职位。市直37个部门实行全员竞争上岗，1154人参加738个职位竞争，628人在竞争中上岗，在双向选择中有5人落选而被安排临时职位，实现优胜劣汰。市直机关有382人进行职位轮换，占应轮换数量的44.8%；全市有393名应回避人员通过提前离岗、调往所属企事业单位、部门之间互换等形式进行调整。至1997年年底，公务员过渡工作全面完成并通过验收，全市基本建立起国家公务员制度。

公务员录用　《国家公务员暂行条例》实施后，党政机关补充工作人员，形成“凡进必考”的录用制度。1997年，首次面向社会公开招考国家公务员和机关工作人员，全市共有1573名符合条件人员报考，择优录用113人。其后分别于2001年9月和2004年7月，先后招考国家公务员74人和316人。2007年始，国家公务员招考工作进入常态化，每年根据机关单位需求计划组织一次公务员考试。至2011年，共招考5次，累计考录国家公务员1660名。

公务员培训　全市国家公务员制度建立后，对国家公务员培训主要采取初任培训、任职培训、更新知识培训和专门业务培训4种形式。1997年，对第一次新录用的国家公务员和机关工作者113人进行初任培训。之后，新录用的国家公务员初任培训成为常态。1999年，首次举办县（市、区）科级国家公务员任职培训，有27人参加。同年，举办市直国家公务员（机关工作者）计算机知识水平和操作技能培训、外语培训班12期，培训430人次。1999—2001年，组织实施全市“跨世纪高层次人才开发工程”项目，在全市范围内分3批共选拔29名优秀党政干部和企业管理人才赴新加坡南洋理工大学攻读工商管理硕士学位；择优选拔304名年轻干部到南开大学、南京大学进修培训或研究生课程深造。2004年，组织开展全市国家公务员《中华人民共和国行政许可法》普及培训及师资骨干培训班。2005年，开展对全市各级国家公务员信息化与电子政务培训工作。2006年，开展全市公务员公共管理核心课程培训，6000多名公务员参加学习培训。2008年，在全省率先通过网络开展公务员全员培训活动。2009年，组织举办3期120名党政干部赴江苏昆山开展更新知识培训，选拔22名年轻干部到北京西城区、胶州市等地挂职锻炼。1996—2011年，共培训国家机关工作人员和公务员16.3万人次。

公务员登记　2006年10月，《中华人民共和国公务员法》颁布实施，公务员登记审核工作全面展开，至2007年1月基本完成。全市列入公务员登记范围的机关单位599个，行政编制19640人，共登记17427人，其中在职登记14673人，离岗登记2754人。2008年，组织全市1222名应予登记或具备登记资格人员参加资格考试，妥善处理公务员登记工作中的遗留问题。2010年，市政府印发《德州市公务员日常登记实施办法（试行）》，公务员登记工作步入正常化轨道。

五、干部考核

年度考核　1986年，德州地区开始试行岗位目标责任制。到1987年6月，地、县、乡三级建立机关岗位责任制的单位495个，占总数的37.3%。同年9月，地委、行署印发《关于在全区党政机关普遍实行工作岗位责任制的意见》，全区机关岗位责任制工作全面铺开。1988年，按照全区社会经济发展总体部署把目标任务归纳为业务工作、党的建设、精神文明三大类，实行层层分解，落实到部门、科室和每个工作人员，实行目标管理责任制。1993年，进一步深化和完善目标管理责任制，制定关于地直机关实行目标管理责任制的意见，建立健全考核奖惩制度。至1994年年底，全区通过岗位责任制年终总评，共为627名工作人员办理了奖励升级审批手续。

1994年，《国家公务员考核暂行规定》发布后，国家公务员、事业单位人员实行分类考核。

公务员考核　1995年，根据《国家公务员考核暂行规定》和《山东省国家公务员考核实施办法》，对全区机关公务员进行年度考核，考核分为优秀、称职、不称职3个等次。2002年，考核等次由原来的3个改为优秀、称职、基本称职、不称职4个等次。2004年，贯彻《山东省人民政府关于加强行政行为考核，激励公务员干事创业的意见》，引入社会评价机制，各级人事、监察部门设立公务员行政行为投诉电话，并统一向社会公布。1995—2011年，全市公务员考核中，被确定为不称职等次的22人次，基本称职的4人次。

事业单位工作人员考核　1994年《国家公务员考核暂行规定》（以下简称《规定》）发布实施后，事业单位工作人员考核工作参照规定执行。1995年，人事部《事业单位工作人员考核暂行规定》发布，考核内容包括德、能、勤、绩4个方面，考核分为优秀、合格、不合格3个等次。2002年，考核等次细化为优秀、合格、基本合格、不合格4个等次。之后，每年都组织开展对事业单位工作人员年度考核，与党政群机关工作人员考核工作一并实施。

六、干部任免奖惩

行政任免　1986年，根据党管干部的原则，行署机关干部的任免，由地委研究确定人选。地区人事局拟定任免请示提交行署审定并下发任免通知，地区人事局代发专员任命书。行署任免各局、委员会及各直属机构、办事机构的正副局长、主任及相当职务的人员。1986—1995年3月，地区人事局提请行署任免工作人员456人次。

1995年4月德州撤地设市后，依据《国家公务员职务任免暂行规定》，县级以上各级人

民政府及其工作部门按照规定任免权限任免国家公务员。各级人民政府人事部门负责承办本级人民政府任免国家公务员职务的有关事宜，并对本级人民政府工作部门的任免工作进行业务指导和监督、检查。政府机关选举产生的干部由市委研究确定人选，市人事局拟定任免请示提交市政府审议，由市人事局代市长拟定提请人事任免议案交市人大常委会，由市人大常委会决定任免，颁发任命书。政府机关非选举产生的干部的任免，由党组织负责考察和提名，市人事局拟定任免请示提交市政府审定并下发任免通知，市人事局代发市长任命书。市政府任免各局、委员会的副局长、副主任，各直属机构、办事机构的局长、副局长、主任、副主任，调研员、助理调研员及相当职务的人员。1995—2011 年，市人事局按照干部任免程序履行行政任免手续，共提请市人大常委会任免工作人员 178 人次，提请市政府任免工作人员 2569 人次。

奖励　1986 年，执行省政府《国家行政机关工作人员奖惩试行办法》，个人奖励为授予先进工作者称号、记功、记大功、升级、通令嘉奖、授予劳动模范称号；集体奖励为授予先进集体称号、通令嘉奖。1992 年 7 月起，执行省政府批转省人事厅《关于进一步加强国家行政机关奖励表彰管理工作的报告》。1986—1994 年，共表彰先进集体 295 个、先进个人 1626 人。

1995 年 7 月起，执行《国家公务员奖励暂行规定》，国家公务员个人的奖励为嘉奖、记三等功、记二等功、记一等功、授予荣誉称号。1998 年 9 月，省政府印发《山东省行政奖励表彰规定》，明确个人奖励为授予荣誉称号、记一等功、记二等功、记三等功、嘉奖；集体奖励为通令嘉奖、记集体一等功、记集体二等功、记集体三等功、授予先进集体称号。2000 年 10 月，市政府印发《德州市行政奖励表彰暂行规定》，对奖励表彰的种类、权限、周期、数量、程序等方面提出明确要求，规范行政奖励行为。2008 年 1 月，执行中共中央组织部、人事部印发《公务员奖励规定（试行）》。1995—2011 年，全市共推荐表彰各级先进集体 3568 个、先进个人 45698 人。其中，58 名国家公务员被授予市级以上劳动模范称号，698 名公务员被评为市级以上先进个人。

惩戒　1986 年，执行省政府《国家行政机关工作人员奖惩试行办法》，对国家行政机关工作人员违法失职行为，给予纪律处分。处分为警告、记过、记大过、降级、降职、撤职、开除留用察看、开除。1993 年《国家公务员暂行条例》实施后，公务员的处分种类改为记过、记大过、降级、降职、撤职、开除 6 种。1998 年后，各级各类事业单位给予工作人员行政处分，按《国家公务员暂行条例》有关规定执行。2007 年，国务院《行政机关公务员处分条例》颁布，对国家公务员处分依条例执行。2009 年 7 月，中共中央组织部、人力资源和社会保障部印发《公务员辞退规定（试行）》，进一步明确了对公务员辞退的规定。1986—2011 年，全市有 365 名国家工作人员受到各种行政处分，其中受开除处分 36 人。

第二节　军队转业干部安置与培训

一、安置

1986 年，军队转业干部原则上由本人原籍或入伍时所在的省、自治区、直辖市负责安置，主要分配到各行各业基层单位。1986—1987 年，全区共接受安置军转干部 1766 人。其中，分配到机关单位 746 人，占接收安置总数的 42%；分配到事业单位 359 人，占接收安置总数的 20%；分配到企业 661 人，占接收安置总数的 38%。1987 年，对 203 名立功、参加中越边境自卫反击战和伤残等人员进行照顾安置，占当年接收安置总数的33%。

1988年后，军转干部安置重点为充实和加强政法与经济监督、调节部门以及各系统的基层和新建扩建单位。1992年，为鼓励转业干部到企业建功立业，对企业实行“两优先”政策，即志愿到企业的转业干部优先分配，企业对转业干部的需求优先满足。1993年，在实行指令性计划分配的同时，鼓励和支持转业干部创办经济实体。创办经济实体的转业干部，二年内保留安置资格。1997年6月，市委办公室、市政府办公室转发《德州市转业军官及随调随迁家属安置工作暂行办法》，在计划分配时做到“五不分”，即技术干部专业不对口不分、单位效益不好不分、住房解决不了不分、职务落实不了不分、工作单位较远不分。1998年，市政府制定《关于鼓励军转干部和城镇退伍军人（志愿兵）从事个体私营经济或到非公有制单位就业暂行办法》，采取统筹兼顾，分散安置的方式，主要充实企业。1999年，市政府制定《鼓励转业军官到乡镇基层单位工作的办法》。

2000年，市委、市政府制定《关于实行考试考核安置转业军官的暂行办法》，市直、中央及省直在下达指令性计划的前提下，实行考试考核的安置办法。2001年，贯彻中共中央、国务院、中央军委颁布的《军队转业干部安置暂行办法》，军队转业干部安置由原来的全部按计划分配变为计划分配和自主择业相结合的方式进行安置。2002年，市委组织部、市人事局、德州军分区政治部等12部门联合印发《关于做好自主择业军队转业干部安置管理工作的通知》，对自主择业军队转业干部的住房、医疗保险、从事个体经营或创办企业的扶持等方面制定优惠政策。2004年12月，市人事局成立自主择业军队转业干部管理办公室，具体负责自主择业军队转业干部管理服务工作。2005年，为市直管理的78名自主择业转业干部办理基本医疗保险和大额医疗保险，按规定调整提高全市企业军转干部生活补助标准。2006年，争取财政资金220万元，在全省率先设立企业军转干部“社保专户”，市直困难企业军转干部医疗待遇得到保障。2009年，健全完善“执行安置计划不讲条件、落实安置任务不打折扣、严格安置程序不讲私情”为核心的考试考核、岗位公开、安置公示等各项制度，圆满完成50名军转干部及14名随迁随调家属安置任务。同年6月，市人事局获“全国军转安置工作先进单位”称号。2011年，在公开考试的基础上，市直41名副团职以下的计划分配军转干部全部充实到公检法部门。

1986—2011年，全市（区）共接收安置军转干部4719人。其中，分配到机关单位2388人，分配到事业单位934人，分配到企业1188人，自主择业218人，分别占接收安置总数的51%、20%、25%、4%。

1986—2011年德州市（地区）接收安置军队转业干部情况表

表28－1　　单位：人

年份	人数	职别				分配去向				培训人数	随调家属
		团职以上	营职	连排职	技术干部	行政	事业	企业	自主择业		
1986	1145	46	426	516	157	485	234	426	—	673	460
1987	621	24	213	302	82	261	125	235	—	497	220

续表 28－1

年份	人数	职别				分配去向				培训人数	随调家属
		团职以上	营职	连排职	技术干部	行政	事业	企业	自主择业		
1988	375	30	141	164	40	168	72	135	—	306	164
1989	187	15	90	46	36	81	20	86	—	152	79
1990	121	18	41	28	34	57	25	39	—	98	43
1991	109	14	48	18	29	52	30	27	—	88	52
1992	114	28	39	18	29	54	32	28	—	101	56
1993	168	25	55	56	32	95	36	37	—	119	71
1994	91	20	24	30	17	40	28	23	—	72	27
1995	97	33	34	15	15	42	25	30	—	71	53
1996	98	29	39	17	13	56	20	22	—	81	47
1997	107	24	37	21	25	62	25	20	—	85	32
1998	106	26	32	29	19	70	21	15	—	84	38
1999	259	43	82	81	53	162	60	37	—	206	72
2000	164	22	56	42	44	105	44	15	—	138	87
2001	88	20	27	19	22	53	15	5	15	71	18
2002	71	16	23	12	20	26	18	2	25	52	14
2003	69	20	24	13	12	30	11	0	28	47	10
2004	149	22	41	45	41	72	25	2	50	122	23
2005	93	14	44	18	17	41	28	0	24	71	22
2006	129	18	40	48	23	87	20	0	22	105	29
2007	101	22	27	33	19	75	9	3	14	78	10
2008	90	18	24	32	16	72	8	0	10	81	9
2009	50	15	16	8	11	45	0	0	5	49	10
2010	47	7	12	11	17	37	2	0	8	45	8
2011	70	12	27	7	24	60	1	0	9	68	12
合计	4719	581	1662	1629	847	2388	934	1187	210	3560	4782

二、培训

1986 年，贯彻国务院、中央军委关于对军转干部进行专业培训的意见，举办第一期军转干部培训班，为期 3 个月，共培训 673 人。同年 8 月，在湖滨南路建成建筑面积 1500 平方米德州地区军队转业干部培训中心。1994 年 12 月迁至湖滨北路，建筑面积增至 5000 平方米。

根据“先培训、后上岗”“干什么学什么、缺什么补什么”的原则，军转干部由军转部门统一规划、统一组织、统一协调，采取按系统、按专业相对集中的办法进行脱产培训。1997年后，军转干部培训工作贯彻学用结合、按需施教、注重实效的原则，按专业编班，采取适当集中、条块结合的办法进行。

2002年，贯彻“个人自愿、按需培训、依托社会、政府协助”的原则对自主择业转业干部进行培训。2006年12月，开办首期自主择业军转干部创业培训班，培训干部22名。2008年，组织军转干部岗前培训及自主择业转业干部创业培训的做法，受到国务院军转办、人力资源和社会保障部的充分肯定。2011年，组织2010年、2011年度自主择业军转干部参加国家军转办协同清华大学开设的自主择业军队转业干部网络培训课堂。

1986—2011年，除部分中央、省属单位及公、检、法系统的转业干部由本系统培训外，共有3560名转业干部参加由军转部门统一组织的脱产培训。

第三节 人力资源开发

一、人才队伍

1986年后，全市（区）人才队伍的来源主要是：分配和安置大中专毕业生，接收安置军队转业干部，面向社会招考录用机关工作人员，从市外引进的各类人员以及部分因提高学历或获得专业技术职务而进入人才队伍的人员。1986—2011年，全市共接收安置大中专毕业生147259人；接收安置军队转业干部4719人，随调随迁家属4782人；全市13次面向社会为各级党政机关招考工作人员3801人；通过干部调配形式，从市外调入干部343人；通过人才市场引进各类人才29868人。

1986年，全区共有干部49944人。到1994年，全市各级机关及国有企事业单位干部总数首次突破10万人，达到107566人。2004年后，随着德州市人才战略的提出和实施，全市各级人事部门根据党委、政府的部署要求，制定和实施一系列人才引进、培养的优惠政策，促进了全市人才队伍的快速发展，以党政人才队伍、企业经营管理人才队伍、专业技术人才队伍为主的人才队伍初具规模。截至2011年年底，市属及市属以下单位各类人才总量达到282731人，其中党政机关及国有企事业单位达132393人。

德州市人才工作暨博士后科研工作站授牌工作会议

1986—2011年德州市（地区）人才情况表

表28－2　　　　单位：人

年份	干部人数			年龄结构				文化程度					政治面貌				机构分布		
	总数	女性	少数民族	35岁及以下	36～45岁	46～54岁	55岁及以上	研究生	本科	专科	中专	高中及以下	中共党员	共青团员	民主党派	无党派	行政机关	事业单位	企业单位
1986	49944	11005	520	18651	15127	13722	2444	6663			14736	28545	30738	5899	9	13298	18106	13257	18581
1987	52467																19025	14232	19210
1988	54879	11364	609	20643	15567	15082	3587	9421			17870	27588	36001	6337	32	12509	20062	15485	19332
1989	88565	22177	1161	37780	24679	21226	4880	17563			35756	35246	44361	14320	43	29841	21849	45654	21062
1990	81106	21395	851	34876	22444	18682	5104	17573			33003	30530	40962	14275	58	25811	20988	40247	19871
1991	89067	24429	908	40356	24698	18250	5763	20157			35251	33659	42900	15573	143	30451	20843	44432	23792
1992	94651	26867	1013	44073	25367	18901	6310	22536			38529	33586	44072	17421	89	33069	21938	46735	25978
1993	98588	29169	963	46456	26739	19244	6149	25331			41042	32215	44189	17619	79	36707	19606	51435	27547
1994	107566	31376	1070	51255	30040	19691	6580	29710			44725	33131	48686	20012	71	38797	23253	55241	29072
1995	105857	31459	1038	51692	28362	19393	6410	33288			44539	28030	46547	19197	77	40036	23109	57820	24928
1996	110191	34090	1072	52587	29814	21245	6545	8745		30404	46026	25016	46662	20012	109	43408	22824	60989	26378
1997	115805	37165	1050	56081	31695	21360	6669	85	9987	34232	47874	23627	47641	22081	161	45922	22206	66792	26807
1998	117255	38630	1127	56277	31264	22818	6896	135	11487	35032	48424	22177	46356	23351	176	47372	22130	69241	25884
1999	119207	40562	1218	56437	31217	24315	7238	178	12534	37501	49655	19339	46816	23656	168	48567	21131	73316	24760

续表 28－2

年份	干部人数			年龄结构				文化程度					政治面貌				机构分布		
	总数	女性	少数民族	35 岁及以下	36～45 岁	46～54 岁	55 岁及以上	研究生	本科	专科	中专	高中及以下	中共党员	共青团员	民主党派	无党派	行政机关	事业单位	企业单位
2000	125472	43265	1223	56561	36079	25541	7291	200	13709	40540	50659	20364	47363		150		20390	79657	25425
2001	126294	43970	1226	57616	37088	25474	6116	395	14856	43318	48527	19198	47739		272		21061	80407	24826
2002	123330	42719	1254	56718	36767	24441	5404	486	15869	43079	46393	17503	45536		280		18835	80233	24262
2003	127711	47488	1338	54137	40104	27898	5572	563	19203	47429	46517	13999	47547				18651	89270	19790
2004	126228	49055	1382	49782	24966	5534	5534	670	22768	48896	41770	12124	49294				19105	93163	13960
2005	133505	50254	1446	51668	26333	5245	5245	793	27752	51661	41409	11890	55078				19166	99928	14411
2006	132195	52003	1423	49083	26358	5294	5294	1010	30412	50050	39182	11541	55369				19158	100564	12473
2007	130132	50439	1351	49310	25388	5121	5121	850	31208	47459	40081	10534	50505				18920	97016	14196
2008	128695	51257	1283	45421	27429	5723	5723	1297	34085	46786	46527		50777				15856	98951	13888
2009	129954	52183	1494	45495	29109	6255	6255	1514	37217	47654	43569		50450				16175	100420	13359
2010	130498	50500	1582	45143	30344	7039	7039	1801	42594	47699	38404		50669				16591	101211	12696
2011	132393	52296	1348	45717	29913	7428	7428	2099	44845	46469	38980		51093				16940	103135	12318

注:1986 年至 1988 年的统计资料不含中小学人员

二、人才服务

人才交流 1984年9月，地委、行署设立地区人才招聘办公室，负责人才引进和招聘工作；制定《关于招聘工作的暂行规定》，对区外科技人员到德州工作，在户口、工资、住房等方面实行优惠政策。同年，地区劳动人事局设人才交流服务中心，负责全区人才交流工作。1986—1992年，通过调配调整交流等形式，全区共交流引进各类人才585人，调整用非所学509人，推荐人才信息28509条。

1993年，人才交流工作由以调配调整交流为主，开始转入调配调整交流与市场调节相结合的方式。1994年5月，德州人才智力市场正式挂牌，同时成立德州市人才服务中心。是年，全区办理人才智力引进手续2727人，其中调入引进786人，智力引进1941人。1995年，市人事局组织13个招才团赴北京、长春等17城市开展为期两周的招聘引进活动，共有1256名大专毕业生意向到德州工作。1996年，举办首届大中专毕业生供需见面会，共有50多家国有企业、集体企业、“三资”企业及民营企业到会招聘人才。至1996年年底，市人才服务中心共接待求职人员12560人次，接待求才单位253家，举办各类人才招聘会123场，推荐交流成功659人。

1997年后，人才交流工作逐步转入以市场配置人才资源为主。是年，贯彻《山东省人才市场管理条例》，加强人才市场建设，规范人才市场规则和办事程序。1998年，市政府印发《关于引进吸纳紧缺专业毕业生的暂行规定》，先后组团赴西安、成都、重庆、武汉等地20多所高校开展引进招聘活动，全年共引进招聘本科以上毕业生323人，其中博士生1人、硕士生7人。1999年，成立德州市人才市场管理委员会及其办公室，制定人才市场管理制度，严格中介机构审批程序，对从业人员进行培训，对中介机构从业行为进行监督检查。2000年3月，建成德州人才信息网站，成为有形人才市场的重要补充。2001年10月，依托山东人才网，开通山东人才网德州版，实现与全省人才信息联网、同步共储与共享和双向查询。2002年，实施“双千”（全市每年引进中级以上专业技术人员1000人，引进急需专业大学毕业生1000人）人才工程，坚持省内引进与省外引进相结合、参加和举办招聘会与网上招聘相结合、用人单位自主招聘与主管部门推荐就业相结合，全方位、立体式进行高层次人才引进。2003年，成立德州市招才引智办公室，制定《德州市引进高层次人才实施意见》《德州市招才引智考核奖励办法》。

2004年，市委、市政府印发《关于实施人才强市战略，进一步加强人才工作的意见》，首次在全市开展人才普查，建立全市企事业单位及外地德州籍高层次人才数据库。2005年，市人事局组团分赴东北、西北、中南等地区开展招聘活动，与20多所高校建立热线联系，与沈阳大学、武汉理工大学、长沙理工大学、中南大学签订长期合作协议意向书。2008年11月，市人才服务中心与环渤海36个城市人才服务机构成立环渤海区域人才协作联盟。2009年，继乐陵市、庆云县之后，全市被列入黄河三角洲引进急需人才申报项目范围。2010年4—6月，德州市人社局在重庆、兰州、西安等地建立德州市人才引进工作联络站，建立人才联络员工作制度和优秀毕业生供求信息发布、人才派遣落户、人事代理等长效合作机制，即时发布德州市重点企业人才需求信息，通过代理招聘方式帮助招揽实用型、技能型人才和优秀高校毕业生。同期，按照市委、市政府印发的《关于落实科学发展观，进一步加强人才工作的意见》，全市相继实施“6511”（即2008—2010年，每年至少引进本科生6000人、硕士生500人、博士生100

人、国内学科学术带头人或行业专业领军人才10人)、“811”(即2011—2013年,每年引进本科毕业生8000名、研究生1000名、高端创新型人才100名)高层次人才引进工程和“888”优势产业人才聚集工程(即围绕装备制造、化工、纺织服装、食品制造和新能源、新材料、生物技术、文化体育等8大主导产业,选择8家骨干龙头企业,建立8个市级人才工作示范基地)、“1313”人才聚集计划(即围绕农产品加工、装备制造、纺织服装、化学工业、新能源、新材料、生物技术、现代物流、文化旅游、城市综合体等10大优势产业和电子信息、交通装备、现代服务等3个新兴产业(简称“10+3”),选择13家龙头企业,建立13个人才工作示范基地),以及“双百”“双千”大规模校企合作对接工程。2011年,通过举办“10+3”产业大型人才招聘会、重点产业项目人才服务周、校企对接、外出招聘等各类人才对接招聘活动,共引进各类紧缺人才8300多人,其中研究生1100人、科技领军人才100多人、海外留学人员34人。是年,德州市被人力资源和社会保障部、全国总工会、全国工商联评为“全国民企招聘工作先进城市”。1997—2011年,全市接待求职人员189658人次,接待求才单位1256家,举办各类人才招聘会569场,发布人才信息256489条,通过人才市场交流成功26542人。

人才培训　1995年,市、县人才交流服务机构与德州学院、德州第一职业中等专业学校、德州电视大学等建立联合培训关系,共举办大中专(函授)学历培训班59个,培训2571人,短期培训4386人。1996年,市人才交流服务中心分别与天津纺织工学院、青岛化工学院等6所大中专院校联合举办成人教育学历班,培养化工、纺织、建材等行业急需人才1834人。1999年,建立“山东大学经济学院硕士研究生课程进修班教学工作联络处”和“德州市研究生培养中心”,与山东大学、山东工业大学等联合举办研究生课程进修班,共招生280余人。与中美合作山壮学院联合举办高级工商管理硕士MBA研究生班,招生25人。与中国政法大学、西安交大、烟台大学等院校联合办学,招生160余人。2001年,与南京大学成功举办环保专业研究生班,招收学员41人;与北京大学、中国政法大学等21所高校签订联合招生协议,招录学生94名。2002年,与国家人才流动中心建立出国留学合作关系,招收2名学生出国深造。2004年,与大连大学、山东科技大学等9所院校签订成人教育办学协议;与武汉大学东湖分校联合,选拔30多名高中毕业生到学校接受普通高等教育。2005年,与新加坡联合教育集团合作,输送赴新留学生4人;与南京炮兵学院、徐州工程兵指挥学院签订培养协议,输送25名学生入校深造。2006年,大力开展成人学历教育,组织成人高考报名158人,海贝计算机分校春季招生达到1200人;9名学生赴新加坡留学。

1995—2011年,共培养市内承认学历硕士研究生班学员361人,大学本科和专科2696人。

人事代理　1995年,人事部提出推行人事代理制度后,德州市人才交流服务中心开始转递、承接并管理流动人员的人事档案和人事关系。1996年,为“三资”企业、私营企业代存人事档案100份。1997年,依据《山东省人事代理暂行办法》,先后与16家私营企业签订人事代理合同。1998年,市人事局印发《德州市人事代理实施办法》《关于人事代理事项的工作细则》等相关规定。1999年,对应届和往届不包分配的大中专毕业生、流动聘用人员全部实行人事代理。2001年,受德州凯元热电公司等5家单位委托,全程代理招聘178名工作人员。2007年,市人事局印发《市直事业单位新进人员实行人事代理暂行办法》。至2011年年底，全市代理机构共保管人事档案77516份，单位代理77个，其中代理人数1542人；共为代理人员办理转正定级手续536人次，职称评审手续128人次，调动手续5124人次，代缴养老保险1135人。

争议仲裁　2007年6月，市人事局设立人事争议仲裁办公室。2008年，成立由市政府常务副市长任主任、有关部门负责人为成员的市人事争议仲裁委员会，并选聘17名专、兼职仲裁员，当年成功裁决人事争议案件5件。2009年，印发《德州市人事争议仲裁员管理暂行办法》，完善人事争议调解组织办案规则、人事争议处理协调联络员工作规则等制度。同年，在教育、卫生、农业、水利，以及市人民医院、德州学院、德州职业技术学院等20多个单位建立人事争议仲裁调解委员会，在市直和中央、省驻德共58个部门、单位中确定人事争议处理协调联络员。至2011年，全市共受理人事争议案件10件，其中立案处理1件、案外调解处理9件。

海内外高端人才德州行活动　2006年11月18日，举办第一届海内外高端人才德州行活动，55名外国专家、留学博士和国内博士后到德州进行项目对接和实地考察。高端人才专业涉及机械、化工、新材料、生物、制药、农业、太阳能等行业，分别来自美国、日本、韩国、加拿大、澳大利亚、英国、法国、乌克兰、乌兹别克斯坦等国家及清华、北大等国内知名高校，共有26家企事业与专家进行对接洽谈，达成合作意向19项，投资协议100万美元。2008年11月27日，举行第二届海内外高端人才德州行活动，43名外国专家、留学人员和国内博士后来德州市进行项目对接和实地考察。专家学者所从事的专业多是德州市急需的新能源、新材料、生物技术、体育文化产业等新兴产业，与网上对接成功的山东保龄宝生物有限公司、泰山体育产业集团、德州学院、德州市人民医院等18个企事业单位进行项目洽谈和技术交流，当场达成协议1项、合作意向110项。2010年11月24日，举办第三届海内外高端人才德州行活动，62名外国专家、海外留学人员和国内博士后来德州市进行项目对接和实地考察，与70余个企事业单位进行现场交流、洽谈，当场有19项技术项目、4项投资项目签订合作协议，协议标的额为1.6亿元。

留学人员创业园　1999年，成立德州世纪风农业高科技创业园，以生态农业为主。2006年，成立德州金田高新技术创业服务中心，依托德州民营企业天勤实业集团、金田创业投资有限公司联合创办高新技术孵化器，以半导体电子产业为主。2007年，成立德州市留学人员创业园，以新能源、新材料为主。截至2011年年

2010年11月，海内外高端人才德州行暨“群英聚会太阳城”人才项目对接洽谈会召开

底，3个创业园区入驻各类留学人员的企业12家，总投资6亿元，产生利税5000万元。

海外人才工作站　为实现人才资源本土化向国际化转变，市政府于2008年11月在留学人员相对比较集中的美国、法国、日本、德国建立4处“德州市海外人才工作站”。2009年，首次举办海外人才到德州科技考察活动，达成合作意向23项。2010年，“2010中国（德州）有机农业与自然农法国际论坛”在齐河县召开，来自日本、朝鲜和国内的10余名专家讲演了EM在畜产养殖和有机蔬菜种植上的应用。2011年，中国留日同学总会副会长、日本自然农法国际研究开发中心徐会连博士，到德州市与山东馨秋种业公司、德州农科院等单位开展项目合作，引进日本优良小麦、大豆、花生等优良农作物品种20余种，促进德州市种业发展。

三、引进国外智力

1989年4月，德州地区引进国外智力办公室成立，隶属于地区科委。1990年4月，整建制移交地区人事局。1995年4月，德州撤地设市，改称德州市引进国外智力办公室，1996年12月加挂德州市外国专家处牌子。2010年3月升格为德州市外国专家局，为市政府直属工作机构。

引进专家　德州市引进国外智力工作始于1989年。截至2011年，共执行各类引智项目680项，先后引进德国、荷兰、法国、以色列、日本、俄罗斯等国专家900多人次，受助的企事业单位涉及机械、化工、卫生、纺织、电子、金融、教育、食品加工、农业和社会公益事业等领域。其中，荷兰专家丽芙瑞英博士因帮助德城区花卉集团组培中心，开发出凤梨类花卉组培苗和百合新品种组培苗，并促成德州花卉集团与莅普丽斯曼公司的经贸合作，获得由山东省政府授予的1999年度齐鲁友谊奖，成为全市首位获此奖项的外国专家。截至2011年12月，全市共有5位专家获齐鲁友谊奖。

1993—2011年德州市（地区）引进国外智力项目统计表

表28－3

年份	项目（项）	专家（人次）	年份	项目（项）	专家（人次）
1993	8	25	2003	25	42
1994	8	17	2004	18	18
1995	11	19	2005	10	10
1996	16	21	2006	17	28
1997	21	34	2007	9	15
1998	37	39	2008	16	18
1999	20	22	2009	9	15
2000	35	39	2010	28	32
2001	31	32	2011	17	19
2002	18	22			

德州市外国专家获山东省“齐鲁友谊奖”名录

表 28－4

姓名	国籍	聘请单位	职务(职称)	获奖时间(年)
丽芙瑞英	荷兰	德城区花卉集团	花卉博士	1999
章其初	澳大利亚	皇明集团	高级研究员	2007
娜塔莉娅	俄罗斯	德州学院	讲师	2008
葛维登	荷兰	德州世纪风园艺科技创新有限公司	生物工程博士 植物育种学博士	2009
瑞沙	俄罗斯	德州学院	讲师	2009
安德里亚·布鲁斯德林斯	德国	山东宇虹颜料有限公司	工程师	2012
陈勤	加拿大	乐陵希森马铃薯产业集团有限公司	研究员	2013
宫田久之	日本	山东禹王实业有限公司	热解氮化硼技术总监	2014
克劳斯·迪特尔·默茨	德国	山东奥冠新能源科技有限公司	技术总监	2015
克里斯汀．帕里亚拉	意大利	德州海天机电科技有限公司	技术总监	2016

引智示范推广　1997 年，市外专处着手培植和创建引智示范基地和农业引智示范园。1998 年，德州花卉集团被批准为山东省农业引智示范园，成为德州市首家省级农业引智示范园。2010 年，皇明洁能控股有限公司获“中国太阳谷菲涅尔发电”国家级引智示范单位，成为德州市首家国家级示范单位。至 2011 年，全市共获省级以上引智示范园（基地）12 个，其中国家级引智示范单位 1 个；实施引智示范推广项目 54 个。

出国培训　1992—1998 年，以短期经济技术人员和管理人员出国（境）培训项目为主。1999 年，组织“跨世纪高层次人才开发工程”项目，选派 15 人赴新加坡南洋理工大学培训 1 年，国外中长期培训工作实现突破。2000 年、2001 年又先后派出两批共 13 人赴新培训。2003—2009 年，按照上级规定，出国（境）培训工作暂停。2010 年，重新启动出国（境）培训工作，当年有 33 名领导干部赴新加坡参加领导干部创新能力提高项目和执政能力提高项目培训。2011 年，有 43 名领导干部分赴新加坡和美国参加“城市建设管理与住房保障”培训和“10＋3”现代产业体系建设培训。

四、毕业生就业安置

1986—1996 年，大中专毕业生分配工作实行指令性安置，每年由计划部门编制分配计划，教育部门负责接收和派遣。1997 年起，师范类、非师范类毕业生就业分配分别改由市教委、市人事局负责。是年 3 月，市人事局设立德州市大中专毕业生分配办公室（加挂“德州市大中专毕业生就业指导中心”牌子)。1998年,非师范类大中专毕业生就业实行市场机制和指令性安置相结合的方式,本科以上学历毕业生可在全市范围内通过供需见面、双向选择落实就业单位。

自2001年起,大中专毕业生就业不再由政府包办,改为合理调控就业方向,实现多渠道、多形式就业。5月,市大中专毕业生分配办公室更名为德州市毕业生就业办公室。2007年,开通德州市毕业生就业信息网,毕业生报到、办理就业手续、用人单位招聘人才、毕业生求职、供需信息发布及政策咨询等均在网上进行。2009年,根据人力资源社会保障部等7部门《三年百万高校毕业生就业见习计划》,德州市建立就业见习基地37家,当年参加就业见习856人,通过见习实现就业767人。2010年8月,市人力资源社会保障局设立就业促进科(加挂“德州市毕业生就业办公室”的牌子),牵头拟订高校毕业生到德州就业政策,指导全市大中专毕业生、毕业研究生就业工作。2011年3月,依据山东省人力资源和社会保障厅等10部门《关于实施山东省大学生创业引领计划的意见》,实施“大学生创业引领计划”。市人社局根据高校毕业生的特点和需求,完善和落实大学生创业扶持政策,组织开展政策咨询、信息服务、项目开发、风险评估、开业指导、融资服务、跟踪扶持等“一条龙”服务,引导和鼓励高校毕业生自主创业,发挥创业带动就业倍增效应,实现更多的就业。是年,全市接收非师范类高校毕业生14022人,实现就业13040人,就业率92.99%。

1997—2011年,全市累计接收安置非师范类大中专毕业生107258人,其中博士生88人、硕士研究生2853人、本科生40905人、专科生38755人、中专生24657人。

1997—2011年德州市非师范类大中专毕业生接收安置情况表

表28-5　　单位:人

年份	接收安置总数	其中				
		博士生	硕士生	本科生	专科生	中专生
1997	4421	—	—	131	1584	2706
1998	4607	1	5	323	1260	3018
1999	4825	—	6	432	1307	3080
2000	5366	—	6	531	1504	3325
2001	4769	2	10	709	1621	2427
2002	5174	—	5	897	2483	1789
2003	7437	3	10	1337	3098	2989
2004	7220	3	45	2430	3025	1717
2005	6412	2	50	1448	3987	925
2006	6704	5	108	2997	3417	177
2007	7086	10	141	2845	3925	165
2008	7818	16	226	4946	2487	143

续表 28－5

年份	接收安置总数	其中				
		博士生	硕士生	本科生	专科生	中专生
2009	11476	11	525	6487	3891	562
2010	10970	17	603	6804	2400	1146
2011	12973	18	1113	8588	2766	488

五、大学生服务基层项目

三支一扶　从 2006 年开始，每年以公开招募、自愿报名、组织选拔、统一派遣的方式，招募高校毕业生到乡镇从事支教、支农、支医和扶贫工作（简称“三支一扶”），服务期限为 2～3 年。大学生在服务期间发放一定的工作生活补贴，补贴标准参照当地乡镇事业单位从高校毕业生中新聘用工作人员试用期满后工资收入水平确定，按月发放。2008—2010 年，为吸引优秀高校毕业生服务基层，规定凡“三支一扶”毕业生报考县级以上机关公务员的，笔试成绩加 4 分；报考乡镇机关公务员的，笔试成绩加 8 分。2011 年，实行定向考录。2006—2011 年，全市共招募“三支一扶”毕业生 829 名。

大学生村干部　2009 年 5 月，按照省委组织部、省教育厅、省财政厅、省人事厅、省劳动和社会保障厅《关于选聘高校毕业生到村任职工作实施意见（试行）》，由市委组织部牵头组织开展选聘高校毕业生到村任职工作。截至 2011 年年末，全市共选聘大学生村干部 565 名。

全科医生计划　自 2009 年起，实施全科医师培训计划，为乡镇卫生院定向培养全科医师。每年面向社会公开招聘 1500 名志愿到乡镇卫生院工作的全日制临床医学专业本科毕业生，进行为期 3 年的全科医师规范化培训，计划用 3 年时间，为每个重点建设的乡镇卫生院招聘 3 名左右医学类本科毕业生，培养其成为乡镇卫生院临床业务技术骨干。2011 年，全市招聘 10 名全科医师。

第四节　专业技术人员管理

一、职称评定

1986 年 9 月，成立德州地区职称改革领导小组，11 月在地区人民医院和齐河县人民医院进行职称改革、开展专业技术职务聘任制试点。至 1987 年 4 月试点结束，共评审主任医师 7 名、副主任医师 31 名、主治医师 139 名。1987 年 5 月，在全民事业单位和集体事业单位专业技术干部中先后推开。至年底，全区共评审专业技术任职资格 42182 人，其中高级职称 910 人，中级职称 9248 人。1988 年，打破干部、工人界限，开展工人身份专业技术人员职务评聘。1989 年，首次在专业技术职务评聘工作中，实行评聘分开，根据实际需要设置专业技术工作岗位；在定编定员的基础上，确定高、中、初级专业技术职务的结构比例；由行政领导在有任职资格的专业技术人员中聘任，在任职期间领取专业技术职务工资。在资格评定上实行由组织从考核优秀的专业技术人员中择优选拔推荐的办法。1990 年专业技术职务评聘工作转入正常化后，在资格评定上改为由个人申报，组织审查，并经下一级评审委员会评审推荐的办法，实行每年评审。至当年底，全市共评聘专业技术人员 62325 人，其中高级 1048 人、中级 11278 人。

1991年4月，人事部发出《关于重新组建专业技术职务评审委员会有关事项的通知》，规定高级评审委员会由省政府人事（职改）部门批准组建；中、初级评审委员会由上一级人事（职改）部门批准组建。1995年起，所有实行专业技术职务聘任制的事业、企业单位设置专业技术岗位，统一使用《事业企业单位专业技术岗位设置管理册》进行管理登记，并逐步形成制度。1998年，推行专业技术岗位、任聘条件、推荐办法、申报人述职、评审材料和推荐人等内容的“六公开”监督卡制度。1999年5月，出台《德州市推行竞争聘任专业技术职务实施办法》，对全市企业事业单位专业技术职务全面推行评聘分开。2000年，全市事业单位参加竞争上岗11.3万人，竞争上岗比例为71%。

2002年，组织开展民营经济组织专业技术人员职称评审工作，当年评出工程、经济和会计3个系列512人，其中高级125人，中级382人，助理级5人。2004年，全面推行专业技术资格注册登记制度。2011年，组织开展农民职称评审，375名农村实用人才获得职称。至2011年年底，全市专业技术职务系列27个，各类专业技术人员总数达到93575人，其中具有正高级专业技术职务的326人、副高级8282人，中级33006人，初级51961人。

1991—2011年德州市（地区）国有企事业单位专业技术人员情况表

表28-6　　单位：人

年份	正高	副高	中级	初级	合计
1991	1041		10179	44343	55563
1992	930		10044	51526	62500
1993	929		10396	54567	65892
1994	1293		13363	52040	66696
1995	67	2246	17456	51325	71094
1996	74	2779	19481	51707	74041
1997	70	3089	22144	53846	79149
1998	64	3348	23298	55759	82469
1999	68	3887	25668	58336	87959
2000	71	4249	27836	55716	87872
2001	101	4718	29522	54108	88449
2002	129	5116	30960	51078	87283
2003	179	6974	39129	44399	90681
2004	197	8200	41936	41982	92315
2005	224	8363	38127	43388	90102
2006	264	8786	37785	41658	88493

续表 28－6

年份	正高	副高	中级	初级	合计
2007	272	8858	37113	45953	92196
2008	285	9076	37560	44427	91348
2009	354	9135	38408	47063	94960
2010	207	8642	34107	46608	89564
2011	326	8282	33006	51961	93575

二、专家管理

政府特殊津贴专家　1992 年，开展享受国务院政府特殊津贴人员选拔推荐工作，重点推荐在科研、教育、卫生、企业管理、农技推广等一线工作岗位上做出突出贡献者，以及在文化艺术、新闻出版和广播电视等社会科学领域有较高造诣的专家、学者、技术人员。享受政府特殊津贴人员每年选拔一次，由国务院颁发政府特殊津贴证书，每月发放津贴 100 元，终身享受；1995 年改为一次性发放津贴 5000 元。2005 年起，享受政府特殊津贴人员改为每两年选拔一次，国务院授权人力资源和社会保障部颁发政府特殊津贴证书，由国家一次性发给人民币 20000 元，免征个人所得税。至 2011 年年末，全市已有 54 名专家享受国务院特殊津贴。

1992—2011 年德州市（地区）享受国务院特殊津贴专家名录

表 28－7

年份	姓　名	单　　位	职　务	职　称
1992	王根源	德州国棉厂	厂长	高级工程师
1992	曹元洪	德州国棉厂	总工	高级工程师
1992	刘殿成	德州市工科所	总工	高级工程师
1992	苗建中	德州第二建材厂	厂长	高级工程师
1992	刘秉章	德州化肥厂	厂长	高级工程师
1992	刘吉昌	德州无线电三厂	厂长	高级工程师
1992	刘风林	禹城农机厂	技术科长	高级工程师
1992	魏坤峰	德州市园林所	副主任	高级工程师
1992	罗修梅	平原县腰站镇农技站	站长	高级工程师
1992	刘丙一	齐河县农业局农技站	站长	高级农艺师
1992	刘洪明	德州市农业局农技站	站长	高级农艺师
1992	张曰孝	临邑县农业局农技站	站长	高级农艺师
1992	钱文远	德州市人民医院	院长	主任医师

续表28－7

年份	姓　名	单　　位	职　务	职　称
1992	李学正	德州市人民医院	主任	主任医师
1992	宋广纯	德州市人民医院	副院长	主任医师
1992	刘乾和	德州市中医院	院长	主任医师
1992	张逢兴	德州市肿瘤医院	院长	主任医师
1992	庞华明	德州市卫生防疫站	副站长	主任医师
1992	钟业工	禹城市人民医院儿科	主任	主任医师
1992	曹　鼎	德州师专中文系	主任	教授
1993	陈文秀	德州市工科所	主任	高级工程师
1993	傅俊德	德州市产品质量检验所	主任	高级工程师
1993	赵兴德	德州电子仪器厂	厂长	高级工程师
1993	朱惠民	德州市林业局	主任	高级工程师
1993	任绪功	德州市人民医院高干病房	主任	主任医师
1993	张学增	德州市中医院	院长	主任医师
1993	李茂林	德州地区经济研究中心	主任	研究员
1993	姜风宏	德州地区经济研究中心	副主任	研究员
1993	李新平	临邑县广播电视局	主任	副主任编辑
1994	张仁宅	禹城市石化厂	主任	高级工程师
1994	尹丽君	德州五中	校长	中教高级
1995	程月英	庆云县农业局农技站	站长	高级农艺师
1995	韩　军	临邑师范	副校长	高级讲师
1995	秦世森	禹城市文化馆文学部	主任	副研究馆员
1996	董文博	德州市工科所	副所长	高级工程师
1996	李忠印	德州市跃华玻璃钢总厂	副厂长	高级工程师
1996	顾景文	乐陵市农药厂	副厂长	高级工程师
1996	郑世杰	德州市农科所	主任	研究员
1997	荆学松	德州市公路局	局长	研究员
1997	吴井臣	德州市玻璃钢有限公司	总经理	高级工程师
1997	傅国杰	德州市第一中学	校长	中教高级
1997	薛玉柏	德州市人民医院外科	主任	主任医师
1997	刘　强	德州新华出版发行集团	总经理	高级经济师

续表 28－7

年份	姓 名	单 位	职 务	职 称
1997	曹鸿鸣	德州农业学校	副校长	教授
1998	杨维星	德百集团	总经理	高级经济师
1998	赵长兴	德州常兴集团	总经理	高级经济师
1998	宋春田	齐河县精密铸造有限公司	总经理	高级工程师
1999	赵连祥	陵县宏祥集团	总经理	高级工程师
1999	李文和	德州宏力集团	总经理	高级工程师
1999	刘锡潜	禹城市禹王集团	总经理	高级工程师
2005	刘宗利	禹城市保龄宝生物技术公司	总经理	高级工程师
2007	王星云	禹城市福田药业公司	总经理	高级经济师
2008	李会江	德棉集团	总经理	高级工程师
2010	张洪波	中澳控股集团有限公司	董事长	高级畜牧师

专业技术拔尖人才　1987 年 6 月，地委转发地委组织部《关于选拔管理拔尖人才的试行意见》，决定开展选拔管理专业技术拔尖人才工作，每两年选拔一次，以地委、行署的名义命名表彰。1988 年 12 月 3 日，评出首批地级专业技术拔尖人才 37 人。至 2001 年，共选拔 7 批 300 多人。2001 年 7 月，此项工作由组织部门移交人事部门管理。2003 年 10 月，评出第八批市级专业技术拔尖人才 58 人。之后，此项工作改为评选有突出贡献的中青年专家工作。

有突出贡献的中青年专家　自 2003 年起，依据省政府《山东省有突出贡献的中青年专家选拔管理暂行办法》，开展有突出贡献的中青年专家选拔推荐工作。至 2011 年，共评选市级有突出贡献的中青年专家 5 批 150 人；其中 13 人入选省级有突出贡献的中青年专家。

2003—2011 年德州市入选山东省有突出贡献的中青年专家名录

表 28－8

姓名	单位	职务	职称	批准时间(年)
刘宗利	禹城保龄宝生物技术公司	总经理	高级工程师	2003
王星云	禹城福田药业有限公司	总经理	高级工程师	2004
李绍磊	华鲁恒升集团	总经理	高级工程师	2005
李会江	山东德棉集团有限公司	总经理	高级工程师	2006
程少博	山东龙力生物科技有限公司	总经理	高级工程师	2007
赵德智	德州华北纸业有限公司	副总经理	高级经济师	2008

续表 28－8

姓名	单位	职务	职称	批准时间(年)
杨振峰	山东华鲁恒升化工股份有限公司	技术中心主任	高级工程师	2009
王际海	德州市教学研究室	副主任	中学高级教师	2009
姜桂廷	景津压滤机集团有限公司	总经理	高级工程师	2010
赵殿臣	古贝春集团有限公司	副总经理	高级工程师	2010
赵光辉	山东福田药业有限公司	总经理	高级工程师	2010
田　强	山东福田药业有限公司	副总经理	高级工程师	2011
潘秀芝	德州德药制药有限公司	常务副总	高级工程师	2011

博士后科研工作站　2004 年 2 月，经人事部批准，山东德棉股份有限公司设立博士后科研工作站，为德州市第一个建站单位。2008 年 6 月，山东保龄宝生物股份有限公司、山东禹王实业有限公司、陵县谷神生物科技集团公司 3 个单位建站。2010 年 9 月，德州市人民医院、华鲁恒升化工股份有限公司、景津压滤机集团、泰山体育产业集团、龙力生物科技股份公司、皇明洁能控股有限公司、古贝春集团有限公司建站，建站总量位居全省前列。

2010 年，德州市人民医院被人力资源社会保障部、全国博士后管委会批准为博士后科研工作站

三、"农转非"工作

根据省人事厅《关于做好专业技术人员和党政干部家属"农转非"工作的通知》精神，1986—1996 年，全市(区)共为 10178 名符合条件的专业技术人员、民办教师转招为公办教师的人员和党政干部家属办理农业户口转为非农业户口(简称"农转非")手续。2001 年，为首届 65 名民营企业拔尖人才办理"农转非"手续。

四、继续教育

1992 年，地区人事局印发《德州地区专业技术人员继续教育实施办法和"八五"规划》。1995 年，确定德州国棉厂、德州农校等 13 个单位为市级继续教育基地。1996 年，把继续教育同职称晋升、续聘进行挂钩，建立起专业技术人员继续教育激励约束机制。到 1997 年，全市专业技术人员参加继续教育 7 万人次，发放继续教育证书 9

万余册。

1998年5月，市人事局印发《关于专业技术人员继续教育工作的管理办法》，建立办班审批、证书管理、学分登记等制度，完善专业技术继续教育学分与职称评聘的挂钩办法。2002年，印发《关于改进和加强专业技术人员教育培训工作的意见》《德州市专业技术人员继续教育证书管理办法》，健全和完善继续教育学分制度，加强宏观调控和监督检查。2005年，印发《关于加强高层次人才培养工作的意见》《德州市专业技术人员继续教育暂行规定》。2006年，制订《全市专业技术人员继续教育培训规划》，对1.1万名专业技术人员继续教育培训情况进行登记、审核和验证。全市继续教育工作实行协会分工负责制，市人事局负责公需科目继续教育工作。2011年，全市继续教育参训人数达到1.3万人。

五、人事考试

人事考试工作始于1990年，初由地区科委科技干部处负责。1993年6月，此项工作移交人事部门管理，由新组建的德州地区考试中心具体负责。2001年5月，撤销市考试中心和市机关事业单位工人技术等级考核办公室，组建德州市考试测评中心，主要负责录用公务员考试、专业技术资格考试、职业（执业）资格考试、事业单位公开招聘考试、机关事业单位工人技术等级考核、职称测评等工作。

专业技术资格考试　1990年始，对计算机应用软件人员和统计员进行资格考试。其后逐步扩展到经济、会计、审计、二三级翻译和卫生等专业。至2011年，全市共有10万余人次参加各类专业技术资格考试。

执（职）业资格考试　1995年3月，首次进行房地产估价师执（职）业资格考试。之后陆续增设执业药师、执业中药师、注册建筑师、注册监理工程师、注册结构工程师、注册资产评估师等33类资格考试。至2011年，共有4万人次参加执（职）业资格考试。

技术工人考核　1995年6月起，对机关事业单位工人技术等级进行考核，考核合格办理工人技术岗位证书，并从发证之日起兑现相应工资待遇。至2011年年末，共计考核3.3万余人次。

专业水平考试　2002年5月始，开展专业技术人员全国计算机应用能力考试和职称外语考试工作。至2011年年末，职称计算机共考试5.2万余人次；职称外语考试4万余人次。

事业单位公开招聘考试　2006年12月，市政府印发《德州市事业单位公开招聘人员实施办法》，决定从2007年起，全市事业单位全面实行公开招聘。至2011年，全市共招考5次，累计招聘事业单位人员14402人，其中市直1263人，县乡13139人。

2007—2011年德州市各类考试报考人数统计表

表28－9

考试项目	报考人数（人）				
	2007年	2008年	2009年	2010年	2011年
经济专业技术资格考试	1597	1400	1359	1487	1672
卫生专业技术资格考试	—	1154	1587	1675	1758
计算机技术与软件专业术资格考试（上\下半年）	103	131	99	58	111

续表 28－9

考试项目	报考人数(人)				
	2007 年	2008 年	2009 年	2010 年	2011 年
审计专业技术资格考试	—	81	148	100	102
统计专业技术资格考试	72	70	50	41	51
会计专业技术资格考试	—	3753	4053	4329	4600
执业药师资格考试	373	370	381	405	424
企业法律顾问执业资格考试	48	30	42	41	31
质量专业技术人员职业资格考试	145	184	135	185	266
注册咨询工程师(投资)执业资格考试	—	41	50	64	86
注册设备监理师执业资格考试	3	—	1	2	6
环境影响评价工程师职业资格考试	43	45	52	97	22
土地登记代理人职业资格考试	42	16	19	7	15
注册税务师执业资格考试	253	228	270	315	320
价格鉴证师执业资格考试	17	10	10	8	7
注册资产评估师执业资格考试	28	33	54	50	50
国际商务专业人员职业资格考试	5	17	7	3	2
注册安全工程师执业资格考试	287	246	238	219	50
出版职业资格考试	—	—	1	1	3
投资建设项目管理师职业水平考试	—	17	9	15	17
管理咨询师职业水平考试	5	—	4	5	6
社会工作者职业水平考试	—	192	57	43	16
招标师职业水平考试	—	55	76	69	74
一、二级注册建筑师执业资格考试	38	39	59	62	79
房地产估价师执业资格考试	103	87	67	65	46
造价工程师执业资格考试	180	194	186	226	192
监理工程师执业资格考试	274	140	124	156	174
一、二级注册结构工程师	71	70	56	91	104
注册城市规划师执业资格考试	34	32	32	38	36
房地产经纪人执业资格考试	22	11	18	17	28
注册土木工程师(岩土)执业资格考试	11	13	11	13	18
一级建造师执业资格考试	438	785	914	1382	2092

续表 28-9

考试项目	报考人数(人)				
	2007 年	2008 年	2009 年	2010 年	2011 年
公用设备工程师执业资格考试	8	13	16	39	41
注册电气工程师执业资格考试	14	30	29	28	46
化工工程师执业资格考试	1	22	10	18	27
物业管理师资格考试	—	—	36	65	76
职称计算机	3930	6718	6250	5007	4946
职称外语	2826	2892	3521	3931	3669
公务员招考	3269	10471	14400	17750	15682
市直事业单位	—	4475	3985	5216	8698
技工考核	—	2155	1650	1760	1861

第五节　工资福利

一、工资制度改革

1986 年，全区机关、事业单位实行以职务工资为主要内容的结构工资制。是年，根据山东省工资制度改革领导小组《关于工资制度改革前工资额低于原国家规定工资标准的部分人员工资套改问题的通知》，对工资制度改革前工资额低于国家原规定标准的中学教师五级、卫生技术十二级、农业技术十一级、文艺十二级的人员，按照国家规定的标准工资额套改新工资标准。全区 1873 人增资，占总人数的 2.4%。根据山东省工资制度改革领导小组《关于市(地)、县科(局)级干部职务工资有关问题的通知》，对全区各级机关事业单位中，担任正副科(局)长、正副乡镇长，表现较好的，套改后工资低于本职务工资标准第五档的，执行本职务第五档工资标准。全区 1767 人进入本职务第五档工资标准，占总人数的 2.3%。根据山东省工资制度改革领导小组《关于适当解决国家机关、事业单位部分工作人员工资制度改革中有关套改问题的通知》，给原为行政二十四级至十九级的部分人员提高一级工资，全区有 22402 人调整了工资，占总人数的 29%，人均月增资 6.67 元。

1987 年，根据山东省工资制度改革领导小组《关于贯彻执行国务院工资制度改革小组、劳动人事部〈关于 1986 年解决国家机关和事业单位部分工作人员工资问题的通知〉的通知》，解决专业技术人员实行职务聘任制后的工资问题，全区 29596 人增加工资，占总人数的 38%，人均月增资 7.96 元。

1988 年，根据省人事厅、省劳动厅、省财政厅《关于将我省现行五类区工资标准改按六类区工资标准执行的通知》，从 1988 年 5 月 1 日起，给全区 78716 人提高地区工资类别。根据山东省工资制度改革领导小组《关于贯彻劳人薪〔1986〕96 号文件中几个政策问题的处理意见》规定，全区机关事业单位 10548 人升级，占总人数的 13.4%，人均月增资 7.26 元。根据山东省工资制度改革领导小组通知精神，对事业单位中1987年9月30日前聘任的中级专业技术人员和担任副处长、科长职务的行政管理人员，1985年工资改革后增加的工资额不满3个级差的，提升1级工资。全区4829人增加工资，占总人数的6.2%，人均月增资8.30元。

1989年，根据山东省工资制度改革领导小组《关于机动增资指标使用问题的通知》，全区有37342人按规定晋升一级工资，月增资总额23.7万元，人均月增资6.35元。1990年，根据国务院《批转人事部、国家计委、财政部一九八九年调整国家机关、事业单位工作人员工资实施方案的通知》，德州地区机关、事业单位81989人普调一级工资，人均月增资7.19元；全区以专业技术人员为重点的81161人在普调一级的基础上再增加一级工资，人均月增资7.51元；增加两级工资的人员占全区机关、事业单位职工总数的94.6%。

1992年，根据国务院《关于调整机关、事业单位工作人员工龄津贴标准的通知》，从1992年1月起，工龄津贴标准由原来的每工作一年0.5元调整为1元，全区机关事业单位增加工龄津贴总人数96556人。根据省委组织部、省人事厅《关于国家机关事业单位部分职务变动人员工资问题的处理意见》，全区增资人数为78222人，占总人数的78.86%，人均月增资7.84元。根据省委、省政府有关精神，为解决机关事业单位工作人员工资偏低问题，从1992年1月起，对全区国家机关事业单位1991年年底正式在职职工94163人按月发放职务（岗位）补贴，人均月增资22.04元；从1992年12月起，调整国家机关事业单位工作人员职务（岗位）补贴，全区列入调整范围的99191人，人均月增资22.51元。

自1993年10月1日起，按照国务院的统一部署，对机关事业单位现行工资制度进行改革。机关工作人员（除工勤人员外）实行职务级别工资制，由职务工资、级别工资、基础工资和工龄工资4部分构成。其中，职务工资和级别工资是工资构成的主体，基础工资为每人每月90元，工龄工资按工作人员的工作年限确定，工作年限每增加一年，工龄工资增加1元，直到离退休当年止。在实行职级工资制的同时，对机关工人的工资制度相应进行改革，技术工人实行岗位技术等级工资制，普通工人实行岗位工资制。岗位技术等级工资制由岗位工资、技术等级工资和奖金3部分组成，其中奖金在其基本工资中的比例为30%。岗位工资制由岗位工资和奖金两部分构成，其中奖金在基本工资中的比例为30%。全区列入机关工资改革范围的32887人，人均月增资106.03元。

根据事业单位特点和经费来源不同，对全额拨款、差额拨款、自收自支3种不同类型的事业单位，实行不同的管理办法。全额拨款事业单位，执行国家统一的工资制度和工资标准，在工资构成中固定部分为70%，活的部分为30%。差额拨款事业单位，按照国家制定的工资制度和工资标准执行，在工资构成中固定部分为60%，活的部分为40%。自收自支事业单位，工资构成中活的部分所占比例可比差额拨款单位大一些，但最多不得超过50%。按照事业单位不同的工作特点，专业技术人员实行专业技术职务工资制，管理人员实行职员职务工资制，技术工人实行技术等级工资制，普通工人实行等级工资制。全区列入此次事业单位工资制度改革的人员为68235人，月增资总额904.1万元，人均月增资132.51元。

1993年工资制度改革完成后，为使工作人员的工资有计划的增长，保证新工资制度正常运转，建立相应的增资制度。

1. 晋升职务工资档次。德州市机关事业单位工作人员正常晋升工资档次从1996年1月起实行。实行机关事业单位工资制度的单位

中1995年9月30日在册的工作人员，凡从1993年10月1日工资制度改革后，连续两年度考核成绩均为称职（合格）以上的，可从1996年1月1日起在本职务（技术等级）所对应的职务工资标准内晋升一个工资档次（体育运动员晋升一档体育基础津贴）。此后1997年10月、1999年10月、2001年10月、2003年10月、2005年10月，市直机关集中对连续两年度考核成绩为称职（合格）以上的人员晋升了职务工资档次。

2. 晋升级别工资。自1993年10月1日至1997年9月30日，凡年度考核在称职以上并达到国务院《机关工作人员工资制度改革方案》级别确定表上一级别年限的，可晋升一个级别工资。1999年为年度考核连续3年为优秀等次的执行职级工资制的人员晋升了级别工资。从1998年1月1日起，给自1993年工资制度改革后年度考核连续为称职及其以上的机关工作人员，晋升一个级别工资。

3. 调整工资标准。从1997年7月1日起，将机关行政人员基础工资标准由原来每人每月90元提高到每人每月110元。之后，从1999年7月1日起，将机关行政人员基础工资标准由每人每月110元提高到180元，级别工资标准由十五级至一级每人每月55元至470元提高到85元至720元；从2001年1月1日起，机关行政人员基础工资标准由每人每月180元提高到230元，级别工资标准由十五级至一级每人每月85元至720元提高到115元至1166元；从2001年10月1日起，国家公务员各职务层次职务工资起点标准由最低50元至最高480元提高到100元至850元；从2003年7月1日起，机关行政人员级别工资由十五级至一级起点工资标准每人每月100元至850元提高到130元至1150元。在调整公务员职务工资标准的同时，适当调整机关工人的岗位（职务）工资标准，机关工人的奖金部分按照其在工资构成中的比例相应提高。适当调整事业单位工作人员工资构成中的固定部分。固定部分调整后，活的部分按国家规定的工资构成比例相应提高。

2006年7月，按照国务院的统一部署，对机关事业单位现行工资制度进行改革。机关工作人员实行职级工资制，即将公务员基本工资构成由职务工资、级别工资、基础工资、工龄工资4项简化为职务工资、级别工资两项。全市列入机关工资改革范围的17664人，人均月增资290元。事业单位实行岗位绩效工资制度，由岗位工资、薪级工资、绩效工资和津贴补贴4部分组成。全市列入此次事业单位工资制度改革的人员为125503人，人均月增资279元。

与此同时，结合基本工资结构的调整，相应完善正常增资办法。其中，机关主要包括晋升职务增加工资、晋升级别增加工资、晋升级别（岗位）工资档次。市直机关分别于2008年1月、2010年1月晋升2次级别工资档次；2007—2011年，每年的1月对符合条件的公务员晋升级别工资。市直事业单位从2006年7月1日起，年度考核结果为合格及以上等次的工作人员，每年增加一级薪级工资；2010年10月开始实施事业单位奖励性绩效工资。

二、补贴、津贴

职务补贴　从1992年1月起，德州地区机关事业单位工作人员实行职务（岗位）补贴。1992年12月、1995年10月，先后两次调整机关事业单位工作人员职务（岗位）补贴标准。

德州地直机关事业单位工作人员三次职务补贴标准表

表 28－10 单位:元/月

<table>
<tr><th colspan="2" rowspan="2">职务类别</th><th rowspan="2">第一次</th><th colspan="5">第二次</th><th colspan="2" rowspan="2">第三次</th></tr>
<tr><th>1～10</th><th>11～20</th><th>21～30</th><th>31～40</th><th>41～</th></tr>
<tr><td>正厅</td><td>—</td><td>50</td><td>49</td><td>53</td><td>57</td><td>61</td><td>65</td><td colspan="2">145</td></tr>
<tr><td>副厅</td><td>正高</td><td>45</td><td>41</td><td>45</td><td>49</td><td>53</td><td>57</td><td>130</td><td>130</td></tr>
<tr><td>正县</td><td>副高</td><td>40</td><td>34</td><td>38</td><td>42</td><td>46</td><td>50</td><td>115</td><td>110</td></tr>
<tr><td>副县</td><td>—</td><td>35</td><td>29</td><td>33</td><td>37</td><td>41</td><td>45</td><td colspan="2">105</td></tr>
<tr><td>正科</td><td>中级</td><td>30</td><td>24</td><td>28</td><td>32</td><td>36</td><td>40</td><td>95</td><td>95</td></tr>
<tr><td>副科</td><td>—</td><td>25</td><td>20</td><td>24</td><td>28</td><td>32</td><td>36</td><td colspan="2">85</td></tr>
<tr><td>科员</td><td>助理</td><td>20</td><td>17</td><td>21</td><td>25</td><td>29</td><td>33</td><td>77</td><td>77</td></tr>
<tr><td>办事员</td><td>员级</td><td>20</td><td>15</td><td>19</td><td>23</td><td>27</td><td>31</td><td>70</td><td>70</td></tr>
<tr><td>高级工</td><td>—</td><td>20</td><td>15</td><td>19</td><td>23</td><td>27</td><td>31</td><td colspan="2">80</td></tr>
<tr><td>中级工</td><td>—</td><td>20</td><td>15</td><td>19</td><td>23</td><td>27</td><td>31</td><td colspan="2">70</td></tr>
<tr><td>初级工</td><td>—</td><td>20</td><td>15</td><td>19</td><td>23</td><td>27</td><td>31</td><td colspan="2">65</td></tr>
<tr><td>普工</td><td>—</td><td>20</td><td>15</td><td>19</td><td>23</td><td>27</td><td>31</td><td colspan="2">65</td></tr>
</table>

注:1～10、11～20、21～30、31～40、41～ 均为工龄年限

地方福利性补贴　从1998年1月起,将全市机关事业单位工作人员现行的交通补贴、洗理费、粮油补贴、粮价补贴、开放城市补贴等5项津补贴进行简化归并,合并后统一称为地方福利补贴,标准为每人每月65元。1999年5月起增发60元/月误餐费,合并到地方福利补贴;同时发放地方补贴36元/月、考勤补贴20元/月、工资附加1元/月。2005年6月起发放岗位目标考核津贴:标准为正厅210元,副厅180元,正处150元,副处130元,正科110元,副科90元,科员80元,办事员70元;教授170元,副教授140元,讲师110元,助讲80元,技术员70元;高级工90元,中级工80元,初级工、普工70元,新录用人员50元。

2007年10月,对市直机关的津贴补贴进行规范,将市直机关在职人员执行的3次职务补贴、2次地方福利补贴、地方补贴、考勤补贴、工资附加、岗位目标考核津贴等9项津贴补贴进行归并,统一设立为工作性津贴和生活性补贴。经省政府批准,市直机关于2008年10月、2009年10月、2010年10月3次调整市直机关的津贴补贴标准。按照公务员人均增加津贴补贴水平,事业单位工作人员分别于2007年10月、2008年10月、2009年10月3次调整增加补贴。

住房补贴　2002年4月,市直机关事业单位发放住房补贴,发放标准统一按2001年12月31日基本工资20%的标准计算发放;3年内调整的工资暂不列入计算基数。2005年4月起,住房补贴按照基本工资的35%计发;统一按上年度12月份的基本工资为基数计算,每年调整一次。2008年1月起,市直机关事

业单位工作人员的住房补贴，按照基本工资的35%计发；基本工资变化时，住房补贴同时调整。

住房公积金　1998年1月，市直机关事业单位工作人员开始发放住房公积金，单位和个人均按基本工资的5%缴存。2011年10月，缴存基数调整为职务工资、级别工资、工作性津贴、生活性补贴4项之和，单位和个人的缴存比例调整为各8%。

三、福利待遇

年休假　1987年，党政群机关实行年休假制度。年休假期根据工作年限确定：工作年限满5年不满10年的，每年休假10天；满10年不满15年的，每年休假15天；满15年不满20年的，每年休假20天，满20年及其以上的，每年休假25天。休假期包括公休日（星期天），但不包括法定的节假日和国家规定的探亲假、产假。工作人员在规定的休假期内休假，工资保险福利待遇不变。未经批准超过规定休假时间的，按旷工对待。1989年7月停止执行。2009年恢复，工作满1年不满10年的，年休假5天；满10年不满20年的，年休假10天；满20年的，年休假15天。国家法定休假日、休息日不计入年休假的假期。

遗属生活困难补助　2005年10月，依据山东省人事厅、山东省财政厅关于机关事业单位遗属生活困难补助的规定：工作人员因公牺牲或者参加工作满五年病故以后，从去世的下月起，对依靠死者生前供养、生活确有困难的下列亲属，由死者原工作单位定期发给遗属生活困难补助：1. 父（包括自幼抚养死者长大的抚养人）、夫年满60周岁，或者不满60周岁基本丧失劳动能力，无固定收入者。2. 母（包括自幼抚养死者长大的抚养人）、妻年满50周岁，或者不满50周岁基本丧失劳动能力，无固定收入者。3. 子女（包括遗腹子女、养子女、前妻或者前夫所生子女）不满16周岁或者年满16周岁尚在普通中学学习，或者基本丧失劳动能力者。4. 弟、妹（包括同父异母或同母异父弟妹）不满16周岁或年满16周岁尚在普通中学学习，或者基本丧失劳动能力者。5. 遗属系普通高校、中专、技校在校学生（不包括硕士、博士研究生）的，可列入定期遗属生活困难补助范围。

符合生活困难补助条件的遗属，不分农村居民、城镇居民，每人每月补助标准均按户籍所在地政府公布的城镇居民最低生活保障线标准执行。遗属生活困难补助标准，随城镇居民最低生活保障线标准的调整相应进行调整。

四、退（离）休福利

根据国务院1978年《关于发布老干部离职休养制度的几项规定的通知》和1979年1月省委组织部、省革委人事局《关于贯彻执行〈国务院关于安置老弱病残干部的暂行办法〉若干具体问题的处理意见》的规定，机关事业单位工作人员达到国家规定的离退休年龄，按照干部管理权限办理离退休手续并根据有关政策规定办理增加离退休费和提高退休费标准审批手续。截至2011年年底，全市机关事业单位共有离退休、退职干部45193人，其中机关单位11431人，事业单位33762人。

第二章　机构编制管理

第一节　行政机构编制管理

1985年，地委办公室印发《关于加强机构和编制管理的通知》，严格党政机构和事业机构的管理。1987年，地委、行署印发《关于贯彻中共中央、国务院关于制止机构编制和干部队伍膨胀的通知的意见》。1988年，地区机构编制委员会印发关于实行《德州地区国家机关、事业单位人员编制和劳动工资计划统一管理暂行办法》的通知，将编制管理与经费管理挂钩。1990年，制发《关于进一步加强机构编制和干部队伍宏观管理的通知》，对全区1879个副科级单位的建制级别、领导职数、内部结构、经费来源等情况进行调查摸底，为搞好机构编制清理整顿奠定了基础。

1992—1995年，主要是开展县乡机构改革，并为市级机构改革工作做准备。1993年，按照地委、行署部署，在全市展开县乡机构改革。截至11月底，全区11个县市党政机构改革实施方案已全部组织实施。全区县（市）共精简机构437个，精简幅度为56.8%；精简人员7716人，精简幅度为52.4%。

1996年，组织实施市级机构改革。1997年10月，德州市机构改革工作通过省检查验收，全市市级机构改革任务基本完成。市级机构改革后，市直党政群机关由85个压缩到63个，精简25.9%。1998年12月，根据市委、市政府关于改革工业管理体制的部署，撤销市机械电子、石油化学、纺织、建筑材料4个工业局和市一轻、二轻2个工业总会，其职能划归市经济委员会，改建为纺织、机械电子、石油化工、建筑材料、轻工5个行业管理办公室。

2001年2月，对全市机构改革进行部署。至年底，市直部门的“三定”方案审批工作全部结束。改革调整后，市委设工作部门9个，部门管理机构2个，派出机构3个，共14个；市政府设工作部门31个，办事机构2个，部门管理机构4个，议事协调机构的办事机构1个，共38个。12月，市委批准公布对市中级人民法院和市人民检察院职能配置、内设机构和人员编制的规定。2002年1月，市委、市政府制发《关于德州市县级党政机构、乡镇党政机构、乡镇事业单位机构改革的意见》。2002年3月，省委办公厅、省政府办公厅《关于印发〈德州市市县乡人员编制精简方案〉的通知》规定，德州市市县乡机关行政编制为12365人，精简21.2%；单列管理的政法机关专项编制为3002人，精简10%。此次县乡机构改革，县（市、区）党政机构撤并58个，精简14.2%；精简县级行政编制1449人，精简21.3%。全市乡镇设置党政工作机构412个，精简31%。乡镇机关精简行政编制1287人，精简20%。乡镇（街道）核定财政拨款事业编制3855人，精简编制6773人。2003年，市编办对市级人大、政协机关和群团机关等10个单位机构改革工作情况进行了审核。人大、政协机关行政编制精简15%，群团机关行政编制精简20%。截至2003年年底，全市县乡（镇）机构改革以及人大、政协、群团机关机构改革工作

基本完成。

2004 年，市委、市政府出台《德州市人民政府机构改革实施意见》（以下简称《实施意见》），围绕转变政府职能，调整和规范部门职能配置。2005 年，按照《实施意见》，以市政府办公室文件印发市政府 10 个部门、单位的“三定”方案；以市委、市政府两办文件批复了 11 个县（市、区）政府机构改革方案。

2010 年，开展市、县政府机构改革。3 月，市委、市政府印发《关于德州市人民政府机构改革的实施意见》，重点是转变政府职能，完善管理体制，优化组织结构，规范机构设置。市政府机构改革后，设置工作部门 32 个，部门管理机构 2 个。4 月，市委办公室、市政府办公室印发 11 个县（市、区）政府机构改革方案，县（市、区）政府机构数额控制在 21～24 个之间。

2010 年 10 月，市委、市政府印发《关于乡镇机构改革实施工作的指导意见》。此次改革，根据乡镇总人口、财政收入、行政区域面积等因素，将乡镇划分为三类，并根据分类核定乡镇机构设置、人员编制和领导职数。一、二、三类乡镇党政工作机构限额分别为 5 个、4 个和 4 个，行政编制分别按 45～60 名、30～44 名、25 名以内核定；事业机构限额分别为 6 个、5 个和 5 个，事业编制分别按 40～45 名、35～39 名、30～34 名核定。

第二节　事业机构编制管理

全市（区）事业单位机构编制管理在集中统一领导下实行分级管理和分类管理。市（地）级事业单位机构编制管理工作，由市机构编制部门具体负责管理；县（市、区）事业单位机构编制管理工作，由各县（市、区）机构编制部门具体负责管理。

1993 年，将事业单位按其职能任务、经费来源划分为全额预算管理、差额预算管理、自收自支、企业化管理 4 种类型。对全额预算事业单位，在机构设置、人员编制、人员结构和工资基金计划的管理上，实行严格控制。对差额预算事业单位，在机构设置和人员编制上，根据其地位和作用具体对待；对有利于自挖潜力、为社会提供多种服务、减轻地方财政开支的，在内部机构设置和人员编制上从宽掌握。对自收自支事业单位，在机构设置、人员编制和工资基金管理上适当放宽，主要依靠其自我调控机制进行管理，实行增收增支，亏损不补。对已经实行独立核算、自负盈亏，而又以盈利为主要目的的事业单位，逐步转为企业。

为加强事业单位管理，1993 年，制定《事业单位统一核定编制工作实施意见》，对事业单位的名称、隶属关系、类型、内设机构、编制、规格、职能、领导职数等进行重新审核并实行分类管理。并制定《德州地区事业单位空余编制使用管理办法》和《事业单位中层管理办法》。1995 年，按照“脱钩、分类、放权、搞活”原则，制定《事业单位分类管理办法》。2005 年，对全市 4104 个、市直 360 个事业单位机构设置、隶属关系、经费形式、内设机构、人员编制、领导职数等情况进行了调查摸底和清理清查。2006 年，开展全市事业单位登记管理工作，推进非法人事业单位向法人事业单位过渡工作，全市法人事业单位达 2050 个，市直登记法人事业单位 268 个，占市直事业单位的 78%。2010 年，严格事业单位登记年检，按照申请、受理、审核、核准、发证“五步一体”的年检程序，开展事业单位法人年检工作，保证事业单位登记和年检质量。2011 年，修订完善《德州市事业单位法人监督管理工作联席会议制度》《德州市事业单位法人登记及年检现场核查暂行办法》等规范性文件，印发《关于进一步强化事业单位法人监督管理工作联席会议制度落实有关事项的通知》,将事业单位信息公开情况纳入年度检查范围,督促事业单位主动公开信息,并对事业单位登记年检信息定期通过新闻媒体和网站向社会进行公告。

第三节 机构编制实名制与监督检查

一、机构编制实名制

2005年,市编委印发《关于乡镇机关事业单位编制实名制管理的实施意见》,在全市推行乡镇机关事业单位编制实名制管理工作。2007年,印发《关于全市党政群机关事业单位实行机构编制实名制管理的通知》,在全市范围内推行机构编制实名制管理工作。

2010年,市编办独立设置后,设立机构编制实名制管理科。2011年9月,市编办、市财政局印发《关于印发〈德州市市直机关事业单位人员编制使用审核与经费管理实施办法〉的通知》,明确了编制使用程序,建立了编制使用审核制度。11月,印发《关于实行市直机关事业单位核减人员通知单的通知》,进一步规范市直机关事业单位的机构编制实名制管理。市、县(市、区)建立了机构编制综合管理信息系统。

二、监督检查

2005年,市编办印发《全市县乡机构编制管理工作监督检查的工作方案》。2008年3月,对全市132个乡镇(街道)的机构编制和实有人员情况、乡镇机构编制实名制管理情况和乡镇控编审批情况开展监督检查。2009年3月,依据省编办《关于对全省党政群机关和事业单位实行机构编制实名制管理情况进行督促检查的通知》,开展机构编制实名制执行情况的监督检查。

2010—2011年,市编办与市纪委、监察局出台《德州市机构编制监督检查工作办法(试行)》;开通"12310"举报电话,并对教育、卫生等20个部门所属210个事业单位执行机构编制法规政策及相关情况进行专项检查。会同市监察局、市政府法制办对全市政府机构改革部门职责调整和行政审批制度改革审批项目调整落实情况开展专项监督检查。会同监察、食安部门对市商务、农业、卫生、食品药品监管、畜牧兽医、工商、质监等部门食品安全监管职责履行情况进行专项检查。

第三章 劳动管理

1986年,根据国务院《关于发布改革劳动制度四个规定的通知》精神,将实施劳动合同制的范围扩大到除特殊行业外的所有国营企业新招收工人。1988年,着手在企业中推行优化劳动组合、搞活固定工制度的工作,在抓好定编、定员、定额管理的同时,扩大企业用工自主权,将竞争机制和市场机制引入企业劳动人事管理。

1992年,在全区范围内全面推行企业劳动人事制度改革,允许企业根据国家政策和核定的用人计划,按照生产实际需要,自行确定用工数量、用工形式和用工时间等,并通过劳务市场实行"双向选择"。

1995年,企业自主用工、个人自主择业、主

体双方选择、市场竞争就业的新机制初步形成。为确保劳动关系的和谐发展，自1986年起，市、县劳动部门相继建立劳动争议仲裁机构；1995年在全市建立劳动监察机构，设立劳动监察举报电话。至此，劳动监察、劳动争议仲裁、劳动信访三位一体、相互衔接的劳动关系协调机制初步形成。

为促进企业内部经济责任制的落实，调动企业、职工两个积极性，1984年开始试行工效挂钩政策。到1993年，初步建立了工资总额分级分类管理体制，确立工效挂钩为工资总额宏观调控的主要形式。1995年以后，在宏观调控方面相继实行了最低工资标准、工资指导线、劳动力市场工资指导价位、工资集体协商、技术工人津贴等制度。2000年后，实行工资指导线制度，政府只对企业调资进行宏观指导，具体调资工作由各企业自行确定。至2011年，企业职工档案工资、等级工资已基本打破，形成以岗位技能工资为主的多样化分配形式。

1986年后，全区技工培训机构发展迅速，逐步代替“以师带徒”的学徒工制度和“先招工，后培训”的旧模式。1985年，开始在全区企业内部推行工人技术等级考核制度。1988年，开始在部分国有企业进行技师聘任制试点。1990年，在试点的基础上，技师评聘工作在全区全面推开。1994年，建立并逐步推行职业技能鉴定制度。1998年，实现工人技术等级考核制度向职业资格证书制度的转轨，全面实行社会化职业技能鉴定。

第一节 劳动就业

一、就业

1986年后，全区新成长劳动力处于新中国建立后又一个高峰期，加上“农转非”速度过快，城镇就业形势严峻。面对这一情况，全区推进劳动制度改革，实行劳动部门介绍就业、自愿组织起来就业和自谋职业的“三结合”就业方针，但在具体措施上仍采用统一报名、统一考试、统一政审、统一录取的办法。在招工方面，仍沿用计划经济的行政手段，由劳动部门下达指标，并规定全民、集体所有制指标不得混用和超用。为广开就业门路，多渠道安置就业，1986年9月，成立地区劳动服务公司，开展就业安置服务工作。此后，全区国营企业、事业单位及其主管部门和机关、部队、学校、群众团体等相继举办劳动服务公司，开辟和发展新的生产服务门路，组织本单位职工的待业子女和吸收本单位富余人员就业。至1987年年底，全区劳服企业和服务网点108个，安置从业人员2053人，成为安置就业的重要渠道。

1988年4月，县级德州市成立全区第一家多方位、综合性劳务市场，把招工计划指标纳入劳务市场，使劳动部门、用工单位和求职者三方见面，便于劳动力供求双方相互选择，改变了单纯依靠行政手段招工、培训、调配劳动力的做法。同年10月，地区行署确定德州、武城、夏津、平原、禹城、陵县6个县（市）为劳务市场建设试点单位。1990年，在试点的基础上，县市劳务市场建设普遍推开。1991年，地区职业介绍所建立（1994年改为地区职业介绍中心），各县市劳务市场统一更名为职业介绍所。至1992年年底，全区地、县两级劳动部门建立职业介绍所12个，乡镇、街道劳动服务站239个。随着“三结合”就业方针的落实，城镇待业率开始下降，就业压力得到一定程度的缓解。1986—1992年，全区通过劳务市场和职业介绍机构办理各种求职登记18.87万人次，招收城镇合同制工人17.49万人；城镇失业率由1989年的5.6%下降到1992年的4.9%。

1995 年，德州地区劳动部门上街宣传劳动法　　（焦方兵　摄）

自 1993 年起，取消企业单位用工指令性计划指标，由企业自主决定用工数量，劳动部门不再下达计划指标。在办理招工手续时，取消职工的全民、集体所有制身份界限，企业招工和劳动者择业到职业介绍机构实行双向选择，除复员退伍军人、大中专毕业生等仍实行统配外，其他企事业单位用工，劳动部门不作行政干预。为适应用工制度改革的需求，全区重点加强职业介绍所（站）基础建设。1994 年，全区 12 个县以上职业介绍中心（所）普遍通过省级验收；196 个乡镇劳动服务站加挂职业介绍所牌子。至此，全市劳动就业用工招工制度基本实现市场化，并形成以地、县劳动部门职业介绍中心（所）为龙头，乡镇职业介绍所为依托，社会及民办职业介绍机构为补充的职业介绍服务网络。职业介绍机构建立后，定期举办劳动力市场，开展日常的求职登记和职业介绍，开展委托档案管理业务和人事代理业务，代交养老保险等业务。

1995 年，劳动就业工作重点由安置城镇待业青年为主，转向安置待业青年与分流安置失业、下岗职工并重，坚持多渠道扩大就业的方针，就业主渠道转向非国有企业。1996 年 4 月 26 日，德州市劳动力市场投入使用，实行用工登记、求职登记、失业登记、职业介绍一条龙服务。1998 年，各级职业介绍机构开始增加代管职工档案、代理企业招工、代缴社会保险等劳动事务代理业务。1999 年 12 月，按照劳动力市场“三化”（科学化、规范化、现代化）建设的要求，市劳动力市场完成局域网建设，实现就业服务办公自动化。2000 年 4 月，全市 11 个县级劳动力市场全部安装网络设备。2001 年 7 月，组建德州市劳动保障事务代理中心，与市职业介绍中心合署办公。代理中心受市劳动就业办公室委托，代办招工手续、代办就业手续、代办劳动合同鉴证、代存职工档案、成建制管理职工档案、为单位和个人代办社会保障业务、代办工资审批、代办劳动保障部门的其他业务。

2003 年 2 月，市委、市政府制定《关于进一步做好就业工作的实施意见》，从拓宽就业渠道、促进弱势群体就业、鼓励非正规就业和非全日制就业、提高劳动者素质、建立健全基层劳动保障服务机构、加大资金投入、完善社会保障体系和创造宽松的就业环境 8 个方面做出全面部署。2007 年 5 月，印发《进一步加强职业中介机构管理》的意见，规定公民个人和法人开办职业介绍机构，经属地劳动保障部门审查合格，发给“山东省职业介绍许可证”。同年，根据山东省建设规范化公共人力资源市场的要求，全市县级人力资源市场全部达标。2010 年 6 月，

禹城市人力资源市场成为全省20个省级示范人力资源市场之一。2011年,建立健全建设项目就业评估制度,完善求职人员信息库和招聘岗位信息库,为用工单位和劳动者提供信息、搭建平台。是年,全市新增城镇就业7.45万人,其中下岗失业人员再就业1.88万人,分别完成全年计划的106.28%和102%;年末城镇登记失业率2.8%,低于控制目标。

1993—2011年德州市(地区)职业介绍中心举办劳动力市场情况表

表28-11

年份	举办劳动力市场数(次)	发布用人信息(条)	求职登记人数(人)	用人单位登记数(个)	介绍成功人数(人)
1993	162	3123	27063	693	14967
1994	162	4374	43056	729	19692
1995	162	4095	59049	819	22113
1996	162	4293	75042	956	25758
1997	162	46575	91035	1035	29826
1998	1314	35478	107028	7884	47304
1999	1332	60876	123021	13527	55152
2000	1332	131868	139014	29304	71946
2001	1332	197802	155007	43956	103095
2002	1332	263736	171918	58608	120258
2003	1332	305694	155916	67932	154071
2004	1332	323676	139914	71928	143856
2005	1296	227772	123912	50760	122580
2006	1287	376452	107910	83655	145629
2007	1314	361179	91908	80262	261837
2008	1332	343197	75906	76266	115443
2009	1314	320238	59904	71163	123345
2010	1278	273096	43902	60687	123876
2011	993	215505	27801	47889	124902

1986—2005 年德州市(地区)劳动服务企业情况表

表 28－12

年 份	劳服企业个数	服务网点个数	安置从业人员(人)	产值经营额(万元)	利润(万元)	税金(万元)
1986	117	292	1837	478.3	28.2	15.3
1987	105	325	1729	1443.9	90.0	59.7
1988	108	336	2053	2752.8	187.7	105.6
1989	180	482	1753	2834.9	143.8	111.2
1990	149	372	1585	4743.1	336.2	184.9
1991	151	397	2952	6166.0	323.2	234.3
1992	173	401	3271	11402.8	727.5	353.4
1993	174	422	1635	12004.8	833.2	120.1
1994	169	413	3675	12703.0	1037.8	444.6
1995	157	398	1136	22530.7	1340.3	878.6
1996	167	409	2451	78051.6	4683.1	2497.6
1997	148	380	2418	50525.7	3536.8	1616.8
1998	163	379	1490	20523.3	1231.4	656.7
1999	169	263	1831	18880.7	1227.2	640.8
2000	97	157	993	14506.1	942.9	478.7
2001	95	150	532	9816.9	638.1	314.1
2002	90	133	660	7150.8	407.6	228.8
2003	93	135	581	3006.1	1147.3	98.1
2004	82	128	410	2061.3	121.6	63.9
2005	71	101	60	1686.2	97.8	52.2

二、再就业

下岗职工再就业　1992 年开始，随着国有和集体企业产业结构调整和企业改制，加上部分企业因经营困难而关停，大批职工下岗失业。1995 年 8 月，市政府印发《德州市实施再就业工程的意见》，开始在全市实施再就业工程。下岗职工再就业采取系统内部调剂、兼并安置、转产安置、组织生产自救、开展转业培训、兴办劳服企业、鼓励自谋职业等多种形式。1997 年，企业改制加快，困难企业增多，再就业矛盾日趋突出。市委、市政府把完善社会保障体系建设、实施再就业工程作为“民心工程”“首长

工程”，下发《关于进一步做好再就业工作的通知》，成立由市长挂帅、16 个部门参加的再就业与企业解困工作领导小组；实行再就业目标管理，层层签订目标责任书。年内，全市企业下岗职工达到 33217 人，占全市企业职工总数的 18%；通过政策引导、资金扶持，多渠道安置下岗失业职工 18667 人，再就业率达 56.2%。1998 年，市委、市政府印发《关于进一步做好企业下岗职工基本生活保障和再就业工作的通知》，成立德州市再就业服务中心，全市有下岗职工的企业也全部建立再就业服务中心，符合条件的下岗职工全部进入中心。至年底，全市建立企业再就业服务中心 835 个，进入企业再就业服务中心 21569 人，实现再就业 11838 人。

2000 年，下岗职工由基本生活保障制度开始向失业保险制度和城市居民最低生活保障制度“并轨”过渡。2001 年起，新出现的下岗职工不再进入企业再就业服务中心，原留在再就业服务中心的下岗职工与原企业解除劳动关系，由基本生活保障制度向失业保险制度“并轨”。到 2002 年 6 月，除中央属企业十三局再就业服务中心 945 名下岗职工外，其他下岗职工全部实现“并轨”。

失业人员再就业　2003 年，再就业工作重点由下岗职工再就业转入失业人员再就业。当年，市、县劳动保障部门为 11886 名下岗失业人员发放“再就业优惠证”。领取“优惠证”的下岗失业人员根据不同情况，可享受自主创业税费减免、社会保险补贴、再就业培训政策补贴、职业介绍补贴、小额贷款担保以及公益性岗位安置等扶持政策。2004 年 1 月，在市劳动力市场首次举办市直安置困难群体就业专场招聘洽谈会，367 名下岗失业人员找到工作岗位。2005 年，再就业优惠政策适用范围从国有企业下岗失业人员扩展到到集体企业下岗失业职工、复员转业军人和进城求职的农村劳动者。2007 年 4 月，市政府办公室印发《德州市就业失业登记管理暂行办法》。该办法规定，在法定劳动年龄内、有劳动能力且有就业要求的德州市户籍城镇劳动者、转移到非德州市产业就业的农村劳动者、被征地农民以及来德州市稳定就业的非德州市户籍人员，进行就业或失业登记，市外户籍人员在德州市稳定就业 6 个月后（含 6 个月）失业的，可进行失业登记。9 月，市政府出台《关于做好城镇零就业家庭和农村零转移就业贫困家庭就业援助工作的意见》，确定到 2007 年 12 月 31 日前做到“存量消零”，2008 年起实施“动态消零”。对认定的城乡“双零家庭”，按照“出现一户、认定一户、帮扶一户、就业一户”的原则实施就业援助。2008 年 4 月，《德州市就业困难人员认定和管理意见》公布，提出城乡就业困难人员凭“登记证”享受公益性岗位安置、社会保险补贴、岗位补贴等扶持政策。2011 年，市政府办公室印发《加快发展家庭服务业的意见》，该意见明确，农村富余劳动力、就业困难人员、高校毕业生、退伍转业军人到家庭服务业就业、创业的，给予创业培训补贴、一次性岗位开发补贴、一次性创业补贴。是年，全市支出各项就业资金 2800 万元，为自主创业或从事个体经营的失业人员减免税费 116 万元，为服务型企业减免税收 14.4 万元。

1995—2011 年，举办各类培训班 7608 个，培训下岗职工 31.9 余万人，开展就业指导教育 35.4 万多人，下岗失业职工累计实现再就业 23.2 万人。

1997—2011 年德州市企业下岗职工及再就业情况表

表 28－13　　单位:人

年份	上年末结转下岗职工	本年度新增下岗职工	下岗职工再就业	年份	上年末结转下岗职工	本年度新增下岗职工	下岗职工再就业
1997	12167	21050	18667	2005	17669	9262	19560
1998	14550	18857	11838	2006	18347	8741	15069
1999	21569	10221	11016	2007	20048	8748	21194
2000	19878	7292	12084	2008	20973	17234	20408
2001	14642	16000	5573	2009	14555	6571	19154
2002	4838	7015	2131	2010	21914	7335	20993
2003	20678	6593	17581	2011	20092	7867	18846
2004	19317	7323	17540				

三、劳务输出

1988 年,各县(市)职业介绍机构及乡镇劳动服务站,开始组织农村富余劳动力外出务工。1992 年,地区劳动局、地区乡镇企业局分别成立劳务经济技术开发公司和劳务输出公司,开展劳务输出业务。至 1993 年年底,全区在外务工人数达到 8.6 万人。

1994 年 8 月,地区行署印发《关于进一步开展劳务输出工作的意见》,将发展劳务输出纳入促进经济发展的战略措施。是年,乐陵市、宁津县劳动局分别与天津大港、上海宝钢建立劳务关系;禹城、平原、夏津等县(市)劳动局和地区劳务总公司开辟青岛、威海、北京、天津等城市的劳务输出基地,全区初步形成以劳动部门职业介绍机构为龙头、以乡镇劳动服务站为依托,以社会和民办输出机构为补充的劳务输出网络。到 1997 年,全区在外务工总人数达到 15.19 万人。

1998 年,受全国下岗失业人员再就业影响,全市劳务输出工作陷入低谷。1999 年,市政府印发《关于进一步做好劳务输出工作的通知》,召开全市劳务输出工作经验交流会议,推动劳务输出工作。2001 年,将劳务输出任务逐级分解到县、乡、村,实行目标责任制。到 2002 年,市、县、乡普遍成立劳务输出工作领导小组,市、县、乡、村劳务输出组织网络基本形成。全市建立劳务输出中介机构 135 个,工作人员 514 人;在外务工人数达到 32.64 万人。

2003 年,全市劳务输出开始由劳务型输出向技能型输出转变,以技校、职业中专为依托,建立劳务输出培训基地 40 个。2004 年,市政府对各县(市、区)劳务输出机构及工人培训、输出计划完成等情况进行考核,全年认定省级劳务培训基地 9 个、市级劳务培训基地 15 个,建立劳务输出培训基地 50 个。2007 年,夏津县、禹城市被评为全省第一批劳务输出示范县(市),德州市德仁劳务集团的“四方技工”获得省级驰名劳务品牌和全国劳务品牌推介会优秀品牌。2008 年 4 月,德州市王玉良等 10 人、临邑县宏建公司等 10 家企业分获“山东省首届百名农民工之星”和“山东省首届百家善待农民工和谐企业”荣誉称号。是年,全市劳务输出总量首次突破百万人大关，达到102万人。2009年3月19日，《农民日报》以《让出去的放心，让回来的安心》为题，整版报道德州市农民工就业工作。2010年7月，夏津县被确定为省级农村劳动力转移就业工作示范县。至2011年年底，全市农村劳动力转移就业人员外出务工人员总数141万人，其中赴省外务工40余万人，市外务工101万人；企业雇佣农民工98万人，其中当地农民工81万人，外市农民工12万人，外省农民工5万人。

1994—2011年德州市劳务输出情况一览表

表28-14　　单位：万人

年　份	劳务输出人数	期末在外务工人员总数	年份	劳务输出人数	期末在外务工人员总数
1994	6.12	10.26	2003	14.38	48.69
1995	6.20	12.51	2004	13.90	60.90
1996	5.18	14.26	2005	12.81	73.00
1997	5.95	15.19	2006	11.58	82.89
1998	2.28	16.54	2007	9.20	98.00
1999	4.83	17.62	2008	11.83	102.00
2000	12.18	26.50	2009	14.53	99.38
2001	7.82	29.08	2010	13.60	132.10
2002	12.34	32.64	2011	11.80	141.06

第二节　劳动关系协调

一、劳动合同

1984年10月，开始在县级德州市对新招工人实行劳动合同制试点。同年国务院关于改革劳动制度的4个暂行规定下发后，在新招工人中全面推行劳动合同制。至年底，全区签订劳动合同的达到23126人，占职工总数的7.5%。

1987年，配合劳动合同制的实施，部分县（市）开展劳动合同鉴证试点工作，当年鉴证劳动合同19332人。1989年，劳动部《关于劳动合同鉴证问题的通知》发布，劳动合同鉴证工作在全区展开。是年，全区鉴证劳动合同44587人，占劳动合同制工人总数的70%，并对1750名临时工的劳动合同进行鉴证。1990年6月，劳动合同签订、鉴证工作开始向私营企业和个体经济组织延伸。1991年，全区把劳动合同鉴证作为招收录用工人的一个关键环节，实行从组织招收、签订合同、合同鉴证、录用审批和办理社会保险“一条龙”服务。

1992年，按照“国家宏观调控，企业自主用工，多种形式并存，全员劳动合同”的改革目标，确定在全区29家企业中试行全员劳动合同制和竞争上岗合同化管理。到1993年年底，全区试点企业增加到66家、职工4.03万人，其中有12家企业的7071名职工签订全员劳动合同;598家企业的9.75万名职工实行岗位合同化管理。1994年,根据《山东省劳动合同管理试行规定》,全区加快推行劳动合同制度的步伐。到12月底,县级德州市和武城县普遍实行劳动合同制度,全区劳动合同制职工达到12.4万人,占企业职工总数的47.7%,其中有218家企业的6.6万名职工全部实行劳动合同制度。1995年1月1日,《中华人民共和国劳动法》正式实施,劳动合同及鉴证工作步入法制化轨道。1996年,在加快国有、集体企业实行劳动合同制扫尾工作的同时,加大其他类型企业实行劳动合同制的工作力度。到1997年,全市签订劳动合同的国有和县以上集体企业达到2034家、职工27万人,分别占企业总数和职工总数的99.7%和99.2%;乡镇企业、私营企业826家、职工40635人,分别占该类企业和从业职工总数的90%和91%。

2002年,根据《山东省劳动合同条例》和省劳动保障厅、经贸委、总工会、企业联合会《关于转发劳动和社会保障部等部门〈关于进一步推行平等协商和集体合同制度的通知〉的通知》,全市推行企业平等协商和集体合同工作。是年,全市审查企业集体合同2191户,涉及职工224414人,审查集体合同企业数是上年的16倍。2003年,在全市进一步推行集体合同制度,完善自主协商、自我调节的集体协商机制,创立行业性和区域性集体合同。2006年,市、县两级劳动保障部门全部建立劳动关系三方协调机制,制定全面推行劳动合同制度方案,劳动合同签订率进一步提高。2008年1月,贯彻新颁布的《中华人民共和国劳动合同法》,全市全面实施劳动合同备案制度,劳动合同鉴证制度同时废止。2009年,完善劳动合同备案制度、工作流程和操作程序。2010年4月,印发《关于规范集体合同备案审查工作有关问题的通知》,进一步细化对劳动合同的管理。至2011年年底,全市订立劳动合同的劳动者达183846人,基本做到了全面推行和覆盖;各类用人单位的劳动合同均纳入备案管理。全市累计有2985家企业签订集体合同,总签订率达85%。

二、劳动争议仲裁

为适应劳动制度改革的新形势,1986年8月,地区劳动局设劳动争议仲裁办公室;10月,各县(市)劳动争议仲裁办事机构相继建立。全区共配备专职劳动争议仲裁工作人员32名。到1992年,依照《国营企业劳动争议仲裁处理暂行规定》,全区采取仲裁庭形式处理劳动争议案件93起。

1993年,根据《中华人民共和国企业劳动争议处理条例》规定,普遍推行劳动争议仲裁员、仲裁庭办案制度,当年立案处结劳动争议案件3起,非立案处结劳动争议案件5起。1996年,全市普及运用劳动争议仲裁程序解决劳动争议的做法,当年受理劳动争议案件255起,同比增长193.3%。1999年,全市劳动仲裁机关受理劳动保障争议案件534起,审结486起,处结率92%。其中仲裁调解结案217起,裁决结案189起,其他方式结案80起。立案前经由企业调解委员会、乡镇劳动关系调解委员会调解解决的劳动争议3871起,涉及职工4210人。较好的发挥了人民调解第一道防线作用。

2003年,建立劳动保障、经委和工会劳动关系协调三方会议制度,重大疑难案件,由三方会议共同商讨解决。2004年,探索实行劳动仲裁程序告知书、劳动仲裁案件预审、庭前证据交换、流动仲裁庭制度,案件调解成功率较上年提高20%。2005年,市仲裁办制定《劳动仲裁监督办法》,建立融内部监督、上下监督和社会监督于一体的制约机制。同年,庆云县成立全省第一家县级劳动争议仲裁院。2006年,市仲裁办制定《劳动仲裁办案细则》《劳动合同鉴证工作制度》等12项工作制度,完善仲裁告知、立案

预审、证据交换等6项便民措施。全年处理劳动争议案件1060件，审结1020件，结案率96.2%。

2007年3月，市劳动争议仲裁委员会办公室更名为市劳动争议仲裁院。2008年，坚持提前介入，简化仲裁程序，全市共受理劳动争议案件1553起，全部按期结案。其中市劳动仲裁院立案受理572起，调解结案292件，调解率51%；立案前调解265件，占立案案件的46.3%。2009年，市县两级全部建立劳动争议仲裁院。2010年，推广临邑县“仲裁派出庭”工作经验，探索实行“仲裁案件建议调解”制度。全市共受理劳动争议案件1435件，结案1411件，结案率98.3%。其中，市劳动仲裁院立案受理431件，占全市受理案件总数的30%，当年结案431件，结案率100%。2011年，全市受理劳动人事争议案件1038件，涉及当事人1038人，结案1023件，结案率98.6%，受理案件中居前三位的争议类型分别为劳动报酬类306件，经济补偿类358件，社会保险待遇及福利类263件；涉及农民工工资的案件52件。

1987—2011年，全市累计立案受理劳动争议案13370起，涉及劳动者15395人。为职工挽回经济损失30751万元，为企业挽回经济损失4687.5万元。

1987—2011年德州市(地区)劳动仲裁案件、劳动合同鉴证一览表

表28-15

年份	处理劳动仲裁案件(件)	鉴证劳动合同(人)	审查集体合同	
			审查户数	涉及职工(人)
1987	8	19332	—	—
1988	18	44587	—	—
1989	10	38608	—	—
1990	21	30113	—	—
1991	23	32879	—	—
1992	13	21835	—	—
1993	31	10087	—	—
1994	46	69753	—	—
1995	87	31534	38	18725
1996	255	52639	651	186021
1997	267	32269	115	21202
1998	381	16385	53	19636
1999	534	31782	57	113431
2000	397	38845	127	91845
2001	531	41233	129	21705

续表 28－15

年 份	处理劳动仲裁案件(件)	鉴证劳动合同(人)	审查集体合同	
			审查户数	涉及职工(人)
2002	599	35788	2191	224414
2003	431	28686	246	108231
2004	685	18630	114	62116
2005	1165	15685	38	14592
2006	1060	21685	130	93566
2007	1165	3853	126	87596
2008	1553	—	—	—
2009	1617	—	—	—
2010	1435	—	—	—
2011	1038	—	—	—

三、劳动监察

《中华人民共和国劳动法》实施后，市劳动局于1995年5月成立劳动监察科。10月，市政府印发《关于贯彻实施〈山东省劳动监察办法〉的通知》，对全市劳动监察机构的设立、人员配备及工作范围等做出规定。至年底，各县(市、区)劳动部门也全部建立劳动监察机构，全市劳动部门共配备专兼职监察员27人。2002年，市劳动保障监察大队建立。至2011年年底，全市有劳动监察机构12个，配备专兼职监察员75名。

劳动年检　1996年10月，市政府办公室印发《关于建立劳动用工年检工作制度的通知》，决定建立劳动年检制度。1997年2月，首次对全市国有、集体以及外商投资企业遵守劳动法律法规的情况进行年检，年检单位1395个，涉及职工34.86万人，年检合格率64.7%。1998年，扩大年检范围，首次对私营企业和乡镇企业进行年检。1999年，把用人单位规章制度、下岗职工管理情况列入年检内容，对社会保险费的缴纳和下岗职工的基本生活保障情况进行重点检查。2001年，年检首次延伸到事业单位。2002年，实行《劳动保障年检通知书》《责令改正通知书》制度，年检覆盖面进一步扩大，事业单位全部纳入年检范围。至2011年年底，全市累计检查用人单位16740户次，涉及职工267.9万人次。补缴社会保险费1.66亿元，补签劳动合同14.2万份，补发拖欠工资4664.47万元。

举报案件专查　1999年9月，设立市及各县(市、区)劳动监察举报电话，并向社会公布。至2011年年底，全市劳动监察机构累计接待来诉来访9.78万人次，涉及职工21.6万人次；受理举报1646起，立案1246起，结案1233起，查处违法单位655)次；办理上级及其他部门转办案件25件。通过监察，补签劳动合同6.65万份，清退风险抵押金86万元，补缴社会保险费1286万元。

专项检查　1995年11月，市劳动局会同公安、工商、工会等部门对用人单位执行《中华人民共和国劳动法》情况进行首次专项检查，全市共抽调 554 名人员，检查用人单位 1488 个，涉及职工 34.39 万人；对 52 家企业进行警告和通报批评，对 67 家企业责令整改，对 12 家企业给予行政处罚。至 2011 年年底，全市劳动监察机构对市内企事业单位累计进行 17 次大的专项检查，内容涉及劳动就业、劳动合同、社会保险、工资、工作时间、职业培训等方面。通过主动检查，全市累计检查用人单位 16740 户次，涉及劳动者 267.9 万人次；补签劳动合同 15.1 万份；责令支付工资 4665 万元，责令补缴社会保险费 16595 万元。

1995—2011 年德州市劳动监察情况表

表 28 - 16

年份	主动检查单位（户）	涉及劳动者（万人）	职工投诉举报结案（个）	补签劳动合同（份）	补发拖欠克扣工资（万元）	督促补缴社会保险费（万元）	清退抵押金（万元）	取缔非法职介所（个）	受理行政复议（起）	行政应诉案件（起）
1995	1488	34.39		40556	379.76	244.30	—	—	—	—
1996	513	9.78	27	14352	306.23	291.50	32.20	24	—	—
1997	441	7.33	38	4477	684.72	607.49	42.35	18	—	—
1998	472	7.69	40	2090	283.40	479.30	1029.00	92	—	—
1999	509	11.24	51	3293	109.20	507.40	6.95	29	—	—
2000	397	8.32	37	4117	87.00	237.40	3.75	14	5	—
2001	510	10.34	41	6106	11.08	676.00	5.04	11	5	3
2002	528	11.83	22	2804	9.42	225.00	3.29	16	6	2
2003	803	17.21	29	9344	58.40	1109.00	1.26	10	5	7
2004	267	6.38	112	2200	33.60	133.42	2.10	11	9	1
2005	1767	36.20	366	11356	710.56	854.40	1.90	21	14	6
2006	631	5.40	139	3000	256.00	341.00	1.30	21	8	1
2007	810	8.10	95	8120	204.60	963.00	1.10	17	15	2
2008	627	4.50	352	6000	200.00	450.00	—	16	12	3
2009	2479	23.25	325	15100	76.50	1445.04	—	16	11	9
2010	2098	39.04	910	11219	441.00	2215.64	—	10	9	6
2011	2400	26.90	457	6930	813.59	5815.50	—	29	5	3

第三节　劳动工资

一、工资改革

工效挂钩　1986年，为促进企业内部经济责任制的落实，调动企业、职工两个积极性，德州地区开始在4家企业进行工资总额与经济效益挂钩办法试点（简称工效挂钩）。1987年，在试点的基础上，在全民企业中全面推行。至年底，有592家地、县属全民企业实行工效挂钩，占地、县属全民企业总数的51%，挂钩企业职工12.9万人，占地、县属全民企业职工总数的62%。1988年，对实行工效挂钩的企业，开始试行先浮动后固定的滚动升级办法。浮动升级时间、浮动面、条件等由企业自行确定。1989年10月，地区行署印发《关于企业建立正常工资升级制度的通知》，对经批准实行工资总额同经济效益挂钩的企业，使用一部分新增效益工资，采取滚动浮动升级先浮动后固定的办法，在全区企业建立正常的工资升级制度。1992年，改进工效挂钩办法，通过推行复合指标挂钩，加强同行业企业间的横向比较，建立附助指标考核体系和严格的清算制度，使企业工效挂钩办法进一步完善。是年，全区挂钩企业达到776家、职工18万人。

1993年，在全区工资总额弹性计划范围内，对企业实行工资总额分类调控。一是确立工效挂钩为工资总额宏观调控的主要形式，取消效益工资“分档限额”提取和工资总额80%保底的规定，将工资总额全部纳入挂钩工资的范围。全区实行工资总额与经济效益挂钩的企业671家，职工15.75万人，分别占全区企业和职工总数的55.9%和73.3%。二是对没有实行工资总额与经济效益挂钩的529家企业，全部实行工资总额包干的办法。三是在德州振华玻璃厂进行企业自主确定工资总额的试点。经过一年的试行，该厂全年实现利税比上年增长273%，提取工资总额增长220%，实发工资总额增长98%，职工货币平均工资增长75.5%。1995年，围绕建立现代企业制度，在核定和调整企业挂钩工资总额基数时，加强横向比较，体现效率优先、兼顾公平的原则；同时帮助自主试点企业建立健全自我约束机制。1996年，完善工资总额分类调控政策办法，明确规定把企业国有资产的增值、保值率作为否定指标，凡达不到要求的，不得提取增效工资。是年，全市实行工效挂钩办法的企业共505家，职工130803人，占全部企业户数和职工总数的40%和61.1%；实行工资总额包干办法的企业761家，职工72410人，占全部企业户数和职工总数的59.9%和33.8%；实行自主确立工资总额试点的企业3家，职工10847人。

1999年，对企业工资分配宏观调控进行改革，国有、县以上集体企业工资总额由主要实行工效挂钩改为国有、国有控股企业实行工效挂钩或自主确定工资总额，股份（合作）制和民营企业自主确定工资总额。此后，由于实行计税工资等原因，挂钩企业逐年减少。至2001年，工效挂钩政策退出历史舞台。

企业内部分配制度改革　1986年后，企业内部分配制度改革不断推进，主要有浮动升级、计件工资、定额工资、岗位工资和计时工资加奖励等。1988年，对实行工资总额与经济效益挂钩的企业，开始试行先浮动后固定的滚动升级的办法。1989年，在56家企业进行考工晋级试点。1992年9月，印发《德州地区企业工资制度改革意见》，开始全面推开“浮转固”升级办法。是年，全区浮动工资转固定工资的职工3.76万人，占企业全部职工人数的18.8%；同时在保障厂长权利不受侵犯的前提下，有121家企业1290人使用了厂长3%晋级指标。至此，企业内部分配形成以工效挂钩企业浮动升级转固定、考工晋级、厂长3%晋级3项指标为主线的工资增长机制。

1993年，根据省劳动厅《关于适当解决企业职工工资问题的通知》精神，开始在企业中推行岗位技能工资试点，将企业职工的等级工资套改为岗位技能工资。是年，全区有30家企业的2.4万名职工进行岗位技能工资制试点，其中7家企业1.22万名职工实行岗位技能工资。1994年，全区企业职工统一实行岗位技能工资标准，将原来企业管理人员执行的17个等级工资标准和企业工人执行的10个等级工资标准，统一调整为40个等级的技能工资标准，起点工资分别由45元、47元、48元调为90元、95元、100元。1999年，市劳动社会保障局制定《关于不再审批企业职工个人档案工资的通知》和《关于改革企业内部分配办法的意见》，放开放活企业内部分配权。至此，企业职工档案工资、等级工资已基本打破，形成以岗位技能工资为主的多样化分配形式。

在对企业内部分配制度改革的同时，为保障劳动者个人及其家庭成员的基本生活，根据劳动部《企业最低工资规定》《关于实施最低工资保障制度的通知》，1995年实行企业最低工资标准制度。1999年，按照省政府《关于发布1999年企业工资指导线的通知》要求，开始对全市城镇各类企业实行工资指导线制度。当年确定的企业工资指导线的基准线、上线、下线分别为：8%、12%、4%，工资基数为4548元。2002年，为保障劳动关系双方的合法权益，按照劳动和社会保障部《工资集体协商试行办法》，选择30家企业开展工资集体协商试点。2003年，针对部分企业出现拖欠职工工资现象，市劳动保障局与市总工会联合印发《关于建立欠薪报告制度的通知》，要求各类企业按照规定建立正常的企业欠薪报告制度和预警预报制度；同时市县两级都成立解决欠薪协调小组，严格执行“四不准”（凡拖欠工资的企业，经营者不准评先树优，不准兑现各种奖励，不准增加工资，实行年薪制的不准兑现效益年薪），有效约束企业拖欠工资行为。2005年，公布城区125个职位（工种）的劳动力市场工资指导价位。2007年，市政府成立全市推进企业解决工资拖欠问题联席会议办公室，形成预防和解决工资拖欠的长效机制。

1995—2011年德州市企业最低工资标准一览表

表28－17

最低工资标准（元/月人）	执行范围	执行起止时间
150	德城区	1995.7.7—1997.3.31
130	各县（市）	
180	除庆云之外的县（市、区）	1997.4.1—1997.6.30
160	庆云县	
260	德城区	1997.7.1—2001.6.30
240	各县（市）	
310	德城区	2001.7.1—2002.9.30
280	各县（市）	

续表 28－17

最低工资标准(元/月人)	执行范围	执行起止时间
340	德城区	2002. 10. 1—2004. 12. 31
310	各县(市)	
380	德城区	2005. 1. 1—2006. 9. 30
350	各县(市)	
430	德城区	2006. 10. 1—2007. 12. 31
390	各县(市)	
500	全市	2008. 1. 1—2010. 4. 30
600	全市	2010. 5. 1—2011. 2. 29
800	全市	2011. 3. 1—2011. 12. 31

2000—2011 年德州市企业工资指导线一览表

表 28－18　　单位:元

年份	山东省企业工资指导线			德州市企业工资指导线	工资基数
	基准线	上线	下线		
2000	8%	12%	4%	8%	5048
2001	10%	16%	6%	10%	5594
2002	9%	15%	4%	9%	6122
2003	10%	16%	4%	10%	6599
2004	9%	15%	5%	9%	7474
2005	10. 50%	16. 50%	5. 50%	10. 50%	9180
2006	11%	17%	6%	11%	10997
2007	16%	24%	10%	16%	12651
2008	15%	22%	8%	15%	15776
2009	9%	15%	4%	9%	17369
2010	15%	23%	6. 50%	15%	21647
2011	15%	23%	6. 50%	15%	24265

二、工资调整

1986年,根据劳动人事部《关于1986年适当解决国营企业工资问题的通知》,德州地区从1986年10月起,按照国营企业人均每月增加1.8元计算增加工资总额。此次工资调整,劳动部门只下达增资指标,升级方案由企业自行制定。多数企业采用在第四季度与奖金捆绑使用的办法。

1988年,对实行工资总额与经济效益挂钩的企业,开始试行先浮动后固定的滚动升级的办法。固定升级的幅度为企业新增效益工资比上年每增1%,给3%~4%有浮动工资的职工固定一级标准工资。

1989年4月,地区劳动局印发《关于企业试行浮动工资标准的通知》和《关于知识分子浮动工资固定的通知》,对企业试行浮动工资标准,把知识分子浮动升级纳入企业内部工资分配体系,统一按企业内部工资分配有关规定执行。全市参与这项改革的企业1211家,职工21.1万人,职工档案工资人均月增14元,其中工人12元、干部16元。按照省企业工资改革领导小组、省劳动局有关规定,从1989年8月起,实行国营企业专业技术人员职务工资,全区1193家企业、2.3万名专业技术人员兑现职务工资,月增资额34.5万元,人均月增资15元。10月,行署印发《关于企业建立正常工资升级制度的通知》,对经批准实行工资总额同经济效益挂钩的企业,使用一部分新增效益工资,采取滚动浮动升级先浮动后固定的办法,在全区企业建立正常的工资升级制度。全区有717户企业、95198名职工增加工资,分别占全区企业和职工的58.2%和55.2%。

1990年,根据国务院批转劳动部、国家计委、财政部《关于1989年国营企业工资工作和离退休人员待遇问题安排意见的通知》和省政府《企业工资工作安排和企业离退休人员待遇问题实施意见》的有关规定,进行企业增加标准工资工作。列入增加标准工资的地方国营和县以上集体企业共1148户家,职工200681人,实际增资的170721人,人均月增资17.2元;列入提高待遇的离退休人员共25213人,人均月增资11.25元。

1992年,完善企业职工标准工资正常的增长机制,全区有115户企业37631名职工的浮动升级进行固定,占全部职工的18.8%;有121家企业使用厂长3%晋级指标,有1290人升级,占晋级企业职工人数的3%。另外,对全区6家新建企业建立工资标准,对企业政工人员实行职务工资。

1994年,全区企业职工统一实行岗位技能工资标准后,对1178家企业20.7万名职工调整技能工资标准,按档案工资计算,月增资额2115万元,人均月增资102元。实际兑现工资的企业1005家,占应调资企业总数的85.3%,职工19.2万人,占应调资职工总数的92.7%。月增资额1962.2万元,人均月增加工资102.2元。

1997年,按照省劳动厅《关于企业职工工资增长指导意见的通知》规定,为全市地方属国有企业、国有资产控股的股份有限公司、国有独资公司、合资企业中的中方职工和县以上集体企业中,1997年4月底以前转正定级的在册职工增加工资待遇。市直有138家企业55929名职工增加工资,月增资382万元,人均月增资68.36元。其中,为106家企业的49021名职工增加两级技能工资,为30家企业的6326名职工,在增加两级技能工资的基础上,实行岗位工资,为2家企业的1582名职工,增加两级技能工资,调整岗位工资标准。

1998年,开展1997年度企业浮动工资固定升级和3%厂长(经理)奖励晋级工作,全市有26家企业的10823名职工增长效益工资。

其中，浮动工资固定升级10498人，厂长（经理）3%奖励晋级325人，增资面分别占全市企业户数和职工人数的2.3%和5.1%。

1999年，根据省劳动厅《关于贯彻落实〈山东省人民政府关于发布1999年企业工资指导线的通知〉的通知》，全市国有企业、县及县以上集体企业（不含实行国家机关、事业单位工资制度的企业性质的公司）和国有资产控股的股份有限公司的在职职工以及1999年7月1日以后离退休的人员均在调整工资标准的范围。此次增加工资，主要用于调整企业岗位、技能工资参考标准，部分用于职工考核升级。到1999年年底，全市共审批150个市属企业的增资方案，涉及职工57654人，月人均增资132元。

2000年后，实行工资指导线制度，政府只对企业提高职工工资进行宏观指导，具体调资工作由各企业自行确定。

1986—2011年德州市（地区）企业职工及工资情况表

表28－19

年份	职工人数（万人）	工资总额（万元）	年均工资（元/人）	年份	职工人数（万人）	工资总额（万元）	年均工资（元/人）
1986	13.62	17136.0	1258	1999	19.78	104645.8	5290
1987	14.90	27607.6	1853	2000	19.04	115224.2	6052
1988	13.80	24719.1	1791	2001	18.80	124376.7	6616
1989	13.70	27116.4	1979	2002	17.50	128696.4	7354
1990	12.80	20087.6	1563	2003	18.61	147895.4	7947
1991	10.05	15348.8	1527	2004	18.73	171940.8	9180
1992	25.65	50583.6	1972	2005	20.99	223322.0	10639
1993	15.99	39319.0	2458	2006	20.64	257850.3	12493
1994	16.09	47106.0	2928	2007	20.20	306904.8	15193
1995	16.79	63589.8	3788	2008	20.18	364004.4	18038
1996	16.96	69529.8	4100	2009	21.88	445662.7	20369
1997	17.78	78103.7	4393	2010	21.80	536312.9	24602
1998	22.14	103205.0	4661	2011	21.36	639821.3	29954

第四节　职业培训

一、就业前培训

1986年，政府鼓励企业自行举办训练班，发动各行各业和人民团体举办短期培训班，劳动部门还协同教育部门兴办职业中学，协同部队培训军地两用人才，协同司法部门对劳改、劳教人员进行技术培训。

从1988年开始，按照“先培训、后就业”的原则，各县市先后建立城镇就业训练中心，与劳动服务公司一个机构、两块牌子。就业训练中

心主要是开展城镇待业人员就业前的政治、文化教育和基本技能训练，培训时间一般为 6 个月。到 1995 年，全市就业训练机构达到 25 个，其中劳动部门就业训练中心 11 个，社会培训机构 14 个，共培训待业青年 110693 人。1995 年，依据劳动部《就业训练规定》，各级就业训练中心采取学历教育与非学历教育相结合、长中短期培训相结合的方式，与各类院校、企业联合办班，多渠道、多层次组织就业前培训。

1996 年起，各培训机构开始承担下岗失业职工再就业培训和劳务输出培训。1998 年，按照全省“三年百万”再就业培训计划，在全市开展再就业培训工程。再就业培训分为就业指导培训、技能培训、创业培训 3 类。参加培训人员根据自身情况任选一种或几种。1999 年，市劳动保障局印发《关于实行劳动预备制度的意见》，从 7 月 1 日起，开始在全市实行劳动预备制度，组织初、高中毕业生参加劳动预备制培训。到 2003 年，全市再就业培训基地达到 33 个，其中劳动部门 11 个；劳动预备制培训基地 108 个。

2004 年，采取将创业培训与职业技能培训相结合的模式，在市城镇就业训练中心进行下岗失业人员创业培训试点工作。2005 年 10 月，举办全市首期创业师资培训班，32 名合格人员领到由中国就业培训技术指导中心颁发的创业培训（SYB）课程师资“培训合格证书”。2006 年，全面实施创业培训工程，并将创业培训纳入全市就业再就业目标责任考核体系。年内，全市各县（市、区）建立创业培训机构 14 个，实现培训方式、培训内容、课时标准、结业证书“四统一”。同年 6 月，成立德州市农村劳动力技能就业工作领导小组，统筹协调全市农村劳动力技能就业计划的组织实施。2007 年，全年有 10 万农民工参加转移培训，3.4 万人获得资格证书，3617 人参加创业培训。2010 年 8 月，市人力资源社会保障局、市财政局组织实施《德州市加强就业培训提高就业与创业能力五年规划》，将企业吸纳农民工培训、未就业普通高校毕业生培训和农村“两后生”劳动预备制培训、困难企业在岗职工培训统一纳入“提高就业与创业能力培训项目”，按有关规定给予职业培训补贴。2011 年，全市就业训练机构 70 个，其中劳动部门就业训练中心 11 个，社会培训机构 59 个；全年培训各类人员 5.95 万人，其中创业培训 5000 人，落实培训补贴 1347.92 万元。

二、在职培训

1984 年年底，职工“双补”（文化补课、技术补课）结束后，按照国家要求，1985 年开始在全区企业内部推行工人技术等级考核制度，对全区中级技术工人进行培训、考核、发证工作。

1988 年始，对技术工人的培训、考核、发证工作，由原来的各主管部门管理统一归口到劳动部门。劳动部门每年下达在职职工培训计划，由各县（市、区）、各行业、部门、企业分别组织实施。1990 年，贯彻劳动部《工人考核条例》，把职工培训、考核、使用和待遇相结合，调动了职工参加培训的积极性。1995 年，市政府印发《关于加强职业技能开发工作的意见》，对职业技能培训、考核、鉴定工作的内容、对象、管理体制以及劳动者、用人单位、培训鉴定机构、政府的责任、权利和义务等做出规定。至 2000 年，全市有 38.5 万名在职工人参加技术培训，26 万名职工参加考工晋级，7 万人取得技术等级证书。

2001 年起，在进行技术等级考核的基础上，开始实行社会化统一鉴定。全面推行职业技能鉴定、职业资格证书制度，把职工培训列入企业经营者考核内容，确定“培训鉴定促就业，技能提升壮人才”的工作思路。2006 年起，在全市开展“金蓝领”技师培训，当年培训“金蓝领”技师200人。2008年，出台《德州市企业职工培训和职业技能鉴定考核工作实施意见(试行)》，要求各企业用足用活职工培训经费，力争用3年左右的时间将全部职工培训一遍，并确定全市50家企业为职工培训试点企业。至2011年，共培训在职职工42万人次。

1989—2011年，全市累计培训在职职工85万人次，28万人取得技术等级证书、职业资格证书；在企业广泛开展岗位练兵和技能竞赛活动，1995年选拔选手在全国首届奥林匹克技能竞赛上获全国木模工第五名。自2006年起，每两年举办一次数控技能比赛，之后开展“技能比武年”“质量提升活动年”等系列活动。2006—2011年，全市累计培训“金蓝领”技师600人。

三、技能人才评聘

技师、高级技师评聘　1988年，开始在德州机床厂、德建集团、德州齿轮厂进行技师聘任制试点，通过推荐、选拔、培训、考评，评定工人技师70名。1990年，又在纺织、轻工、化工、机械建材、商业等6个行业24个企业进行试点。1991年，在总结前期试点经验的基础上，技师评聘工作全面推开。1997年10月，开展摄影等饮食服务行业7个工种的技师考评工作。至2003年年底，全市共评聘技师1494人，高级技师26人。技师、高级技师每人每月享受职务津贴20元和50元；1996年分别提高到50元和100元；2001年又分别提高至100元和150元。

从2004年起，全市技师评审开始实行分级管理制度。市属行业、企业的技师评审，由市劳动保障局统一组织实施或者委托行业进行评审，县(市、区)属企业由县(市、区)统一报市级评审；高级技师的评审，经市局审核同意后集中报送省劳动保障厅评审。2005年后，技师评审根据工种不同，实行工人技术考核的评审和职业技能鉴定两种办法，每年组织开展一次。

1988—2011年，全市登记评聘工人技师2994人，高级技师730人。

2006—2011年德州市技能人才统计表

表28－20　　单位：人

年份		2006年	2007年	2008年	2009年	2010年	2011年
高技能人才	高级技师	222	252	314	401	501	621
	技师	3602	4352	5252	6270	7370	8428
	高级工	15358	17673	21353	25553	33242	42856
中级工		35638	48638	60301	78468	86226	102226
初级工		56216	74216	79016	83280	91116	107116
合计		111036	145131	166236	193972	218455	261247

注：高技能人才是指高级工以上职业资格的技能人才，包括高级技师、技师、高级工

有突出贡献技师和技术能手评选　2004年，市劳动保障局、市经委、市财政局、市总工会印发《德州市高技能人才评选奖励办法》，确定每3年评选一次德州市有突出贡献技师，每次控制在40名；每年命名表彰一次德州市技术能手，每次控制在30名以内。获技术能手称号的

给予晋升职业资格一级。2005 年 10 月，公布首批 30 名德州市技术能手。至 2011 年，全市共评审有突出贡献技师 33 名。

首席技师选拔　2005 年，为加快全市高技能人才队伍建设，市政府印发《德州市首席技师选拔管理办法》，确定从 2005 年开始在全市范围内开展首席技师评选活动，每 2 年评选一次，每次选拔 30 人。首席技师管理期限为 4 年，每人每年享受政府津贴 5000 元，所在单位每年安排 15 天带薪休假，市政府每年组织部分首席技师参加政治理论培训、市情省情国情考察、咨询、休假和健康查体活动。是年，评选首席技师 12 人。至 2011 年，全市共评选 4 批，73 人入选。

依据《山东省首席技师管理办法》，从 2005 年起，每年选拔人员参加省首席技师评选，当年有 4 人被评为全省首席技师。至 2011 年，全市共有 34 人获山东省首席技师称号。

2005—2011 年德州市获得山东省首席技师称号名录

表 28－21

姓　名	工　作　单　位	授予年份
于希里	皇明太阳能集团公司	2005
吴士河	德州天元集团	2005
苗喜云	山东德棉股份有限公司	2005
任　英	山东德棉股份有限公司	2005
李虎兰	山东德棉股份有限公司	2006
魏凤珍	山东德棉股份有限公司	2006
刘　建	夏津电业公司	2007
李海桥	山东德建集团有限公司	2007
刘　放	山东金石集团有限公司	2007
赵法俭	陵县公路局	2007
孙英林	德州商业银行	2007
葛家英	德州黄河建业工程有限公司	2007
吴兆征	山东古贝春有限公司	2008
武传森	山东齐河国家粮食储备库	2008
张　燕	山东省公路高级技工学校	2008
王晓菲	山东德棉股份有限公司	2009
于芸芸	德州恒华纺织有限公司	2009
马俊英	德州中联大坝水泥有限公司	2009
冯　静	山东德棉股份有限公司	2009
刘　霞	山东省德州泰康药业有限公司	2009

续表 28－21

姓　名	工　作　单　位	授予年份
高秀东	山东大禹龙神酒业有限公司	2009
王清津	山东电力集团公司德州供电公司	2009
孙一倩	山东华鲁恒升化工股份有限公司	2010
刘永亮	德州华丰汽车销售服务有限公司	2010
赵月战	山东华鲁恒升化工股份有限公司	2010
迟同瑞	山东华鲁恒升化工股份有限公司	2010
王立军	山东省公路高级技工学校	2010
郁胜利	山东德州供电公司	2010
董福新	古贝春集团有限公司	2010
石卫东	德州美丽华大酒店有限公司	2011
焦　姬	山东鲁北国家粮食储备库	2011
褚玉梅	山东省德州泰康药业有限公司	2011
马迎刚	山东德棉股份有限公司	2011
刘兆德	山东公路技师学院	2011

四、职业技能鉴定

1993年7月，劳动部颁布《职业技能鉴定规定》。1994年，省劳动厅印发《山东省职业技能鉴定实施办法（试行）》，开始推行职业技能鉴定制度，工人技术等级考核制度开始向职业技能鉴定、职业资格证书制度转轨。为推行这项制度，1995年，全市在德州技工学校、德州市劳动服务技工学校、德州棉纺织厂技工学校、禹城市技工学校、夏津县技工学校、临邑县技工学校建立6个职业技能鉴定所，制定职业技能鉴定所、考评员、考务员工作规程和管理办法，公布首批鉴定工种、等级类别。在全省率先出台车工等十一个工种的鉴定条件标准。年内，全市有21人取得省劳动厅颁发的职业技能鉴定考评员证书，对8个工种开展技能鉴定2022人，1984人获得技术等级证书。1996年，开展技校、职高（职专）毕业生技术等级统一考试，近3000名毕业生参加考试，有1567人获得中级工技术等级证书，1365人获得初级工技术等级证书。1997年，开展对中式烹调师、餐厅服务员、美发师、美容师、车工、钳工、维修电工、电焊工、计算机文字录入处理员、摩托车调试修理工共10个工种的初、中、高3个技术等级的社会化鉴定工作，700余人获得初、中、高等级证书。

1998年8月，德州市职业技能鉴定指导中心建立，隶属于市劳动局。到2002年，全市11个县（市、区）全部建成职业技能鉴定指导中心，职业技能鉴定工作基本实现制度化、规范化和经常化。至2011年年底，全市建有职业技能鉴定指导中心12家（市级1家，县级11家），职业技能鉴定所6家，职业技能鉴定考评员416人，可鉴定工种321个。1995—2011年，全市共有26万名职业技能鉴定合格人员取得职业

资格证书。

五、社会办教育机构培训

1997 年 8 月，国务院颁布的《社会力量办学条例》规定：举办实施以职业技能为主的职业资格培训、技术等级培训的教育机构，举办实施劳动就业职业技能培训的教育机构，由县级以上劳动行政主管部门审批。2004 年，根据《中华人民共和国民办教育促进法》有关规定，具有与职业技能培训相关的民办职业培训机构全部由劳动部门审批、管理。2006 年，开始对全市民办培训机构进行年检。1998—2011 年年底，全市劳动行政部门批准设立社会培训机构 87 个，共培训 17.3 万人次。

第四章　社会保障

1986 年，社会保险工作起步，新的劳动保险制度逐渐取代企业(单位)统包统揽职工生、老、病、工伤等保障的办法。10 月，建立企业职工待业保险基金(后改称“失业保险”)。1987 年，开展合同制工人退休养老保险基金的收缴管理。1999 年，市委、市政府印发《关于进一步加强社会保障体系建设的决定》，城区内的所有非公有制经济从业人员包括领取正式“营业执照”的私营企业职工、外商投资企业中方职工、个体工商户主及其从业人员，全部纳入社会保险。同年 4 月，将原人事部门管理的机关事业单位养老保险和原民政部门管理的农村养老保险，全部划归新组建的劳动保障部门，社会保险职能实现统一管理。2000 年 7 月，全市企业离退休人员养老金 100% 实现社会化发放。2006 年，德州市相继印发《关于统一企业基本养老保险缴费比例的通知》《关于完善市直机关事业单位养老保险制度的通知》等 5 个文件，在全省率先推行社会保险费一票征缴，11 个县(市、区)均建立征缴服务大厅，基金征缴初步达到大险种带动小险种、“热”险种带动“冷”险种、各险种平衡推进的目的。到 2011 年年底，全市已经建立起覆盖面广、功能完善的以养老、医疗、失业、工伤、生育为主要内容的社会保障体系，社会保险征缴取得历史性突破，征缴基金首次突破 40 亿元大关，达到 43 亿元，增长幅度首次进入全省前 3 名。

第一节　养老保险

一、企业职工基本养老保险

企业职工基本养老保险工作起步于 1986 年 8 月。1987 年 6 月，地直及中央、省直驻德州企业实行劳动合同制的职工开始缴纳退休养老基金，缴纳比例为：用工单位按合同制工人工资总额的 18% 缴纳，个人按工资的 3% 缴纳。是年，全区参加养老保险 128083 人，收缴养老基金 91 万元。1991 年 11 月，将固定职工退休费用一并纳入社会统筹，和合同制工人一样统一基金提取基数和比例，统一统筹范围和项目。到 1992 年年底，全区共有 2310 个单位参加合同制工人退休养老保险，1249 家企业实行固定职工退休费用社会统筹，其中全民所有制单位合同制工人 4.81 万人，在职固定职工 8.23 万人，离退休职工 1.77 万人；集体所有制单位合同制工人 2.90 万人，在职固定职工 4.68 万人，离退休职工1.49万人。累计缴纳基金37524.79万元，收缴率97.06%。支付离退休费用20984.59万元。

1993年1月，开始在县级德州市、禹城市和中央、省驻德企业、地属企业进行职工养老金计发办法试点工作，主要是用缴费工资取代标准工资，用缴费年限取代连续工龄计算离退休职工养老保险待遇。翌年，全区普遍实行新的职工养老金计发办法。1995年8月，在全市范围内推行企业职工基本养老保险一体化，将国有、集体、私营企业职工和个体劳动者全部纳入养老保险范围，逐步建立各类企业和劳动者统一制度、统一标准、统一管理和统一调剂使用基金的养老保险体系。多数县（市、区）在城镇县以下集体企业、私营企业职工和个体劳动者中进行试点。自1995年起，每年为离退休人员上调养老金。

1996年1月1日起，全市企业养老保险实行社会统筹与个人账户相结合，企业缴费比例为19%，职工个人为3%（1997年职工个人为4%，以后每两年提高一个百分点，最终达到8%）。企业离退休人员养老金由企业发放逐步改为社会保险经办机构直接发放或委托银行发放。1997年，为16万名职工建立个人账户，占参保职工的78.5%。1999年，市委、市政府下发《关于进一步加强社会保障体系建设的决定》，扩大社会保障覆盖面，将全市国有和县以上集体企业缴费比例统一调整为单位19%，职工个人5%。2000年，企业离退休人员养老金实现按时足额发放。2001年，养老保险扩面新增5193人，扩面增收370万元。2003年，把扩面工作重点放在民营经济和个体工商户的参保入保上，年底参保人数较2002年净增9366人。2005年1月1日起，将企业职工个人缴纳基本养老保险费的比例由7%调整为8%。2009年，为应对金融危机冲击，减轻企业负担，对困难企业的界定和阶段性降低企业社会保险费费率作出明确规定，允许困难企业在一定期限内缓缴社会保险费。

至2011年年末，全市企业养老保险参保职工38.7万人，实际缴费人员33.84万人，征缴养老保险费170068万元。为8.07万名离退休人员发放养老金13.9亿元。

1987—2011年德州市（地区）企业职工养老保险情况表

表28－22

年份	参保情况					支付情况		
	参保单位（个）	参保人数（人）	收缴比例（%）		收缴金额（万元）	支付人数（人）	支付金额（万元）	发放率（%）
			单位	个人				
1987	969	128083	17	2	91	—	—	—
1988	983	145000	17	2	2585	31512	3007.70	100
1989	1032	145475	17	2	4247.01	31136	3671.51	100
1990	1069	146739	17	2	9115.40	28538	4308.90	100
1991	1108	147300	17	2	7298.60	30688	4725.90	100
1992	1197	150943	17	2	8412.58	32600	7512.34	100

续表 28－22

年份	参保情况					支付情况		
	参保单位（个）	参保人数（人）	收缴比例（%）		收缴金额（万元）	支付人数（人）	支付金额（万元）	发放率（%）
			单位	个人				
1993	1205	153942	18	3	9834	32639	8646.25	100
1994	1279	160432	18	3	10492	33072	10323	100
1995	1281	164913	18	3	10953	33729	11388	100
1996	1309	170053	19	3	16745	35242	14836	100
1997	1320	178342	19	4	19564	36080	18359	100
1998	1276	185012	19	4	20544	39751	18419	100
1999	1308	176942	19	5	18647	40832	21000	100
2000	1372	171712	19	5	23400	41589	24793	100
2001	1593	173727	19	6	22457	44164	27522	100
2002	1649	176932	19	6	24595	46045	30835	100
2003	1895	186298	19	7	28466	48359	35690	100
2004	2037	208539	19	7	31884	50989	36355	100
2005	2158	224140	19	8	37430	54703	43103	100
2006	2367	240243	19	8	43854	57850	49486	100
2007	2499	262134	19	8	69615	62300	63614	100
2008	2632	289399	19	8	80300	66610	76925	100
2009	2717	311593	20	8	101087	71080	91512	100
2010	2942	332314	20	8	122211	75424	119396	100
2011	3153	387099	19	8	170068	80744	138867	100

二、机关、事业单位职工养老保险

1987 年 6 月，德州地区机关、事业单位职工基本养老保险工作启动，地直机关事业单位劳动合同制职工作为首批人员纳入社会统筹。养老保险金缴纳比例为：用工单位按合同制工人工资总额的 18%缴纳，个人按月标准工资的 3%缴纳。

1994 年，全区机关、事业单位合同制工人和乡镇选聘制干部养老保障工作开始启动。至年底，全区收缴养老保险金 531 万元，收缴面 85%，其中地直全年收缴金额 45 万元，收缴面 92%。1995 年，机关、事业单位合同制职工养老保险基金征缴、管理由劳动部门转入人事部门。1996 年 12 月，市政府印发《德州市机关事业单位社会养老保险实施细则（试行）》，规定机关事业单位社会养老保险的范围、原则、基金筹集比例、养老保险给付项目及养老保险基金的管理等内容。1997 年 7 月，夏津县率先在全市开展机关事业单位养老保险社会统筹。1998年12月，市直所有机关事业单位及中央、省驻德有关单位的固定工作人员及离退休（职）人员全部纳入养老保险社会统筹，按照“以支定收，略有结余，留有部分积累”的原则筹集资金，缴费比例为22%（单位20%，个人2%），合同制工人仍执行20%的缴费比例。

1999年，374个单位参加市直机关事业单位养老保险，参保人员18980人，其中在职人员15676人，离退休人员3304人。收缴养老金4094万元，拨付离退休费3352.51万元，养老保险投保率、养老金收缴率均为96%，离退休费支付率为100%。县（市、区）收缴养老保险金合计674.09万元，收缴率68.5%，发放离退休金284.49万元，支付率100%。2003年，全市除德城区只开展机关事业单位合同制工人养老保险外，其他10个县市全部开展机关事业单位养老保险社会统筹。10月，市社会保险征缴中心开始管理全市的机关事业单位养老保险工作。

2004年，市政府印发《关于全面启动乡镇机关事业单位基本养老保险和基本医疗保险工作的意见》，机关事业单位养老保险向乡镇延伸。自2005年1月起，全市乡镇机关事业单位人员统一纳入基本养老保险统筹范围（不含教育系统），个人缴费基数按人事部门核定的实发工资额2%缴纳，单位缴费基数为在职人员工资总额加离退休费总额之和，缴费比例不低于20%。由县级统一发放工资的乡镇选聘制干部、事业单位聘用制干部、合同制工人，实行机关事业单位积累式养老保险制度，从参加工作之日起缴纳养老保险。已实行基本养老保险的县（市、区）原缴费比例不变。在乡镇改革前已办理离退休手续的人员，按照原所在乡镇在职人员的工资执行标准进行调整或继续按实发离退休费发放养老金。未纳入基本养老保险统筹项目的津贴、补贴，由各县（市、区）确定支付渠道。是年，参保人数净增31927人，增幅列全省第一；参保125659人，征缴基金37999万元（单位缴费34839万元，个人缴费3160万元）。办理退休3839人，离退休人员31549人（离休3166人，退休28383人），为离退休人员发放养老金37100万元，月人均养老金980元，有28934名离退休人员的养老金实现社会化发放，社会化发放率91.7%。2006年，建立基本养老保险个人账户制度，社会保险覆盖面逐年扩大，离退休待遇基本按照上级政策得到有效落实，并实现社会化发放。

至2011年，全市参保14.23万人，收缴养老保险费13.26亿元。为4.56万名离退休人员发放养老金13.02亿元。平均缴费工资2288元，人均养老金2397元。为市直6030名离退休人员增发津贴补贴722万元。提高离休干部生活补贴的标准和范围，为离休干部增发生活补贴100多万元。

1993—2011年德州市（地区）机关事业养老保险收缴发放情况表

表28－23

年份	职工人数（人）	收缴养老金（万元）	离退休人数（人）	支付离退休金（万元）
1993	8355	305	—	—
1994	10850	531	—	—
1995	11000	760	—	—

续表 28－23

年份	职工人数（人）	收缴养老金（万元）	离退休人数（人）	支付离退休金（万元）
1996	12900	819	—	—
1997	17108	1081	433	25
1998	33440	1985	3709	256
1999	37177	4768	3913	3637
2000	54547	6390	8435	5370
2001	76584	12361	14592	11627
2002	86002	16974	18125	17178
2003	87165	20521	19794	18873
2004	93732	25618	21245	23920
2005	125659	37999	31549	37100
2006	129805	47698	34079	45071
2007	133723	64397	36978	65511
2008	136630	81813	39201	77453
2009	138627	99113	43360	95632
2010	140463	113896	43770	111254
2011	142328	132616	45623	130193

三、城乡居民基本养老保险

1992年2月，按照民政部《关于印发〈县级农村社会养老保险基本方案〈试行〉的通知》精神，禹城县、平原县、县级德州市被民政部和省确定为农村社会养老保险试点单位。农村社会养老保险遵循自愿原则，年满20～60周岁农村人口均可参加，以个人缴纳为主，集体补助为辅，国家予以政策扶持。月缴费标准设2、4、6、8、10、12、14、16、18、20元10个档次。年满60周岁后根据缴费数额按月领取养老金。是年，全区有临邑、陵县、禹城、齐河、平原和德州市（县级）等7个县（市）129个乡镇、5416个村、114.09万人入保，缴纳保费2988.8万元。

1993年年初，执行山东省关于“减轻农民负担”有关规定，把收取的养老金列为群众负担，大部分县（市）出现退保和停交保费现象。截至当年6月底，全区退保102.9万人，退保费2672.25万元。年底，行署印发《关于进一步做好农村社会养老保险工作的意见》和《农村社会养老保险暂行办法》，统一思想，澄清认识。各县（市）开始建立专门机构，主动展开工作。其中，进入第二轮投保的有3个县市，26个乡镇，投保人数14万人。到1994年，全区11个县（市）全部进行试点。1995年，全市投保人数达60.63万人，缴纳保费

3788 万元。

1999 年 4 月，农村社会养老保险征缴管理由民政部门“整建制”移交劳动保障部门。2001 年，按照省劳动和社会保障厅整顿规范农村养老保险的要求，按照“一人不漏、一分不差、一笔不错”的要求，在全市开展农保投保缴费清查核对工作。至 2002 年 8 月清查核对工作结束，全市清查核对 55 个乡镇 494299 人，清查核对保费 7247 万元；换发新证 66589 个，补证 7690 个，为 1029 人改证，278 人注销证件；清理收回违规基金 212 万元。2003 年，根据山东省劳动保障厅和省档案局的要求，推广德城区档案建设工作的试点做法和经验，在全市开展农保档案工作年度检查活动。全市 124 个乡镇、6957 个村、381 个乡镇企业开展农村养老保险工作，50.73 万名农民投保，累计保费收入 7486.56 万元。全年收缴保金 130 万元，收回违规使用资金 100 万元；规范 8000 万元基金的银行存款管理，年增值 100 万元。3902 人领取养老金，发放养老金 99.89 万元。此后，由于各级政府缺乏资金支持，主要是农民自己缴费，加之农村剩余劳动力不断向城镇转移，保障范围受限，投保金额难以保障投保人基本生活，参保农民始终维持在 50 余万人左右。

2009 年，《国务院关于开展新型农村社会养老保险试点的指导意见》颁布，要求逐步建立个人缴费、集体补助、政府补贴相结合的新农保制度，实行社会统筹与个人账户相结合，与家庭养老、土地保障、社会救助等其他社会保障政策措施相配套，保障农村居民老年基本生活。“新农保”参保范围为年满 16 周岁（不含在校学生）、未参加城镇职工基本养老保险的农村居民。基金筹集由个人缴费、集体补助、政府补贴构成。其中，个人缴费标准分为 100 元、200 元、300 元、400 元、500 元、600 元、700 元、800 元、900 元、1000 元 10 个档次；村集体经济组织对所属参加新农保成员缴费给予适当补助；各县（市、区）财政对参保人缴费给予补贴，补贴标准不低于每人每年 30 元。年满 60 周岁后根据缴费数额按月领取养老金。当年，禹城市被列为全国首批新农保试点县，21.87 万名农民参保。2010 年，德城区、经济开发区和运河开发区成为全国第二批新农保试点县，31 万人参保；10 万名 60 岁以上老年农民领取基础养老金 5000 多万元（每人每月 55 元）。

2011 年 6 月，国务院印发《关于开展城镇居民社会养老保险试点的指导意见》（以下简称《意见》）。城镇居民养老保险的参保范围是：年满 16 周岁（不含在校学生）、不符合职工基本养老保险参保条件的城镇非从业居民，可以在户籍地自愿参加城镇居民养老保险。基金征缴、政府补贴、待遇发放、基金管理等与新型农村居民养老保险（新农保）相同。8 月，依据国务院《意见》精神，市政府制发《关于全面推进城乡居民社会养老保险工作的通知》和《德州市 2011 年城乡居民社会养老保险全覆盖工作实施方案》，全面启动“新农保”和城镇居民社会养老保险工作（合称城乡居民社会养老保险），“老农保”同时并入“新农保”，实现城乡居民社会养老保险全覆盖。各县（市、区）全部纳入国家级试点，基础养老金由中央和省财政承担 80%（即每人每月 44 元）；规定由地方负担部分，市财政承担 2 元，县（市、区）承担 9 元，补助资金列入财政预算。委托金融机构开展养老保险费代收和养老金代发工作，为所有参保人员建立个人账户。是年，全市获上级补助资金 4.2 亿元。至 2011 年年底，全市适龄人员参保 289 万人，参保率达 95% 以上，征缴保费 2.9 亿元，为 69.29 万城乡老年居民发放基础养老金 26660 万元，发放率 100%。

1992—2011 年德州市(地区)城乡居民社会养老保险情况表

表 28-24

年份	参保情况			支付情况		
	参保村数(个)	当年参保人数(人)	收缴保费(万元)	支付人数(人)	支付金额(万元)	发放率(%)
1992	5416	1140900	2989	0	0	0
1993	103	9204	93	0	0	0
1994	4215	160362	1077	4	1	100
1995	6957	606300	3788	30	2	100
1996	5260	348600	2327	284	13	100
1997	4628	124981	1323	487	26	100
1998	5625	510993	553	1278	201	100
1999	5134	404941	66	1373	43	100
2000	5347	526558	36	2309	61	100
2001	5781	507665	50	3853	78	100
2002	5872	507842	85	3512	83	100
2003	6957	507311	130	3902	100	100
2004	6600	501000	160	3534	140	100
2005	7119	506700	160	5700	146	100
2006	7555	510000	182	6693	180	100
2007	7776	507600	872	7197	154	100
2008	7774	509000	594	8960	267	100
2009	8124	510000	993	10200	346	100
2010	8146	741000	11900	110000	5107	100
2011	7981	2891986	29027	692883	26660	100

四、被征地农民社会养老保险

2004 年,随着建设用征地的扩大、失地农民的增多,农保开展工作重点放在探索建立被征地农民基本生活保障制度。市政府多次组织劳动保障、财政、国土、建委、民政和河东新区等有关部门,在多方论证和采纳外地经验的基础上,结合德州实际情况,配合市区东进,在新城区开展被征地农民基本生活保障试点工作。2005 年 3 月,试点工作顺利结束。从 2005 年 4 月起,每月为新城区 7 个村 1711 名失地农民发放生活保障金和养老金,全年发放 183 万元,较好地保障失地农民的生活,并为下一步全市开展失地农民生活保障工作提供经验。2006 年,1800 多名失地农民投保(新增参保人员 111

人),发放养老金和生活补助费300多万元。

2007年7月,市政府办公室印发《德州市被征地农民就业培训和社会保障实施办法》,对被征地农民的就业培训、社会保障对象、形式、给付标准及资金管理做出明确规定。同时严格执行劳社部发〔2007〕14号文件的规定,认真审查对被征地农民社会保障政策落实情况,将被征地农民社会保障对象、项目、标准以及费用筹集办法等情况,纳入征地报批前告知、听证等程序,维护被征地农民知情、参与等民主权利;对没有出台被征地农民社会保障实施办法、被征地农民社会保障费用不落实、没有按规定履行征地报批前有关程序的,一律不予报批征地。是年,被征地农民1876人(新增参保人员97人),收取被征地农民保费387万元,发放养老金和基本生活补助292万元。2008年1月23日,河东新城建设中失地农民"五位一体"(失业补偿、发展经济、社会保障、拆迁安置、培训就业)安置模式在全省建设工作会议上推广。

2008年3月和7月,相继启动京沪高铁、德滨高速沿线被征地农民社会保障工作。京沪高铁沿线的德州经济开发区、陵县、平原县、禹城市和齐河县,德滨高速沿线的德城区、经济开发区、陵县、宁津县、乐陵市和庆云县全部建立被征地农民养老保障制度,并制定相应的被征地农民社会养老保险实施方案,确保工程顺利实施,农民的切身利益得到维护。被征地农民2066人,被征地农民缴纳保费600万元,发放养老金和基本生活补助305万元。2009年,德滨高速沿线6县(市、区)被征地农民养老保障方案进入实施阶段。2010年,为京沪高铁沿线5县区2.6万名被征地农民建立养老保险个人账户。

第二节　医疗保险

一、职工医疗保险

1986年,全区机关、企事业单位职工实行公费医疗制度,医疗费超支现象严重。1993年,夏津县探索实行离退休职工医疗保险制度,参加医疗费统筹的企业114家,离退休职工1500人,收缴基金44.16万元,支付医疗费37.88万元,取得较好效果。

1996年,依据《山东省城镇企业职工医疗保险制度改革试点意见》,德州市在禹城市先开展城镇企业职工医疗保险制度改革试点。1998年12月,国务院《关于建立城镇职工基本医疗保险制度的决定》发布。2000年12月,在取得试点经验的基础上,德州市在市直、德城区、宁津县先期启动城镇职工基本医疗保险工作。基本医疗保险费由用人单位和职工双方共同缴纳,用人单位以本单位全部职工工资总额

城镇居民医疗保险启动。图为签订服务承诺协议现场　(2000年　摄)

为基数,按6%的比例缴纳;职工个人缴费按本人上年度工资总额为基数,按2%的比例缴纳。到年底,市直有370家单位的4万名职工登记参保,96家单位的1.11万名职工缴纳基本医疗保险费110万元,大额医疗救助金41万元,为3500名职工办理"基本医疗保险证"。2001年,市劳动保障局对市直医保政策进行调整,取消住院治疗费用在3000元以下部分进入统筹基金的"门槛",采取分段计算的办法,降低住院患者的个人负担。是年,市直和除乐陵市外的10个县(市、区)均启动城镇职工基本医疗保险制度,全市参保单位785户,职工200841人,其中在职职工160325人,退休人员40516人。收缴医疗保险费4374万元,收缴率88%。支付医疗保险费1121万元,划入个人账户2116万元。

2002年,市政府把完善社会保险体系列为改善城乡居民生活的"十件实事"之首,按照"巩固提高、加强管理、夯实基础、积极扩面"的思路,规范和加强基础管理,改进服务,完善多层次医疗保障体系,着力解决困难群体医疗保障问题。年内,全市有6个县(市、区)在医改中基本医疗保险和大额医疗救助实现一步到位。2003年,市劳动保障局印发《德州市城镇个体经济组织从业人员和自由职业者参加城镇职工基本医疗保险的意见》,为保障城镇个体经济组织从业人员和自由职业者的基本医疗保险权益提供政策依据。2004年,市政府制定《关于全面启动乡镇机关事业单位基本养老保险和基本医疗保险工作的意见》,乡镇机关事业单位基本医疗保险工作全面启动。2005年,在总结全市基本医疗保险实践经验和科学测算的基础上,市政府印发《关于完善城镇职工基本医疗保险政策有关问题的通知》,扩大城镇职工基本医疗保险覆盖面,设定城镇职工基本医疗保险最低缴费年限(女满20年、男满25年);建立定点医疗机构和定点零售药店信用等级制度;下调基本医疗保险起付标准(一、二、三级医院的起付标准分别由457元、572元、686元下调到450元、550元、650元),提高最高支付限额(由22888元上调到28000元);下调个人负担比例(将一、二、三级医院的个人负担比例各下调一个百分点);调整3000元以下住院医疗费的报销比例(1000元以下的,个人负担比例由20%上调到30%;1000元以上至2000元以下的,仍由个人负担25%;2000元以上至3000元以下的,个人负担比例由30%下调为20%);调整大额医疗救助社会统筹金的缴纳和支付标准(大额医疗救助社会统筹金缴纳标准,由年人均40元调整为72元,将大额医疗救助社会统筹金年度内最高支付限额由9.6万元上调为13万元);调整转外就医人员个人承担比例(由20%下调为15%)。为规范医保管理,市劳动保障局修改完善《基本医疗保险定点医疗机构管理暂行办法》《基本医疗保险特约医师管理暂行办法》《基本医疗保险零售药店管理暂行办法》《城镇职工基本医疗保险转外就医管理办法》《城镇职工基本医疗保险特殊疾病门诊管理办法》和《城镇职工异地人员就医管理办法》,提高医保管理水平。2006年,市政府印发《德州市农民工参加医疗保险试行办法》。2008年,印发《关于进一步调整城镇职工基本医疗政策有关问题的通知》,增加统筹基金和大额医疗的最高支付限额,降低转外就医首先自付比例,提高参保职工的个人报销比例。2009年,进一步完善政策,提高报销比例,降低个人负担,将最高支付限额由2.8万元提高至5万元,住院报销比例提高1个百分点,转外就医降低5个百分点,大额救助年筹集标准提高至84元,大额医疗最高支付限额由13万调整为18万元,个人负担比例总体降低5个百分点。2010年,上调城镇职工普通病房床位费支付限额，将参保职工住院报销比例各分段普遍提高2个百分点。

2011年，推进医疗保险市级统筹工作，制发《德州市城镇医疗保险市级统筹实施细则》《德州市城镇职工基本医疗保险社会统筹基金结算暂行办法》等配套文件，为实施市级统筹打下坚实基础；制发《关于加强基本医疗保险参保人员在市内县（市、区）之间就医管理服务的通知》，扩大参保职工就医医院选择范围，推进全市医保参保人员在济南定点医院就医的转诊及异地安置人员实施异地就医联网结算工作，并于2011年12月14日全面实行。到年底，全市参保城镇职工66.71万人，征缴基本医疗保险费7.60亿元，支付医疗保险3.57亿元。

2000—2011年德州市职工医疗保险情况表

表28－25

年份	参保情况					支付情况	
	参保人数（人）	收缴比例（%）		收缴金额（万元）	其中大病医疗救助（万元）	支付人数（人）	支付金额（万元）
		单位	个人				
2000	11100	6	2	110	41	—	—
2001	200841	6	2	4374	367	3243	1121.0
2002	220306	6	2	6582	489	5779	2676.9
2003	240680	6	2	9651	728	7740	3784.1
2004	281975	6	2	13527	1012	10298	5308.3
2005	303699	6	2	17966	1369	12284	6688.7
2006	365910	6	2	22572	1526	15356	8563.0
2007	410885	6	2	31059	2317	20507	12885.4
2008	484438	6	2	40864	2980	24693	17173.6
2009	491416	6	2	50480	2745	30004	22960.2
2010	605592	6	2	64409	3787	34887	29886.1
2011	667129	6	2	75974	4507	95833	35656.6

二、新型农村合作医疗

1998年，依据国务院《关于发展和完善农村合作医疗若干意见的通知》和《山东省农村合作医疗管理办法》，德州市在6个乡镇进行合医合药试点，在41个乡镇实行合医不合药试点，人口覆盖率为27%。合作医疗按照民办公助、自愿参加的原则，筹资以个人投入为主，政府、集体扶助为辅，资金筹集主要是由农民个人缴纳，合医合药的一般每人5元左右，并按照“小步走，低筹资，广覆盖，量入为出”的原则确定筹资标准和报销比例。到2001年，全市有57个乡镇实行了合作医疗，其中2个乡镇实行了合医合药的合作医疗制度，人口覆盖率达到40%。

2003 年，市委、市政府印发《关于建立新型农村合作医疗制度的实施意见》等 10 个配套文件，确定从 2003 年起，对省级试点县和市级试点乡镇参加新型农村合作医疗农民补助分别为 2 元/年/人和 4 元/年/人。临邑县被确定为首批省级新型农村合作医疗试点县之一，在齐河县赵官镇、宁津县宁津镇以及庆云县东辛店乡建立 3 个市级试点乡镇，其他县（市、区）分别选择 1 个乡镇开展试点工作。截至年底，全市有 26 个乡镇、1496 个村、191643 户、66.46 万人参加了新型农村合作医疗。其中，临邑县、宁津县已全面展开，农业人口参加率分别达到 93.49% 和 40.85%，省、市、县级试点县（乡镇）行政村覆盖率已达到 100%。2004 年，新增宁津县为新型农村合作医疗省级试点县，平原县张华镇、禹城市辛寨镇为市级试点乡镇，德城区也已全面启动。是年，全市有 34 个乡镇、2035 个村、28.3 万户、94.04 万人参加了新型农村合作医疗，农民参合率为 85.9%，累计报销 1324.76 万元，受益人口 31.84 万人次。2005 年，新增齐河县为新型农村合作医疗省级试点县，武城县老城镇、陵县宋家镇为市级试点乡镇。截至年底，全市有临邑、宁津、齐河 3 个新型农村合作医疗省级试点县和 11 个市、县级试点乡镇。共涉及 52 个乡镇、3180 个村，有 41.73 万户、154.14 万农民参合，农民参保率达到 90.9%，对新型合作医疗的满意度达 98.5%。累计筹集基金 4948.18 万元，累计报销 3409.3 万元，受益人口 67.73 万人次。2006 年，武城县、庆云县、平原县和禹城市为省级试点县；德城区黄河涯镇、市经济开发区赵虎镇、市运河经济开发区运河街道、乐陵市郭家街道、夏津县宋楼镇为市级试点乡镇。当年度个人筹资 10 元，政府补助提高到到 30 元。全市共确定 2539 个定点医疗机构，其中公立县级医疗机构 33 个，乡镇卫生院 90 所，村卫生室 2416 个。7 个省级试点县（市），10 个市、县级试点乡镇，共有 88 个乡镇（街道）、5782 个行政村、72.07 万户、261.37 万农民参合，占全市农业人口的 64.19。至年底，累计报销补偿 8301.70 万元，受益人口 158.95 万人次，参合农民的医药费用负担减轻了 23.75%；列支健康体检基金 848.13 万元，为 109.64 万未享受报销的参合农民免费进行了健康体检，参合农民受益率达到 73.9%，农民群众因病致贫和因病返贫的现象得到有效缓解。

2008 年 11 月，德城区黄河涯镇农民报销医疗费　　　（宋维中　摄）

2007 年 1 月 5 日，德城区、乐陵市、陵县、夏津县、经济开发区、运河开发区为省级新农合试点县级单位，至此全市所有县（市、区）全部纳入省级试点，建立起覆盖全市农村居民的新型农村合作医疗制度。2008 年 6 月 1 日起，在全省范围内率先实现补偿方案的全市统一，实行“四统一、两规范、一提高、一证通”，即统一起付线和封顶线，统一报销比例，统一报销程序，统一药品目录和诊疗范围。规范二次补偿、规范健康查体。提高中医药和中医适宜技术报销比例。参合农民在本市所有定点医疗机构就诊无需转诊，报销部分由医疗单位先行垫付，出院结算时直接报销。2009年，在全市范围内取消门诊家庭账户，实行“住院统筹加门诊统筹”管理模式，门诊大病病种达到12种（即肝硬化、恶性肿瘤（含白血病）、再生障碍性贫血、尿毒症、脑血栓及脑溢血后遗症、类风湿性关节炎（活动期）、股骨头坏死、器官或组织移植抗排异治疗，合并并发症的高血压、糖尿病、肺心病、系统性红斑狼疮等），新增住院保底报销补偿，住院报销封顶线提高至每人每年40000元。2010年，市政府办公室下发《关于巩固和发展新型农村合作医疗制度的实施意见》，人均筹资额由100元提高到140元。同时，重新调整完善报销补偿方案，实行“六个提高、二个扩大、一个落实”，即提高住院报销封顶线由4万元提高到5万元；门诊报销比由30%提高到40%；乡镇卫生院住院报销比例由60%提高到65%；定点医疗机构住院保底由15%提高到20%；基本药物目录内药品补偿比例提高10%；住院患者的针灸治疗费用补偿比例提高至90%。7月，武城县、临邑县被省卫厅确定为新型农村合作医疗支付方式改革省级试点县。2011年，在试点基础上，全面推开农村儿童白血病、先天性心脏病等重大疾病医疗保障，将重性精神疾病、乳腺癌、宫颈癌、终末期肾病、血友病等纳入试点范围。

至2011年年底，全市新农合参合农民430.79万人，参合率达到99.77%；筹集资金10.77亿元，支出9.33亿元，基金使用率86.63%，900.38万人次受益。

三、城镇居民医疗保险

2008年11月，市政府制定《德州市城镇居民基本医疗保险暂行办法》，德州市城镇居民医疗保险工作正式启动。医疗保险参保范围为具有本市户籍的非从业城镇居民。保险费由个人缴纳和政府补贴两部分组成，其中未成年城镇居民每人每年80元，个人缴纳40元，政府补贴40元；一般城镇居民每人每年220元，个人缴纳150元，政府补贴70元；老年城镇居民每人每年220元，个人缴纳110元，政府补贴110元。年底，全市参保缴费人员近30万人，收缴医疗保险费2000余万元。2009年，市政府将全面实施城镇居民基本医疗保险列入全市为民办10件实事之一，加强组织领导，完善推进机制，全市参保居民达到454704人，医保基金收入6170万元。2010年，城镇居民医疗保险上调普通病房床位费支付限额，住院医疗费用统筹基金支付比例普遍提高5个百分点，降低一、二级医院参保居民起付线，大病范围由5种增加到6种。2011年，城镇居民医疗保险年度最高支付限额由原来的未成年居民8万元、成年居民6万元，调整为未成年居民14万元、成年居民7万元。支付比例一、二、三级医院由一档调整为5档。

至2011年年底，全市参保城镇居民68.8万人，其中成年人17.9万人，中小学生、儿童48.1万人，大学生2.8万人，征缴城镇居民基本医疗保险费1.05亿元。

第三节　工伤保险

1986—1996年，依据《中华人民共和国劳动保险条例》，职工工伤保险待遇主要由企业自身负担。因企业效益等因素，各单位执行情况差别很大。

1996年8月，劳动部《企业职工工伤保险

试行办法》发布,德州市首先在临邑县、平原县、德城区开展工伤保险改革试点。1997 年,在总结试点经验的基础上,对 100 多家市属企业 3 年内工伤情况进行调查,测算出各行业工伤保险费率。工伤保险费实行行业差别费率,由企业以上年度职工工资总额为基数,按规定的差别费率缴纳工伤保险费。1998 年 1 月,市直企业率先实施工伤保险制度。10 月,市政府办公室印发《关于印发德州市企业职工工伤保险试行办法》,明确工伤保险的参保范围、认定标准和条件、认定机构、基金统筹及支付项目等。其中,工伤保险的参保范围为德州市行政区域内城镇各类企业和全部职工,私营企业、乡镇企业、城镇个体经济组织及其职工可参照执行。是年,全市共有参保企业 218 家,职工 18769 人,收缴工伤保险基金 34 万元,当年为 18 人支付工伤保险金 43 万元。到 2003 年,全市工伤保险参保职工 8.5 万人,征缴工伤保险金 350 万元,支付待遇 250 万元。其中,为市直 355 名工伤人员及其家属支付工伤保险金 161 万元。

2004 年 1 月 1 日,国务院《工伤保险条例》正式实施。同年,市政府先后印发关于贯彻实施《工伤保险条例》和《山东省贯彻工伤保险条例实施办法》的意见为主要内容的 8 个政策性配套文件,将参加工伤保险的范围扩大到全市行政区域内的各类企业。工伤保险费率实行一、二、三类行业差别费率,分别为 0.5%、1%、2%,其中二、三类行业实行浮动费率。用人单位按时缴纳工伤保险费,职工个人不缴纳工伤保险费。是年,全市新增参保人员 2.44 万人,参保总量 11.02 万人;征缴工伤保险基金 429 万元,为 666 名工伤及工亡人员遗属支付工伤保险金 351 万元。2005 年,将扩面重点放在建筑施工企业、高危行业和农民工,全年新增参保 33213 人,参保达到 143414 人,征缴基金 758 万元,为 1132 名工伤职工发放待遇 545 万元。2006 年,市政府印发《德州市农民工参加工伤保险试行办法》,工伤保险参保 17 万人(农民工参保 4738 人),净增 26623 人;征缴基金 1391 万元,为 1682 名工伤职工发放待遇 786 万元。

2007 年 1 月,市劳动保障局、市人事局、市民政局、市财政局转发《关于事业单位、民间非营利组织工作人员参加工伤保险的通知》,事业单位、民间非营利组织工作人员纳入工伤保险参保范围。2008 年,市政府办公室印发《关于全面推进工伤保险工作的通知》,将工伤保险覆盖计划指标分解到各县(市、区)。同年,印发《关于调整工伤全残人员伤残津贴、生活护理费和供养亲属抚恤金的通知》,提高相关工伤保险待遇;实施农民工“平安计划”,制定《德州市农民工参加医疗工伤保险实施方案》,全市参加工伤保险的农民工达到 6.8 万人。2009 年,参加工伤保险的农民工达到 11.7 万人。2010 年,印发《德州市工伤保险市级统筹实施意见》,按照“六统一”要求,启动实施工伤保险市级统筹。同年,印发《关于商贸、餐饮、住宿等服务业从业人员参加工伤保险实施办法的通知》,将商贸等 11 类服务业纳入参保范围;印发《德州市建筑施工人员团体参加工伤保险暂行办法》,对建筑业实行团体入保政策;印发《关于将“老工伤”人员纳入工伤保险统筹管理的通知》,将“老工伤”人员纳入工伤保险统筹管理。2011 年 1 月,德州市行政区域内的企业、事业单位、社会团体、民办非企业单位、基金会、律师事务所、会计师事务所等组织和有雇工的个体工商户全部纳入工伤保险参保范围。截至 2011 年年末,全市工伤保险参保 52.78 万人,征缴工伤保险费 7359 万元,为 3009 名工伤职工支付工伤保险待遇 5525 万元。

1998—2011 年德州市工伤保险情况统计表

表 28 - 26　　　　单位:人、万元

年　份	参保职工	基金收缴	发放人数	待遇发放
1998	18769	34	18	43
1999	85080	56	19	20
2000	83883	124	27	29
2001	79006	178	150	170
2002	82878	242	172	97
2003	85630	350	153	250
2004	110201	429	655	351
2005	143414	758	1016	545
2006	170046	1391	1682	786
2007	196478	1882	1829	1053
2008	256188	2563	2052	1294
2009	376202	3418	2299	1945
2010	492431	4384	2474	2736
2011	527840	7359	3009	5525

第四节　失业保险

1986 年 8 月，根据国务院《国营企业职工待业保险暂行规定》，德州地区开始对国有企业、县以上集体企业，国家机关、事业单位和社会团体的劳动合同制工人实施待业保险制度。基金征缴标准确定为：国有企业按全部职工标准工资总额的 1% 缴纳；国家机关、事业单位和社会团体按合同制工人标准工资总额的 1% 缴纳；县以上集体企业按全部职工每人每月 0.8 元缴纳。企业职工个人不缴纳。

1992 年 9 月，行署制定《德州地区职工保险改革实施意见》，待业保险开始实行全区统筹。基金筹集标准重新修订，发放待业救济金的对象由 5 种人扩大到 8 种，新增企业转到社会待业的职工、被企业除名的职工和提前解除劳动合同的职工。发放标准根据职工工作期限分为每月 40 元、50 元、60 元、70 元和 80 元 5 个档次。同年，将待业保险改称为失业保险。是年，全区有 1212 家企业参加失业保险，收缴失业保险金 320.3 万元，比上年增加 70.3 万元，增长 28.12%。1996 年 9 月，全市失业救济金发放标准改为按当地最低工资标准的 75% 计发；救济期限不变；失业救济金每月不足 120 元的，按 120 元发放。

1999 年，按照国务院《失业保险条例》和省政府有关规定，自 1 月 1 日起，全市失业保险覆盖范围扩大到城镇各类企事业单位及其职工（中省驻德单位除外），用人单位按照全部职工工资总额的 2%，职工按照本人工资的 1% 缴纳失业保险金。全年收缴失业保险金 2262 万元，

对2560名失业职工发放保险金708.1万元。

2003年10月，执行省政府发布的《山东省失业保险规定》，参保单位和参保职工面扩大为：1. 城镇企业及其职工，有雇工的城镇个体工商户及其雇工；2. 国家机关和参照公务员制度管理的机关中的工勤人员；3. 事业单位及其职工；4. 社会团体及其专职人员，民办非企业单位及其职工；5. 驻德州部队所属机关、事业单位中的无军籍职工。2008年2月，失业保险金标准提高至300元。2009年1月1日，德城区每人每月330元，其他县（市）315元。2011年，全市失业保险金发放标准统一提高到500元。同时启动失业保险金标准与物价上涨挂钩联动机制。是年，发放失业保险金4115万元，其中支付失业救济金1160万元，支出培训补贴和职业介绍补贴分别为191万元和30万元，扩大失业保险支出范围试点支出2734万元。

至2011年，全市参保27.8万人，其中企业参保2507户18.16万人，事业单位参保1399户9.64万人，征缴失业保险基金9835万元。

1996—2011年德州市失业保险情况表

表28－27

年份	参保职工（万人）	享受失业金人数（人）	失业保险金发放标准（元）	失业基金收缴（万元）	失业基金支付（万元）
1996	15.2	236	120.00	1876	433.70
1997	15.6	809	141.75	1954	615.20
1998	15.9	1059		1983	640.00
1999	16.4	2560	204.75	2262	708.10
2000	17.3	3012		2350	745.20
2001	17.8	3441	244.13	2319	795.90
2002	18.7	4052		2404	935.40
2003	19.1	3197		2454	875.80
2004	20.2	10688		2564	1676.00
2005	20.2	7035		3035	2743.00
2006	23.6	6641		3195	3217.00
2007	25.0	2870		4545.81	1406.23
2008	26.0	8229	315.00	5563.89	2388.14
2009	26.1	13393	346.50	8757.76	2400.91
2010	26.4	2091	430.50	7776.31	4957.28
2011	27.8	3388	500.00	9835.25	4114.97

第五节　生育保险

1989年1月，地区行署在德州市、宁津县、庆云县、平原县进行“女工生育基金统筹”试点工作，1990年3月全面推开。生育基金统筹项目主要是女职工在孕期、生育期和哺乳期的工资福利和补偿待遇，基金筹集遵循“以支定筹、略有结余、共同负担、合理补偿”原则，以上年度企业职工人数为基数，每人每年缴纳18元，由企业每年3月向所在地的保险机构全额缴纳。生育保险待遇主要包括生育津贴和生育医疗补偿两项，补偿标准为：女职工生育每人一次性定额补偿750元。是年，有262个单位参加女职工生育基金统筹，参保职工7.23万人，筹集基金107.7万元，为1206名生育女职工发放补偿金90.6万元。

1996年8月，市政府印发《德州市企业职工生育保险试行办法》，对生育保险的参保范围、生育保险费征缴、生育保险基金支付范围及标准均作出明文规定。2003年1月1日，调整女工生育保险医疗费发放标准：顺产生育的500元，难产生育的800元，剖腹产生育的1000元。2007年，全市征缴生育保险基金达到1059万元。2008年1月，《德州市职工生育保险实施办法》正式实施。2009年，城镇居民生育医疗费用纳入城镇居民基本医疗保险支付范围。2010年，全市生育保险医疗费用报销实现与定点医院联网结算，生育津贴通过网银实现社会化足额发放。

至2011年年末，全市生育保险参保人数31万人，收缴基金3173万元，生育保险基本覆盖城乡企业，参保率达到92%，参保女职工的生育保险享有率达到90%以上。

1996—2011年德州市生育保险基本情况统计表

表28-28　　单位：人、万元

年份	参保职工	基金收缴	发放人数	待遇发放
1996	130261	220	1667	164
1997	148540	260	1134	150
1998	133046	234	1678	182
1999	127547	298	1531	232
2000	126290	362	2095	255
2001	108515	345	2002	396
2002	117843	392	1697	426
2003	119508	410	1135	295
2004	119770	361	722	267
2005	124036	547	1070	358
2006	127112	846	943	319
2007	135093	1059	1058	510
2008	166345	1286	1118	582
2009	215620	1661	1692	887
2010	275936	2093	1897	1141
2011	311747	3173	1914	1231

第二十九编

MIN ZHENG

民 政

1986—2011 年，全市（区）民政部门围绕全市中心任务，在城乡基层组织建设、服务军队和国防建设、社会救助与福利、社会事务管理等方面做了大量工作，对促进社会稳定、满足人民群众生活需求做出了应有贡献。

城乡基层组织建设方面，随着 1984 年“社改乡，队改村”工作启动，相继完成了乡级政权建设、村级群众性自治组织和城市社区服务体系建设。1996—1997 年，先后启动农村和城市居民最低生活保障工作，城、乡居民最低生活保障制度实现了全覆盖。2009 年，按照“保留自然村，合并行政村”的原则，将 8319 个行政村合并为 3056 个社区（村）。

服务军地和国防建设等方面，1986 年，以欢迎参加中越边境自卫反击作战部队将士凯旋为契机，在全市掀起拥军优属热潮。1990 年，开展创建双拥（拥军优属、拥政爱民）模范城（县）活动。优待、优抚、抚恤金发放和烈士陵园建设等项工作同步跟上。2011 年，德州市建成国家级双拥模范城。

社会行政事务管理方面，1997 年，全市撤销乡镇婚姻登记机构，实行由县（市、区）集中婚姻登记与管理的新体制。殡葬改革取得新突破，火化率保持在 98% 以上，全市有殡仪馆 11 处，土葬、乱葬得到遏制，文明丧葬习俗正在形成。

社会救助与福利方面，2003 年，对流浪乞讨人员由收容遣送转为人性化救助管理。2006 年，德州市慈善总会正式成立，全市社会救助工作形成最低生活保障、社会救助、社会捐赠三者有机结合的新型社会救助体系。2010 年 11 月，德州市社会福利中心建成，成为包括社会福利服务中心、社会福利院、儿童福利院、城市流浪未成年人救助保护中心、优抚医院和老年颐养服务中心等多功能为一体的社会福利服务中心。

与此同时，相继开展了社团登记管理、地名管理和勘界等工作。并在全市完成普查命名的基础上，实现了电子触摸屏、地名网站、地名查询电话“三位一体”的地名公共服务系统。

到 2011 年，全市已建起优抚安置、救灾和社会救助、社会福利、社会事务管理四大社会保障网络以及其他服务机制，形成上下贯通、左右相连、立体服务的社会保障网络体系。

第一章　城乡基层组织建设

第一节　基层政权建设

1986 年，全区共有 5 个街道办事处，53 个镇人民政府，204 个乡人民政府。1990 年，商河县、济阳县及齐河部分乡镇划归济南市，减少 12 个镇、33 个乡政府。2000 年和 2004 年进行两次乡镇合并，至 2007 年，全市有 20 个街道办事处，78 个镇人民政府，34 个乡人民政府。

2011 年年底，全市共有街道办事处 27 个，镇人民政府86个，乡人民政府21个。

“社改乡，队改村”基层民主政治建设工作启动后，1986年，地委、行署在临邑县开展基层政权建设试点，重点解决党政不分、政企不分、条块分割等问题。到1987年6月，临邑县将设在乡镇的财政所、农技站等11个站所的人、财、物全部下放给乡镇政府管理。1988年6月，试点工作扩至德州市（县级）。到1993年，全区顺利完成县乡机构改革，县直部门设在乡（镇）的垂直站所全部下放给乡（镇）政府管理。

1995年，推进乡镇政权规范化建设，各乡镇政府及各站所根据工作任务、特点和需要，进一步理顺各个方面的关系，完善各自的工作职能，依据党和国家的政策法规，建立详细的规章制度并规范运行。1996年4月，全市乡镇规范化建设现场会在宁津县小店乡召开，总结推广小店乡经验。年内，全市有21个乡（镇）开展规范化建设工作。1997年，试点工作扩大到60个乡镇。

1999年11月，市委、市政府在禹城市召开全市基层组织建设暨政务公开现场会，全面部署乡（镇）政务公开工作，要求县（市）乡（镇）健全政务公开的组织领导体系。确定禹城、齐河为政务公开工作试点县（市），各县（市、区）选择1～2个乡镇，各乡镇选择1～2个部门作为试点。2000年7月，依据民政部《关于进一步推进乡镇政务公开工作的通知》，以解决农民群众关心的热点难点问题为突破口，以健全配套制度为保证，下大力气抓好乡镇政务公开工作。年底，全市114个乡镇全部实行政务公开。之后，乡镇政务公开工作进入常态化、制度化。

第二节　村民自治建设

一、村民委员会换届选举

1984年，随着社改乡工作进行，村级组织也进行相应改革。撤消政社合一的大队管委会，建立农村群众性自治组织村民委员会。当年，全区进行第一届村民委员会选举。村委会选举以选民小组为单位，组织选民提名、酝酿协商、确定候选人，或由村党支部提名候选人，然后由村民会议或村民代表会议进行投票选举产生。此后，分别于1987年、1990年、1993年和1996年先后进行了第二、三、四、五届村民委员会换届选举。

1998年11月，《中华人民共和国村民委员会组织法》颁布实施，同年12月进行第六届村民委员会换届选举。此次选举全面实行由村民直接提名候选人，直接选举村民委员会成员。截至1999年年底，全市有7981个村顺利完成村委会选举，占全市村委会总数的96.4%，参选率达87%。2002年第七届村委会换届，市委倡导“两委”（党支部委员会、村民委员会）成员交叉任职，以达到精简职数、提高效率、减轻农民负担目的。6月底，全市有8172个村委会完成选举工作，占村委会总数的98.4%。选举产生村委会成员25423人，换届后全市村委会成员比上届减少3362人，减幅13.2%，有7114个村实现两委干部交叉任职，占已选村数的87.1%。2005年第八届村委会换届，村干部职数大幅度减少，村班子结构进一步优化。村委会成员23998人，比上届减少2972人；村两委成员交叉任职23057人，占总数的89.5%；支书、主任一人兼的村7425个，占总数的93.1%。新一届村委会成员平均年龄37岁，比上届降低3.2岁，大专及以上文化程度452人，高中（中专）文化程度12753人，分别比上届增长1.74%、15.7%；女干部2389人，占10%，比上届提高5个百分点；17095名政治素质高、群众威信高和致富带动能力强、增加村级经营性收入能力强的“双高双强”型优秀人才进入村委班子，占71.2%，比上届提高32.5%。2007年

年底第九届村委会换届，有7911个村顺利完成选举工作，占应换届的95.2%，其中村支部书记、村委会主任一人兼的比例达到96%；选出村委会成员24948人，其中初次当选的4138人，新当选村委主任1197人。

2009年，全市开始推进“合村并居”工作。按照“凡合必选”的原则，市委出台《村庄合并和农村社区村民委员会选举工作的意见》《农村社区班子工作规范》等文件，集中进行社区班子民主选举。8月30日，全市第一个农村合村并建（合并村庄，建设农村社区）社区村委会——平原县坊子乡叶庄社区村委会选举产生。到2010年，全市新成立的2342个农村社区全部完成选举工作，共选举产生社区村委会成员11129名，书记、主任“一人兼”率96%，成员交叉任职率92%。社区“两委”成员平均年龄45岁，比合并前下降4.6岁；高中以上文化程度的占57.5%，比合并前提高19.5%；社区党组织书记、村委会主任中有企业或项目的达到54%。2011年，全市开展第十届村委会换届工作。上年度已经进行“两委”选举的2342个农村社区不再参加本轮换届选举，剩余的748个行政村到年底圆满完成选举工作。是年，全市村委会3055个，村（居）委会成员13702人，其中35岁以下2456人，大专以上文化1523人。

二、村民自治示范活动

1987年《中华人民共和国村民委员会组织法（试行）》颁布后，村民自治工作逐步推开。到1991年3月，全区有227个村开展村民自治示范活动。1992年8月，借鉴章丘“依法建制、以制治村、民主管理”经验，德州地区将陵县碱场店乡作为村民自治示范试点，制定村民自治章程、规范化管理规定和村规民约，建立村民代表会议制度和村民议事制度。是年，全区村民自治示范村增至272个。1994年，依据《全国农村村民自治示范活动指导纲要》，全区总结、推广陵县村民自治经验，扩大示范村数量范围。是年，全区开展此项活动的村委会655个，占村委会总数的20%；建立村民代表会议制度的村7249个，占88%；建立村民档案的村4637个，占56.3%。到1997年，全市80%的村建立村民代表会议和村务公开制度。

1998年11月，《中华人民共和国村民委员会组织法》颁布后，全市有7800个村开展村民会议或村民自治示范活动，7500个村建立村民会议或村民代表会议制度。1999年，第六届村民委员会换届选举完成以后，8034个村建立村民代表议事会制度，7879个村设立公开栏，6765个村制定村务公开、财务公开制度，7742个村建立完善了村规民约，有力地推进了农村基层民主政治建设。2001年5月，全省村民自治经验交流会在宁津县召开，总结推广宁津县在村民自治活动中正确处理党支部、村委会和村民代表会议的关系，推动村民自治健康发展的经验。2003年，武城县被评为山东省村民自治模范县；德城区二屯镇等3个镇被评为山东省村民自治模范乡镇；9个村民委员会被评为山东省村民自治模范村委会。

2004年10月，依据《山东省村务公开民主管理工作规范》，全市大力推进村务公开工作，大部分村设立标准公开栏，开展点题公开、随时公开等试点工作。武城县规定每季度第一个月的10日为全县公开日，将村务公开内容划分为4类25项，所有村庄必须按时公开。2005年，依据《山东省村民会议议事规则》，各县（市、区）建立健全《村民自治章程》《村民代表大会制度》和《村规民约》，做到钱、物、地、事、策“五公开”，内容、程序、形式、时间、档案“五规范”。2008年，市政府将村务公开、民主管理列入对各县（市、区）整体工作考核范围。是年，德城区新华街道七西村被司法部、民政部联合授予

“全国民主法治示范村”荣誉称号。

2009年，合村并居工作完成后，针对随之产生的村民增加、居住分散、债权债务不融合等新问题，市委、市政府决定在全市推行村级账目、资金全部纳入乡镇经管站统一管理，建立民主理财和开支审批等8项制度，规范村级资金收支程序，增强财务管理规范性和透明度。2010年，市委、市政府出台《德州市农村社区组织工作规范（试行）》，树立一批村务公开的示范社区、亮点社区，使广大基层单位和党员干部学有榜样、赶有目标。2011年，全市开展村务公开民主管理互查互评活动，进一步规范村级组织操作，提高村务公开和民主管理工作的制度化、规范化水平。全年召开村民会议9059次，召开村民代表会议17059次。

第三节　社区建设

一、城市社区建设

1984年，城市人民公社改称街道办事处，恢复居民委员会名称和机构设置。居民委员会成员取消任命制，恢复选举制。1990年1月，根据《中华人民共和国城市居民委员会组织法》规定，居民委员会由一年一改选为三年一改选。是年，全区完成275个城镇居委会改选工作。1992年，把居民自治示范活动与社区服务有机结合，初步形成以街道为主体，以居委会为依托，面向所有居民实行便民服务的城市社区服务体系。1997年，成立德州市社区服务工作协调委员会，指导共建社区服务中心12处，城镇社区服务设施147个，开办便民服务网点250余个，社区服务实体600余个，组建社区服务志愿者队伍5000余支，社区服务志愿者达1.43万人。

2001年，全市将原有94个街道居委会合并调整为59个社区居委会。调整后的社区规模由原来的300～700户扩大到1000～3000户，人口由1000人左右增加到3000～10000人。2002年，《全市城市社区建设示范活动指导纲要》出台，社区建设按照“分类指导、积极推进”的原则，以开展争创省级示范单位活动为动力，推动社区建设全面开展。是年，德城区获全省社区建设示范区称号，有2个街道和5个社区分别被命名为全省示范街道和示范社区。2003年1月，全省社区建设经验交流会议在东营召开，武城县以理顺城区基层管理体制为突破口，建立健全社区组织，实现社区“五个一”标准（即一处办公用房、一处社区服务设施、一部热线服务电话、一套完整的工作制度、一支志愿者队伍）的经验，为全省县城社区建设提供了样板。12月，市委、市政府下发《关于加强城市社区建设的意见》和《社区居委会工作暂行规定》两个规范性文件，对社区组织建

2009年9月，平原县王庙镇辛章社区村民委员会选举现场

设、基础设施建设、社区文化，社区卫生、社区环境和社区治安等各项服务提出明确目标和要求，全市社区建设工作步入全面推进、深入发展阶段。

2004 年，德城区 42 个社区服务办公用房建设全部完成，58 个社区全部达到省级示范区标准。乐陵、禹城两市社区规模调整工作顺利完成。继武城率先在县城驻地组建居委会后，庆云、临邑两县也相继设立街道办事处，建立社区组织，全面开展社区建设工作。到 2005 年，全市共建立各类社区便民服务网点 3200 个，安置下岗职工 6000 人。11 月 26 日，全省和谐社区建设会议在德州市召开，对德州市社区建设给予充分肯定

2007 年，依据国务院《关于加强和改进社区服务工作的意见》，市政府成立社区工作领导小组，加强和改进社区工作，着重解决社区“有人办事、有钱办事、有地方办事”的问题。在城区，按 3000 户标准，将原有 180 个社区调整为 106 个，配备社区工作人员近 1000 名，6 成以上的社区达到每 300 户配备 1 名工作人员的要求，47 个社区的工作人员工资生活补贴达到上年度在岗职工平均工资水平，18 个社区的办公经费达到省定标准；建立各类社区便民服务网点 3200 个，服务内容包括扶老、助残、托幼、家政、就业、信息咨询、医疗保健、法律援助等 10 大系列，社区各类服务岗位安置下岗职工 6000 人，80% 以上的社区实现居民生活“十不出居”。2008 年 6 月 19 日，全国政协副主席孙家正率领全国政协委员视察团到德州视察和谐社区工作。

二、农村社区建设

2005 年 10 月，中共十六届五中全会提出建设社会主义新农村的重大历史任务，市委、市政府认真解决“三农”（农村、农业、农民）问题，深化农村改革，推动全市新农村建设。同年 11 月，乐陵市许家希森新村落成，省委书记张高丽题词“集约土地、利用资源、以人为本、共同富裕，建设社会主义新农村”。2006 年，省委在德州召开山东西部 9 市新农村建设座谈会，并在全省推广德州的经验和做法。2007 年，德城区、临邑县被民政部确定为“全国农村社区实验县”，农村社区建设工作提上议事日程。是年，德城区建设农村社区试点 13 个，并根据各村村情，改建、扩建了集“社区办公室、社区警务室、社区卫生室、社区文化站、便民超市”功能于一体的社区服务中心；临邑县在 12 个乡镇选择 36 个行政村、集镇村建设农村社区，让大村辐射小村，中心村辐射边缘村，集镇村辐射周围村。

2008 年，市委、市政府确定把农村社区建设与合村并居工作同步开展，通过合并村庄、建新型社区、实施“两区同建”（农村居住社区和农村产业园区同步规划同步建设），逐步变革农村行政管理体制、农民生产生活方式和农村社会管理制度，组织和引导农民居住向社区集中、生产向园区集中，促进农村生产方式和农民生活方式“两个转变”，努力达到农民生活质量、农业劳动生产效率和农村管理水平“三个提高”。是年 10 月，市委、市政府召开全市实行大村庄制推进农村社区化改革工作会议，确立大村制改革工作思路，提出“全市减少村庄 4000 个左右，建设 4000 个大村庄”的工作目标，确定 13 个试点乡镇先行推进。12 月底，市委制定《关于推进我市农村改革发展的实施意见》，提出要“积极稳妥推行村庄合并和农村社区建设”。

2009 年 1 月，全市村庄合并和农村社区建设试点工作会议召开，要求按照“保留自然村，合并行政村”的原则，采取 6 种村庄合并模式（城中村改造聚合型、强村带动型、产业联结型、农村社区整合型、自然村恢复型、邻近村合

并型）和“五不变一不降低”（村庄合并后，原行政村、组的土地承包关系不变，原行政村的各项承包、租赁合同及合理优惠政策不变，原村级资产、债权债务不变，原自然村村名不变，原行政村村民的福利待遇不变，原退休干部的生活补贴标准不降低）政策，大力推进“两区同建”工作。3月7日市委、市政府制订《关于推进全市村庄合并和农村社区建设的意见》，提出村庄合并3年规划，要求全市每年减少1000个左右的行政村，连续工作3年实现预期目标。6月，全市农村重点工作会议明确了村庄合并和农村社区建设工作分三步实施：第一步合班子，第二步搞规划，第三步抓建设。12月8日市委召开全市农村社区建设工作现场会议。会议确定将工作重心由村庄合并转移到加快农村社区规划建设、实现农民群众集中居住上来。经过2009年的强势推进，原定3年的村庄合并任务1年完成，全市由原来的8319个村庄合并为3070个社区（村），减少村庄5249个，行政村数由过去占全省1/10，减少到1/24，村均人口由547人增加到1353人。

2010年1月，全市农村社区建设动员大会确定将工作重心由村庄合并尽快转移到新社区建设上来，要求每个乡镇至少抓1个并居试点，提出破解资金、土地难题和产业发展的初步思路，决定在全市实施百企连百区、百局帮百区“双百工程”。10月，先后在宁津县和齐河县分片召开全市农村社区建设现场会议，提出城中村改造采用政府组织统拆统建、乡镇驻地采取沿街开发市场化运作、近郊村采取企业和社区联建、偏远农村采取自拆自建滚动发展等4种建设模式。截至2010年年底，全市将合并后的3070个社区（村）规划为1184个并建社区，并全部完成选址和规划设计，部分社区启动建设，近5万农户告别有生以来居住的低矮破平房，搬进阳光通照的新楼房。是年12月18—20日，德州市获2010年中国城市化地级以上“十大活力城市”、2010年“中国城市化和谐发展典范案例”称号。

2011年3月，市委、市政府决定将两区同建列为全市十项重点工作之一，成立农村“两区同建”和小城镇建设推进委员会。全市两区同建工作宁津现场会议提出“积极推进，科学把握，分类指导，务求实效”的工作原则，要求2011年并建社区启动率达到80%以上，入住农民达到10万户，每个乡镇至少建设1个产业园区，每个县（市、区）重点培育1～2个具有一定规模和典型示范带动作用的现代农业园区。7月，市委、市政府制订《关于推进两区同建构建生态文明乡村的意见》，提出“两边两区”突破战略（即围绕县城乡镇驻地周边、交通干线周边和产业发展聚集区、农村观光旅游区的农村社区实施重点突破），社区配套设施建设达到“五化八通八有”标准（“五化”即硬化、绿化、亮化、净化、美化，“八通”即通水、通电、通暖、通气、通油路、通宽带、通电话、通有线电视，“八有”即有幼儿园、小学、敬老院、卫生室、警务室、超市、中心广场、社区服务中心），产业园区建设“1+X”模式（即每个乡镇至少规划建设1处示范产业园区和若干个主导产业园区）。12月15日全市两区同建工作现场会议在齐河县召开。市委、市政府下发《关于推进2012年“两区同建”工作的实施意见》，确立社区建设、园区建设、土地挖潜“三位一体”的工作思路，将两区同建与城乡建设用地增减挂钩政策相结合，既为农村百姓谋福祉，又为经济发展腾空间。至2011年年底，全市已有959个并建社区启动建设，10.2万农户搬进优美宜居的新社区；规划农业、工业、商贸等农村产业园区1538个，启动建设953个；启动民生保障、计划生育、文体活动、法律援助、科学教育、医疗卫生、信息通信、商贸流通、金融、就业10大服务领域进社

区工程，促进农民生活方式、生产方式“两个转变”。是年，德州市农村“两区同建”工作被中央电视台、《人民日报》、《农民日报》、《大众日报》等主流新闻媒体进行了多方面深度报道，并获2011年度“中国城市化十大活力地级以上城市”荣誉称号。

第二章 优 抚

第一节 优 待

一、优待金

1986年，全区共优待39890户，占全部优待对象户数的22.6%；发放优待款927.03万元，户均232.3元。其中，烈属户均319.9元，军属户均267.6元，残废军人人均117.8元，复员军人人均92.8元，退伍军人人均93.9元。城镇义务兵优待688人，发放优待款16.7万元。

1990年，按照《山东省优待烈军属和伤残军人规定》，全区优待兑现39558人，发放优待金961.3万元。1991年，重点解决在乡老复员军人生活难、住房难、医疗难问题，人均优待款350元，较上年提高28元。1992年，夏津、庆云、陵县、平原、乐陵推行城镇非农业人口义务兵家属统筹优待，并为205名伤残军人提高伤残等级。1994年，庆云县率先在全区建立优待金县级社会统筹制度。1995年，全区农村义务兵优待标准达到605元，比上年增加201元。

1996年，市委、市政府将落实优抚政策作为争创拥军优属先进县（市、区）活动重中之重，规定农村义务兵家属、烈属、伤残和老复员退伍军人的优待金分别不低于上年度当地农民人均纯收入的70%、35%、25%的标准，分别达到1300元、700元、450元，确保优待标准达到全省中上游水平。1997年7月，在庆云、平原、德城3县（区）试行优待金县级统筹发放制度。到年底，全市落实优待款2634万元，比1996年提高10个百分点。1998年5月，针对个别县抚恤、定补金仍按1996年以前标准发放问题，在全市全面推开优待金县级社会统筹工作。优待金的筹集，县（市、区）辖区内机关、社会团体、事业单位干部和企业职工按上年度工资收入的2‰筹集；个体工商户按每年每户30元筹集。义务兵立功或获得荣誉称号的，提高当年优待金。

2001年3月，根据农民人均负担较重的实际情况，市政府适当调低优待标准，把义务兵家属、“三属”（革命烈士、因公牺牲军人及病故军人家属）、伤残和复员及带病回乡退伍军人的年优待金分别调整为1000元、600元、400元。从6月1日起，全市提高特、一等革命残废军人护理费标准，即因战因公特等的为上年度当地社会平均工资的50%，因战因公一等的按40%，因病一等的按30%。2002年7月，为确保农村税费改革中优抚对象待遇不受影响，市政府制定《关于税费改革后农村优抚对象的优待办法》，规定农村义务兵家属年优待2100元，入藏义务兵家属年5100元，在乡（镇）、涉农街道烈属、革命伤残军人、复员军人、带病回乡（镇）、涉农街道丧失劳动能力的退伍军人，年优待金均为760元。对在部队服役期间获得荣

德州民政事业园 （2010 年 摄）

誉称号和立功的予以特别优待，其中获得大军区（含大军区）荣誉称号的增发40%，立一等功的增发30%，二等功的增发20%，三等功的增发10%，被评为优秀士兵的增发5%。2003 年，全市有6个县（市、区）实行农村和城镇优抚对象优待金县级统一发放。2004 年，全市统一规定军属年优待达到当地上年度农民人均纯收入的70%，“三属”优待760 元以上，伤残和在乡老复员军人年优待600 元。2005 年，有8个县（市、区）农村义务兵家属优待金由原来的1400元提高到3000 元。

2006 年，德州率先在全省全面实施优抚对象优待金和抚恤定补金由县级统一发放制度。2008 年，乐陵市、武城县、齐河县为每个进藏新兵家庭提前发放2009 年优待金5000 元。2010年，在全省率先将农村义务兵和进藏义务兵家庭优待金分别提高到5000 元和8000 元，同比增长67%和60%。

至2011 年底，全市优抚对象总共43301户，发放优待金5078.5 余万元。其中，城镇义务兵家属户均5000 元，农村义务兵家属户均5000 元；“三属”、伤残军人、复员军人优待面分别达到100%，在乡烈士家属户均800 元、伤残军人人均760 元、复员军人人均720 元。

二、帮助扶持

自1983 年下半年开始，德州地区通过提供资金、物资、信息、技术等，开展扶持优抚对象发展经济、增加收入工作。到1986 年，全区扶持优抚对象14111 户（含退伍军人6709 户），已致富3122 户（含退伍军人2282 户）。1987 年，成立农村义务帮工队和送温暖小组8725 个，为4572 户优抚对象解决困难、做好事43724 件次。1991 年，义务帮工队发展到10800 多个，为优抚对象办好事3.4 万多件（次）。

1999 年，响应全国双拥工作领导小组和民政部的号召，在全市开展“爱心献功臣活动”，以解决老烈属、老革命伤残军人和老复员退伍军人（简称“三老”）等重点优抚对象存在生活、住房、医疗难的问题。年内，市县乡三级共投入资金459 万元，为1250 户“三老”优抚对象新建维修房屋4284 间，发放慰问金16.3 万元，减免医疗费87.3 万元。至2003 年，93%的优抚对象达到或超过当地群众的平均生活水平。

2009 年，德城、乐陵、宁津、平原等县（市、

区)将优抚对象中的贫困家庭优先纳入低保范围,向他们提供优抚政策和低保待遇双重保障。庆云、夏津、临邑等县投入资金近300万元,为优抚对象新建和修缮房屋600多间;齐河县为148名农村特困优抚对象及时发放冬季取暖物品。到2011年,市直民政系统党员干部走访群众113户,发放慰问和救助资金物资折合人民币11.7万元。

第二节　抚　恤

一、牺牲、病故抚恤

一次性抚恤　1986年7月1日起,根据财政部、民政部的规定,对牺牲或病故的现役军人、人民警察、国家机关工作人员,对其家属发给一次性抚恤金的标准为:革命烈士按其牺牲时40个月工资计发;牺牲的按其牺牲时的20个月工资计发;病故的按其病故时的10个月工资计发。烈士生前无工资收入或低于军队23级正排职干部工资标准的,按其牺牲时军队23级干部40个月工资计发;牺牲的按军队23级正排职干部20个月工资计发;病故的按军队23级正排职干部的10个月工资计发。1994年7月1日起,一次性抚恤金改由死者生前所在单位发放,不再由死者家属户口所在地民政部门发放。革命烈士和因公牺牲、病故军人的一次性抚恤金发放,仍由民政部门按《军人抚恤优待条例》执行。2007年,调整国家机关工作人员及离退休人员死亡一次性抚恤金发放办法和标准。即自2004年10月1日起,烈士为本人生前80个月基本工资或基本离退休费;因公牺牲的为本人40个月基本工资或基本离退休费;病故的为本人20个月基本工资或基本离退休费。

定期抚恤　自1985年1月1日起,依据民政部、财政部通知精神,将革命烈士、因公牺牲军人及病故军人家属(简称“三属”)享受的定期定量生活补助改为定期抚恤。1986年,全区享受定期抚恤金的“三属”有1668人,全年发放抚恤款93万元。其中,居住在农村的烈士、牺牲军人家属1303人,人均年抚恤款270元,病故军人家属102人,人均年抚恤款202元;居住在城市的烈士、牺牲军人家属126人,人均年抚恤款430元,病故军人家属137人,人均年抚恤款330元。1989年,调整提高“三属”定期抚恤金标准,月人均抚恤金城镇和农村分别达到53元、41.5元,月人均增加16元,全年发放定期抚恤金101万元。

此后,全市又于1993年、1994、年、1996年、1998年、2001年、2002年、2003年多次提高“三属”定期抚恤金标准,其中2002年、2003年幅度较大。烈属、因公牺牲军人家属,居住在农村的月人均分别提高到205元、200元;居住在城镇的月人均分别提高到265元、260元。病故军人家属,居住在农村的月人均提高到195元,居住在城镇的月人均提高到255元。

2011年,烈属、因公牺牲军人家属,居住在农村的月人均500元,居住在城镇的月人均820元;病故军人家属,居住在农村的月人均470元,居住在城镇的月人均715元。是年,全市享受定期抚恤金的782人,年发放抚恤金510万元。

二、伤残抚恤

1986年,对因战、因公负伤致残的革命军人、人民警察、民兵及国家工作人员,按照特等、一等、二等、三等4个等级分别给予抚恤。是年,全区享受残废抚恤金的革命残废人员3986人,其中在乡的2632人,在职的1354人。1988年9月,按照国务院新颁布的《军人抚恤优待条例》规定,革命残废人员改为革命伤残人员,在乡革命伤残人员改领伤残抚恤金,在职革命伤残人员改领伤残保健金。1995年,对在中越边境自卫反击战中参战致残人员生活保障由领取伤残保健金改领伤残抚恤金。2002 年 9 月，全市失业伤残军人全部实行改领抚恤金制度。2005 年，在职伤残军人改领抚恤金。1988—2011 年，伤残军人抚恤金调整 11 次，其中 1998—2003 年每年调整一次，逐年提高。

2011 年，全市有革命伤残人员 4623 人。在乡革命伤残人员 3521 人，其中特等 20 人、一等 227 人、二等甲级 190 人、二等乙级 782 人、三等甲级 1101 人、三等乙级 1201 人；在职革命伤残人员 1102 人，其中特等 9 人、一等 106 人、二等甲级 138 人、二等乙级 256 人、三等甲级 462 人、三等乙级 131 人。

三、定补

1986 年 7 月 1 日起，提高对在乡复员军人定期定量补助标准，扩大补助面，全区享受定期补助的在乡复员军人由 3201 人扩大到 5823 人，占全市在乡复员军人总数 6168 人的 94.5%，人均月补助达 15.13 元，年发放补助金 106 万元。其中，抗日战争时期入伍的 860 人，全部享受定期补助，人均月补助 19 元；解放战争时期入伍的 3412 人，有 3308 人享受定期补助，人均月补助 16 元；新中国建立后入伍的 1896 人，有 1655 人享受定期补助，人均月补助 15 元。带病回乡退伍军人中有 181 人享受定期补助。1986—2011 年，定期补助金标准调整 11 次，其中 2010 年提高幅度最大。2011 年定期补助金与 1986 年相比平均提高 20 倍，全年发放补助金 1030 万元。至 2011 年年底，全市有在乡复员军人 2702 人，全部享受定期补助，人均月补助 413 元。其中，抗日战争时期入伍的 1577 人，人均月补助 433 元；解放战争时期入伍的 1167 人，人均月补助 391 元；新中国建立后入伍的 1535 人，人均月补助 391 元。带病回乡退伍军人中有 3802 人享受定期补助。

第三节　烈士褒扬

截至 2011 年年底，在历次革命战争和社会主义建设中，全市有 20035 名革命志士献出宝贵生命。其中，抗日战争牺牲的革命烈士（7395）名，解放战争牺牲的革命烈士 10142 名，新中国建立后牺牲的革命烈士 2498 名（其中抗美援朝牺牲的革命烈士 2480 名，中越边境自卫还击战牺牲的革命烈士 18 名）。同时，编辑出版革命烈士事迹书刊，以弘扬烈士精神。为纪念革命英烈，全市先后修建烈士陵园等纪念建筑物 36 处，并被辟为国家和省、市不同级别的“国防教育基地”“爱国教育基地”。每年清明节前后，党政领导及社会各界群众前往各陵园等地参观瞻仰祭奠，缅怀先烈，进行革命传统教育。

一、革命烈士纪念园地（建筑物）

至 2011 年，全市共有革命烈士陵园 7 处，

其中市级1处、县级6处；有烈士纪念馆陈列馆5处，建筑物面积7113平方米，藏品500件；有零散烈士纪念建筑物24处。

德州革命烈士陵园　1988年8月动工修建，1990年6月建成。初隶县级德州市，址在天衢东路。陵园占地面积2.86公顷，总建筑面积1300平方米。园内有烈士纪念馆1处，解放军原总参谋长杨得志将军题写“德州烈士陵园”门牌和“革命烈士纪念馆”馆名。同年被省政府列为省级重点管理单位。1995年德州地区撤地建市，德州烈士陵园收归市级管理。1998年定为省级烈士纪念建筑保护单位。

2002年10月，于运河东畔天衢街道北厂村迁建新园，占地10.67公顷（含永安陵园公墓）。2006年清明节期间建成开园。2007年1月建成人民英雄纪念馆。2009年10月1日建成烈士英名墙，刻录全市在各个时期为国家解放和建设事业牺牲的20035位烈士英名，并留有5平方米的无名烈士区。2011年4月公布为市级文物保护单位。

乐陵烈士陵园　1947年在县城文庙东侧建立革命烈士祠，1956年改为机关办公室和宿舍。1957年又在南关公路西侧（今兴隆南大街）新建烈士陵园。1997年10月，在城关镇孙桃村东（今兴隆北大街），按省级标准修建烈士陵园，将原烈士陵园内的烈士骨灰、纪念品全部移至新址。新烈士陵园建筑面积1500平方米。园区分为悼念区和革命史展览馆两个部分，悼念区由纪念碑、悼念广场组成。悼念广场位于陵园中央，东侧建有人民英雄纪念碑，碑高20米。革命史展览馆，革命展览馆设计为两个布展区，分别在大厅的左右两侧，布展内容利用文字、图片，再现了不同时期乐陵人民在中国共产党领导下艰苦卓越的奋斗历程。2001年定为省级烈士纪念建筑保护单位。

宁津县革命烈士陵园　始建于1946年4月，1958年重建，陵园大致分为前后两部分。前面是墓区，1538名烈士长眠于此。后面建有烈士祠堂一座，革命烈士纪念馆两座，烈士纪念碑五幢。祠堂内正面墙上铭记着2466名革命烈士的英铭录。其中荣立二等功和团以上的著名革命烈士共44名。第一次国内革命战争时期牺牲1名；第二次国内革命战争时期牺牲2名；抗日战争时期1321名；解放战争时期1046名；抗美援朝59名；中越边境自卫反击战7名。纪念馆建筑面积380平方米。东展馆展出了包括马振华烈士在内23名团以上干部的英雄事迹。纪念碑上分别记述了宁津县抗日战争、解放战争斗争史、烈士功绩和全县烈士姓名。

齐河县烈士陵园　位于县城北部，迎宾北路。1980年建成，内有革命烈士纪念碑1座，高20米，烈士墓碑30个；赵牛河阻击战纪念碑1座。2009年10月建成齐河县烈士纪念馆，建筑面积2008平方米，共4个展厅，即中国共产党成立和抗日战争纪念厅、解放战争纪念厅、社会主义革命和建设纪念厅、孟祥斌烈士纪念厅。纪念馆登载烈士1787名。其中抗日战争670名，解放战争953名，中华人民共和国成立后贵州剿匪58名，抗美援朝84名，中越边境自卫反击战10名，和平时期11名（其中部队4名，地方7名）。

临邑革命烈士陵园　2004年4月建成，保存有抗日战争和解放战争时期修建的革命烈士纪念塔（碑）15座，其中，最早的是渤海二军分区和匡五县委、县抗日民主政府于1944年为纪念抗日战争牺牲烈士建设的革命烈士纪念塔。安葬有时任渤海二军分区副政委李恒泉、二军分区副司令员兼临邑县抗日民主政府县长徐尚武、陵县抗日民主政府县长吴匡五等著名抗日英烈，以及冀鲁边二专署秘书主任杨洪恩、匡五抗日县大队副大队长李恒昌等抗日战争时期以后的2449名革命先烈。纪念馆内通过大量珍贵的历史照片、文物、史料和油画、雕塑等艺术品，以及场景还原、多媒体声光电等现代手段，多角度、全方位地展现了临邑革命斗争历史和社会主义建设取得的成就。陵园内还建设有纪念广场、烈士群雕、烈士英名墙、著名烈士雕像和兵器陈列区。

庆云纪念馆 1972年建庆云县烈士陵园，址在县城西南隅。2003年选址重建，2005年8月15日落成。新烈士陵园坐落于县城渤海路西首，由庆云籍刘存智中将题写馆名，占地14660平方米，建筑面积1600平方米。2009年更名为庆云纪念馆。纪念馆分为纪念广场、烈士墓园区、展览馆三大部分。纪念广场中央矗立着高12米的烈士纪念碑。烈士墓园区总占地面积3260平方米，投资350余万元，共集中安葬烈士690位。在排列顺序上，东区第一、第二排为著名烈士，第三、第四排为“一门三烈”和“一门双烈”，其后按姓氏笔画，由东而西，由东区至西区依次排列。其中有9名烈士重名，1名为域外烈士，其余均为庆云籍烈士。

王克寇烈士陵园 位于禹城市莒镇董屯村北，占地约6666平方米，陵园中有纪念堂5间，烈士陵园归莒镇政府管理。陵园内悬挂王克寇肖像、生平事迹介绍、战友题词以及137名革命烈士的纪念谱等。2007年，禹城市政府拨款重修王克寇烈士陵园纪念馆。

陵县大宗家战斗纪念碑 1939年春，八路军抗日挺进纵队开赴鲁北，创建敌后抗日根据地，陵县成为较早开辟的根据地的一部分。1939年3月，曾国华率“挺纵”五支队机关及所属五团打了几次胜仗后，转移到陵县大宗家、侯家、赵玉枝、阎富楼一带进行短期休整。引起日军的注意。4月1日拂晓与日军展开激烈的战斗，经过近一天的你死我活的拼杀和数十次的突围，毙伤日军500余人，马100余匹，击毙敌酋安田大佐。1995年，为纪念1939年春八路军东进抗日挺进纵队在大宗家抗击日军的壮烈事迹，建立大宗家战斗纪念碑。碑名由杨成武将军题写，碑高4.35米，占地2656平方米。

平原王凤楼“腊月十二反扫荡”抗战遗址

遗址位于平原县王凤楼镇胡家窑村。1942年腊月十二日凌晨，侵华日军调集日伪军8000余人，对平原、禹城、临邑交界处的张士府地区（现划归王凤楼镇）进行合围扫荡，冀鲁边区二分区平、禹边区抗日根据地军民同仇敌忾，浴血奋战，拼杀突围。此次反扫荡战斗共有300余抗日战士、200余百姓殉难，谱写了一曲反扫荡的悲壮之歌。反扫荡结束后，当地百姓将80余名无名烈士集中安葬于胡窑村。

为保护抗战遗址，1996年，该县自筹资金建立了一座高4.2米（寓1942年）328字（寓烈士人数）碑文的无名烈士纪念碑。

二、革命烈士事迹搜集编写

1982年，全区民政部门完成《德州地区革命烈士英名录》编写工作，共收录德州籍革命烈士20035名，并将其编入《山东省革命烈士英名录》全集第六卷。1993年10月，为《中华英烈大辞典》提供30多名德州籍革命烈士事迹介绍。2008年，临邑县把抗日战争、解放战争、抗美援朝三个时期各个战役中的272位战斗英雄事迹及功臣资料汇编成《犁城丰碑》纪念画册，并印发全县。

2011年，全市完成《德州市革命功臣英名录》编写工作，将土地革命战争、抗日战争、解放战争、抗美援朝各个时期革命功臣，按照所在县（市、区）编制成册，共计收录烈士16342名，保存了珍贵的历史资料。

第四节　拥军共建

一、拥军优属

1986年后，围绕“同呼吸、共命运、心连心”

的总要求，全区开展军民共建，新型军政、军民关系得到巩固和发展。1986年，以迎接中越边境自卫反击战参战部队回访为主题，掀起拥军热潮。各县（市）、乡镇都组成专门班子，对2143名参战人员家属进行逐户走访，重点慰问烈属和残废军人，帮助解决实际困难；接待2000多名返籍省亲干部战士，召开座谈会和事迹报告会，弘扬英雄爱国主义精神。7月31日至8月1日，应地委、行署、德州军分区邀请，某军区老山地区防御作战英模报告团一行6人，到德州向干部群众作报告。1987年新年、春节期间，地、县两级党委、政府负责人走访慰问德州军分区、武警支队等13个驻军单位；各县（市）走访慰问烈属6700户、军属1.25万户、残废军人3500户、复员军人2300户；组织电影、文艺晚会、联欢会21场，应邀参加联欢会的驻军指战员和优抚对象达2.5万人次。建军节之际，地、县除召开庆祝大会外，还举行报告会68场次，召开各类座谈会15场次。以党委、政府名义向部队有关军人发慰问信1343封，慰问电93封。

1990年，开展争创“双拥模范县（市）”活动，掀起新一轮拥军优属高潮。到1991年，全区基层建立拥军优属学雷锋小组7100多个、义务帮工队1.08万个，为优抚对象办好事3.4万余件次，涌现出拥军优属先进单位78个，先进个人187名。1995年，平原县被省委、省政府、省军区命名为“拥军优属模范县”，另有11个单位受到省级表彰。1996年，市委、市政府将落实优抚政策作为争创拥军优属先进县（市、区）活动重中之重，明确了抚恤、定补及优待标准。市民政局及时推广了平原县逐乡（镇）召开优抚政策兑现大会的经验和平原县、德城区“四个一”实体化建设经验，不仅全面促进了双拥工作，而且优抚政策的落实兑现也有了一个较大的突破。1997年，以建军70周年大庆、争创拥军优属先进县和评选百佳优秀士兵家庭活动为动力，强化基层双拥工作“六落实”。尤其把优抚政策落实作为重点之一，提出不坚持标准不行、不发证到户不行、年底前不一次兑现不行“三不”方针。

1998年10月，市政府先后制定《关于在全市深入开展创建双拥模范城（县）活动的意见》《德州市拥军优属工作若干规定》等文件，促进全市双拥工作向深层次发展。1999年，市委将创建双拥模范城列为全市重点工作之一。市、县、乡三级投入资金459万元，为1250户“三老”优抚对象新建、维修房屋4284间。全市共为优抚对象发放慰问金16.3万元，减免医疗费83.7万元，较好地解决了他们的生活难、治病难问题。2000年，全市把拥军工作的重点放在部队基础设施建设上，市政府先后投资400万元，用于帮助驻德州武警支队改造营房，改善部队居住和训练条件；投资2000万元，为驻德州消防部队购置28部消防车，率先在全省达到队队有高、中压泵消防车、县县有登高车目标。2002年，坚持双拥教育、军地互办实事、军民共建多措并举的原则，市政府投资1500万元，划拨土地9公顷，在全省率先建起一处济南战区集教育、训练、军械管理为一体的多功能训练基地。

2003年，全市广泛开展军地双拥思想、文化共建共育活动、“千家企业拥军行动”等系列活动，推进双拥工作在基层的落实。市政府协调教育、财政、妇联部门，妥善解决驻德州部队子女入托、入学问题，民兵训练经费由县财政直接划拨人武部专款专用。节日期间，地方政府为驻军送去冰柜、空调、健身器材、蔬菜瓜果等慰问品；投资200万元为部队赠送微机、电视等设施。2004年，加大对部队基础设施建设的投入，市财政先后投资2000万元为武警支队建起指挥中心；拨款124万元，用于预备役官兵教育训练、营房改造;拨款1500万元为武警德州中队新建办公综合楼。地方政府还为驻军部队赠送电脑、打印机、扫描仪等自动化办公设备43台,建设高标准图书室38个,赠送图书4.5万册、光盘1750套。2005年,市政府下发《关于进一步落实优抚政策的通知》,进一步规范抚恤定补、优待金两个县级统一发放制度。年内,临邑县在全市率先建立优抚对象抚恤补助标准自然增长机制。2006年,印发《德州市进一步加强双拥工作争创双拥模范城工作意见》,进一步规范两个"县级统一"发放,严格落实新的优待、抚恤、定补标准,农村义务兵优先金达到3000元,仅此一项全市增发优待金856万元。

2009年,市、县两级分别制定《双拥考核办法》,将双拥工作列入对县乡政府的考核内容之一。年内,以庆祝中华人民共和国成立60周年为契机,市民政局与市妇联、军分区政治部开展"兵妈妈""好军嫂"评选表彰活动,营造良好的双拥工作氛围。2010年,深入开展社会化拥军活动,全市成立各类双拥工作站2205个,建立双拥志愿者队伍3000多支,双拥活动基地和服务中心275个,初步形成党政主导、军地互动、社会支持、全民参与的社会化"大双拥"格局。2011年,德州市建成国家级双拥模范城。

二、双拥模范城(县)创建活动

1990年始,民政部和解放军总政治部在全国开展创建双拥(拥军优属、拥政爱民)模范城(县)活动。1992年,地区供销社、德州市(县级)民政局、平原县民政局被命名为省级"双拥工作先进单位"。1998年6月,市委、市政府、军分区召开全市双拥工作会议,提出20世纪末德州市和部分县(市)争创省级双拥模范城的目标。10月,先后出台《关于在全市深入开展创建双拥模范城(县)活动的意见》《德州市拥军优属工作若干规定》等文件,促进全市双拥工作向深层次发展。1999年,市委将创建双拥

模范城列为全市重点工作之一。年底,德州市和平原县、庆云县、德城区被命名为"全省双拥模范城",平原县被国务院、中央军委命名为"全国双拥模范县"。2002年,德州市和德城区、平原县、庆云县、临邑县4个县(区)获"全省双拥模范城"和"全省双拥模范县(区)"称号。2003年,全市广泛开展军地双拥思想、文化共建共育活动及"千家企业拥军行动""万户奔小康帮扶行动"等系列活动,推进了双拥工作在基层的落实。全市设立军民双拥共建点267个,其中有216个被县以上党委、政府评为精神文明建设先进单位。是年,临邑县被国家双拥领导小组命名为"全国双拥模范县"。2005年,针对双拥创城工作不平衡问题,市委、市政府将双拥工作纳入全市经济、社会发展和部队建设总体规划。2006年,印发《德州市进一步加强双拥工作争创双拥模范城工作意见》《德州市创城工作实施方案》,修订《市双拥工作领导小组成员单位工作职责》。4月18日,市委、市政府召开全市双拥创城工作动员大会,提出德州市"蝉联省级双拥模范城、争创全国双拥模范城"工作目标。2007年1月,德州市获"全省双拥模范城",临邑县获"全国双拥模范县",双双实现"三连冠";临邑县、庆云县、齐河县、德城区获"全省双拥模范县(区)"称号;德城区双拥办被命名为全省爱国拥军模范单位。2009年,强化双拥组织领导,市县两级分

别制定《双拥考核办法》，将双拥工作列入对县乡政府的考核内容之一。年内，全市建立各类双拥工作站105处，志愿者队伍1000多支，活动基地32处，医疗服务中心100处，法律服务中心70处，艺术服务中心26处，培训服务中心16处，部门行业拥军点295个。2010年，规范社区双拥工作站，全市成立各类双拥工作站2205个，建立双拥志愿者队伍3000多支，双拥活动基地和服务中心275个，初步形成党政主导、军地互动、社会支持、全民参与的社会化“大双拥”格局。年内，德州市代表全省接受国家双拥办考核验收。2011年，德州市被认定为国家级双拥模范城，四次蝉联省级双拥模范城称号，武城县、平原县、禹城市同时获全省双拥模范县称号。

第三章　安　置

第一节　复退军人安置

1986年，复员军人安置原则是“从哪里来，回哪里去”，其中城镇复退军人安置实行按系统分配任务包干安置的办法。当年，全区接收退役士兵、转业志愿兵3786人，其中农村籍退役士兵2990人，城镇退役士兵362人，转业志愿兵128人，二、三等残废军人97人，荣立二等功以上的人员209人。按照国家退役士兵安置政策，当年安置796人。

1987年，根据省政府《关于对山东省在对越防御作战中荣立三等功的农村籍退伍军人安排工作的通知》精神，为409名参战荣立三等功的农村籍退伍军人安排工作，并办理“农转非”户口。1988年，安置城镇退伍军人和转业志愿兵787人；为236名在对越防御作战中立功战士办理“农转非”手续。1991年，按政策安置就业转业退伍军人1600人。1989年9月，全区接收4478名退伍义务兵和转业志愿兵。1990年，为最后一批参战立功的239名农村退伍义务兵办理“农转非”手续。1991年，全区安置就业转业退伍军人1600人。1992—1997年，累计安置城镇义务兵和转业志愿兵10759人。

1998年，为缓解就业压力，市政府出台“鼓励退伍军人自谋职业、发展个体私营经济”政策；临邑、武城等县分别出台“退伍军人有偿转移安置”改革办法。1999年，全市共接收城镇义务兵1764人，转业志愿兵396人，均按新的政策给予妥善安置。2000年，市直及德城区658名退役士兵和106名转业志愿兵待安置期间享受最低生活保障金制度。

2002年，改革城镇退役士兵和转业士官安置办法，市直系统全面实行安置政策、安置计划、考试考核成绩“三公开”制度；鼓励、支持退役士兵和转业士官自谋职业，对自谋职业的退役士兵和转业士官每人分别发放补助金8000元和13000元。2003年，推广临邑、武城退役士兵有偿转移安置办法，所在单位向市民政局交纳安置任务转移金后，由组织人事部门再行安置。2006年，城镇退伍军人安置计划由市政府下达，向社会公开；接收单位对完成安置任务确有困难的实行有偿转移，有偿转移的标准定为每个安置计划10万元。2007年，大幅度提高城镇退伍军人自谋职业经济补助标准，义务兵由上年的1.2万元提高到2万元，一级士官由1.5万元提高到2.3万元，二级士官由1.8万元提高到2.6万元，三级以上士官由2.2万元提高到3万元。2009年，全市事业单位安置率达10%，退役士兵自谋职业率达39%。2010年，全市安置退伍义务兵1162人（城镇）、转业士官195人、复员干部9人，合计1366人。市直退役军人事业单位安置比例达到近20%，创历史最高。2011年，推进“阳光安置”，拓宽就业渠道，有效解决安置遗留问题。是年，全市安置退伍义务兵1115人（城镇）、转业复员士官269人，合计1337人。事业单位安置率达20%。

第二节　军地两用人才使用

1984年后，全区把开发军地两用人才和扶持勤劳致富作为优抚安置工作的重点，至1986年的3年中，共接收退伍军人16320人，其中军地两用人才6773人，开发使用3741人，占军地两用人才的55.2%；被国家或集体招工45人，担任基层干部1032人，从事个体经营515人，发展成专业户187人。

1987年后，对安排回乡的农村籍退伍军人进行技能培训，组织优秀军地两用人才现身说法，引导广大退伍军人走出军营，在农村广阔天地施展才华。到1994年，全区每年军地两用人才开发使用率一直稳定在90%左右。1995年，全市开发使用的两用人才中，有60人担任村两委干部，20人成为乡镇企业厂长（经理）。

1996年，市民政局建立德州市退伍军人培训中心，主要进行开发技能培训和退伍军人岗前培训及两用人才开发服务等。2003年6月，陵县建立由400余名退伍军人组成的“导销员”队伍，他们以《战友导销通讯录》为信息网络，对本县20多个黄牛繁殖基地的黄牛及批量农产品进行销售，全县销售的家禽家畜、农副产品等有60%得益于“导销员”牵线搭桥。到2005年，全市建立军地两用人才基地36个，免费培训士兵8000人次。

2007年，市退伍军人安置办公室组织开展市直退役士兵职业技能培训，95%的退役士兵拿到上岗证。临邑县对全县符合安置条件的47名退役士兵全部免费培训一遍。2008年，市、县两级把开展技能培训作为开发使用两用人才工作的重点。市民政局在对市直退役士兵进行安置政策培训的同时，采取政府补助一部分、培训单位优惠一部分、个人承担一部分的办法举办了为期2个月的计算机应用、汽车驾驶、维修电工等专业劳动技能培训班，98%的退役士兵拿到上岗证。2009年，城乡退役士兵技能培训在全市铺开，有效解决了军人退役后就业的后顾之忧。

第三节　离退休军人安置

1985年8月，德州地区军队离退休干部休养所建立，为市级接收军队离退休人员单位。1986年，武城、夏津、平原等10个县（市）相继完成第一、二批军休所建房任务，占全区任务的77%。是年，全区共接收军队离退休干部350人，人武部代管干部51人，志愿兵21人。至1988年，各军休所车辆、水、电、路配套齐全，均设立了活动室、阅览室、门球场等生活娱乐设施，军休干部的政治、生活待遇得到较好落实。1990年，全区军休所开展评先和达标活动，当年有6个军休所达标，12名老干部、2名军休所长受到民政部及省民政厅表彰。1992年，全区军休所达标创优活动纳入制度化管理轨道，老干部两项待遇得到较好落实，医疗费超支和地方性补贴妥善解决。1993年，全区11个军休

所全部达标，其中有3个被评为全省先进军休所。1996年4月，德州市、禹城市、陵县军休所和德州市军队离退休干部安置办公室获1995年度全省先进军休所和先进市地安置办公室称号。2006年，市军休所改善军休干部住房条件，拆除3幢4层旧宿舍楼，新建2幢6层新宿舍楼，建筑面积9100平方米，总投资1100万元，2008年竣工投入使用，并扩建健康娱乐活动场所670平方米。是年，市军休所先后被省委、省政府、省军区授予文明军休所、先进军休所、全省民政系统创建文明行业先进单位等荣誉称号。

截至2011年，全市有军休所11个，职工102人。所内共安置军队离退休干部536人。其中师职57人，团职112人，营职以下121人，退休志愿兵225人，无军籍退休职工21人。

第四章 救灾 救济

第一节 救 灾

德州地处华北平原，常见自然灾害主要是旱、涝、风、雹等。1986—2011年的26年间，共发生旱灾11次、洪涝灾15次、风暴灾24次，蝗虫1次。各级党委、政府针对不同灾情，下发救灾物资和救灾款，确保灾区稳定，保障灾民生活。1995年实行财税体制改革后，救灾救济工作随即实行分级管理、分级负担体制。2011年，市政府先后制订《德州市自然灾害应急预案》和《德州市救灾物资储备应急预案》，全市救灾机制进一步规范。

1986—2011年德州市（地区）受灾救灾情况表

表29－1

年份	受灾情况	救灾情况
1986	因先旱后涝农作物受灾面积1029万亩，成灾915.1万亩，受灾94335户、39.8万人。	省拨救灾款246万元、化肥800吨、柴油400吨，救济特困灾民2.31万人。
1987	农作物受灾面积828万亩，其中旱灾366万亩，风雹灾371万亩。减产粮食34860万公斤，减产棉花6720万公斤，倒塌民房16373间。	省政府下拨救灾款280万元，地区行署发放社会救济款92万元，共救济灾民10.5万人。
1988	因涝农作物受灾面积804.8万亩，成灾面积450.5万亩，成灾人口223.4万人。	省拨救灾款495万元（含扶贫款200万元），维修房屋3952间，解决生活困难11165户，发放衣被8603人。

续表 29－1

年份	受灾情况	救灾情况
1989	受灾面积 770.2 万亩，其中旱灾 505.3 万亩，水灾 46.5 万亩，风雹 218.4 万亩。共有 15 万户、58 万人因灾缺粮。	发放救灾款 230 万元，统销粮 567 万公斤，议销粮 145 万公斤。捐粮 399 万公斤，捐款 163.8 万元。共救助灾民 30 万人次。
1990	因涝农作物受灾面积 669 万亩，成灾面积 442 万亩，其中绝产面积 160 万亩；受灾人口 325 万人，大水围困村庄 570 个 18.5 万人，冲毁桥涵闸 3205 座；倒塌民房 12.2 万间；因灾缺粮 35.4 万户、144 万人，缺粮 1.35 亿公斤。直接经济损失 12 亿元。	省政府拨付救济救灾专款 510 万元，地区行署下拨救灾救济款 504 万元（其中建房款 150 万元），救济灾民 21.3 万户、85 万人。
1991	受灾面积 678 万亩，成灾面积 292.93 万亩，其中旱灾 107.3 万亩，水灾 22.23 万亩，风雹 110.9 万亩。减产粮食 19849.5 万公斤、棉花 8050 万公斤，成灾人口 152.3 万人。	省拨救灾救济款 570 万元，地区行署拨款 614 万元，救济灾区群众 21.3 万人，帮助 820 户受灾群众建房、修房。
1992	因干旱农作物受灾面积 847 万亩，成灾面积 607 万亩，成灾人口 430 万人。	动用抗旱机械 4.55 万台次，新打和修复机井 13123 眼。省拨救灾款 440 万元，地区行署先后拨款 556.65 万元、调拨粮食 1800 万公斤。
1993	因洪涝农作物受灾面积 505.92 万亩，成灾面积 289 万亩，受灾人口 211 万人。因灾造成缺粮人口 62 万人，损失总计约 10 亿元。	省政府调拨借粮指标 1500 万公斤，拨发救灾救济款 775 万元（其中包括扶贫资金 60 万元），地区行署下拨救灾救济款 669 万元（包括扶贫资金 138 万元）。发放冬借春夏还贴息资金 60 万元，帮助灾民建房 802 间。
1994	因雨加风雹农作物受灾面积 580.9 万亩，成灾面积 344.2 万亩，绝产面积 111.8 万亩。	疏通沟渠 2 万多条、1234 千米，打通阻隔 1.8 万处，新挖沟渠 530 条。省拨救灾款 715 万元（含扶贫资金 40 万元），行署拨款 815 万元（含扶贫 66 万元），募集衣被 14 万多件。
1995	因大风冰雹受灾面积 70 万亩，成灾面积 51 万亩，损坏房屋 5.2 万间，伤亡大牲畜 1384 头，受伤人数 839 人，总损失约 6.5 亿元。	省政府拨款 565 万元（其中扶贫资金 30 万元），市政府先后 4 次下拨救灾款 585 万元（包括扶贫资金 80 万元）。

续表 29－1

年份	受灾情况	救灾情况
1996	农作物受灾 269 万亩，成灾 150 万亩，其中，绝产 55 万亩。102 个村庄被水围困，2. 94 万间房屋损坏，其中倒塌房屋 5052 间，受灾人口 280 万人，直接经济损失 5. 1 亿元。	全市共发放救灾救济款 1517 万元，其中中央财政下拨 1345 万元，县级财政投入 166 万元。
1997	特大干旱造成农作物受灾面积 670 万亩，绝产 152. 35 万亩，农业经济损失 17. 1 亿元，受灾人口 79. 6 万人。	发放救灾款 1223 万元，其中，中央财政 713 万元，地方财政 510 万元。救灾物资折款 1994 万元，救灾粮 1400 万公斤，修建房屋 1400 间。
1998	暴雨造成 346 个村庄、21216 间房屋、21. 8 万人受水围困。	转移灾民 2 万人，发放救灾款 837 万元，发放大灾储备粮 258 万公斤，筹措互助、互济资金 1300 万元，共救济灾民 17 万余人次，维修重建房屋 20496 间。
1999	因干旱、风雹造成农作物受灾面积 621 万亩，成灾面积 371 万亩，成灾人口 174 万人，直接经济损失达 12. 5 亿元。	省政府先后下拨救灾款 1167 万元（接转下年 280 万元），市、县地方财政投放资金 288 万元，救济灾民 20 万余人次。
2000	旱灾面积 730 万亩，其中小麦 490 万亩，成灾 234 万亩，夏播作物无法播种的近 150 万亩。6 月以后，因涝受灾面积 709. 8 万亩，成灾面积 302. 9 万亩，成灾人口 350 万人。	全市共发放救灾款 790 万元（其中接转上年 280 万元），安排救济粮 557. 9 万公斤，救济人口 19 万人次。参与生产自救近 80 万人次，互助资金 4000 余万元。
2001	因特大风雹农作物受灾面积 870 万亩，成灾面积 465 万亩，直接经济损失 17 亿元。	共发放救灾款 710 万元，其中，中央财政拨款 168. 3 万元，市级 120 万元，县级 387 万元，救灾物资折款 2079 万元，安排救济粮 57. 9 万公斤，救济人口 12 万人次。
2002	因特大干旱受灾 840 万亩，其中重灾 620 万亩，绝产 216 万亩。180 万人饮水困难。	救灾资金 2984 万元，发放救灾粮 715 万公斤，救济灾民 35 万人。
2003	强降雨受灾面积 300 万亩，其中绝产 30 万亩，冲毁桥涵闸 300 多处，经济损失 3. 2 亿元。损坏房屋 7. 5 万间，其中倒塌 5. 1 万间。	拨发救灾资金 1490 万元，粮食 325 万公斤，衣被 13 万件，救济灾民 21 万人次，筹资 480 多万元，帮助重灾民及“五保户”建房 9569 间。

续表 29－1

年份	受灾情况	救灾情况
2004	3 次风雹造成受灾农作物 14.82 万亩，损坏房屋 2310 间，直接损失 1.2 亿元。	救灾资金 1982 万元，救灾粮 91.5 万公斤，救济灾民 48 万人次，为 1498 户灾民修建房屋。
2005	4 次风雹受灾面积 12.75 万亩（其中，绝产面积 3.45 万亩），损坏房屋 1098 间。	发放救灾资金 1960 万元，救灾粮 61.5 万公斤，帮助建房 9804 间，维修房屋 101969 间。
2006	普遍遭受旱灾	拨付救灾资金 1105 万元，冬季发放棉衣棉被 16 万件，救济灾民 20 万人次。
2007	先旱后涝受灾人口 198.7 万人，农作物受灾面积 407.7 万亩，其中绝产面积 232.5 万亩。	下拨救灾资金 460 万元。
2008	部分县遭受洪涝灾情。	发放救灾款 1100 万元，救济灾民 30 万多人次，投入资金 286.9 万元，为 1049 户灾民和特困群众修建房屋 4211 间。
2009	部分县（市）8 月连续遭受大风、冰雹、大雨袭击，造成严重洪涝灾害。	发放救灾资金 1430 万元，救灾粮 415 万公斤，棉衣棉被 15.7 万件，救济灾民 17 万人次，为 680 户特困群众新建、维修房屋 1873 间。
2010	全市遭遇 1964 年后最大洪涝灾害。	先后拨付救灾专项资金 1.3 亿元，救济灾民 17.26 万人次，维修、新建灾民房屋 3.9 万间。
2011	洪涝造成受灾人口 298.31 万人次（部分人员重复受灾），农作物受灾面积 462 万亩，成灾面积 325 万亩，绝收面积 174 万亩。	省政府下拨救灾资金 1860 万元。

第二节　社会救济

1986 年，救济工作以农村扶贫为主。是年，全区有 87 个乡镇设立了扶贫储金会。1987 年，按照“有章程、有组织、有人员、有资金”标准，新建乡镇扶贫储金会 170 个。1988 年，地区民政局制定《乡镇救灾扶贫储金会章程》，规范乡镇扶贫储金会的发展。到 1989 年，全区建立县以下救灾扶贫储金会 1509 个，投放扶贫款

1080.5万元，其中扶贫专款195.5万元，银行贷款562.2万元，地方财政拨款56.1万元，减免各项费用133万元，乡村储金会投放133.7万元；扶贫21954户93659人，其中脱贫10987户43632人。

1993年后，扶贫工作坚持突出重点和扶户为主的原则，从发展生产入手，因地因户制宜，扶持贫困户发展养殖业、种植业、加工业，同时动员社会力量参与，实行资金扶贫、物资扶贫、科技扶贫。是年，全区投放扶贫资金1276.7万元，扶贫19640户，脱贫11836户，脱贫率达60%。到1997年，全市共投入扶贫资金6666.21万元，扶贫84935户，脱贫49955户，脱贫率达59%。1998年，依据国务院办公厅转发中国人民银行《关于整顿乱集资乱批设金融机构和乱办金融业务实施方案的通知》和民政部《关于清理整顿农村救灾扶贫互助储金会的紧急通知》，全市各级储金会全部关停。此后，救灾扶贫互助储金会逐步被日益规范的救灾救助制度所取代。

1999年3月，市委决定在全市城乡广泛开展“心连心”“手拉手”社会扶贫救助活动。主要内容是部门联户、企业联户、党员干部联户和富裕户联户，实行一对一帮扶结对子，签订扶持协议，力争三年脱贫。这项活动中，全市参与结对帮扶的救助者和被救助对象分别达到2.2万人和3.1万人，投入救助物资、资金折款达663万元。当年扶贫12201户、40701人，其中脱贫8192户、27561人。2000年，德州市在扶贫救助工作上探索把最低生活保障、社会救助、社会捐赠三者有机结合，把各种形式的联户结对帮扶同基地帮扶紧密结合，生活救助与政策扶持结合，多种形式一体运作的成功做法，得到省民政厅的充分肯定。1月17—18日，全省社会救助工作经验交流会暨市地民政局长会议在德州召开，推广德州市社会救助工作经验。

2001年10月，根据全省社会救助制度建设工作会议精神，全市开展更广泛的生产自救和互助互济工作，参与生产自救、互助互济人数近80万人次，互助资金达1400余万元；社会各界结对救助对象36414人，投入资金1186万元，帮扶物资折款330万元，优惠政策折款559万元，提供信息5393条，发挥社会救助基地和帮扶单位作用，有3100多人实现脱贫。2002年，全市社会结对帮扶人数达到13864对，社会救助基地265处，共投入资金991万元，救助7120户，其中6663户实现脱贫。2003年7月，全市农村救济工作会议召开，部署建立完善农村灾民、特困户保障机制，规范完善灾民、特困户救济及农村医疗救助工作。德州市率先在全省建立实施农村常年特困保障制度、灾民临时救济制度和专项救助制度，实行“两证、两卡、两统一”。截至年底，全市救助基地126处，救助人数44853人，社会帮扶10769户。

2004年，进一步建立和完善城乡困难群众救助制度，全市社会救助工作逐步形成以城市低保、农村救济、五保供养为主体，专项救助为辅助，社会捐赠、社会互助为补充的新型社会救助体系，并建立城乡困难群体专项救助基金。即市财政每年拿出300万元专款会同每年慈善捐款的30%作为专项救助基金“母本”，用于城乡困难群体救助，形成困难群体保障长效机制。2005年年初，市政府将城乡社会救助体系建设列为民生10件实事之一，全市救助大病患者7399人，支出资金615万元；救助贫困学生8055人，支出资金687万元；为市区低保户和无房特困户提供经济适用房100套。

2006年，全市以助困、助医、助学为主，市、县两级开设“阳光救助求职窗口”，对1996名城市低保求职人员实施免费培训，安排就业1558人；实施“白内障复明”工程，发放救助金222.9万元，为全市贫困老年人实施白内障复明手术；开展“圆梦助学”活动，本科生每人救助3000元，专科生每人2000元，共救助贫困大学生1019人。是年，利用129处救助基地，救助困难群众1.35万人，折合资金619万元；“心连心、手拉手”结对帮扶3.1万人，帮扶资金571万元。全市城乡医疗救助累计12691人次，发放救助金767.21万元；救助贫困学生11515人，发放救助金513.23万元；为农村2517户特困群众新建或维修房屋7515间，投入资金463.3万元；为336户城市低保家庭提供租房补助，发放救助金53.8万元；连续3年向市区4300多特困户、低保对象发放冬季取暖补助130万元。

2007年4月30日，市民政、监察、劳动保障、地税、房管、工商、公安7部门联合印发《德州市城镇低收入家庭认定办法》，进一步摸清低收入家庭底数，增强救助工作针对性。是年，全市累计发放救助款1123万元，救助困难群众5万人次。其中，城乡医疗救助累计6292人次，发放救助金515.58万元（其中大病救助3127人次，发放救助金467.32万元）；救助贫困学生8796人，发放救助金332.67万元；为农村2013户特困群众新建和维修房屋5427间，支出资金274.75万元。

2009年12月，省民政厅在临邑县召开全省社会救助工作经验交流会，推广临邑县医疗救助“一站式”结算的成功经验。会后，全市医疗、教育专项救助活动扎实开展。是年，全市城乡医疗救助累计18.8万人，发放救助金2249.8万元；救助贫困学生3765人，发放救助金320万元。2010年，全市重点实施“情暖万家、夕阳扶老、朝阳助学、康复助医、爱心助残”五大救助工程，共支出救助资金1083万元，救助贫困家庭9845户，30500人得到救助。

2011年，全市首次落实孤儿生活待遇，发放孤儿生活费1040万元。同时，建立城市“三无”人员救助保障机制，填补了救助政策的空白。是年，全市共发放救助资金3131.6万元、生活救济金2868.6万元。

第三节　社会捐助

1986年4月，加拿大残疾运动员到鲁旅行为残疾人福利事业募捐，德州地直机关一次性捐款25万元。1989年，为救助遭遇严重洪涝和风雹灾害的部分县市群众生活，地委、行署号召全区社会各界积极开展捐助活动。到1990年，全区共募集捐款216.8万元，粮食15.15万公斤。

1991年安徽、江西遭受百年不遇特大洪涝灾害，1993年临沂、菏泽、济宁、枣庄等地（市）遭受特大洪涝灾害，德州地区先后发动干部群众募捐资金200多万元，衣被30.6万件，面条68吨，饼干4740公斤，及时送往灾区。1996年，全市对口支援新疆救灾，捐助现金和物资折款1284万元，捐助粮食275万公斤，捐助成果创历史之最。1998年夏季，长江流域和嫩江、松花江流域遭受特大洪水灾害，全市捐款捐物累计总值达2000余万元，其中现金812.54万元，各种衣物47万件，被褥5.6万床，矿泉水、扒鸡等救灾物资折款200多万元。这些募集款物及时送往湖南、湖北、四川、江西、吉林等指定灾区。

为更好的开展社会捐助活动，1999年，德城、临邑等6个县（市、区）建立捐赠站并接收捐赠。到2001年，全市11个县（市、区）全部建立救灾捐助中心，设立捐助点148个。

2004年，市政府确定，每年5月集中开展“慈心一日捐”活动，动员有固定收入的干部职工，每年献出个人一日的收入。是年，全市首次“慈心一日捐”共接收捐款793万元。2006年7月31日，德州市慈善总会正式成立。翌年，将一年一度的“慈心一日捐”活动由5月改为6月，称“慈善捐赠月”，并实行企业认捐慈善基金制度。当年，全市共募集慈善资金1535万元，其中市慈善总会募集资金385万元。2008年5月四川汶川地震发生后，全市“慈善月”筹备工作转为地震灾区募捐工作。截至7月底，全市各级慈善组织共接受捐赠款物折合8731万元。

2009年2月，市委、市政府出台《关于推动慈善事业健康、快速发展的意见》，着力构建慈善组织网络。全市11个县（市、区）均建立慈善总会，126个乡镇（街道）建立慈善分会，2963个村居、516个企业、136个机关团体建起慈善工作站。各级慈善组织同时成立义工管理中心、义工工作站、义工联络点等相应的义工组织，当年招募义工12969人。6月1日，德州慈善大会暨全市“慈善月”活动启动。是年，有4人获“山东慈善奖”。2010年，甘肃玉树、舟曲两地发生重大泥石流灾害，全市在开展“慈善月”募集资金2377.6万元的基础上，又专为两地分别募集资金329.6万元、189.1万元，及时送达灾区。2011年，开展“建设幸福德州——慈善在行动”系列活动，先后实施“朝阳助学”“情暖万家”“情暖侨心”等慈善救助工程。11月6日，山东慈善总会聋耳语训康复基地在夏津县特殊教育学校开工奠基。是年，全年共募集慈善资金5058.2万元，创历史最高纪录。

第四节　城乡低保

一、城镇居民最低生活保障

1996年12月19日，市政府出台《德州市城市居民最低生活保障暂行规定》，决定从1997年1月1日起实施城市最低生活保障制度。1997年1月，德城区（含市直）率先在全市建立和实施城市居民最低生活保障制度，保障标准为每人每月100元，全年保障对象1795人（占城区人口的7.1‰），发放保障金88.3万元。城市居民保障对象为城市无依无靠、无劳动能力、无法定义务赡养人的“三无”人员和失业保险期满仍不能就业且符合社会救济条件的非农业户口居民，其户人均实际收入达不到最低生活保障线的差额部分予以补助。6月，省民政厅在德州市召开全省城市居民最低生活保障制度工作会议，推广德州市的做法。11月20日，全市11个县（市、区）政府全部出台城区居民最低生活保障制度，初步确定保障对象2804人，落实保障金123.8万元。

1998年5月，市委、市政府在乐陵召开全市城乡最低生活保障现场会，重申城乡居民生活最低保障标准，且市保障对象比例不低于4‰。当年，德城区及市直保障对象共有1936人，占城区人口的7.1‰；10个县

建设幸福德州慈善活动

(市)城区居民保障对象1429人,占城区人口的4.7‰。1999年10月1日起,德城区居民最低生活标准从由过去的100元提高到120元;各县(市)根据当地财政状况,最低不少于110元。

2001年,借鉴外地按居民人数测算保障系数、解决应保未保问题经验,全市城镇低保对象已达11124人,比上年增加6732人,全年发放保障金453万元,比上年增加206.5万元。2002年,市直与德城区居民最低生活保障标准,由每月120元提高到130元。到年底,全市共有33206人享受城市居民最低生活保障,发放保障金1030万元,初步实现"应保尽保"。2004年,全市城市低保标准由每月人均130元提高到150元。同时,为市区4309户低保对象发放取暖补贴130万元,确保他们安全过冬。2006年,全市城市低保对象达到1.3万户、3.9万人,发放低保金2740万元,人均补差提高到56元。在全省城市低保工作综合评比中,德州市名列第一。2007年7月1日起,城市低保提高标准10~20元,平均达到每月180元,人均补差70元。10月,对城市低保对象每户发放取暖补贴300元。至此,市政府已连续3年发放城市低保对象取暖补贴。2008年,城市低保四级组织体系基本建立,民政、财政、银行三位一体的资金运转监管体系运行良好,实现了动态管理下的应保尽保、"分类施保"。2009年,城市低保继续提标扩面,其中德城区、经济开发区、运河经济开发区和临邑县的城市低保标准由每月200元提高到220元,其他县(市)全部由每月180元提高到200元。2010年,城市低保标准继续提高,德城区、经济开发区、运河开发区城市低保标准由每月220元提高到240元,其他县(市、区)全部提高到每月220元。2011年,城市居民最低生活保障家庭18701户、51390人(其中女性19625人,残疾人2001人,三无人员377人,老年人11410人),保障金支出11324.6万元。

二、农村居民最低生活保障

1996年4月,市政府部署开展农村最低生活保障工作,低保对象每人每年救济120元钱、补足500斤口粮;保障形式分为现金和实物两种,所需资金由县、乡两级财政各负担50%,同时对保障对象实行减轻负担和社会帮扶的优惠政策。当年,除齐河县外,全市有10个县(市、区)建立农村最低生活保障制度。到1997年年底,全市11个县(市、区)普遍建立并实行农村最低生活保障制度,保障对象达27119人,占农业总人口的6‰,并在全省率先实现城市、农村居民最低生活保障制度全覆盖,受到省民政厅和民政部表扬。

1998年5月,全市城乡最低生活保障现场会重申城乡居民生活最低保障标准,且农村保障对象比例不低于5‰。当年,农村保障对象23842人,占农村人口的5.5‰。2006年健全完善农村低保制度,同年5月,将人均年收入低于600元的农村家庭全部纳入农村低保,共对全市3.2万农村低保对象按照月人均补助25元的标准进行保障。2007年1月,市委、市政府制定《德州市农村居民最低生活保障实施办法》,将年人均收入低于800元的农村贫困群众纳入最低生活保障,人均月补差达到30元。截至年底,全市纳入农村低保人员总计13.7万人,发放保障金2234万元。2008—2010年,连续3年提高农村低保标准,由年人均800元逐年提高到1200元。其中,2010年,农村低保标准由上年的1000元提高到每年1200元,增幅20%,新增低保人数3.8万人,增幅25%,位居全省第一。到2011年,农村最低生活保障家庭110003户、188029人(其中女性59250人,老年人113143人,残疾人15556人,未成年人7603人),支出保障金21637.8万元。

1997—2011年德州市城乡居民最低生活保障情况表

表29－2　　　　单位：人、万元、万公斤

年份	城市低保		农村低保		
	保障人数	保障金	保障人数	保障金	保障粮
1997	2804	123.8	27119	320.11	253.9
1998	3365	148.6	23842	371	245
1999	3873	217.4			
2000	4392	246.5	24443	274.8	225.3
2001	11124	453	24185	290	229.2
2002	33206	1030	22500	356	240.5
2003	52781	3161			
2004	52000	2405			
2005	45259	1900			
2006	39000	2740	134711	5524	
2007	45000	2840	137000	2234	
2008	46900	5851	150900	8132	
2009	46900	7100	151200	9500	
2010	54368	9405.5	193636	17434.2	
2011	51390	11324.6	188029	21637.8	

注：农村低保除保障金外，还以口粮形式进行救助

第五章　社会福利

第一节　农村养老

1986年，全区有乡镇敬老院143所，占乡镇总数的55.6%；共有院民宿舍2377间，床位3437张，工作人员472人。1987年，推进乡镇敬老院建设，提高“五保户”入院率和“五保”经费统筹，全区新建敬老院34所，入院老人2123人，其中残疾人和孤儿89人，入院“五保户”占全区“五保户”的21%。1988年，地区行署制

发《德州地区乡镇敬老院管理服务暂行办法》，推动敬老院加强管理，完善服务，积极兴办生产项目。到1991年，全区实现一乡一院目标，五保费用全部实现乡镇统筹，省级文明敬老院达到38所。1992—1993年，按照《山东省乡（镇）敬老院建设管理规程》要求，各级先后投资800多万元，改扩建敬老院47所。在此基础上，各敬老院采取以副补院、以实业补事业办法，菜、肉、蛋等副食基本实现自给自足。1994年，贯彻国务院新颁布的《农村五保供养工作条例》，进一步明确五保供养的内容、标准和供养资金来源。全区敬老院189处，院民宿舍2909间，以副补院创收78万元，集中供养老人4540人，比上年增加212人，入院率为37%。

1996年，开展争创模范敬老院活动，全年投入建院资金580万元，新增床位600多张，五保入院率达到38.6%，比上年增加6个百分点。是年，临邑县的临邑镇、禹城市的禹城镇、齐河县的安头乡3处敬老院被评为省级模范敬老院。1997年3月，贯彻落实国务院《农村敬老院管理暂行办法》，全市投入资金138万元改扩建敬老院35所，敬老院总数193所，院民宿舍3593间，入院人数5411人，院办经济收入290万元。1999年，对乡镇敬老院实行等级管理。2000年，随着乡镇行政区划调整，全市乡镇敬老院合并为163所，在院老人5535人，比上年新增93人，院办经济年收入232.05万元。

2004年7月，全市"五保"供养改集体供养为财政供养，各级政府调整财政支出结构，足额预算五保供养资金。其中，临邑县通过县级财政统筹按季度拨付供养资金的做法在全国推广。2006年，按照一镇一院模式，进一步加快全市敬老院建设步伐。全市投入8000万元，并采用土地置换等方式筹集资金1.1亿元，对125所敬老院进行改造，院民宿舍达5207间，床位总量超过1万张。11月21日，全省敬老院建设观摩暨农村低保工作会议在德州召开，推广德州市敬老院建设和管理经验。2008年5月15—16日，民政部在德州市召开农村五保供养现场观摩和服务机构管理研讨会。2010年，庆云县在省内率先实现全县五保老人集中供养，集中供养率100%。

到2011年年底，全市乡镇敬老院127所，职工957人，床位11467张；农村"五保"对象13050人，其中集中供养9480人；共支出"五保"供养经费3491.9万元，其中集中供养经费2836.9万元。有63所敬老院达到省一级敬老院标准，48所达到省二级标准，9所达到省三级标准。

第二节　城镇社会福利院

1986年，全区有德州市社会福利院1所，收养院民36人。1998年，宁津县福利院建成。2000年，两院共有职工人数27人；收养院民140人，其中"三无"（无劳动能力、无依无靠、无生活来源）人员78人，孤儿40人。2001年7月，开始实施老年福利服务"星光计划"，当年，市、县民政部门共投资464.4万元，建成10处街道办事处综合性老年福利中心。2004年，全市总投资10288万元落实"星光计划"项目，其中市、县两级财政投入4165万元，民政自筹资金2012万元，社会力量投入1196万元，地方福利资金资助2775万元，部级福利金资助140万元，共完成社会福利项目44个，基本实现每个街建有一处综合性老年福利中心或老年福利服务站的目标。2008年，投资7000万元的庆云县社会福利中心完工。2010年11月，市社会福利中心在市经济开发区长河大道与新河路交汇处建成，总占地8.67公顷，建筑面积9.1万平方米，成为包括社会福利服务中心、社会福利院、儿童福利院、城市流浪未成年人救助保护中心、优抚医院和老年颐养服务中心等多功能为一体的社会福利服务中心。

2011 年年末，全市共有社会福利服务机构（具备代养服务功能）54 所，床位 6415 张，收养、代养人数 3652 人。其中，民政直属机构有德州市社会福利院和宁津县社会福利院 2 处，建筑面积 2.59 万平方米，职工 19 人，床位 123 张，收养、代养各类人员 77 人。

德州市社会福利院　原为县级德州市直属单位，建于 1949 年，始称生产教养院，位于铁西中路。1960 年改称社会福利院，主要承担城市居民中丧失劳动能力、无依无靠、无生活来源的“三无”人员、孤残儿童、孤老优抚对象的收养任务。1986 年，全院占地面积 2 公顷，建筑面积 1120 平方米，收养院民 36 人。1996 年 3 月，由德城区移交德州市民政局管理。1998 年，在老院址新建残疾儿童康复中心和老年公寓，建筑面积 2200 平方米。在此基础上，成立社会福利院老年人颐养服务中心，开始面向社会招收代养老人。2001 年整体搬迁至新湖南路（原交警直属大队旧址）。2003 年 5 月，在新河西路（原商业学校旧址）建成社会福利院分院（即南院），主要面对社会代养老人。2008 年，分院（南院）改建为孤老残幼人员的幸福之家。2010 年 11 月，市社会福利院和市老年人颐养中心迁入社会福利中心。2011 年，市社会福利院职工 112 人，床位 200 张，在院“三无”对象 54 人，孤老优抚对象 21 人。

德州市儿童福利院　成立于 2008 年，配有育婴师、特教师、配餐师、心里咨询师及护理人员等。该院建成后，对孤残儿童实行“亲子式”教育管理，精心护理，精心喂养，弃婴成活率大幅提高。2010 年 11 月，迁入社会福利中心。2011 年，市儿童福利院职工 14 人，床位 65 张，在院儿童 60 人。

第三节　社会福利生产

1986 年，全区有福利厂、店 166 处，职工 3155 人，其中安置残疾人 893 人，占职工总数的 28.3%，实现产值 1638 万元，利润 274.5 万元。1987 年，按照民政部“一乡（镇）一厂一院一会”（一个福利厂、一个敬老院、一个救灾扶贫储金会）的“三个一”发展思路，全区乡镇、村社会福利企业达到 210 家，年创产值 3978.9 万元，利润 490.21 万元；职工 4167 人，其中安排残疾人员 1422 人、贫困户 427 人、优抚对象 254 人。1988 年 7 月—1989 年 3 月，对现有福利企业进行清理整顿，对不符合条件的 54 家福利企业予以摘牌。1990 年，对 37 家高耗能、低效益、小规模的福利企业予以关停或摘牌。是年年底，全区有福利企业 116 家（其中县办 12 家、乡办 104 家），企业职工 3103 人，其中残疾职工 1308 人，年创产值 5039.6 万元，利润 489.7 万元。1994 年，全区各级投入技改资金 195 万元，扶持 11 个福利企业进行技术改造，使福利企业在规模和效益上得到进一步发展，县（市）民政部门直属的 19 家福利企业逐步成为骨干龙头企业。是年，全区福利企业年产值达 14025.42 万元，利税 1067.77 万元，分别比上年增长 60% 和 45%。

1996 年起，对社会福利生产企业进行年检。全市福利企业年检达标 76 家，其中县（市、区）办福利企业 29 家，乡镇办福利企业 47 家；从业人员 2204 人，其中残疾人员 1005 人；年创产值 14259 万元，利润 506.1 万元，提取福利基金 38.1 万元。1999 年 9 月，为适应市场需求，引导社会福利企业进行改制。2005 年，成立德州市福利企业协会，加强福利企业自我管理、自我发展能力。是年，全市福利企业年检达标 48 家，安置残疾人 496 人，年减免退税 580 万元。

到2011年，全市福利企业年检达标29家，从业职工1105人，其中安置残疾职工471人。

第四节　有奖募捐

1988年8月，德州地区社会福利有奖募捐委员会成立，办公室设在地区民政局，具体负责福利奖券销售工作。当年，全区销售福利奖券33万元。1989年，中国社会福利有奖募捐券更名为中国福利奖券。至1990年的两年间，全区合计销售福利奖券311万元。

1991年，全区首次组织大奖组销售取得圆满成功，销售社会福利奖券285万元，超额完成省民政厅下达220万元的销售任务，居全省第五位。其中，县级德州市销售奖券超百万元，受到省募捐委员会表彰。1992年12月，组织有奖募捐百万元大奖组销售，发行奖券220万元，省募委为此在德州召开现场会推广德州经验。1993年，社会福利有奖募捐开始更大奖组销售，全区共销售奖券430万元，其中县级德州市和乐陵市销售奖券均在百万元以上。1994年，各县(市)积极探索社会福利奖券市场变化规律，以城镇为重点，科学地选择销售地点和设奖，全年销售福利奖券1010万元，首次突破千万元大关；提取福利基金253万元，是全区1988年后的售券总和，获全省一等奖。

从1995年1月1日起，中国社会福利奖券正式更名为中国社会福利彩票，亦称即开型福利彩票。该年度，全市销售福利彩票2480万元，完成省下达任务的420%。1996年，在市场不景气的情况下，全市共销售福利彩票1200万元，连续第三年获全省一等奖。

2000年2月17日，德州市福利彩票销售中心成立，当年首次销售电脑福利彩票2733.35万元，单点销售位居全省第一；即开型彩票销售230万元，位居全省第四；"中华风采"彩票销售62.3万元，位居全省第五。是年，全市共筹集社会福利基金580万元，资助社会福利项目23个，累计投入福利资金540万元。2001年，德州市福利彩票中心实行全员岗位聘任制，实行工资总额与彩票销量挂钩。是年，全市销售电脑福利彩票5920万元，即开型彩票销售110万元，合计销售6030万元，共筹集社会福利基金837万元。

2003年1月，市民政局对超额完成任务的县(市、区)进行奖励。是年，全市销售彩票9300万元，德城区、临邑县、禹城市的销售额名列前3名。2004年10月，德州市中出首个双色球一等奖，奖金500万元。是年，全市共销售福利彩票8921万元。2005年，全市福利彩票销售工作实现历史性突破，全年销售福利彩票1.48亿元，比上年增长60%。

2006年4月，市福彩中心福利彩票"中国在线"销售大厅正式营业。夏津县在农村设立彩票发行站发行彩票的做法得到省民政厅肯定，在全省推广。2008年，面对金融危机、中国在线停销等不利因素，市福彩中心实施打造双色球品牌、即开票"三步走"战略等一系列销售措施，在全省福彩销售额普遍滑坡的情况下，实现福利彩票发行1.42亿元，同比增长4.7个百分点，增幅位居全省第一。2009年4月24日，"群英会"游戏在德州正式销售，当月销售97.5万元。10月1日，德州市爆出最大双色球巨奖，奖金1028万元。是年，全市社会福利彩票销售创历史新高，首次突破2亿元，达到2.05亿元，同比增长44%。2011年，全市彩票销售3.43亿元，增长36.8%，增幅居全省第二。

第六章 社会事务

第一节 婚姻登记

一、国内婚姻登记

1986 年,婚姻登记由乡镇(街道)民政部门统一管理。同年 3 月,民政部重新修订的《婚姻登记办法》颁布,全区乡镇(街道)建立婚姻登记处 246 处,配备婚姻登记员 266 名。至 1992 年,共办理结婚登记 238916 对,办理离婚 3638 对。1993 年 1 月 1 日起,统一使用民政部制发的婚姻登记证件。是年,全区结婚登记 13917 对,登记合格率和初婚晚婚率分别达 98% 和 96.7%,晚婚率较上年增长 47%。1994 年,贯彻《山东省婚前健康检查管理办法》,户籍在城关镇和市区的适龄男女青年婚姻登记时须提交婚前健康检查证明。

1997 年 4 月 1 日起,按照新颁布的《山东省婚姻登记管理办法》,全市撤销乡镇婚姻登记机构,实行由县(市、区)集中婚姻登记与管理的新体制。2001 年,推进婚姻登记管理办公现代化,婚姻登记管理实现与省民政厅微机联网,达到审查、出证、打印结婚证及数据统计微机化。2003 年 8 月 8 日,国务院《婚姻登记条例》颁布,办理结婚登记由单位出具证明改为当事人书面声明;改强制婚前医学检查为自愿检查。是年,全市办理婚姻登记 52729 对,合格率为 100%。

2006 年,推进婚姻登记规范化建设,各婚姻登记处均按照规范化建设标准建立政务公开栏,将收费标准、管理制度、办事流程和文明用语等上墙公示。年内,德城区和临邑县婚姻登记处被命名为山东省婚姻登记机关规范化建设达标单位。2008 年,全市有 3 个婚姻登记处达到全国婚姻登记规范化建设达标单位标准,6 个达到全省婚姻登记规范化建设达标单位标准。到 2011 年,全市 12 处婚姻登记处全部达到国家规范化建设标准。是年,全市共办理结婚登记 60584 对,离婚登记 7346 对,补办结婚登记 7880 对。登记合格率 100%。

1987—2011 年德州市(地区)婚姻登记情况表

表 29-3　　单位:对

年份	结婚登记	离婚登记	年份	结婚登记	离婚登记
1987	37292	585	1991	41364	
1988	43369		1992	38934	396
1989	42381		1993	13917	
1990	35576	496	1994	22718	

续表 29-3

年份	结婚登记	离婚登记	年份	结婚登记	离婚登记
1995	32130		2004	45852	2256
1996			2005	45540	2732
1997	32620	133	2006	39679	3330
1998	42172	277	2007	52119	3816
1999	53601	483	2008	57858	4669
2000	50703	642	2009	64839	5213
2001	48446	870	2010	60288	6497
2002	48778	986	2011	60584	7346
2003	52729	1244			

二、涉外婚姻登记

2006 年，德州市开始办理涉外婚姻登记，当年共计办理 18 对。2007 年登记 15 对。2008 年登记 20 对。

2009 年，启用新版全国涉外、涉港澳台居民和华侨婚姻登记信息系统。是年，市民政局婚姻登记处办理涉外婚姻登记 17 对。2010 年办理涉港澳台婚姻登记 20 对，涉外结婚姻登记 15 对，涉外籍离婚登记 1 对。2011 年办理涉外婚姻登记 23 对。

第二节　殡葬管理

一、殡葬改革

1985 年，贯彻国务院《关于殡葬管理的暂行规定》，全区以提高火化率为重点推进殡葬改革工作。11 月，地区行署在临邑县召开殡葬改革现场会，调度 8 个殡葬改革工作落后县。1987 年，地区行署出台《关于进一步加强殡葬改革工作的意见》，把殡葬习俗改革列入精神文明建设内容。是年，全区平除坟头 1.5 万个，村建骨灰堂 358 个。1989 年，取缔棺木生产、销售摊点 113 个，解散参与迷信活动的吹鼓班 52 个，收缴、销毁丧葬迷信品 11645 件。

1991 年 3 月，地委、行署下发《关于县处级干部去世后丧事改革的通知》，对全区殡改工作作出新的部署。6 月，地区民政局下发《关于制止丧葬乱占土地私建坟墓的实施意见》，对推行火葬、杜绝土葬、骨灰处理及骨灰堂和公益性公墓的建设管理等提出明确要求。1992 年 2 月，针对德州地区殡葬改革长期落后的局面，刚刚到任的行署专员杨传堂两次对火化工作做出批示。各县（市）从正月初六开始先后召开县（市）委常委会、县（市）长办公会，研究推行火化具体措施，全区殡改工作呈现出多年从未有过的好形势。是年，全区化尸 28604 具，火化率达 93.1%，比上年提高了 41 个百分点。1993 年，全年化尸 31542 具，火化率达 98.1%，7 个省重点管理县全部摘掉落后帽子。

1994 年，加快殡葬配套改革，取消木棺，取缔封建迷信用品，搞好骨灰堂和公墓建设等工作。1996 年，陵县清理整顿丧葬用品市场的做

法在全省推广。1997 年 3 月，在齐河县召开全市平坟还耕现场会议，推动平坟还耕工作。是年，全市平迁坟头 94.9 万个，占应平迁总数的 94.4%，还耕土地 5700 余亩；新建公益性公墓 712 处、骨灰堂 212 处。

1999 年 1 月，省政府颁布《山东省殡葬管理规定》，殡葬管理工作走上依法行政的轨道。2000 年，全市把工作重点放在促后进、抓死角上，全面清理未进行火化的死亡人口，营造取缔土葬、推行火葬氛围，巩固火化成果。2001 年，齐河、陵县、德城 3 个县（区）分别成立殡改稽查队，并设立举报电话，加强殡葬工作监督和规范措施，有效遏制了土葬回潮。

2006 年，全市殡葬改革工作坚持政府主管、民政牵头、部门配合的机制，积极推动公益性祠堂和公益性生态公墓建设。2007 年，推广庆云、临邑两县经验，着力推动村级骨灰堂建设和管理。至 2011 年，全市有 5 个县建成集殡仪馆、公墓、骨灰寄存等多功能为一体殡葬改革试验区；建立公益性骨灰堂 846 处，覆盖率达 27%；年化尸 33910 具，火化率始终保持在 98% 以上。

二、殡仪馆建设

1986 年，全区有火葬场 13 个。1987 年，有 8 个县的火葬场实行单项承包。年底，有 7 个县的火葬场扭亏为赢，全区火葬场首次甩掉长期亏损的帽子。1988 年，除武城、齐河、庆云 3 县外，其余 10 个县（市）火葬场均实行不同形式的承包责任制。

1989 年，全区殡葬管理服务单位贯彻落实《山东省殡仪馆文明服务规范》，积极开展争创“五好殡仪馆”活动，大部分火葬场（也称“殡仪馆”）实行承包经营，社会效益、经济效益、内部管理机制和多种经营都有新起色。是年，德州市（县级）火葬场被省民政厅评为“五好殡仪馆”。1990 年，商河、济阳火葬场随区划调整划归济南管辖。同年，地区民政局投资 34.5 万元，对 6 县（市）火葬场的火化设备进行更新改造，改善殡葬服务条件。1992 年年初，依据山东省《关于殡仪馆收费标准的批复》，各县市殡仪服务适当调整收费，由此逐步改变殡仪场馆靠财政补贴运行的状况。1995 年，全市 11 个火葬场全部实现盈余，共计盈余 85.6 万元，其中德州市火葬场盈余 21.9 万元。

1996 年 3 月，原县级德州市火葬场整建制上划德州市民政局管理。同年 7 月 30 日，全市火葬场统一易名为殡仪馆。是年，有 8 个县殡仪馆进行设备更新改造，共投入资金 120 万元。其中，禹城市殡仪馆更新改造力度最大，晋升为国家三级殡仪馆；德州市、禹城市、临邑县殡仪馆被评为全市先进殡仪馆。2000 年 7 月，德州市殡仪馆、临邑殡仪馆同时晋升为国家三级馆。2002 年后，禹城、夏津、德州、乐陵、平原对殡仪馆相继进行大规模迁建和改造，馆容馆貌和服务功能大幅提升。至 2011 年，全市有殡仪馆 11 处，火化炉 29 台，固定资产原价 3916 万元，职工人数 187 人。

德州市殡仪馆　建于 1967 年 5 月，初位于天衢东路（今德州市军休所位置），时称德州市火葬场。1986 年占地面积 1.33 公顷，建筑面积 1101 平方米，设有办公室、休息室、火化室、殡议厅、骨灰室等；主要设备有燃油式火化炉 1 台，燃煤式火化炉 1 台，货用运尸车 1 辆。同年 7 月，迁至长庄乡西长村北 1 千米处。1996 年 3 月，整建制上划德州市民政局。同年 7 月 30 日，更名为德州市殡仪馆。2000 年 7 月晋升为国家三级殡仪馆。2006 年 3 月，迁址德城区二屯镇头百户村西 2 千米处，占地面积 4.87 公顷，建筑面积 1.3 万平方米。新殡仪馆共投资 3000 万元，建有殡仪楼、办公楼两座，其中殡仪楼设告别厅、整容室、冰尸房、火化间、守灵室等；设备全部采用电脑操控作业，处于国内领先水平。2011 年,德州市殡仪馆有火化炉 3 台,职工 40 人。

三、殡葬服务

1986 年,各县市火葬场的主要服务项目是火化和骨灰寄存,有少量的告别仪式服务和遗体运输服务。1987 年,全区县乡村建立“红白理事会”9735 个,其中县建红白事指导组织 3 个,乡建指导组织 226 个。当年,红白理事会共操办红白事 22739 桩,节约资金 819 万元。1988 年,各县(市)、乡镇和比较大的企事业单位建立红白理事会指导组织 286 个。

1997 年,市殡仪馆遗体运输服务和告别仪式服务量大大增加。城镇居民办丧事基本上都使用殡仪馆的运尸车辆,丧事举行告别仪式占 80% 以上。1999 年,为进一步适应群众需要,市殡仪馆增设高档骨灰寄存间,将原来“五合一格”架式存放改为“一室一盒”铝合金高档存放。2005 年,市殡仪馆骨灰寄存数量累积达 5000 多件。

2006 年,新的德州市殡仪馆启用后,主要服务项目有火化、守灵室(提供水晶棺、哀乐、遗像架、鲜花、花圈、胸花等)、遗体运输、遗体整容、遗体理发、遗体洗澡、冷藏、电子屏幕(显示逝者遗像及本人生前所有照片)、告别仪式服务、骨灰寄存服务等。2008 年,各殡仪馆普遍制定《殡仪服务制度》《业务接待流程优化制度》《收费项目公示制度》《一次性告知制度》等,并设立举报箱和投诉电话,自觉接受社会监督。2009 年 5 月,结合全省范围内殡葬服务专项治理检查活动,市殡仪馆推出上门服务、全程引导服务、“平安菊”品牌服务、24 小时服务等。2010 年 3 月,市民政局在德州永安陵园举行“全市殡葬事业单位优质服务月”活动启动仪式,各县(市、区)殡仪馆及经营性公墓以“优质服务、阳光殡葬”为主题,提升殡葬服务水平,改善殡葬系统整体环境。2011 年,全市统一推行对 90 岁以上老人、农村五保户、优抚对象基本丧葬费全部免除,对城乡低保对象基本丧葬费减半的“三免一减”殡葬惠民政策,当年共办理减免 219 例,补贴资金 49398 元。

第三节　收养登记

1991 年以前,收养子女直接到公安部门办理落户手续。1992 年 4 月,依据新实施的《中华人民共和国收养法》和民政部《中国公民收养子女登记办法》规定,地、县民政部门分别成立收养登记处,办理收养登记工作,其中地区民政局婚姻登记处兼管涉港、澳、台、华侨的收养登记工作。至 1995 年 8 月,全市被收养的 14 周岁以下的弃婴、弃儿共计 76 例,其中符合收养条件没有办理收养登记手续的 29 例,不符合收养条件的 47 例。1999 年,全市办理收养登记 148 例,其中社会福利机构抚养的孤儿 4 人、弃婴 1 人、社会弃婴 143 人。

2004 年,开始对收养登记过程中形成的资料进行立卷和归档,当年全市办理收养登记 264 例,合格率 100%。2008 年 5 月,依据省民政厅《关于做好收养地震灾区儿童预约登记工作的意见》,各县(市、区)民政部门自 5 月 20 日起设置收养地震灾区儿童预约登记工作点,共接到收养地震灾区儿童咨询电话 1850 个,办理预约登记 1477 个。2009 年,市民政局制发《关于解决市内公民私自收养子女问题的若干意见》,对公民收养子女的条件、程序等作出明确规定。

至 2011 年,全市累计办理收养登记 2395 例,其中社会福利机构收养社会弃婴 72 例。

第四节　收容遣送

德州地区收容遣送站始建于 1958 年,是

全国较大的对口接转站。1962 年建禹城收容遣送站。两站负责收容、接收和遣送铁路沿线京、津、冀及全国各地转送过来的外流人员。

1986 年，德州地区收容遣送站收容 6781 人次，遣送 6760 人次，转入其他部门处理 21 人次。1995 年更名为德州市收容遣送站。1997 年 7 月，市民政局、市公安局联合下发《关于加强收容遣送工作管理的通知》，对家居农村流入城市乞讨的、城市居民中流浪街头乞讨的以及"三无"对象（无合法证件、无居住场所、无生活来源）改由市公安局进行收容，市民政局负责遣送。2003 年 6 月 20 日，国务院颁布《城市生活无着的流浪乞讨人员救助管理办法》，从此收容遣送工作宣告终结，转为人性化救助管理。

1987—2002 年德州市（地区）收容遣送外流人员统计表

表 29－4　　　　单位：人

年份	收容	遣送	转交处理	年份	收容	遣送	转交处理
1987	6579	6557	22	1995	2687	2663	24
1988	6272	6250	22	1996	2569	2546	23
1989	5883	5860	23	1997	2613	2598	15
1990	5215	5200	15	1998	2573	2551	22
1991	4337	4321	16	1999	2533	2514	19
1992	3582	3561	21	2000	2990	2878	12
1993	2875	2851	24	2001	2569	2546	23
1994	2758	2736	22	2002	2527	2502	25

第五节　救助管理

2003 年 7 月，依据国务院《城市生活无着的流浪乞讨人员救助管理办法》和民政部《城市生活无着的流浪乞讨人员救助管理办法实施细则》规定，德州市开始对流浪乞讨人员进行救助。当年，全市救助 2260 人次。2004 年 4 月，德州市收容遣送站更名为德州市救助管理站。2005 年，武城县救助管理站成立，连同德州市、禹城市救助管理站，全市有救助管理站 3 家。是年，全国流浪乞讨人员救助管理信息系统开通，实现了流浪乞讨人员救助管理的网络化、信息化。

2010 年，德州市救助管理站制定救助管理突发事件应急预案，建立 24 小时负责人带班制度和每月"逢六必救"（6 日、16 日、26 日）的街头巡回救助制度，向社会公布救助管理服务热线。2011 年，全市共救助流浪乞讨人员 5500 人次，其中流浪未成年人 416 人，危重病人 35 人，精神病人 270 人，资助离站 4129 人次，护送返乡 650 人次。

2003—2011 年德州市救助流浪乞讨人员统计表

表 29－5　　　　单位:人次

年份	救助	资助离站	亲属接回	护送原籍	其他
2003	2260	2233	9	16	2
2004	2147	2107	8	29	3
2005	2254	2214	6	33	1
2006	2326	2296	4	25	1
2007	2413	2368	8	36	1
2008	2536	2481	11	42	2
2009	2587	2518	8	57	4
2010	2460	1864		302	
2011	5500	4129		650	

第六节　社会组织管理

一、社会团体登记

1991 年 6 月,地区民政局成立社会团体登记管理科,具体负责社团登记管理工作。之后,各县(市)社团管理机构相继建立。1992 年对全区 487 个社团进行清理整顿,其中全区性社团 133 个,登记 108 个,合并 19 个,解散 4 个,缓登 2 个;县(市)性社团 354 个,登记 228 个,合并 25 个,解散 8 个,撤销 5 个,缓登 88 个,总登记率为 68.7%。同时,审批新成立的全区性社团 20 个,并开展对 13046 个村级社团的调查摸底。1993 年,各县(市)社团管理机构对已登记社团进行建档立卷、旧印章收缴和新印章审核备案等。经过清理整顿,基本解决了社团多头审批、管理混乱的问题。

1995 年,德州撤地设市,原全区性社团和原德州市社团随即更换证书和印章。1996 年,对社团实行年检制度,当年参检率达到 99.2%。1997—1998 年,再次对全市 440 个社团进行清理整顿,270 个社团组织被注销,117 个社团进行重新登记。1999 年年末,实有登记社团 178 个,其中市域社团 79 个,县域社团 99 个;学术性社团 90 个,行业性社团 62 个,专业性社团 8 个,联合性社团 18 个。

2001 年 5 月,成立德州市民间组织管理办公室,主要负责民间组织的登记管理工作。2002 年,按照国务院《社会团体登记管理条例》规定,将德州市道路运输协会等 11 个全市性社团组织和 1 个全国性社团分支机构登记注册为社会团体法人。2003 年,全市登记社会团体 152 个,其中新批准建立的德州市保险行业协会等 12 个协会登记注册为社会团体法人。2008 年,德州市道路运输协会获全国优秀社会团体荣誉称号,德州水利学会等 17 个社会团体获全省优秀民间组织称号。2009 年,市、县民管机构以社团年检为手段,着力规范社会团体内部运行机制、财务管理制度及活动范围,新批社团组织 173 个,同时查处社团违法违规案件

57 件，依法取缔社会团体 91 家。

2011 年，结合社团年检，开展社团“小金库”专项检查治理活动，对市直 19 个系统部门的 27 家社团进行重点检查。到年底，全市累计登记注册社会团体 898 个，其中市管社团 217 个，县管社团 681 个；按行业分，科技与研究类 29 个，生态环境类 9 个，教育类 11 个，卫生类 24 个，社会服务类 130 个，文化类 69 个，体育类 42 个，法律类 14 个，工商业服务类 42 个，宗教类 13 个，农业及农村发展类 427 个，职业及从业组织类 41 个，国际及涉外组织类 6 个，其他 41 个。

二、民办非企业登记

1998 年 10 月，国务院颁布《民办非企业单位登记管理暂行条例》，德州市民办非企业单位登记管理工作相继展开。到 2003 年，全市复查登记民办非企业单位 3216 个。

2004 年，依法对民办非企业单位进行年检，当年查处民间组织非法活动 7 起，取缔非法民间组织 13 个，新登记民间非企业单位 2281 个。2005 年，本着“民办、民管、民受益”“边登记、边规范”和“培育与发展、管理与监督相结合”的原则，在全市开展民办非企业单位诚信建设活动。2007 年，市委、市政府把清理规范民间组织作为优化发展环境的一项重要内容，清理规范市级民间组织 142 个。2009 年，结合开展“服务企业发展年”活动，查处民办非企业单位各类违法违规案件 57 件，依法取缔民办非企业单位 91 个，限期整改和解决问题的分别达到 1284 个和 952 个，年检率为 98%。2011 年，本着培育发展和监督管理并重的原则，对 1 年内没有开展活动，既不发挥作用又不参加年检的民办非企业组织予以清理撤销。

至 2011 年年末，全市登记注册民办非企业组织 1946 个，其中科技与研究类 72 个、生态环境类 2 个、教育类 264 个、卫生类 1147 个、社会服务类 283 个、文化类 62 个、体育类 50 个、法律类 11 个、工商业服务类 21 个、宗教类 2 个、农业及农村发展类 2 个、职业及从业组织类 1 个，其他 29 个。

第七章 勘界与地名管理

第一节 勘 界

1990 年 8 月，根据国务院和山东省政府勘界工作部署，德州地区行署与河北邢台地区行署联合组织实施勘定冀鲁两省行政区域界线工作。至 1995 年结束，共勘定冀鲁两省边界线 326.5 千米，埋设界桩 83 个，妥善解决了冀鲁勘界中的遗留问题。

1994 年，德州地区启动变更行政区划的县级行政区域界线勘界工作，涉及县级德州市、武城县、平原县、陵县、宁津县等 5 县（市）。主要任务是确定边界走向，签订边界协议书，标绘附图，埋设界桩和界桩测定。1998 年，德州市配合聊城市实施相邻县级勘界（全省第二批县级勘界），德州方面齐河、禹城、平原、夏津等 4 个县（市）配合聊城市东阿、茌平、高唐、临清 4 个县（市），共勘定两市间县级边界线 293.4 千米，7 个三县交会点（简称“三交点”）。其中，由德州方面县（市）牵头勘定的 4 条县级边界线186.8千米、三交点4个。1999年，按照省勘界工作领导小组的安排，德州市全面开展县级勘界工作（即全省第三批县级勘界）。其中涉及与济南、滨州两市相邻县边界线勘定，11个县（市、区）共勘定边界线29条、1500千米，确定“三交点”18个，埋设界桩120个。至2000年年底，德州完成23条（含德州牵头和市内勘定）县级边界线的成果报批工作。2003年10月，历时8年的全省县级行政区域界线勘界工作结束，共完成市地间德州牵头和本市内勘定线段28条，市地间德州被牵头线段8条，均按国家勘界标准完成资料成果报批工作。

2005年，开展行政区域界线联检工作，德州市县级行政区域界线联检应检28条，实检26条。针对联检中发现的界桩丢失、移位和界桩标志物改变等问题，禹城市和临邑县在全市率先建立“两图一责”（即《行政区域界线管理示意图》《行政区域界线管理网络图》《行政区域界线管理责任书》）的行政区域界线管理模式，乐陵、夏津2县（市）采取多种措施指定界桩维护人，保护界桩安全。2006年，全市推开“两图一责”管理模式，落实边界线及界桩管理责任，实行各级界管员联动机制和定期协商机制，实现边界矛盾纠纷调处的预警化和快速反应。2007年，根据省民政厅安排，全市开展平安边界建设试点工作，确定德州、聊城线为市界平安创建试点，乐陵、临邑线为县界平安创建活动试点。2008年，开展第二轮行政区划界线联合检查工作，重新补设丢失界桩23个。是年，德州市分别与河北衡水、沧州、邢台3市及双边毗邻的15个县（市）签订平安边界协议书。2009年，市政府印发《德州市行政区域界线管理办法》，把平安边界创建工作纳入社会治安综合治理检查考核之中。到2011年，无论是市内各县（市）之间边界，还是与河北边界均未发生任何纠纷。

第二节　地名管理

德州地区地名普查工作始于1979年，之后机构曾一度撤销。1984年，德州地区地名委员会及办公室得到恢复。1985年，各县（市）地名办公室相继成立。

1986年，全区完成《中华人民共和国地名词典》山东分卷·德州部分词条的编纂任务；地名普查5项成果通过省级验收，合格率在85%以上。1987年年初，重点开展地名成果复制工作，全区共完成地名卡片52套88640张、地名表39套4432张、地名索引表39套5114张、1∶5万地名图39套327张、城区图39张、各类地名普查文字材料3000余份。年底，5项地名成果资料上报省地名办公室。是年，根据省地名委员会办公室部署，全区地名系统完成《地名词典》跨界河流、公路词目的修改补充任务。

1988年6月，地、县（市）地名委员会办公室从建委系统成建制移交民政部门。同年编辑完成《德州地区标准地名录》，项目包括名称、汉语拼音、方向距离、街巷长度及走向、人口、县以上政区经纬度及文字说明等，共计2.3万条目110万字。1989年4月，开展地名补查和资料更新工作。至1991年10月，全区共补查和更新地名资料8614条，变动面占42.5%；排查祖谱等2014部，碑碣81块；标绘乡镇、城区地图299张，填写地名成果表11587张，使地名含义、来历的有证率达88.16%。1992年，全区村名牌设置任务基本完成，共设置各类地名标志98237块，其中路标牌6001块，街道牌和门牌92236块。

1993年，全区地名资料由补查更新转入整理建档。是年，全区设置各类地名标志37416块。1994年，全区地名资料整理建档工作全部完成，设置各类地名标志90661块。1996年，

全市集中对丢失、移位、损坏或字迹不清的村(镇)名称标志进行补设、复位、修补和维护，特别对国道、省道两侧的村(镇)名称标志进行重点设置和管理。截至1998年7月底，全市共设村名标志7025块，占应设村的83.5%。其中，市境内5条国道两侧村镇设置名称标志230块，占应设村镇88.1%；13条省道两侧村镇设置名称标志529块，占应设村镇的88.2%。

2002年，市政府印发《德州市地名管理办法》，进一步理顺地名工作管理体制和管理规范。2003年5月，市民政局、市交通局、市工商局、市质监局联合下发《关于在全市设置标准地名标志的通知》，对全市地名设标工作作出具体部署。2005年4月，《德州市区道路命名更名方案》开始实施；禹城、乐陵、庆云、临邑、夏津、平原6县(市)按照规范化、标准化要求，相继完成城区道路命名规划。到2006年，各县(市、区)对所辖区域31项人文和自然地理实体数据完成更新和补充，全市地名信息服务系统年底前正式开通。2007年，在德州市区沿街统一安装门(楼)牌9042块，进一步完善了城市功能，方便了城市管理。2008年，全市电子触摸屏、地名网站、地名查询电话“三位一体”的地名公共服务体系进一步完善，并向社会提供相关服务。

2009年，11个县(市、区)完成城镇地名规划，其中乡镇驻地地名规划39个，新规划命名道路3000条，更名道路52条，新命名居民区80个。德城、夏津、乐陵、临邑4个县(市、区)的17个乡镇完成街路标牌设置工作，其中夏津县在全市率先编制完成《城镇地名规划书》，为12个乡镇69条现有道路设置地名标牌158块。2010年，德城区、经济开发区、运河开发区相互配合，对市区13条道路标牌进行了全部更新。

第三十编

KEXUEJISHU

科学技术

- 机构与队伍
- 科技成果
- 科技开发
- 科普与服务
- 防震减灾
- 气象测报

1986 年，按照中共中央《关于科技体制改革的决定》，先后制定了《德州地区关于科技体制改革的试行意见》《德州地区关于进一步放活科研机构、放活科技人员的若干规定》等文件，以“双放”（放活科研机构、放活科技人员）、“双引”（引进人才、引进技术）为主要内容的科技体制改革全面展开。到 1995 年，全市 12 家独立科机构全部实行了技术合同制，4 家实行了承包经营责任制。各个科研机构都不同程度地进入了市场，各种科研实体应运而生。

自 90 年代起，在推进科技体制改革的同时，市委、市政府提出实施“科技兴德”战略，实行市、县领导科技目标责任制，把部分科技指标列入经济实力排序的重要内容，使全区各级把科技放在促进经济发展的战略地位，做到“第一把手”抓第一生产力。1997 年，全市 11 个县（市、区）全部进入“全国科技工作先进县”行列。进入 21 世纪，市委、市政府提出“建设小康德州，实现跨越前进”的奋斗目标，并把招商引资和发展民营经济作为两大“天字号”工程。科技工作围绕着“一个目标、两大工程”全面推进。尤其在发展高新技术、促进民营经济、科技成果转化、加强国际合作等方面都取得了长足的进步。到 2011 年年底，全市高新技术企业 172 家，其中国家火炬计划重点高新技术企业 4 家，省级 49 家；实现高新技术产业总产值 1059.51 亿元，占规模以上工业总产值的比重为 20.50%。

第一章　机构与队伍

第一节　科研机构

一、独立专业科研机构

1986 年，全区共有独立专业科研机构 13 处〔国家属 2 处，地属 6 处，县（市）属 5 处〕。1996 年撤地设市后，原县级德州市所属工业科学研究所划归地级德州市管理。2000 年机构改革时，德州市农业机械研究所、德州市林业科学研究所、齐河县农业机械研究所被撤销；德州市医学科学研究所划归德州市卫生学校管理，计划生育研究所改为计划生育服务中心，不再作为科研机构存在。1990 年以后又有 4 处新的科研机构相继成立。再加上驻德州的 2 个国家部委所属的科研机构，到 2003 年年底，全市共有专业科研团体 14 家，其中国家属 2 家，市属 6 家，县（区）属 6 家。

中国石油化工股份有限公司石油勘探开发研究院　前身系 1965 年建立的地矿部石油钻井研究所，1993 年更为现名。主要从事石油钻井业务的研究与开发和推广普及工作。建所以来先后承担国家和部级重点科研机构项目 200 余项，完成工程设计及工程监理 220 余项，取得重大科技成果 101 项，其中达到国际先进水平的 11 项，国内领先水平的 33 项，国内先进水平的 34 项，获国家及省部级科技成果奖 52 项。

获使用发明专利3项，承担中石化专有重点推广技术19项。该所的业务范围辐射全国陆地和海上20多个油田，同时与美国、加拿大等10多个国家和地区的有关公司建立了业务联系。2011年，有职工145人，其中正高级技术职称的5人，副高级技术职称的37人，中级技术职称的44人，享受国务院特殊津贴者3人。

中国农业科学院德州盐碱土改良实验站　始建于1980年，主要承担黄淮海平原中低产区区域治理与发展的国家重点科技攻关任务，包括盐碱土改良与利用、培肥施肥、高效种植制度、农田节水、生态建设等方面的科研任务。建站以后，共取得科技成果奖15项，其中国家科研进步特等奖1项，农业部科技进步特等奖1项，农业部技术改进和科技进步奖7项，中国农科院技术进步改进奖3项，获成果表彰奖励3项。2011年，下设陵县、禹城两个试验区和德州市科苑农业高新技术研究所，有职工28人，其中正高级技术职称6人，中级技术职称4人。

德州市农业科学研究院　前身为1961年建立的德州地区农业科学研究所，1995年改称德州市农业科学研究所，2006年10月改称现名。建院50年间，共承担科研项目200余项，获奖成果57项，先后有9人被市委、市政府评为科技拔尖人才，5人获全市青年科技奖，1人享受国务院特殊津贴。2011年，全院设有4个职能处室（行政办公室、人事管理处、科研管理处、科技成果开发管理处）、8个研究所（小麦研究所、棉花研究所、玉米研究所、杂粮研究所、农业资源与环境研究所、植物保护研究所、蔬菜研究所、生物技术研究所）和1处面积500余亩的试验基地（德州市良种场）。全院有科技人员67人，其中正高级职称28人，中级职称32人，初级职称17人。

德州工业科学研究所有限责任公司　建于1979年，始称德州市工业科学研究所，隶属县级德州市。1996年上划归地级德州市管理，2003年3月改为现名。主要从事各类化工助剂的研究与开发及生产；另外还从事各类新型模具的设计和机械加工。2011年，有高中级职称以上科研人员40余人，先后有4人被市委、市政府评为科技拔尖人才，3人享受国务院特殊津贴。共获省（部）级科技进步奖20多项。

二、企业科研机构

1986年年初，全区厂办科研所（组）28处，1995年有120家企业建立起厂办科研机构。

进入21世纪后，企业科研机构进入新的发展时期。2007年7月10日，国家糖工程技术研究中心禹城分中心挂牌。同年12月15日，乐陵金麒麟集团企业技术中心被认定为“国家企业技术中心”。2008年6月1日，国家马铃薯工程技术研究中心在乐陵市希森中联马铃薯产业集团成立。2009年，重点建设了一批为高新

2007年12月，金麒麟公司“国家级企业技术中心”揭牌

技术产业服务的工程技术研究中心、高新技术创业服务中心、生产力促进中心等科技创新平台。全市共拥有博士后工作站4家，建成国家级工程技术研究中心、企业技术中心4家，省级工程技术研究中心、企业技术中心、重点实验室38家。2010年，依托皇明太阳能公司和泰山体育产业集团组建的国家太阳能热利用、体育产品制造工程技术研究中心成功批建，德州市国家级工程技术研究中心总数跃居全省地级市首位。

2011年，全市有国家级工程技术研究中心和企业技术中心8家，省级工程技术研究中心、企业技术中心、重点实验室79家，省级院士工作站6家，省级产业技术创新战略示范联盟8家。

三、民营科研机构

1986年，全区有民营科技组织12个。

1990年3月，地委、行署制发《关于加强我区民营科技企业发展工作的意见》，把民营科技企业的发展列入各县年度考核指标，并明确禹城禹王公司等10家企业为重点扶植企业，在政策、项目、资金等方面加强指导扶持，使其逐步成为组织健全、机制完善、行为规范的民营科技实体，带动全区民营科技企业的发展。到1992年，民办科研机构发展到32个，从业人员225人，创利税78.6万元。1998年，为进一步加快全市民营经济发展，推进高新技术产业化进程，出台《德州市民营科技企业管理办法》。2000年11月，按照《德州市民营科技企业管理办法》规定，全市首次认定德州东方电子有限公司等61家企业为德州市民营科技企业。2001年，民营科技企业发展到350家，实现技工贸总收入13.3亿元，利税2.8亿元，出口创汇757万美元；技工贸总收入过百万以上的企业71家，千万元以上的企业27家，亿元以上的企业6家；有32家民营科技企业被命名为国家、省、市级高新技术企业。

截至2011年年底，全市民营科技企业500多家，50多家民营科技企业被认定为市级以上高新技术企业。

第二节　科普团体

一、德州市科学技术协会

1986年，德州地区科学技术协会(简称地区科协)共有市级学会、协会、研究会21个，会员7393人。1995年4月德州撤地建市后，改称德州市科学技术协会。2006年8月23日，德州市科协第四次代表大会(顺延原县级德州市代表大会届次，即首次代表大会)召开，会议审议通过市科协《努力创造科教兴德新业绩，为赶超全省平均发展水平贡献力量》的工作报告，选举产生了由71人组成的市科协委员会。至2011年年底，市科协所辖市级学会、协会、研究会32个，会员2万余人。

二、基层组织

县乡村科协　1986年，全区有县级科协13个、乡镇科协257个、村科协(小组)2927个，形成地、县、乡、村四级科普网络。1993年后，随着机构改革的开展，多数县(市、区)科协并入科委，乡镇及村科协大部取消。1997年6月，市机构编制委员会同意恢复县(市、区)科协组织，当年全市有5个县(市、区)科协独立。到1999年，全市11个县(市、区)全部恢复了县级科协组织。至2011年，全市有县科协11个(其中庆云、陵县科协与科技局合署办公)，会员5876人；乡镇科协85个，会员2340。

企业科协　1987年，地区科协提出首先在县级以上企业中建立厂科协的意见。到1994年年底，全区有大中型企业科协31个，会员5000多人。1995年11月，德州地区厂科协研究会成立，会员单位29个。到2002年，全市民营企业科协增加到119家，并涌现出禹城环宇集团、齐河金石集团、德州皇明太阳能集团等一批先进典型。2011年，全市共有企业科协226个，会员5900余人。

农村专业技术协会

1986年，全区农民专业技术研究会333个，会员5万余人。到1996年，全市各类农村专业技术研究会、协会发展到1300多个，会员10余万人，其中15%的农研会具有产、供、销系列服务功能。是年，民政部门对农民专业技术研究会进行社团登记，名称统一规范为农村专业技术协会。1999年，市科协对全市农技协及会员进行登记。2002年，全市有45个农技协进行改制，成为股份制协会。2004年，以禹城市梁家镇特色产业协会为代表的全市80多个农技协通过股份制改造，形成具有较强实力的农工商联合体和当地产业化龙头。到2011年，全市农技协发展到3200多个，共有会员80多万人，农技协已经覆盖粮棉、瓜菜、林果、花卉、畜禽、渔业、农机、水利、育种等多个领域。

泰山集团研发中心 (2011年 摄)

第三节 科技队伍

一、专业科技队伍

1985年年底，全区有专业技术职称的人员为50624人，其中高级职称16人，中级1426人，初级49182人，专业技术人员占职工总数的17%，占全市人口总数的1.05%。1986年后，通过全面落实知识分子政策和职称制度改革，调整用非所学，招聘引进人才，自学考试成才，不断扩大大中专毕业生招生数量等，使全市专业技术人员队伍由小到大，从质量和数量上不断提高和发展。至1990年已取得职称的专业技术人员总数达到62325人，其中高级职称1048人，中级11278人，初级49994人，专业技术人员占职工总数的18.1%，占全市人口总数的1.25%。1990年后，专业技术职务评聘工作转入正常化，晋升中、高级职称的人员逐年增加。2000年年底，全市专业技术人员队伍达111778人，其中高级职称9412人，中级51107人，初级51259人，在全市人口的比重为2.08%。

2002年，首次在民营经济组织中开展专业技术人员职称评审工作，评审包括工程、经济和会计3个系列，512人获得相应专业技术职称。到2003年年底，全市在各类企事业单位和民营企业工作的非农业户口的专业技术人员总数达131009人，其中高级职称13162人，中级63012人，初级54835人，在全市人口的比重为2.43%。2003年，享受国务院特殊津贴专家50人，省级专业技术拔尖人才13人，市级专业技术拔尖人才286人。专业技术门类比较齐全，

国家设立的专业系列均有专业人才队伍。

至2011年年底，享受国务院政府特殊津贴的专家54人，市专业技术拔尖人才50人，省级13人。

二、群众科技队伍

“七五”期间，4963个村选配了科技副主任，选配农民技术员1万余名。到1995年，全区先后选聘8890名村科技副主任，选配944名科技网长、建立科技服务小组12759个。

2011年9月，首次组织开展农民职称评审，375名农村实用人才获得相应专业技术职称。

第二章　科技成果

2002—2011年，全市共完成科技成果1487项，其分布领域为：工业656项，农业179项，医疗卫生588项，其他64项。其中，达到国际领先或国际先进水平的158项，填补国内空白、达到国内领先或国内先进水平的1221项，填补省内空白、达到省内领先或省内先进水平的108项。

2002—2011年德州市科技成果情况表

表30－1　　　单位：项

年份	成果总数	分布领域				成果水平		
		工业	农业	卫生	其他	国际领先或先进	国内领先或先进	省内领先或先进
2002	152	54	40	57	1	6	125	21
2003	152	56	31	55	10	8	119	25
2004	165	58	29	65	13	10	133	22
2005	165	60	25	73	7	8	125	32
2006	166	41	9	113	3	12	151	3
2007	125	59	8	52	6	12	110	3
2008	111	36	7	54	14	14	97	0
2009	175	102	12	55	6	38	136	1
2010	120	91	8	17	4	23	96	1
2011	156	99	10	47	0	27	129	0
总计	1487	656	179	588	64	158	1221	108

第一节　国家级科技成果

1986—2011 年，全市获国家科技进步二等奖 4 项、三等奖 2 项。获国家发明三等奖 2 项、四等奖 2 项。

1986—2011 年德州市（地区）获国家科技进步奖情况表

表 30－2

项目名称	项目主要承担单位	等级	授奖时间(年)
纯发酵蜂蜜酒工艺的研究	乐陵燕陵蜜酒厂	二等	1988
MQP—400 型皮棉清理机	齐河第三棉厂	三等	1988
增效磷研制及推广应用	乐陵县农药厂	三等	1989
重要农药、医药中间体的绿色化工生产技术集成	山东武城康达化工有限公司	二等	2006
30 万吨合成氨成套技术与关键设备开发研制及应用	山东华鲁恒升化工股份有限公司	二等	2008
嗜热真菌耐热木聚糖酶的产业化关键技术及应用	山东龙力生物科技股份有限公司	二等	2011

1986—2011 年德州市（地区）获国家发明奖情况表

表 30－3

项目名称	完成单位	获奖等级	奖励时间(年)
a—氰基丙烯酸乙脂生产方法	禹城县化工总厂、禹城县东方化学助剂厂、沈阳化工学院	四等	1992
内热型局部快速沥青储存加热装置	德州市公路管理局	四等	1996
玉米芯酶法制备低聚木糖	山东龙力生物科技有限公司	二等	2006
玉米芯废渣制备纤维素乙醇技术及应用	山东龙力生物科技股份有限公司	二等	2011

第二节　省级科技成果

1986—2011 年，全市共有获省级科技奖 187 项。按等级分，一等奖 5 项，二等奖 49 项，三等奖 133 项。按行业分，工业 51 项，农业 8 项，医疗卫生 1 项，其他 1 项。

1986—2011 年德州市(地区)获省科技进步奖情况表

表 30－4　　　　　　单位:项

年份	获奖数	奖励等级					奖励专业	
		一等	二等	三等	工业	农业	医卫	其他
1986	9	1	3	5	—	—	—	—
1987	5	—	1	4	—	—	—	—
1988	12	—	3	9	—	—	—	—
1989	19	—	2	17	—	—	—	—
1990	9	—	2	7	—	—	—	—
1991	11	—	1	10	—	—	—	—
1992	9	—	2	7	—	—	—	—
1993	9	—	3	6	—	—	—	—
1994	6	—	3	3	—	—	—	—
1995	8	—	4	4	—	—	—	—
1996	9	—	2	7	—	—	—	—
1998	6	—	1	5	—	—	—	—
1999	7	—	5	2	—	—	—	—
2000	4	—	1	3	—	—	—	—
2001	5	—	—	5	—	—	—	—
2002	7	—	3	4	5	1	1	—
2003	8	1	3	4	7	1	—	—
2004	10	1	3	6	9	1	—	—
2005	7	—	3	4	5	2	—	—
2006	5	—	1	4	4	1	—	—
2007	4	—	—	4	4	—	—	—
2008	3	—	—	3	2	1	—	—
2009	5	1	1	3	4	—	—	1
2010	6	1	—	5	5	1	—	—
2011	6	—	2	4	6	—	—	—
合计	187	5	49	133	51	8	1	1

第三节 德州市(地区)科技成果

1986—2011年,全市(地区)共有1795项成果获市级科技成果奖,其中一等奖210项,二等奖529项,三等奖1056项。2002—2011年,工业、农业、医疗卫生科技成果获市级奖项分别为213个、93个、223个,其他奖项73个。获德州市(地区)重大贡献奖和突出贡献奖的有:乐陵县酿酒厂的中华蜜酒(1986年,特等奖),德州棉纺织厂的国产精钢联工艺技术研究(1995年,特等奖)。

1986—2011年获德州市(地区)科技进步奖情况表

表30-5 单位:项

年份	数量	等级			专业			
		一等	二等	三等	工业	农业	医卫	其他
1986	40	6	8	26				—
1987	37	2	13	22				—
1988	76	5	21	50				—
1989	85	4	22	59				—
1990	71	6	22	43				—
1991	82	4	23	55				—
1992	71	5	18	48				—
1993	66	5	22	39				—
1994	66	7	22	37				—
1995	62	7	21	34				—
1996	72	7	29	36				—
1997	65	10	22	33				—
1998	75	11	23	41				—
1999	75	9	27	39				—
2000	80	9	28	43				—
2001	89	12	29	48				—
2002	79	10	29	40	28	18	27	6
2003	72	13	24	35	37	5	25	5
2004	93	14	33	46	37	16	32	8
2005	92	14	34	44	44	9	31	8
2006	70	11	25	34	29	9	22	10
2007	75	11	24	40	41	8	22	4
2008	68	8	23	37	36	6	21	5

续表 30－5

年份	数量	等级			专业			
		一等	二等	三等	工业	农业	医卫	其他
2009	67	7	24	36	36	8	19	4
2010	79	8	25	46	36	11	22	10
2011	83	7	31	45	35	11	24	13
合计	1795	210	529	1056	213	93	223	73

第三章　科技开发

第一节　工业科技

“七五”(1986—1990 年)期间,全区科技新成果 108 项,申请国家专利 9 项,有 4 项达到国际先进水平,有 25 项达到国内先进水平,工业总产值年均增速 27.99%。

“八五”(1991—1995 年)期间,德州地委、行署贯彻落实国务院《关于加速企业科学技术进步的决定》精神,召开全市科技大会,提出实施工业带动战略,提出实现工业经济运行质量和效益的提高必须依靠科技带动的思路,大力开发出口创汇、代替进口产品和在行业中起带头作用的高技术、高附加值的系列产品,抓好产品的更新换代和资源优势的深精加工,全区工业技术开发努力做到“生产一代,储备一代,试制一代,预研一代”。从 1991 年开始,通过政府搭台,促进企业与高校、科研单位的交流合作,提高企业的科技竞争力,全面实施产学研工程,建立高校科研院所与企业之间密切稳定的合作、交流,逐步形成产、学、研三方共同发展的运行机制。截至 1995 年年底,全区共开发新产品 770 项,达到国际先进水平的 28 项,填补国内空白 42 项,达到国内先进水平 57 项,实现新产值 37.44 亿元。

“九五”(1996—2000 年)期间,围绕实现“两个根本性转变”(经济体制的根本性转变和经济增长方式的根本性转变),重点在机电一体化、电子及通信、生物工程、新材料、精细化工、环保设备等方面搞好产品创新。全市共完成技术创新项目 1092 项,其中 25 个项目达到国际先进水平,97 个项目达到国内先进水平,共有 207 项新产品和技术项目列入国家、省技术创新和电子信息应用贷款项目计划。其中 ISDN 智能网络终端等 32 种产品列入国家级重点新产品试产计划。同年,德州机床厂技术中心在全省 80 家申报企业中进入前 30 名,并最终被省政府确认为省级企业技术开发中心,填补德州市省级企业技术中心的空白。截至 2000 年年底,全市 40% 的大中型企业与高校、科研院所建立长期技术合作关系,并先后与中科院沈阳分院、南京航天航空大学、南开大学等建立长期技术合作关系,合作项目 800 余个,其中列入国家、省部计划近 200 项,项目总投资额

11.5亿元。

“十五”(2001—2005年)期间,全市技术进步对经济增长的贡献率达到46%,10年时间增长了近10个百分点。高新技术企业达到97家,其中国家级10家,省级61家,市级26家。工业企业累计完成技术创新项目2316项,其中有513项列入省级以上技术创新项目计划,达到国际水平110项,国内先进水平403项,实现销售收入273.23亿元、利税42.4亿元,分别为10年前的4倍和6倍,技术创新已经成为全市经济增长的重要支撑因素。据2005年统计,全市大中型工业企业科技活动经费支出4.53亿元,占大中型工业企业销售收入的1.3%,其中研究开发经费支出2.59亿元,占科技经费支出的45%。全市86%的大中型企业设立技术开发机构。省、市级企业技术中心达到12家,其中省级10家。10家省级技术中心企业与高校、科研院所共建研发机构35家,其中海外研发机构7家,科技投入达到销售收入的4.5%。拥有专利85项,自主知识产权数430个。技术创新已成为经济发展的新动力。

“十一五”(2006—2010年)期间,围绕实施工业强市战略,提出以提高企业自主创新能力,加快产业结构调整为目的,进一步提高行业核心竞争力,建设一批技术创新平台。2007年,山东金麒麟集团有限公司被国家发展和改革委员会、科技部、财政部、国家海关总署和国家税务总局5部委联合认定为国家级企业技术中心,填补德州市该项工作的空白;2007—2008年,山东谷神生物科技集团有限公司、山东通裕集团有限公司、山东保龄宝生物股份有限公司企业技术中心通过省重点企业技术中心考核,进入省“双百工程”行列,并获省重点企业技术中心建设项目补助资金400万元;2009年,保龄宝生物股份有限公司也被认定为国家级企业技术中心;2010年,泰山体育产业集团设计中心被省经信委认定山东省工业设计中心,是山东省首批19家工业设计中心之一;景津压滤机集团有限公司的快开式压滤机、贝莱特空调有限公司的满液式地源热泵机组、山东金麒麟集团有限公司的比亚迪F3-R陶瓷刹车片、泰山体育产业集团有限公司的基于计算机视觉的网络健身系统等4个产品被认定为山东省第一批工业设计优秀产品。“十一五”期间,全市共申报2000余个项目,共有645个创新项目列入国家、省产业技术与装备研发和技术创新项目计划,300余项达到国际水平。全市省级以上技术中心企业与高校科研单位建立合作研发机构40余个,共有500余家企业与200多个高校院所建立合作关系,签订科研与技术合作项目近600项。

截至2011年,全市市级以上企业技术中心达到102家。其中,国家级企业技术中心4家,省级企业技术中心40家,同时,拥有2家行业技术中心,4家省级工业设计中心。近200余所大专院校科研单位建立长期合作关系,实施省以上科技创新项目178项,其中达到国内先进以上水平136项,占总数的76.3%;大力实施品牌带动战略,全市培育形成29个中国驰名商标、20个中国名牌产品、124个山东省著名商标、89个山东名牌产品的品牌体系。

第二节 农业科技

1986—1992年,围绕中低产田和农业综合开发,全区完成较大开发项目14项,总开发面积215万亩,带动面积354万亩,增产粮食14.42亿公斤、皮棉5064.4万公斤、果品3000万公斤、西瓜4000万公斤、蔬菜1.47亿公斤,增加总收益14.39亿元。

1988年2月25—28日,中科院副院长李振声带领全国100多名科技人员到德州,与德州地区签署黄淮海平原农业科技开发合作意向协定250多项，帮助德州地区制定中低产田开发治理规划和实施方案。

1989年，由山农大和地区棉办主持完成的“棉花大面积丰产栽培技术及亩产125公斤栽培模式研究”，使10万亩开发田平均单产103.8公斤，70万亩带动田平均单产85公斤，分别比开发前3年平均亩增27.8公斤和12.3公斤。

1990年，由地区农业局主持完成的平原、陵县、禹城、商河实施的“吨粮田科技开发试验”，实施一年达标，15万亩平均亩产1043.26公斤，75万亩带动田平均亩产821公斤，分别比开发前三年年均亩增361.46公斤和205.7公斤。

1992年，开始实施科技兴农“519工程”（5个乡、1个区、9个村高产优质高效农业科技示范工程），其中重点实施创汇农业、保护地栽培、生态农业及林牧副渔等方面课题14项，开发示范面积34.22万亩。

1996年，以山农大作技术依托，组织实施“鲁西北平原高效农业可持续发展典型的创建及配套技术研究”项目，为黄淮海平原地区提供高效农业可持续发展样板及关键配套技术。

1997年，先后建立平原县王杲铺市级社会综合发展示范区项目和陵县高科技农业园。到1999年，全市建成科技园区218处，其中德州农业科技创新技术园被列为农业部科技示范园试点单位、中国农科院高新技术示范基地、国家开发办高产高效作物栽培示范点；德州航天农业科技园成为全国首家太空育种产业化基地。2003年，各类农业科技园区达到275处，其中省级3处，市级35处。2004年，陵县、禹城市被确定为“国家粮食丰产科技工程”示范区和辐射区，此为德州市首次承担国家粮食丰产工程项目。宁津县和陵县被确定为科技特派员工程试点县。2006年，夏津、宁津、临邑和陵县4县列入省欠发达县科技特派员示范工程项目。2007年，夏津县“12000吨大豆浓缩蛋白产业化开发”等3个项目分别列入国家、省科技富民强县专项行动计划。2008年，宁津县瑞丰食品有限公司的“无公害优质蔬菜农产品产业化开发”、武城县英潮经贸有限公司的“年产10万吨辣椒制品及配套基地建设”和德州永昌木业有限公司的“5万亩速生杨树产业化生产及深加工”分别列入国家、省富民强县工程。

市农业专家田间指导　　（2005年　摄）

2009年4月27日，全国棉花高产创建活动启动仪式在夏津县宋楼镇举行。同年，5个具有自主知识产权的农作物新品种通过省级审定，全市通过国家和省级审定的农作物新品种达5大类、20个，良种普及率达到100%。

2010年，鑫秋种业科技公司承担的“科技特派员优质棉花产业”、宁津红枣协会承担的“科技特派员小枣产业创业链”、山东飞达集团承担的“科技特派员辣椒产业创业链”等3个创业链被认定为全省首批科技特派员创业链，鑫秋公司的“优质棉产业化”项目进入首届中国农业科技创新创业大赛决赛(全省10个项目入围)。

2011年4月1日，全国粮食高产创建工作现场会在陵县召开。4月13日，农业部确定在全国开展整乡整县建制推进粮食高产创建试点，齐河县、乐陵市被列为国家级整建制项目县。同年，德州(乐陵)农业高新技术产业示范区被省政府批准为“省级农业高新技术产业示范区”，成为全市首个农高区。

1988—2011年德州市(地区)农业获奖情况表

表30-6

年份	获奖项目名称	获奖单位	获奖等级
1988	棉花大面积丰产综合技术推广	德州地区棉办	全国一等奖
1989	德州地区玉米秸青贮技术推广	德州地区畜牧站	全国三等奖
1989	禹城县10万亩棉花综合丰产技术推广	禹城县棉办	省二等奖
1989	济阳县2万亩蔬菜优质高产	济阳县蔬菜站	省三等奖
1989	禹城县10万亩夏玉米创高产	禹城县农业局	省三等奖
1990	陵县10万亩小麦丰产综合技术推广	陵县农技推广中心	省二等奖
1990	宁津县20万亩夏玉米综合技术推广	宁津县农业局	省三等奖
1990	商河10万亩麦套棉综合丰产技术推广	商河县棉办、德州地区棉办	省三等奖
1990	德州地区1.8万亩池塘养鱼低产变中产技术推广	德州地区水产站	省三等奖
1991	德州地区440万亩小麦综合丰产技术	德州地区农业局	省一等奖
1991	陵县万头肉牛生产配套技术推广	陵县畜牧局	省一等奖
1991	商河县30万只山羊生产配套技术推广	商河县畜牧站、德州地区畜牧站	省二等奖
1991	德州地区丰收计划实施与管理	德州地区科技站	省二等奖
1991	齐河县10万亩玉米增产综合机械化技术	齐河县农机推广站	省三等奖
1991	齐河县15万亩麦棉套种增产技术	齐河县棉办	省三等奖
1992	平原县30万亩玉米综合增产技术推广	平原县农技站	省一等奖
1992	齐河县40万亩玉米综合丰产技术推广	齐河县农牧局	省三等奖
1992	夏津县10万亩棉花综合丰产技术	夏津县棉办	省三等奖

续表 30－6

年份	获奖项目名称	获奖单位	获奖等级
1992	德州地区万亩小拱棚早熟瓜菜优质高产综合技术	德州地区园艺站	省三等奖
1993	陵县 30 万亩夏玉米综合丰产技术推广	陵县农技推广中心	省一等奖
1993	万亩小拱棚应用无滴膜技术推广	德州地区园艺站	省二等奖
1993	夏津县 10 万亩棉麦套种增产技术	夏津县棉办	省三等奖
1993	宁津县 20 万亩小麦优质品种及高产高效栽培技术	宁津县农技站	省三等奖
1994	禹城市 15 万头肉牛生产配套技术推广	禹城市畜牧局	全国三等奖
1994	齐河县 8 万头肉牛优良新品种推广及增产技术	齐河县畜牧站	省二等奖
1994	ABT 生根粉在宁津县 20 万亩小麦、玉米上推广应用	德州地区农科所	省二等奖
1994	德州地区万亩池塘养鱼模式化增产技术	德州地区水产站	省三等奖
1994	陵县 20 万亩小麦综合增产技术	陵县农技推广中心	省三等奖
1994	棉花专用肥技术推广	德州地区农科所	省三等奖
1995	平原县 1000 万只蛋鸡生产配套技术推广	平原县畜牧局	全国三等奖
1995	乐陵市 10 万亩玉米豆类间套作综合技术	德州地区农技站、乐陵市农技站	省二等奖
1995	陵县 5 万亩立体高效农业综合技术	陵县农技站、德州地区农技站	省三等奖
1995	高等真菌优化麦秸饲喂 40 万头牛成果推广	陵县畜牧局、莱阳农学院动科系	省三等奖
1996	德州市 75 万亩 BT 防治棉铃虫技术推广	德州市植保站	省二等奖
1996	乐陵市四十万只羔羊育肥饲养配套技术	乐陵市畜牧局	省二等奖
1997	陵县 30 万亩冬季农业高产高效配套技术	陵县蔬菜局、农业局	全国三等奖
1997	德州市 30 万亩棉花良种推广及丰产栽培技术	德州市种子站	省二等奖
1997	齐河县 12 万亩玉米亩产千斤高产栽培技术	齐河县农技站	省三等奖
1997	宁津县 6 万亩以防治棉铃虫为主的棉花综合技术	宁津县棉办	省三等奖
1998	8 万亩德州西瓜优势高产高效技术推广	德州市农科所	全国三等奖
1998	禹城市 15 万亩小麦优良新品种及配套增产技术	德州市农技站	省二等奖
1998	陵县 20 万亩玉米新品种及配套增产技术	陵县农技推广中心	省三等奖
1998	10 万亩玉米新品种及配套增产技术	德城区农业局	省三等奖
1999	德城区 2 万亩反季节蔬菜综合增产技术	德城区蔬菜局	省一等奖

续表 30 - 6

年份	获奖项目名称	获奖单位	获奖等级
1999	齐河县十万亩玉米新品种及配套增产技术	齐河县农业局	省二等奖
1999	武城县 10 万亩棉花种子包衣及综合配套增产技术	武城县棉办	省三等奖
2000	德州市 5 万亩无公害优质西瓜栽培技术	德州市农科所	省二等奖
2000	禹城市 10 万亩玉米优良品种及配套栽培技术	德州市植保站	省二等奖
2000	陵县 70 万亩小麦良种高产示范	陵县农业局	省二等奖
2000	禹城市 10 万亩棉花种子包衣及综合配套增产技术	禹城市棉办	省三等奖
2001	夏津县十万亩地瓜脱毒及综合增产技术	夏津县农业局	省二等奖
2001	武城县无公害双孢菇二次发酵栽增技术	武城县农业局	省二等奖
2001	平原县 15 万亩瓜菜“一减双保”安全工程	平原县农业局	省三等奖
2001	夏津县 20 万亩抗虫棉及综合丰产技术	夏津县棉办	省三等奖
2001	优质鲫鱼规模化养殖技术	德州市渔业技术推广站	省三等奖
2002	德州市日光温室蔬菜综合高效技术开发	德州市蔬菜局	省二等奖
2002	玉米高产优质新品种推广	德州市农业局	省一等奖
2002	西瓜高产栽培生理研究在大面积生产上的应用	德州市农科所	省二等奖
2004	抗盐碱小麦新品种德抗 961 试验示范	德州市农科所	省一等奖
2004	德州市秸秆养畜技术推广	德州市畜牧局	省三等奖
2004	德州市 50 万亩旱作区“烟优 361”“济南 17”等专用小麦综合丰产技术开发	德州市农业局	省三等奖
2005	抗旱耐盐优质小麦新品种(系)及节本增效种植技术推广	德州市农科所	省一等奖
2006	山东省 400 万亩优质粮饲兼用型玉米新品种鲁种 99118 及配套栽培技术推广	庆云县种子公司	省二等奖
2006	30 万亩冬春茬茄子专用品种选育、繁育研究及推广	德州市农业局	省三等奖
2007	德州市 100 万吨秸秆青贮技术开发	德州市畜牧局	省二等奖
2008	主要农作物农艺节水综合技术推广	陵县农业技术推广中心	省三等奖
2009	进口番茄品种日光温室高效栽培技术集成与开发	德州市蔬菜技术推广站	省二等奖

续表 30－6

年份	获奖项目名称	获奖单位	获奖等级
2010	秸秆栽培珍稀食用菌高效安全配套技术集成与推广	德城区蔬菜局	省一等奖
2010	德州市优质小麦高产创建综合配套技术推广	德州市农技站	省二等奖
2010	山东省1000万亩B.t棉绿盲蝽发生与防治技术研究与推广	德州市植物保护站	省二等奖
2010	德州市优质小麦高产创建综合配套技术推广	德州市农技站	全国丰收奖三等奖
2011	德州市100万亩麦田化学除草技术研究与推广	德州市植物保护站	省三等奖
2011	陵县71万亩小麦规范化栽培技术示范推广	陵县农业技术推广中心	省三等奖

第三节　高新技术及产业

1993年，山东禹王制药有限公司被认定为国家级高新技术企业，填补了德州市国家级高新技术企业的空白。到1995年，全市高新技术产业生长点发展到7家，认定高新技术企业11家，运用高新技术嫁接改造传统产业样板企业1家。

1998年7月，市政府下发《关于加速发展高新技术产业的决定》，明确农业高新技术、机电一体化技术、新材料技术、生物技术、电子信息技术等五大技术为重点发展领域。1999年11月，市委、市政府作出《关于推进科技进步加强技术创新的决定》，就指导思想、任务目标、企业创新地位、科技体制改革、政策环境、加强领导等6个问题作出明确规定。2001年9月，市委、市政府批复建立禹城高新技术开发区。

2002年5月，在德州经济开发区建成德州高新技术创业服务中心。到2003年年底，全市高新技术企业达到72家(国家级重点高新技术企业8家、省级52家、市级12家)，实现高新技术产业产值52.1亿元，占规模以上工业总产值的比重为9.91%。

2004年，实施"1310"工程，即围绕1个重点基地(禹城"国家火炬计划生物技术产业基地")、3个特色产业(生物制药、新能源、新材料)、10家高新技术企业重点扶持，推进企业规模和效益迅速增长，产业快速发展；实施"1030"工程，即选择10个传统产业(能源、化工、纺织、食品、造纸、机械、建材、钢铁、家具、电子电器)，30家运用高新技术嫁接改造传统产业重点企业，提高运行质量，提升结构层次。同年12月，禹城高新技术产业开发区正式挂牌，为山东省第一家设在县级市的省级高新区。

2007年，国家糖工程技术研究中心禹城分中心挂牌，国家马铃薯工程技术研究中心批准组建，金麒麟集团企业技术中心被认定为国家企业技术中心，山东省生物物理重点实验室在德州学院成立，创新平台建设实现历史性新突破。

2008年，全市新能源、新材料、生物技术等新兴产业膨胀发展，特别是以功能糖为重点的生物产业基地、以太阳谷为核心的新能源产业基地形成了优势产业集群。

2009年，实施“2410”工程，即围绕新能源和生物技术2个国家级产业基地、4个新兴产业、10家优势企业进行重点扶持，推进企业规模和效益迅速增长，产业群体稳步发展；完成《德州市新能源产业发展规划（2009—2020）》，启动新能源产业基地建设；实施“430”工程，即围绕4个优势产业、30家重点企业，加快高新技术向优势产业渗透与扩散，通过采用新工艺、新装备不断提高优势产业技术含量，逐步实现传统产业高新化。

2010年1月26日，德州市获首批“国家新型工业化产业示范基地”称号，成为全国唯一一个生物产业示范基地。

到2011年年底，全市高新技术企业172家，其中国家火炬计划重点高新技术企业4家，省级49家；实现高新技术产业总产值1059.51亿元，占规模以上工业总产值的比重为20.50%。

第四节　科技专利

1984年8月，地区科委建立成果专利科。1996年4月，成立的德州专利事务所。1998年12月，为加强对专利和知识产权的认证、管理、保护，成立德州市专利管理局，与市科委合署办公，一个机构两块牌子。1999年3月，经国家知识产权局批准，成立“德州市天科专利事务所”，并取代了德州专利事务所。2001年，撤销市专利管理局，成立市知识产权办公室。2003年5月，市知识产权办公室更名为市知识产权局，内设法规科、专利管理科。各县（市、区）科技局加挂知识产权局牌子。

一、专利申请

1985年4月开始受理专利申请业务，至当年底共受理6件。

2003年，设立专利申请专项资金。2004年，市政府印发《关于对申请专利给予经费补助的通知》和《关于开展鼓励中小学生发明创造申报专利活动的通知》两个政策性文件，对全市申报专利的相关费用给予补助，对申请专利的中小学生在升学时给予加分等奖励。当年申请专利352件，专利授权173件。之后，企业职工及社会科技爱好者逐年增多，科技发明创造力显著提高。至2011年年底，全市申请发明专利达到2944件，是2004年的8倍多；授权专利1754件，是2004年的10倍。

2002—2011年德州市专利申请授权情况表

表30-7　　单位：件

年份	合计	按专利申请类型分			按专利申请人分					授权数
		发明	实用新型	外观设计	个人	大专院校	科研院所	工矿企业	机关团体	
2002	171	14	124	33	129	1	—	41	—	—
2003	223	24	159	40	171	1	—	51	—	167
2004	352	39	249	64	258	9	—	85	—	173

续表 30－7

年份	合计	按专利申请类型分			按专利申请人分					授权数
		发明	实用新型	外观设计	个人	大专院校	科研院所	工矿企业	机关团体	
2005	474	52	337	85	352	19	—	103	—	216
2006	523	70	326	127	436	2	—	84	1	299
2007	858	122	371	365	681	2	—	173	2	376
2008	1087	152	629	306	763	4	—	320	—	569
2009	1471	260	976	235	978	10	2	478	3	922
2010	1688	242	1199	247	983	142	5	553	5	1528
2011	2944	407	2198	339	1114	802	3	1016	9	1754

二、专利实施

1987 年 7 月，乐陵县中华蜜酒荣获国际三十四届比利时尤里卡博览会发明铜牌奖；11 月，获第二届全国发明奖金牌。1994 年 9 月，在第八届全国发明展览会上，德州地区的 18 个参评项目，有 15 个获奖。其中，获得金牌 3 枚、银牌 4 枚、铜牌 8 枚。金牌获得总数与济南、烟台并列第一。2006 年，山东龙力生物科技有限公司研发的“玉米芯酶法制备低聚木糖”获国家技术发明二等奖，实现了全市国家级技术发明奖“零”的突破。

三、专利保护

2003 年，首次组织专利执法检查，共查处涉嫌冒充专利的商品 7 大类 17 个小类。2005 年，开展 3 次专利行动执法检查，查处涉嫌冒充专利的商品、药品 200 余件，立案 33 起，强制执行 2 起；接待咨询专利侵权纠纷案件 8 起，立案受理 4 起，其中协助省知识产权局处理 2 起。2006 年，出动执法人员 120 人次，对全市流通领域 20 家大型商场、超市进行执法检查，查处涉嫌冒充专利案件 22 起，受理专利侵权纠纷案件 5 起，调处 3 起。2009 年，建立由科技局、知识产权局、公安局、工商局等 20 余个单位参加的市知识产权办公会议制度，每年“4 · 26”世界知识产权保护日，组织成员单位在市中心广场举行大型集中宣传。

截至 2011 年年底，德州市配合省知识产权局处理专利纠纷案件 15 起，结案 15 起，独立查处假冒专利行为 120 起。

第五节　技术市场

1988 年 12 月，在武汉举办的全国获奖成果推广交易会上，德州地区 18 个单位、20 项优秀获奖成果参加展出，签定意向书 45 项，成交额 571. 7 万元。1992 年 3 月，地区科委组建技术市场管理办公室。同年 4 月，各县（市）相继组建技术市场管理科或配备专门人员，成为全区首批专门技术市场管理机构。年底，全市设有技术市场 91 处，其中农村 80 处、城市 11 处；技术贸易机构达 550 家，从业人员 4411 人；专门技术市场管理机构 12 个，技术合同登记处

12处，管理人员30名，技术市场管理体系基本形成。

1996年8月，全国农村技术市场在齐河县建立。1999年，省科委批复在德州市建设山东省“江北花卉技术市场”。2002年9月，市技术产权交易中心正式运作，成为技术市场、成果转化、技术咨询的综合服务平台。

2004年7月10—11日，举办中国德州专利及高新技术成果展洽会，邀请80余所高等院校、科研院所的236人，专利发明人80余人参会，参展单位105家，其中高新技术企业39家；签订科研与技术合作项目216项，总投资42.8亿元，技术交易额3.8亿元。2007年7月11日，“两院”（中国科学院、中国社会科学院）院士德州行暨产学研合作恳谈会在德州召开，德州市先后与天津工业大学、天津农科院、山东省科学院、济南大学等大专院校和科研院所签订合作协议。

2010年，举办德州市与中科院青岛生物能源与过程研究所全面合作启动仪式和西安交通大学专家德州行活动，启动35项科研合作项目。2011年，启动院士工作联络办公室工作，促成中科院金属研究所与通裕重工公司签署战略合作协议，10余名院士分别与欣博药物研究公司、福田药业公司等企业签订了技术研发合同（协议）。

第四章　科普与服务

第一节　普及科学知识

一、农村科普

1986年，全区建立乡镇科普学校78所，培训农民4.8万人次。

1992年3月，成立“中国农村致富技术函授大学德州地区分校”，建立乡镇辅导站139个，聘请辅导教师468人，当年招生6836人，招生数量居全省第一。同年，在农村开展“讲、比、建”（讲精神文明，比科技致富，建科普乡镇村）活动，全区涌现出科普先进村763个，科普先进乡37个，其中省级科普先进村34个。

1993年，将农村科普与推广农业先进科技成果紧密结合，全区176个乡镇科普服务部为农民提供信息1.26万条，引进推广新农药、新化肥、新良种几十种，使200多万亩粮食、水果、蔬菜平均增产10%～15%以上。

1996年，推进农村科普示范工程建设，全市共创建各类科普示范基地43个。同年11月，省科协拨专项基金1万元用于支持禹城科普基地建设。1997年11月，市科协与禹城市科协共同筹建占地55亩的禹城十里望乡科普示范基地。到1998年，该基地共引进推广葡萄、小麦、大豆、玉米等十几个新品种。1999年11月，在禹城市召开全市农村科普现场会，推广禹城市科普示范基地和农技协先进经验。同年，禹城市科普示范基地被命名为省级科普示范基地。到2000年，全市共创建省级科普示范基地31个、市级科普示范基地45个、市科普示范户158个。

2003年，在完善整合农村科普5个体系的基础上，新建科普示范基地48个，引进、示范、推广新技术247项，产生经济效益7600多

万元。

2005年，启动农村科普村村通工程，全市115个乡镇的8130个村庄全部安装了统一的“村村通科普”工程宣传挂图。2006年，结合科普村村通工程，实施科普惠农兴村工程，当年德城区凯瑞肉鸡养殖基地、夏津县绿帝林果科普示范基地、禹城市渔业协会、庆云县枣树种植协会、武城县大运发蔬菜种植技术协会被评为全国科普惠农兴村计划先进单位。2007年10月，在禹城市召开科普惠农工作现场会，推广全市科普惠农经验。2008年，平原县王杲铺蔬菜农技协会获全国科普惠农计划20万元无偿资助，武城县获省科技惠农示范县15万元无偿资助，庆云县科技推广协会获省科普惠农示范基地6万元无偿资助。

2009年，全市有6个科普惠农示范工程项目获得省科协表彰，其中夏津金秋棉花科技推广技术协会、庆云中澳肉鸭农业技术协会获国家级“科普惠农兴村计划”表彰。

2010年6月，2010中国（德州）有机农业与自然农法国际论坛在齐河召开，日本自然农法国际研究开发中心理事长天野纪宜、中国科协农技中心副主任张晓军等出席会议。

2011年11月，启动“科普惠农富民工程”，计划在“十二五”期间，通过以奖代补和奖补结合的方式，培育、表彰500个优秀农村专业技术协会、500个优秀农村科普示范基地和1000名优秀农村科普带头人。此项工作获省科协“工作创新奖”。是年，在全国科普惠农兴村计划中，全市有12个先进单位和个人获国家级和省级表彰，共获奖补资金149万元。

二、城区科普

1986年后，各级科协通过科技讲座、科普画廊、科普宣传栏、科技图书馆、科教电影等形式，普及科学技术知识。

1991年12月，地区科协举办“计算机及应用”科技报告会，邀请省科协和中国计算机学会专家、教授到会作专题讲座，地直各单位、各企业、各大中专院校2000多人听取了讲座。

1993年5月，开展科普宣传月活动，内容涉及文化教育、医疗卫生、环保、标准计量、工农业新技术、新成果等十几个学科。

1995年，开展首届“科技宣传周”活动，全市各级科协共举办科技讲座13场，科技展览2次，科技人员上街开展科技宣传4400多人次，发放科技宣传资料4万多份。1998年，市科协开办的实用技术学校新开设家电维修班，当年免费培训下岗职工再就业2000余人。

2001年，开展城区科普创建活动，当年齐河县、德城区被命名为“全省科普示范县区”；德城区柴市街居委会为“德州市科普示范街（居）”。

2002年，贯彻《公民道德建设实施纲要》，开展“科教进社区”科普活动。2004年9月，德城区新湖街道德中社区、新华街道柴市社区受到省科协表彰。

2005年，启动科普社区通工作。到2007年，德城区60个社区全部安装了科普社区通宣传栏。2008年，以城区“四个一”（一个科普宣传栏、一所科普学校、一个科普活动室、一支科普志愿者队伍）工程创建为契机，开展省级文明社区评选工作。2009年，齐河县晏婴街道、齐河县城东社区和德城区岔河社区被省科协授予“省级科普模范社区”。

2011年，在全市选择20个社区，实施城区科普典型培植工作。同年，以食品安全为主题，在德城区岔河社区举行暑期科普电影放映活动启动仪式，全市11个县（市、区）的50多个社区共放映《如何挑选食品》等科普电影100场次，受益群众2万人次。

三、青少年科普

1986年，德州国棉厂子弟学校购置微机4

台，成立了30人的微机小组，开展微机培训活动。到1987年，全区青少年科学小组发展到3285个，参加小组人数30419人次，科学小发明387项，发表科学小论文12448篇，培养科学辅导员2831人，举办科学夏令营371次，参加人数9790人。

1990年，地区科协配合地区教育局开展暑期中学生社会实践营、劳动实践营等活动。1994年4月，选拔推荐4名中学生参加全省中学生计算机比赛，其中德州一中的高山、戚伟获省三等奖。1995年，黎明小学五年级学生屠嘉衡获省青少年浪潮希望杯信息学（计算机）比赛三等奖。

1998年，配合素质教育，在全市6所中小学、4500多名学生中开展小发明、小制作、小论文活动。1999年4月，选拔3名选手参加全省信息学（春生通达杯）奥林匹克竞赛，德州一中学生张德博、郭宝齐均获三等奖。2000年，北园小学的张一凡发明的A－呼吸宇宙攻击机获全国中学生创造发明奖，被评为全国百名科学小院士。

2001年，全市多数县（市、区）建立起科技辅导员协会，80多所中小学成立了科普教育领导小组，全市专兼职科技辅导员队伍达210人。是年，德州市青少年宫和市科技开发交流中心被省科协命名为全省科普教育基地，德城区第九中学、北园小学、建设街小学和禹城一中被命名为全省科普教育示范学校。

2002年，先后开展青少年科技创新大赛青少年信息学比赛以及青少年科普作品展示和航模表演，其中武城县老城镇小学祝子法发明的玉米、棉花套种点播器被推荐参加全国比赛。2003年，先后组织开展第十八届青少年科技创新大赛、计算机竞赛、青少年发明作品展示等活动。德州一中、十中和禹城市齐鲁中学被省科协命名为全省科普示范学校，市青少年宫被命名为重点项目实施先进集体。2004年，在第十届全国信息学奥赛中，德州市有8名同学进入复赛；在全国科技之星选拔活动中，齐河第一实验小学被确定为中国少年科学院科普基地。

2006年起，每年举办农村中小学生免费进省科技馆参观和流动科技馆进校园活动。2007年，启动青少年科普百校行活动，每年至少邀请3名中科院老专家到德州为青少年进行科普知识讲座。

2008年5月12日，由德州市科协承办的山东省青少年科普百校行活动在德州市第五中学和陵县第一中学举行，中国科学院潘厚任、王宁寰两位专家分别作了《太空人的衣食住行》和《新能源技术和纳米科技》的报告。

2009年3月23日，市气象科普馆落成启

第三届青少年科技创新大赛暨科普巡展活动启动仪式　（2011年　摄）

用。同年，青少年科普百校行活动在德州市、禹城、夏津、临邑、武城等设立报告会场，来自中科院的6位老专家作了科普报告，共有3500余名中小学生受益。2010年11月，市科协购进科普大篷车一部，随车配备价值20万元的30套科普设备，当年在德州二中开展了首次科普大篷车进校园活动。2011年，在市中心广场举行科普大篷车全市巡展启动仪式，至年底共在60多所中小学开展了科普巡展活动。

四、全民科学素质行动

2006年11月，根据国务院《全民科学素质行动计划纲要》，成立由分管副市长任组长、市委组织部、宣传部等21个部门负责人为成员的德州市全民科学素质工作领导小组，并制发《关于贯彻全民科学素质行动计划纲要的实施意见》。到2011年，针对未成年人、农民、城镇劳动者、领导干部和公务员四大人群，通过建设科普画廊、科普宣传栏等方式，开展科技下乡进村、送技术进企业、进学校、进机关的“四进”等系列活动80次，发放宣传材料4万余份，播放宣传片65场次，受教育群众达到20万人次。

第二节 科技周活动

自1995年起，德州市开始举办科技活动周。

1995年9月18—23日，由市科协、市委宣传部、市科委牵头举办首届科技周活动。1997年9月6—12日，由市科协、市委宣传部、市科委联合举办以“人口、资源、环境与可持续发展”为主题的第二届科技周活动。1999年8月13—19日，由市科协、市委宣传部、市科委联合举办以“崇尚科学，破除迷信”主为题的第三届科技周活动。2001年5月14—20日，由市科协、市委宣传部、市科技局联合举办第四届科技周活动，与全国统一确定的科技活动周同步进行，主题为科技就在我身边。2002年5月18—24日，举办第五届科技活动周，主题为“科技创造未来”。

2003年，“非典”肆虐全国，第六届科技周于5月17—24日举办，主题为“依靠科学，战胜非典”，共展出各种宣传图板1500多块，举行科技报告会30场，发放各种明白纸32万多份，全市63所中小学开展了校园创新活动。

2004—2005年科技周活动主题为“科技以人为本，全面建设小康”，市县两级科协组织1800余名科技人员和老科技工作者开展科技下乡、科技咨询活动178次，向广大家民群众赠送科技图书、资料312份，现场咨询12万人次，解决技术难题7.2万个。

2006—2011年，全国科技周活动主题均为“携手建设创新型国家”，这6届科技周活动均由市科协、市委宣传部、市科技局联合举办，仅市级部门就开展科技宣传服务活动978次，解答和解决各种技术难题4300多个，放映科教影视370多场，发放科技图书资料、光盘2万多套，受教育群众40多万人次。

至2011年，全市共举办科技周17届。

第三节 科技咨询

1986年，地区科协开展“供千条信息，提百条建议，帮十厂翻身”的科技攻关活动。农药厂科技人员在科协的支持下进行新产品开发试验，生产出胺黄灵、绿黄灵2种除草剂，使企业当年扭亏为盈。1987年10月，地区科协联合地区经委、地区企业政治部在全区工厂企业工程技术人员中开展“讲理想、比贡献”竞赛活动。

1988年3月，地区科协建立科技咨询服务部，科技咨询工作得到加强。1990年，组织全市873名科技工作人员深入工业生产第一线，为中小乡镇企业开展技术攻关和咨询服务活动，全年共完成技术服务项目107项，技术论证2项。1991年，咨询服务部与中小企业共签订合同33项，实现合同34.3万元。1993年4月，科技咨询服务部更名为科技咨询服务中心，下辖分支机构17个，全年完成科技咨询合同32项，合同额47万元，产生经济效益900多万元。

自1994年始，全面实施旨在促进科技与经济结合的“金桥工程”。全年完成技术攻关项目58个，解决生产技术难题600多个，创经济效益3亿元；为企业开发新产品1000余个，推广科技新成果500多项，使50多家企业扭亏为盈。

1995年4月，邀请北京农业工程学会专家咨询团10余人到德州开展考察咨询工作，内容涉及棉花、种植、畜牧、水产、蔬菜、果树、信息等专业。1996年，德州机床厂科协获第六届全国讲理想、比贡献活动先进集体称号。1997年7月，市科协组织召开“德州工业企业加速科技成果转化专家咨询”座谈会。全市提合理化建议1700多条，完成技术革新、技术攻关课题375项，实施金桥工程立项121个，开展咨询服务活动180余次，实现经济效益1600多万元。1998年，围绕“四技”（技术改造、技术革新、技术攻关、技术咨询）服务和“两高一优”农业，全年“金桥工程”立项32项，实际完成28项，项目产生经济效益近千万元，为企事业单位节约资金约300万元。1999年，“讲理想、比贡献”活动立项180个，完成科技攻关和技术项目1492项，增加经济效益6500万元，节约支出2700万元。2000年，市科协组织“专家咨询服务团”先后深入11个县（市、区）进行科技咨询服务活动，并就乐陵“百亩枣园规划”、陵县“大棚蔬菜发展”、临邑“古河道野外旅游项目开发”、夏津“沙河荒地改造”等进行科学论证和决策咨询。2001年，全市共提合理化建议870多条，完成“四技”服务72项，其中6项获省优秀奖。

2002年，市科协制定《关于拓展科技咨询业务的奖惩办法》，全年鉴定合同196项，完成合同额77万元；县属20个咨询机构完成各种服务项目116项，经营额854万元，创收72万元。2003年，为促进科技成果向现实生产力转化，市科技咨询服务中心在学会与企业之间搭建合作平台，当年确立“金桥工程”项目30个，其中4项被省科协立项，1项被推荐到中国科协立项。2004年，市科技咨询服务中心利用省咨询中心金桥网络体系，与上海百业科技发展有限公司合作，成立德州市科技咨询服务信息网络平台。2005年，全市初步建立起“金桥工程”数据库、专家库。2006年，开展厂会技术合作项目36个，庆云“樱桃谷肉鸭养殖技术协作”项目、陵县“无公害专用系列鲜食玉米产业化开发”项目，获省“千厂千会协作行动”立项，并获得无偿资金支持。2008年，以创新活动模式为基础，全年完成企业技术革新成果200余项，为企业创造利润5亿元。2010年，德州特奥机床有限公司总经理王一森在“讲理想、比贡献”活动中获中国科协授予的“科技标兵”称号。2011年，深入开展“讲理想、比贡献”竞赛活动，共完成市级以上技术革新攻关项目7项、企业管理的技术革新项目351项，解决技术难题800多个，提合理化建议1.2万条，创经济效益17亿元。

第四节　学术活动

一、学术交流

1986年后，地级各学会以促进科技进步为目的，鼓励科学技术工作者多出成果，广泛开展各种学术活动。1989年，德州制冷学会秘书长郑向黎两次参加国际学术会议并交流了论文；林学会高子禄撰写的《中国传统的农用林业——农枣间作》在国际学术会议上交流，并被推荐到国际刊物发表。

1990年，地区科协承办山东省物理学会第五届会员代表大会暨学术年会，全省物理界153人名专家教授学者云集德州。1991年，地区科协承办全国、省级学术会议交流会议，国内外百余名知名专家进行学术交流和专题讲座。至1992年，会员撰写论文在地级以上报纸杂志上发表161篇，其中中央级37篇。

1993年，地、县两级学会共组织学术活动215次，交流学术论文2583篇。地区珠算学会组织工交财贸系统38位选手参加海峡两岸珠算通讯选拔赛，4人获优胜选手称号。

1996年，市、县两级林学会围绕市委、市政府提出的“红枣工程”，开展树苗繁育、栽培和红枣深加工的研究与探讨。

2001年6月，围绕市委、市政府提出的“大上工业、上大工业”的决策，市科协邀请全市部分国营、民营企业的知名专家召开“加快工业企业发展研讨会”。同年9月，在全市科技人员中广泛开展“献一策”活动，全市科技工作提科技建议1780条，近百条属全局性的建议由市科协以《科技建议》专刊的形式报市委、市政府及有关部门作为决策参考。2002年，市、县两级学会共组织学术活动300多次，交流学术论文8900篇。2008年，市、县两级学会共组织学术活动58次，交流学术论文1600篇；邀请国家、省专家到德州作科普讲座或报告20余次。

2011年9月，由山东省科协、德州市人民政府、德州市科协等联合主办的“2011国际红枣生物产业高峰会议（论坛）”在德州举行，会议以“红枣生物产业升级、创新与发展”为主题，总结、交流、推广国际红枣产业发展特别是精深加工及新产品研发方面的创新经验，探讨破解产业发展难题和提升产业发展水平对策，促进国际红枣生物产业科技、经贸合作与交流。来自新西兰、美国、日本、德国、韩国、印度尼西亚、缅甸等国家和中国台湾、香港等地的专家、学者、知名企业负责人，国内著名科研院所、涉农院校等单位1000余人参加了会议。

至2011年，市级学会共开展各种学术交流活动2000多次，交流学术论文2万多篇，平均每年参加学术交流活动的科技人员在3000人以上。

二、成果评奖

自1987年起，举办德州市自然科学优秀学术成果评奖活动。1995年开始，该活动由市委组织部、市人事局、市财政局、市科协共同组织实施，并规定该奖项在考核晋升、评定技术职务任职资格、评选专业技术拔尖人才方面，与评定科技进步奖同等对待。2003年，将评选优秀学术论文改为评选优秀学术成果。至2011年，先后举办11次，共评出优秀学术成果1919项，其中一等奖243项、二等奖686项、三等奖990项。

三、德州市青年科技奖评选

根据省委组织部、省人事厅、省科协《关于评选山东省青年科技奖的通知》，自1995年始设立德州市青年科技奖，至2011年，共评选表彰7届，258名青年科技工作者获奖。其中，首届共评选43人（1995年）、二届42人（1998年）、三届37人（2000年）、四届31人（2003年）、五届28人（2007年）、六届26人（2009年）、七届51人（2011年）。

第五章　防震减灾

第一节　监测预报

一、地震监测

1986年,德州地震台地震监测手段为地磁、测震、地下流体3种方式。地磁监测采用CRJ-69型磁秤和72型三分量磁变仪,后因城市建设导致监测环境受到影响,于1991年7月停止。测震项目采用DD-1型地震仪,1999年10月升级为DJ-1B型短周期地震仪。2003年,将DJ-1B型短周期地震仪升级为FSS-3DBH井下短周期地震计,地震计安装在地下300米处,进一步避免了地表干扰。2005年增设BBAS-2加速度计,加强地面强震动观测。2011年,禹城、宁津增设测震和强震项目,设备分别为FSS-3DBH井下短周期地震计和BBAS-2加速度计;齐河、乐陵增设水电流和强震项目,设备为DDE-1型水电流仪和BBAS-2加速度计;平原增设强震项目,设备为BBAS-2加速度计。

地下流体监测项目为水化学监测、水位监测。水化学监测主要是水氡监测,其设备为FD-105K射气仪,其后逐步增加电导率、水质分析两个监测项目,设备分别为DSS-11电导仪和水质分析仪。水化学监测采用的监测井位于德城区西郊、天津铁路分局水电段,井深500米;后因地下水位持续下降,于2007年更换解放北路深830米的机井采取水样。水位监测采用禹城04井和乐陵26井,2003年和2010年又相继建成齐河、宁津、夏津3处监测点。但是受水位不断下降的影响,夏津监测点于2005年停测,宁津监测点于2006年停测。

从2001年开始,全省地震监测设备进行数字化改造。到2003年,德州市地震局组建局域网,实现了与省台网中心联网,升级计算机、GPS定位仪,并将原有ISDN线路改为ADSL线路。2005年,德州地震台对水氡观测进行了数字化改造。同年,山东省地震局为德州市配备流动测震设备,市地震局每月进行一次流动测震,监测数据报山东省地震局。2007年,德州地震台市级数字信息节点升级改造,数字地震仪由DDN传输改光纤传输。2011年,德州市地震局建成市级台网中心,共设7条光纤,连接山东省地震局、德州政务服务大厅以及禹城、乐陵、齐河、宁津、平原5个县市监测站,随时报送监测资料。

至2011年年底,德州市地震前兆监测手段有微震、强震、水化学(水氡、离子分析、水电导)、电磁波、水位、水温、水电流7个监测项目,配备仪器18台(套),共管理6个监测点。

二、震情预报

1986—1995年,主要是依靠群测群防的前兆手段,没有形成系统的理论和应用软件。1995年以后,计算机应用、测震和前兆分析软件开始普及,逐步对测震资料和前兆资料进行科学系统的理论分析,形成比较完善的地震趋势研究报告。2001年开始,按照山东省地震局的要求,地震预报实行震情周会商、月会商、临时会商(发生地震或特殊情况时)和年中、年度会商,并将会商结果及时上报山东省地震局。

2010年开始进行地震宏观速报网、灾情速报网、科普宣传网和灾情速报员“三网一员”建设。到2011年，全市建成较为完善的地震群测群防网络体系和覆盖城乡的速报员队伍，随时能与12322防震减灾平台互动。

第二节　震灾防御

一、工程地震防御

1986年，城区新建工程均按基本烈度Ⅵ度进行抗震设防。1997年，《山东省地震安全性评价管理办法》发布，德州市抗震设防工作进入规范化运行。1998年，根据山东省地震局《关于将工程建设地震安全性评价工作纳入基本建设项目管理程序的通知》，全市相继开展对各类企业的地震地质咨询活动。

2002年初，对全市重要工程进行全面检查，根据调研和检查情况编制《德州市防震减灾调研报告》。

2003年，根据《中华人民共和国防震减灾法》和《山东省防震减灾条例》，制发《重点工程建筑抗震设防核准登记管理办法》。2004年，开始进行地震小区划工作。

2008年，在全市集中对开发建设中的住宅小区抗震设防情况进行执法检查，对存在问题的6个项目进行整改，11个项目完善相关手续。2011年7月，市政府出台《关于进一步加强防震减灾工作的意见》，市级基本建设项目抗震设防管理已全部纳入基建审批程序。

二、防震减灾宣传教育

1986—1998年，地震宣传工作主要以橱窗宣传、分发《地震报》等科普材料、开展地震知识竞赛、放映地震科教片为主。

1998年3月1日，《中华人民共和国防震减灾法》颁布实施后，防震减灾宣传纳入各级工作日程，每年3月1日、5月12日（2009年开始）、7月28日开展宣传活动。

2003年，市县两级防震减灾工作领导小组在全市设立近百个宣传点，形成了市、县、乡三级防震减灾宣传教育网络。2005年3月1日，在城区主干道路口设立宣传站，开展防震减灾宣传教育。2008年，印制《青少年防震避震知识地图》1万份，发放到各县（市、区）和大中型企事业单位；并会同共青团德州市委、德州市青年志愿者协会共同组建“德州市大中专防震减灾宣讲团”，开展防震减灾知识专题宣讲。

2009年，邀请地震专家到县市、大中专院校做“防震减灾，造福人民”专题讲座，提高公众防震避震意识。

2010年年初，按照山东省地震局《2010年全省防震减灾宣传教育活动实施方案》，德州市地震局通过报纸、杂志、网络等媒体和专家解答等多种形式，开展防震减灾知识进农村、进社区、进机关、进企业、进学校、进家庭活动，提高公众自救互救、应急避险能力。

第三节　应急管理

一、应急预案

1987年，制订第一部地震应急预案——《德州地区地震办公室大震后应急措施预备方案》。

1998年，市政府办公室制发《德州市地震局震情应急方案》。2001年，重新修订《德州市地震局地震应急预案》，印发《德州市破坏性地震应急预案》。该预案按照纵向到底、横向到边、管理规范、高效实用的标准，要求各县（市、区）和重点部门、重点企业修订和完善本地区、本部门的地震应急预案，完善地震应急预案体系，做好各级各类地震应急预案制定，将地震应急预案落实到学校、企业、社区、医院等基层单位。2007年5月，根据《山东省地震应急区域协作联动工作实施方案》部署，德州市地震局归属鲁西协作联动区成员单位。

二、应急处置

1987 年，根据《德州地区地震办公室大震后应急措施预备方案》，各有关单位明确个人分工，购置汽油发电机、照相机、录音机、手电、折叠桌椅、汽油等地震应急物资。2005 年，各县(市、区)相继组建地震紧急救援专业队伍，重新编印应急联络通讯录。2008 年，购置应急指挥车，作为地震应急专用车。2009 年 5 月 8 日，开通“12322”防震减灾公益平台，加强对震情信息的及时反馈。2010 年 5 月，地震应急指挥中心竣工并验收。该中心包括具备多媒体演示功能的地震应急指挥系统、地震监测台网平台及相关设备，为地震应急工作提供技术平台。10 月，完善地震应急指挥技术系统：包括建立地震应急数据库，安装地震辅助决策系统和地震灾害评估系统，为震后应急工作提供技术支持。2011 年 6 月，市地震局开始组建地震应急救援志愿者队伍，全市地震应急志愿者人数到达 2000 人，形成以综合性应急队伍为中心、行业救援队伍为骨干、志愿者队伍为补充的三位一体救援模式。8 月，根据《山东省地震应急避难场所分类与评定管理办法》，市地震局在城区选定 18 处地震应急避难场所，可供居民紧急疏散、临时生活，能有效应对自然灾害等突发事件。11 月，在山东省举办的地震应急救援技能竞赛中，德州市地震局获 50 米操作手动破拆工具组第三名。12 月，地震应急物资储备库初步建成，为地震应急工作做好物资准备。

第六章　气象测报

第一节　气象观测

1986 年起，国家一般气象站观测项目有：云、能见度、天气现象、空气温度、空气湿度、降水、蒸发、风、地温、冻土、雪深、雪压、气压、日照等。国家基本站除观测以上项目外，增加电线积冰、地中 40、80、160、320 厘米不同深度的温度。国家基本站每天定时拍发天气报，参加国际天气资料交换。各县(市)气象台站均制作月、年地面气象观测报表。

2003 年夏季开始，德州市建成气象综合观测系统，由国家天气观测网、国家专业气象观测网、区域气象观测网组成。

国家天气观测网　德州有国家气象观测站 11 个，各观测站均建成了观测场实景监控系统和红外报警系统，通过省气象局和市气象局监控中心可以实时远程监控，在观测环境保护、运行保障和业务管理中发挥重要作用。

国家专业气象观测网　2003 年德州开展了酸雨、紫外线观测。2006 年，省气象局布点的闪电定位观测站在夏津建成。2007 年全市 11 个站开展地下水位观测。2007 年和 2008 年分别建成齐河和德州能见度观测站。2008 年，省气象局统一布点的夏津、陵县 GPS/MET 观测站建设完成，运行正常。同年，农业气象观测在原有德州 1 个基本站，乐陵、武城、临邑 3 个省管测墒站的基础上，新增省管测墒站 7 个，全市县站均成为省管测墒站。2009 年，为提高全市农业气象观测业务自动化水平，建成武城、夏

津、临邑、乐陵4个自动土壤水分观测站，2010年又建成禹城、齐河、平原、陵县、宁津、庆云、德州7个自动土壤水分观测站，建成了覆盖11个县(市、区)的墒情自动监测网。

区域气象观测网　按照农村20千米，城市5千米的布点原则，突出气象特色，自2003年夏季至2009年12月，德州市共建设区域气象观测站78个，其中2要素21个，4要素54个，6要素3个，全部实现资料实时上传。

第二节　天气预报

1986年后，德州市气象部门制作的天气预报有长期、中期、短期及短时4种。长、中期主要预测天气趋势、天气过程。长期天气预报提供未来10天以上的天气变化趋势，有月、季、重要农时季节、汛期等多种预报。主要内容是旱涝趋势和冷暖趋势，如月、季的总降水量、平均气温等。中期天气预报提供未来10天天气预报(旬报)，内容主要是天气形势特点、主要天气过程、降水量、平均气温、极端最高(4—10月)气温或极端最低(10—4月)气温，4月和10月同时发布极端最高、最低气温。短时及短期主要预报未来12、24、48小时晴雨、最高、最低气温及风向、风速。

1999年年底，开展概率天气预报。2001年开展城市空气污染气象条件指数、舒适度、医疗气象、穿衣指数、火险等级、体感温度等环境气象预报。2003年2月1日增加沙尘天气预警服务业务。2004年1月1日增加紫外线预报业务。同年3月1日增加空气质量预报业务；6月1日开始制作发布72小时天气预报；7月1日省—市可视会商系统正式启用，7月19日开始市—县电视天气会商；8月增加短时临近预报业务。2005年4月下旬安装FY－2C卫星云图接收系统。同年6月开展突发灾害性天气预警业务。2006年4月1日开始，城镇预报时效延长到5天。同年7月1日开展精细天气预报业务，即进一步提高气象要素预报的时空分辨率。2006年7月起开展滚动制作发布未来3个月的短期气候预测业务。2007年4月1日起每日5次发布短时临近预报，5月1日起每日5次发布定量降水预报、雷电落区预报。同年增加霾预报和一氧化碳中毒气象潜势预报业务。2009年1月，山东省气象局规范市气象局预警信号发布标准。同年6月15日开始，城镇预报时效延长到7天。

第三节　气象台站建设

1986年，全区各气象台站新上省—地、地—县高频电话；市气象台测报组用PC－1500计算机编发各类气象电报。1992年预报天气图自动填图、分析代替人工填图、分析。1993年6月省、地间微机终端建成并投入使用。1994年8月市气象台开通“121”天气预报自动答询。1994年11月市气象局电视天气预报节目正式开播。1995年10月各县建成气象信息产品服务终端，市气象局建成微机局域网和卫星云图接收处理系统。1997年市气象局建立气象信息卫星通讯VSAT小站，初步建成以卫星通讯为主，地面通信为辅的国家、省、市、县四级气象信息网络系统。1998年4月23日，德州市雨情自动测报系统通过国家鉴定，在国内率先实现市、县、乡三级雨情自动测报。1999年4月，市气象台预报业务实现无纸化操作，全市预报业务实现了各类天气图表的信息化和计算机显示及人机交互处理，建立了分组交换网。2000年，全市11个县(市、区)气象卫星地面接收小站全面开通，建成电视天气预报制作系统。2001年1月停止上报纸制报表，实现地面气象记录报表、气象电报网络上传及打印自动化；8

德州长河公园气象观测站　　（2007年6月　徐亮　摄）

月市气象局天气雷达实现数字化改造。2002—2006年，各县（市）气象局新上“地面有线综合遥测气象仪（Ⅱ型）”即自动观测站。观测项目有大气温度、空气湿度、气压、降水、地温、风。2002年2月新一代天气雷达（多普勒雷达）济南齐河站通过验收。2002年开通德州气象互联网。2003年1月29日，由国家气象中心投资20多万元兴建的全市第一座地面气象测报自动站在陵县投入使用。2004年完成省—市—县宽带通信网络建设，实现了卫星云图、多普勒雷达、自动气象站观测资料、中尺度模式产品等资料的实时传输；建成天气预报会议会商系统，实现了基于声音、图像、文字、资料的实时传输，集天气预报会商、人工影响天气指挥、视频会议于一体的现代化通信系统。2005年，建成FY－2C气象卫星资料中规模接收利用站，开发了基于FY－2C气象卫星和自动气象站资料的临近客观精细预报系统，预报产品的时间、空间分辨率达到1小时、10千米。完善了11个县（市、区）“等效天气雷达”系统，升级了PUP雷达资料应用软件，实现了对突发性气象灾害天气的实时监测。2005年6月开始应用手机短信群发为政府及有关部门提供服务，2007年与移动公司合作建成决策气象服务短信平台。2007年8月16日建成虚拟演播室，开始了有主持人的电视天气预报节目。2009年，市气象局完成科普馆建设，在办公楼一楼大厅安装了高清晰电子显示屏；按照建设“四个一流”（括注内容）的总体要求，进一步修订和完善了《五星级台站达标细则》，加大台站建设督导力度。年内，武城、临邑、平原、乐陵、庆云、夏津、齐河、陵县8县（市）气象局全部达到五星级台站标准。2009年7月电话传真升级为自动传真机。2010年，宁津局、禹城局按照五星级台站要求高标准规划设计，制订详细的方案，同步设计、同步施工。

第四节　人工影响天气

1987年5月，德州地区行署成立人工防雹降雨领导小组，办公室设在地区气象局。之后，人工防雹降雨办公室添置“三七”高炮12门、火箭发射架5具，气象部门负责组织指挥、通信系统建设。6月24日—7月5日，由地区气象局等单位抽出的7人组成办公室，在济阳、商河、乐陵、平原4县组建了8个炮点，建成了德州与县炮点、故城机场的无线通信联络系统。1988年10月，地区人工防雹降雨办公室在平原县气象局建立平原县人工防雹降雨试验中心，配备了车载雷达、探空、地面观测仪器，建立5个地面天气观测站。1989年1月6日，德州地区气象局在平原县恩城、林庄两炮点进行

首次人工降雪，总增水量2204.2立方米。1994年9月，减灾中心竣工，建成雷达、卫星、通信、指挥系统。2003年2月25日，市防雹办移交市气象局管理。至2011年，每年全市平均防雹增雨作业15次，发射炮弹5956发，火箭弹28枚，平均每年约减少雹灾面积2万多公顷，增加雨水2800多万立方米，直接经济效益4700万元。

第三十一编

J I A O Y U

教 育

- 基础教育
- 高等教育
- 中等职业技术教育
- 成人继续教育
- 师资队伍
- 教育改革与教学研究
- 教育行政

1986 年，全区各级各类学校（含幼儿园）13001 所，在校生 21.9 万人，其中，幼儿园 3897 所，小学 8383 所，普通高中、初中 664 所，农业、职业中学 27 所，普通中专 10 所，技工学校 3 所，成人中专 10 所，成人高校 4 所，普通高校 2 所，特教学校 1 所。

1990 年起，全区大力普及九年义务教育。1994 年开始，在全区推行以“校长负责制、教师聘任制、岗位责任制、结构工资制”为内容的“四制”改革。1997 年，德州市全面实现“两基”（基本实施九年义务教育和基本扫除青壮年文盲，下同）任务。2000 年 3 月，在德州高等专科学校的基础上，建成德州学院。

2001 年，市政府先后制定《关于加快基础教育改革与发展意见》《关于鼓励社会力量办学若干政策的暂行规定》《关于进一步深化教育人事制度改革的意见》《德州市“十五”教育发展规划纲要》。2003 年，全市首次面向社会进行教师资格认定考试。2004 年，市教育局印发《关于加快职业教育与成人教育发展若干问题的实施意见》，通过采取“三纳入”和落实“两制”的行政手段，解决教育系统内部多年没有解决的关于发展职业教育与成人教育的评价问题。2005 年，以德州职业技术学院建成为标志，全市职业教育体系得到完善、强化和提高。2007 年，市政府出台《关于建立健全普通高校和中等职业学校家庭经济困难学生资助政策体系的实施意见》，建立健全家庭经济困难学生的资助政策体系。2008 年，免除城市义务教育阶段学生的学杂费，全部免除农村义务教育阶段学生教科书费。2011 年 3 月，市委、市政府印发《德州市中长期教育改革和发展规划纲要（2011—2020 年）》，要求按“优先发展、育人为本、改革创新、促进公平、提高质量”的工作方针，实施科教兴市和人才强市战略，建设完善的现代教育体系。

至 2011 年，全市有各级各类学校（含幼儿园）3480 所，在校生 132.30 万人。其中，幼儿园 2230 所，小学 982 所，初中 180 所，普通高中 20 所，职业高中（中专）27 所，技工学校 14 所，普通中专 7 所，成人中专 2 所，高等学校 4 所，特教学校 14 所，全市基本建立起较为合理的教育体系。

第一章 基础教育

1986 年，全区实行“分级办学、分工管理”的教育体制。同年 3 月，地委、行署提出“在巩固普及小学义务教育的前提下，有步骤分阶段实施九年制义务教育”。1988 年，全区完成普及小学教育的任务。1990 年起，普及九年义务教育。1997 年年底，全市通过省政府“两基”（基本实施九年义务教育和基本扫除青壮年文盲）验收，实现了九年义务教育。全市小学适龄儿童入学率达到 100%。

1998 年，市教委制定《德州市推进中小学素质教育的实施意见》，将素质教育纳入义务教育的中心。2000 年，对全市中小学校布局进

德州实验小学逸夫教学楼　（2010年　摄）

行大规模调整，其中小学由3631所压缩到2574所。2003年，制发《德州市幼儿教育（2003—2007年）改革总目标》。2004年秋季新学期起，全市义务教育阶段学校普遍实行“一费制”。2007年，全面实施农村中小学现代远程教育工程。2008年，免除城市义务教育阶段学生的学杂费，全部免除农村义务教育阶段学生教科书费。2009年，启动全市“义务教育学段课堂教学研究系列年”活动，促进义务教育均衡发展。2011年，启动中小学高效课堂建设工程，各级各类学校聚焦教学主阵地，向课堂45分钟要质量、要效益。

至2011年，全市义务教育段学校建成省级规范化学校17所，市级规范化学校313所。其中，小学分别为9所、171所；初中分别为5所、142所；省级规范化特教学校3所。

第一节　学前教育

1986年，全区共有幼儿园3897所，在园幼儿13.21万人，教职工5651人，其中专任教师5399人。这些幼儿园多为单位自办或农村村办，办学设施差，师资力量薄弱，保教质量不高。

1991年7月，学前教育工作由地区妇联移交地区教育局主管，从此被纳入全区教育事业发展体系。1992年，《德州地区幼儿园、学前班登记注册办法》颁布，德州地区首次对幼儿园进行登记注册。1994年起，依照《德州地区幼儿园园长、教师资格审定办法（试行）》，对园长、教师实行任职资格审定和持证上岗制度。这一时期，随着国内外各种新兴教育思想和课程理念的提出，德州地区学前教育改革出现了多元化发展势头，“幼儿一日生活即课程”，幼儿园课程设置逐步发展为健康、数学、科学、社会、音乐、美术、语言七大领域。除开设以上常规课程外，幼儿园还开设了幼儿英语、幼儿识字、幼儿珠心算等特色课程。到1996年，全市幼儿园5009所，在园幼儿15.93万人，3～6周岁幼儿入园率71.9%，学前一年幼儿入园率93.4%。各级各类幼儿园办园条件明显改善，创建省级实验、示范幼儿园13所。

1997年1月，市政府印发《德州市学前教育“九五”规划》，对“九五”期间全市学前教育事业的指导思想、规划目标、实施原则、保障措施等作出明确规定。此后，全市以示范性幼儿园、乡镇中心幼儿园建设为重点，在农村主要进行统筹规划、调整布局、合班并园的试点和推广工作；同时组织力量对全市48处小学附设学前班进行清理整顿，遏制了幼儿教育“小学化”的倾向。1999年，颁发《德州市幼儿园分类评估标准》，对各级各类幼儿园进行评估验收，实行

分类管理，促使幼儿园不断提高办园水平。2001年，按照教育部新颁布的《幼儿园教育指导纲要（试行）》，幼儿园课程设置为健康、科学、社会、艺术、语言五大领域，学前教育向促进幼儿潜能开发、健康个性养成、综合能力提高等方向发展。

2003年，制定《德州市幼儿教育（2003—2007年）改革总目标》，即形成以公办幼儿园为骨干和示范，以社会力量兴办幼儿园为主体，公办与民办、正规与非正规教育相结合的发展格局。2006年，对全市幼儿园进行第三次登记注册。2010年3月，市教育局转发《山东省幼儿园基本办园条件标准》，分别对城市、乡镇、农村幼儿园建设、管理、评估作出明确规定，从而加快全市幼儿园标准化建设进程。2011年3月，《德州市学前教育三年行动计划（2011—2013年）》颁布，全市新开工建设幼儿园173所，总投资2.08亿元，建筑面积19.8万平方米，139所投入使用，新增幼儿学位2.5万个。到2011年年底，随着全市幼儿园布局调整工作的初见成效，多种形式办园的兴起，学前教育继续向农村延伸，逐步形成以政府办园为示范，社会力量办园为主体，布局合理，规模适当，保教质量普遍提高的多元化学前教育发展格局。

2011年，全市共有各级各类幼儿园2230所，其中注册幼儿园842所（含公办幼儿园502所、民办幼儿园340所）；在园幼儿16.03万人，学前三年儿童入园率达到73%，学前一年幼儿入园率90%；专任教师7357人，学历合格率达到92%，专业合格率达到32%。有省级十佳幼儿园3所，省级实验（示范）幼儿园16所，市级一类园65所、二类园135所、三类园230所。

1986—2011年德州市（地区）幼儿教育情况表

表31－1

年份	幼儿园数（所）	班数（个）	在园幼儿数（人）	教职工数（人）		
				总　计	其中教师	达标率（%）
1986	3897	5723	132106	5651	5399	32.31
1987	3647	5494	121683	6054	5724	38.22
1988	3275	5269	120546	5978	5837	39.56
1989	3409	5913	112626	5143	4948	38.42
1990	3583	4815	119829	5579	5350	33.96
1991	2511	4920	124066	6056	5742	22.26
1992	3124	5013	139669	6784	6262	22.74
1993	4777	5637	152528	7155	5699	31
1994	4498	5737	157224	7142	6180	32
1995	5279	5998	181731	7325	6739	38
1996	5009	5815	159306	7230	6517	44
1997	4184	5003	137802	6787	904	54

续表 31－1

年份	幼儿园数（所）	班数（个）	在园幼儿数（人）	教职工数（人）		
				总　计	其中教师	达标率（%）
1998	3425	4114	89675	4871	4224	59
1999	2316	2775	74672	3971	3381	60
2000	1954	2713	67411	3570	3175	61
2001	1590	2485	57735	3565	3093	86
2002	1967	2548	68433	3740	3199	87
2003	2100	2644	89893	4365	3649	87
2004	2275	2916	101158	5378	4588	85
2005	2351	3576	119203	5811	4762	88
2006	2271	3892	119961	6048	4787	89
2007	2275	3907	132929	7614	6291	89
2008	2329	3984	136661	7798	6085	88
2009	2206	3874	140051	8207	6743	86
2010	2647	4213	147426	11041	7052	90
2011	2230	4512	160324	10700	7357	92

2011 年德州市主要幼儿园情况表

表 31－2

园　　名	园　　址	建园年份	在园幼儿（人）	教职工（人）	备注
德州市直机关幼儿园	德州市东方红路	1965	495	85	省实验、省十佳
德城区直机关幼儿园	德州市三八中路	1946	657	84	省实验、省十佳
德州市跃华学校幼教部	德州市东方红东路	2004	510	72	省十佳、省示范
齐河县直机关第一幼儿园	齐河县县府北巷	1958	824	84	省实验
齐河县直机关第二幼儿园	齐河县晏城镇晏城街	1987	640	84	省实验
平原县实验幼儿园	平原县文化街	1979	320	25	省实验
临邑县实验幼儿园	临邑县迎宾路	1958	590	75	省实验
禹城市实验幼儿园	禹城市富华巷	1992	636	52	省实验

续表 31－2

园　名	园　址	建园年份	在园幼儿（人）	教职工（人）	备注
武城县实验幼儿园	武城县文化北街三八路	1989	504	38	省实验
宁津县实验幼儿园	宁津县宁津镇东关村	1982	214	39	省实验
庆云县实验幼儿园	庆云县新兴路	1992	214	39	省实验
德棉幼儿园	德州市纺织大街	1976	592	49	省示范
华能德州电厂幼儿园	德州市东风西路	1989	60	21	省示范
德城区天华幼儿园	德州市青年路	2002	376	45	省示范
德州市妇女儿童活动中心幼儿园	德州市湖滨中大道	1997	486	86	省示范

德州市直机关幼儿园　位于德州市东方红路。建于1965年6月，始称德州地直机关幼儿园。1986年，有教学班8个，在园幼儿400人；教职工40人，专任教师16人。1993年晋升为山东省实验幼儿园。1995年更名为德州市直机关幼儿园。1996年10月，主管部门由市妇联移交市政府办公室。2004年12月，主管部门又由市政府办公室移交共青团德州市委。2009年12月，获山东省十佳幼儿园称号。2011年，设有托、小、中、大14个班，在园幼儿495人；教职工85人，专任教师42人，学历达标率100%。

德城区直机关幼儿园　位于德州市三八中路。前身为1946年建立的渤海军区幼儿园，1954年定名为市直机关幼儿园。1986年，有教学班6个，在园幼儿220人；教职工37人，专任教师14人。1995年更名为德城区直机关幼儿园，并晋升为山东省实验幼儿园。2007年，幼儿园由区政府办公室划归区教育局管理。2008年，获山东省十佳幼儿园称号。2011年，教学班21个，在园幼儿657人；教职工84人，专任教师58人，学历达标率100%。

第二节　小学 初中教育

1986年，德州地区有小学8383所，在校生750860人，专职教师33323人；初中610所，在校生210044人，专职教师12129人；适龄儿童入学率为97.59%，平均每万人口中初中生369人，小学生1310人；小学毕业生升初中升学率69.42%，初中毕业生升高中升学率18.3%。

1987年，全区小学发展到8553所，在校学生748242人；学龄儿童入学率达到97.7%，年巩固率达到97.3%，毕业率达到96.3%。1988年，全区13个县（市）学龄儿童入学率、巩固率、毕业率、普及率，均达到国家规定的普及小学教育的合格标准，实现了省定“六项工作要求”，完成了普及小学教育的任务。

1989年，地区行署制定《关于实施九年制义务教育的意见》，对全区实施九年制义务教育规划、学制、体制、经费和师资等问题提出具体执行意见。1990年起，全区大力普及九年义务教育，至当年9月底，全区实施义务教育的乡镇已达213个，覆盖人口506.8万人。是年，全区小学生流失率由上年的1.93%下降到0.74%；初中学生流失率由上年的3.43%下降到1.84%。1991年，全区各乡镇进行义务教育自评，建立健全义务教育档案，其中93个乡镇通过县、市复评。1992年，制定实施义务教育发展规划，并建立健全义务教育的运行机制和实施义务教育的程序机制。到1993年，全区小学6104所，在校生585583人，小学适龄儿童入学率达98.86%。1994年10月，推行政府系列的县（市）长、乡长、村委会主任及教育系列的县（市）、乡教委主任和中小学校长“两基”双目标责任制，层层签订目标责任书，并建立健全科学的评估机制和执法监督机制。

1996年，按照“合理布局、减少处数、扩大规模、提高效益”的原则，全市共投入资金6.39亿元进行校舍改造及设备更新，是前12年校舍改造及设备更新总和的1.6倍。1997年12月，全市11个县（市、区）全部按期通过省政府“两基”验收，全市共有小学4208所（含教学点1978个），在校生622831人，适龄儿童入学率100%，年辍学率控制在0.31%以内；初中230所，在校生261464人，入学率97.1%，初中年辍学率控制在1.23%以内。

1999年11月，市委、市政府作出《关于深化教育改革，全面推进素质的决定》，以培养学生的创新精神和实践能力为重点，深化教育改革，优化结构，提高质量。是年，全市有省级素质教育实验县（区）2个（德城区、齐河县），省级素质教育先进县1个（齐河县），省级艺术教育先进单位1个（德城区教委），省级中小学素质教育实验学校5所。2000年，按照“质量为本、效益优先、实事求是、合理规划、积极稳妥、分步实施”的原则，对全市中小学布局进行大规模调整，共撤并教学点1057所，使全市小学由3631所压缩到2574所（含教学点1224处）。2003年起，在全市农村中学实行教育、政府“双线”责任制、“辍学预警”机制，并且根据初中毕业生“升学和就业”两重性发展趋向，在全市农村中学，按照“渗透＋分流”的模式实施分流教育，制止中小学生辍学。2004年，经过3年三批实验推广，以素质教育为核心内容的初中新课程改革在全市全面铺开。

2005年，制发《德州市“十一五”教育事业发展规划纲要》，全面落实国家课程设置方案和教学常规，开设包括实验课、阅读课、信息技术课、音体美课等在内所有课程，全面推进素质教育。2006年，贯彻新《中华人民共和国义务教育法》，修订《德州市初级中学教学工作评估方案》、制定《德州市乡镇中小学教学工作评估标准》，全市按照统筹规划、整合资源、协调发展的思路，加大“初中进城工程”。2007年3月，制发《关于大力推进素质教育的实施意见》，坚持“育人为本，德育为先”的理念，全面

经济开发区德开小学 （2011年 摄）

加强音体美教学，使每一名学生都能掌握1至2项体育运动技能和音美特长。2008年4月，全市义务教育阶段学籍管理同全省学籍管理系统接轨，完成48万义务教育阶段学生电子信息采集工作。2009年11月，启动“义务教育学段课堂教学研究系列年”活动，确定2010年到2012年，在全市义务教育学段分别开展“课堂教学改革年”“课堂教学效率年”“课堂教学成果年”活动，进一步促进全市义务教育均衡发展。2011年10月，制发《德州市教育局关于推进高效课堂建设的指导意见》，全市中小学高效课堂建设工程启动。

德州十中教学楼 （2011年 摄）

至2011年年底，全市共有小学982所，在校生人数46.18万人；初中180所，在校生18.62万人。平均每万人口中有初中生323人，小学生802人。全市小学学龄儿童入学率100%，小学毕业生升初中升学率85%以上，初中毕业生升高中升学率为43%。小学和初中在校生年辍学率分别控制在1%和2%以内。

1986—2011年德州市（地区）小学教育发展情况表

表31－3

年份	学校数（所）	班数（个）	招生数（人）	在校生数（人）	毕业生数（人）	教职工数（人）		
						总计	其中专任教师	学历达标率（%）
1986	8383	27439	129707	750860	105590	34664	33323	63.89
1987	8553	27704	127262	748242	109597	35606	34306	63.98
1988	8124	28309	117723	741773	104199	37089	35729	66.72
1989	8046	27693	117772	732294	108560	37939	36494	71.27
1990	6455	22169	97912	584511	93216	31489	30121	72.29
1991	6763	21960	105822	582601	94511	31859	30363	85.40
1992	6605	21511	104228	588123	88366	32557	30930	88.90
1993	6104	20963	108284	585583	92530	31957	30365	87.83

续表 31－3

年份	学校数（所）	班数（个）	招生数（人）	在校生数（人）	毕业生数（人）	教职工数（人）		
						总计	其中专任教师	学历达标率(%)
1994	6040	20831	114804	585946	91359	31102	29094	91.70
1995	5440	20174	117932	610584	90830	31884	30039	92.84
1996	4031	18001	109211	610282	94542	31602	29795	94.60
1997	4208	17815	112596	622831	95605	31632	29920	96.00
1998	4182	17471	94747	612056	101532	31675	30037	96.00
1999	3631	15759	72714	573970	106644	30459	28843	97.00
2000	2574	13923	50415	505984	112675	30188	28586	99.00
2001	1568	13718	45868	453771	103083	28864	27142	98.40
2002	1452	11086	45546	407136	92169	27485	25868	98.50
2003	1366	10448	50601	362619	95127	27077	25495	98.80
2004	1260	9623	56560	325289	92402	26701	25181	99.20
2005	1130	9318	61032	317060	73378	26130	24543	99.20
2006	994	9551	72663	345511	57903	26880	25376	99.30
2007	1033	9818	76952	375366	53242	27947	26185	99.50
2008	1013	9936	72805	403559	52177	29003	27154	99.70
2009	1006	10414	71143	423339	54252	29163	27288	99.80
2010	960	10444	79666	446601	60713	29039	27182	99.80
2011	982	10426	78636	461803	66955	28561	26846	99.75

1986—2011 年德州市（地区）初中教育发展情况表

表 31－4

年份	学校数（所）	班数（个）	毕业生数（人）	招生数（人）	在校生总数（人）	专任教师数	
						总计（人）	学历达标率(%)
1986	610	3543	55273	73300	210044	12129	13.93
1987	616	4205	63071	77626	222193	13117	16.97

续表 31－4

年份	学校数（所）	班数（个）	毕业生数（人）	招生数（人）	在校生总数（人）	专任教师数	
						总计（人）	学历达标率（%）
1988	587	3863	67698	73223	217684	13829	20.17
1989	541	3891	68439	74026	216099	14101	24.40
1990	425	3317	57181	66727	186435	12025	27.85
1991	382	3338	57536	69381	196113	12359	32.80
1992	348	3394	61372	68926	198477	12630	36.50
1993	334	3483	62863	67142	194456	12589	40.51
1994	325	3452	62862	72208	200048	12373	47.93
1995	287	3790	61240	83480	216965	12702	54.55
1996	234	4009	59483	87852	243861	13303	66.98
1997	230	4171	66471	90010	261464	13786	74.10
1998	225	4203	77858	94534	271824	13770	79.30
1999	224	4330	83033	101657	284861	13758	80.90
2000	228	4589	83398	109752	307097	14497	85.00
2001	236	4699	92323	100566	313241	15286	87.90
2002	233	4654	107669	91127	292315	15607	89.20
2003	237	4559	103789	93853	275477	15746	89.90
2004	236	4379	98121	91016	264002	15829	90.30
2005	228	4295	84396	72919	248238	15594	93.50
2006	203	4038	86509	58694	223753	15115	95.20
2007	206	3571	90722	53204	188879	14733	95.20
2008	192	3253	72688	52164	166530	14041	96.20
2009	180	3112	60800	54647	161716	13381	97.00
2010	181	3142	52664	63009	172791	13450	97.60
2011	180	3299	53071	66433	186187	13940	98.18

2011年德州市部分中小学情况表

表31－5

校名	校址	建校年份	在校生（人）	教职工（人）	备注
德州市实验小学	德城区东方红路	1963	3170	142	省级规范化学校
德州市北园小学	德城区北园小区	1989	2200	89	省级规范化学校
德州市建设街小学	德城区建设街	1963	3200	142	省级规范化学校
德州市天衢东路小学	德州市天衢路	1989	2255	75	
德州市黎明街小学	德城区黎明街	1947	1555	64	省级规范化学校
德州市湖滨北路小学	德城区中原街	1989	3245	159	
德州市第五中学	德城区前进街	1907	2248	85	省级规范化学校
德州市第十中学	德城区乐园南街	1987	2349	75	
德州市第九中学	德州市三八中路	1972	4020	210	省级规范化学校
德州市第二实验小学（原德棉小学）	德州市纺织大街	1976	2216	130	省级规范化学校
禹城市齐鲁中学	禹城市行政街	1979	3755	150	省级规范化学校
禹城市实验小学	禹城市建设路	1980	5657	282	省级规范化学校
平原三中	平原县平安大街	2005	4574	299	省级规范化学校
夏津县实验小学	夏津县高庄街	1989	3180	168	
武城镇中学	武城镇东关村	1950	1690	167	
武城县实验小学	武城县文化东街	1902	2418	84	省级规范化学校
齐河县第一实验小学	齐河县齐贸大街	清末	3175	153	
晏城镇晏城小学	齐河县齐晏大街	1948	1463	75	
临邑县临盘镇中学	临邑县临盘街道	1996	1316	102	省级规范化学校
临邑县实验小学	临邑县迎曦大街	1945	2975	126	
庆云县第四中学	庆云县南环路	2005	2150	30	
陵县实验小学	陵县中兴路	1991	2194	75	
齐河县第四实验小学	齐河县齐晏大街	1974	1349	80	省级规范化学校
德州经济开发区实验小学	德州市晶华路	2008	1929	85	省级规范化学校

德州市实验小学　位于德州市东方红西路。建于 1963 年，始称青年路小学。1967 年更名为东方红路第一小学。1993 年定名为德州实验小学。1994 年晋升为省级规范化学校。1998 年和 2004 年先后被命名为全国现代教育技术实验学校和省教学示范校。2011 年，学校占地面积 2.2 公顷，建筑面积 10191 平方米，有教学班 49 个，在校生 3200 人；教职工 142 人，专任教师 139 人，学历达标率达 100%，其中研究生学历 16 人、大学本科学历 89 人。

德州市第九中学　位于德州市三八中路。建于 1979 年。1986 年，有教学班 12 个，在校生 660 人；教职工 60 人，专任教师 52 人。2006 年晋升为省级规范化学校。2011 年，学校占地面积 4.2 公顷，建筑面积 31786.54 平方米；教学班 62 个，在校生 4800 人；教职工 220 人，专任教师 200 人，学历达标率达 100%，其中省特级教师 1 人，齐鲁名师 1 人，山东省优秀教师 4 人，全国、省级骨干教师 11 人，省级教学能手 11 人。

第三节　高中教育

1986 年，全区普通高中 54 所，在校生 27190 人，校均规模 500 人。其中，完全中学 39 所，高级中学 15 所；省重点中学 2 所，即德州第一中学、德州第二中学。当年高中毕业生 8309 人，本专科录取 1773 人，录取人数占当年毕业人数的 21.34%。此后，为提高规模效益，全区按照每 20 万人口设置一处高中的标准进行调整，基本撤消了农村的全部高中。到 1992 年，全区高中 28 所，在校生 22151 人，校均规模 791 人。同年，德州地区部署规范化学校创建活动，不再使用“重点中学”称号。1994 年，陵县第一中学成为全区首家省级规范化学校。

1995 年，加大对高中教育的统筹力度，在实行市县分级管理的基础上，将德州一中、德州二中由德城区上划市教育局直接管理。1997 年 9 月 3 日，为缓解城区初中升高中难问题，市政府利用原德州教育学院教学设施，建成德州实验中学。1999 年 10 月，市教委出台《关于加快高中阶段办学规模和招生能力的意见》，加快扩大普通高中、职业高中（中专）阶段办学规模和招生能力。是年，普通高中增加到 30 所，在校生 41777 人，招生 15673 人，其中扩招 3000 人，较上年增长 22%。到 2003 年，普通高中在校生 81825 人，校均规模 2728 人。同年，德州市第一中学、德州跃华中学、平原县第一中学创建为省级规范化学校。

2004 年 9 月，开始实施普通高中新课程实验工作。2005 年 12 月，组织实施普通高中学生学业水平考试，开考科目为政治、语文、数学、物理、化学、外语、历史、地理、生物和信息技术 10 科。学业水平考试成绩是学生获得高中毕业证书的必要条件之一。学业水平考试成绩和学分修习成绩均达到毕业要求，由省学业水平考试管理机构发给“山东省普通高中学生学业成绩合格证”。2006 年，按照“稳定规模拓展、注重内涵充实”的思路，全市 30 所高中学校共录取新生 34778 人，录取率为 59.38%，比上年提高 5.83 个百分点；高考本科录取达到 7278 人，比上年增加 553 人，录取人数比上年增长 9%，超过全省平均增幅 4 个百分点。2007 年，市教育局印发《关于实施学校精细化管理的意见》，以现代管理理念和现代教育思想为指导，明确管理目标，细化管理制度，严格管理程序，完善考核体系。2008 年，根据《山东省普通高中课程设置及教学指导意见（试行）》，普通高中开设语言与文学、数学、人文与社会、科学、技术、艺术、体育与健康和综合实践活动 8 个学习领域的课程，包括科目有语文、数学、外语（英语、日语、俄语等）、思想政治、历史、地理、物理、化学、生物、技术(信息技术、通用技术)、艺术(或音乐、美术)、体育与健康等。至此,全市高中教育逐渐确定了符合德州市实际、跟随全省主流的新课改教材。2009 年,在宁津县设立市级“当堂达标教学研究中心”,加强高中学科基地建设。2010 年,制定全市高中地方课程、校本课程教学实施及管理评估意见,开展“学案导学”及课堂教学创新活动。

到 2011 年年底,全市有高中 20 所,其中高级中学 15 所,完全中学 4 所,12 年一贯制学校 1 所;市属高中 3 所,县市属高中 15 所,民办高中 2 所。全市高中在校生 76298 人,毕业生 28333 人,新招生 27087 人。全市高中毕业生升入本专科录取 21477 人,录取人数占报考人数的 64.48%;共有专任教师 6089 人,学历达标率为 95.71%。省级规范化高中 12 所,其中国办高中 11 所,民办高中 1 所。

1986—2011 年德州市(地区)普通高中发展情况表

表 31-6

年份	学校数(所)	班数(个)	毕业生数(人)	招生数(人)	在校生数(人)	专任教师	
						总计(人)	学历达标率%
1986	54	453	8309	8294	27190	1627	23.9
1987	51	449	9608	8227	26994	1832	25.0
1988	46	441	9764	7871	24994	1884	26.7
1989	45	425	8585	7623	23085	1820	28.5
1990	38	360	6792	6741	20159	1565	31.8
1991	32	365	6545	7341	20146	1548	35.7
1992	28	384	6381	7995	22151	1610	40.4
1993	25	418	6519	9338	24315	1695	43.6
1994	25	445	7457	10778	27297	1739	44.16
1995	24	491	7664	11965	31547	1943	44.42
1996	23	512	9308	12086	33885	2033	56.03
1997	24	549	10355	12817	36682	2260	59.8
1998	27	589	11953	13977	38396	2521	67.9
1999	30	644	11563	15673	41777	2778	68.1
2000	34	786	12259	21408	51194	3019	72.2
2001	34	924	14397	23695	61504	3254	72.1
2002	30	1096	16955	27963	71385	3610	77.5

续表 31－6

年份	学校数（所）	班数（个）	毕业生数（人）	招生数（人）	在校生数（人）	专任教师	
						总计（人）	学历达标率%
2003	30	1234	21129	29220	81825	4145	79.2
2004	33	1327	23927	30959	87282	4368	82.9
2005	30	1411	27574	34422	94565	5010	83.8
2006	30	1512	28484	34778	100371	5596	86.9
2007	30	1558	29799	31810	101960	5631	86.7
2008	27	1566	36040	29502	98138	5794	92
2009	25	1444	25324	37620	88951	6009	95.9
2010	22	1308	25472	29184	78211	5617	96.6
2011	20	1277	28333	27087	76298	6089	95.71

1986—2011 年德州市（地区）考生升入大中专情况表

表 31－7

年份	报考人数（人）	大中专录取人数（人）					录取人数占报考人数的比例
		总计	本科	专科	中专	双招	
1986		2340	662	1111	567	—	
1987		2285	701	1096	488	—	
1988		2780	716	1652	412	—	
1989		2795	772	1646	377	—	
1990	7508	2662	675	1526	461	—	35%
1991	7771	2223	722	1143	358	—	29%
1992	8179	3703	723	2129	311	540	45%
1993	8722	5277	879	3358	485	555	61%
1994	7872	4276	1028	2840	331	77	54%
1995	8766	4428	1250	2863	315		51%
1996	10516	4994	1522	3151	311	10	47%
1997	12769	4506	1695	2405	406		35%

续表 31 - 7

年份	报考人数（人）	大中专录取人数(人)					录取人数占报考人数的比例
		总计	本科	专科	中专	双招	
1998	14834	5351	1905	2730	716	—	36%
1999	14023	6620	2328	2969	1323	—	47%
2000	14711	9212	3232	4767	1213	—	63%
2001	16275	10821	4695	6126	—	—	66%
2002	17343	11349	5392	5957	—	—	65%
2003	23444	18151	7106	11045	—	—	77%
2004	26902	20294	6142	14152	—	—	75%
2005	31048	21836	6727	15109	—	—	70%
2006	32852	20586	7286	13300	—	—	63%
2007	34831	24209	8032	16177	—	—	70%
2008	37531	28388	10068	18320	—	—	76%
2009	36207	28721	12135	16586	—	—	79%
2010	33241	27767	13684	14083	—	—	83.5%
2011	33203	21477	13592	7885	—	—	65%

注:(1)报考人数含普通高中毕业生、职业学校毕业生及社会青年报考人数。(2)专科含专科委培、电大、高职。中专含高中中专委培

2011 年德州市高中情况表

表 31 - 8

校　名	校　址	建校年份	在校生（人）	教职工（人）	备注
德州市第一中学	德州市解放中大道	1929	4900	419	省级规范化学校
德州市第二中学	德州市文化路	1952	5000	392	
德州市实验中学	德州市三八中路	1997	3133	299	
德州跃华学校	德州市东方红东路	1999	500	48	12 年一贯制 省级规范化学校
庆云县第一中学	庆云县中心街	1965	3476	272	省级规范化学校

续表 31 - 8

校 名	校 址	建校年份	在校生（人）	教职工（人）	备注
宁津县第一中学	宁津县育才路	1951	5860	402	省级规范化学校
临邑县第一中学	临邑县恒源路	1952	6440	555	省级规范化学校
齐河县第一中学	齐河县齐心大街	1954	5500	483	省级规范化学校
齐河县实验中学	齐河县齐安大街	1992	1436	269	省级规范化学校
夏津县第一中学	夏津县中学街	1951	5096	476	省级规范化学校
夏津县第六中学	夏津镇北城街	1979	4156	337	完全中学
陵县第一中学	陵县经济开发区	1952	6572	582	省级规范化学校
平原县第一中学	平原县平安西大街	1926	6549	609	省级规范化学校
禹城市第一中学	禹城市文化街	1945	4521	424	省级规范化学校
禹城市综合高中	禹城市行政街	1958	3065	312	省级规范化学校
乐陵市第一中学	乐陵市西城开发区	1945	6412	551	
乐陵市第二中学	乐陵市五洲西大道	1973	1019	248	完全中学
武城县第二中学	武城县兴隆街	1956	6953	531	完全中学
宁津县综合高中	宁津县津泉路	2003	1600	185	

德州市第一中学 位于德州市解放中大道。其前身为1929年建立的山东省立第十二中学。1953年定名为德州第一中学，为完全中学。1986年，学校占地3.2公顷，建筑面积8000多平方米；教学班36个（高中18个，初中18个），在校生2000人；教职工144人，专任教师89人。1991年，停止初中招生，改为三年制高级中学。2003年晋升为省级规范化学校。2011年，学校占地6.9公顷，建筑面

德州一中新校区教学楼　　（2011年　摄）

积5.3万平方米；教学班90个，学生4900人，本科升学率80%；教职员工419人，专任教师404人，学历达标率达99%。为山东省首批19所重点中学之一。

2011年，经济开发区东校区建成，学校分为一校两区。

德州市第二中学　位于德州市文化路。建于1952年，始称德州市立初级中学。1953年定名为德州第二中学，为完全中学。1986年，学校占地6.9公顷，建筑面积3万平方米；教职工156人，专任教师101人；教学班30个(高中17个，初中13个)，在校生1800人。1991年，停止初中招生，改为三年制高级中学。2011年，学校占地11公顷，建筑面积5万平方米；教学班73个，在校生近5000人，本科升学率70%；教职工392人，专任教师362人，学历达标率达98%。

武城县第二中学　始建于1956年，1978年被德州行署批准为重点中学。1986年，建立第一座教学楼，建筑面积2215万平方米；1992年进行大规模建设，总建筑面积12600平方米。1993晋升为首批省级规范化学校。2011年，学校总占地38.4公顷，建筑面积17万平方米；教学班106个，在校生7353人，本科升学率78%。教职工566人，专任教师499人，学历达标率98%。学校建有10个微机室；网络中心、信息中心、校长监测系统、教师电子备课室达到全国一流，实现了教学手段现代化。

特殊学校教师教聋哑学生发音　(1995年　摄)

第四节　特殊教育

1986年，全区仅有德州市聋哑学校1所特殊教育学校，在校生26人。进入20世纪90年代，各级政府把特殊教育作为实施义务教育的一项突破性工作来抓，从小学到初中特殊教育渐具规模。1990年，全区聋哑学校2所，在校生53人，教职工9人。到1994年，全区建起5所特殊教育学校，乡镇中心小学普遍举办了特殊教育附设班，轻度智力残疾儿童随班就读工作普遍展开，各类残疾儿童总入学率达82.4%，基本形成了以随班就读为主体、以特殊教育学校为骨干的特殊教育办学体系。1995年，德城区被评为全国特殊教育先进单位。

2011年，全市共有特殊教育学校14所，教学班112个，教职工271人，其中专任教师218人，在校生2506人，毕业生263人，招生442人。

1986—2011 年德州市(地区)特殊教育发展情况表

表 31 - 9

年份	学校数(所)	班数(个)	招生数(人)	在校生数(人)	毕业生数(人)	教职工数(人)	
						总计	其中专职教师
1986	1	2	8	26	2	4	4
1987	1	2	8	24	2	4	4
1988	2	2	2	25	2	10	8
1989	3	3	17	45	—	16	10
1990	2	4	9	53	—	9	9
1991	2	5	11	60	—	11	10
1992	2	7	52	133	2	15	15
1993	3	14	41	149	4	41	34
1994	5	14	85	256	27	60	37
1995	6	18	189	496	45	67	49
1996	8	64	202	555	28	100	54
1997	11		136	760	56	136	109
1998	12	34	78	515	16	175	134
1999	12		88	580	65	176	135
2000	12	49	72	559	20	168	122
2001	12		75	675	58	161	123
2002	12		274	1368	259	161	123
2003	13		64	645	54	161	123
2004	12		136	627	101	181	138
2005	11		74	717	38	187	150
2006	11		82	726	59	186	148
2007	13		182	1235	81	225	177
2008	13		151	1313	89	232	186
2009	13		362	1902	160	253	210
2010	14		466	2160	205	267	219
2011	14	112	442	2506	263	271	218

2011年德州市特殊教育学校情况表

表31－10

校名	校址	建校年份	在校生（人）	教职工（人）	备注
德州市特殊教育学校	市经济开发区八里庄	1996	92	22	省级规范化学校
德城区特殊教育中心	德州市解放北大道	2005	89	22	
乐陵市特教中心	乐陵市挺进西路	2009	36	8	
禹城市特殊教育学校	禹城市行政街东首	2009	88	26	省级规范化学校
陵县特教中心	陵县开发区	2008	26	8	
平原县聋哑学校	平原县富源路	2010	31	13	
夏津县特殊教育学校	夏津县城北开发区	1992	391	53	社会力量办学
武城县特教中心	武城县青年北路	2012	135	23	
齐河县特教中心	齐河县城迎宾路	1992	153	38	省级规范化学校
临邑县特教中心	临邑县水兴大街	2000	29	15	
宁津县聋哑学校	宁津县东刘震雷村东	1992	18	6	
庆云县聋哑学校	庆云县城南环路	1997	19	8	
德州市新语特教培训学校	德州市新河东路	2005	30	13	社会力量办学
夏津县兴辉儿童学校	夏津县建设街	2008	76	14	社会力量办学

德州市特殊教育学校　建于1996年，始称德州市盲校。初期，学校坐落于德州市电视大学院内，占地0.25公顷，教学楼1座，建筑面积1500平方米。2004年，创办德州市盲人职业技能教育培训基地，共举办培训班6期，培训学员150余人。2009年4月，在德州经济开发区八里庄建成新校，并更名为德州市特殊教育学校。2011年晋升为省级规范化学校。至2011年年底，学校总占地5公顷，建筑面积4749平方米，其中教学楼2173平方米，伙房餐厅536平方米，多功能厅（礼堂）540平方米，综合楼1500平方米；配有微机室、语训室、视力检测室、康复室、家政室、低视力室、多媒体室、职业教育操作室等20余个专业教室，以及篮球场、排球场、盲人门球场等活动场地。学校在校生122人，教学班11个，共有教职工21人，学历达标率100%。

德城区特殊教育中心　位于德州市解放北大道。2005年9月，由原德州市新村中街小学和德州市聋哑学校合并而成。该校主要招收智力障碍儿童（自闭症、唐氏综合症、脑瘫、智力低下等）和听力障碍儿童，开设实用语文、实用数学、常识、音乐、美术、律动、手工、信息技术等8门课程，并设有丝网花设计制作、民间刻纸、艺术装裱等特色技能培训课程。2011年，学校

占地5840平方米，建筑面积1575平方米；教学班10个，在校生89人；专任教师20人，学历达标率100%。

夏津县特殊教育学校　前身为夏津县精华聋儿语训希望学校。1992年10月，创办人袁敬华高中毕业后，在自家小院里创办了聋哑儿语训班。1998年，在政府和社会各界的支持下，筹资十几万元，在县城北开发区建成全县第一所聋哑学校——夏津县特殊教育学校。学校本着“特殊教育特色办”的宗旨，以聋儿发展为根本，以康复教育为中心，发展成为集聋儿语言训练、自闭症儿童康复训练、弱智儿童康复训练“三位一体”的综合性特教学校。是省级规范化学校，省康教结合实验学校，国家级人口耳蜗康复机构、省级听力语言、智障、孤独症、脑瘫定点康复机构，被省慈善总会命名为“山东省残疾人康复基地”。2003年5月，该校被评为全国社会力量办学先进单位。2010年成为山东省慈善总会聋儿语训康复基地。至2011年年底，学校占地0.8公顷，教学及生活用房面积3200平方米；教职工55人，专任教师41人；教学班15个，在校生260人，其中智障、自闭症学生90人，聋哑学生170人；开设自闭症、智障、脑瘫儿童等康复训练项目。

第二章　高等教育

德州市高等教育始于1958年4月建立的山东省农业机械化学院。1962年10月，该校迁往淄博张店。1971年，德州师范专科学校建立，成为市（地）属第一所普通高等学校。进入20世纪80年代，德州地直机关业余大学、德州教育学院、德州农村发展学院、山东广播电视大学德州地区分校等一批成人高等学校相继建立。到1986年，全区有普通高等学校2所（德州师范专科学校、山东农业大学德州专科部），在校学生1675人，教职工413人，其中专任教师198人，师生比为1∶8.46；成人高等学校4所（山东广播电视大学德州地区分校、德州教育学院、德州地直机关业余大学、德州农村发展学院），在校学生2972人，教职工379人，其中专任教师202人。

1998年3月，经国家教委批准，德州师范专科学校与德州教育学院、德州市直机关业余大学两所成人高等学校合并，成立德州高等专科学校。2000年3月，德州高等专科学校升格为全日制普通本科院校，成立德州学院。2001年9月，原德州机电工程学校改建为德州科技职业学院，成为德州市第二所独立设置的专科层次普通高等院校，也是德州市第一所民办高等院校。2004年5月，全日制民办高等学校—山东华宇职业技术学院成立。2005年10月，山东农业大学德州专科部并入德州学院。同年11月，以德州技术学院为基础，吸收德州广播电视大学、德州财贸经济学校、德州粮食学校、德州经济学校5校合并组建德州职业技术学院。至此，德州市高等教育已发展成德州学院1所综合性本科，德州职业技术学院、德州科技职业学院、山东华宇职业技术学院3所高职专科学校。2011年，全市普通高校在校生39694人；教职工3904人，其中专任教师2529人，师生比为1∶15.7。

1986—2011年德州市(地区)普通高等教育发展情况表

表31-11

年份	学校数(所)	毕业生数(人)	招生数(人)	在校生数(人)	教职工数(人)		
					合计	专任教师	专任教师占学生数比
1986	2	758	833	1675	413	198	11.82%
1987	2	554	861	1513	431	210	13.88%
1988	2	804	942	1710	440	215	12.57%
1989	2	608	678	1356	462	219	16.15%
1990	2	738	699	1362	473	236	17.33%
1991	2	776	699	1594	481	255	16.00%
1992	2	1008	1237	2075	488	262	12.63%
1993	2	839	1862	3079	479	249	8.09%
1994	2	1223	1289	3161	486	249	7.88%
1995	2	1777	1310	2702	488	253	9.36%
1996	2	1338	1410	2716	483	240	8.84%
1997	2	1250	1568	3046	501	251	8.24%
1998	2	1691	2311	4324	680	379	8.77%
1999	2	1896	2493	4912	706	367	7.47%
2000	2	1837	2272	5149	934	487	9.46%
2001	3	1154	4015	6993	1220	700	10.01%
2002	3	1778	4998	10392	1164	692	6.66%
2003	2	1327	6333	15082	1397	930	6.17%
2004	3	2818	8585	21529	1712	1176	5.46%
2005	4	4275	10509	28797	2892	2030	7.05%
2006	4	5166	12094	35269	3627	2348	6.66%
2007	4	9893	11145	38083	3787	2446	6.42%
2008	4	12625	14287	40539	4117	2630	6.49%
2009	4	13085	12896	40207	4099	2628	6.54%
2010	4	11823	11456	39687	4054	2604	6.56%
2011	4	13019	13171	39694	3904	2529	6.37%

第一节 普通高等教育

1986年，境内普通高等教育有德州师范专科学校和山东农业大学德州专科部2所学校。1998年3月，德州师专与德州教育学院、德州市直机关业余大学两所市属成人高校合并，成立德州高等专科学校。2000年3月，德州高等专科学校升格为全日制普通本科院校，成立德州学院。2005年10月，山农大德州专科部并入德州学院。2008年8月，德州农业学校和德州卫生学校并入德州学院。2009年5月，经山东省教育厅批准，德州学院成为第一批山东省研究生联合培养基地单位，与山东师范大学联合培养硕士研究生。同年8月，德州市体育运动学校并入德州学院。

德州学院　位于德城区大学西路东首，是德州市唯一一所省属综合类普通本科院校。该校前身为1971年5月建立的德州师范专科学校，校址初设于德州市三八路东段北侧，隶属德州地区行署管理。1978年12月，教育部正式批准德州师范专科学校为普通高等专科学校，由山东省教育厅主管。1986年，学校占地7.73公顷，建筑面积22531平方米；设有中文、政治、外语、物理、化学、数学、艺术、体育8个系及干部专修科；教职工323人，专任教师155人，其中讲师71人；全日制在校生1515人。1988年6月，校址迁至市东北郊肖何庄新址（即现址）。1998年3月，经国家教委批准，德州师范专科学校、德州教育学院、德州市直机关业余大学合并组建德州高等专科学校，主校区设于原德州师范专科学校。1999年3月，经山东省人民政府批准，德州第一职业中专和德州工业学校并入德州高专，实现了德州市高等教育资源优化配置，为德州高专实现跨越式发展奠定了基础。2000年3月，经教育部批准，德州高等专科学校升格为全日制普通本科院校，成立德州学院。2005年10月，山东农业大学德州专科部并入德州学院。2008年8月，经山东省人民政府批准，德州农业学校和德州卫生学校并入德州学院。2009年5月，经山东省教育厅批准，德州学院成为第一批山东省研究生联合培养基地单位，与聊城师范大学联合培养硕士研究生。同年8月，德州市体育运动学校并入德州学院。

至2011年年底，德州学院占地面积134.73公顷，建筑面积66.1万平方米；固定资产7.5亿元，教学科研仪器设备总值1.2亿元，馆藏图书187万册；设有20个教学院系、3个教学部、1个成人教育学院、1所中专学校；普通高等教育在校生20219人（其中硕士研究生24人，本科生17466人，专科生2716人，外国留学生13人），成人教育函授生9300人，中专生7500人；教职工1752人，专任教师1180人，其中教授90人，副教授432人，取得博士、硕士学位教师660人。

2000年10月，德州学院揭牌

学科专业建设　1986年,德州师专设有中文、数学、物理、化学、政治、外语、艺术、体育8个系及干部专修科;1997年增至9个系17个专业。2000年学院成立后,相继制订《2001—2005年专业设置规划》《2003—2007专业建设与发展规划》和《“十一五”专业建设规划》,重点加强建设了信息科学、生命科学、环境科学、新材料科学等高新技术专业和社会急需的金融、法律、贸易等专业。2008年,启动重点学科建设工程,确定物理学等6个校级重点学科和生物学等3个校级重点培育学科。同年3月,功能大分子生物物理实验室被确定为山东省高校重点实验室,该实验室是山东省在生物物理学领域的第一个重点实验室。2011年6月,生物物理学和服装设计与工程两个学科被确定为山东省“十二五”省级重点学科。同年10月,民俗文化学和地域音乐文化两个学科被确定为山东省文化艺术科学“十二五”重点学科。至2011年年底,学校本科专业达到65个,涵盖了哲学、经济学、法学、教育学、文学、历史学、理学、工学、农学、医学、管理学、体育学12大学科门类,奠定了综合性本科教育的基础。

2011年德州学院院(系)设置情况表

表31－12　　单位:人、个

序号	名　称	建立时间	教职工人数	本科专业数量	专科专业数量
1	中文系	1971	56	3	2
2	数学系	1971	48	3	0
3	物理系	1971	61	4	1
4	化学系	1971	52	4	1
5	美术系	1973	40	2	2
6	音乐系	1973	42	2	2
7	政法系	1979	37	3	1
8	外语系	1980	48	3	1
9	历史系	1984	26	2	1
10	地理系	1984	24	2	1
11	生物系	1997	42	4	0
12	计算机系	1998	61	5	2
13	机电工程系	1999	39	4	0
14	经济管理系	2004	63	5	3
15	教育系	2004	23	4	2
16	汽车工程系	2005	26	2	2

续表 31-12

序号	名 称	建立时间	教职工人数	本科专业数量	专科专业数量
17	农学系	2008	58	5	1
18	医学系	2008	50	2	3
19	纺织服装工程学院	2010	40	4	2
20	体育学院	2010	96	2	1

师资队伍建设　学校始终坚持科学人才观和“以人为本”理念，强化政策导向，不断强化师资队伍建设。1998年11月，学校利用深化内部管理体制改革之机，出台《关于面向21世纪，进一步加强师资队伍建设的意见》《关于师资培养培训工作的实施意见》《教师岗位职责及专业技术职务聘任规定》等文件，大力开展师资培训工作。2001年2月，制定《关于引进高学历人才的暂行办法》，通过实施优惠政策，引进所需高层次人才。2004年起，为发挥教学名师的引领和辐射作用，启动“教学名师工程”。2000—2011年，学校共派出教师进修人员705人，参加岗前培训教师1063人，参加现代教育技术培训教师1036人；引进各类专任教师500人；评选5届教学名师，计17人次。

至2011年年底，学校在编教职工1752人，专任教师1180人。其中，教授90人，副教授432人；取得博士、硕士学位教师660人；全国和山东省优秀教师12人，山东省师德标兵2人，山东省教学名师3名。聘有两院院士5人，外国文教专家9人，兼职和特聘教授37人。

教学与人才培养　1987年3月，学校出台《关于抓主要矛盾，提高教学质量的意见》，突出教师在教学中的主导作用。1993—1994年，制定《教学工作建设规范》，对专业课程、教学过程、教学研究、教学评估等进行规范。1996年9月，出台《关于对教学改革重点项目加强改革力度和措施的意见》，把专业建设、课程建设、教考分离作为学校教学改革的重点。1997年11月，在省教委组织的全省普通高校教学工作评估中，成绩位居全省同类院校前列。2000年以后，学校确立了地方性、综合类、教学型的办学定位，坚持以教学为中心，明确办学指导思想，规范教学管理，加强教学建设，深化教学改革。2001年制定了《关于规范、稳定教学秩序的暂行规定》《关于加强教风、学风、考风建设，确保本科教育质量的意见》《教师课堂管理条例》等近70项教学管理规章制度；此后又相继制定《关于深化教学改革全面提高教学质量的意见》《关于修（制）订专业人才培养方案的实施意见》《关于人才培养模式改革的实施意见》等文件，加强教学质量工程建设。2006年，在全国同类院校中首批、全省同类院校中率先通过教育部本科教学工作水平评估。2009年，制定《学士学位授予工作实施细则（修订稿）》《双学位、双专业教育实施细则》《课程规范化建设实施意见》《教学管理规程》《关于进一步加强教学督导，提高教学质量工作的实施意见》等教学管理制度，为教学质量的不断提高奠定了坚实的基础。2004—2011年，8届本科毕业生大学英语四六级累计过关率及计算机考试通过率均保持在90%以上；考研率保持在30%以上，8年考取硕士研究生5546人。

至2011年年底，学校拥有国家级特色专业1个，省级特色专业4个，省级教学名师3人，省级教学团队4个，省级精品课程12门，省级

2011年5月，德州学院举行建校40周年庆典大会

艺术科学“十二五”重点学科。

1986—2011年，学校建立各类研究所（中心）47个，其中中国近现代文化与教育研究中心等社科类研究所（中心）26个，新功能材料研究所等理工类研究所（中心）21个；学校承担和参与各级各类课题868项，其中国家级课题12项，公开发表论文8178篇，出版著作222部，获各级各类科研成果奖1061项，获得国家发明专利权和国家新型实用专利权141项。2011年，科研经费2084万元，是2001年8.2万元的254倍，科学研究实现了跨越式向前滚动发展。

双语示范课程1门，省级实验教学示范中心2个，省级人才培养模式创新试验区1个。

科学研究　1991年9月，学校设立科研处。1992年，制定《关于加强科学研究和科技开发工作的意见》《关于科学研究经费管理暂行办法》《关于开展科技有偿服务的暂行规定》，并设立科研发展资金。1997年，学校提出“以科研带动教学，以教学促进科研，立足区域经济发展实际，为科教兴市服务”的科研发展方向，科研投入力度明显加大。2000年起，学校以学科建设为龙头，以科学研究为先导，按照“科学规划、重点建设、优化资源、培育特色、注重创新、提高水平”的方针，在高层次课题、高级别奖励、重点学科和重点实验室建设方面实施突破。2008年，启动重点学科建设工程，确定物理学等6个校级重点学科和生物学等3个校级重点培育学科。同年3月，功能大分子生物物理实验室被确定为山东省高校重点实验室，该实验室是山东省在生物物理学领域的第一个重点实验室。2011年6月，生物物理学和服装设计与工程两个学科被确定为山东省“十二五”省级重点学科。同年10月，民俗文化学和地域音乐文化两个学科被确定为山东省文化

国际交流与合作　2000年4月，成立外事办公室。2008年1月，成立外事处。2000年以来，学校先后与俄罗斯符拉迪沃斯托克国立经济与服务大学、别尔哥罗德国立大学、美国底特律大学、澳大利亚埃迪斯·科文大学进行了中外合作办学，共计选派278名学生赴国外学习；共有23名外国留学生在该校顺利完成学业毕业回国。学校自1987年实施教师出国培训工作，至2011年共计选派45名教师到国外进修、访学、参加学术会议和讲学。2008年以来，共有5位外籍教师获“山东省齐鲁友谊奖”和“山东省外国文教专家教学奖”等奖励。

山东农业大学德州农学专科班　建于1984年5月，校址位于德州农机局院内。设农学专业，学制两年。1986年，教职工90人，其中专任教师43人；在校生160人，教学仪器设备总值50万元。1990年在校生119人，教职工95人。2000年4月，经省教委批准，山农大德

州专科部承担德州学院农业类教学任务。2005年10月并入德州学院。

第二节　高等职业教育

最早成立的是德州技工学校，后逐渐升格为德州职业技术学院。至2011年年底，全市共有高等职业学校3所。

德州职业技术学院　位于市经济开发区大学东路。前身为1958年建立的德州技工学校。2001年5月，经劳动和社会保障部批准晋升为高级技工学校。2004年7月，经山东省人民政府批准更名为德州技术学院。2005年11月1日，经山东省人民政府批准，以德州技术学院为基础，吸收德州广播电视大学、德州财贸经济学校、德州粮食学校、德州经济学校5校合并组建德州职业技术学院。学院以实施专科层次职业技术教育为主，同时兼顾高级技工培养、培训任务，是一所融高等职业教育和高级技工教育为一体，培养经济社会急需人才的高学历、高技能"双高"人才的新型高职院校。学院设置高职班、高级技工班和中职班。高职班开设机械制造与自动化、数控技术、机电一体化技术、应用电子技术、会计电算化等11个专业；高级技工班设数控机床加工、数控机床维修、电气维修、机电一体化、化工工艺等7个专业；中职班设维修电工、机电一体化、钳工、焊接、市场营销、烹饪、工业与民用建筑、餐饮服务与管理、会计电算化、计算机与应用、数控机床(车削加工)、食品生物工艺等36个专业。至2011年年底，学校总占地面积79.33公顷，建筑面积23万平方米；教职工869人，专任教师435人，其中高级职称129人；设12个教学系部，开设高职专业31个，技师专业5个，高级技工专业17个，中职(中专、技工)专业22个；各类全日制在校生12700人。学校建有校内实训中心16个，高标准实习实训室100余个，多媒体教室、语音室30个；建有实习工作和双元驾驶员培训学校，实验实训设备总价值5000余万元。

德州科技职业学院　位于禹城市学院街，民办高职院校。建于1988年10月，始称禹城县农业机械化学校。1989年纳入职业教育管理渠道，并设立职业中专班。1992年更名为德州农机职业中专学校。1994年10月更名为德州机械电子工程学校。1999年5月改称山东大禹专修学院，晋升为高等学历教育院校。2001年9月，经山东省人民政府批复并在教育部备案，定名为德州科技职业学院，成为列入全国统招计划的普通高等院校。至2011年，学院设有主校区、青岛校区和设在济南军区原陆军学院的科技技工学校，主校区在禹城市分为东校区和西校区，总计占地146.6公顷，建筑面积27万平方米；教职工820人，专任教师632人，其中高级职称205人；全日制在校生1.2万人(含中职生、技校生)，成人教育注册生420人；固定资产总值2亿元，教学仪器设备总值4892.3万元，图书馆藏书70万册；学院设有本科教育学院、国际交流学院、机电工程、信息工程、生物工程、汽车工程、经贸管理、艺术等10个院系和中职学校、技工学校，开设36个专科专业和13个试点本科专业；拥有数控实训加工中心、汽车检测维修中心、汽车驾驶员培训学校等各种实验室和专业相配套的实习车间86个，实践教学基地62个。

山东华宇职业技术学院　位于经济开发区大学东路。建于2003年9月，始称德州华宇学校，系由香港龙图实业公司和德州亚太集团共同投资建设，当年招收中职生1500人。2004年5月，经山东省人民政府批准、教育部备案，成立全日制民办高等学校——山东华宇职业技术学院，并纳入国家统招计划。至2011年，学院占地面积83.27公顷，建筑面积33.54万平

山东华宇职业技术学院 （2011 年 摄）

方米；固定资产总值 5.08 亿元，教学科研仪器设备总值 6058.66 万元，图书信息中心建筑面积 2.29 万平方米，藏书 72.52 万册；全日制高职在校生 5790 人，教职工 514 人，专任教师 360 人，其中高级职称教师占 126 人，硕士 142 人；设有 6 个系、1 个基础部和 1 个实训中心，已形成以数控技术、汽车检测与维修技术、制冷与空调技术、应用电子技术、计算机网络技术、现代物流等重点专业为龙头，建筑工程管理、模具设计与制造、电气自动化技术、市场营销、电子商务、商务英语等其他专业为支撑的六大专业群，有统招高职（大专）专业共 36 个，形成了以工科专业为主体，经济和管理类专业协调发展的高职教育专业结构体系。

第三章　中等职业技术教育

1986 年，全区各类中等职业技术学校 38 所，其中普通中专 10 所，技工学校 3 所，职业高中（中专）25 所；共有在校生 14644 人，占高中阶段在校生总数的 35%。

1986 年后，贯彻中共中央《关于教育体制改革的决定》，加快中等教育结构的调整与改革步伐，逐步建立教育教学、生产经营、科技推广“三位一体”的教学体制，全区职业教育有了较快发展。到 1992 年，各类中等职业技术学校 43 所，在校生 29067 人，占高中阶段在校生总数的 56.8%。1994 年，推行职业教育“大家办”的办学体制，全区中等职业学校发展到 45 所，校外班达到 30 个；在校生 39186 人，占高中阶段在校生总数的 58.9%，高于全国、全省平均水平。1996 年，贯彻《中华人民共和国职业教育法》，采取“先培训、后就业”和“双证”制度，

职业学校已成为当地劳动用工的重要基地。1999 年,对职业学校布局结构进行调整,将德州一职专、德州工业学校并入德州高专,分别建立德州高专职业分校和工业分校;与此同时,部分县(市)将一些条件较差的职业中专、成人中专、教师进修学校、电大工作站合并成一所多种教育功能为一体的职教中心,并开始由学历教育向职业技术培训转变。2002 年,德州经济学校举办"三二连读"(三年高中课程,二年大学课程)高等教育,开通初中毕业生在报考中专后达到高等教育深造的路子。2005 年,以德州职业技术学院建成为标志,全市职业教育体系得到完善、强化和提高。2006 年,市委、市政府印发《关于大力发展职业教育的决定》,指出此后 5 年要加大资源整合和投入力度,进一步巩固完善、提高现有的职业教育体系。2010 年,推进校企合作向深层次发展,德州市组建 4 个市级职业教育集团。

至 2011 年年底,全市中等职业技术学校 48 所,其中技工学校 14 所、普通中专 8 所、职业高中(中专)26 所;共有在校生 95703 人,占高中段在校生人数的 55.6%。全市建成省部级以上重点职业技术学校 10 所,其中职业中专 6 所(5 所为国家级重点),普通中专 4 所。5 个专业通过省级教学改革试点专业评审,1 所职业中专学校被省教育厅命名为省级科研基地,2 所学校被确定为德州市首批初步现代化职业中专学校。

1986—2011 年德州市(地区)高中段教育结构情况表

表 31 - 13

年份	在校生总计(人)	普通高中		中等职业技术学校							
				小计		职业中学		普通中专		技工学校	
		在校生数(人)	百分比(%)	在校生数(人)	百分比(%)	在校生数(人)	百分比(%)	在校生数(人)	百分比(%)	在校生数(人)	百分比(%)
1986	41834	27190	65.0	14644	35.0	8174	19.5	5693	13.6	777	1.9
1987	41547	26994	65.0	14553	35.0	6944	16.7	6006	14.5	1603	3.8
1988	43527	24994	57.4	18527	42.6	9579	22.0	6369	14.6	2579	5.9
1989	42813	23085	53.9	19728	46.1	9579	22.4	6813	15.9	3336	7.8
1990	42752	20159	47.1	22593	52.9	12086	28.3	7002	16.4	3505	8.2
1991	45347	20146	44.4	25201	55.6	14548	32.1	6518	14.4	4135	9.1
1992	51218	22151	43.2	29067	56.8	18331	35.8	6081	11.9	4655	9.1
1993	57711	24315	42.1	33396	57.9	22012	38.1	6649	11.5	4735	8.2
1994	66483	27297	41.1	39186	58.9	25961	39.1	8092	12.2	5133	7.7
1995	75279	31547	41.9	43732	58.1	28477	37.8	9778	13.0	5477	7.3
1996	74331	33885	45.6	40446	54.4	23706	31.9	11151	15.0	5589	7.5
1997	76084	36682	48.2	39402	51.8	20986	27.6	12457	16.4	5959	7.8
1998	75047	38396	51.2	36651	48.8	18743	25.0	13076	17.4	4832	6.4

续表 31－13

年份	在校生总计（人）	普通高中		中等职业技术学校							
				小计		职业中学		普通中专		技工学校	
		在校生数（人）	百分比（%）	在校生数（人）	百分比（%）	在校生数（人）	百分比（%）	在校生数（人）	百分比（%）	在校生数（人）	百分比（%）
1999	77888	41777	53.6	36111	46.4	19284	24.8	13854	17.9	2973	3.8
2000	85200	51194	60.1	34006	39.9	19122	22.4	13308	15.6	1576	1.9
2001	86068	61504	71.5	24564	28.5	10134	11.8	13021	15.1	1409	1.6
2002	95673	71385	74.6	24288	25.4	8612	9.0	13553	14.2	2123	2.2
2003	120382	81825	68.0	38557	32.0	21092	17.5	13388	11.1	4077	3.4
2004	139084	87282	62.8	51802	37.2	30120	21.7	15110	10.9	6572	4.7
2005	156450	94565	60.4	61885	39.6	38566	24.7	15122	9.7	8197	5.2
2006	169067	100371	59.4	68696	40.6	45139	26.7	15654	9.3	7903	4.7
2007	174680	101960	58.4	72720	41.6	49970	28.6	12948	7.4	9802	5.6
2008	179588	98138	54.6	81450	45.4	56756	31.6	12342	6.9	12352	6.9
2009	181375	88951	49.0	92424	51.0	67540	37.2	11458	6.3	13426	7.4
2010	170360	78211	45.9	92149	54.1	—	—	—	—	12971	7.6
2011	172001	76298	44.4	95703	55.6	63158	36.7	17095	9.9	15450	9.0

注：(1)职业中学包括职业中专的情况。(2)1986—1989 年含商河、济阳两县情况。(3)2010 年职业中学与普通中专未分，在校生 79178 人

第一节　师范教育

1986 年，德州地区有平原、临邑、陵县、齐河、乐陵 5 所中等师范学校，在校生 3225 人，毕业生 828 人，招生 1121 人；教职工 452 人，专任教师 232 人，专任教师与学生比为 1∶13.9。此外，德州、平原、陵县等 9 所县（市）教师进修学校承担在职教师学历培训和继续教育任务。

1992 年，国家开始实施教师资格制度，促使师范教育由三级（本、专科高等师范和中师）向两级（本、专科高等师范）过渡，德州地区中等师范学校由 5 所调整为 3 所（齐河、乐陵 2 所师范学校被改办成普通中学，保留了平原、临邑和陵县 3 所师范学校）。1999 年 4 月，市政府办公室转发市教委《关于中等师范教育改革的意见》，要求在中等师范学校中的幼师、体育、民师班招生不变的前提下，调整压缩招生规模，消减招生计划；举办“三加二”5 年制师范专科班；试办应届中师毕业生自考助学试点班；举办部分短缺学科小学教师培训班。当年，临邑师范和平原师范开始招收初中起点 5 年一贯制大专班，并不再招收中师生，全市师范教育由三级向两级过渡工作基本完成。2003 年 4 月，陵县师范学校改建为德州市幼儿师范学校，全市师范教育初步建成中学、小学、幼儿园教师培养网络。

2011 年，全市师范类学校主要有平原师范

学校、临邑师范学校、德州市幼儿师范学校3所，在校生4668人，毕业1104人，新招生1549人；教职工354人，专任教师231人，专任教师与学生比为1∶17.3。

平原师范学校　位于平原县龙门路3号。其前身为1931年建立的山东省立第五简易乡村师范学校，1952年9月定名为山东省平原师范学校。自1983年起，学校只招收初中毕业生，培养小学教师，学制3年。1986年，学校占地4公顷，建筑面积1.65万平方米；教学班16个，在校生825人；教职工120人，专任教师61人。2000年挂靠德州学院，举办三二连读大专。至2011年，学校占地7公顷，建筑面积2.215万平方米；大专设五年制小学教育、学前教育专业，中专设三年制学前教育专业；教学班21个，在校生1014人；教职工117人，专任教师68人，学历达标率98%。学校为省级规范化师范学校。

临邑师范学校　位于临邑县瑞源路62号。其前身为1949年8月建立的洛北第二联立师范学校，1952年9月定名为山东省临邑师范学校。1986年，学校占地6.3公顷，建筑面积1.04万平方米；教学班20个，在校生980人；教职工108人，专任教师58人。主要招收初中毕业生，以培养中师学生为主。1999年9月，开始招收"三加二"小学教育大专班，2011年停招。截至2011年年底，学校占地6.3公顷，建筑面积4.42万平方米；教学班30个，在校生1892人；教职工139人，专任教师98人，学历达标率97%；设初等教育、学前教育中专和大专。学校为省级规范化师范学校。

德州市幼儿师范学校　位于陵县文化路4号。其前身为1966年5月建立的陵县工读师范学校。1984年8月改称陵县幼儿师范学校，隶属德州地区教育局管理，设普师、幼师、民师3个专业。1986年，学校占地3.8公顷，建筑面积6035平方米；教学班10个，在校生415人；教职工72人，专任教师39人。1990年由县城南迁至原德州农村发展学院现址。1992年7月改名为山东省陵县师范学校。2003年4月改名为德州市幼儿师范学校，设幼师专业。2005年9月，加挂德州女子职业中等专业学校牌子，实行一校两牌。2011年9月开始招收学前教育专业大专学历层次学生。至2011年年底，学校占地面积20公顷，建筑面积4.2万平方米；教职工98人，专任教师65人，学历达标率100%；在校生1762人，其中学前教育专业学生1267人，市场营销专业学生495人。国家级重点中专学校。

第二节　普通中专教育

1986年，全区普通中等专业学校5所（不含师范学校），其中工科类有德州纺织工业学校，医药类有德州卫生学校，财经类有山东德州供销学校，农业类有山东德州粮食学校、德州农业学校。全区普通中专在校生2641人，毕业生747人，新招生1164人；教职工588人，其中专任教师265人，专任教师与学生比为1∶9.97。

1987年，地区重点业余体校改为体育运动学校。1988年，成立德州经济学校和机电工程学校。1990年，德州市职工中等专业学校并入德州经济学校。1997年6月，德州纺织工业学校更名为德州工业学校。1999年3月，德州工业学校并入德州高等专科学校。5月，山东省德州供销学校更名为德州财贸经济学校。2002年1月，山东省德州粮食学校加挂德州科技贸易学校牌子。2005年11月，德州经济学校（仍挂德州经济学校牌子）、德州财贸经济学校、德州科技贸易学校并入德州职业技术学院。2008年8月，德州农业学校和德州卫生学校（仍挂德州卫生学校牌子）并入德州学院。2009年，德州体育运动学校整建制并入德州学院。2010

年，德州信息工程学校晋升为普通中专学校。

2011年，全市普通中专学校4所，即德州机电工程学校、德州卫生学校、德州信息工程学校、德州经济学校，共有毕业生3837人，新招生5010人，在校生13103人；教职工964人，专任教师657人，专任教师与学生比为1∶19.94。

2011年德州市普通中专学校一览表

表31-14

校　名	校　址	建校年份	在校生(人)	教职工(人)	备　注
德州卫生学校	德州市青年路	1965	3864	239	国家级重点
德州经济学校	德州市大学东路	1988	3748	387	国家级重点
德州信息工程学校	德州市新华路	2008	4712	154	国家级重点
德州机电工程学校	禹城市禹王街	1988	779	184	国家级重点

德州卫生学校　其前身为1965年建立的德州地区人民医院半工半读卫生学校，校址位于德州市三八中路。1983年改称山东省德州卫生学校。1986年，学校占地4.86公顷，建筑面积3.37万平方米；在校生852人；教职工154人，专任教师76人；设医士、护士、妇幼卫生、助产士和临床检验士5个专业。1997年，将市医学科学研究所整建制划归该校，实现优势互补。2004年，被教育部认定为国家级重点中等职业学校。2008年8月并入德州学院，仍挂德州卫生学校牌子，并由三八中路迁址青年路原德州工业学校校址。2011年，学校占地8.06公顷，建筑面积46.3万平方米；在校生3864人；教职工239人，专任教师184人，学历达标率100%；设临床医学、高等护理、中西医结合、医学检验、口腔工艺等专业。

第三节　职业高中(中专)教育

1986年，全区农业技术中学24所，城镇职业中学3所；毕业生1808人，新招生3533人，在校生8174人；教职工1183人，其中专任教师687人，学历达标率58.07%。是年，3所城镇职业中学改为职业高中。1986年后，改革旧的教学体制，逐步建立教育教学、生产经营、科技推广"三位一体"的教学体制，全区职业教育有了较快发展。到1992年，全区职业高中(中专)22所，在校生18331人，占整个高中阶段在校生总数的25.8%。

1993年，按照国家教委颁布职业高中标准，全区11县市均建起一所高标准职业中专，专业设置由农学、林果、牧医、幼师等专业，发展到包括一、二、三产业的45个专业，基本满足了经济发展对中初级专业技术人才的需求。1994年，贯彻落实国务院《关于大力发展职业技术教育的决定》，推行职业教育"大家办"的办学体制，全区职业高中(中专)在校生25961人，占整个高中阶段在校生总数的27.2%。1995年，实施重点带动工程，加强学校规范化建设，有8所学校被国家教委认定为省级重点职业高中，一所学校(德州第一职业中等专业学校)被国家教委认定为国家级重点职业高中。1996年，《中华人民共和国职业教育法》颁布，职业教育纳入法制化轨道。是年，《人民日报》《中国教育报》《大众日报》《山东教育报》均刊载了德州市发展职业教育的经验。

1997 年，改革职业中专招生考试体制，职业中专和普通中专招生考试同时进行，招生质量有了较大提高。1998 年，积极推动社会力量办学，全年审批 4 所部门办职业高中（中专）和 1 所民办职业高中（德州摩托车维修职业高级中学）。1999 年，德州市第一职业中等专业学校并入德州高等专科学校，建立德州高专职业分校。2002 年 11 月，“德州市职业教育服务中心”正式启动，职业学校毕业生就业服务工作走向秩序化、规范化的轨道。2003 年，陵县职业中专、齐河职业中专、宁津职业中专 3 所学校被确定为首批“山东省中职毕业生就业服务中心培训基地”。

2004 年，市教育局出台《关于加快职业教育与成人教育发展若干问题的实施意见》，通过采取“三纳入”（即把职业教育与成人教育发展纳入到对各级政府的教育综合评估指标体系；将职业学校招生纳入到对初中教学质量的评价体系，职业学校招生与普通高中招生同等分值计算成绩；将中等职业学校对口升高职本、专科成绩纳入高考升学成绩的统计范畴）和落实“两制”［即落实县（市、区）教育行政部门职业与成人教育发展“一把手”负责制和初中学校校长责任制］的行政手段，有效解决了教育系统内部关于发展职业教育与成人教育的评价问题。2005 年，齐河职专、德州经济学校被教育部列为国家技能型紧缺人才培养基地。同年 11 月，德州职业技术学院成为独立设置的专科层次的全日制普通高等院校，全市职业教育体系得到完善、强化和提高。

2006 年，市委、市政府印发《关于大力发展职业教育的决定》，指出此后 5 年要进一步加大资源整合和投入力度，加强骨干职业院校和培训机构的建设，进一步巩固完善、提高现有的职业教育体系，到 2010 年把德州市建设成为鲁西北、冀东南职业教育强市和全省技能型人才培养区域中心城市之一。2009 年，制定《关于加快农村职业教育发展的意见》，规定每个县（市、区）在 2～3 年内建设完成一所“背靠城市，面向农村”的骨干示范性中等职业学校。2010 年，为进一步推动职业教育及校企合作向深层次发展，德州市以重点专业为纽带，以齐河县职业中专为龙头组建德州机械职业教育集团，以德州交通职业中专为龙头组建德州交通职业教育集团，以山东华宇职业技术学院为龙头组建德州制冷与空调职业教育集团，以德州职业技术学院为龙头组建德州职业教育集团等 4 个市级职业教育集团。是年，德州交通职业中专代表山东省参加全国职业院校中职组技能大赛，获得汽车运用与维修技能大赛 3 个一等奖、4 个二等奖、1 个三等奖，省政府专门发贺电祝贺。

至 2011 年年底，全市职业高中（中专）学校 26 所，其中国家级重点中等职业学校 10 所；毕业生 20251 人，新招生 16930 人，在校生 63158 人，毕业生就业率 98.5%；教职工 3149 人，其中专任教师 2384 人，学历达标率 75.71%。

2011 年德州市部分职业高中（中专）学校情况表

表 31－15

校　名	校　址	建校年份	在校生（人）	教职工（人）	备　注
陵县职业中等专业学校	陵县文化路	1986	4075	120	国家级重点
齐河县职业中等专业学校	齐河县城区阳光路	1982	5258	320	国家级重点

续表 31-15

校名	校址	建校年份	在校生（人）	教职工（人）	备注
武城县职业中等专业学校	武城县文化街西首	1992	5732	198	国家级重点
德州交通职业中等专业学校	德州市三八东路	1986	10623	535	国家级重点
德州新星职业中等专业学校	德州市康博大道	1998	1508	87	
德州劳动就业职业中等专业学校	德州市解放中大道	1993	832	50	
德州普利森职业中等专业学校	德州市铁西南路	1987	262	45	
德州皇明太阳能职业中等专业学校	德州市太阳谷大道	2007	5462	190	
德州走四方职业中等专业学校	德州市康博大道	2002	2658	106	
德州第二职业中等专业学校	德州市迎宾大街	1963	1641	108	
德州跃华学校	德州市东方红东路	1999	4000	460	
乐陵市职业中等专业学校	乐陵市挺进西路	1977	1970	186	
宁津县职业中等专业学校	宁津县津泉路	1988	2953	88	国家级重点
禹城市第二职业中等专业学校	禹城市行政街	2005	1717	120	
禹城市职业中等专业学校	禹城市行政街	1990	950	70	国家级重点
禹城市卫生职业中等专业学校	禹城市开拓路	1964	469	33	
夏津县职业中等专业学校	夏津县北城街	1987	1073	67	
平原县职业中等专业学校	平原县光明西大街	1983	2659	104	
山东华宇学校（中专）	德州市大学东路	2002	396	36	
德州市中山应用电子学校	德城区天衢工业园	1997	715	57	
德州电子科技学校	德州市东风东路	2001	898	65	
德州市工商中等专业学校	齐河县阳光路	1982	484	39	
德州华乐职业中等专业学校	乐陵市寨头堡乡	1993	806	44	
庆云县成人职业教育中心	庆云县青年路	1996	1431	65	
德州市华亿职业技术学校	临邑县新一中西邻	2007	806	44	

注：因教学功能交叉，表中职业高中（中专）含部分技工学校

齐河县职业中等专业学校　位于齐河县阳光路601号。建于1982年，始称齐河县第一农机中学。1986年9月更名为齐河县职业中等专业学校，学校占地7.47公顷，建筑面积8000平方米；教学班10个，在校生501人；教职工57人，其中专任教师52人；开设会计、服装、畜牧兽医、农学、幼师5个专业。2004年，学校被教育部认定为国家级重点中等职业学校。2005

年，被省教育厅确定为百所重点建设示范性职业学校，同时被教育部列为国家技能型紧缺人才培养基地。2010 年，被确定为国家中等职业教育改革发展示范校和国家基础能力重点建设项目学校。至 2011 年年底，学校占地 16.73 公顷，建筑面积 5.6 万平方米，固定资产 3730 万元，图书馆藏书 19.1 万册；教学班 82 个，在校生 4774 人；教职工 320 人，专任教师 281 人，其中全国优秀教师 2 人，省优秀教师 1 人，省级教学能手 2 人，市级教学能手 16 人；开设建筑工程施工、机电技术应用、数控技术应用、化学工艺、服装制作与生产管理、汽车运用与维修、计算机应用、护理、会计、旅游服务与管理、学前教育共 11 个专业。

武城县职业中等专业学校　建于 1970 年，时称五七红校，校址在甲马营乡王虎庄。1972 年，更名为武城县第五中学。1983 年更名为武城县农业技术中学。1986 年，学校由王虎庄迁往新城文化街西首 78 号，1988 年 1 月更名为职业高级中学，1992 年学校更名为武城县职业中等专业学校。

学校自 1986 年迁校后，每年招生 4 个班，在校生约 500 人，共有机电、财会、农果、文秘、服装以及玻璃钢生产等专业；自 1999 年开始招收普通高中学生，注册普通高中和中职双学籍，招生数量逐渐增多，2004 年注册新生数 920 人，共 14 个班；2005 年停办高中教育，学校重新回归职业教育轨道，专业扩展为种植、机电、计算机、服装、建筑、财会、化工、市场营销、护理等 12 个专业，在校生规模 1500 多人。2008 年，学校大力开展农村劳动力培训，招收涉农专业非全日制学生，招生专业扩展为 16 个，在校生规模进一步扩大，每年注册学籍数约 2000 人，至 2011 年，学历教育在校生数达 6830 人，其中，全日制在校生数 2200 人。学校占地面积共 113862 平方米，建筑面积 42633 平方米；教职工 182 人，其中研究生 2 人、本科毕业 138 人，高级教师 42 人。

2006 年 6 月，学校被省教育厅认定为省级重点职业中专，2010 年学校被教育部认定为国家级重点职业中专。

第四节　技工学校教育

1986 年，全区有德州技工学校、水电部十三局技工学校和山东省公路技工学校 3 所技工学校，设置专业 9 个，教职工 293 人，在校生 777 人。1987 年后，全区技工教育发展迅速，先后新建德州机床厂技校、德州棉纺厂技校、德州地区建筑公司技校 3 所企业办技校和乐陵、齐河、临邑、夏津、禹城 5 所县办技工学校。1990 年年底，全区共有技工学校（包括中央和省属 2 所技工学校）11 所，开设 25 个工种专业，教职工 725 人，其中教师 436 人，在校生 3505 人。

1992 年各技工学校统考情况表

表 31－16　　单位：人

学生编号	工种 / 考生数 / 学校	棉纺保工	棉织档工	织部档工	纺部档工	钳工	电工	砖瓦抹工	烹饪	车工	铸工	锻工	电子	筑机	路桥	造纸	合计
0001—0229	德州技校	—	—	—	—	36	—	48	48	34	19	18	26	—	—	—	229
0230—0474	棉纺技校	75	75	46	49	—	—	—	—	—	—	—	—	—	—	—	245

续表 31－16

学生编号	考生数／工种／学校	棉纺保工	棉织档工	织部档工	纺部档工	钳工	电工	砖瓦抹工	烹饪	车工	铸工	锻工	电子	筑机	路桥	造纸	合计
0475—0643	乐陵技校	36	—	—	—	—	60	35	38	—	—	—	—	—	—	—	169
0644—0698	地建技校	—	—	—	—	—	—	55	—	—	—	—	—	—	—	—	55
0699—0896	临邑技校	—	—	—	—	38	83	38	39	—	—	—	—	—	—	—	198
0897—1045	夏津技校	—	—	—	—	36	36	32	45	—	—	—	—	—	—	—	149
1046—1119	机床技校	—	—	—	—	37	37	—	—	—	—	—	—	—	—	—	74
1120—1199	齐河技校	—	—	—	—	40	—	—	—	—	—	—	—	—	—	40	80
1200—1476	公路技校	—	—	—	—	—	—	—	—	—	—	—	—	71	206	—	277
0001—1476	合　计	111	75	46	49	187	216	208	170	34	19	18	26	71	206	40	1476
备　注	一年级 95 人（德棉档车工）；二年级 204 人（德棉 80 人，公路 124 人）；三年级 1177 人																

1993 年 6 月，在德州地区劳动就业训练中心的基础上，建立德州地区劳动服务技工学校，实行一校两制，在完成国家下达招生任务的同时，承担就业训练和在职工人培训工作。同年 9 月，贯彻劳动部《关于深化技工学校教育改革的决定》，学校招生由指令性计划改为指导性计划。1993 年年底，全区技工学校 12 所，开设专业 17 个，教职工 1067 人，在校生 4735 人。1997 年年末，全市技工学校在校生创历史新高，达到 5959 人。

1998 年开始，由于各种原因，技工学校招生步入低谷，全年仅录取学生 1542 人。1999 年，深化技工学校改革，实行劳动保障部门统一组织和学校自主招生相结合的办法。2000 年，德州市技工学校晋升为国家级重点技校。2001 年 5 月，德州市技工学校晋升为高级技工学校。7 月，依据《山东省技工学校招生和毕业生就业办法》，技校招生实行全省统一组织招生和学校单独招生相结合的办法。技工学校招生可以采取考试入学，也可以实行登记入学的办法。2002 年，扩大招生范围，全市技校招收新生 2175 人，同比增长 97%，技校招生开始走出长达 4 年的徘徊期。2003 年，技校招生持续升温，毕业生安置率达到 98%。2004 年，全市 10 所技校办学规模达到 1.1 万人。是年，德州高级技工学校升格为技术学院。2005 年 5 月，德州机床厂技工学校更名为德州普利森技工学校，并于当年晋升为省级重点技工学校。

2006 年，全市技工学校生源从招收初中生为主逐步转变为以招收高中生为主。2007 年起，依据国务院《关于建立健全普通本科普通高校高等职业学校和中等职业学校家庭经济困难学生资助体系的意见》，对技校学生实行国家助学金制度，每生每年可享受国家补助 1500 元，当年共发放助学金 640 多万元，9000 余名学生受益。2008 年，加强名牌专业建设，德州技术学院的车削加工、山东公路技工学校的公路养护、普利森技校的数控加工、走四方技校的电子技术等 4 个专业被评为全省名牌重点专业。从 2009 年秋季学期起，对技工学校农村家庭经济困难学生和涉农专业学生免学费，省财政按每生每年1900元的标准，按照8∶2的比例给予补助。2010年3月，市财政、教育、发改委、劳动保障部门联合印发《关于中等职业学校农村家庭经济困难学生和涉农专业学生免学费工作的通知》，确定市属技工学校按每生每学年2400元的标准补助，免学费资金由省市共同负担；县(市、区)属学校按照每生每学年1900元的标准补助，免学费资金，由省负担80%，县(市、区)负担20%。同年，开展优秀教学成果评选活动，当年有11件作品获全省一等奖，有109名教学骨干被评为省级教研专家。

至2011年年底，全市有各类技工学校15所，其中国家级重点技校2所、省部级重点技校4所，办学规模8500人；当年新招生5223人，毕业生5738人，在校生15450人；教职工1914人，其中专任教师1739人，专任教师与学生比为1∶8.8。1986—2011年，全市技校累计招生79124人，毕业62487人。

2011年德州市技工学校一览表

表31－17　　　　单位：人

校　名	性质	校　址	建校时间	专业设置	教职工	在校生
德州市技师学院	公办	德州市大学东路	2004.7	机电设备安装与维修、电子商务等86个专业	693	1680
山东公路技师学院	公办	德州市大学西路	1979	公路施工与养护、筑路机械使用与维修等	98	1630
山东华宇技师学院	民办	德州市大学东路	2005.12	电子商务、数控技术等25个专业	231	1842
德州劳服技工学校	公办	德州市解放中大道	1993.6	数控加工、农业机械使用与维护等8个专业	29	797
德州交通技工学校	民办	德州市三八东路	2009.3	汽车技术与维修，焊接技术应用等25个专业	198	983
德州走四方技工学校	民办	德州市崇德一大道太阳谷大学城	2005.12	电子商务、汽车装饰与美容等28个专业	124	2839
德州普利森技工学校	企业办	德州市铁西南路	1987.2	物业管理、电子技术应用等23个专业	39	617
德州新星技工学校	民办	德州市康博大道南首	2009.11	园林技术，农业机械化等9个专业	46	973
德州纺织技工学校	企业办	德州市纺织大街	1988.4	细纱工、纺织运转等8个专业	17	35
禹城市技工学校	公办	禹城市迎宾路北首	1990.12	机械装配、电子商务等22个专业	91	1789

续表 31－17

校　名	性质	校　址	建校时间	专业设置	教职工	在校生
齐河县技工学校	公办	齐河县晏城阳光路南首	1992.7	汽车维修、数控加工等11个专业	229	1850
武城县技工学校	公办	武城县文化街	2005.6	计算机应用与维修、棉花检验加工与经营等5个专业	34	192
夏津县技工学校	公办	夏津县建设街	1989	信息技术、农经等12个专业	85	223
中国水利水电第十三工程局技工学校	企业办	德州市新华路	1974.11	计算机应用、数控等4个专业	—	—
德州跃华技工学校	民办	德州市东方红东路	2009.12	汽车制造与维修、机电一体化、电子应用、数控技术、焊接工艺、计算机应用、服装工艺、钳工工艺等8个专业	—	—

第四章　成人继续教育

1986年，德州地区成人中专10所，教职工332人，毕业生429人，招生数2810人，在校生4331人；成人高校4所，教职工379人，专任教师202人，毕业生1190人，招生数1383人，在校生2972人。1988年，国务院颁布《扫除文盲工作条例》后，全区形成政府统筹、各部门齐抓共管、全社会共同参与的局面。1993年起，全面实施“三后”（指小学后、初中后、高中后）教育工程，严把小学、初中、高中毕业后“三个出口”，努力提高劳动者素质，成人学校迅速发展。1998年，市委、市政府下发《关于大力发展职业教育和成人教育的意见》，集中力量建设一批办学水平高、示范作用强的骨干学校。2004年，实施农村劳动力转移培训“阳光工程”，全市形成教育资源有效整合、培训转移紧密衔接、工程监管规范有序的阳光工程工作体系。至2011年年底，全市各类成人高等学历教育在校学生21040人，其中普通高校成人本科、专科在校生12510人；成人中专在校生188人；各类成人技术培训学校年培训20万人次，其中农民技术培训17.4万人次。

第一节　成人初级教育

一、农民教育

扫除青壮年文盲　1986年，全区举办扫盲

班573个，参加学习的有4697人。1988年，国务院颁布《扫除文盲工作条例》后，德州地区将基本扫除青壮年文盲与基本普及九年义务教育一并规划、部署、检查验收，扫盲成为成人教育的中心任务。1989年，对全区各乡镇15～40周岁的青壮年总数和文盲、半文盲人数，按户籍逐人进行核查登记，建立起扫盲工作档案，制定出扫盲规划。1990年，结合第四次全国人口普查对全区青壮年文盲再次进行摸底调查，摸底年龄范围扩展到15～45周岁，共核实青壮年文盲153731人。

从1990年起，各级政府相继成立扫盲工作领导小组，层层签定责任状，将扫盲任务具体落实到县、乡（镇）、村、人。1991年，按照“高标准，高质量，坚持不懈地扫除剩余文盲”的要求，联合妇联开展“双学双比”，共青团“希望工程”等活动，加快扫盲步伐。1992年，全区超额完成省下达的2万多人扫盲任务，青壮年非文盲率达98%以上。1994年，实行扫盲、堵盲与普及科学技术相结合，全区共扫除青壮年文盲11250人，组织继续学习提高的48000人。除庆云县外，有10个县市通过了地区验收，脱盲学员巩固率超过98%，非盲率达到99.36%，达到国务院规定的高标准要求。至1995年，通过“一堵、二扫、三提高”等措施，全市共投入扫盲经费600多万元，动员聘请辅导教师及包教“小先生”23万人次，累计有171097名青壮年文盲通过集中班与教师、“小先生”包教学习形式取得了脱盲证书，青壮年非盲率达到99.85%。1995年12月，德州市顺利通过省政府组织的扫盲验收。

1996年后，根据省教委“机构不撤，人员不减，经费不少”的要求，全市利用在扫盲工作中形成的县、乡、村三级成人教育网络，在巩固扫盲工作成果的同时，积极开展扫盲后的继续教育，对脱盲人员进行实用技术培训，一大批脱盲的青壮年成为农业第一线的科技带头人、致富能手和“三农”专家。

农村实用技术培训　1986年，全区有农民技术培训学校53所，在校生5916人。1990年，贯彻国务院《关于改革和发展成人教育的决定》，推广平原县恩城镇农民文化技术学校“以场养校、以校促场”的办学经验，推动全区农民文化技术学校的发展。1993年，全区共建立县办成人中专6处，乡镇成人教育中心133处，村办农业技术学校6273处，形成了以县办成人中专为龙头，乡镇成人教育中心学校为依托，村办农技学校为基础的县乡村三级成人教育培训网。

1993年起，根据发展农村经济的需要，各县（市、区）以乡镇成教中心学校为主阵地，坚持“上挂、横联、下辐射”和“走出去，请进来”的办学路子，实现了长期与短期、校内与校外、学历与非学历、理论与实践的结合，先后开设了农技、林果、桑蚕、农业管理、养殖、蔬菜、食用菌、刺绣、企业管理、外经外贸、市场营销等30多个专业。全区累计培训农村基层干部、乡镇企业职工、青壮年农民和回乡“三后”生100万人次，其中有80多万人掌握了一至两门致富技术，成为科技带头户、示范户和乡镇企业技术骨干，3200多人被录用为科技副乡（镇）长或村科技副主任。1994年，全区大面积开发“三后”教育的做法，在省内外产生很大反响，中央、省委研究室以及《大众日报》《山东教育报》均刊发了德州地区的经验。

2004年，按照“政府推动、学校主办、部门监管、农民受益”的原则，实施农村劳动力转移“阳光工程”。2007年后，年培训农民群众10万人次。2010年，德州市“阳光工程”培训委员会认定德城区、禹城、临邑等3个县（市、区）为“阳光工程”国家级项目县；认定武城、夏津等7个县（市）为“阳光工程”省级项目县；同时分别认定所在县(市、区)的职业中专、成人中专、短期培训机构共51所学校为“阳光工程”培训基地。到2011年年底,全市共有职业中专、成人中专13所,乡镇成教中心学校121所,村办农民文化技术学校2600多所,初步形成了以县(市、区)成人中专为龙头,乡镇成人教育中心学校为骨干,村办农民文化技校为基础,多形式、多渠道、低重心培养初、中级人才的教育体系,年培训农民群众近20万人次。

二、职工教育

1986年,全区职工教育由初等技术补课和初中文化补课为主要内容转到以技术业务培训和岗位培训为重点,企业思想政治教育、学历教育相互补充,以提高职工队伍综合素质为目的的全方位培训上来。1989年,地区行署下发《关于进一步加强职工教育工作的通知》;地区经委企业承包经营办公室、地区职教办1989年联合制定《关于把职工教育纳入企业承包经营责任制的实施意见》和《德州地区1990年承包企业职工教育培训主要指标》,全区职工教育工作逐步走上依法施教的轨道。至1992年,全区参加各类培训的职工50余万人次,其中技术业务和岗位培训近40万人次;学历培训95854人次(含高等教育学习25740人次,中等专业教育学习52830人次,高、初中文化学习17284人次);参加以“基本国情、基本路线”为主题的青年职工政治轮训和改革开放教育230730人次。

从1994年9月开始,对企业生产班组长进行管理知识培训,到1995年年底,全市班组长培训已达6050人,占应培训人数的70%以上。学历培训,先后增设德州市工会职工中等专业学校、临邑县职工中专学校、宁津县职工中专学校3所。1996年,全市共有职工中专学校9所,职工学校71所,职工培训中心7处,校舍总面积85045平方米;职工教育专职干部593人,专职教师410人,兼职教师769人;全年累计培训职工8万余人次。

1996年年底,德州市职工教育办公室撤销,并入德州市经济贸易委员会,内设经济干部职工培训办公室(科级),职工教育重点开展了企业经营管理人员工商管理培训。1997—2000年,全市参加工商管理培训的2772人,其中高级工商管理培训715人、中级工商管理培训1113人、初级工商管理培训944人,市经济贸易委员会组织举办了7期全市高级工商管理培训班,培训企业经营管理人员438人。

2001年机构改革,德州市经济委员会内设人事教育科,职工教育以开展企业经营管理人员短期适应性培训为主。至2011年,市经济委员会先后组织举办“法人治理结构”“资本管理与成本管理”“WTO基本规则”“人本管理与企业文化”“营销战略与市场开发”“激励沟通与团队建设”“铸造企业执行力”“高绩效管理模式”“管理变革与组织结构优化设计”“企业文化与企业核心竞争力”“领导艺术与执行力”等短期适应性培训班35期,培训企业经营管理人员5600余人次。

第二节　成人中等教育

1986年,全区成人中专学校10所,分别为德州市职工中等专业学校和9所教师进修学校;在校生4331人,毕业生429人,新招生2810人;教职工332人。

1987年,教育部颁布《成人中等专业学校暂行条例》,全区逐步形成政府、行业、企事业单位、社会各方面办学和联合办学的格局。是年起,普通中专、职业中专、县市党校、成人高等学校也挖掘办学潜力,积极开展成人中等专业教育。1988年建立经济干部管理学校。1990年,德州市职工中等专业学校并入德州经济学校。1991年,全区成人中等文化技术学校29

所，其中干部中等专业学校1所、农民中等专业学校2所、教师进修学校9所、成人中学17所。到1992年，全区成人中专14所，成人中学19所。1994年8月，地区行署批准临邑、乐陵、宁津、庆云、武城5县市建立成人中等专业学校。至此，全区11个县市全部建立了成人中等专业学校。

1996年，成人中专学校扩大招生规模，共录取新生3300人。平原县、禹城市、齐河县、德城区成人中专学校与当地武装部联合举办预备役军人班，为部队输送合格兵员；平原县成人中专与卫生部门举办乡村医士专业成人中专班，为农村培训卫生员。1997年，成人中专学校面向当地经济建设，广开招生门路，共招生3222人。1998年5月，市教委组织力量对成人中专学校的8个校外班进行全面检查，推进10所重点私立学校的规范化建设，这些学校已成为德州市的对外"窗口"。

1999年后，随着成人中专生源的逐年减少，各县(市、区)成人中专、教师进修学校等相继与职业中专合并成立职教中心，并开始由学历教育向职业技术培训转变。2011年，全市有成人中等专业学校2所。

第三节 成人高等教育

德州成人高等教育始于1979年组建的山东省广播电视大学德州地区工作站。到1986年，全区成人高等学校有山东广播电视大学德州地区分校、德州教育学院、德州地直业余大学、德州农村发展学院，开设专业13个，在校生2972人，教职工379人，其中专任教师202人，另外还聘有部分兼职教师。1989年，德州农村发展学院停办。1996年，由于普通高校扩招和企业发展不平衡，成人在校生减至1769人，比1986年减少40.48%。1998年，德州教育学院、德州市直机关业余大学并入德州师专。2005年，德州广播电视大学仅有在校生399人。同年11月并入德州职业技术学院。

除上述成人高等学校外，德州学院、齐河县进修学校、齐河县教育局、德城区电大站等单位还通过自办、联合办学、函授等形式相继举办成人高等教育。其中德州学院规模最大，专业涉及本、专科41个，涵盖10大学科门类，2011年成人教育函授生9300人。

另外，成人高等教育学校还有德州地直机关业余大学和自学考试等多种形式。全市高等教育自学考试始于1984年上半年，当时只开考文科类4个专业。1986年下半年，首批62名考生获得由山东省自学考试委员会颁发的毕业证书，其中党政干部基础科专业20人，法律专业8人，汉语言文学专业31人，会计专业3人。至2011年，高等教育自学考试先后开考本、专科120多个专业，专业门类包括经济学、管理学、法学、教育学、文学、历史学、理学、工学、农学、医学等，累计报名9.3万人次，各类毕业生达13977人，其中本科6335人、专科7642人。

德州广播电视大学　建于1979年4月，校址初位于德州师专院内，称山东广播电视大学德州行署工作站。1985年2月经山东省教育厅批准，改为山东电视大学德州地区分校，负责全区电视大学工作。是年，学校在全区共有113个教学班，在籍学生2980人(其中有1985年新招中专生1008人)。1987年，在德州市罗庄村东建成新校，占地面积5.91公顷，建筑面积1.23万平方米。学校在办好电大和成人班的基础上，设立大专普通班和电视中专班，形成普通教育与成人教育，学历教育与非学历教育，专科教育与中专教育三位一体的办学模式。1990年，大专班在籍学员1826人，中专班270人。1993年，学校改为德州广播电视大学，为市属高等学校。办学形式是统筹规划、分级办学、分级管理。主要任务是执行中央、省电大的教学计划,承担德州地区电大分校区的教学管理和业务指导工作。1999年招生498人,在校生1105人,毕业生507人。至2005年,学校占地面积4.67公顷,建筑面积1.75万平方米,教职工87人,在校生399人,教学仪器设备总值120万元。同年11月,并入德州职业技术学院。

德州教育学院　建于1984年2月,校址位于三八路原德州工读师范院内,由德州行署主管。办学形式为脱产进修、函授学习、短期培训。培训对象为在职中学教师和教育行政干部。学员经过2年进修或3年函授学习,考试合格,国家承认大专学历,毕业后仍回原单位工作。学院设有中文、政治、历史、地理、英语、数学、物理、化学、生物9个系。1986年,学校占地面积7公顷,建筑面积1.2万平方米,教职工117人,专任教师64人;教学班11个,在校生968人。1998年,学校建筑面积3.25万平方米;教职工203人,专任教师107人。同年3月并入德州高等专科学校。

德州地直机关业余大学　建于1981年7月,校址位于德州地委机关院内,由德州行署主办,德州地直机关党委主管,后改由德州地区教育局主管。招生对象是地直机关、企事业单位内工龄两年、高中毕业或相当高中文化程度、身体健康、年龄在40岁以下的在职干部职工。学制3年,学员毕业后,国家承认大专学历。1986年,教职工7人,兼职教师12人,行管人员5人,在校生180人。1993年,学校停止招生。1998年3月并入德州高等专科学校。

德州农村发展学院　建于1984年,系由全区人民集资兴建而成。校址位于陵县城内,学制2年,为管理专科院校。学院初设中文秘书、商业企业管理、工业企业管理3个专业。1985年增设农村行政管理、法律专业。1986年3月,经国家教委批准,德州农村发展学院为农民成人高等教育专科学校。是年,学校占地面积20公顷,建筑面积2.6万平方米,教职工238人,其中专任教师90人,在校生505人。1987年,学院和山东大学联合办学,在全省范围内招收企业管理专业学生79名,还与地区乡镇企业局合作,举办3期乡镇企业厂长、经理培训班,培训学员100余人。1988年,教职员工186人,专任教师90人,其中副高级职称8人,中级职称47人。1984—1989年,学校共招收4届学生837人,其中在职干部、职工470人,应、往届高中毕业生367人。1989年,学校停办。

第五章　师资队伍

第一节　教师录用

一、师范院校招录

1986—1996年,全市共安置师范类大中专毕业生15995人,其中本科生1146人,专科生6153人,中专生8696人。从1997年开始,毕业生就业逐步由计划分配向市场调节转轨。2002年,首次招录4名硕士毕业生。2008年后,市教育局积极协调、督促县(市、区)制订招聘方案,加大工作力度,落实招聘任务。2010年,启动义务教育阶段教师补充工作,当年全市补充新教师1946人;2011年补充1752人。1986—2011年，全市共录用师范类大中专毕业生40116人，其中硕士203人、本科生8241人、专科生15785人、中专生15887人。

二、民办教师选招

1987年开始，从中小学民办教师中选招公办教师，当年录用1430人，其中中学教师225人、小学教师1175人。1989年又选招630人，1992年、1994年、1996年，3次选招民办教师3820人。自1997年开始，按照国务院关于解决民办教师问题“关、转、招、辞、退”的5字方针，全市民办教师总数逐年下降。2001年，民办教师减少为2643人。2002年4月，全市所有在编在岗民师根据条件办理了选招或退养手续，其中招录2378人，退养265人。至此，民办教师在德州成为历史。

三、教师资格认定

1996年6月，按照《山东省教师资格过渡工作的实施办法》，德州市组织实施教师资格过渡工作。到1997年完成，全市48573名各级各类教师被认定合格准予过渡，并取得教师资格证书。其中，高等学校教师180人，中专教师2655人，高级中学教师2649人，初级中学教师11529人(含民办教师)，小学教师31042人(含民办教师)，幼儿园教师518人。

2001年9月，全市教师资格认定工作全面实施。至2002年6月，在教育学、心理学考试和普通话测试的基础上，共认定教师资格13826人，其中高中1301人，中等职业学校261人，中等职业学校实习指导47人，初中6904人，小学5138人，幼儿园175人。

2003年9月，全市首次面向社会进行认定教师资格考试，当年全市共认定2574人。截至2011年，全市共完成认定各类教师资格24039人，其中幼儿园938人，小学4006人，初级中学8503人，高级中学10124人，中等职业学校437人，中等职业学校实习指导31人。

1986—2011年德州市(地区)各级各类学校专任教师情况表

表31－18　　　　单位:人

年份	普通高校	普通中专	普通高中	普通初中	普通小学	特教学校	技校	幼儿园	合计
1986	400	1184	1627	12129	33323	4	278	5399	54344
1987	390	1297	1832	13117	34306	4	322	5724	56992
1988	386	1503	1884	13829	35729	8	365	5837	59541
1989	322	1530	1820	11714	29777	6	427	4948	50544
1990	350	1555	1565	12025	30121	9	436	5350	51411
1991	411	1428	1548	12359	30363	10	510	5742	52371
1992	396	1654	1610	12630	30930	15	581	6262	54078
1993	382	1779	1695	12589	30365	34	591	6075	53510
1994	386	2001	1739	12373	29094	37	640	5924	52194
1995	394	2121	1943	12702	30039	49	702	5782	53732

续表 31－18

年份	普通高校	普通中专	普通高中	普通初中	普通小学	特教学校	技校	幼儿园	合计
1996	385	2211	2033	13303	29795	54	673	5424	53878
1997	391	2119	2260	13786	29920	109	744	5295	54624
1998	415	2187	2521	13770	30037	134	604	5046	54714
1999	403	1937	2778	13758	28843	135	530	4115	52499
2000	524	1930	3019	14497	28586	122	508	3323	52509
2001	737	1475	3254	15286	27142	123	478	1573	50068
2002	730	1611	3610	15607	25868	123	481	1606	49636
2003	969	2446	4145	15746	25495	123	537	1842	51303
2004	1215	2479	4368	15829	25181	138	853	1697	51760
2005	2069	2522	5010	15594	24543	150	1022	2178	53088
2006	2348	2666	5596	15115	25376	148	987	2183	54419
2007	2446	3149	5631	14733	26185	177	1166	2164	55651
2008	2630	3265	5794	14041	27154	186	1403	2373	56846
2009	2628	3222	6009	13381	27288	210	1561	2296	56595
2010	2604	3136	5617	13450	27182	219	1526	2797	54531
2011	2529	3229	6089	13940	26846	218	1739	4000	58590

注：(1)1986—1989 年含商河、济阳两县情况。(2)普通中专含职业中专

第二节　师资培训

一、中小学教师学历补偿教育

德州地区自 1981 年开始实施教师学历补偿教育。培训方式主要采取中师函授、高师函授、电视大学、脱产进修、高教自学考试等。1991 年，全区中小学教师的学历合格率有较大提高，小学教师合格率 82.4%；初中教师合格率 31.54%；高中教师合格率 35.72%。

1992 年，组织参加山东省中学教师“三沟通”（卫星电视、师范专科、自学考试相沟通）学历培训。1993 年，5500 名初高中教师参加了卫星电视师专学习，有 1396 名高中教师参加了高师音像本科学习，800 多名教师参加了各种类型培训。1994 年组织学历不达标的教师参加全省“三沟通”培训考试。1995 年，3507 名初中教师获得“初中教师专业合格证”。1996 年有 1091 名教师获得高师卫电专科毕业证书，878 名教师获得高师音像本科毕业证书。到 1998 年，3384 名教师取得“三沟通”毕业证书。

1999 年，市教委与山东师范大学联合举办

中文、数学、物理、化学、英语和教育管理等专业的研究生课程进修班。2000 年，举办高中(中专)中青年教师、教育干部研究生课程进修班，441 人获得结业证书。2002 年，省教育厅组织中小学教师自学考试，德州市有 124 名教师报考专科，有 527 名报考本科。2004 年，组织 650 名中小学教师参加第三轮学历提高教育自学考试。到 2007 年，全市小学教师专科以上学历达到 42.6%；初中教师本科学历达到 71.2%；高中教师本科以上学历达到 87.9%。此后，严格按照学历要求招聘新教师。2008 年，组织 966 名教师参加教师自考毕业生论文答辩，教师自考毕业率达 95% 以上。2007—2011 年，全市共招聘新教师 6163 人，全部进行了新任教师岗前培训。

二、中小学教师继续教育

1986 年，全区有教育学院 1 所、教师进修学校 9 所，除中、小学教师学历补偿教育外，主要承担继续教育培训任务。此外，德州师专及 5 所中等师范学校在完成教学任务的同时，也承担继续教育培训工作。

1996 年，德州市组织全市小学教师参加山东省小学通用教师基本功训练培训。至 1998 年 6 月，共有 2.7 万小学教师参加了培训，占应参加培训小学教师总数的 92%。1999 年，启动小学教师基本功训练工作，全市 2.8 万名教师参加培训学习，占小学教师总数的 95%。到 2001 年，全市小学教师学科基本功训练和综合能力训练基本结束，并通过了省级验收。

2002 年，市教育局在德州学院、平原师范、临邑师范和陵县师范举办首期骨干教师培训班，共培训初中、小学专职教师 1650 人，组织 142 名教师参加省骨干教师培训。2003 年，结合教育新课程改革，更新教育理念，在德州学院、平原师范等 4 处培训院校对县(市、区)选派的 1991 名市级骨干教师进行培训；齐河、夏津、武城等 7 个实验区通过外请专家和省市级骨干培训者开展新课程全员培训，共培训 4294 人，占应训人员的 99%。

2004 年，按照“先培训，后上岗；不培训，不上岗”的原则，全面开展教师素质提高工作。当年，选派 567 名中、小学骨干教师参加国家级和省级新课程师资培训；在德州学院和德州科技贸易学校分别举办初一年级新课程师资培训和普通高中新课程全员培训，共培训 2460 人。2005 年，1364 名高二、1480 名初二教师新课程培训，选派 1600 多名中小学教师参加国家和省新课程教材培训。2006 年 4 月，在德州学院成立德州市中小学教师教育中心，协助市教育局承担全市中小学教师、校长培训工作的组织实施、理论研究、业务指导和评估检查工作。同年，对 881 名初三教师进行新课程培训，为 12479 名中小学教师颁发新课程培训“合格证书”。

2008 年 10 月，市教育局、市人事局联合制发《德州市中小学教师培训学分管理办法》，将培训学分作为教师专业技术职务晋升的依据。是年，全市共选派 1132 名中小学教师参加省级培训，1 名小学校长参加国家级培训，参训人数列全省第 6 位。2009，开展暑假万名教师新课程远程研修，全市共有 10332 名中学教师参加，20 所高中学校的 5280 名教师参加培训，占全市高中教师总数的 97%。2010 年，市教育局制定《校本培训工作评估标准》，49900 名专任教师落实每周集中培训 4 学时、分散自学 4 学时的规定；在全省首推教师专业知识对抗赛，德州市教师新课程远程研修关注度全省第一，课程资源数全省第二，参训率达 99.5%，受到省教育厅的表扬，《大众日报》、山东电视台也做了宣传报道。至 2011 年，全市共 13776 人参加新课程师资培训，取得“山东省基础教育新课程师资培训合格证”。

三、中小学校长培训

1991年3月，启动中小学校长岗位培训工作，当年在德州教育学院培训乡镇中学校长3期共213人；德州、禹城等4个试点县（市）培训小学校长245人。1992年，在试点的基础上，中小学校长岗位培训全面推开，培训内容主要是教育法律法规、学校管理理论与方法等，培训方式采取业余自学和面授辅导相结合的形式，学制1年（岗位实效考核半年）。1993年，全区共有21名高中校长、107名初中校长、268名小学校长取得了岗位培训合格证书。1994年，选派45名高中校长、109名初中校长参加省、地举办的岗位培训班学习，累计已有114名高中校长、466名初中校长参加岗位培训，基本完成了高、初中校长的培训任务。小学校长的培训主要采取县（市）办班，地区检查考核的方法，为427名小学校长颁发了岗位培训合格证书。到1995年年底，累计153名高中校长（含中师、职业高中、教师进修学校）、528名初中校长、1686名小学校长取得了“校长岗位培训合格证书”。至此，第一轮校长岗位培训结束。

1998年，开始中小学校长提高培训，当年培训初中校长143人，10名高中校长参加省举办的提高培训，培训小学校长300人。年底，全市新任中小学校长全部达到持证上岗。1999年9月6日，市教委首次选派41名优秀中小学校长分别赴烟台、威海进行为期42天的挂职学习（其中赴烟台22人，赴威海19人）。2001年，组织重点高中校长和部分乡镇中学校长37人，分别赴上海闸北区、浙江省嘉兴市、江苏省无锡市、苏州市的重点中学挂职学习、锻炼。2002年，组织100名中学校长、教学副校长，分两期赴北京师范大学进行培训。2003年，组织两期144名初中校长参加的提高培训班，并组织他们到江苏、浙江地区学习考察。2004年，举办第九期初中校长提高培训班，培训校长83人；并选派36名中小学校长参加国家级和省级培训。到2005年，中、小学校长提高培训合格率达95%以上。2006年，选派68名义务教育阶段中小学校长参加省级新课程高级研讨班。2008年，有2名校长获山东省创新校长提名奖。

2009年，实施“借脑”战略，与华东师范大学联合举办初中校长高级研修班，选送85名中学校长参加省部级提高培训。同年8月，举办首届初中校长论坛，100多名校长就如何提高办学水平等进行了集中交流。2010年，组织19位农村小学校长到德城区跟岗交流，选派28名骨干校长到江苏名校跟岗学习。2011年，对718名中小学正副校长进行任职资格和提高培训；组织第二期齐鲁名师、名校长论坛，组织18名高中校长参加全省校长提高培训班、16名高中正职校长参加全省校长素质教育专题培训班。到2011年，全市中小学校长持证上岗率达96%。

第三节　职称评定

1987年9月，德州地区教育局成立教师系列职称改革领导小组，开始教师职称评定工作。到1989年11月，全区首次教师系列职称改革工作全部结束，共评定中级教师职称6114人，其中中专讲师393人，中学一级教师2669人，小学高级教师3152人；省高评委评审高级职务600人，其中中专高级讲师93人，中学高级教师507人。

1993年起，职称改革工作转入正常化，每年度都进行教师系列各类职务评审，并按照国家规定的设岗比例设置专业技术岗位，实行等额评聘。同年4月，中学高级教师职务资格评审权由省下放给德州地区。至1998年10月，全市共评定高、中级教师职务20671人，其中中学高级职务 2204 人，中专讲师 800 人，中学一级教师 6438 人，小学高级教师 11229 人。省高评委评审中专高级讲师 461 人。

1999 年后，在实行岗位管理的基础上，评聘分开，解决了用人单位的用人自主权问题。到 2011 年 10 月，全市共评定高、中级教师职务 48168 人，其中中学高级职务 10649 人，中专讲师 721 人，中学一级教师 15915 人，小学高级教师 20883 人。省高评委评审中专高级讲师 773 人。

1979—2010 年德州市(地区)获“山东省特级教师”统计表

表 31－19

时　间	批次	教　　师	人数
1979.12	一	刘敬恒、刘郅隆、韦洪都、于衷清、石洪钧、傅克让、吴健康、李宗胜、包新生、李玉清、贾兰梅、傅国杰、苗化俭、王振华、汪怀智、张世怀、穴金田、孙梅元、朱同喜、石洪宾、赵淑兰、刘兴国、程健善	23
1990.8	二	王英林、康永泉、孙燮生、张光辉、武景正、姜明风、王传让、张玉环、赵坤云、王绍负	10
1994.9	三	谭金平、李永明、李济生、宋增秀、姜吉凌、王凤岐、杨　宪、李宗华、颜秀贞、许本平、韩　军、尹丽君	12
1998.9	四	袁宗峰、侯淑才、刘金阁、司宝海、马环才、杨　力、周庆枚、张庭椿、孙桂英、张秀荣、徐素香、张兴山、李熙银、孙立荣、张兴汉、李玉静、耿俊秀、李振生	18
2002.9	五	秦加祯、王守顺、王洪明、史冠武、徐治华、王洪林、李本禄、周葆华、季　玉、李桂英、高爱珍、张　莉、周秀清、张　晶、董玉芹、张少宁	16
2006.9	六	毕于阳、陈永芹、高伟伟、高振忠、关国英、郭　英、胡荣新、靳云霞、刘俊萍、庞志霞、邱兰英、史　俊、唐秀华、田国良、王　芳、王希芹、徐俊海、张传发、张秀萍、张祖茂、赵春兰	21
2010.9	七	贾艳春、马雪红、李　寒、赵淑梅、杨仁春、李开梅、刘国锋、李怀源、黄红英、张景文、李　燕、徐茂顺、刘会枝、郭金廷、柳立河、秦世杰、张兰菊、王玉峰、赵洪金、华瑞杰	20

第六章　教育改革与教学研究

第一节　管理体制改革

1986年，地委、行署《关于教育体制改革的实施方案》提出，改革教育管理体制，实行分级办学、分工管理的原则。此后全区分级办学、分工管理体制逐步完善，基础教育四级办学，地区、县（市）两级统筹，地区、县（市）、乡镇三级管理体制初步形成。地区领导和指导全区的教育教学工作，主管师专、教育学院、电大分校、师范学校等；县除领导和指导本县的教育教学工作外，举办并主管各自的进修学校和职业高中、普通高中的完中、直属初中和实验小学；乡镇成立教育委员会，统一领导本乡镇的教育教学工作，举办并主管全乡镇初中、小学和中心幼儿园；村主管幼儿园，协助乡镇管理小学。1993年，改变政府包揽办学的格局，逐步向以政府办学为主体，社会各界共同办学的新体制发展，形成了国家办学、民间办学、联合办学、私人办学新格局。

1995年5月，市委、市政府制定《关于实施〈中国教育改革和发展纲要〉的意见》，要求按照各级各类学校的特点，理顺政府与学校、社会与学校、教育部门与其他部门关系，建立科学管理体制。强调在巩固基础教育四级办学的同时，以学历教育为主的职业教育和成人教育原则上由各级教育部门管理；职业培训和在职的岗位培训，由各级劳动人事部门会同有关部门进行管理。成立市教育委员会，负责对全市各级各类教育的统筹规划和宏观指导，统筹管理各类学历教育，同时重点抓好市办高等学校、中等师范学校及部分重点高中和中专学校的管理。2000年，市委、市政府颁布《关于深化教育改革推进教育现代化建设全面实施素质教育的决定》，明确全市义务教育管理体制由乡级为主变为以县为主的管理体制，县（市、区）政府对当地实施义务教育负有主要责任。2007年，农村义务教育“由地方政府负责，分级管理，以县为主”的管理体制基本调整到位，德城、庆云、禹城、平原、运河开发区城乡中小学教师工资实现了县级统筹、县域内同一标准发放。至2011年，德州13个县（市、区）统一了县域内教师工资标准。

全市中小学内部管理体制改革试点工作始于1988年。1994年，部分县（市）推行以“四制”（校长负责制、教师聘任制、岗位责任制、结构工资制）为内容的人事制度改革，实行竞争上岗，择优聘用。1998年11月，市政府制发《关于加快教育改革的意见的通知》，教育人事制度改革在全市全面展开。当年，全市清退代课教师和临时工2289人，落聘教职工429人。到1999年暑假结束前，全市县属中小学“四制”改革全面完成，共撤并教学点1074个，清退代课教师、临时工5022人，落聘教职工954人，内退教职工2625人，病休532人，落聘校级负责人367人。2000年8月，市政府下发《关于深化市直学校改革的意见的通知》，市直普通中专、师范学校、普通高中、职业中专和技工学校的“四制”改革展开，至9月开学前，全市落聘（含转岗、调出、病休、病退）58人，落聘率为

5.6%，同时清退临时工19人。至此，全市教育系统“四制”改革全部完成。

2002年4月和8月，中共德州市委办公室、市政府办公室先后印发《关于教育人事制度改革的意见》和《关于市属学校人事制度改革几个问题的通知》，全市农村和城市相继推行以校长选聘制、校长负责制、教职工聘用聘任制、末位落聘制、岗位目标责任制、结构工资制、工资总额年度动态包干制为内容的新一轮改革。此次改革，全市中小学校长、副校长由改革前的2124人减少到1887人，减少了237人；清退代课教师和临时工1187人，清理归还被占或变相占用的中小学教职工编制354人，落聘1339人，提前离岗2009人，病退病休472人，共计5361人。改革后，各级各类学校普遍建立了岗位目标责任制，制定了各类人员的岗位职责和工作目标，并根据岗位职能和工作业绩实行结构工资，做到优绩优酬，多劳多得，奖优罚劣。2005年，按照全市乡镇财源建设的统一部署和市委办公室、市政府办公室《关于加快乡镇教育事业改革发展的意见》，以工作实绩为主要依据，通过民主评议，全员竞争上岗，完成了新一轮教育人事改革。全市教育系统精简分流人员2270人，占在编在岗教职工总数的6.4%。至此，连同2002年精简分流的5361人，“十五”期间共精简分流7631人，清退临时工和代课教师1521人。

第二节　社会力量办学

1986年，德州地区社会力量办学较少，主要以企业办学为主。1988年后，社会力量办学逐步发展，企事业单位、民主党派、社会团体、公民个人办学由少到多。到1991年，社会力量办学发展到58处。但大部分民办学校条件简陋，主要靠租赁校舍，以职业技能培训和文化补习为主，管理工作相对滞后。

1992年后，社会力量办学进入快速发展期。1993年1月，临邑双丰乡农民任长明创办全区首家私立小学——临邑私立光明学校。是年，全区社会力量办学61所，其中民办高校1所，初、中等文化专业技术学校43所，私人办幼儿园2所；教职工334人，其中专职教师125人，兼职教师117人；当年毕业、结业人数达3万人。1996年，社会力量办学发展到82所，主体由公民个人办学向社会团体、企事业单位、民主党派等办学多元化发展，共培训各类人才达12万人次。

德州跃华学校　（2011年　摄）

1997年，国务院《社会力量办学条例》颁布，社会力量办学步入依法办学轨道。1999年，市教委制定《德州市高级中学教育管理办法》，当年审批6所社会力量举办的高级中学、3所初级中学和12所小学。到2000年，全市经教育行政部门审批和备案的民办学校252所，其中大专院校2所（德州摩托车技术学校晋升为德州摩托车学院，大禹学院晋升为德州科技职业学院）、中专2所、高中10所、初中10所、小学31所、幼儿园23所，文化、生活、技术类培训机构195所，在校生3万余人；教职工2200人，其中专职2015人、兼职185人。

2002年，成立德州市社会力量办学管理领导小组，制定《德州市社会力量办学发展意见》，实行审查备案、广告审查、收费管理、年检评估4项管理工作制度，取缔、注销48所不合格学校，建设了跃华中学、山东大禹专修学校、德州应用电子中专、英汉双语成人中专、摩托车维修学校等一批水平较高的学校，办学层次由实用技术学校、文化辅导班为主的非学历教育，发展为小学、初中、高中、中专、大专层次的学历教育。

2003年《中华人民共和国民办教育促进法》颁布实施。5月，夏津县精华聋儿语训学校被评为全国社会力量办学先进单位。2004年，在全省首创“属地管理、以县为主”的民办教育管理模式。2006年，制发《德州市人民政府关于加强民办教育管理工作的意见》，加强民办学校的设置和审批工作，明确了民办学校的管理职责。年内，德州华宇职业技术学院、德州跃华学校、德州汽车摩托车专修学院被评为“全省民办教育三十佳品牌学校”。2008年，全市111所民办学校和培训机构中，达到合格标准的76所；基本合格的22所；不合格、限期整改的1所；不具备条件、予以注销的12所。2010年1月，市政府办公室印发《关于加强全市民办学校管理的若干规定》，对民办学校招生管理、收费管理、学校管理、变更、终止和法律责任以及保障措施做出明确规定，促进民办教育事业稳步健康发展。

2011年年底，全市经教育行政部门审批和备案的民办学校达到416所，其中民办高校2所、中专8所、普通高中2所、初中31所、小学33所、幼儿园340所；教职工1890人，其中专职1761人，兼职129人；在校生达到10万多人。全市民办教育已经构建起初、中、高等教育衔接，学前、基础、职业、成人相互沟通的教育体系。

德州跃华学校　是一所集幼教、小学、初中、高中及职业教育为一体的全寄宿民办学校。该校位于市经济开发区东方红东路，始建于2000年，总投资1.9亿元。初期为完全中学。2002年7月建成小学部。2003年6月，小学、初中、高中3个学部同时通过“省级规范化学校”验收。2004年9月幼儿园正式开园。2006年3月成立职业教育部，开设计算机、电子技术、服装工艺、数控技术、焊接工艺、幼儿师范等6个专业。2011年，学校占地面积18公顷，建筑面积12万平方米；教学班89个，在校生4000余人；教职工460余人，专任教师320人，学历达标率97.19%。

第三节　招生就业制度改革

一、招生制度改革

1986年起，全区取消小学升初中考试，实行小学、初中划片招生，就近入学。普通高中招生与职业中学（中专）招生一并进行，统称高中招生。普通高考文科类（文、外、艺）考试科目6门：政治、语文、数学、英语、地理、历史；理科类（理、体）考试科目7门：政治、语文、数学、英语、物理、化学、生物。1988年起，实行初中毕业会考。1991 年，开始实行高中毕业会考。1994 年，全区本科录取 1028 人，录取人数首次突破千人大关。

1995 年，全市对招生工作进行改革，本科招生实行全省统一划定的录取分数线；对报考师范、农业院校的考生，实行单独报名、单独填报志愿，提前单独录取。1996 年，在全市实行普通高中统一报名、统一命题考试、统一阅卷、统一录取的“四统一”招生考试。1997 年，本科招生计划面向全国招生、全省划定统一录取分数线，专科学校招生仍按人口比例分配到市地，普通高等学校招生计划一律实行“并轨”。

1998 年，改革高中招生制度，将重点高中招生指标的 60%（县市）、50%（市直）分配到乡镇或初中，全市高中报名 3 万人，录取 1.4 万人。1999 年，市教委印发《关于加快扩大高中阶段办学规模和招生能力的意见》，要求普通高中、职业高中（中专）利用好政策，加快扩大高中阶段办学规模和招生能力；允许师范学校、教师进修学校和成人中专学校试办综合普通高中，也可与有关高校联合举办音、体、美特长班；具备高中办学能力的民办高中或公有民办高中，要根据实际确定自己的办学规模和招生能力。2000 年，改革职业教育招生办法，即在“全年候”招生的基础上，突出抓好两季招生，即春季提前招生，尽早地把初中毕业升学无望的学生提前招收到职业学校学习；秋季招生，动员教师做升不上普通高中学生的工作，使其到职业学校接受教育。2003 年，公办普通高中招生严格执行“三限”（限分数、限人数、限钱数）政策，扩招生控制在招生总数的 30% 以内。2004 年，高中毕业会考更名为高中学业水平考试。2010 年，为减轻学生负担，将高中阶段学校招生考试与初中学生毕业考试合并为学业考试，取代原有的升学考试；将省级规范化高中或优质普通高中计划内招生指标的 60% 分配到高中服务区内各初中学校，比 2009 年提高 10 个百分点。

二、就业制度改革

1986—1996 年，大中专毕业生就业以计划分配为主，由计划部门编制分配计划，教育部门负责接收和派遣。1993 年，成立“德州地区大中专毕业就业指导中心”，开始把大中专毕业生推向人才市场。1994 年，允许高校毕业生自主择业，凡自行联系用人单位的可直接纳入就业计划派遣；对计划外自费生采取由地区计划就业、合同就业、推荐就业和自谋职业相结合的办法。1995 年，就业安置采取计划安排和市场调节相结合的办法。

1997 年，大中专毕业生就业开始由计划向市场转轨。同年 3 月，为加强大中专毕业生就业工作的领导，成立德州市大中专毕业生分配办公室（加挂德州市大中专毕业生就业指导中心牌子）。4 月，明确非师范类毕业生就业工作由市人事局具体负责；师范类毕业生就业工作由市教育局具体负责。2001 年 5 月，市大中专毕业生分配办公室更名为德州市毕业生就业办公室。到 2002 年，全市大中专毕业生就业初步形成市场导向，政府调控，毕业学校推荐，学生与用人单位双向选择的就业机制。

第四节　教学研究

1986 年，德州地区教学研究室负责全区中小学学科教学研究、教学视导、教学质量检测工作。1996 年，德州市职业教育研究室合并到德州市教研室。从 1997 年开始，各县（市、区）教育局先后建立教科所，开展课题研究工作。2002 年 5 月，市教学研究室加挂德州市教育科学研究所牌子。至此，全市教学研究开始改变长期以来主要推广先进教学经验的单一模式，逐步拓展到对教育思想、教学内容等全方位研究。2010 年底，德州市教育科学研究所从德州市教学研究室中分离出来，独立办公，单独运行。到2011年年底，全市共有专职教研员215人，教育科研人员517人，基本形成市、县、乡、校、组五级教研网络。

一、教学视导与改革

1986年后，全区教学研究工作以提高教学质量为目的，重点开展教学视导及优质课评选活动。1991年，德州地区首次开展教学能手评选活动，当年共评出地级教学能手204名；有15人荣获省级教学能手称号。

1994年，地区教育局先后制发《全区中小学教学常规》《中小学课堂教学评估标准》《全区初中教学示范学校建设意见》等制度，大力推进教学改革实验。1996年，以改革课堂教学、提高课堂效益为突破口，对20所中学和20所小学进行教学视导，有5个县（市、区）和11所中学被评为山东省初中教学工作先进单位。2001年，制定《县市区教学质量评价的暂行办法》和《县市区初中教学质量评价标准》以及《教学质量奖励办法》等，确定提高教学质量从初中、小学抓起的思路。2007年，制发《关于落实"学案导学"教学模式的指导意见》，在全市大力推广"学案导学"。2008年，制发《关于积极推进当堂达标教学改革的意见》，推出推门听课制度，促进优质资源向一线倾斜。2011年2月，制发《德州市教育局关于推进网络教研电子备课的实施意见》，对信息技术与学科教学融合进行探索。同年10月，制发《德州市教育局关于推进高效课堂建设的指导意见》，全市中小学高效课堂建设工程启动。

二、学前教育课题研究

1981年12月，德州地区幼儿教育研究会成立。1991年7月，成立德州地区教育局婴幼儿教育科研室。1999年，进行国家级课题"幼儿园学具教学法理论与实践"研究方法设计评选活动，有2篇论文在全国学具教学总结会上做典型发言。2000年，11所幼儿园被中央教科所评为"幼儿园学具教学法的理论与实践"实验课题先进基地。2001年，《儿童道德启蒙教育系列内容和方法的实验研究》的实验报告，获山东省第三届中小学教育科研优秀成果一等奖。2004年9月，国家级研究课题、省级重点研究课题"3～6岁幼儿社会适应能力培养的实验研究"通过山东省教育科学规划办的鉴定。到2011年年底，先后承担9项国家级、省级实验课题，有32所幼儿园被批准为国家级实验基地，36所幼儿园被批准为省级实验基地，126篇论文在国家、省、市获奖或在专业刊物上发表，1人获宋庆龄基金幼儿教育提名奖。

三、中小学课题研究

德州市的教育科研课题立项研究从"九五"期间开始起步。其间，"读写双快法教改实验研究""在活动中培养小学生素质的研究"等4项课题，被确定为山东省"九五"教育科学规划滚动课题。1996年，禹城市中小学"大面积提高教学质量的实验与研究"纳入全省教育科研课题组；齐河县成为省复式教学实验与研究实验基地。1997年，德城区、齐河县被列为全省素质教育实验县。1998年，德州市实验小学、建设街小学、禹城一中、禹城实验小学被列为山东省教育科学研究重点实验基地。1999年，德州一中等5所学校被列为全国外语优化实践教学模式实验研究基地。2000年5月，市教委将88项课题列为全市首批教育科研重点课题，25处学校被确定为首批教育科学研究重点实验基地。2002年12月，借鉴目标教学、尝试教学和洋思教学模式，将"当堂达标教学实验与研究"列为市级教育科学研究重大课题，并将宁津县确定为实验县。2005年，"当堂达标教学实验与研究"课题，通过全国目标教学研究会专家组鉴定。2008年，《当堂达标教学课题教学研究报告》被评为"全国目标教学20

年十佳成果之一”,成为山东省中小学教学改革的一项典型成果。2009 年,采取逐校指导、典型引路、适时培训、定期交流等方式,推动教育技术课题研究深入开展,全市承担的 20 个省级“十一五”教育技术重点研究课题有 8 个课题荣获全省一等奖,一等奖获奖比例达到了 40%,在全省各市中名列第二。2011 年,启动教育科研“六个一百工程”(聘请百名兼职研究员、开展百项课题研究、促进百项实践创新、打造百个教育亮点、提升百项科研成果、培育百名专家型校长与学者型教师)。

第七章 教育行政

第一节 教育经费

1986 年后,全区逐步建立以财政拨款为主,以征收用于教育的税费、收取非义务教育阶段学生学杂费、校办产业收入、社会捐资和设立教育基金为辅的多渠道筹措教育经费的体制,教育总投入持续增长。1986 年,全区教育经费为 1.47 亿元,1989 年增长到 1.83 亿元,1993 年 2.63 亿元。1994 年后,按照国务院“三个增长”(政府教育拨款的增长高于财政支出的增长,并按在校学生人数平均的教育费用逐年增长,保证教师收入和学生生均公用经费逐年增长)的要求,教育总投入不断加大,是年达到 3.18 亿元,1998 年 6.54 亿元,2002 年 10.9 亿元,2006 年 18.44 亿元,2008 年 27.8 亿元。2011 年,总投入达到 49.36 亿元。

一、财政预算内拨款

财政预算内拨款始终是教育经费的主要来源。从 1986 年的 0.68 亿元到 2011 年的 40.3 亿元,增长了将近 58.26 倍。1986—2011 年,财政预算内拨款总计 196.91 亿元,年均 7.57 亿元。2011 年的财政预算内拨款占教育经费总额的比例为 76.37%。

二、教育费附加

1986 年开征教育费附加,当年征收 0.17 亿元,2001 年达到 1.63 亿元。2002 年,山东省实行农村税费改革试点,取消农村教育集资和农村教育费附加,城乡教育费附加由 2001 年的 1.63 亿元减为 0.37 亿元。2005 年 10 月,教育费附加征收率调整为 3%,城乡教育费附加逐年增加。2006 年为 0.94 亿元,2011 年增至 2.22 亿。1986—2011 年,全市教育费附加总收入 245048 万元,年均 9424.92 万元。

三、社会团体和公民个人办学经费

1998 年开始出现社会团体和公民个人办学,不以盈利为目的,经费自行解决。当年,社会团体和公民个人办学投入 276.3 万元,2011 年增加到 1.51 亿元,增长近 55 倍。1986—2011 年,全市社会团体和公民个人办学经费共计 8.25 亿元。

四、校办产业勤工俭学用于教育的经费

勤工俭学的收入主要来源于校办企业的承包金、房屋的租赁、学校门市和伙房的承包经营。1986 年,勤工俭学收入 775 万元,2002 年 113 万元,2006 年 27.5 万元,之后逐年减少。1986—2011 年,勤工俭学总收入 29698.8 万元,补助教育经费 4900 万元。

五、学杂费收入

1986—1993年，学杂费收入平均每年为1137万元；1994—1997年，年均为7321万元；1998—2002年，年均在亿元以上。2007年秋季开始取消农村中小学杂费，当年学杂费收入49414.2万元，2011年5.3亿元。1986—2011年，学杂费总收入51.05亿元。

六、社会捐款

1986年，社会捐资办学经费为4083.18万元，1995年、1996年分别高达13680.1万元、28299.2万元。从2005年开始接受台湾台塑集团“明德小学”项目捐赠，共接受明德建设项目39个，累计1675万元，解决了15289名农村学生接受优质教育的问题。2011年，社会捐资办学经费为828.2万元。1986—2011年，全市共接收社会捐资办学经费74714.4万元。

七、企业办学教育经费

1991年，企业办学经费为126.7万元，2001年达到559.7万元，2004年达到了580.9万元。2006年后，随着企业办学校下放到地方教育部门，企业办学经费取消。

第二节　校舍改造

一、中小学校舍改造

1986—1987年，德州地区农村中小学校舍改造进入尾声，普遍实现了“校校无危房，班班有教室，学生人人有课桌凳”。1988年下半年开始，全区城镇中小学校舍改造全面展开。1989年，德州市（现德城区）财政投资500万元，地区教育局拨专款50万元，征集教育费附加100万元，社会集资465万元，新建德州十中、北园小学和天衢东路小学，总建筑面积21280平方米。1991年5月，在宁津县召开全区城镇中小学校舍改造现场会议，推广宁津县校舍改造经验。1992年年底，武城县、夏津县、乐陵市、德州市（现德城区）4县（市）实现“规模、校舍、课桌凳、操场、环境”五达标。到1993年年底，全区城镇中小学校舍改造全面完成，共投入校改资金2.73亿元，新建楼房142幢，平房4561间，新建校舍49.1万平方米。

二、中小学危房改造

2001年，在对全市中小学危房排查的基础上，实施中小学危房改造工程。到2002年年底，全市共投入资金1.47亿元，完成危房改造任务达85%。

2004年起，按照“中小学危房改造与中小学布局调整、薄弱学校改造以及窗口学校建设相结合”的原则，开始实施新一轮危房改造。2005年，市政府将危房改造工作列入“为民办的十件实事”之一，加强督导落实。到2010年，全市共投入校舍改造资金达15.6亿元（含普通高中、职业学校建设），改造校舍总面积达192.3512万平方米，其中维修校舍24.09万平方米，改扩建校舍18.56万平方米，新建校舍149.8万平方米，新建校舍面积占全市校舍总面积的27.09%。经过改造，农村中小学校舍面貌发生了巨大变化，在农村地区呈现出“最好的房子是校舍，最美的环境在校园”的景象。

三、农村中小学校安全工程和楼房化工程

2008年“5·12”汶川地震发生后，按照教育部及住房和城乡建设部《关于做好学校校舍抗震安全排查及有关事项的通知》精神，全市开始实施农村中小学校安全工程和楼房化工程。市政府于2009年、2010年、2011年，连续3年将农村中小学校舍楼房化工程列为十大民心工程之首。至2011年，全市共投入资金10.5亿元，改造校舍163.07万平方米，其中新建面积104.3万平方米，维修校舍20.28万平方米，改建、扩建38.49万平方米。3年规划开工项目分别达到100%、99.47%、97.77%，列全省第

一、第四、第三位；竣工项目分别占规划的97.73%、90.18%、87.38%，列全省第六、第六、第三位。

第三节　教学设备

一、实验室与仪器设备

1987年，全区中小学有实验室628个、仪器室977个，教学仪器价值624万元。1988年，全区105所国办中学，6所达一类标准，44所达二类标准，55所达三类标准；257所乡镇中学，有21所达二类标准，236所达三类标准。

1990年，德州地区将教育技术装备作为校改工作的主攻方向，国办中小学新建实验室69个，使用面积4270平方米，配备理科仪器19.8万元；农村中小学新建实验室59个，使用面积3262平方米，配备理科仪器8.75万元。到1995年，全市有50所学校的仪器配备达到了省、市级规范化学校标准；有31所学校理科仪器装备达到国家教委Ⅰ类标准；有347所学校达Ⅱ类标准。1997年，农村中小学物理、化学、生物、自然等实验配备85%以上实现达标。1999年，加快实施中小学实验教学普及县工程。从2002年6月开始，部分教育装备的购置实行市、县两级招标方式运作。2003年11月，德城区通过省级“普实”验收，实现了实验教学普及县工程。12月，武城县的“普实”工作也通过了市级复查。2006年，乐陵、齐河、临邑3县（市）通过了山东省“普实”初验，全市初验率已达到45%。

2009年，启动农村中小学教学仪器更新工程，当年投入资金2500余万元，153所中学、576所小学按要求完成了理科教学仪器和实验室的配备任务。2010年，德城区、武城、乐陵、临邑、齐河县5县（市、区）通过了山东省“普实”验收，全市验收通过率达到49%。到2011年，全市农村中小学教学仪器更新工程全面完成，共争取省资金3690万元，县（市、区）配套资金1290万元，为1122所中小学配备了教学仪器和仪器橱，105所中小学配备和更新了实验室设备。

至2011年年底，全市中小学共建成标准实验室1430个，其中小学实验室726个、中学实验室704个；75.1%以上中小学按照国家颁布的一类或二类配备标准配齐备足常规仪器。

二、图书

1987年，全区中小学校图书馆（室）125处，藏书79.8万册。1988年，随着农村中小学校舍改造、实验室建设任务完成，图书装备得到加强。1998年，全市中小学校图书馆（室）1171处，藏书702万册。2002年，全市中小学校图书馆（室）1174处，藏书691万册。2006年，全市中小学校图书馆（室）969处，藏书705.42万册。2011年，全市中小学有图书馆864个、资料室369个，图书889.68万册。

三、电教装备

1986年，学校电化教学设备几近空白，全区有百余台投影器，分布在条件比较好的城区中小学，用于投影教学和电化教学对比实验；有30余台VHS录像机，用于教师继续教育培训。1987年，全区有高亮度投影器512台，显微投影器8台，全自动幻灯机5台；用于教学的录像机有50余台，教学录像带3851盘。全区有46所学校达到省电教馆制定的器材配备标准。1988年，105所国办中学，有50所达到部颁二类以上标准，55所达到三类标准；257所乡镇中学，有85所达到二类标准，172所达到三类标准。

1986年国家教委开设卫星电视教育后，1988年，全区建卫星电视地面接收站17个，放像点140个，建语音室9个。到1996年，全市教育系统卫星地面接收站发展到94座，放像点

193 个;多数县市的乡镇中学和中心小学都按市《普及九年义务教育评估验收标准》配齐了电教器材。1997 年,电化教学已普遍进入了城镇中小学课堂,许多学校还增建了语音室、微机室,微机总量达到 1400 台。

自 2000 年新学年起,全市县直小学三年级、县直初中一年级、所有普通高中、省市级规范化学校均开设了信息技术课。2001 年,市教育局制定《全市中小学教育信息化建设实施意见》,要求到 2003 年年底,60% 的中小学完成"校校通"工程。从 2002 年 10 月开始,全市决定用 5 至 10 年的时间,在全市 500 所普通中小学中实施"校校通"工程。2003 年 3 月,市教育信息中心与国际互联网和中国教育科研网联通,并开始运行,全市 9 个县(市、区)教育信息中心和 36 个校园网建成。2004 年,启动教育信息化二期工程,当年完成了市教育骨干网的规划和市教育信息中心的调试运行、邮件系统的设计和 DNS 的域名解析工作,开通了市教育局政府网站。2005 年,在完善一期校园网工程建设的基础上,又将 20 个校园网接入到全市教育城域网。2006 年,全面推动"校校通"工程的实施,有 85% 的乡镇中心小学以上的学校,完成计算机教室的建设任务。

2007 年,实施农村中小学现代远程教育工程,全市投入 1880 万元,为 1199 所农村中小学校装备计算机教室 154 个、卫星教学接收点 651 个、教学光盘播放点 394 个,覆盖农村中小学生 32 万人,使 95% 以上的农村中小学和 98% 以上的农村学生得以分享现代教育技术成果。2008 年 11 月,德州市"农远工程"建设通过省级验收。2009 年,按照"统一规划,分级负责,分步实施,注重应用"的原则,全年共投入 4075 万元,配备教师用机 7691 台、多媒体教室 541 个、网络设备 332 万元。2010 年,投入 4322.2 万元,购置教师用计算机 5652 台,多媒体教学设备 1538 套,基本完成了全市初中校校通网络,宽带专线并入全市教育城域网,80% 的学校专任教师人手一台计算机,50% 的学校实现班班多媒体教学,受益学生 29 万名的教育信息化建设任务。2011 年,全市投入 2577.2 万元,购置教师用计算机 4780 台,多媒体教学设备 662 套,全市高中实现"教师人手一机,班班多媒体教学";初中乡镇驻地以上学校达到"教师人手一机,班班多媒体教学"的标准。德城、平原、齐河乡镇中心小学以上的学校也达到教师人手一机的标准。齐河、宁津、平原、庆云等县已经把光缆架设到了乡镇学校,做到了乡镇学校可以共享优质教育资源。

至 2011 年年底,全市普通中小学计算机装机 43262 台,平均每 15 名学生拥有 1 台;全市所有高中、初中和 146 所小学开设信息技术必修课,占全市中小学的 30%;建成校园网学校 184 所,占全市中小学的 16.4%;实现宽带上网学校 425 所,占全市中小学的 37.9%;网络终端进教室 1200 个,占全市教学班 9.7%。

第四节　九年制义务教育实施

1989 年,德州地区行署制定《关于实施九年制义务教育的意见》,对全区实施九年制义务教育规划、学制、体制、经费和师资等问题提出具体执行意见。1990 年起,全区大力普及九年义务教育,明确义务教育由各级人民政府负责组织实施,并建立健全义务教育证书制度和学生辍学报告制度以及乡镇义务教育评估制度。至当年 9 月底,全区实施义务教育的乡镇已达 213 个,覆盖人口 506.8 万人。是年,全区小学生流失率由上年的 1.93% 下降到 0.74%;初中学生流失率由上年的 3.43% 下降到 1.84%。1991 年,全区各乡镇进行义务教育自评,建立健全义务教育档案,其中 93 个乡镇通

过县市复评。1992年，制定实施义务教育发展规划，并建立健全义务教育的运行机制和实施义务教育的程序机制。到1993年，全区小学6104所，小学适龄儿童入学率达98.86%。1994年10月，推行政府系列的县（市）长、乡长、村委会主任及教育系列的县（市）、乡教委主任和中小学校长“两基”双目标责任制，层层签订目标责任书，并建立健全科学的评估机制和执法监督机制。

1995年，全市有71个乡镇“普九”工作通过市政府验收。1996年，按照“合理布局、减少处数、扩大规模、提高效益”的原则，全市共投入资金6.39亿元进行校舍改造及设备更新，是前12年校舍改造及设备更新总和的1.6倍。当年，德城区、乐陵市、宁津县、临邑县、禹城市率先通过山东省政府“两基”（基本实施九年义务教育和基本扫除青壮年文盲）验收。1997年1月，平原县、武城县、齐河县、陵县相继通过“两基”验收。12月，庆云、夏津两县通过验收。至此，全市11个县（市、区）全部按期通过省政府“两基”验收，实现了九年义务教育。全市所有小学年辍学率控制在0.31%以内，初中年辍学率控制在1.23%以内。

第五节　教育督导

1992年4月，德州地区教育督导室建立，定编4人，为地区教育局内部机构。1995年1月，地区教育督导室改建为行署教育督导室，行使行署赋予的教育督导职能。至2011年，德州市已经建立起较为完善的市、县两级督导责任区制度，构建起覆盖全市所有中等及中等以下学校的教育监督体系。全市共有专职督导人员23名，兼职督学611名，其中市政府教育督导室共有专职督导人员2名，兼职督学133名；县（市、区）教育督导机构共有专职督导人员21名，兼职督学478名。

一、县市教育综合评估

1993年2月，根据《德州地区教育局关于对县市教育水平进行综合评估的意见》，地区教育局成立了综合评估领导小组，在各县（市）自评的基础上，对1992年县（市）的德育工作、普通教育、幼儿教育、职业技术教育、成人教育、教师队伍建设、教育经费、办学条件、教学研究、机关工作等方面的水平，进行首次年终评估。评估结束后，对县（市）教育水平进行了通报，平原县、德州市（现德城区）、宁津县总分名列前茅。同年10月，在总结首次评估经验的基础上制定《县市教育水平综合评估记分办法》。1994年4月在各县自评的基础上，地区教育局综合评估领导小组对县（市）教育水平进行了第二轮综合评估。

2002年起，为适应教育改革与发展的新形势，推动教育工作的健康发展，市政府建立对县级政府教育工作综合督导制度。其核心是依据教育法规和政策规定，紧紧围绕县级政府的法定教育职责、教育工作的重点难点确定指标体系。2003年，市委组织部、市教育局、市政府教育督导室联合下发《关于将教育工作情况纳入县（市、区）党政领导政绩考核内容的通知》，逐级建立对县（市、区）、乡（镇、街道）党政主要领导干部考核制度，将领导干部落实教育地位、抓教育工作情况列入党政领导干部任期目标责任制和政绩考核的重要内容，考核结果作为选拔使用干部的重要依据。对县级政府教育工作综合督导，每年进行一次，督导评估方案由市政府办公室下发，督导评估由市教育局、市财政局、市监察局、市审计局等部门共同组织，同时邀请市人大、市政协、市委组织部监督指导，并将督导结果在全市进行通报。2006年3月，按照《德州市2005年度县（市、区）政府教育工作综合督导评估方案》和《县（市、区）教育教学主要工作督导评估细则》,对全市120所学校(幼儿园)进行督导评估,对11县(市、区)进行打分排名,并形成《综合督导评估反馈意见》。2008年5月,山东省教育督导团就素质教育落实、教育投入、学校管理等各项工作,对德州市进行督导评估,并形成《综合督导评估反馈意见》,德州位居全省第九名,比2007年提升4个名次。2010年,在山东省教育工作专项督导中,职业教育部分取得全省第七名的成绩。

二、"两基"督导评估验收

基本扫除青壮年文盲验收　1988年,国务院颁布《扫除文盲工作条例》,地区行署即采取"双线承包制度",层层签订扫盲合同,将扫盲任务分解至县(市),责任到乡,工作到村,责任到人。教育、宣传、共青团、妇联、农业等10部门联合下发《关于进一步开展扫盲工作的通知》。1995年9月,德州市扫盲工作顺利通过山东省人民政府的验收,1996年12月又顺利通过国家教委的抽查。

基本普及九年制义务教育验收　1994年,德州地区"两基"工作进入重点实施阶段。1995年2月,地区行署下发《关于印发普及九年义务教育评估验收督导规定的通知》。同年10月,市教委、市人大教科文卫委员会、市政协文教卫生处联合成立"五查"工作领导小组,对平原、武城、夏津、宁津、陵县5个县的"两基"规划实施、《中华人民共和国教师法》落实、教育投入、德育工作、减轻义务教育阶段学生过重课业负担的各项主要措施落实情况进行抽查。1996年1—2月,市政府对全市96个乡(镇)的普九工作进行评估验收。1996年7月,德城区"普九"达标率先通过山东省政府验收。至当年底,乐陵、宁津、临邑、禹城、陵县、平原、武城、齐河8个县(市)在市政府复评合格的基础上,先后通过了山东省政府"两基"验收。

"两基"成果复查　1997年年底,德州市全部通过了山东省基本普及九年制义务教育验收后,为巩固"两基"成果,市政府建立每两年对县(市、区)"两基"实施状况进行一次复评制度。1999年3月,市政府教育督导室下发《关于对县(市、区)"两基"巩固提高工作进行复查的通知》,同年4月,市政府组织人员对11个县(市)的"两基"工作普遍进行复查。2002年9月,根据《教育部基础教育工作分类推进与评估指导意见》,市政府教育督导室印发《德州市"两基"巩固提高工作督导评估标准(试行)》,在普及程度、师资队伍、办学条件、教育经费等方面提出了更高的要求。市政府教育督导室坚持"两基"巩固提高复查制度,定期对各县(市、区)的"两基"巩固提高工作进行复查,促进了"两基"巩固提高。2003年宁津、乐陵,2004年德城、武城、齐河、禹城,2005年平原、临邑、陵县,2007年庆云、夏津相继通过了省"两基"巩固提高复查。

三、省级教育工作示范县(市、区)创建

按照《山东省县级政府教育工作督导评估方案》,德城区自2005年开始教育工作示范区创建工作,通过严格落实"以县为主"的义务教育管理体制,加大教育投入,全面实施素质教育,在改善办学条件,加强学校管理,提高教师素质,实施科研兴教等工作,于2007年顺利通过验收,被命名为"山东省教育工作示范区"。

第三十二编

WEN HUA

文化

- 文学艺术
- 广播 电视 电影
- 新闻出版
- 群众文化
- 文化市场管理
- 文物
- 档案
- 社会科学研究

1986—2011 年，全市（地区）文化事业以繁荣社会主义文化、打造地域文化高地为总抓手，以文化体制改革为动力，不断加大公共文化设施建设，文学艺术、广播电视、新闻出版、群众文化、文物管理等方面均取得长足发展。

文学艺术创作及演出活动日趋活跃。全市有上百件文学作品在全国、全省评比中获奖，有 300 多件美术作品参加全国大展，120 余幅摄影作品入选省级以上展览。大型文艺演出活动持续不断。全市公共文化设施有市、县两级文化馆、图书馆；133 个乡镇、街道全部建有文化站，建成村文化大院、社区文化中心 2258 个，满足人民群众日益增长的文化需求。2011 年，建成的德州市博物馆，是全市第一座集文物收藏展示、科学研究、宣传教育为一体的综合性博物馆。截至 2011 年，全市共有非物质文化遗产 80 项，其中列入国家级 2 项、省级 13 项、市级 65 项。

广播电视事业发展迅速。1986 年 12 月，德州人民广播电台建成开播，为全省首家县级调频立体声广播电台。1987 年 12 月，在德州电视转播台的基础上，建成德州电视台。1995 年，德州地区撤地建市，原县级德州广播电台与地区经济广播电台合并，组建德州人民广播电台；整合有线电视网，成立德州有线电视台。1998 年 1 月，德州市有线广播电视光缆干线网建成开通，通过光缆网向全市县（市、区）传送广播电视节目。2006 年 11 月，采用国际先进技术建设的德州数字电视平台开通，标志着全市有线电视网络从单纯传送模拟电视节目发展成为传输手段高科技化、业务信息化、服务综合化的全新网络。至 2011 年，全市共有广播电台 11 座，市级电视台 1 座，县级电视（转播）台 10 座。

第一章　文学艺术

80 年代起，德州地区文学艺术创作日趋繁荣。1987 年 12 月，德州地区首届文学艺术工作者代表大会召开，德州地区文学艺术联合会正式成立。1995 年，更名为德州市文学艺术界联合会（简称德州市文联）。1996 年，市文联重新设置办公室、文联创作室、协会工作部 3 个部室；下属作家、书法家、美术家、摄影家 4 个协会，共有会员 1000 余人。至 2011 年年底，市文联直属作家、美术、书法、摄影、音乐、舞蹈、曲艺 7 个协会，有会员 2600 余人，其中国家级会员 83 人、省级会员 400 余人、市级会员 2120 余人。除庆云、陵县、平原 3 县外，全市 11 个县（市、区）均建立了文联组织。

第一节　文学创作

1991 年 5 月，德州地区作家协会成立，召开第一次作代会。1992 年，全区共有市级作协会员 98 人，省作协会员 35 人，中国作协会员 2 人。2011 年，会员发展到 512 人，其中市作协会员360人、省作协会员82人、中国作协会员7人。

80年代初，德州文学创作开始进入繁盛期，主要作品有杨英国（回族）的长篇小说《河歌》与《风流铁血梦》；尹世林的中篇小说《白鸡》等。1986年，田毅的长篇小说《魔鞭》《东方卓别林》分别由山东文艺出版社与明天出版社同时出版，长篇儿童小说《冰雪花》，一举获得全国优秀儿童读物奖。1988年，地区文联发起成立“德州地区作家艺术家企业家联谊会”。到1991年，全区发表中长篇小说10部，获省级以上奖项的诗歌、散文及评论等40篇（首），电视（影）剧本2部。在全区庆祝新中国成立40周年文艺创作大赛中，匡万平、田毅、尹世林等文学创作获奖达19人次。尹铁铮的中篇小说集《鼋庙轶事》、刘金忠的长篇小说《故渎》、杨英国的长篇小说《天园有路》等影响最大，还获省精品工程大奖。文学刊物《苗圃》更名为《鲁北文学》双月刊，著名诗人臧克家为该刊题写刊名。

2009年，“德州作家网”开通。同年《德州视点》与《小拇指诗刊》等综合类刊物创刊。“德州诗人群像”在《德州日报》副刊开栏历时一年时间，并推向全国。至2011年年底，全市有市作协会员389人，山东省作协会员110人，中国作协会员12人。1982—2011年，全市创作小说、诗歌、散文、报告文学等各类文学作品近600部（集），其中小说130余部（集），诗歌、散文、报告文学316部（集），影视文学剧本、传记文学、文学翻译、文学理论专著等150多部（集）。

在小说类作品中，长篇小说有50余部，中篇小说12部（集），短篇小说60多部（集）。其中在全国比较有影响的长篇小说有《魔鞭》、《东方卓别林》、《冰雪花》（田毅）、《滑稽大师东方朔》《缚苍龙》《桃仙配》（刘凤海）、《天园有路》《铁血风流》（杨英国）、《故读》（刘金忠）、《薛涛全传》（尹铁铮）、《朱红灯传奇》《巾帼遗恨》（焦力军、于振声）、《兵部尚书王洽》、《葛守礼断案》（王传和）、《母亲的红色之恋》（陈璞平）、《女枪王》（姜金霞）等，中篇小说《长夜洞箫》（尹世林）、《鼋庙轶事》（尹铁铮）、《书生夜短》、《疑似》（杨英国）、《远帆》（焦力军）、《母亲在国难中出嫁》（刘世亭）等；短篇（小）小说有《野水》（尹世林）、《田毅短篇小说集》（田毅）、《黑色诱惑》（纪慎言）、《烟枪》（刘振）、《桃花巷风情录》（杨柱山）、《玉米的馨香》、《像风一样消失》（邢庆杰）、《回眸一笑》（王新艳）、《纸片上的女孩》（费克）、《绝唱》（程宪利）等。

在诗歌、散文和报告文学作品中，诗歌200多部（集），散文60余部（集），报告文学50余部（集）。德州是诗歌高地，数量多质量高。诗集有《太阳风》《太阳河》《太阳鸟》（朱竹）、《故乡情》《田毅抒情诗选》（田毅）、《心形的叶子》《用花朵说出》（任先青）、《灵魂的重量》（张庆岭）、《秋水无声》（冯国华）、《不虚此行》（格式）、《李庄的诗》（李庄）、《青春风铃》（高艳国）、《守望月光下的村庄》（崔金鹏）、《疯狂的目光》（英伦）、《雪落无声》（兰雪）等；散文集有《履痕》（田毅）、《美的心灵与启迪》（付国杰）、《报春燕》（匡万平）、《歌风台随笔》（戚忠顺）、《清水洗尘》（陈剑霞）、《打响春天的响指》（周童）、《渐行渐远》（刘长新）、《纸上的故乡》（爪哇岛）等；报告文学有《铁血之旅》《幸福的沙漠》（尹世林）、《雄关漫道》（高洪玉）、《黑马》（李长征）、《龙门作证》（梁家卿）、《长路当歌》（丰文茂、顾金良）、《乡村涅槃》（高艳国、赵方新、解永敏）、《见证》（崔金鹏）等。

电影文学剧本的创作，继1987年王松林的《杨七郎打擂》获奖后，又有二十几部电影电视剧拍摄播出。1990年，刘贵华的《情在人间》由

中央和地方电视台同时播出;1992 年,刘世亭的《月圆在仲秋》由长春电影制片厂拍摄播出;1998 年,尹世林的长篇报告文学《铁血之旅》改编成电影搬上荧屏;1999 年,根据刘凤海的长篇小说改编的 40 集电视连续剧《东方朔全传》,由上海国际影视公司拍摄并由中央台播出;2002 年,尹铁铮、高洪玉创作的电视剧《悠悠寸草心》,一举斩获山东省第十三届电视剧奖;2009 年由庆云县委宣传部创作推出的电影《春雨沙沙》,不仅在全国各电视台播放,还走出国门,获得圣地亚哥国际儿童电影节大奖;姜金霞的长篇小说《女枪王》被浙江横店影视城独立摄制制作成电影《爱在燃烧》,杨英国的小说由北京金色画面文化公司拍摄成电影《生生不息》。

传记文学、民间文学、儿童文学、网络文学、翻译文学、文学理论研究等都有大量的创作成果。陈璞平的传记文学作品《陈独秀之死》《无字碑》等连续 3 次再版。民间文学在此期间结集出版的有近 10 部(集),其中以《庆云民俗》《东方朔与汉武帝》和《金丝枣乡的传说》最有代表性。儿童文学创作出版的有 20 余部,田毅的长篇儿童小说《冰雪花》,获全国优秀儿童读物奖;霞子的长篇科幻童话《酷蚁安特儿系列》和《我叫猪坚强》等受到众多读者的好评;莫问天心在儿童文学创作方面也收获颇丰,崭露头角。

第二节　戏剧 曲艺

一、戏剧

1986 年,全区专业演出剧团主要有德州地区京剧团、县级德州市京剧团、平原县京剧团、夏津县京剧团、武城县评剧团、陵县评剧团、乐陵县河北梆子剧团、宁津县河北梆子剧团、临邑县河北梆子剧团、禹城县吕剧团、齐河县黄梅剧团等。1986 年后,随着电视节目的普及以及新型娱乐形式的不断出现,戏剧演出市场日渐低迷。到 2011 年,除德州市京剧团以及武城县评剧团(2002 年划归该县文化艺术中心)、乐陵县河北梆子剧团外,其他县级文艺团体全部停演。

德州市京剧团 1986 年有职工 64 人,其中演职人员 61 人。上演新戏 1 台,恢复传统戏 6 台,演出 30 场,观众 2.1 万人次。1986 年后,演出的传统剧目主要有《凤还巢》《三娘教子》《玉堂春》《探皇陵》《白蛇传》《秦香莲》等 30 多出;现代戏有《红灯记》《智取威虎山》《沙家浜》等。进入 21 世纪,剧团在恢复演出传统剧目的同时,注重优秀剧目的创作与生产。2006 年,新编历史剧《武大郎正传》被评为山东省第八届“精品工程”,自编京剧唱段《光辉历程》代表山东省人大常委会参加了在人民大会堂的演出;2007 年 12 月 1—4 日,现代京剧《时传祥》到北京全国政协礼堂演出,演职人员受到中央领导的接见,并被评为山东省第九届“精品工程”。至 2011 年年底,市京剧团在编 46 人,其中一级演员、演奏员 5 人,二级 10 人,三级 14 人;每年演出百余场,观众 4.2 万人。先后获全国金奖、优秀表演奖 3 个,获省文化厅、省电视台举办的青年京剧演员大奖赛玲珑金杯奖 5 个,荧屏奖 5 个,银奖 1 个。

京剧艺术在德州有较好的群众基础。特别是进入 21 世纪后,随着物质文化生活的提高,涌现出一大批京剧爱好者和京剧名票,先后成立了德州市业余京剧协会、德城区业余京剧协会、胜强少儿京剧艺术学校、德城区陈公庄户剧团、德城区戏友联合会、夏津鄃城京剧研究会社等众多业余京剧组织,并踊跃参加全国全省业余京剧大赛。其中,名票田胜强先后在北京国际京剧票友电视大赛、全国职工京剧演唱比赛、央视全国戏迷票友电视大赛和第七届天津中国京剧邀请赛中获得金奖,并被评为“中国京剧十大名票”之首。2002年，中央电视台首届《戏迷俱乐部》演播现场在德城区开拍，并通过央视频道向国际播放。2008年11月17日，德州市举行“中国京剧城”授牌仪式暨京剧专场晚会。

“一勾勾”演出现场　　（2009年　摄）

二、地方戏

一勾勾　主要活跃于临邑县境内，系由高唐一带的鼓子秧歌衍化而来，至2011年已有200多年历史。初期，该剧种是一种民间演唱艺术，演唱者腰挎花鼓，自己打鼓演唱伴奏；后来发展成登台演出，并采用四胡为伴奏乐器的戏曲形式，人称“四根弦”。行当有青衣、花旦、胡生、小生、花脸丑等。由于它的唱腔中带有一讴或一吼，演唱中一讴吼一讴吼的，时间长了人们就把它说成了“一勾勾”。20世纪50年代初，由民间艺人张志杰、张洪学、焦连坤等组织了“一勾勾”剧团，共10余人。1955年，该剧团代表临邑县参加山东省业余戏曲会演，引起上级文化部门的重视。1959年秋，临邑县政府接管该剧团，正式成立县“一勾勾”剧团。1971年，该剧团与县河北梆子剧团合并成立县京剧团。至此，临邑县“一勾勾”剧团宣告结束。

2006年4月7日，“一勾勾”入选首批国家级非物质文化遗产名录，沉寂了30余年的一勾勾渐渐回归到人们的视野之中。同年，临邑师范学校成立一勾勾研究传播中心，邀请艺人邝书云、龙传英等授课。《王小赶脚》是该中心师生完成的首个传统剧目，2007年获山东省农民文化节德州赛区银奖。此后，又创作了《春满神州》《姊妹易嫁》《定能战胜顽敌渡难关》等16部现代剧目。

此外，临邑县还成立了一勾勾戏曲联谊会，组织老艺人进行戏曲的传承和保护工作。2010年，联谊会被确定为省级非遗传习所，杨富元和邝书云被确定为省级代表性传承人。

马堤吹腔　前身是流传于山东、河南、冀南一带的民间戏曲柳子戏，在夏津县马堤村已有200多年的历史，村民以口授心传的方式传承至今，既保留了最初柳子戏的特点，又与现代柳子戏有区别。该剧种曲牌的风格与唱腔结构严谨，每支曲牌的句数和每句曲词的字数都是固定的，其最突出的特点是字简腔繁，行腔中间多虚词衬字，或将其中一部分反复唱。传统剧目多为多幕大戏，其内容以表现帝王将相的文治武略、才子佳人的情爱恩怨为主，如《挂龙灯》《三宝殿》等；也有部分反映老百姓日常生活细节的小戏，如《王玉蓉思夫》《王小赶脚》等。舞台语言以夏津地方方言为主，夹杂有京白和普通话，通俗易懂。舞台动作以文戏为主，生旦净末丑五大门类俱全。

马堤村吹腔剧团最早成立于清道光年间，

马堤吹腔演出 （2009 年 摄）

历经九代传承至今，有演职人员 40 多人。2009 年，马堤吹腔戏剧被收录省级“非物质文化遗产名录”。王世全和王裕坤被确定为马堤吹腔主要传承人。

哈哈腔　亦称“喝喝腔”“呵呵腔”，是产生于北方民间、流行于山东西北部、河北东南部的一个地方小戏种，在庆云县徐园子乡刘贵村，庆云镇歪柳树村、小李村，严务乡王皇村为中心已有 200 余年历史。哈哈腔唱腔属于板腔体，“流水板”是核心板式，主要有“头板”“二板”“三板”“快三板”“垛板”“尖板”“慢板”等。哈哈腔各行当唱腔大体相同，分男腔、女腔两种，男女同调，旋律稍有区别。其乐器以四胡、板胡、长笛为主。20 世纪 30 年代，哈哈腔艺人将这一民间艺术精粹在周边地区发扬光大，北至天津、东至东营、南至黄河一带，方圆数百里曾红极一时。后由于种种原因，哈哈腔逐渐淡出人们的视野。为弘扬传统民族文化，刘贵村成立哈哈腔剧团，逢年过节进行演出活动，并对该剧种进行发掘、保护、传承、发扬。

三、曲艺

80 年代以前，包括大鼓、相声、坠子等各种各样的曲艺演唱艺术，非常受广大民众喜爱，各县（市）多建有专业曲艺队，农村冬闲时间是曲艺说唱最活跃的时候，民间自发的演唱活动也非常普遍。与戏曲一样，随着广播电视等现代传媒的兴起，曲艺逐渐衰落，演唱活动日趋减少，很多专业曲艺团队自行消失，民间演唱也多在节假日或庆典时，由官方组织演出，自发的活动很少见。

2009 年 8 月，德州市曲艺家协会成立，至 2011 年年底，德州市曲艺家协会共有会员 127 人，其中国家级会员 7 人，省级会员 20 人，市级会员 100 人。

鲁北木板大鼓　中国北方大鼓中最早的一种，距今已有 350 多年的历史，并形成孙、赵两大门户。演唱形式有一人左手拿铜板，右手持槌击鼓，三弦伴奏的；也有二人演唱一人伴奏的。20 世纪 50 年代以后，由于受场地、资金的限制、琴师难找等原因，去掉三弦伴奏，演员单独说唱俗称干鼓板。2007 年，被收录为市级非物质文化遗产名录。后被收录为省级非物质文化遗产名录。

第三节　音乐 舞蹈

一、音乐

2003 年 11 月，德州市音乐家协会成立。至 2011 年年底，德州市音乐家协会共有会员 228 人。其中，国家级会员 18 人，省级会员 10 人，市级会员 200 人。

二、舞蹈

2003 年 5 月，德州市舞蹈家协会成立。至 2011 年年底，德州市舞蹈家协会共有会员 166

人。其中，国家级会员 1 人，省级会员 15 人，市级会员 150 人。

德州市歌舞团　前身为 1970 年建立的德州地区毛泽东思想宣传队，1975 年更名为德州地区文工团，1985 年更名为德州地区歌舞团。1986 年，全团编制 50 人，全年演出近百场，观众数万人次。1995 年更名为德州市歌舞团。1997 年，建成高标准的艺术综合楼。1998 年又创建了歌舞团艺术学校。1999 年，与晶华集团双方本着优势互补的原则，成立“晶华歌舞团”。2011 年，德州市歌舞团在编 61 人，其中一级指导、演员、演奏员各 1 人，二级演员、演奏员、主任舞台技师 11 人，三级演员、演奏员、舞台技师 15 人；每年演出百余场，观众数万人；先后获得省级以上各类比赛大奖数百项。

境内民间舞蹈主要有 45 个种类、105 个节目，有“西南的‘杠’（指武城、夏津一带的花杠舞），东北的‘鼓’（指临邑一带的鼓舞），要看花灯到处有（指分布在全市各地的花灯舞）”之说。

德平大秧歌　起源于元朝，流行于临邑县德平镇。当时的统治者在各个村庄设有首领一名，以监督管理全村的军政。若有宴会或欢乐场合，便强迫年轻妇女陪其唱歌作乐。百姓想出变通的办法，男扮女装去应付差事，演唱内容咋听起来庸俗不堪，实则是不得已而发出的怨愤的声音。这便是大秧歌的雏形。德平大秧歌分为两大流派，主要区别是罗圈鼓子和蹦鼓子的不同，演练阵式的不同。德平周围主要是蹦鼓子，德平东南区域以罗圈鼓子为主。演练阵式主要有拜金台、编辫子、剪子股、四门斗、迷魂阵、四连环等。2007 年，被收录为市级非物质文化遗产名录。

抬花杠　又称花杠舞，是由“大姑出巡”引发的民间艺术活动，流传于武城县南屯一带。“抬花杠”原是由人们抬着花篮去祭祀“大姑神”的一种仪式衍生而来的，传说大姑神爱花，人们便抬着花篮在“大姑庙”前表演出各种动作让大姑观看，表达对“大姑神”的敬仰并博得大姑神的欢心。由于南屯系武术之乡，抬杠人大多有武术功底，集武术于一体，形成了独具一格的民间表演形式。2006 年，被收录为省级非物质文化遗产名录。

绣球灯舞　起源于齐河县祝阿镇官庄村并流传至济南市长清、北园一带。始于清朝末年，因演员双手各舞绣球灯而得名，是人们表达祈求风调雨顺、安居乐业，集武术、舞蹈为一体的自娱自乐的民间艺术活动。主要道具为绣球灯，演员以手中的绣球摆出“天下太平”等字样，形式独特、舞姿矫健，历时百余年而不衰。1985 年 1 月，由文化部、民族事务委员会、中国舞蹈家协会联合组成的《中国民间舞蹈集成》编纂委员会山东卷编委会为其录像。2006 年，

绣球灯舞表演　（2009 年　摄）

被收录为市级非物质文化遗产名录。

牛斗虎　流行于平原县，白水村的牛斗虎表演最出色。牛头、虎头用纸张裱糊，着色描绘，分别用布、绸、麻做的牛皮连接而成。牛与虎各由2人组成，表演牛与虎扑打抵斗的各种动作。

德州跑驴　又称小黑驴儿。是产生流传在德州城乡、深受群众欢迎的民间舞蹈形式。始于1930年的德州城郊马庄村，原为“王小赶脚”。演员二人：二姑娘、王小。二姑娘骑扎制的竹骨架，外披黑布挂黑麻的驴形，王小赶脚，一赶一雇，讨价还价，插科打诨，且把毛驴动作模拟的唯妙唯俏，情趣盎然，耐人寻味。锣鼓唢呐伴奏，节奏明快，气氛热烈，深受群众喜爱。

德州高跷　以小锅市高跷会为最早，是运河漕运通航后随船由河北省通州堤传来的。民国时期，城乡闹元宵，二郎庙角高跷队张金荣扮演头陀，倒蹲舞棒，以一百单八下，打上打下高12米多的城墙坡道，居冠夺魁，誉满城乡。1980年，小锅市、柴市街的高跷分别由省、地电视台录像播放，搬上影视屏幕。

蹦鼓舞　又名跳鼓子，起源于元朝，流行于陵县。鼓的形状为腰间粗、两端略细、木框，两头蒙皮革，革制鼓柄，近似于腰鼓，但小于腰鼓。鼓槌为鞭形，以革制鞭，鞭鞘头结一疙瘩。舞时，左手握槌，边打边舞。蹦鼓舞在元朝时只为少数统治者服务。表演者是少男少女，有的舞伞、有的舞扇、有的击鼓。有大鼓、小鼓、锣、钹、镲等打击乐伴奏。队形以伞为前导，以鼓舞为主体，鼓扇来往穿插，蹦跳扭打、交换易位、载歌载舞。元朝以后，蹦鼓舞逐渐成为广大劳动人民同欢共乐的文娱活动。突出了以跳为主，舞姿朴实飘逸，动作幅度较大而节奏感强的特点。其动作特点“飞脚腾空似虎跃，踹雁探海空中飘，平地跃起要干拔，落式煞架稳又牢”。新中国成立后，蹦鼓舞增添了工农兵形象的角色，变为大型广场舞蹈，多则达500人。着装五颜六色，人物生旦净末，成为元宵佳节当地群众喜闻乐见的自娱性表演艺术。

第四节　美术　书法　剪纸　摄影

一、美术

80年代初期，由崔占德、李振坤、王文成等为代表的画家就以画连环画享誉画坛，代表作《大刀记》；由于占德、倪辰生、房玉宾等画家就以年画作品入选国展。1989年，韩昌力、李春霞、于占德、房玉宾、李振坤等画家集体发力，取得第七届全国美展的4项三等奖。1990年7月，德州地区美术家协会成立。其后，地区青年美术家协会、漫画艺委会、小书画家协会、德州画院、德州

跑驴表演　（2009年　摄）

国画研究院等一批群众性美术团体相继成立，推动与繁荣了全市的美术事业。

1994年，全区有多件作品参加全国大展，其中李振坤的《久远的音符》获第八届全国美展优秀作品奖。1997年，在山东省迎香港回归美术书法作品展览中，德州有13人入选展览。1999年，全市30多名画家在各类大展赛中入展和获奖，是历年来成绩最好人数最多的一年。其中，南海岩的《阳光灿烂的日子》获全国第九届美术作品展铜奖，张弘的作品《凋羽》入选全国第九届美术作品展。2003年，中国美协艺委会、山东美协、德州市委宣传部联合在中国美术馆举行主办“李振坤人物画展”。2009年，李振坤获山东省第二届泰山文艺奖三等奖。

1980—2011年，有300多件美术作品参加全国大展，近60名作者获近百个奖项。有许多作品被作为国礼赠送外宾，或被中南海和国内外博物馆、美术馆收藏，如《崔占德山水画集》《王征远画集》《李振坤画集》《于占德画集》《田瑞花鸟画集》《张永利画集》等。据统计，崔占德、宋兆钦、郭抱湘、孙公照、南海岩、李振坤、王征远、于占德、韩昌力、温红雨等40多位画家曾先后在国内国外举办个人画展。

至2011年，德州市美术家协会有市级会员420人、省级会员12人、国家级会员8人。

二、书法(篆刻)

1985年7月，德州地区书法家协会成立，会员50人，其中省级会员由4人。

德州地区书协成立后，不断发现与培养书画人才，积极开展书画活动。到1988年5月，地区书协会员发展到400多人，其中省级会员发展到40人，并增设办公室为书协常设办事机构。1989年4月，成功举办“德州地区书画篆刻展览”，参加人数达254人；在全区庆祝中华人民共和国成立40周年文艺创作大赛中，21人获奖；1990年5月，刘志耘、孙鸿璋、王征远等人发起成立德州印社。1991年3月，举办“德州地区书画巡回展览”，展出作品165件；全区有32人被编入《当代书画家大辞典》，40人被编入《当代印社志》。

1995年撤地建市之后，市青年书法家协会、市硬笔书法协会等群众性组织纷纷成立，并经常组织全市书法爱好者举办展览和培训班，参加各种书法交流活动。2007年，市书协邀请赖非、于明泉到德州举办专题讲座。2009年，举办“英潮杯·赞祖国扬四德德州市首届书法篆刻大赛”和“全国第三届兰亭奖研讨培训班”。2009年5月底，市文联、市书协与北京市海淀区文联联合举办“庆祝新中国成立60周年——北京京华印社、山东德州印社金石书画作品联展”，展出两地金石艺术家创作的精品力作140余件。2010年，举办“市直书协会员临帖观摩展”和“德州市首届临帖展”。此项活动历时一年，在各县(市、区)巡回展览，共展出临帖作品500余幅，并结集出版了《德州市首届临帖展作品集》。同年5月，举办“走进太阳谷—德州首届全国书法名家作品邀请展”。2011年，举办“移动杯”第二届书法篆刻大赛。

1983—2011年，全市书法作者有100多人、300多件作品在国家级以上展览中参展或获奖，有30多人出国(境)举办个人书展或讲学以及出版书法作品集。截至2011年年底，全市有国家书法家协会会员30人，省书法家协会会员150人，市书法家协会会员500人。

三、剪纸

1986年后，剪纸艺术得到长足发展，逐步形成宁津、陵县两个剪纸中心。

宁津剪纸以张长俊为代表，1986年师从中国剪纸学会会长仉凤皋，并在天津美术学院进修素描及剪纸设计、制作。张长俊热衷于民间剪纸创作、收集和整理，调查走访了省内外200多个村庄、60多位剪纸能手，收集作品上千件。

《铁流》(局部)　李振坤　画

田瑞　画

丁兴才书法

刘文海书法

南海岩　画

陈洪岭　画

王征远　画

吴山石　画

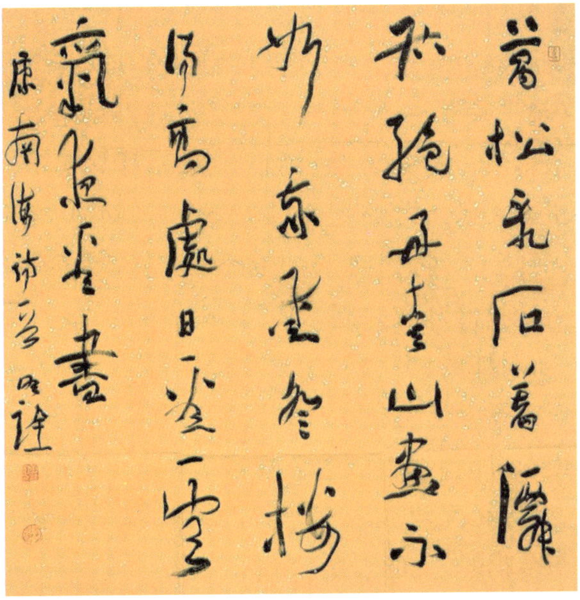

于明诠书法

于占德　画

1993年，其作品《黔驴技穷》《狐假虎威》等成语故事剪纸在报刊发表。1998年，《东方舞》《西厢记》《白蛇传》戏曲剪纸在商报发表。2000年，《神龙千禧》《八大名人》剪纸作品获文化部举办的民间艺术大赛一等奖，并被中国美术馆收藏。2004年参加世遗大会并作宁津剪纸的产业化现状及发展的报告。2007年为奥组委设计制作了《舞动的北京》《腾飞的中国》《祖国在我心中》《奥运福娃》等作品，被作为礼品赠送给国际友人。2010年设计、制作的彩色《京剧脸谱》礼品册，被德州市人民政府作为第四届世界太阳能大会礼品赠送给国际友人。2011年，张长俊被评为山东省齐鲁文化之星，德州市非物质文化遗产传承人。

陵县剪纸以石成才为代表，1983年开始专门研究民间剪纸艺术，并与书法美术艺术有机结合形成一种高级剪纸艺术。他的剪纸栩栩如生，惟妙惟肖，具有鲜明的地方特色，被誉为民间艺术的一朵奇葩。他创作的36米长剪纸长卷《一百单八将》、6米长《清明上河图》、18米长的《吴道子八十七神仙卷》等作品先后获得国内大奖，在国家博物馆展出并被收藏。石成才及其作品曾在被《德州日报》《大众日报》《中国国防报》《家庭百事通》《辽宁青年》以及在中央、省、市多家广播电视媒体报道。

至2011年年底，全市剪纸民间艺人已达千人之多。

四、摄影

1990年1月，德州地区摄影家协会正式成立。1992年，全区有地区摄影家协会会员85人，省级摄影家协会会员16人，国家级会员1人。2003年5月，市青年摄影家协会成立，当年联合团市委、《德州日报》、《德州晚报》举办了多项展览活动。2008年3月，市摄协创办“德州摄影家论坛”，组织摄影创作、评选月赛，日点击量突破万人次。市摄影协会经常组织摄影爱好者外出采风，组织创作，举办展览、培训班、辅导班、讲座等，促进摄影艺术的发展，全市形成一支新老结合的摄影骨干队伍。2007年，举办“‘运河名城——德州’摄影比赛及展览”。2008年12月，与市委宣传部联合举办了“辉煌30年活力新德州——德州市改革开放30年成就图片展”；2009年5月，市摄协与市环保局联合举办“情系蓝天碧水环保摄影展”，展出环保主题图片300多张；配合2009年德洽会和第十一届全运会德州赛区的开幕活动，组织摄影家协会会员和爱好者拍摄照片并精编《中国太阳城魅力新德州》对外宣传画册。举办“庆祝新中国成立60周年摄影图片收藏展”。2010年9月举办“低碳德州摄影展”。11月中旬，举办“中国太阳城——生态德州”摄影展。

1986—2011年，全市摄影工作者和爱好者创作了大量摄影艺术作品，许多作品在全国大展（比赛）中入选或获奖：徐洪铎的《高洁》在“飞跃世纪”中国自然风光摄影艺术大赛中获优胜奖，并获中国摄协从事摄影30年荣誉奖章（最高荣誉）；刘新生的作品《脊梁》获中国农村摄影大赛铜奖，作品《两小无猜》获中国大运河摄影大赛金奖；邢兰军的《人贩子落网记》在全国社会新闻大奖赛中获优秀奖；宋卫中的《焦裕禄和群众在一起》获《中国记者》征文二等奖；周坤的《普天同庆》在1997香港回归日摄影大赛中获优秀奖；刘新生的《速写黑蜻蜓》在山东省摄影家协会抓拍摄影大赛中获一等奖，《落雪无言》获第十四届山东省群星奖优秀奖；崔金鹏的《美丽人生》在全国“八喜杯”婚纱摄影大赛上获特别金奖。张恒志的《月照沂蒙映金秋》在《大众摄影》杂志月赛中获一等奖；马少华的《泰山魂》获省群星奖三等奖；卢昕、张立新入选山东省第九届摄影展并分别获得银奖和铜奖。

2011年，德州市摄影家协会有市级会员

360 人、省级会员 82 人、国家级会员 7 人。

第五节　杂　技

德州地区杂技历史悠久。宁津县民间杂技基础好、艺术人才辈出，素有“杂技之乡”的美称。

新中国成立以后，先后成立了德州地区杂技马戏团、宁津县马戏杂技团、庆云县马戏杂技团等专业演出团体，人员达 230 余人。1975 年，宁津县杂技艺术学校成立。1978 年中共十一届三中全会以后，民间杂技团及杂技训练班相继出现。1995 年，宁津县被文化部命名为中国民间艺术（杂技）之乡。2008 年，宁津杂技先后被收录为“全省非物质文化遗产”“国家级非物质文化遗产”。至 2011 年，德州专业杂技艺术团体主要有德州市杂技团和宁津县杂技团。

德州市杂技团　前身为 1958 年建立的聊城专区杂技团。1961 年改称德州专区杂技团。1995 年更名为德州市杂技团。1986 年，全团有演职人员 110 人，全年演出 180 场，观众 10 万人次。1989 年 1 月赴海南参加电影《天涯怪客》的拍摄。1992 年 7 月，应日本新居滨市市长之邀，第一次大规模地走出国门，随德州地区考察团前往日本进行德州与新居滨缔结友好城市的庆祝演出活动。1994 年 10 月，受邀参加文化部在北京天坛公园举办的庆祝中华人民共和国成立 45 周年的演出活动。此后，杂技团多个节目在全国和省各大杂技比赛中获奖。其中《快乐的炊事员》节目于 2001

德州市杂技团表演的“高椅”节目

德州市杂技团表演的“蹬伞”节目

年10月获中国第一届杂技艺术节“金菊奖优秀节目奖”。2005年10月，德州市杂技团被授予“全国文化工作先进集体”荣誉称号。2007年6月，编排了大型杂技晚会《家乡》，将朴实淳厚的乡土民风搬到艺术的舞台上，给观众以视听上全新的审美享受。先后获第七届全国杂技比赛暨优秀主题晚会展演“三等奖”、山东省“新创作剧目突出贡献奖”和第九届山东文化艺术节最高奖“新创作剧目特别奖”。至2011年年底，德州市杂技团共有演职人员120余人，全年演出300场，观众15万人次；1986—2011年，先后有40余个节目获省级以上大奖，并多次赴美国、德国、日本、韩国等30多个国家进行演出。

宁津县杂技团　1971年由原宁津县杂技一、二、三团合并而成，时有演员60人。建团后常年在外演出，足迹遍及安徽、江苏、浙江、广东、广西、湖南、湖北、山西、河南、河北、东北三省及京津沪等地，演出节目主要有“秋千飞人”“跳板飞人”“火箭飞人”“对口叼花”“扛杆”“高车踢碗”“空中转人”“飞箭”等节目。1994年9月，演员杨云在黄河壶口瀑布上，以“走索”的形式横渡黄河，被誉为“华夏第一走”。1995年，杨云在山西省藏山做横跨山涧的表演，一时轰动全国。自2001年起，应韩国、泰国、沙特、西班牙、俄罗斯等国家邀请，多次赴国外演出。2004年1月8日，杂技团小演员走进中央电视台戏曲春节晚会舞台，与著名演员六小龄童同台献艺，高质量完成《金猴闹春》节目的录制。至2011年年底，宁津县杂技团共有演职人员40人，全年演出200场，观众9万人次；1986—2011年，先后有6个节目荣获省级以上大奖。

2006年，宁津杂技被列入国家级非物质文化遗产名录。

第六节　非物质文化遗产

德州历史悠久，地域特色明显，蕴藏着丰厚的非物质文化遗产资源。坚持以“保护为主，抢救第一，合理利用，传承发展”为方针，充分挖掘丰厚的历史文化底蕴。2007—2009年，开展德州市非物质文化遗产普查工作，全市搜集实物711件，建立起11个“非遗”档案室、6个展厅。相继编制了《德州市非物质文化遗产普查资料汇编》《德州市非物质文化遗产资源普查资料汇编》《德州民歌集锦》等，并拍摄整理了《山东省非物质文化遗产音像集》《山东省非物质文化遗产名录地图集》德州部分。截至2011年，公布了三批非物质文化遗产代表性项目名录。全市共有国家级2项（临邑一勾勾、宁津杂技），省级包括德州扒鸡、武城抬花杠、齐河绣球灯舞、德州黑陶在内的共13项，市级65项。

德州市第一批非物质文化遗产名录（2007年）

表32－1

一、戏曲（3项）

序号	项目名称	申报地区或单位	级别
1	一勾勾	临邑县文化局	国家
2	马堤吹腔	夏津县文化局	省
3	哈哈腔	宁津县文化局	市

续表 32－1

二、民间舞蹈(7 项)

序号	项目名称	申报地区或单位	级别
1	抬花杠	武城县文化局	省
2	牛斗虎	平原县文化局	省
3	绣球灯	齐河县文化局	省
4	德平大秧歌	德平镇政府	市
5	跑驴	德城区文化局	市
6	蹦鼓舞	陵县文化局	市
7	高跷	德城区文化局	市

三、手工技艺(10 项)

序号	项目名称	申报地区或单位	级别
1	德州黑陶	德州市非物质文化保护中心	省
2	德州扒鸡制作工艺	德州市非物质文化保护中心	省
3	古埙制作工艺	德州市非物质文化保护中心	省
4	“德通”老字号	平原县文化局	省
5	武城旋饼制作工艺	武城县文化局	市
6	又一村包子制作工艺	德城区文化局	市
7	长官包子制作工艺	宁津县文化局	市
8	保店驴肉制作工艺	宁津县文化局	市
9	大柳面制作工艺	宁津县文化局	市
10	剪纸	宁津县文化局	市

四、杂技(1 项)

序号	项目名称	申报地区或单位	级别
1	宁津杂技	宁津县文化局	国家

五、民间传说(6 项)

序号	项目名称	申报地区或单位	级别
1	大禹治水在禹城的传说	禹城市文化局	省
2	唐枣树的传说	庆云县文化局	省
3	海岛金山寺的传说	庆云县文化局	省

续表 32－1

序号	项目名称	申报地区或单位	级别
4	东方朔的民间传说	陵县文化局	市
5	刘备在平原的传说	平原县文化局	市
6	四女寺的传说	武城县文化局	市

六、民间音乐(1 项)

序号	项目名称	申报地区或单位	级别
1	运河号子	武城县文化局	省

七、曲艺(1 项)

序号	项目名称	申报地区或单位	级别
1	鲁北木板大鼓	夏津县文化局	省

第二章　广播　电视　电影

第一节　广　播

1986 年,全区有县(市)广播电台(站)13 处(含商河、济阳),其中调频台 3 处(乐陵、平原、庆云),广播主要靠有线传输。同年 12 月,县级德州人民广播电台建成开播,为全省首家县级调频立体声广播电台。到 1992 年年底,全区 11 个县(市)广播站有 6 个晋升为广播电台,9 个县市台(站)使用了调频手段传送广播信号。1993 年 5 月,德州地区经济广播电台建成开播。1995 年 6 月,县级德州人民广播电台与地区经济广播电台合并,组建德州人民广播电台。至此,全区形成以市广播电台为龙头,以县(市)广播台(站)为基础,以中波发射、调频发射和广播专线为手段的、连接村户的广播宣传网。此后,各广播电台不断加大设备更新步伐,努力提升播音质量。到 2011 年,全市共有广播电台 11 座。

2011 年德州市广播电台基本情况表

表 32－2

名称	地址	建立时间	名称更迭	职工人数(人)		自办栏目(个)
				总计	专业人员	
德州人民广播电台	德州市天衢中路	1986. 12	由广播站改建	130	70	27

续表 32-2

名称	地址	建立时间	名称更迭	职工人数(人)		自办栏目(个)
				总计	专业人员	
武城人民广播电台	武城县振华东街	1991.8	由广播站改建	8	5	7
宁津人民广播电台	宁津县阳光大街	1984.1	由广播站改建	22	18	8
齐河人民广播电台	齐河县齐晏大街 280 号	1992.8	由广播站改建	5	3	3
陵县人民广播电台	陵县唐城路 72 号	1987.9	由广播站改建	65	38	11
临邑人民广播电台	临邑县永兴大街	1989.8	由广播站改建	23	13	4
禹城人民广播电台	禹城市行政街	1988.8	由广播站改建	9	9	12
夏津人民广播电台	夏津县锦纺街	1988.12	由广播站改建	13	12	4
庆云人民广播电台	庆云县新华路	1985	由广播站改建	9	9	5
平原人民广播电台	平原县共青团路 288 号	1985	由广播站改建	12	10	6
乐陵人民广播电台	乐陵市五洲西大道	1985	由广播站改建	13	11	5

德州人民广播电台 1986 年 12 月，县级德州人民广播电台建成开播，播出频率为 95.4 兆赫，发射功率为 50 瓦，覆盖半径 20 千米。1991 年 12 月，扩大空中覆盖范围，租用德州地区转播台一套中波发射机，功率为 1 千瓦，频率为 1008 千赫，对外呼号改称“德州人民广播电台经济台”。1993 年 5 月 18 日，德州地区经济广播电台建成开播。1995 年 6 月，德州撤地建市，县级德州广播电台与地区经济广播电台合并，组建德州人民广播电台。新组建的德州人民广播电台设德州人民广播电台和德州经济广播电台两套节目，均采用中波、调频双重覆盖，2002 年节目覆盖半径发展到 150 千米。2003 年 8 月 6 日，第三套节目文艺频道开播，采用中波、调频双重覆盖，对外呼号统一改为“德州人民广播电台”。2009 年，第四套节目故事评书频道开播，全天播音 18 小时。至 2011 年，德州人民广播电台内设办公室、总编室和时政新闻部、民生专题部、新闻综合广播、经济生活广播、交通音乐广播、故事评书广播、广告部、广告监督部、广播策划部、《德州之声》19 个栏目部及编辑部、中波转播台、调频播出 2 个技术部门。

节目设置 1986 年，节目设置有“本市新闻”“城乡新风”“农业与科技”“理论与学习”“青少年园地”“听众之友”等。1990 年，自办新闻节目有“本市新闻”“新闻集锦”；专题性节目有“今日德州”“企业园地”“千家万户”等；服务性节目有“天气预报和广告”“农业科技”等；文艺节目有戏剧、曲艺、歌曲、轻音乐等，开办了“请您欣赏”“听众点播”等栏目。1995 年，自办新闻节目有“德州新闻联播”“新闻快递”等；专题节目有“今日焦点”“德州纵横”等；综艺类节目有戏剧、曲艺、歌曲、轻音乐、评书等，开办了“音乐全接触”“点歌台”“文坛艺苑”等栏目。另外还有服务类、健康类、益智类节目等。

《承诺热线》栏目自2001年8月8日开播以来，始终坚持以“替政府分忧，为百姓解难”为宗旨，紧紧围绕市委、市政府的中心工作，解决了大量群众关心、社会关注的热点难点问题。相继被评为全省党风廉政建设优秀栏目、全省反腐倡廉优秀栏目，连续三年被评为山东省广播新闻十佳栏目。

2011年，德州人民广播电台节目设置分为自办新闻节目、专题性节目、服务性节目、文艺节目、法制节目、生活节目、少儿节目、健康节目、休闲节目、情感节目。新闻类栏目有“德州新闻”“百姓报道”“朝闻天下”；专题性节目有《今日关注》；服务性节目设有“承诺热线”“热线行动”；文艺节目有“赵兰书场”“飞扬音乐时间”“书场天地”等；法制节目有“大家说法”；生活节目有“巧嘴好主妇”“魅力生活秀”等；少儿节目有“关爱之声”“小耳朵故事会”；健康节目有“健康快车”“健康有约”等；休闲节目有“开心逗逗碰”；情感节目设有“夜色德州”“越夜越美丽”。

新闻宣传　1986—1995年，主要围绕坚持改革开放搞活等重大主题进行宣传。在新闻节目中开设了“坚持改革、放开搞活，大力发展德州经济”“治理整顿、深化改革”“喜看德州新变化”“大力发展乡镇企业”等栏目；组织记者采写新闻稿件7.94万篇，其中推出各类典型4.82万个。1995年是德州撤地建市之年，电台首次利用现场直播的形式，成功地播报了首次市人大、市政协、撤地设市三次的实况。

1996—2005年，是新闻宣传得到飞速发展的10年。在宣传内容上开设了“喜迎香港回归”“共同的心愿”“喜迎十五大”“放开搞活、加快发展”“三个代表精神在基层”“十大兴德工程巡礼”“开放潮”“众志成城抗非典”等390多个栏目，宣传稿件13.11万篇。1997年在宣传香港回归活动中，市电台与11个县市电台首次采用新闻现场连接的互动传播形式，百名记者深入基层，采用热线电话的方式传播信息，节目收听率节节攀升。2004年，市委、市政府提出实施“两大天字号”工程的(民营经济、招商引资)战略部署。市电台成立了10多人的新闻采编小组，20多次深入到各县(市、区)及市直大中型企业，开设“超常发展、跨越前进”访谈专栏，及时报道重点工程建设情况，宣传50家民营企业的经验和做法。

2006—2011年，注重改进新闻报道方式，先后开设“南融济南城市经济圈，北接天津滨海经济开发带—开放潮”“坚定信心，迎接挑战”“转方式、调结构，努力推动经济又好又快发展”“创建国家卫生城市，共建和谐美好家园”等420多个栏目，组织记者开展战役性宣传活动9940多人次，推出典型性报道37890篇。2000年，围绕市委、市政府全力推进南融北接、应对金融危机重大战略，市电台先后推出大型系列录音报道《德州借力南融北接，跨越建设鲁北“新一极”》《精心打造济南汽车配件基地》等深度报道340多篇。2010年，在新闻节目中开辟《解放思想，提升境界，加快“转调”大讨论》宣传阵地，邀请百名专家、学者及部门负责人，走进电台直播间，谈意义、谈认识、谈体会。同时，组织记者推出典型经验110多个。2011年，在新闻、专题节目中先后开设《解放思想、加快发展》《春天的脚步》《它山之石》等专栏，组织骨干记者分别组团到到津冀等地采访，先后推出32集大型系列录音报道《跨越发展启示录》。

获奖情况　1986—2011年，德州人民广播电台先后有570多篇作品在省级评优中获奖，其中一等奖73篇，二等奖271篇，三等奖226篇。另外，采制的《直播间内外》《德州农民搭上城市“快车”》《献身特教终无悔》《小平上学》《孟祥斌》等6部广播剧，获山东省精神文明建设“五个一”精品工程奖。

第二节 电 视

1986 年，全区有 5 座电视转播台、1 座卫星地面接收站、2 个县级微波站。1987 年 12 月 1 日，在德州电视转播台的基础上，建成德州电视台，此为德州地区首家地级电视台。1992 年 12 月 1 日，陵县电视台、宁津电视台建成试播。1993 年，全区广播电视专用微波网工程建成，形成了以德州电视台为中心，县（市）转播台为基础，用微波连接的全区电视覆盖网。1994 年，全区有地级电视台 1 座（德州）、县电视台 2 座（宁津、陵县）、电视转播台 8 座，电视发射功率 9.3 千瓦，电视综合覆盖率 87.25%，超过全省平均水平。2001 年 1 月 16 日，德州广播电视中心大楼建成使用，电视制作水平迈上新台阶。2011 年 4 月 15 日，德州人民广播电台、德州电视台合并组建为德州广播电视台。至 2011 年年底，全市共有市级电视台 1 座，县级电视（转播）台 10 座。

2011 年德州市电视台基本情况表

表 32－3

名称	地址	建立时间	名称更迭	职工人数（人）		自办栏目（个）
				总计	专业人员	
德州电视台	德州市东方红路	1987.12	转播台改称	338	307	23
宁津电视台	宁津县阳光大街	1992.12	1983 年建差转台，1988 年建转播台，1992 年成立宁津电视台	192	171	13
陵县电视台	陵县唐城路	1992.12	1987 年建差转台，1988 年建转播台，1992 年建电视台	90	69	6
齐河电视转播台	齐河县新华路 241 号	1989.12	1988 年建差转台，1998 年建转播台	174	89	1
临邑电视转播台	临邑县永兴大街	1989.1	1989 年建转播台	93	72	6
乐陵电视转播台	乐陵市五洲西大道	1987.10		105	26	8
武城电视转播台	县城振华东街	1989.5		124	66	18
夏津电视转播台	夏津县锦纺街 18 号	1986.7	1984.10 年建夏津转播台	178	115	5
庆云电视转播台	庆云县新华路	1988.7	1986 年建差转台	27	16	2

续表 32－3

名称	地址	建立时间	名称更迭	职工人数（人）		自办栏目（个）
				总计	专业人员	
禹城电视转播台	禹城市行政街东首	1994.1	1986 年建差转台	125	99	18
平原电视转播台	共青团路 288 号	1990.1	1986 年建差转台，1990 年建转播台	58	26	4

德州电视台　德州电视台前身为德州电视差转台，始建于 1973 年，主要转播中央电视台和山东电视台节目。1980 年定名为德州电视转播台。1987 年年初，德州地区广播电视处先后购置索尼 DXC－1800、DXC－1820 摄像机各 1 台，VO－4800 背包机 1 台，编辑机 1 套。当年 12 月 1 日，德州电视台建成开播。1988 年购置三讯道彩色电视转播车，开展现场录制活动。1993 年，完成在建 7 年的通达 13 个（市）县的全区广播电视专用微波网工程，形成以德州电视台为中心，县（市）转播台为基础，用微波连接的全区电视覆盖网。1998 年，德州市委、市政府将建设德州广播电视中心大楼列为全市为民办的 10 件大事之一，于当年 6 月 6 日举行了开工奠基仪式，2001 年 1 月 16 日落成。中心大楼建筑面积 20600 平方米，主楼 21 层，总投资 8240 万元。内设 800 平方米演播室 1 个、100 平方米演播室两个、196 平方米演播室 1 个。

从 2007 年开始，德州电视台开始进行设备数字化改造，先后购置数字摄像机 70 多台，建设了索贝非线性编辑网络、大洋非线性编辑网络、新奥特非线性编辑网络共计 70 个编辑站点，满足了德州电视台每天 8 小时电视节目制作任务；购置了 4＋2 讯道数字彩色电视转播车一辆，实现节目现场直播。同时，进一步完善大小演播厅室的功能，其中 800 平方米的演播室拥有完善的灯光、音响设备，能承办大型文艺晚会活动；196 平方米的新闻演播室装有国内先进的巴克 DLP 大屏，为节目录制提供了更为丰富的制作手段；100 平方米直播功能的演播室，能制作一些电视直播类节目。节目覆盖上，通过德州有线电视网进入千家万户，并通过扩大无线发射功率对全市实现了无缝隙覆盖。至 2011 年年底，德州电视台内设新闻中心、民生新闻中心、大活动中心、广告中心、节目管理中心、栏目管理中心、法制中心、技术中心、物业管理中心九大中心。

节目设置　1987 年，德州电视台节目设置有《德州新闻》《今日德州》等少量自办节目。1995 年，节目设置有《德州新闻》《农村天地》《今日德州》。1996 年，《农村天地》改版为《农业科技之窗》，新增综合性新闻评论栏目《周末视点》。1997 年推出交通法制性节目《人·车·路》。1999 年，推出娱乐节目《开心大赢家》和新闻评述性专栏节目《今日视线》、服务类节目《七彩桥》《经济界》等。2000 年，推出深度报道栏目《百姓热线》和服务性栏目《祝您健康》。2001 年，对所有栏目重新定位，除保留部分精品栏目外，实行栏目大改版，相继推出《社会观察》《生活现在时》《金色乡村》《经济界》《道德与法制》《卫生与健康》《百目前业信息》等 12 个思想性强、艺术性高、地域特

色浓的栏目。2003 年,开办《经济一刻钟》栏目。2004 年,推出综合娱乐类栏目《欢乐第七天》和晚间综合类新闻栏目《今晚播报》。2008 年4 月,德州电视台与德州地税局合作开办《地税直通车》。自 2008 年开始,加大对电视文艺节目的资金投入和人才队伍建设,电视文艺节目更加丰富多采。通过 4 个频道开设了《黄金剧场》《精彩剧场》《时尚剧场》《经典剧场》,每天播出电视剧 80 多集,具有较高的收视率。2009 年,推出全新改版的说法类节目《天天故事汇》。2010 年,推出大型民生新闻栏目《直播德州》。至 2011 年年底,德州电视台设有德州新闻、德州生活、德州娱乐、德州时尚 4 个频道,自办栏目 23 个,每天节目自制量达 7 小时 40 分钟。

新闻宣传　德州电视台建立后,把宣传报道的重点放在改革开放和助推全区经济社会健康发展上。1988 年,推出 9 集《十年改革成就系列报道》,采访编辑播出大批反映全地区改革开放成就的稿件。1993 年,介绍德州一棉改革经验的报道“转在高潮时”在全省引起反响。1994 年,深化产权制度改革系列报道“咱们工人有力量”,获全省一等奖。1998 年,纪念改革开放 20 周年,推出系列片“20 年巨变看德州”,其中宁津县红庙李村民主管理的典型和“德州市走好走宽民营经济发展路子”先后在省电视台新闻联播节目播出。同年,组织骨干记者到厦门、深圳等先进地区采访,播发了大型系列报道“南来的风”。此后又先后组织十几批记者赴江苏、浙江、辽宁、河北等地深入采访,制作了 200 多期系列报道和专题节目,播发稿件 2000 多件。2002 年,围绕招商引资、发展民营经济等,开设《再造民营经济发展新优势》《超常发展 跨越前进》《第六届德洽会向我们走来》《火热的工地》。同年 9 月,采用购置的模拟微波,对第十四届乐陵金丝小枣节开幕式进行现场直播,成功实现第一次远距离直播。2009 年,相继开设《科学发展在德州》《全力推进重大项目建设》《科学发展富民强市》《解放思想打破常规 学习贯彻全委会精神》《信心源于创新有为》《优化环境服务发展》等近 40 个专栏。2010 年 9 月,德州电视台第四届世界太阳城大会时况报道,在中央电视台《新闻联播》中播出。

关注民生和社会热点。1998 年,利用三讯道电视转播车首次现场直播了德州人民医院举办的名医义诊活动。2000 年,“万名干部进村来”“关注胜利桥”“保险因何不保险”“爱心接力”“如此定点,如何放心”等专题报道受到社会的关注。2010 年,推出大型民生新闻栏目《直播德州》。用百姓的语言、平民的视角讲述百姓日常生活,为百姓解决困难,提供政策、资讯服务,设有《第一时间》《新闻 110》《天下网事》《百姓留言板》《民生零距离》《热心姊妹花》《生活有滋味》《每日提醒》等子栏目。

弘扬社会主义核心价值观。1994 年,开辟专栏“今日德州人”,播发了一批“她们不是弱者”“仨女齐招婿,共养五老人”等类稿件,因紧贴百姓生活又有很强的导向性,受到群众普遍欢迎。积极主动与国家、省级新闻媒体联动,推出英雄烈士孟祥斌、铁人式好工人王为民、关爱残疾儿童的袁敬华等一大批英模人物的事迹报道。2007 年 11 月 30 日,武警驻浙江金华部队的德州市齐河籍战士孟祥斌在抢救跳江轻生女青年时英勇牺牲。事件发生后,德州台立即组织专门采访报道组,奔赴相关地区,深入采访,并积极主动和国家、省级 100 多家新闻媒体联动,制作了几十期系列报道和多期专题节目,还制作了广播剧《孟祥斌》,在国家、省多重新闻媒体播出和刊登。

获奖情况　1986—2011 年,全台先后有 2000 多件广播电视节目和作品在国家级、省级专业评比中获奖,有 100 多件作品获一等奖。德州广播电视台先后获得国家、省级先进集体单位荣誉称号 100 多个;连续 19 年获得全省广播电视新闻宣传先进集体称号。

网络传输 1991 年 7 月,德州地区广播电视局部分职工自筹资金 43 万元,购进美国捷洛德公司 S－450 型前端设备,开始建设德州有线电视。当年春节前开通地区机械局等单位 5 用户,传送节目 12 套。此为德州有线电视之始。到 1992 年,有线电视用户发展到近万户。1993 年,县级德州市有线电视创建。1995 年,德州地区撤地建市,成立德州有线电视台,地、市有线电视网得到整合。至当年底,全市 11 个县(市、区)全部建成有线电视网,有线电视用户达 7.5 万户,用户可同时收看到 10～18 套节目。1996 年,市委、市政府将扩大电视覆盖工程定为改善城乡人民生活的十件实事之一,总投资近 500 万元,增加 17 部千瓦电视发射机,使全市 92% 以上的人口基本上同时收看到中央、省、市、县四级电视节目,提前四年达到省"九五"规划目标;城区 70% 有线电视用户能看到十几套有线电视节目。

1997 年 6 月,全国有线广播电视传输网国家干线德州至济南段以及济南经黄河大桥、齐河县至聊城市茌平县省级干线网建成,两段共建设杆路 157.103 千米。同年 9 月,配合国家、省广播电视光缆干线网工程,德州市有线广播电视光缆干线网开工建设,1998 年 1 月 17 日建成开通,实现了通过光缆网向全市 11 个县(市、区)传送广播电视节目的目标。到 1999 年 8 月,城区用户已发展 5 万多户,传送 19 套电视节目,自办节目 1 套,24 小时播出,建成主干线 76 千米,支干线 240 千米的电缆网络。

2000 年 5 月,市广电局与深圳天子恒实业发展有限公司合资成立"山东德州泰利宽带信息网络传输有线公司",并签订了 30 年的合作合同。后因深圳方履行合同不力,网络覆盖面积急剧缩小,仅一年多的时间,双方合作即告解除。2001 年,德州市开始实施大规模城区光缆网改造工程,。当年 12 月 1 日动工铺设德州有线电视史上第一条城区光缆干线,传输节目 28 套。到 2002 年年底,城区有线网络光缆化改造工程完成,网络传输节目套数由 2001 年年初的 20 套增加到 49 套。同年,成立德州广电有线传输公司,主要担负有线电视信号传输和有线电视网络的规划、设计、建设、开发、运营、维护管理,以及传输网络的改造和升级任务。

2004 年起,市政府把农村有线电视"村村通"和"入户工程"纳入对各县(市)考核内容,农村有线电视用户发展迅速。至当年底,全市农村有线电视用户达到 31.3 万户,农村入户率 26%,城乡总体入户率达到 33%。2006 年 11 月 16 日,由市广播电视局投资近 3000 万元、采用国际先进技术建设的德州数字电视平台正式开通,德城区有线电视网络在传输原来模拟电视节目的同时,并行传送 99 套数字电视节目和一套数字广播节目,标志着全市有线电视网络从单纯传送模拟电视节目发展成为传输手段高科技化、业务信息化、服务综合化的全新网络。2010 年 12 月 28 日,按照山东省文化体制改革的要求,德州广电有线传输公司以分公司体制加入省广电网络公司,更名为"山东广电网络有限公司德州分公司"。

至 2011 年年底,城区光缆总里程达到 1195.471 千米、光节点 2823 个,并高规格、高质量地建设地下管道 291 千米;发展有线电视用户总量为 26.12 万户,数字电视用户 1.5 万户,城区入户率达到 95.64%,有线电视实现村村通,农村入户率 80.98%;完整传输中央、省、市 53 套电视节目,数字节目 112 套。

第三节 电影发行放映

1986年,影片发行工作由中国电影发行放映公司负责,地区、县电影发行放映公司均为中国电影发行放映公司代理发行业务,采取影片发行收入分成的办法,维持电影发行放映企业的生存和发展。全区有地区电影发行放映公司1个,县电影发行放映公司13个。35毫米放映单位30个,其中地区、县直属电影院12个,直属影剧院2个,乡镇影剧院4个,厂矿放映单位12个;16毫米放映单位535个,其中乡镇电影队489个,村办电影队25个,个体电影队12个,共计在册放映单位565个。年内,全区共放映电影14.8万场次,观众13501万人次,放映收入731.22万元,发行收入179.55万元。

1986—1991年,是德州电影事业迅速发展时期。1987年省电影公司财务体制下放,地区电影发行放映公司的收入开支从其发行中分成,分成比例30%。同年7月,地区电影公司为发行放映好16毫米影片《南北少林》,在农村实行"集中拷贝　突击放映"复线放映的发行办法,提高了影片拷贝的利用率,此办法在全省各地进行推广。1988年11月,德州市人民电影院经改造,成为德州地区首家道贝尔立体声电影院,填补了德州地区无立体声电影院的空白(该影院1989年2月3日正式开业,1989年3月8日因故被烧毁,1990年11月8日重新对外开放)。1989年是德州电影发行放映最高年份,全区各类放映单位591个,其中35毫米放映单位34个,16毫米放映单位557个。全年放映123968万场次,发行收入212.49万元,其中35毫米城镇完成17258场,发行收入113.46万元;16毫米农村完成106710场,发行收入99.03万元。

1992年开始,省电影发行放映公司对农村16毫米影片拷贝的供应办法进行改革,采取定影片、定天数、定场次、包片租费的"三定一包"的发行方法,不再统一分配。同年,取消农村16毫米电影预收费。1993年城市35毫米电影改为由各省购买区域发行版权和影片拷贝(根据电影进入市场后收费难、不景气的实际情况,将统购包销的发行办法改为按月包租、自定节目、以质论价、现金结算)。1994年,上级电影公司不再对下级公司下达放映计划,全区电影市场也急剧萎缩,当年发行收入下降到70万元。同年8月,齐鲁影业有限公司成立,德州地区电影发行放映公司成为股东之一。

1995年7月,德州市首次放映《红番区》《真实的谎言》等分账大片,取得了不菲的票房收入。1998年4月,市电影公司与德州怡明公司合作,以影企联姻的形式,放映了美国世纪灾难大片《泰坦尼克号》,创造了德州市电影历史上最高票价、单片最佳票房的纪录,并开创了德州影企联姻的先河。2001年9月,市电影公司筹资100万元对市委小礼堂进行改造,电影大厅共设370个座席,环音系统采用SR六声道立体声设备,定名为世纪影院。

2001年11月,全国城市电影体制实行院线制改革,世纪影院首批加入山东新世纪电影院线,完全按照统一排片、统一品牌、统一经营、统一管理的现代集团化模式进行市场化运作。2002年1月,为开拓电影市场,市电影公司与中国联通(集团)公司德州分公司合作,将世纪影院冠名为"联通世纪影院、联通人民影院"。2003年起,市电影公司与德城区教育局联合每年两次组织中小学生观看近百部影片,使经济效益和社会效益双赢。2006年10月,市电影公司利用充气放映大棚,在德城区、经济开发区、运河开发区、乐陵、武城、平原6个县(市、区)45所中小学共放映132场次,组织观众7万多人次,收入达10万余元。2007年6月,市电影公司与德州学院合作,投资建成可容纳600人集观影、会议、讲座等多功能为一体的学院影院。2009年9月至2010年11月期间,市电影公司先后投入100多万元,购买一套1.3K、2K、3D数字放映设备及立体眼镜,世纪影院由胶片放映改为数字放映,同时实现了中外大片与全国同步上映,票房收入比上一年增长90%以上。2010年和2011年,广东新大地数字影院和济南鲁信影城先后入驻德州,为德州电影市场注入了新的生机。但随着人们物质生活水平的提高,电视、录像、VCD、互联网的普及和发展,文化娱乐方式不断丰富,电影市场萎缩趋势日趋明显。至2011年年底,全市影剧院主要有世纪影院、大地数字影院、鲁信影城3家,全年放映20711场,观众23.36万人次。

德州是一个农业大市,农村电影在电影工作中占有非常重要的地位,在预收费期间,曾同青岛、淄博取得全省并列第一的好成绩。1992年取消预收费后逐渐陷入瘫痪、停顿状态。1999年1月,针对取消预付费办法后农村电影市场萎缩的状况,市电影公司成立农村电影部,开始以“影企联姻”的形式与企业合作,开拓农村电影市场。2000—2005年年底,先后与市属几十家大中型企业和海尔、中国移动等国内一些知名企业合作,在全市及德城区、经济开发区的乡镇农村开展放映活动,共放映电影近4000场,解决了农民十几年看不上电影的困难,实现了企业出钱、电影出力、农民免费看电影的目的。2006年3月至2007年,市公司连续两年先后与市邮政局、移动公司、市中医院、德州新华保险、德州供电公司等12家企业单位,在全市各县(市区)联合开展“送电影下乡”活动,免费放影近万余场,观众达200万人次。2007年9月,按照国家文化惠民工程部署,德州市开始实施农村公益电影放映工程。2008年4月,全市10个县市电影公司加盟组建德州市众新农村数字电影院线有限公司。2011年8月,市院线公司投入近30万元,安装卫星传输接收站,为农村放映单位节目传输提供方便、快捷的服务。至2011年年底,德州市众新农村数字电影院线公司共发展数字放映队344个,年完成10万场的数字放映任务,观众达1200万人次。

第三章 新闻出版

第一节 报刊

1986年,德州地区有县级《德州市报》《德州师专学报》和《德州师专报》等。1988年,《德州日报》创刊,是中共德州市(地)委主办的综合性报纸,为机关报。1996年,全市有4种国家报刊,10种省内报刊,6种市内报刊。1997年10月,市新闻出版管理局对报刊进行清理整顿,《德州日报》《德州师专学报》《德州广播电视报》《石油钻探技术》予以保留,省内部刊号的《德州文萃》《德城报》暂缓转化,其他7种省内部刊号的报刊转化为内部资料。2000年,全国报刊增加《德州日报·德城版》。2010年3月,根据市文化体制改革精神,将《长河晨刊》与《德州广播电视报》合并,改版为《德州晚报》。至2011年年底,全市有全国统一刊号报刊4种,分别为《德州学院学报》《德州学院报》

《德州日报》《德州晚报》；山东省内部资料性出版物有《德州研究》1 种。

《德州市报》　原县级中共德州市委机关报，创刊于 1956 年 5 月，是经省委批准并经省人委登记的县级报纸。1988 年，该报为“周二”刊，每期 4 开 4 版。同年 6 月上划德州地区，创办《德州日报》。

《德州日报》　中共德州市委机关报，德州日报社成立于 1988 年 7 月，系在原县级德州市报的基础上组建而成，归口市（地）委宣传部。报社实行总编辑负责制，配总编辑一职，副总编辑三职；下设办公室、总编室、经济部、政文部 4 个科室，编制 25 人。办公地点初设于地区社联，后搬入地委招待二所租房办公。1993 年 12 月增编 16 人，其中编辑、记者 10 人，印刷厂 6 人，增编后共有编制 41 人。1994 年 3 月增设广告信息部和印刷厂。1995 年 6 月，报社迁入湖

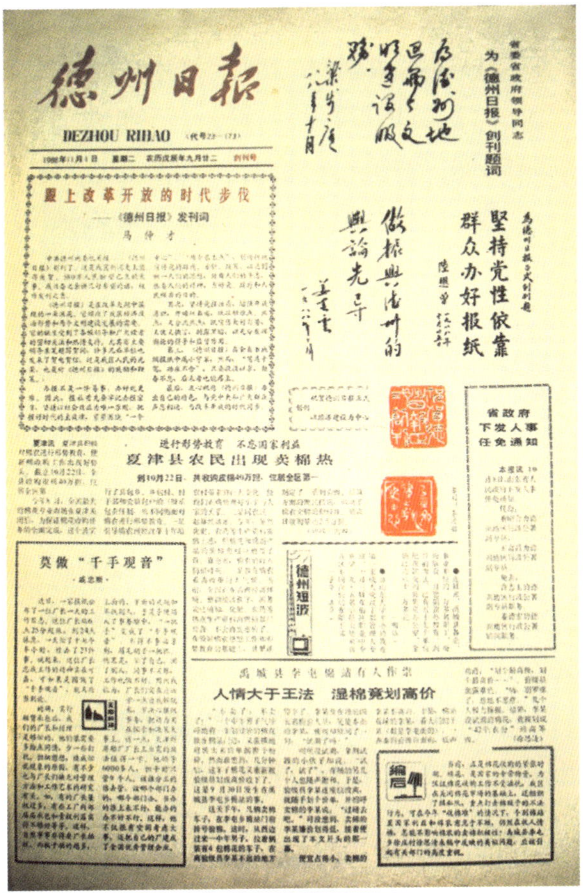

德州日报

DEZHOU RIBAO

为《德州日报》创刊题词

跟上改革开放的时代步伐

——《德州日报》发刊词

坚持党性依靠群众办好报纸

做振兴德州的舆论先导

夏津县农民出现卖棉热

莫做“千手观音”

省政府下发人事任免通知

德州短讯

人情大于王法　湿棉竟划高价

德州日报创刊号　　（2010 年　摄）

滨南路 34 号院综合楼新址。2003 年 11 月在经济开发区建成新综合办公楼及附属楼。2011 年，报社占地 4.4 万平方米，总建筑面积 3.6 万平方米；资产总值突破亿元；内设办公室、政工室、记者部、编辑部、总编室、新闻研究室、发行部、广告部、专刊部、印刷厂。

版面设置　《德州日报》于 1988 年 7 月 1 日试刊，为旬刊，4 开 4 版黑白印刷，每月 1、11、21 日出版；发行量 1 万余份。同年 11 月 1 日正式创刊，为“周二”刊，每星期三、六出版。1992 年 10 月 1 日改为“周三”刊，每星期一、三、五出版。1993 年 11 月 1 日试办“周四”刊，每星期一、三、五、六出版（其中周六版《周末版》）；12 月 1 日试办“周五”刊，每星期一、二、三、五、六出版；当月 13 日又试办“周六”刊，1994 年 1 月 1 日正式改为“周六”刊。1995 年 1 月 1 日，《德州日报》由 4 开 4 版小报改为对开 4 版大报。1999 年进行扩版，正报由“周四”改出“周五”，“周末版”副刊由 4 版改出 8 版。2005 年由每周 5 期改为周 7 期，周一到周日每天对开 8 版，实现天天出报。至 2011 年，德州日报版面设置为对开 8 版周 7 刊（其中，周一至周五 12 个版，周六、日 4 版）；发行量 6 万余份。

新闻宣传　1988 年报社建立后，坚持“三贴近”（贴近党委、政府中心工作，贴近经济建设，贴近基层和群众）的办报方针，对全区各项工作的开展起到了有力的推动作用。1994 年，开辟《德州开放潮》《来自改革前沿的报告》《扩大对外开放　发展外向型经济》等专栏。1998 年，开辟《打好企业改制攻坚战》专栏。2002 年，开办《深化国有企业改革》专栏，对一棉集团、恒升化工集团、晶华集团、黑马集团、德隆集团、绿源集团、恒源化工集团等大中型企业进行深入报道。自 2003 年起，围绕“民营经济和招商引资”，策划了《创业故事》栏目，推出 30 多个离岗创业、参与民营经济发展的典型人物的

报道。2007年,开辟“实现新崛起 建设新德州”专栏,组织骨干记者分三批先后赴江苏、浙江等地采访,连续推出《探浙江发展之源 谋德州奋起之路》大型系列组合报道。2008年,派出骨干记者参加由市委、市政府组织的考察团赴青岛、烟台等地采访,推出“向青岛、烟台学什么”系列述评,为德州市经济发展鼓劲呐喊。2011年,开办“推进跨越发展 建设幸福德州”“幸福德州大家谈”以及“向幸福出发”等专版专栏;推出并重点打造《社会·民生》版。开辟讴歌普通劳动者专栏,先后推出了为德州化工事业做出突出贡献的市恒升化工集团董事长刘秉章,献身聋哑儿童教育事业的袁敬华、全国劳动模范乐陵市环卫处主任吴福增、全国思想政治工作先进工作者于向阳、优秀教师周主信、舍已救人烈士孟祥斌等一大批典型人物和感人事迹。坚持本地宣传与对外宣传统筹兼顾,2009年后每年有100多篇作品被《人民日报》、新华社、《经济日报》、《大众日报》等主流媒体刊用。其中,《中国太阳城 新能源之都》《德州获颁可再生能源建筑应用示范城市》《太阳点亮德州》等重头稿件在人民日报海外版头版头条刊登;《德州探索建设“农村社区”统筹城乡发展》在新华社《国内动态清样》刊发。

作品评奖 《德州日报》自1988年创刊,不断强化精品意识,先后获得各类奖项近3000项。其中,2003年,通讯《七天七夜的激战》获山东省抗击“非典”新闻作品奖;2006年,通讯《一位代表和一部法律的诞生》获山东省新闻一等奖,获中国新闻奖复评暨人大新闻奖二等奖。2009年,获山东省新闻奖一等奖2件、二等奖2件、三等奖2件,获山东省市地报新闻奖一等奖3件、二等奖3件,在全省位居前列。2011年,获省级以上新闻奖100多人次,3人获山东省新闻最高奖——泰山新闻奖,位居全省前列。

《德州日报·长河晨刊》 2000年1月4日正式创刊,系在《德州日报·周末版》的基础上改办而成。创刊时为“周二”刊,每星期二、五出版。

长河晨刊的内容定位于“关注百姓生活、聚焦社会热点、记录人间万象、展现世界风云”。从现代人关注的“教育、健康、投资”三大热点入手,开辟了多个专题。“读报就等于享受服务”是长河晨刊的办报理念。2001年,与德州日报正版相对独立运做。2002年1月1日,由“周二”刊扩展为对开“周五”刊。2003年6月,晨刊(后改为特刊部)内部实行竞争上岗,建立编辑中心、采访中心、总编室和广告部。2007年,由每期4版扩为24版。2009年,德州日报《长河晨刊》“五姐妹热线”被评为山东省巾帼文明岗。2010年9月,长河晨刊并入德州晚报。

《德州晚报》 2010年9月15日试刊,2011年3月31日正式创刊。由原《德州日报·长河晨刊》与《德州广播电视报》合并组建而成。《德州晚报》每期4开32版,每周7刊。

《德州晚报》秉持“民生湿地,文化高地”的办报宗旨,精心规划了以大民生为导向的50多个新闻专栏。据央视调查公司调查数据,生活帮、晚报眼、新闻100度、零距离、搜城记、惊堂木、黄金页、德州街、藏品阁等专栏被读者推选为十大品牌新闻专栏,记者走武广高铁等也被评为十大品牌新闻活动,并在山东省新闻奖评选中获奖。至2011年年底,已出刊344期,建立发行站15个,并配备了100余人的专业发行队伍,日发行量达到6.8万份。

《德州学院报》 德州学院党委机关报,四开四版,旬报。创刊于1985年12月10日,创刊名称是《德州师专报》,不定期出版,黑白印刷。1998年3月30日,更名为《德州高专报》,定期为半月报出版。2000年10月30日,《德

州高专报》更名为《德州学院报》。2003 年 1 月 1 日，《德州学院报》由半月报改为旬报，一版设《深度报道》《培育和践行社会主义核心价值观》《每期时评》《新闻拓展评论》等栏目，二版设《典型引领》《系部速递》等栏目，三版设《校园直击》《青春正能量》《学院论坛》《微评论》《校园短波》等栏目，四版设《青春碎语》《校园诗吧》《读书时光》《影视杂谈》等栏目，每期发行量 6000 份。

《德州学院学报》　由山东省教育厅主管、德州学院主办、面向国内外公开发行的学术理论期刊，其前身为《德州师专学报》。

1985 年 2 月，《德州师专学报》创刊，季刊，自办发行，主要交流于高等院校及科研单位。1987 年 2 月，改为公开发行刊物，季刊，16 开本，72 页码，自办发行，面向全国有关大专院校及科研单位交流。1993 年 1 月，《德州师专学报》被国际连续出版物数据系统中国国家中心批准为国际连续出版物。2000 年 3 月，《德州师专学报》更名为《德州高专学报》，仍为季刊，16 开本，72 页码。2001 年 2 月，《德州高专学报》更名为《德州学院学报》，季刊，主要交流于全国有关高等院校和各科研部门。自 2003 年第 1 期起，《德州学院学报》改为双月刊。第 1、3、5 期为社会科学版，第 2、4、6 期为自然科学版，并获得国家新闻出版署颁发的期刊编码 6 枚（每期一枚）。

第二节　图书发行

一、新华书店

1986 年，全区新华书店系统有德州市、陵县、临邑、平原、武城、夏津、禹城、齐河、宁津、乐陵、庆云、济阳、商河 13 个县（市）新华书店，共有门市和售书点 49 处，职工 180 人，完成图书销售 6120 万册，金额 4025 万元；拥有乡镇和社会图书发行点 100 处，发行图书金额 600 万元。其中，地区新华书店中心门市部营业面积 420 平方米，经营图书 6000 种，发行图书 512 万册，金额 340 万元。其间，陵县、夏津两县成功试办"文教书店"，即以教师及教师家属为主，利用校舍售书。1989 年，《人民日报》刊文介绍陵县办教育书店的经验。

1990 年，各县新华书店人事权与地方脱钩，统归德州地区新华书店管理。1992 年 1 月 3 日，鲁北图书交易会暨德州出版发行大厦落成典礼在德州举行，德州出版发行大厦高 7 层，总建筑面积 5600 平方米，其中营业面积 2100 平方米，经营图书 3 万种。12 月，在地区新华书店的基础上，成立山东省德州新华出版发行集团总公司，为大型二类企业集团，系全国地市级新华书店中成立的第一家发行集团。至此，全区各类发行网点 251 处，其中新华书店系统 45 处，集体 28 处，供销社网点 41 处，个体 68 处，其他 71 处。

1993 年，山东省新华书店成立山东省图书音像发行总公司，各地市新华书店成为省总公司的紧密层企业。根据省出版总社统一要求，德州地区新华书店挂出德州地区图书音像发行公司的牌子（1995 年德州撤地建市后更名为德州市图书音像发行公司）。同年，德州新华出版发行集团按照现代企业制度要求，实行干部聘任制等一系列改革，被国家新闻出版署确定为全国图书发行深化改革试点单位。1994 年 1 月，全省图书发行深化改革现场会总结推广德州新华集团推行"一企多制、一企多法人"等现代企业管理制度的经验。同月，省总公司（省新华书店）上收各地市新华书店干部人事权，形成省管地、地管县的垂直管理格局。5 月，在上海召开的全国图书发行工作会议上，德州的图书发行改革发展经验被称为"德州模式"向全国推广。1995 年 5 月，德州撤地建市，地区新华书店更名为德州市新华书店。同年,德州新华出版发行总公司加大发行体制改革力度,将“德州新华图书发行公司”与“德州新华图书批销公司”合并为“鲁北图书批发中心”和“德州新华图书批销公司”两块牌子一个机构,形成了集约经营格局,当年销售额增至1400万元,图书品种增加到1.5万个。10月,新闻出版署在德州召开全国发行体制改革研讨会,进一步总结推广以集团化发展,一业为主、多业经营;建立图书批发中心,实行大批发小零售;实行科学管理,强化优质服务等内容为特征的“德州模式”。之后,全国先后有20多个省、市的300多家同行到德州考察、取经。2000年年底,总公司以股份制形式筹资4000万元,于市中心广场南侧建成全省建筑面积最大的图书音像城。

2001年11月3日,山东省新华书店连锁总部德州分中心落户德州。同日,集团多元投资6000多万元兴建的一座高15层、建筑面积2.1万平方米的图书发行阵地——德州新华大厦也同期开业。2006年10月18日,山东新华书店鲁北图书发行中心建成启用。2011年,根据全省统一部署,德州新华集团股份制改造顺利完成,集团核心层企业——山东省德州市新华书店更名为山东新华书店集团有限公司德州分公司。至年底,全市新华书店自身网点36个,乡镇和社会图书发行网点共有123个。全市书店系统销售图书2200万册,金额2.5亿元,其中市新华书店销售图书320万册,金额4100万元。

二、书刊市场

书刊市场主要包括图书批发及图书零售单位。2011年,全市共有书刊经营业户150余家,其中黑马市场与德城区文化市场为相对集中的两个场所。

山东黑马商贸市场由山东黑马集团投资兴建,1998年正式运营,2003年对原有市场进行改、扩建。2011年,黑马图书市场有书刊经营单位20余个。

德城区文化市场自2000年前后建立,初期主要以字画和文具为主,2002年开始有图书经营。2011年,文化市场有书刊经营单位10余个。

第三节　新闻出版管理

1985年5月,德州地区出版管理办公室成立,负责新闻出版管理工作。到1990年前后,全区绝大部分县(市)成立了出版管理办公室。1991年7月,德州地区出版管理办公室改为新闻出版管理办公室。1996年12月撤销德州市新闻出版管理办公室,组建新闻出版管理局(挂市版权局牌子),与市文化局合署。2010年3月,市新闻出版管理局与市文化局、市广播电视局合并为德州市文化广电新闻出版局。其中,出版物市场管理纳入新组建的市文化市场综合执法局统一管理。

一、出版物市场管理

1986年,地区出版管理办公室下设新闻出版管理科,主管全区出版物管理工作。1987年,地区行署制定《关于深入开展严厉打击非法出版活动的意见》,全区开展打击和严禁非法出版的宣传教育。1990年,《山东省文化市场管理条例》颁布,对文化市场管理中广播、文化、新闻出版等部门的职责重新作出分工,新闻出版行政部门负责音像出版、复录、发行单位的审批和书刊经营活动的管理。至1992年,共出动检查人员1.2万人次,各种机动车1200辆次,查缴各类非法、淫秽封建迷信出版物300多种20多万套,录音带、录像带2.6万多盒,依法取缔无证书刊、音像零售点600余个。

1996年12月市新闻出版局成立后,组建新闻出版管理稽查队,专门负责对出版物市场的监管工作。1997年,市新闻出版局对书报

刊、音像、电子出版物经营单位统一换发经营许可证，建立售前审查制度和批发单位进货制度。2001 年，开展“依法行政年”活动，在全市推行省新闻出版局编印的《行政执法程序规范》。2002 年，开展“规范管理年”活动，市新闻出版局与各县(市、区)出版办签订《出版物市场监管责任状》，并通过制定一系列管理制度，进一步规范行政处罚和行政审批程序。2003 年，开展“管理创新年”活动，在原有管理制度的基础上，制定完善《目标责任制》《奖励举报制度》《重大案件报告制度》《督促检查制度》《执法人员岗位责任制》等管理制度，同时改革行政审批制度，简化审批手续。2004 年，开展“管理发展年”活动，在“扫黄打非”方面，完善《奖励举报制度》和《重大案件报告制度》；在委托管理方面，制定《责任制制度》《三公开制度》《责任追究制度》，同时建立健全《执法人员岗位责任制》《承诺制制度》。2006 年，开展“规划发展年”，市新闻出版局制定《德州市新闻出版业“十一五”发展规划》。2007 年 5—7 月，对全市出版物集中经营场所进行治理整顿，并在黑马市场内设立专门管理办公室，对市场内 30 家经营业户进行法规培训，为符合资质条件的业户统一办理“出版物经营许可证”。

2010 年 3 月，出版物市场管理纳入新组建的市文化市场综合执法局统一管理。

二、印刷企业管理

1997 年，市新闻出版管理局对领取“印刷经营许可证”的印刷企业、单位及个人开展年度核验工作。1999 年，在全省开展的“管理服务年”活动中，市新闻出版管理局被评为先进单位。2001 年 10 月，举办印刷企业负责人法规培训班，重点讲解《印刷业管理条例》等法律法规。2002 年，按照“规范管理年”活动要求，市新闻出版局与各印刷企业负责人签订“遵纪守法保证书”。同年，全市开展印刷企业的清理整顿，共压缩不符合资质条件的印刷企业 25 家，取缔无证无照或严重违规的 10 家，列入整改的 29 家，保留符合资质条件的印刷企业 153 家，保留复印、打印、名片印刷企业 246 家。2004 年，省新闻出版局将非出版物印刷企业、内部资料性成册印刷品等事项的审批委托市新闻出版局办理。为做好委托管理工作，对申请企业的业务范围、生产场所、生产设备、注册资金和企业法人情况等市场准入条件严格把关，并建立了违规违法印刷企业重点监管制度。2011 年，成立印刷行业协会，加强印刷业自我管理。至年底，全市共有出版物印刷企业 12 家，包装装潢印刷品、其他印刷品印刷企业 201 家，打字复印企业 195 家。

三、扫黄打非

1997 年，德州市设立市“扫黄打非”工作领导小组，成员单位为市委办公室、市政府办公室、市委宣传部、市纪委、市委政法委、市法院、市检察院、市教育局、市公安局等部门，办公室设在市新闻出版管理局。市“扫黄打非”工作领导小组在全市层层建立“扫黄打非”领导责任制，在加强日常监督管理工作的同时，每年均组织开展 1 ~ 2 次全市性“扫黄打非”集中行动，重点对市场上的政治性非法出版物及淫秽、色情、盗版出版物进行集中清理检查。1999 年开展对邪教法轮功宣传品的清缴，共收缴邪教法轮功类图书 13743 本、音像制品 10465 盘、其他印刷品 24967 份，共计 49176 件。2005 年 5 月，对庆云县图书市场进行专项治理，省市县三级联动，共查缴盗版图书 1.2 万册，查处 2 家印刷厂的非法盗印行为。2006 年重点对黑马市场进行治理，市新闻出版局与黑马市场管理办公室、黑马市场管理办公室与各经营业户分别签订了责任书，明确了各方的责任、义务。2010 年，开展打击手机网站传播淫秽色情专项行动，对德州移动、德州网通开设的手机及互联网网站进行了检查清理。2011 年,公布 12318“扫黄打非”举报电话,共受理群众举报 28 起,并及时查处了贾某某非法销售政治性图书案。至 2011 年年底,全市共组织“扫黄打非”专项行动 35 次,查缴非法图书、音像制品 7 万余件。

第四节 版权管理

1996 年 12 月,德州市版权局成立(与市新闻出版局合署办公),依据《中华人民共和国著作权法》及有关法律法规,负责全市著作权的管理工作。

1997 年 10 月 1 日,《山东省著作权保护条例》实施,市版权局依据《中华人民共和国著作权法》等法律法规,先后制定作品登记、著作权纠纷调解等方面的工作制度,严厉查处侵权盗版案件。1999 年,根据山东省版权局《作品自愿登记暂行办法》的规定,对全市包括文字作品、工程设计图纸、美术作品、计算机软件等类型作品进行登记,并由省版权局颁发作品登记证书。

为宣传、推广版权知识,提高版权保护意识,每年“4·26”世界知识产权日开展“保护知识产权宣传周”活动,通过集中咨询、悬挂条幅,陈列展板、散发宣传材料等方式,宣传著作权法等法律法规,营造尊重知识、尊重创新的社会氛围。2006 年 8 月,开展“反盗版百日行动”,集中打击图书、音像、电子出版物、软件市场的侵权盗版行为,共收缴盗版图书、音像制品 2.1 万余册(盘),取缔两处非法经营窝点。2007 年 7 月 1 日起,开展为期 3 个月的打击网络侵权专项行动。自 8 月开始,联合公安、通信管理部门对全市网站进行一次集中清查,查处了“德州影院”网站的网络侵权行为。2010 年 12 月—2011 年 2 月,开展推进软件正版化专项整治行动,机关办公电脑全部安装使用正版操作系统。

第四章 群众文化

第一节 机构 设施

一、文化馆(艺术馆)

1986 年,全区有德州地区艺术馆 1 处;德州市、禹城、齐河、平原、宁津、陵县、乐陵、临邑、武城、夏津、商河、济阳、庆云县文化馆 13 处。2000 年,德城区文化馆拆除,改建为希森儿童游乐园。至 2011 年,全市共有文化馆、艺术馆 11 处,其中德州市艺术馆为市级国家一级馆,禹城、齐河、平原、宁津、陵县 5 个县(市)文化馆为县级国家一级馆,乐陵、临邑、武城、夏津、庆云 5 个(市)文化馆为县级国家二级馆。此外,全市 133 个乡镇、街道全部建有文化站,建成村文化大院、社区文化中心 2258 个。

德州市艺术馆　位于德州市东风中路新湖风景区内,建于 1976 年 10 月,始称德州地区艺术馆,1995 年改称现名。1986 年,职工 15 人,下设舞蹈、美术、音乐、摄影组及办公室。1986 年后,市艺术馆先后建立群星合唱团、少儿艺术团、中老年艺术团、艺术馆舞蹈队、跑驴舞蹈队等多个群众文化团体,培养文化艺术人才万余人,举办各类大型活动上百场,获省级及以上音乐、美术、舞蹈、征文等比赛奖项达 100 多项。2011 年,

在文化部开展的全国第三次文化馆评估定级工作中，德州市艺术馆被评定为市级国家一级馆。至2011年年底，德州市艺术馆馆舍建筑面积7000平方米，其中5层办公楼一幢，剧院一座；内设办公室、音乐部、美术部、辅导部、非物质文化遗产办公室；职工19人，其中高级职称8人。

2011年德州市文化(艺术)馆情况表

表32－4

名　称	地　　址	新馆建设时间	职工人数（人）	建筑面积（平方米）	级　别
德州市艺术馆	德州市东风中路新湖风景区内	1976.10	19	7000	国家一级
禹城市文化馆	禹城市行政街82号	1980	26	1960	国家一级
齐河县文化馆	齐晏大街254号	2002	25	7680	国家一级
平原县文化馆	平安东大街	1998	34	6000	国家一级
宁津县文化馆	阳光大街文化艺术中心	1980	8	4200	国家一级
陵县文化馆	政府路文化艺术中心内	2009	16	3000	国家一级
乐陵市文化馆	兴隆南大街文化娱乐中心	2001	26	860	国家二级
临邑县文化馆	署前路7号	1951	14	2111	国家二级
武城县文化馆	升平广场西侧	2005	19	2000	国家二级
夏津县文化馆	南城街	2000	17	300	国家二级
庆云县文化馆	北海公园东侧	2011	12	3000	国家二级
德城区文化馆	青年路738号	2003	17	150	—

二、图书馆

1986年，全区有公共图书馆有6处：其中地级馆1处（德州地区图书馆），县级馆5处（平原县图书馆、陵县图书馆、德州市图书馆、宁津县图书馆、齐河县图书馆）。此后乐陵、庆云、夏津、禹城、临邑图书馆先后建成。至2003年，全市公共图书馆共12处。2004年，在文化部组织的全国公共图书馆评估定级工作中，德州市图书馆被评为地市级三级图书馆，平原县图书馆被评为县级一级馆，夏津县图书馆被评为县级三级馆。2008年，禹城市图书馆、平原县图书馆被评为县级一级馆，乐陵市图书馆、齐河县图书馆、临邑县图书馆、武城县图书馆被评为县级二级馆。2011年，全市公共图书馆总建筑面积28467平方米，阅览座席2291个，藏书量112.6万册，电子阅览室计算机487台；全市公共图书馆在职人员共计178人，全年接待读者89.5万人次，共发放借书证4.76万个，图书流通91.26万册次。另外，全市有普通高校图书馆3处，高等职业技术学校图书馆3处，中等职业技术学校图书馆28处,中小学图书馆(室)1233处。

德州市图书馆　成立于1984年10月,系在原地区展览馆基础上建立而成。始称德州地区图书馆,内设展览部、图书部和办公室,人员编制22人。1989年7月,将展览部分设出去,图书馆成为独立建制。1995年更名为德州市图书馆。1999年8月,由东方红路迁至湖滨北路原市一轻局办公楼,面积600平方米。2001年9月迁至德州市文化路市文化中心现址。2002年1月,购置计算机3台及图书馆自动化管理集成系统,实现了图书馆管理和办公自动化。2004年6月,德州市图书馆被定为地市级三级馆。2005年8月8日,开通德州市文化网站。2007年,按照试点省建设标准要求,先后投入近百万元建成集电子阅览室、多媒体教室、资源加工室于一体的全国文化信息资源共享工程德州市支中心。2009年10月,德州数字图书馆建成并对外开通。2011年11月11日,德州市网络图书馆开通,实现了读者足不出户就可享受现代图书馆服务的功能。至2011年年底,市图书馆馆舍面积3000平方米,藏书8.8万册,计算机81台,年书刊借阅15万人次,书刊文献外借20万册(次)。

2011年德州市公共图书馆情况表

表32-5

名称	地址	建立时间	职工人数(人)	建筑面积(平方米)	藏书(万册)	级别
德州市图书馆	德州市文化路	1978	33	3000	8.8	地市级三级馆
平原县图书馆	平原县文化路	1986	18	1240	8.3	县级一级馆
禹城市图书馆	禹城市行政街	2006	15	1800	12.7	县级一级馆
乐陵市图书馆	乐陵市兴隆街	2001	14	3127	11	县级二级馆
齐河县图书馆	齐河县齐晏大街	2003	13	2500	13	县级二级馆
临邑县图书馆	临邑县迎曦大街	2008	10	3200	10	县级二级馆
武城县图书馆	武城县升平广场西侧	2005	8	2000	11	县级二级馆
夏津县图书馆	夏津县南城街	1980	21	1150	4.5	县级三级馆
陵县图书馆	陵县政府街	2009	6	2276	17.8	县级一级馆
宁津县图书馆	宁津县阳光大街	2010	9	2500	8	县级二级馆
庆云县图书馆	庆云县北海公园东侧	2010	12	3000	12	县级二级馆
德城区图书馆	青年路738号	2003	17	300	5.6	—

三、展览馆

德州市展览馆　建于1959年,位于东方红路,占地面积4814平方米,建筑面积4800平方米。始为县级德州市展览馆,1971年更名为德

德州大剧院

州地区展览馆。1984 年,在展览馆基础上成立地区图书馆,内设展览部、图书部和办公室。1989 年 7 月,展览部由图书馆分出,独立设置。1995 年,更名为德州市展览馆。1999 年,原址改建为城隍庙小商品市场。

德州国际会展中心　位于德州经济开发区长河大道与德政路交汇处。是集展览、会议、商务、餐饮、休闲为一体的现代化特大型公共和公益性建筑。整个会展中心包括会议中心和展览中心两部分。其中展览中心总建筑面积 13.6 万平方米,展厅总面积 6.7 万平方米。屋顶采用吊杆悬锁结构,由 12 根 36 米高、120 吨重的桅杆拉起整个屋顶。

四、剧院

德州影剧院　位于德州市解放路与东方红路交叉口东南侧。前身为 1953 年建立的德州市人民剧场,宽 25 米、长 40 米、高 6 米,容 1800 个联椅座位,总占地 4000 余平方米。1962 年、1971 年、1978 年,先后进行过 3 次较大改建。改建后增设了观众休息厅、灯光区、舞台天桥,木联椅换为 1380 个铁脚固定折叠单椅。舞台改为宽 13 米、深 11.5 米、台口高 8 米、空间高 11 米;上、下台副台各 31 平方米;化妆室 65 平方米。1982 年 3 月增放电影,改称德州影剧院。1995 年,由外地客商承包,改建为保龄球馆。

德州大剧院　位于德州市经济技术开发区东方红路与康博大道交会处。2011 年 5 月 21 日开工奠基,预计 2013 年 10 月竣工。大剧院总建筑面积 3.92 万平方米,地上 5 层、地下 3 层,主体高度 23.7 米(局部 38.2 米);广泛应用太阳能光伏系统等新能源、新技术、新材料,设计突出“流动的音符、张开的帷幕、绽放的浪花”的艺术效果。整个剧院包括一个 1500 座的歌剧院、一个 600 座的多功能可变剧场、一个 150 座的影像报告厅以及排练厅等配套设施。

第二节　群众文化活动

一、广场文化活动

1986 年后,随着群众物质文化生活的提高,以民间艺术展演、卡拉 OK 大奖赛、歌咏比赛、交谊舞比赛、科普宣传、书画展览、电影放映等为主要形式的群众广场文化活动逐步兴起。

1998 年,德州市中心广场建成,成为市民文化活动的中心。其后,市区世纪广场、艺术中心广场、锦绣川风景区广场以及各县(市、区)中心广场也相继建成。1999 年,在市中心广场

群众艺术表演　　（2009年　摄）

先后举办德州市首届元宵节广场民间文艺展演、首届庆六一青少儿书画现场创作活动和首届广场电影放映活动。其中，元宵节广场民间文艺展演，50余个表演队6000多人参加演出，节目有军乐、民乐、秧歌、腰鼓、高跷、舞龙等，吸引观众达十几万人。市电影公司以影企联姻的形式，在全省率先举行广场放映活动，一年一个主题，一年100部影片，观众近20余万人次。青少儿书画现场创作活动，千余名少年儿童参加，现场创作书画作品1000余幅。当年，市中心广场被评为全省十佳文化广场第一名。2001年，德州市艺术馆举办多场消夏文艺演出，齐鲁电视台进行了现场直播。2003年10月，邀请山东卫视《大家一起来》节目剧组在市中心广场摄制完成大型广场群众文艺互动节目《金秋看德州》专辑，向全国及周边国家全面展示德州新形象。全市3个社会文化活动品牌被评为“山东省知名社会文化品牌”，13个广场文艺节目分获一、二、三等奖和优秀奖，获奖数量列全省第四名。2004年，举办德州市暨德城区首届社区文化艺术节，使广场文化走进社区。2006年10月，在德州市中心广场开展“讲文明 树新风”德州市庆祝建党85周年暨德州市“八荣八耻”大型歌咏比赛，历时3个月，参与人数达到数万人。2009年9月，在广场上举办“我爱我的祖国”庆祝新中国成立60周年大型歌咏比赛，市直及各县（市、区）参与人数达6000余人，有23支代表队进入决赛。2010年，举办“德州市世界太阳城大会”广场文艺演出20余场。至2011年，全市共举办元宵节广场民间文艺展演12届，元宵节灯展8届，社区文化艺术节8届。

各县（市、区）也依托广场开展了丰富多彩的文化活动。临邑县每年正月在新世纪广场举办秧歌进城汇报演出；五月槐花节期间组织开展广场文艺汇演；每年广场消夏文艺会演历时两个多月。庆云县以庆云广场为载体，先后举行消夏艺术节、广场舞蹈大赛、中老年人健身成果展演等活动。乐陵市自1989年起每年金丝小枣节期间举办文化夜市，有戏曲、卡拉OK、吹打乐、武术表演、狮子舞、歌舞、秧歌等，观众高峰期达到6万余人次。2009年，中央电视台《激情广场》栏目组在武城县升平广场举办“爱国歌曲大家唱”群众性歌咏活动，近万名激情昂扬的群众和演员参与其中。

2011年，全市各类文化广场达1000余处，常年参加广场舞等活动的群众达10余万人。其中，德州市中心文化广场因硬件设施完善，广场文化活动特色突出，先后6次获“山东省十佳文化广场”称号；齐河县文化中心广场和临邑县新世纪广场先后获“山东省优秀文化广场”称号。

二、农村文化活动

1986年，德州地区乡（镇）建立文化站51

文化下乡活动　（2010 年　摄）

个；乡（镇）影剧院 37 个、电影队 489 个，村办电影队 25 个；部分乡（镇）、村设有业余剧团或文艺宣传队。

1986 年 6 月，地区艺术馆举办“大家唱”活动，先后在德州、济阳、乐陵、宁津、齐河、平原、禹城、武城、庆云、宁津 10 个县（市）演出近 30 场，约 2000 人登台演唱，受到城乡青年人的热烈欢迎。山东电视台新闻节目对此作了专题报道。1991 年 8 月—1992 年 4 月，在全国第二届农林科教电影汇映展和农村科教片“双丰收”活动中，全区共调集科教影片 213 部、388 个拷贝，放映 18693 场，观众达 148.6 万人（次）。1994 年，平原县王杲铺镇开始举办农民文化艺术节，后发展成农民群众自娱自乐为主，集文艺演出、科技培训和篮球比赛、乒乓球比赛等体育项目为一体的综合性的文化活动。1995 年，贯彻中共中央宣传部、农业部、文化部等 8 部委《关于大规模开展文化、科技、卫生三下乡活动的通知》，启动文化下乡工作。1996 年 2 月，全市各文化馆、图书馆、画院、电影队、剧团等 39 个文化单位统一行动，下乡给农民群众送书、送画、送春联、送戏，仅市直文化系统就在平原县王杲铺镇为农民送画 60 余幅、送春联百余副，一场文艺演出观众多达万余人。1996 年 11 月—1997 年 3 月，在山东省首届农民艺术节上，德州市获金牌 3 个、银牌 4 个、铜牌 1 个。其中，德州市的《牧歌》获舞蹈专场比赛金奖，夏津县许晓英演唱的《故乡是北京》获声乐比赛金奖，齐河县的《黑陶龙球》获民间工艺美术品博览会金奖。2000 年 8 月，德城区陈公庄户剧团成立，建团之初只有 20 多名演员，后经几年的努力，发展到一个拥有 200 余人参加的戏剧、秧歌、腰鼓、民乐 4 支队伍，主要演唱京剧、吕剧、河北梆子、评剧、黄梅戏、豫剧等 6 个剧种，能表演 20 多个全场戏、40 多个选场、300 多个唱段。为活跃农村群众的业余文化生活，剧团除年节到德城区各镇街村演出外，还经常到河北故城、景县、吴桥等地进行交流演出，被授予“山东省十佳庄户剧团”称号。2003 年 11 月 20 日—2004 年 2 月 6 日，举办德州市首届农民艺术节。艺术节包括乡镇文艺会演、农民书画展、非物质文化遗产展览、优秀农村题材电影展演、元宵节民间文艺展演等多项活动，观众百万余人。2006 年 12 月 26 日，山东省首届农村文化艺术节暨德州市第二届新农村文化艺术节开幕式在禹城市举行，并在该市张庄镇黎济寨村举行首场演出。在此次艺术节上，德州市获金奖 2 个、银奖 4 个、铜奖 4 个，优秀奖 7 个。2007 年，启动“农家书屋”建设，当年通过自建、租建、合建等方式，全市首批建成“农家书屋”36 个。2008 年 11 月 12 日，由市委宣传部、市文化局主办的

2009年9月，董子文化街开街，同时举办首届文化旅游节

"学习贯彻十七届三中全会精神暨纪念改革开放三十周年"文化下乡活动启动。全市各级文联、曲艺家协会以及市歌舞团、京剧团、杂技团等部门和文艺团体相继开展文化下乡活动。至2011年年底，全市乡(镇)文化站134个，总建筑面积6万平方米；数字电影放映队344个，年完成放映任务10万场，观众达1200万人次；村文化大院(室)2980个，面积90平方米；农家书屋1135个，面积5.7万平方米，藏书340.5万册。

三、灯会

自1985年起，县级德州市在市区主要街道举办大型元宵节灯会，每届灯会观众二三十万人。1996年，地级德州市在湖滨路举办撤地建市后首届元宵节灯展，共展出大型彩灯70余盏，参观人数达60多万人次。1997年7月1日，德州市举行盛大焰火晚会庆祝香港回归。至2011年，全市共举办元宵节灯展8届。

四、重要演出、比赛、考级活动

全国艺术等级考核德州考区考试　始于1999年，当年有200余人参加考试。至2011年，此活动连续举办10余年，参加考试活动的已达千余人。

山东省青年歌手大奖赛　2000年5月，承办山东省青年歌手大奖赛，来自全省17个地市的50余名选手参赛，德州市业余歌手获一等奖1名，二等奖3名。2004年、2007年、2009年又相继承办3届。

古贝春艺术节　2002年，举办首届"古贝春"杯文化艺术节，内容包括相声、小品、戏曲、歌舞等12项文化活动。至2011年，共举办9届，参与演出人数8000余人，观众20万人。

德州市青少儿才艺大赛　始于2002年，比赛内容主要为声乐、器乐、舞蹈、书画等。至2011年，该项活动已连续举办10届，参赛选手达7000余人，影响力覆盖德州及河北数县市区，成为德州市知名文化活动品牌。

职工文艺比赛　1995年10月，举办首届"华电杯"德州市首届职工文艺比赛。参加比赛的共有85个节目，按艺术门类共评出一、二、三等及优秀奖28个，创作奖8个。1998年9月，举办德州市晶华杯职工文艺会演，共有50多个节目参加，通过初赛评出优秀节目14个。

五、展览

1987年3月，德州地区书法家协会在地区图书馆举办首次全区书法展。1989年10月，由庆云县文化局发起，山东庆云、乐陵、宁津、无棣县，河北省盐山、海兴、孟村回族自治县及黄骅市参加的冀鲁8县（市）书画联展，历时40天，参展作品160件。1991年6月，德州地区文化局、德州地区文联在地区展览馆联合举办“庆祝中国共产党成立70周年美术书法摄影作品展览”，展出美术作品52幅，书法作品71幅，摄影作品26幅。1993年，先后举办周恩来青年时代业绩展、毛泽东100周年诞辰图片展等9次重要展览活动，全年观展人数达169万人次。1995年，先后举办“明清近代名人书画展”“孔繁森同志事迹图片展览”“纪念世界反法西斯战争胜利和中国抗日战争胜利50周年大型图片展览”和“中华名胜、世界名胜微缩景观展览”，参观人数14万人次。1997年4月，由德州市委、市政府和新华社山东分社主办的《97香港・百年沧桑话回归》大型图片巡回展在德州市展览馆开展。2001年8月，举办山东省“古贝春杯”书画作品大展。2002年11月，市文化局与北京市保利艺术博物馆在天衢博物馆联合举办“圆明圆国宝回归特展”，展出了漂泊海外140余年的牛首、猴首、虎首三件国宝，接待观众6万人次，创德州历史之最。2005年4月，举办德州撤地建市10周年书画摄影展。2006年6月，为庆祝中国共产党成立85周年，举办泰安、聊城、德州、淄博、滨州5城市书画联展。2008年11月，举办德州市首届花鸟画邀请展。2009年9月，举办德州、聊城、淄博、邯郸、沧州、衡水冀鲁6城市书画联展，展出作品200余幅。2010年，举办德州市世界太阳城大会全省书画摄影展。2011年6月，举办黄河三角洲6市中国画名家巡回展，展出作品90余件。

第五章　文化市场管理

80年代末期，继演出市场之后，全市的娱乐市场、音像市场、网络文化市场、图书市场、电影市场、艺术品市场、文物市场、艺术培训市场等相继形成并逐步发展起来。

为促进文化市场的健康发展，1996年成立德州市文化市场稽查队。1999年建立“文化经营许可证”制度，为全市文化市场规范化提供了制度上保证。2010年3月成立德州市文化市场综合执法局，将新闻出版管理局所属的出版物市场管理纳入统一管理。至2011年年底，全市审批的文化娱乐经营业户790家，其中大型文化经营场所9家、中小型文化经营场所781家（不含图书经营业户）。全市从事文化市场经营的人员2.4万人。

第一节　文化市场

一、演出市场

80年代，市级演出团体主要有市歌舞团、市京剧团、市杂技团3家。除在全市城区演出少量场次之外，3个演出团体大部分演出活动在国外省外市场。市歌舞团在曲阜参加《杏坛圣梦》演出，并常年在云南演出。市杂技团以拓宽国外和港澳台演出市场为主要任务。主要演员常年在德国、波兰、美国、日本等国演出，每年演出场次达300多场。县级剧团主要有宁津杂技团、武城评剧团、乐陵梆子剧团，常年在山东、河北等农村市场演出。

为加强对演出市场的管理，1996年成立德州市演出管理办公室，主要负责引进演出团体，活跃德州演出市场。1999年邀请东方歌舞团为期3天的商业演出，场场爆满。2000年先后邀请河北东风豫剧团、铁岭艺术团、中国歌舞团、零点．羽泉演唱会、俄罗斯“卡琳卡”舞蹈团到德州演出。2001年乐陵小枣节期间，邀请彭丽媛、蒋大为、刘晓庆等知名艺术家演出。

二、娱乐市场

主要包括歌舞厅、卡拉OK厅、KTV练歌房、音乐茶座、电子游艺厅（室）、台球厅（室）、保龄球馆等，是20世纪90年代逐步发展起来的。1996—1999年，全市电子游戏厅（室）有20家左右。1994年，台球活动发展迅速，全市露天台球活动场所300余处，室内台球厅（室）8家。为控制电子游戏业户过多过滥发展，1994年停止审批电子游戏经营网点，并对现有网点进行清理整顿。翌年，根据全国统一规定，对所有电子游戏厅（室）进行关闭。保龄球从1996年传入德州，到1999年发展到4家。2000年，由于消费群体面小等原因，经营者大都处于保本经营或微利状态，有的甚至亏本经营。2011年，全市歌舞娱乐场所100余家，电子游艺场所9家，其中大型文化娱乐场所有好世界餐饮娱乐有限公司、维果餐饮娱乐公司、凤都国际酒店、德州钱柜餐饮有限责任公司、德城区同一首歌练歌房等。

三、音像市场

80年代中期，随着音像设备的普及和音像制品的流通，全区音像市场逐步发展起来。到80年代末期已初具规模，如音像制品的批发零售、出租、放映等。到90年代中期，音像市场发展迅速，特别是录像放映厅遍布城乡，成为休闲娱乐的重要场所。从1995年开始，文化、新闻出版、广电以及工商、公安等部门在市政府的协调下，多次集中行动，开展“扫黄打非”“清理整顿”活动，净化音像市场。2001年，根据有关规定，全市录像放映厅（室）全部关闭。至2011年，全市仅存音像店10余家。

四、网络文化市场

形成于20世纪90年代后期，一般3~5台电脑就是一个“网吧”。由于具有浏览新闻、查资料、玩游戏等特点，从而逐渐取代了一批录像厅、游戏厅。德州市邮电局是互联网最早提供接入服务单位。1999年以后，德州电信公司、德州联通公司等亦获得接入服务权利。按照国家有关规定，网吧的行政主管部门是信息产业部门。2002年11月15日，国务院《互联网上网服务营业场所管理条例》颁布实施，市文化局开始对全市的网吧实行文化经营许可证制。2005年，山东爱书人、山东万佳、北京博文实达、山东网通公司进驻德州，开展网吧连锁业务，当年有62家网吧加入连锁。此后，全市网络文化市场逐渐向连锁化、品牌化、主题化、规模化方向发展。2011年，全市发放网络文化经营许可证690家。

第二节　市场稽查

80年代末期至90年代初期，文化市场的稽查工作主要是由地区及县（市）两级文化主管部门兼管。

1996年德州市文化市场稽查队建立后，在全市开展“扫黄打非”斗争，组织较大集中行动7次，关闭镭射放映厅7家，关闭不符合规定的录像放映厅115家，收缴非法书刊3万余册，关闭非法音像市场1处。1997年，对全市卡拉OK歌舞厅等娱乐场所进行清理整顿，共检查

娱乐场所99家(其中德城区56家),查处非法光盘336张。1998年,在全市组织开展文化市场法制年活动。2001年,市及各县(市、区)均设立文化市场监督公开电话,先后组织开展了全市文化市场集中整治行动和《山东省文化市场管理条例》执法检查。关闭全市所有录像放映场所。至此,80年代中期发展起来的录像放映经营项目退出文化市场。2002年,开展音像市场和互联网经营市场专项治理活动,对一些非法生产、批发、销售音像制品的单位进行查处,对全市100余家音像制品经营业户进行重新审核登记,换发经营许可证。2005年,开展全市互联网上网经营场所集中整治活动,使互联网上网服务经营秩序明显好转。2008年,以网吧、音像店、娱乐场所等为重点,开展奥运安保、农村文化市场等专项整治行动,依法查处取缔网吧40家、非法演出团体2家,初步建立起以综合行政执法、社会监督、行业自律、技术监控为主要手段的文化市场监管体系。2009年,围绕全运会在山东召开,开展净化音像制品市场、净化社会文化环境、查处取缔黑网吧、清理整治出版物市场和校园周边环境以及文化市场安全生产隐患排查等一系列文化市场集中整治行动,共检查网吧9850家(次)、音像店135家(次)、农村物资交流会演出团体13个。

2010年3月,设立德州市文化市场综合执法局,整合原市文化局(市新闻出版局、市版权局)、原市广播电视局的文化市场行政执法职能,形成统一的文化市场综合执法职能并划归市文化市场综合执法局。2011年12月,设立德州市文化市场管理工作领导小组,负责统一领导全市文化市场管理和综合执法工作。

第六章　文　物

德州历史悠久,文化灿烂,地下文物蕴藏丰富。隋代开凿、元代贯通的京杭大运河从城区穿过;苏禄王墓是国内为数不多的一处外国国王墓葬;反映龙山文化的五里冢遗址、禹王亭遗址、窦冢遗址、尹屯遗址;神头墓群、冯李汉墓、王金铭墓、千佛塔、棂星门、平原郡故城墙遗址、乐陵文庙等近200处各级文物保护单位和700余件珍贵文物藏品充分展示了德州市的古老文明。

德州于1984年成立德州地区文物管理室,承担整个德州地区的文物保护与管理工作;1987年,成立德州市文博馆,负责苏禄王墓的日常保护管理工作;2011年建立的德州市博物馆,是全市第一座集文物收藏展示、科学研究、宣传教育为一体的综合性博物馆。至2011年,全市共有不可移动文物566处,其中全国重点文物保护单位2处,省级文物保护单位10处,市级文物保护单位59处,县级文物保护单位143处;全市共有文物藏品和标本约2820件,其中国家一级文物16件,二级文物119件,三级文物561件。

第一节　古遗址

2011年,全市共有古遗址178处。其中,省级文物保护单位5处,市级文物保护单位20处,县级文物保护单位54处。

五里冢遗址　位于乐陵市市中街道。冢为台形，东西长 110 米，南北宽 60 米，最高处 2.5 米，总面积 6600 平方米。其中，重点保护范围东西长 94 米，南北宽 45 米，总面积 4230 米。为新时器时代至周的文化遗址。1977 年 12 月公布为第一批省级文物保护单位。

禹王亭遗址　位于禹城市十里望回族乡，古称具丘山。据旧志记载：大禹治水时曾筑此丘，以观水势。明清时曾在具丘山上修庙建禹王亭。20 世纪 60 年代，禹王亭年久失修，亭毁庙塌。1974 年在该丘发现灰土层，地表堆积大量陶片，并陆续捡拾到石斧、研磨器、卜甲等文物，鉴定为龙山文化遗址。1977 年 12 月公布为第一批省级文物保护单位。1996 年重修禹王亭公园，占地 6.6 公顷，建筑以禹王亭、禹王殿为中轴线，清式建筑为主体，配以配殿、殿门、山门等。位于殿后的具丘山遗址，南北长 45 米，东西宽 50 米，高 8 米，山上建有八角重檐双排柱亭。

惠王冢遗址　位于乐陵市杨安镇。该遗址为堌堆遗址，东西宽 42.5，南北长 55 米，高 2.8 米，面积约 2337.5 平方米。鉴定为新石器至商周时期文化遗址。1992 年 6 月公布为第二批省级文物保护单位。

窦冢遗址　位于禹城市市中街道。遗址为一高台，圆冢状的土丘高约 4.05 米，分布面积约为 5364 平方米。1974 年 7 月，曾挖出早商灰陶鬲，1976 年又捡到残陶纺轮 1 件。以后陆续出土有三孔石刀、残石刀等文物。鉴定为龙山文化遗址。1992 年 6 月公布为第二批省级文物保护单位。

尹屯遗址　位于齐河县晏城镇。遗址为不规则台状，东西最长 52 米，南北最宽 40 米，分布面积 1774 平方米，最高处距地面 5 米。断层处可见文化堆积层，地表采集有新石器时代晚期的黑陶、白陶及蛋壳陶残片、石簇、石斧，商周时期的夹砂陶鬲、泥质灰陶豆盘、豆柄及汉代砖、瓦、缸残片等。据考证为龙山文化遗存，年代从新石器时代晚期，历经商代、周代、汉代。1992 年 6 月公布为第二批省级文物保护单位。

第二节　古墓葬

2011 年，全市共有古墓葬 171 处。其中，全国重点文物保护单位 1 处，省级文物保护单位 4 处，市级文物保护单位 17 处，县级文物保护单位 32 处。

苏禄王墓　坐落于德城区新湖街道北营村。明永乐十五年（1417 年），以古苏禄国东王巴都葛叭哈喇为首，率西王、峒王及家眷、官员共 340 多人对中国进行访问。辞归途中，东王不幸染病陨殁，明永乐帝闻讣，即派官员为东王择地厚葬，谥曰：恭定。东王长子督马含率友好

（2000 年　摄）

使团回国继承王位，王妃葛木宁及次子温哈剌、三子安都鲁和侍从10余人留居德州守墓。清朝雍正九年（1731年）根据东王后裔入籍中国的请求，清廷题定以温、安二姓入籍中国。1956年，山东省人民政府将苏禄国东王墓列为省级文物保护单位。1977年正式行文，并立碑保护。1988年1月13日，国务院将其公布为第三批全国重点文物保护单位。自1965年起，各级政府多次拨款，陆续对苏禄国东王墓进行修葺和扩建，形成气魄宏大、气氛肃穆、古朴典雅的王墓建筑群体——苏禄王陵园。该陵园南北长约500米，东西宽约200米，占地约10万平方米，有保存完好的苏禄国东王墓、王妃葛木宁墓、次子温哈剌墓、三子安都鲁墓、神道、御碑楼；明代建清真寺、1986年重建的祾恩殿、东西配殿、混凝土牌坊以及1997年新建的碑廊、2002年新建的御碑亭、石牌坊等。

神头汉墓群　俗称“七十二疑冢”。位于陵县神头镇。现存墓冢38座，大者直径60米、高9米；小者直径14米、高5米。相传系“秦汉以来名公巨卿之墓”，又谓“曹操之疑冢”。早年被盗严重，1968年以后又先后被挖开三座（2号、10号、23号墓）。1978年，地、县考古工作队对4号、15号墓进行了挖掘，并清理了两座残墓，出土文物30余件，大部分为绿釉陶器，另外还有贴塑器物座、陶仓、陶井、弩机、石猪、石蝉、汉五铢等。根据出土文物判断为东汉墓葬，因没有发现有文字记载的遗物，无法断定墓主人身份。1977年12月公布为第一批省级文物保护单位。

三女冢　位于乐陵市花园镇，属汉墓。该墓有砖室墓葬3座，其中一座在1945年破坏。曾出土玉猪、陶楼、陶鸡、陶盆、陶狗、陶俑等随葬品。现存两墓南北向排列，北墓高5米，直径35米；南墓高4米，直径30米。1992年6月公布为第二批省级文物保护单位。

朱庄墓群　位于平原县龙门街道。墓冢共3座，南北方向排列。一号墓东西长50米、南北宽50米、高5米；二号墓东西10米、南北15米；三号墓东西15米、南北20米。墓顶为砖砌，成十字花状。据县志记载，该墓群系东汉霍从教御使墓。1992年6月被公布为第二批省级文物保护单位。

冯李汉墓　位于齐河县焦庙镇。该墓呈“亚”字形，边长40×40米，砖石结构，墓道及墓室中的墓壁上镶嵌着大量画像石，雕刻精美。经专家鉴定，该墓为东汉中晚期画像石墓。该墓埋藏在冯李村农田中，地表现象不明显。1997年11月26日村民取土时，墓道被发现。2005年4月列为第一批市级文物保护单位。2006年12月公布为第三批省级文物保护单位。

第三节　古建筑

2011年，全市共有古建筑103处。其中，全国重点文物保护单位1处，省级文物保护单位1处，市级文物保护单位13处，县级文物保护单位26处。

京杭大运河德州段　由卫运河和南运河组成，全长141千米，其中卫运河96千米，南运河45千米，属漳卫南运河系。上游有漳河、卫河，两河行至河北省馆陶县徐万仓相会后称卫运河，自四女寺水利枢纽节制闸至天津段称南运河。德州段运河原为汉屯氏河，隋之永济渠。自元至元十九年（1282年）始开会通河、会运河后称大运河。当时，临清至天津段称御河，也称卫河，至清代始称南运河。德州在运河漕运中拥有至关重要的地位，明清时期为京杭运河沿线四大漕粮仓储中心之一。清代中叶，由于海运逐渐兴起，加以黄、淮、运交汇处——清口逐渐淤塞，河运逐渐衰落。新中国建立后，1958—

1961年对卫运河进行大规模治理，兴建了四女寺水利枢纽，临清以下河段裁便取直46处，缩短河道12.2千米，并退堤砌滩，扩大子槽，使主河槽底宽增加至90～100米。60年代，天津经德州至济宁一线运河内，可航行300吨驳船和100马力轮，德州段运河年货运量和周转量皆列沿河各港口之首。随着沿河工农业用水迅速增长，尤其是上游建成岳城水库后，航运水源逐渐枯竭，至70年代末因河道常年干涸而停航。其后，运河德州段变成了季节性河流。2006年5月，京杭大运河被国务院公布为第六批全国重点文物保护单位。

乐陵文庙　位于乐陵市城区开元路东首。始建于明洪武二年（1369年），历代曾进行过多次修缮，基本保持着原貌。整个文届占地约6630.5平方米，现存大殿5间，东西庑房14间，以及大殿东北20米处的崇圣祠3间。文庙大院中有保存完整的乾隆二十年立的御制平定准噶尔千成太学碑，有生长了数百年依然苍翠茂盛的古槐。大成殿是一座庑殿顶式明代建筑，东西宽20.8米，南北长11米，通高9.88米。殿内面阔5间，进深3间。内外分别擎立着12根圆柱，斗拱叠罗，飞檐插天。2005年4月列为第一批市级文物保护单位。2006年公布为第二批省级文物保护单位。

恩城文昌阁　位于平原县恩城镇。文昌阁总高12米，砖木结构，下方、上圆、尖顶，取天圆地方之意。底部是青砖垒砌的两层高台，一层15米见方，二层12米见方，两层各高2米，周围是青砖垒砌的十字花墙。高台之上是两层木结构魁星楼。下层呈正方形，四周用7根直径约30厘米的圆漆红柱支撑，圆柱间底半部用青砖砌墙，上半部是木质门窗。上层是12根红漆圆柱和玻璃窗构成的六角形阁楼。楼顶呈圆形，顶端是白色葫芦状“朝天锥”，将整个文昌阁点缀成一个庞大的金字塔。阁内奉有“文昌帝君”，西北角有朝北角门，砖筑楼门入内便见“马道式”坡梯，踏步而上，即可凭栏观景，又可拜谒文昌；东侧保留有康熙十四年“重修文庙碑记”、康熙十四年“重修恩县邑儒学记”、道光二十九年“重修恩县文庙碑记”、光绪三十年“重修恩县文庙碑记”的四通碑刻。文昌阁建于明成化十六年（1480年），清康熙三十五年（1696年）和康熙六十年（1721年）两次进行修葺。2005年，县文化局筹集资金30万元，对文昌阁进行维修，国家图书馆馆长任继愈为之题写匾额。2005年4月列为第一批市级文物保护单位。

长官清真寺　位于宁津县长官镇东街，南北长120米，东西宽52米。始建于明朝永乐年间，后经数次维修和扩建，具现今规模。整体院落由两道门及正殿组成，一道门前有明代石狮一对。清

乐陵文庙　（1986年　摄）

真寺大殿高20米，面宽7间，进深9间，面积550平方米，可容纳300人做礼拜。大殿为砖木结构，分前殿、中殿、后殿，3部分呈“钩连塔”。大殿正门朝东，石台有八级，门额悬有“天方正教”牌匾，殿内16根明柱，大理石柱基。清真寺整体呈青灰色，砖瓦结构，斗拱殿檐，气势恢宏。2005年4月列为第一批市级文物保护单位。

平原千佛塔　位于平原县三唐乡崔家庙村，俗称崔家塔。此塔建于清康熙八年（1669年）。塔体为八棱柱形，高7阶26米，塔座周长20.8米，青砖结构。塔门朝南，门额镶嵌石刻“千佛塔”，落款为“清康熙八年”。塔前立有“新建弥勒庵并千佛塔碑记”，落款为“康熙龙飞十七年岁次戊午三月立”。2005年4月列为第一批市级文物保护单位。

平原千佛塔　（2010年　摄）

第四节　馆藏文物

2011年年底，全市有馆藏文物约2820件。其中，国家一级文物16件，二级文物119件，三级文物561件。

一、陶器

216件，器型有鬲、罐、壶、仓、井、俑、盆、耳杯、奁、楼、盘、炉、鼎、埙、狗、枕等。上自新石器时期，下至清代，以汉代绿釉八莲灯、东汉陶楼、唐代三彩陶水盂和金代三彩陶盘等为珍品。

绿釉八莲灯　国家一级文物，属汉代。陵县神头镇神头墓群出土。残高62厘米，足径30厘米。灯分上下2层，可拆装，每层4个灯盘，底座周围有骑射武士4个，底座表面塑有2男1女舞俑、小鸟1只。灯柄插孔之间的器身表面雕有展翅飞翔鸟型镂孔。通体施绿釉，造型别致。

四层铅釉红陶楼　国家一级文物，属东汉时期。宁津县大柳镇庞家寺村汉墓出土。长64厘米，宽36厘米，通高144厘米。灰陶质明器。器身分四层，用两个圈座套叠，各层饰有斗拱及廊檐，楼顶为殿庑顶，有鸟形脊饰，底部有台阶与立柱，柱上有鸟形陶饰，二、三、四层门窗饰雕刻菱形图案，三、四层门窗两侧各饰一陶俑。楼身整体高大，造型逼真。

三彩陶水盂　国家一级文物，属唐代。陵县神头镇东方合墓出土。最大口径12厘米，高6厘米，内施黄、绿、褐色釉，色彩艳丽；外为黄色云纹、边缘似浪花翻卷。釉色晶莹润泽，造型精巧绝伦。

三彩陶盘　国家一级文物，属金代。禹城市李治国捐赠。口径15.5厘米，高3.5厘米，底径9.5厘米。陶质食器。敞口，平底，矮圈足，盘内底黄色，饰有绿叶、白花及红色花蕊等图案，盘外底有一圆形凹陷，直径4.8厘米，圈底内环书“元贞三年胡家朔”字样。

二、瓷器

260件，器型有注子、瓶、壶、杯、碗、枕、罐、盘、砚、鱼穿、灯、炉、洗等。上自原始社会新石器时期，下至近现代，以八系莲瓣青釉瓷罐、黑釉水注、青釉胡人抱囊瓶、龙凤纹贯耳宝月瓶、白釉黑彩如意头开光花草鹿纹枕、黑釉鼓形水暖砚等为珍品。

八系莲瓣青釉罐　国家一级文物，属隋代。临邑县翟家乡出土。口径13.1厘米，高25.7厘米，底径11.5厘米。瓷质盛器。颈部附贴四组双系，器身饰以莲瓣贴塑，上腹部施青釉，下腹部无釉，灰白胎质。轻型规整，釉色均匀，体现了隋代较高的陶瓷制作工艺。

黑釉水注　国家一级文物，属唐代。武城县老城镇三义村出土。口径8.9厘米，高8.2厘米，足径6.2厘米。瓷质文房用具。器身内外施黑褐釉，外釉不及底，胎质微粗呈灰褐色，敛口，腹部近口处置一短流，鼓腹，实足。

青釉胡人抱囊瓶　国家一级文物，属唐代。陵县神头镇东方合墓出土。高26.7厘米，最大底径13厘米。瓷质盛器。器身施青釉，人物盘膝而坐，长发披肩，怀抱一巨大皮囊，为典型的波斯人形象。

龙凤纹贯耳宝月瓶　国家一级文物，属唐代。陵县神头镇东方合墓出土。口径5.9厘米，高23厘米，足径18.5厘米。瓷质盛器。波斯风格，器身施黄釉，瓶身两面饰有龙凤图案，四周对称环绕葡萄纹，造型独特，纹饰精美。

白釉黑彩如意头开光花草鹿纹枕　国家一级文物，属宋代。武城县收藏。长29.6厘米，宽24厘米，高14.1厘米。瓷枕呈如意状，枕体中空，枕面纹饰系白地黑彩，绘鹿草纹，立面绘卷草纹，整体纹饰飘逸流畅，底面印有阳文竖排“张家造”三字，为磁州窑制作。

黑釉鼓形水暖砚　国家一级文物，属金代。德州市经济开发区抬头寺乡采集。直径20厘米，高5厘米。瓷质文房用品。呈扁鼓形，正面一侧有一新月形漏孔，砚面及漏孔边沿均有一突沿，腹空可以灌水，砚面、底面无瓷釉，鼓身覆黑釉，上、下各饰一匝泡钉纹。水暖砚冬季可从新月形漏孔倒入热水，防止墨水结冰，十分实用。

三、玉石器

青玉双凤浮雕匕　国家一级文物，属西周时期。出土于刘台遗址一号墓。长13.6厘米，最宽3.8厘米。玉质礼器。扁平长条状，色青绿光润半透明，顶端和两侧有对称的脊齿，下端为斜磨双面刃。正背两面均以双勾阴线雕刻上下两只呈侧立姿态的凤鸟，嘴长微曲，高冠圆眼，两翼上翘，长尾上卷超过头顶又下垂于胸前，腿部强劲有力，足分两趾。

汉白玉浮雕七世佛造像　国家一级文物，属唐代。陵县南街出土。高31厘米，宽20厘米，厚6厘米，榫高3厘米。汉白玉质地，佛光形，上部浮雕两飞天，下部雕刻7个佛像，底座缺失。佛像整体雕刻匀称，工艺精湛。

龙朔元年石佛造像　国家二级文物，属唐代。德州市博物馆收藏。通高31厘米，石质，壶门龛形，龛内造像五尊，中间位释迦摩尼佛，两侧为二弟子二菩萨，即阿难、迦叶和普贤菩萨、文殊利师菩萨，主尊趺趺坐于须弥座上，二弟子二菩萨立于莲蓬之上。龛两侧为二力士，龛下方两侧为瑞兽，中间有一托龛供养人。

汉白玉石狮　国家二级文物，属唐代。陵县城关出土。通高12.8厘米，汉白玉石雕。石狮呈坐姿，口张目瞪，体态匀称，色泽光洁。

四、石刻

东方朔画赞碑　国家一级文物，属唐代。陵县文博苑收藏，俗称“颜字碑”。高2.60米、宽1.03米、厚0.22米。建于唐天宝十三载(754年)，晋夏侯湛撰，唐平原太守颜真卿书并

撰书碑阴记及题额。碑四面刻，碑阳、碑阴各15行，两侧各3行，行30字，共1073字，阳额篆书，阴额隶书，字大10厘米，正文楷书，字大6厘米。

东方合墓志　国家一级文物，属唐代。陵县神头镇东方合墓出土。长43厘米，宽42厘米，厚12厘米，阴刻楷书，全文469字。

八棱经幢　国家二级文物，属北宋时代。俗称八棱碑，位于禹城市张庄镇黎济寨村北。该碑刻于北宋太平兴国九年（984年），碑高6米，底座方形，由两块厚20厘米的长石拼对而成。方石为八棱莲花宝座，座上八大罗汉肩扛八棱经文碑，再上有石刻莲花座、立佛、雕龙、云纹等石刻，均为八棱状。八棱碑石刻为宋代欧阳修笔。

龙门石刻　属明代，平原县图书馆收藏。碑高152厘米，宽64厘米，厚17厘米，中间刻有高100厘米、宽50厘米、一笔而就的狂草“龙门”两个大字。起笔之处形似“龙头”，笔力苍劲，气势雄伟。

五、金属器

以铜器为主，器型有铜镜、铜佛造像、铜权、铜刀币、铜熨斗、铜铳、青铜剑等。其中以新莽钱范、明代铜铳为精品、秦王铜镜、唐代鎏金铜佛造像为珍品。铁器主要有隋代铁佛头造像等。

洪武十年铜铳　国家一级文物，属明代。德城区哨马营村出土。通长31厘米，由火镗、药室、尾銎三部分组成，器身铸五道加固箍，呈竹节状，火镗铸有“福州右卫军器局监造官镇抚候成吏詹迫进 教师郑子刚习学军匠陈仲卿等 洪武十年月日造 日字二号 三斤五两”。

秦王铜镜　国家二级文物，属唐代。陵县神头镇东方合墓出土。直径13厘米；圆钮，镜钮一周饰走兽纹，外区铭“赏得秦王镜 判□□□金 非关□□胆 待是自明心”。

大泉五十铜母范　国家二级文物，属新莽时期。齐河县收藏。边长7.6厘米，呈抹角方形，斜壁平沿。中心铸圆柱形直浇道，内设正、背钱模两对。上面为正模，阳文篆字“大泉五十”；下面为反模，素面。两正模中上方有一三角形榫，两背模中下方有一三角形卯；四枚钱模内穿的中心各有一个小乳钉。

鎏金铜佛造像　国家二级文物，属唐代。宁津县收藏。通高24厘米。造像身着袈裟，右手施无畏印，左手施触地印，垂脚坐于佛座上，双脚放于莲花座上，莲花座以榫头与镂空足坐相连。佛像通体鎏金，面部丰满，神态安详。

铁佛头造像　国家二级文物，属隋代。德州市博物馆收藏。高100厘米，最宽80厘米。造像面部丰满，表情安详，体型硕大。

六、骨蚌器

器型有匕、镞、管、锥、蚌镰等，均为新石器时期产物。其中以带字骨匕、骨弯锥、双孔蚌镰为佳品。

带字骨匕　国家二级文物，属新石器时期。禹城市邢寨汪遗址出土。残长11.9厘米，最宽2厘米，厚0.2厘米。骨质工具。器身呈长方形，匕柄尾部有一圆形穿孔，上部残缺，不见锋刃，中部断裂，有文字状刻划痕。

骨弯锥　国家二级文物，属新石器时期。禹城市周尹遗址出土。长16.3厘米，最大径2厘米。通体呈褐黄色，锥身呈弧形，柄部圆筒形，锥尖部光滑，有明显的使用痕迹。

双孔蚌镰　国家二级文物，属新石器时期。禹城市姚高遗址出土。长15.9厘米，最宽5厘米。蚌镰呈奶油色，弧形，背曲刃突，镰背中部镂有两孔，相距1.3厘米。圆孔直径0.5厘米，镰刃部微残，有明显的使用痕迹。

蟠螭纹犀角杯　国家三级文物，属清代，德州市博物馆收藏。口径8.4厘米，通高8.6厘米，杯高7.1厘米，底径3.3厘米。犀牛角质酒器，杯身造型为八角状，侈口、圈足，通体呈紫红色，沿外分布一周云雷纹，中部以云雷纹做地，雕蟠螭四条，有两条合为一体，前爪扶杯口，头探入杯口沿，呈自然杯柄，另外两条横贴杯外壁。造型别致，雕工精巧。

七、书画

均为明清作品。主要有明代詹养忱纸本长卷、明代米万钟绢本中堂、清代刘墉纸本诗轴、清代姚与穆绢本种桂图、清代绢本脊令图、清代人物画等。

明代詹养忱纸本长卷　国家二级文物，明代。德州市博物馆收藏。长428.5厘米，宽29.5厘米，画芯长341厘米，宽27.5厘米。

明代米万钟绢本中堂　国家二级文物，明代。德州市博物馆收藏。长193厘米，宽56.5厘米，画芯长153厘米，宽51厘米。

清代刘墉纸本诗轴　国家二级文物，清代。德州市博物馆收藏。长216厘米，宽54厘米，画芯长105厘米，宽37厘米。作者刘墉。

清代姚与穆绢本种桂图　国家二级文物，清代。德州市博物馆收藏。长1060厘米，宽56.2厘米，画芯长171.7厘米，宽54.5厘米。

清代人物画　国家二级文物，清代。宁津县收藏。长324厘米，宽138厘米，绢本。画面内容为人物、山水、亭台、楼榭，为清代柳迁的作品。

清代绢本脊令图　德州市博物馆收藏。长758厘米，宽58厘米，画芯长98厘米，宽55厘米。

第五节　文物保护管理

2011年，德州市文物保护管理机构主要有德州市文物管理处以及各县（市、区）文广新局（文化局）文物管理科。其中，德州市文物管理处成立于1984年6月。其前身为德州地区文物组，1984年6月改组为德州地区文物管理室，1995更名为德州市文物管理室，2007年9月更名为德州市文物管理处。2011年，内设文物库房、资料室和办公室。

此外，为加强苏禄王墓日常管理工作，1987年12月成立德州市文博馆，1995年4月更名为德州市苏禄王墓管理处，并核定为正科级全额预算管理事业单位。2011年，该处编制10人，编配主任、副主任各一职。

一、考古

1985年，文物管理部门对宁津小刘集汉墓发掘。1987年开展全国第二次文物普查工作。1995年配合济德高速公路建设，对沿线进行考古调查、勘探和发掘工作。1996年完成济聊高速公路和德州市北连接线考古调查、勘探工作。1997年组织完成邯济线铁路考古调查、勘探和发掘工作。2002年，对陵县东方合墓进行抢救性发掘，出土精美文物百余件，其中4件国家一级文物；同年完成华鲁电厂第三期扩建工程地下文物保护工作。2006年完成德州瓷窑遗址考古调查、勘探和试掘工作。2008年，抢救性发掘大周古墓群，共发现发掘墓葬27座。2011年，配合省文物考古研究所先后完成南水北调工程在夏津、武城境内的考古勘探工作，并对施工现场开展文物保护巡视工作；完成德商高速夏津段考古调查工作；完成邯济铁路扩能工程在齐河晏城镇狮子张墓地中3座墓葬的清理发掘工作；同时在对工程涉及的3个取土场开展考古调查和勘探中又新发现4处文物点。

二、文物收藏

1986年，德州地区珍贵馆藏文物分别保存在地区文物管理处及各县市图书馆或文化馆的文物库房中。1990年，地区文物管理部门在完成登记、编目的基础上，对各类珍贵文物正式建档。1992年，邀请省文物局专家组到德州，为所有馆藏文物进行鉴定和定级。其间，为加大对馆藏文物的保护力度和展示教育功能，部分县（市）开始启动博物馆、纪念馆建设。2009 年 6 月 7 日，德州市博物馆开工奠基。是年，市文物管理处按照国家、省文物局的标准要求，对全市文物档案重新进行整理、汇编、摄制图片、数据录入，建立馆藏珍贵文物数据库，馆藏文物实现了信息资源数字化管理。2011 年，全市公共文博单位有德州市博物馆、临邑邢侗纪念馆、陵县文博苑、禹城禹王亭博物馆、乐陵市博物馆、田雯纪念馆等。

德州市博物馆　位于德州市河东新区东方红路以北，长河大道以东的文体中心，占地约 72 亩，建筑面积 2.1 万平方米，是全市第一座集文物收藏展示、科学研究、宣传教育、考古发掘为一体的综合性博物馆。2009 年 6 月 7 日开工奠基。2011 年 5 月设立管理单位，隶属于市文广新局。主要职责是：负责文物及标本的征集保管、研究交流工作。博物馆核定人员编制 20 名。该馆于 2012 年落成开馆。

陵县文博苑　1990 年 10 月建成对外开放。馆内藏有唐著名书法家颜真卿亲书的东方画赞碑等。

邢侗纪念馆　位于临邑县永兴大街。1992 年 5 月建馆，隶属于临邑县文体广新局。馆内藏邢侗珍贵墨迹及石刻，反映临邑历史文化渊源的博物馆，珍藏当代著名书画家宋雨佳大师作品的雨佳馆等文化设施。

禹王亭博物馆　位于禹城市区西北部。2002 年 3 月建馆，隶属于禹城市文化局。该馆占地 9.1 公顷，由禹王大殿、东西配殿、钟鼓楼、具丘遗址、禹王亭和禹王湖等组成，是一座集考古、研讨、观光、旅游、娱乐为一体的古文化公园。

三、执法保护

1986 年后，依据《中华人民共和国文物保护法》及《山东省文物保护条例》，文物管理部门先后组织开展了两次大规模的文物普查工作，基本掌握了全区不可移动文物的分布情况。2005 年 4 月和 2011 年 4 月，德州市人民政府先后两次公布市级文物保护单位 59 处，将具有重要历史、艺术、科学价值的文物保护单位统一管理与保护。其间，为进一步加强对大运河遗产的保护，市政府于 2010 年 6 月公布实施《大运河山东德州段保护遗产规划》。

为加强对社会流散文物的管理，市文物管理处于 2011 年实行承办督办制。对群众举报的文物安全事件，填写《接收文物举报信息承督办单》，按属地管理原则交由相关县域的文物主管部门办理，并督察其将处理结果逐级上报。至 2011 年，市文物管理处会同平原、禹城、

德州市博物馆

夏津和德城区等文物主管部门先后处理平原王付堂石刻、平禹边界遗址、夏津窦姚庄石坨子、德城区杨家圈碑刻、“进德会”石碑刻、米市街“百代流芳”石碑刻、“药王庙”木匾额、“天衢牌坊”建筑构件、运河桥口街盗挖事件、香坊赵墓群等20多起流散文物信息，有效地保护了国家文物安全。

2011年德州市列入全国重点文物保护单位一览表

表32-6

名　称	类　别	时　代	所在地	公布年月
苏禄国东王墓	古墓葬	明	德城区北营村	1988.1
京杭大运河	古建筑	隋至清	德城区至夏津段	2006.5

2011年德州市列入省级文物保护单位一览表

表32-7

名　称	类　别	时　代	所在地	公布年月
五里冢遗址	古遗址	新石器时代	乐陵市市中街道	1977.12
禹王亭遗址	古遗址	新石器时代	禹城市十里望乡	1977.12
惠王冢遗址	古遗址	新石器时代	乐陵市杨安镇	1992.6
尹屯遗址	古遗址	新石器时代	齐河县华店乡	1992.6
窦冢遗址	古遗址	新石器时代	禹城市石屯乡	1992.6
神头墓群	古墓葬	汉代	陵县神头镇	1977.12
三女冢	古墓葬	汉代	乐陵市刘武官乡	1992.6
朱庄墓群	古墓葬	汉代	平原县平原镇	1992.6
冯李汉墓	古墓葬	汉代	齐河县焦庙镇	2006.12
乐陵文庙	古建筑	明代	乐陵市城关镇	2006.12

2011年德州市市级文物保护单位一览表

表32-8

名　称	类　别	时　代	所在地	公布年月
将军庙遗址	古遗址	新石器	禹城市李屯乡	2005.4
周尹遗址	古遗址	新石器	禹城市市中办	2005.4
双槐冢遗址	古遗址	新石器	禹城市市中办	2005.4
小于遗址	古遗址	新石器	禹城市市中办	2005.4

续表 32－8

名　称	类　别	时　代	所在地	公布年月
刘安遗址	古遗址	商周、汉	齐河县晏城镇	2005.4
将军寨遗址	古遗址	战国、汉	陵县陵城镇	2005.4
平原郡故城墙遗址	古遗址	唐	陵县陵城镇	2005.4
武庄遗址	古遗址	新石器	齐河县仁里集镇	2011.4
西营遗址	古遗址	商至周	乐陵市铁营乡	2011.4
马官屯遗址	古遗址	商至宋	齐河县胡官屯镇	2011.4
乐陵故城遗址	古遗址	汉	乐陵市花园镇	2011.4
厌次故城遗址	古遗址	汉	陵县神头镇	2011.4
岳庄空城遗址	古遗址	隋至宋	经济开发区赵虎镇	2011.4
老城遗址	古遗址	隋至清	武城县老城镇	2011.4
漳南镇遗址	古遗址	唐	武城县鲁权屯镇	2011.4
德州窑址	古遗址	宋至元	德城区新湖街道	2011.4
北厂遗址	古遗址	宋至清	德城区新湖街道	2011.4
德州城墙遗址	古遗址	明至清	德城区新湖街道	2011.4
闸子遗址	古遗址	明至清	德城区新湖街道	2011.4
窑上窑址	古遗址	明至清	德城区黄河涯镇	2011.4
冯李汉墓	古墓葬	汉	齐河县焦庙镇	2005.4
田家汉墓	古墓葬	汉	陵县糜镇	2005.4
平原君墓	古墓葬	汉	陵县陵城镇	2005.4
徐楼汉墓	古墓葬	汉	禹城市辛寨镇	2005.4
曹家汉墓	古墓葬	汉	临邑县德平镇	2005.4
东方合墓	古墓葬	唐	陵县神头镇	2005.4
石门古墓	古墓葬	元	禹城市房寺镇	2005.4
斉齐父母合葬墓	古墓葬	明	临邑县理合乡	2005.4
邢侗墓	古墓葬	明	临邑县临邑镇	2005.4
曹氏家族墓地	古墓葬	清	陵县陵城镇	2005.4
王金铭墓	古墓葬	民国元年	武城县武城镇	2005.4
洪孙村墓	古墓葬	汉	齐河县潘店镇	2011.4

续表 32－8

名　称	类　别	时　代	所在地	公布年月
高道悦墓	古墓葬	北魏	德城区二屯镇	2011. 4
菅怀李家族墓	古墓葬	明	临邑县临盘街道	2011. 4
金氏家族墓	古墓葬	明	运河开发区运河街道	2011. 4
宋氏兄弟墓	古墓葬	清	夏津县宋楼镇	2011. 4
宋哲元家族墓	古墓葬	近现代	乐陵市市中街道	2011. 4
乐陵文庙	古建筑	明	乐陵市市中办	2005. 4
文昌阁	古建筑	明	平原县恩城镇	2005. 4
棂星门	古建筑	明	陵县陵城镇	2005. 4
长官清真寺	古建筑	明	宁津县长官镇	2005. 4
千佛塔	古建筑	清	平原县三唐乡	2005. 4
八棱经幢	古建筑	宋	禹城市张庄镇	2005. 4
石家清真寺	古建筑	明	临邑县临南镇	2005. 4
文庙大成殿	古建筑	金至元	夏津县银城街道	2011. 4
蔺家宅院	古建筑	明	临邑县理合务乡	2011. 4
颊川石桥	古建筑	明	平原县龙门街道	2011. 4
孟氏宅院	古建筑	清	齐河县赵官镇	2011. 4
三王庄清真寺	古建筑	清	齐河县祝阿镇	2011. 4
邢侗纪念馆	近现代建筑	现代	临邑县临邑镇	2011. 4
达观营清真寺	近现代建筑	民国 26 年	武城县四女寺镇	2011. 4
德州烈士陵园	近现代建筑	近现代	德城区新湖街道	2011. 4
御桥韩天主堂	近现代建筑	近现代	禹城市十里望乡	2011. 4
晏城日军飞机场旧址	近现代建筑	近现代	齐河县赵官镇	2011. 4
四女寺枢纽	近现代建筑	近现代	武城县四女寺镇	2011. 4
德州码头	近现代建筑	近现代	运河开发区运河街道	2011. 4
德州机床厂建筑群	近现代建筑	近现代	运河开发区运河街道	2011. 4
德州电厂机房	近现代建筑	近现代	运河开发区运河街道	2011. 4
德州一水厂旧址	近现代建筑	近现代	运河开发区运河街道	2011. 4

四、维修保护

新中国成立后，德州市各级文物管理部门遵照《中华人民共和国文物保护法》和文化部《关于革命纪念建筑、古建筑、石窟寺修缮暂行管理办法》的规定，本着“整旧如旧，保持原貌”的原则，重点对市级以上、对外开放的文物保护单位进行维修。至2011年，中央和各级地方政府共投入资金5650余万元，对全市各级重点文物保护单位进行大范围的维修保护。包括古建筑、古墓葬、石刻文物、近现代文物等。

古建筑的维修始于20世纪80年代初。全市先后维修开放乐陵文庙、文昌阁、颊川石桥等。2002年3月，在禹王亭遗址修建了禹王亭博物馆，由禹王大殿、东西配殿、钟鼓楼、禹王亭和禹王湖等组成，占地136亩。2011年，拨款200万元对南运河德州段进行保护维修。

古墓葬的维修主要包括培土增高、植树绿化、修复或增建陵园设施、重点墓碑等。其中对苏禄王墓的维修始自1965年，至2011年共投资1239.83万元，使其成为集文物保护与旅游开发为一体的苏禄王陵墓。陵县投资962万元对包含东方朔墓、汉墓群、厌次古城等文物保护单位的遗产区进行规划、保护；齐河、乐陵、德城区、平原、庆云、宁津等县级政府先后投资780万元对本县域内的重要文物点进行保护和维修。

第七章　档　案

第一节　馆藏档案

一、馆库建设

1986年，德州地区有档案馆14个，其中地级1个，县市级13个；总建筑面积7381平方米。各馆设施主要为档案橱、去湿机、复印机、温湿度记录仪、照相机等。1987年5月，城建档案馆建成，建筑面积500平方米。1990年，济阳、商河两县划入济南，县市档案馆减为11个。1991年起，按照防震、防盗、防火、防尘、防鼠、防高温、防强光的要求，各县（市、区）加大档案馆建设力度。到2007年，平原、宁津、禹城、夏津、临邑、齐河、德城区、庆云、武城等县（市、区）档案馆和德州市城建档案馆、房产档案馆相继建起了新的档案库房。2008年，德州市、德城区、临邑县3市县档案馆通过了晋升国家二级先进档案馆考评组的验收。至2011年年底，全市共有档案馆15个，总建筑面积17534平方米。其中市级档案馆1个，建筑面积800平方米；县（市、区）档案馆12个；城建档案馆1个，建筑面积1950平方米；房产档案馆1个。各级各类档案馆普遍配置了密集架、微机、去湿机、空调、消毒机、复印机、扫描仪等设备。临邑、宁津、齐河、禹城等县市档案馆还配备了防盗报警与温湿度自动控制系统，临邑、平原县档案馆安装了电视监控设施。

德州市档案馆　建于1965年，始称德州地区档案馆。1986年，档案馆建筑面积1200平方米。1995年更名为德州市档案馆。2001年7月，市档案馆由文化路迁至湖滨北路，库房建筑面积528平方米，档案橱具全部更换为密集

德州档案馆　　　　(2011年　摄)

架。2008年通过了晋升国家二级先进档案馆考评组的验收。2009年1月，市档案馆迁至市经济开发区市级行政中心，建筑面积800平方米。2011年9月，市档案馆新馆建设启动，建筑面积14945平方米（含德州市城建档案馆2600平方米），预计2013年4月竣工。

二、档案收藏

1985年，全区11个综合档案馆馆藏档案579个全宗，80566卷，大部分是文书档案，门类单一，结构不够合理。为丰富馆藏，改善馆藏结构，全区地县两级档案馆均加强了对档案资料的接收、征集工作。1993年，地区档案局将建国后省级以上领导干部到德州视察工作形成的照片381张收集进馆；同年，德州市、临邑、平原、乐陵4县（市）分别将体现地方特色的扒鸡节、邢侗节、鸽子节和金丝小枣节档案征集进馆。1999年，作家田毅将自己多年从事文艺创作活动形成的全部档案167卷正式捐赠给德州市档案馆。1999年和2000年，德州市档案馆结合撤地建市和机构改革实施“万卷档案进馆工程”，将市直机关、团体及部分企事业单位撤地建市前的文书档案、会计档案28565卷接收进馆，使馆藏量翻了一番；各县（市、区）档案局也结合乡镇合并工作，积极组织档案进馆，全市县级综合档案馆共接收进馆档案11263卷、印章107枚、照片档案6卷计120张。

2001年后，名人档案和地方特色档案增长较快。年内，市档案馆征集到108位在全市有影响的著名人物档案资料，计712卷；德城区档案馆为配合“世界遗产工程”和“中国档案文献遗产工程”的实施，共收集到数十件有较高价值的文字和照片档案，加上原有的馆藏档案，形成了较完整的具有德州地方特色的苏禄国东王档案，成为德州市唯一申报国家档案局“档案文献遗产工程”的项目。2005年后，市档案馆又分别将山东省抗日战争时期反映日军暴行及广大军民英勇抗击日本侵略军的照片510张，德州党组织在大革命、土地革命战争和解放战争时期进行革命斗争形成的珍贵照片82张、《光辉的历程　辉煌的德州——纪念中国共产党成立90周年》系列照片100张征集进馆。宁津、临邑、乐陵、齐河、夏津等县（市）档案馆分别征集了部分书画档案，其中临邑县档案馆征集到当地的清朝房地产契约、邢氏族谱、王氏实物档案。2007年，临邑县档案馆征集到邢侗研究（含手稿）、葛守礼断案、地方剧种“一勾勾”及“文化大革命”时期的重要档案资料等。2008年，德州市档案馆将全市具有永久历史的古贝春、德州扒鸡、永盛斋、又一村包子、通德酿造5个中华老字号品牌档案征集进馆。2009年，德州市档案馆又将反映德州艰苦卓绝建党历史的七集党史文献片《历史不会忘记》和《渤海区革命历史展览》光盘征集进馆。2009 年德州市档案馆又将任继愈、邓友梅等 25 位德州骄子和为民族解放和德州发展做出突出贡献的 30 位英雄模范人物的事迹材料和照片征集进馆。2010 年，德州市档案馆重新修订《德州市著名人物档案管理办法》和《德州市档案馆关于征集名人档案的函》，发往有关单位和社会名人，通过广泛发动，将 41 位各界名人的档案征集进馆。

至 2011 年年底，市档案馆馆藏档案 312 个全宗，74632 卷，14665 件，声像档案 86 盘，照片档案 2206 张，电子档案 62 张，资料 13242 册；全市 15 个各级各类档案馆馆藏档案 1593 个全宗，936894 卷，1539101 件，声像档案 1424 盘，照片档案 104703 张，电子档案 3460 张（盘），资料 202751 册，主要有文书档案、科技档案、会计档案、纪检档案、诉讼档案、婚姻档案、声像档案、名人档案。

第二节　基层档案

一、机关档案

1985 年，地区档案局会同地区财政局联合在商河县开展会计档案试点工作，对各单位 1966 年以前积存的会计档案进行清理。至年底，有 98 个单位完成了清理建档任务，共立 9008 卷。1987 年，开展机关综合档案室的建立工作。至 1991 年年底，全区 962 个机关单位中有 525 个机关的各种内容与形成的档案实现了集中统一管理，占机关总数的 54.6%。

1988 年 9 月，地区档案局以系统为单位将地直机关档案室划分为 15 个协作组，制定了《地直机关档案工作协作组章程》。之后，各县（市）也相继建立机关档案工作协作组，并积极开展活动。1990 年，按照省档案局下发的《山东省机关档案工作定级、升级试行办法》和《山东省机关档案工作等级标准》，在全区范围内开展机关档案工作定级、升级活动。至 1997 年年底，全市有 548 个机关单位的档案工作晋升为省级先进。1998 年，在全市开展机关档案工作规范化目标管理活动。到 2002 年年底，有 266 个机关单位的档案工作实行了规范化目标管理。2002 年起，在全市机关单位推行《归档文件材料整理规则》。至 2011 年，全市机关档案室全部纳入规范化管理轨道。

二、企事业档案

1989 年，开展企业档案管理达标升级工作。至 1991 年年底，全区有 11 家企业档案管理晋升为国家二级先进，有 111 家企业档案管理晋升为省级先进。1992 年，企业档案升级工作停止。1994 年，按照《山东省企业档案管理认证工作暂行办法》，开展企业档案管理等级认证活动，改变企业档案升级停止后出现的档案工作停滞不前的状况。1996 年，全市开展企业、科技事业单位档案工作规范化目标管理活动。至 2002 年年底，全市有 21 家科技事业单位的档案工作达到了规范化目标管理省级标准，83 家企业档案管理被认定为国家或省级先进。

2000 年，围绕大力发展民营经济，在全市开展民营企业建档工作。2002 年，皇明集团以 98.8 分的成绩被认定为国家一级企业。为引导民营企业建立健全档案工作，2004 年 8 月，在陵县召开全市民营企业档案工作现场会。会后，各县（市、区）普遍树立了自己的建档样板企业。2004 年年底，全市规模以上的民营企业已有 360 家建立档案室。

自 2004 年起，按照《山东省档案管理考核办法》的要求，对全市机关企事业单位的档案工作进行年度考核。至 2011 年年底，有 91 家企业晋升为省特级先进，399 家企业晋升为省一级先进，433 家企业晋升为省二级先进；103 人被评为省级先进个人，428 人被评为市级先进个人。

2011年德州市市直单位、县(市区)直单位档案工作基本情况表

表32-9

	档案室	其中综合档案室	专职人员	兼职人员	保存档案数								保存资料		编研资料		借阅利用		档案室建筑面积(平方米)
					文书档案			科技档案		专门档案	录音录像档案	照片档案							
					全宗	案卷	案卷	案卷	底图				种	册	种	字数(万字)	人次	档案资料(卷、次、件)	
	(个)	(个)	(人)	(人)	(个)	(卷)	(件)	(卷盒)	(张)	(卷)	(盒)	(张)							
	1	2	3	4	5	6	7	8	9	10	11	12	13	14	15	16	17	18	19
市直单位	240	215	290	1156	240	420679	374600	110597	221824	936649	6536	231892	1847	150200	276	398503	365517	1726954	20122
县(市、区)直机关	655	578	607	902	665	735670	652386	157040	52853	841160	58294	348089	10148	7216564	9886	3560914	52160	332663	23662
社　区	394	307	42	341	169	85963	76231	698	102	13665	619	10484	175	8024	22	27600	4614	16584	7002
乡　镇	128	111	122	142	1393	90260	80040	23728	459	121578	4582	61593	617	258953	2058	797508	19124	66658	6903
县(市、区)直事业	227	206	208	397	253	123514	109531	14020	32882	492023	10055	123978	908	307504	1222	464090	158867	267352	10966
县(市、区)直企业	368	329	148	238	244	151676	134504	40556	18175	185895	9313	62500	1174	248603	1396	474155	53532	191525	15505
合计	2012	1746	1417	3176	2964	1607761	1427292	346639	326294	2590970	89399	838536	14868	8189848	14860	5722769	653814	2601736	84160

注:(1)本表1—4栏为2011年年底实有数字。(2)5—14栏为2011年年底以前档案室保存历年各种档案资料总数(不含已进馆档案数)。(3)15—16栏为2011年年底以前历年编研成果的数字。(4)17—18栏为2011年年底数字。(5)19栏为档案库房和办公用房的总面积

2011 年德州市行政村档案工作基本情况统计表

表 32－10

档案室	档案人员	保存档案数							保存资料		借阅利用		档案室建筑面积
		文书档案		科技档案		专门档案	录音录像档案	照片档案	种	册	人次	档案资料（卷、次、件）	
		全宗	案卷	案卷	底图								
（个）	（人）	（个）	（卷）	（卷盒）	（张）	（卷）	（盒）	（张）					（平方米）
1	2	3	4	5	6	7	8	9	10	11	12	13	14
3455	3459	3311	179929	20872	1052	68403	32915	204537	76865	271099	229633	468892	220467

注：(1)本表 1—2 栏为 2011 年底实有数字。(2)3—11 栏为 2011 年底以前档案室保存历年各种档案资料总数(不含已进馆档案数)。(3)12—13 栏为 2011 年底数字。(4)14 栏为档案库房和办公用房的总面积

三、农村档案

1992年年初，德州地区将农村档案工作列入重要日程，部分县(市)制定《乡镇档案规范标准》，并亲临现场指导立卷、编制检索工具。同年3月，地区档案局在全区开始村级建档试点工作，当年禹城市在全市19处乡镇建立计划生育档案的做法，得到了省、地计划生育部门的好评。1995年11月，全市村级建档现场会议在禹城召开，总结推广禹城、夏津的经验，部署了村级建档任务。到1996年，禹城、夏津、陵县、齐河4县市圆满完成建档任务。1998年年底，全市农村建档率已达100%。1999年，禹城、夏津、德城区三县(市、区)档案局及平原县腰站镇、齐河县祝阿镇、陵县陵城镇、禹城市十里望回族自治乡前河套村、德城区于官屯乡堤岭村被评为全省农业和农村档案工作先进单位。

2006年，配合全市开展社会主义新农村建设活动，宁津县档案局收集专门档案168件；临邑县举办“我的家园我来建—临邑县社会主义新农村建设档案图片巡回展”和“在希望的田野上——临邑县社会主义新农村建设图片展”两个大型展览，在全县引起很大反响，对新农村建档工作起到推动作用。2009年起，配合全市农村合村并居工作，全市各级档案行政管理部门稳步推进新建农村社区档案工作。平原县档案局与有关部门密切配合，及时跟进，新建社区全部建立起档案室，配备了专门的档案人员。是年12月，在平原县召开全市农村社区档案工作现场会，对农村社区建档工作进行了部署，有效地推动了全市农村社区建档工作的开展。2011年，乐陵市制定《乐陵市农村社区档案管理暂行办法》《乐陵市社区档案归档范围和保管期限表》，并配合有关部门对全市新建的491个社区的档案人员进行业务培训；临邑县服务农村合村并居工程，派专人赴现场采集村庄搬迁、村庄改造工程等方面的录像资料，为后世积累了第一手珍贵的材料；平原县13个乡镇全部建立了规范化档案室，配备了电脑、打印机等设备，将土地承包、林权、优抚、基建、会计、新农合、低保等档案资料纳入了综合档案室统一管理，成为鲁西首家由山东省档案局、山东省民政厅、山东省农业厅联合授予的山东省社会主义新农村建设档案工作示范县。

至2011年年底，全市共建农村档案室3455个，保存文书档案3311个全宗179929个案卷，科技档案20872个案卷，专门档案68403卷，录音档案32915盒，照片档案204537张；年借阅档案229633人次，借阅档案资料468892卷次。

第三节　档案利用

编研　1986年，地区档案馆以馆藏档案为基础，编辑了《德州地区档案工作纪实》《德州地区县市建置沿革汇编》《德州地区行政区划简册》。之后又陆续编辑了《德州地区宗教史料汇编》《德州名人》《德州史话》《德州地区自然灾害年表》等30种编研材料，计150万字。各县市也编辑出版了大量的汇编资料，夏津县档案馆编写了《夏津年鉴》，临邑县档案馆编写了《临邑县档案馆指南》《临邑县著名人物简介》《临邑县名胜古迹与民间习俗》，乐陵市档案馆编辑《乐陵市民营经济档案汇编》、《乐陵市珍藏档案指南》，庆云县以馆藏资料的历史事件和人物故事为原形，创作了《蓖麻花》和《女枪》2部长篇小说等。临邑县利用馆藏资源编辑了《临邑春秋要略》、《临邑古代诗词赋注疏》两部史料文献。

2001年和2002年，临邑、夏津两县档案馆相继建立爱国主义教育基地，全面展示了本县的历史沿革、著名人物及改革开放后取得的巨大成就。之后，各县(市、区)纷纷仿效，相继建

成爱国主义教育基地。2005 年,为纪念抗日战争胜利 60 周年,德州市档案馆在中心广场举办了“血与火的记忆”专题图片展,全面反映了本市军民同日本侵略者进行英勇斗争的革命历程。2009 年,建国 60 周年之际,临邑县档案馆制作了《庆祝建国六十周年——〈临邑巨变〉档案图片展》。2010 年,临邑县档案馆与县委组织部、党史办联合举办了《光辉的历程》珍贵党史图片展。2011 年,庆祝建党九十周年之际,夏津县档案馆与夏津县党史委联合举办了“光辉历程 辉煌夏津——夏津县庆祝建党 90 周年摄影书画展”;临邑县档案馆与《临邑大众》联合创办了“光辉历程——热烈庆祝中国共产党成立 90 周年”红色主题教育展览。至 2011 年底,全市各级档案馆共编辑出版档案资料 187 种,1106.83 万字,拍摄专题片 30 部;围绕重大活动举办展览 90 余次,接待观众 32 万人次。

服务 1989 年,根据山东省档案局关于《档案馆开放档案暂行办法》的有关规定,地县档案馆向社会开放档案。2003 年后,各级各类档案馆贯彻实施《山东省档案信息化建设实施方案》,加快档案资源数字化、档案信息管理标准化、档案信息服务网络化的步伐。市档案局及临邑、宁津、禹城、平原、夏津等县市档案馆在因特网上建立了档案信息网站,面向社会宣传档案和档案工作,部分开放档案和现行文件信息实现了网上查询。推进档案馆信息资源数字化建设。逐步对馆藏档案及资料目录进行微机录入,并对照片档案、音、视频档案和馆藏珍贵重要及利用频繁纸质档案进行全文数字化处理。至 2011 年底,全市各级档案馆开放档案 863 个全宗,301724 卷;向社会提供利用档案资料 976663 卷(件、册)次,接待利用者 365969 人次;接待查阅现行文件 15894 件次,6247 人次。

第八章 社会科学研究

1985 年 9 月 26—28 日,德州地区社会科学联合会第一次代表大会召开,选举产生由 7 人组成的第一届委员会,其中主席 1 人、副主席 2 人、秘书长 1 人,并由主席、副主席等 3 人组成常委会,主持日常工作。

1986 年,地区社科联所属学会、协会、研究会 23 个,会员 300 多人。

1990 年 10 月 6—8 日,德州地区社会科学联合会第二次代表大会召开。大会审议并通过地区社科联第一届委员会所作的工作报告和《德州地区社会科学联合会章程部分条文修正案》,选举产生由 3 名委员组成的第二届委员会。委员会以无记名投票方式选举出主席 1 人、副主席 2 人、秘书长 1 人。

2002 年,按照“总量控制,分层管理,个别指导,注重效果”的原则,加强对学会、协会、研究会的协调、管理和指导。2005 年 10 月,根据省、市委切实加强对各种哲学社会科学类报告会、研讨会、讲座、论坛管理的精神,市社科联和市民政局对全市 56 个哲学社会科学社团和 7 家民办研究机构进行审查,建立学会重大活动申报和主要负责人例会制度。2006 年 6 月,市社科联与市民政局联合出台《德州市社会科学学会管理办法》,加大对学会的业务指导和审核力度。

2011 年年底,市社科联所属学会、协会、研究会67个,会员5000余人。

第一节 理论研讨

德州社科联会刊为《德州社联通讯》(季刊)。1987年6月,邀请山东经济学院教授作题为《进一步解放思想、搞好改革开放、振兴德州经济》的学术报告,地直各单位负责人及社科联所属各学会会员近300人参加。1990年4—8月,举办"德州地区经济社会应用理论研讨有奖征文"活动,收到征文163篇,部分论文在《德州社联通讯》刊出。

1990年12月,《德州社联通讯》更名为《经济与社会》,由季刊改为双月刊,每期发行2500份。1995年,全市各学会共召开理论研讨会110余次,有5000余人参加,交流文章4000余篇,其中由市社科联主办或与有关部门联合主办的理论研讨会3次,涉及的部门、参加的人数和交流文章的数量与质量是历年中最多最好的一年。

1996年3月,市社科联与市经济研究中心联合主办"深化经济体制改革,促进德州经济发展"征文和理论研讨活动。1997年,开展邓小平理论征文活动,并在会刊《经济与社会》上开辟学习邓小平理论专栏。1998年,市社科联和市委宣传部、德州日报社、农行德州市分行联合举办"邓小平理论与德州发展——纪念党的十一届三中全会20周年金穗杯征文"活动,收到征文109篇。同年,根据《国家哲学社会科学研究规划1998年课题指南》及省有关精神,市社科联编制162个课题,下发到各学会、协会、研究会及部分理论工作者,到1999年,各学会会员和理论工作者共写出调查报告和研究论文80多篇。

2000年,开展"精品工程"创作与生产活动,其中《邓小平经济理论研究》《加强党的基础和自身建设,做先进生产力发展要求的忠实代表》《迷航——1927大革命时期的陈独秀》等3篇作品被推荐参加省精神文明建设"五个一工程奖"参评。2003年,市社科联与市委讲师团联合开辟"建设学习型城市"专栏,特邀一批专家学者和部门负责人撰写学习体会和研究成果,共发表理论文章50余篇。2004年8月,召开德州市社科界纪念邓小平100周年诞辰座谈会。2007年4月,举办"实现新崛起,建设新德州"理论学习笔会,共收到理论文章68篇。2008年4月,开展"纪念农村改革30年,再创德州农村辉煌"征文活动,有20篇文章获奖。

2011年8月,举办全市社科界"建设幸福德州"座谈会,围绕幸福德州建设的内涵、意义、实现途径等进行深入研讨,就建设幸福德州的途径等提出建议和对策。

第二节 成果评奖

一、德州市(地区)社会科学优秀成果评奖

1987年11月,德州地区社科联举办首次社会科学优秀成果评奖活动。评奖的范围为1985年7月至1987年6月在地市级以上报刊发表的论文和各出版社出版的著作,共有48项成果获奖。从1989年开始,每年定期举办社会科学优秀成果评选活动。2004年12月29日,德州市委、市政府召开全市精神文明建设"精品工程"暨哲学社会科学优秀成果表彰会,就进一步开展"精品工程"和繁荣发展哲学社会科学工作做出部署。2010年8月,德州市有6人入选山东省第七届社会科学优秀成果奖德州评审专家库。至2011年,共举办社会科学优秀成果评选24次,评选获奖成果总计1278项,其中,1997年评选鼓励奖5项,2011年特别贡献奖1项。

二、德州市(地区)获省社会科学优秀成果

1992年,地区社科联推荐优秀研究成果首

次参加山东省第七次社会科学优秀成果评选，有1部著作、1篇论文各获得三等奖。在1993年、1996年、1997年的第八次、第十一次、第十二次评选中，德州市选送的2篇论文、2部著作先后获得山东省社会科学优秀成果三等奖。自2001年第十六次山东省社会科学优秀成果评选，至2011年第二十五次，德州市每年均有论文或著作获奖。其中，有1篇论文、3部著作获得山东省社会科学优秀成果二等奖；11篇论文、5部著作获得三等奖。

第三十三编

TI YU

体育

- 群众体育
- 全民健身运动
- 竞技体育
- 体育竞赛
- 体育设施与体育彩票

1986—2011 年，全市（区）逐步构建起包括学校体育、职工体育、农民体育、老年人体育和伤残人体育在内的完整体育健身体系。以广场舞、太极拳等为主的群众性健身活动风行城乡。竞技体育在全国、省、市比赛成绩稳步提高，夺得全国性体育比赛金牌 67 枚，国际体育比赛获金牌 21 枚。国民体质在历次监测中总体合格率呈现上升趋势。

1986 年，全区有中小学体育教师 1017 人，296 所学校开展体育达标活动。机关企事业以车间、班组为单位，利用业余和工间时间自发开展体育健身活动。大部分村庄安装了体育健身设施，开展了适宜农民生产生活的健身和比赛。1987 年，地、县老年体育协会先后成立，有组织的老年体育活动逐步增多，机关单位和农村老年体协组织发展到 800 多个。伤残人体育运动兴起，并多次在全国和省赛中取得名次。

1987 年开始，德州体育运动学校建立，到 1995 年全市基本形成以市体校为龙头、县级少儿竞技体校为依托、乡镇小学为补充的业余训练格局。1986—2011 年，全市为国家队、“八一”队及省级优秀运动队及大专院校培养输送优秀运动员和大学生 300 余名。

从 1997 年开始举办 4 年一届的全市运动会，到 2011 年共举办了 4 届。在省第十三至十八届运动会中，比赛成绩逐届上升。1992—2011 年，共承办省以上赛事 10 多次。2009 年 6 月，德州市体育中心落成。同年 10 月，承办了在山东举行的第十一届全国运动会艺术体操和男子篮球比赛。

1995 年 6 月，国务院颁布《全民健身计划纲要》后，全市群众体育工作的重心转移到全民健身宣传周、活动月和全民健身工程设施建设上。陆续启动篮球进村、健身路径进社区、乒乓球进机关、围棋进学校等群众体育工作“四大工程”。2004 年举办德州市第一届全民健身节。

至 2011 年年底，全市共有各类社会体育团体 130 个，体育设施 1627 个，并建成一批全民健身设施。自 1988 年起，德州地区组织争创“全国体育先进县”活动，以带动群众体育活动的展开。齐河县被国家体委授予“全国体育先进县”称号。至 2011 年，全市共创建全国体育先进县 3 个。

第一章　群众体育

1986 年后，随着群众体育活动的日趋活跃，老年人体育协会、农民体育协会等群众体育团体相继建立。1992 年 11 月，德州地区体育总会成立，体育社团及各项群众性体育活动步入健康发展轨道。至 2011 年年底，全市共有各种社会体育团体 130 个，会员 10080 人，其中市级单项体育协会 26 个，会员 2800 人。经常活动的有老年体协、农民体协和各种球类、棋类等协会。

第一节　学校体育

1986 年，全区有中小学体育教师 1017 人，其中小学318人,初中552人,高中147人。是年,贯彻执行《国家体育锻炼标准》,296所学校开展体育达标活动,109890人达标,合格率为22%。1987年,成立地区体育教学研究会,定期组织教学研究活动,不断推动学校体育健康发展。1990年始,初中毕业生升学实行体育考试制度。考试项目分男子三项(立定跳远、引体向上/推铅球3公斤、1000米跑),女子三项(立定跳远、引体向上/推铅球3公斤、800米跑),并将所有考生三项成绩平均分数记入升学考试总分。1991年,国家《学校体育工作条例》颁发,学校体育工作步入规范化轨道。到1992年,学生总数为630283人,其中达到《国家体育锻炼标准》合格者为334028人,合格率为53%,比1986年增长31%。

1993年,在抓好"两操(课间操和眼保健操)、两课(每周2节体育课)、三活动(每周三次以上课外活动)"及实施《国家体育锻炼标准》的基础上,全区重点加强体育传统项目学校建设,发展省级传统项目学校19所。1995年,陵县城关镇西关小学、武城实验小学分别被省授予"山东省乒乓球训练点先进单位"和"山东省乒乓球训练点表彰单位"。

1997年,德州市完成"普九"任务,学校体育场地、设施、器材增加。部分学校音像等现代化教学手段进入体育课场。2002年,根据省教育厅《关于在全省学校中开展青少年健身月活动的通知》精神,倡导、鼓励各县(市、区)、市直学校结合本地学校场地、器材,举办体育节或艺术节;转发教育部和国家体育总局关于《学生体质健康标准(试行方案)》,要求各级各类学校3年内逐步全面实施。2003年4月,中共德州市委制发《关于进一步加强和改进新时期体育工作的意见》,把增强学生体质作为推行素质教育的重要内容,按规定配备必要的体育设施和与学生规模相当的体育老师;实施《学生体育健康标准(试行方案)》,保证学生两课、两操和课外活动,确保每天参加体育活动时间不少于1小时。5月,全市共有68964名初中毕业生参加升学体育考试,合格的67026人,合格率为97.2%。2004年后,实施《国家学生体质健其中康标准》及《国家学生体质健康标准实施办法》。2006年8月,向30所省级规范化学校发放教育部统一研发的"学生体质健康标准数据测试上报软件",将学生体质数据及时测试并上传国家数据总库,为国家制定和调整教育政策提供数据基础。2007年,省教育厅确定德州一中、二中为省级培养体育后备人才学校。

德州市体育馆 (2011年 摄)

2008 年 10 月，贯彻中共中央、国务院《关于加强青少年体育增强青少年体质的意见》，启动德州市第二届全国亿万学生阳光体育冬季长跑活动。2009 年 5 月，为切实唱响十一运会“和谐中国　全民全运”这一主题，市体育局、市教育局联合举办山东省千校乒乓球德州赛区比赛。

到 2011 年，全市中小学都建有运动场、器材室，部分学校建有训练房；共有专职体育教师 2387 人，其中小学 1239 人，初中 834 人，高中 314 人；全市学生体质健康标准达标率达 98%。

体育传统项目学校　1978 年后，部分学校建立了自己的专项业余训练点，形成了各自的优秀传统项目。1983 年，省体委、省教育厅将这些有传统项目特色的学校定名为体育传统项目学校。1984 年后，根据《体育传统项目学校试行办法》，省教育厅、省体委、团省委先后对全省各级体育传统项目学校进行验收认定；同时，德州地区相继认定了地级传统体育项目学校。到 1991 年，德州一中、齐河一中被认定为省级篮球传统项目学校；禹城车站中学被评为地级传统项目学校；武城二中被评为省级田径传统项目学校；德州二中、陵县一中、宁津二中、夏津一中、乐陵一中、平原一中、庆云五中、德州市建设街小学、齐河实验二小、平原实验小学、禹城实验小学、德州市东方红路一小、齐河实验小学被评为地级田径传统项目学校；武城县实验小学、陵县西关小学被评为地级乒乓球传统项目学校；陵县谭庄小学、宁津北环小学、武城县兴鲁文武学校被评为地级武术传统体育项目学校。2003 年 12 月，省体委重新确认德州市 26 所学校为省级传统体育项目学校。其中，田径项目有武城二中、庆云一中、德州二中、夏津一中、平原一中、齐河一中、齐河县实验中学、武城县李家户乡中学、德城区第九中学、德城区第十中学、德城区第三中学、德城区第五中学、德城区天衢东中小学、德城区实验小学、德城区光明街小学、德城区北园小学、德城区建设街小学等 17 所中小学；篮球项目有德州一中、德州二中、武城二中、齐河一中、德城区第三中学、德城区第五中学、齐河县实验中学、德城区北园小学等 8 所中小学；乒乓球项目有陵县陵城镇西关小学。

至 2011 年年底，全市共有 37 所学校被认定为传统体育项目学校，其中省级 17 所，市级 20 所。这些传统项目学校多次代表德州市（地区）或本校直接参加各级运动会，在取得优异成绩的同时，为市体校、省优秀运动队和全国各大专院校输送了大批优秀运动员。

第二节　职工体育

1986 年后，在各级工会组织和体育部门的推动和指导下，工厂企业以车间、班组为基础，自发组织各种球类、田径、体操、拔河以及各类趣味性体育比赛。各基层工会每年都定期组织篮球、乒乓球、中国象棋等各种项目的比赛活动。1987 年，全区共有各类球队 1236 个，参加活动的人数 1.4 万余人，举办各种比赛 1192 次，参赛人数 5 万余人次。

进入 90 年代，一些较大企业由单项球类运动队发展到综合性田径队。德棉股份有限公司建有篮球场 10 个、乒乓球活动室 13 个、体育场 3 个，每年举办十几项职工喜爱的体育比赛。德州机床厂每年组织一次大型综合性运动会，有上千名职工参加篮球、乒乓球、羽毛球、拔河、长跑等项比赛。德州电力体协连续多年承办山东省电力系统乒乓球和桥牌比赛，先后获山东省职工体育先进单位和全国体育先进单位称号。1991 年，德州地区职工健美操队代表山东省参加了全国职工健美操比赛。1997 年 3 月，华能德州电厂、德州机床厂、宁津县邮电局、德

2009年环新湖运动自行车比赛

州市立医院、乐陵市乐港五金公司、平原县石油公司、禹城市兴禹化工集团、禹城市禹王实业公司、齐河县农业银行、武城县邮电局、武城县第二中学被市体委、市总工会授予“德州市首批职工体育先进单位”称号。2002年4月，在山东省第四届职工运动会上，德州代表团参加了田径、围棋、中国象棋、男子篮球4个项目的比赛。2004年，德州市职工篮球联赛在沉寂几年后重新启动，联赛分为甲级队和乙级队，采取升降级制。2005年起，为活跃机关职工文体生活，市体育局开始推进“乒乓球进机关工程”。至2011年，全市先后投入资金100多万元，在280个机关企事业单位建成乒乓球活动室；全市基层男、女篮球队达860多支。

第三节 农民体育

1986年后，随着农村经济的迅速发展，许多乡镇、村庄成立了篮球、乒乓球、象棋、武术等运动队伍，业余时间坚持锻炼，农闲、节假日期间组织友谊赛、邀请赛。1988年，在山东省第一届农民运动会上，德州地区代表团获团体总分第七名、田径团体第五名、武术团体第二名。1991年4月，德州地区体育代表团参加全省农民运动会，获乒乓球男子团体第一名。同年，德州地区农民体育协会成立。此后，各县(市)及乡镇也相继建立相应组织，农民体育活动向更大范围和更高层次发展。1995年6月，德州市承办山东省第三届农民运动会乒乓球比赛，来自全省9个市的运动员参赛，德州市代表队获得女子团体第五名。1996年，德州市举办首届农民篮球赛，共有9个县(市、区)的118名运动员参赛。

2003年，市体育局、市农业局联合在全市农村实施“篮球进村工程”，当年利用体育彩票公益金8万多元，为部分村庄配置了健身路径和篮球架。2006年，贯彻国家体育总局《关于实施农民体育健身工程的意见》，结合全市“篮球进村工程”，开始实施农民体育健身工程，当年为133个行政村配备篮球架、漫步机等健身器材1300多件；争取国家体育总局、省体育局与省供销社农村健身场地建设资金92.4万元，建设农村体育健身场地123处。此后，逐年加大对农民体育健身工程的投入。2009年，禹城市、平原县被省体育局授予省级篮球特色县称号。至2011年，全市共建成农村健身广场248处，健身路径424条，安装健身器材6260件，室外活动场所1606个，村级篮球场2419个，有篮球场的行政村占全市行政村总数的28.9%。

自1988年起，德州地区在全区开展争创全国、全省体育先进县、乡镇活动。1990年4月，齐河县获德州地区首个“全国体育先进县”称号。1991年，齐河县晏城镇、大黄乡，陵县官道孙乡获德州地区首批“山东省体育先进乡镇”称号。至1999年,德州市共有全国体育先进县3个,分别为齐河县、陵县、德城区;山东省体育先进乡镇11个,分别为齐河县晏城镇、大黄乡,陵县管道孙乡,临邑县临邑镇,陵县陵城镇,平原县王杲铺镇,德城区陈庄乡、长庄乡,平原县坊子乡,齐河县焦斌镇,齐河县祝阿镇。2005—2007年,平原县王杲铺镇、齐河县晏城镇、齐河县焦斌镇、陵县官道孙乡分别被国家体育总局表彰为“全国体育先进乡镇”。至2011年,全市共创建全国体育先进县3个,先进乡镇4个;山东省先进乡镇11个。

第四节 老年人体育

20世纪80年代起,有组织的老年体育活动逐步增多,主要项目有太极拳、气功、慢跑、乒乓球、游泳、钓鱼、象棋、门球等。

1987年4月18日,德州地区老年体育协会成立。到1988年年底,全区13个县(市)、257个乡镇、5个街道及184个大中型企事业单位建立了老年体协组织,农村老年体协组织发展到800多个。市(地区)老年体协每年举办老年人太极拳剑、门球、象棋、钓鱼、乒乓球比赛,并组队参加上级比赛。

1995年,德州市第一届老年人门球赛在齐河县举行。2000年,在济南举行的山东省老年田径运动会上,德州市运动员获得4金、5银、6枚铜牌的好成绩。2002年9月,在第五届中国老将田径锦标赛暨第十届亚洲老将田径锦标赛上,郑清浦获男子1万米全国第三名、5000米全国第四名、亚洲第七名;袁文明获半程马拉松全国第六名、亚洲第十名;张惠民获200米、400米两项全国第六名,并代表山东省参加4×400米接力赛获全国第一、亚洲第二。2003年8月,市老年乒乓球队参加在济南市举行的全省第十四届“长寿杯”老年人乒乓球比赛,获得男子A组个人第5名。

2007年,市老年体协在全市开展争创“柔力球之乡”活动,并制定推广柔力球运动进机关、进社区计划。当年禹城市被授予德州市“柔力球之乡”称号。2008年4月,市老年体协举办市直单位首届老年人室内运动会,有25支代表队、300多人参加,运动会设乒乓球、台球、象棋、飞镖、垒积木5个项目。2009年4月,山东省老年人台球比赛在齐河县举行,齐河县运动员宋培华获B组第六名,德州市代表队获体育道德风尚奖。同年4月23—27日,由德州市体育局、市委老干部局、市老龄工作委员会办公室、市老年人体育协会主办的“德药制药”杯德州市市直第二届老年人室内运动会在德州五环体育馆举行,共有来自市直单位的26个代表队、400多名运动员参加了垒积木、飞镖、象棋、乒乓球、台球5个项目的比赛。2010年,在全省第二届老年人运动会上,德州市老年体育代表团获得优秀组织奖和体育道德风尚奖;德州市、齐河县还分别承办省老年运动会乒乓球和桥牌比赛,获得优秀赛区奖。

2011年5月4日,由市体育局主办,市老年体协承办的德州市“德药制药”杯群众体育健身展示大会在市中心广场举行,来自德州市直单位、德城区、中央省驻德州单位的1000多人参加展示了健身秧歌、健身腰鼓、太极拳、柔力球、健身球等体育健身项目。

第五节 伤残人体育

20世纪80年代中期,德州伤残人体育事业开始兴起。1987年6月,在山东省第二届伤残人运动会上,德州地区共获得4枚金牌、3枚银牌。其中,武城县运动员张九海铁饼成绩打破全国纪录,齐河县运动员张小平夺得男子截肢A2级乒乓球单打第二名，德州地区代表队夺得男子乒乓球团体第一名。

1990年德州地区伤残人联合会成立后，各级残联组织和体育部门加大对伤残人体育事业的扶持力度。1991年10月，在山东省第三届伤残人运动会上，德州地区有7人参赛，共获得5枚金牌、2枚银牌。1995年，在山东省第四届伤残人运动会上，德州地区4名运动员参赛，共夺得3金4银1铜。1999年，在山东省第五届伤残人运动会上，德州地区6名队员参赛，共获得3枚金牌、2枚银牌及乒乓球团体第一名。2003年，在山东省第六届伤残人运动会上，德州地区11名运动员参赛，共获2枚金牌、3枚银牌、3枚铜牌。2006年，参加在烟台举办的第七届全省伤残人运动会，夺得6金4银2铜的历史最好成绩。2010年，参加全省第八届残疾人运动会，获11金6银4铜的历史最好成绩。同年5月13日，德州市举办首届特奥运动会，标志着全市残疾人体育事业迈入了一个新的阶段。

伤残人体育的开展，涌现出一批优秀运动员。张小平曾4次参加全国伤残人运动会。其中，1986年6月在安徽合肥市举行的全国第一届伤残人运动会上，夺得男子截肢A2级乒乓球单打第五名；1996年5月在大连召开的第四届全国伤残人运动会上，获得乒乓球TT8级男子单打第一名。1998年，张小平代表中国参加第六届“远东及南太平洋伤残人运动会”，夺得1金1银，并获“全国十佳残疾人运动员”称号。2006年，盲人运动员王玉芹在全国残疾人田径锦标赛上获T12级400米、800米、1500米3块银牌。2008年，陶振峰代表中国参加北京残奥会，实现德州市运动员参加奥运会零的突破，并获得轮椅橄榄球第八名。2010年12月18日，德州市盲人运动员王玉芹，在第十届广州亚残运会女子400米T12级比赛中，以1分00秒21的成绩夺得冠军。这是她继17日在女子200米T12级决赛夺冠后，收获的第2枚金牌。本次运动会，实现了德州市残疾人在亚残运会上金牌“零”的突破。德州市先后被省委、省政府授予“振兴山东残疾人体育贡献奖”和“2010年亚洲残疾人运动会突出贡献奖”。

第二章 全民健身运动

1995年6月，国务院《全民健身计划纲要》颁布后，制订《德州市实施〈全民健身计划纲要〉方案》。此后，各县(市、区)及市属各大中型企业相继成立相应组织机构，制定实施方案。1996年起，按照“五抓”(抓认识、抓投入、抓活动、抓队伍、抓机制)和“七动”(体委发动、政府推动、部门联动、市场拉动、城乡互动、典型带动、全民齐动)的原则，每年围绕一个主题在全市开展全民健身宣传周和全民健身月活动。2004年6月，为检阅全市群众体育活动成果，推动全民健身运动的深入开展，德州市举办首届全民健身节。此后，全民健身节作为德州市年度重大体育活动之一，每年举办1届。2008年，制定出台《德州市体育俱乐部联赛赛制试行办法》，由市体育局主办、单项协会承办，逐步打造了“德州市围棋甲乙级联赛”“德州市乒乓球俱乐部联赛”“德州市男子篮球俱乐部联赛”“德州市羽毛球俱

2008 年 4 月,第五届全民健身节开幕式 （程俊波 摄）

乐部联赛”“德州市足球俱乐部联赛”等全民健身体育赛事。

第一节 全民健身工程

1998 年,按照国家全民健身运动总体要求,德州市开始实施“全民健身工程”,当年建成 24 处全民健身活动场所。到 2004 年,市体育局争取国家、省体育彩票公益金 142 万元,在全市配建全民健身路径 38 条。

2005 年,实施健身路径进社区工程。市委、市政府将德州市首个省级健身工程—锦绣川景区健身路径作为“民心工程”列入重要议事日程。该工程占地 6000 多平方米,分为儿童区、成人区、老年区、分散区 4 个区,省、市共投资 58 万元,安装大型健身器材 159 件,于当年国庆节期间投入使用。

2006 年,市政府制发《德州市群众体育“四大工程”(篮球进村、健身路径进社区、乒乓球进机关、围棋进学校)实施方案》,当年投入体彩公益金 24 万元,分别在十三局绿地公园和河西电运宿舍西广场修建了健身路径,共安装单杠、双杠、漫步机、蹬力器、扭腰器等健身器材 83 件。

2007 年 6 月,建成运河经济开发区体育公园和临邑县邢侗体育公园两处全民健身特色工程。两处体育公园分别获得省体育局体彩公益金资助 20 万元,安装篮球架、室外乒乓球台、漫步机、扭腰器等 50 余件健身器材。

2009 年,配合第十一届全运会男子篮球预赛和女子艺术体操比赛在德州举办,投资 8000 万元,建设全民健身中心 1 处;投资体彩公益金 326 万元,用于健身器材的购置,吸引社会资金 1000 余万元,建设 4 处县级全民健身广场,52 处乡镇文体活动中心、18 处社区健身苑、4 处体育公园、2 处篮球广场,在 20% 以上的行政村配建体育健身设施。

2010 年,共投入各级体彩公益金 1020 万元,吸引配套资金 2000 万元,共建设市级体育公园 1 处,县级全民健身中心 2 处,县级体育公园 2 处,乡镇、街道全民健身活动中心 10 处,城市社区健身苑 4 处,农村社区健身苑 4 处,农村健身工程 412 处。2011 年,省资助资金 390 万元,市级配套体彩公益金 390 万元,建设全民健身场地 204 处。

至 2011 年,全市共完成 13 期全民健身工程,投入体彩公益金 4000 万元,社会配套资金 7000 余万元,建成全民健身广场 44 处,健身路径 368 条,室外活动场地 1114 个,篮球场 2313 个,全民健身工程示范小区 42 个,安装健身器材 16824 件。全市配置全民健身路径工程的社区达 48%,其中城市社区 26%,农村社区 22%。

第二节　全民健身节

德州市自2004年6月举办第一届全民健身节，每年举办一次，每届一个主题。每届健身节时间少则2个月，多则四五个月。其间，还要举办专项全民健身体育赛事。至2011年，共举办8届。

德州市第一至八届全民健身节情况表

表33－1

届次	时间	主题	比赛项目(个)	参与人数（万人）
一	2004.6.19—10	生活奔小康，身体要健康	乒乓球、篮球、象棋、围棋、拔河等10个	20
二	2005.5—6	展示成就，人人运动，让体育走进千家万户	乒乓球、篮球、象棋、拔河、太极拳(剑)等12个	22
三	2006.5—10	全民参与健身，共建和谐社会	乒乓球、篮球、象棋、围棋、门球、台球、够级、拔河、健身路径、健身秧歌等十几个	18
四	2007.6—10	全民健身与奥运、全运同行	乒乓球、篮球、象棋、围棋、门球、台球、够级、拔河、健身路径、健身秧歌、太极拳(剑)等	20
五	2008.4—10	全民健身与奥运、全运同行	乒乓球、篮球、象棋、围棋、太极拳(剑)、柔力球、老年门球、广播体操、游泳、拔河、健身舞、健身操、健美、趣味运动会等16个	25
六	2009.8—9	全民健身与奥运、共享全运	乒乓球、篮球、象棋、太极拳(剑)、柔力球、老年门球、围棋、广播体操、游泳、拔河、健身舞、健身操、健美、趣味运动会等18个	25
七	2010.8—10	全民参与健身，低碳利国利民	乒乓球、篮球、象棋、围棋、拔河、羽毛球、足球、广播体操、门球、台球、太极拳(剑)、健美、健身操、健身舞、健身秧歌等	25

续表 33－1

届次	时间	主题	比赛项目(个)	参与人数(万人)
八	2011.5—10	全民参与健身,创造和谐德州	乒乓球、篮球、象棋、围棋、拔河、羽毛球、足球、广播体操、门球、台球、太极拳(剑)、健美、健身操健身舞健身秧歌等18项	20

第三节 国民体质检测

一、国家国民体质检测

2000年,开展第一次国家国民体质检测。体质检测的对象为3至69周岁中国公民,分为幼儿(3～6周岁)、儿童青少年(7～19周岁)、成年人(20～59周岁)、老年人(60～69周岁)4个年龄段。其中,成人包括农村成年人、城镇体力、城镇非体力3个类别。监测指标主要包括身体形态、身体机能、身体素质三大方面。身体形态包括身高、体重、胸围、腰围、臀围等;身体机能包括安静脉搏(心率)、收缩压、舒张压、肺活量、台阶测试等;身体素质包括握力、背力、纵跳、俯卧撑(男)、1分钟仰卧起坐(女)、闭眼单脚站立、选择反应时等。至2011年,德州市共进行了3次国家国民体质检测。

第一次国民体质监测 2000年5—7月进行。德州市共挑选29个幼儿园、企事业单位、农村自然村等单位,实地监测5000人。经过监测,全市各种人群共计测量有效样本3240人,合格率为83.9%。

第二次国民体质监测 2005年5—7月进行。德州市共挑选32个幼儿园、企事业单位、农村自然村等单位,实地监测5000人。经过监测,全市各种人群共计测量有效样本3240人,合格率为85.4%。

第三次国民体质监测 2010年5月15日—7月15日进行。德州市挑选了36个幼儿园、机关、企事业单位、农村社区、老年体协等单位的5000多人为被测试对象。经过监测,有效样本3240人,合格率为87.9%。监测结果显示,全市国民体质监测总体合格率呈上升趋势,比2005年水平高2.4个百分点,优秀率和良好率提高幅度较大,分别比2005年水平高1.4和2.2个百分点。身体素质总体水平,幼儿优于2005年非常明显,成年人优于2005年,老年人明显低于2005年。老年人超重率为43.3%,肥胖率为12.4%。国民体质评定等级显示,城镇幼儿、老年人总体体质情况优于农村;城市非体力劳动者总体体质优于劳动者;城市体力劳动者总体体质优于农民。

二、其他体质监测

除了完成国家规定的国民体质监测任务外,德州市市级国民体质监测中心和德州市妇幼保健院体质监测中心、各县(市、区)国民体质监测中心,每年都进行国民体质监测工作,全市每年进行国民体质监测人数约为3万人次左右。

2005年,市委组织部、市直机关工委、市人事局、市体育局联合下发《关于加强市直机关公务员健身工作的意见》,并建立两年一次的公务员体质监测制度。建立《市直机关公务员体质状况档案》,并将有关数据定期反馈给上级有关部门。每次体质监测结束后,由市体育局负责汇总并进行研究分析，向市政府提交《市直机关公务员年度体质监测报告》。从2006年开始，公务员健身工作列入市直机关目标管理考核内容。2005年，共有市直机关55个单位的1336名公务员进行了体质测试，合格人数为1313人（体质测试使用的是全国公民体质测试标准）合格率为98.2%，不合格为23人，占1.8%；合格人员中良好为438人，占32.7%，优秀为494人，占36.9%。在所有测试人员中，体重超过标准的为478人，占35.7%，肥胖人员为194人，占14.5%，心肺功能弱的人员为446人，占33.3%。心肺功能弱的人员主要为身体体重超过标准和不经常参加体育锻炼的人员，另外饮食结构不合理也有一定的关系。另外再一个情况是青年人的体质越来越差，在20～39岁的人员测试中，体重超过标准的为319人，肥胖人员为114人，心肺功能弱的人员为287人。

第三章　竞技体育

第一节　田　径

1976年，德州地区重点业余体校设田径专项训练项目，各项运动成绩逐步上升。1986年，在大连举行的全国第二届大学生运动会比赛上，黄玉梅在1500米的比赛中以4分40秒8的成绩破全国大学生运动会纪录；高建国在全国“耐克杯”中长跑精英赛上获5000米第一名。1991年，程庆涛在全国田径锦标赛上获1500米第一名。1996年，莫树新在全国青年田径锦标赛上获5000米第一名。2005年，耿文博在第十届全国运动会上获铁人三项第一名。

2009年，德州市田径队随德州市体校一并划归德州学院。

1986—2011年，德州市（地区）为国家队、“八一”队及省级优秀运动队及大专院校运动系培养输送优秀田径运动员30余名。德州运动员在全国性体育田径比赛中获金牌35枚、银牌31枚、铜牌29枚；在国际体育比赛中获金牌2枚、银牌2枚、铜牌1枚。

1986—2011年德州市（地区）男子田径最高纪录一览表

表33－2

项　目	成　绩	姓　名	时　间	地点	运动会名称
100米	10″6	阮　斌	1992.9	淄博	省十六届运动会
200米	21″	阮　斌	1992.9	淄博	省十六届运动会
400米	49″95	李　胜	2002.10	济南	省二十届运动会
800米	1′52″10	杨大勇	2005.7	淄川	省田径锦标赛

续表 33－2

项　目	成　绩	姓　名	时　间	地点	运动会名称
1500 米	3′59″00	杨大勇	2005. 7	淄川	省田径锦标赛
3000 米	8′37″26	莫树新	1994. 10	济南	省十七届运动会
5000 米	14′39″61	莫树新	1998. 10	潍坊	省十九届运动会
10000 米	30′44″93	冯玉江	2002. 10	济南	省二十届运动会
110 米栏	14″9	靳发中	1988. 6	济南	省十四届运动会
400 米栏	56″36	裴建林	2002. 10	济南	省二十届运动会
3000 米障碍	9′18″2	王瑞明	1992. 9	淄博	省十六届运动会
10000 米竞走	43′32″26	张好富	2002. 10	济南	省二十届运动会
4×100 米接力	44″6		2002. 10	济南	省二十届运动会
4×400 米接力	3′30″32		2002. 10	济南	省二十届运动会
跳高	2. 10 米	段宝杰	1994. 10	济南	省十七届运动会
撑杆跳高	4. 80 米	李丰勇	1992. 9	淄博	省十六届运动会
跳远	8. 03 米	靳祖涛	2002. 10	济南	省二十届运动会
三级跳远	16. 13 米	靳祖涛	2002. 10	济南	省二十届运动会
铅球(7. 26 公斤)	17. 37 米	张清磊	2009. 11	苍山	省田径锦标赛
铁饼(2 公斤)	62. 80 米	风兴武	1998. 10	潍坊	省十九届运动会
标枪(800 克)	57. 10 米	骆小东	1986. 10	青岛	省十三届运动会
十项全能	5456 分	关其龄	1986. 10	青岛	省十三届运动会

1986—2011 年德州市(地区)女子田径最高纪录一览表

表 33－3

项　目	成　绩	姓　名	时　间	地点	运动会名称
100 米	12″1	李素霞	1988. 5	济南	济南地区田径运动会
200 米	25″6	李素霞	1988. 6	济南	省十四届运动会
400 米	53″14	程　冲	2010. 5	淄博	省二十二届运动会
800 米	2′3″3	邱艳坤	1986. 10	青岛	省十三届运动会

续表 33－3

项　目	成　绩	姓　名	时　间	地点	运动会名称
1500 米	4′25″4	范学丽	2006. 10	烟台	省二十一届运动会
3000 米	9′41″18	张志芳	1994. 10	济南	省十七届运动会
5000 米	16′34″99	王　伟	1998. 10	潍坊	省十九届运动会
10000 米	37′34″99	刘　嫣	2002. 10	济南	省二十届运动会
100 米栏	16″1	周庆凤	1980. 5	青岛	省田径运动会
400 米栏	1′5″3	张兆梅	1990. 5	莱州	省“希望杯”田径运动会
5000 米竞走	22′05″11	侯志盼	2006. 10	烟台	省二十一届运动会
10000 米竞走	48′32″55	侯志盼	2006. 10	烟台	省二十一届运动会
4×100 米接力	51″4		1978. 10	济南	省十一届运动会
4×400 米接力	3′52″5		1986. 6	济南	省十四届运动会
跳高	1. 78 米	于英曼	1992. 9	淄博	省十六届运动会
跳远	5. 85 米	尚玉霞	1994. 10	济南	省十七届运动会
三级跳远	12. 11 米	白玲玲	2007. 8	临沂	市田径锦标赛
铅球(4 公斤)	12. 07 米	王荣兰	1982. 5	德州	地区田径运动会
铁饼(1 公斤)	41. 74 米	王介红	1982. 5	德州	地区田径运动会
标枪(600 克)	41. 76 米	王　葵	1981. 5	德州	地区田径运动会
五项全能	3083 分	周庆凤	1980. 5	德州	地区田径运动会

第二节　球　类

一、篮球

地区重点业余体校于 1978 年设篮球项目，因各种因素制约，于 1983 年下马。1994 年，德州地区体校恢复男子篮球项目，开始在全区招生训练。1996 年，参加山东省青少年篮球赛，获男子少年甲组第六名；1998 年获男子少年乙组第三名；1999 年获山东省首届三人制篮球赛第三名；2001 年获山东省青少年篮球锦标赛第五名；2002 年获山东省青少年篮球锦标赛男子甲组第四名。其间，向济南军区篮球队输送 3 名优秀运动员，向省体校输送 1 名优秀运动员，向大专院校体育系输送多名大学生。2009 年，篮球队随德州体校划归德州学院。

二、排球

1976 年，地区重点业余体校设置男女排球项目。1986年在山东省第十三届运动会上，男、女排均夺得第六名。1998年在山东省第十四届运动会排球比赛中，女排获得第五名。业余体校还为八一队、省队等优秀运动队以及大专院校运动系培养输送了大批优秀运动员。1994年，业余体校项目调整，男、女排球队撤销。

2011年7月，首届中国德州围棋文化节300名儿童同场对弈

三、乒乓球

1987年秋，地区体校增添乒乓球项目并配备了专职教练员，把全区各县市以及来自河北省、辽宁省的“小苗子”集中到体校训练。2000年3月，德州市乒乓球训练基地在陵县建立，并在全市范围内招生。2001年11月2日，成立德州市乒乓球运动协会。

四、足球

2011年12月成立德州市足球运动协会。2005年10月，市体育局和跃华学校共同组建德州市少年女子足球队，有队员16名，平均年龄14岁。2006年2月，该球队首次代表德州参加中国足协在广东清远组织的“全国青少年女子足球冬季训练营”，并获得中国足协女子部颁发的“全国青少年女子冬训管理第一名”的奖牌。2006年3月，改名为“德州市关工委臣良少年女子足球俱乐部”。

第三节　棋　类

一、围棋

1986年，随着全国围棋热的兴起，德州围棋活动也掀起高潮，并成立德州地区棋类协会。1989年，举办德州地区首届围棋定段定级赛。其间，还与河北省衡水市的围棋选手进行对抗赛。2000年12月1日，德州市围棋协会成立。2003年10月，德州市第二届运动会将围棋列入比赛项目。2008年，由市体育局主办、围棋协会承办了“德州市围棋甲乙级联赛”。是年9月26日，中国围棋协会授予德州市“中国围棋城”称号。2010年6月13日，全国围棋锦标赛丙级团体赛在天津结束，德州豪门围棋俱乐部队获得男子组第三名，晋升乙级队。

2011年7月1—3日，举办首届中国德州围棋文化节。国家体育总局棋牌运动管理中心、中国围棋协会、山东省体育局、山东棋院相关人员，国家女子围棋队，北京燕山手谈社，河北省沧州市、衡水市围棋协会，山东省聊城市、东营市、青岛市、威海市、日照市、菏泽市、济南市、淄博市、济宁市、潍坊市围棋协会等单位参与本次围棋文化节。文化节期间，德城区的千余名小学生进行了围棋友谊赛；还进行了国家女子围棋队选手对德州围棋爱好者围棋多面打、两省四市围棋邀请赛、山东省围棋十强邀请赛、北京燕山手谈社—德州围棋协会友谊赛等大型围棋比赛。

二、中国象棋

自1956年象棋列为国家体育比赛项目后，德州象棋运动有了较大发展。1976年，举办了德州地区象棋比赛，来自全区13个县(市)的代表队共36名运动员参加。1982年，德州象棋锦标赛举行，来自全区各县(市)、地直机关、水利部第十三工程局等单位的68名选手参加。1986年，举办德州地区象棋邀请赛，平原啤酒厂王朝平名列冠军。1989年，德州地区象棋比赛，参赛选手近百名。1991年，山东省棋手争霸赛在德州举办，全国著名高手王秉国等人到德州参赛。1997年，将象棋列入德州市第一届运动会比赛项目。2000年7月，山东省象棋比赛在德州举行，来自全省17个代表队的98名运动员参赛。2009年，举办首届德州市“万人象棋”比赛。2011年8月18日，山东省首届全民健身运动会象棋比赛暨山东省第三届万人象棋赛总决赛在德州开幕。经过3天的激烈角逐，青岛队李翰林夺得个人冠军，济南队获得团体冠军。

第四节　水上项目

一、皮划赛艇

1995年，市体委依据当地水面优势，在市体校成立皮划赛艇队，编制50人。1996年赛艇队首次参加山东省“希望杯”青少年比赛，获3枚金牌、3枚银牌。1997年8月5日，皮划艇队参加山东省“希望杯”青少年比赛，获5枚金牌、7枚银牌、6枚铜牌。1998年参加山东省第十九届运动会比赛，皮划赛艇队共获得11枚金牌、6枚银牌、7枚铜牌，震惊全省皮划赛艇界。同年，市体校征地114亩在仙人湖畔建起水上项目训练基地。2000年7月22日，该基地被国家体育总局水上运动管理中心命名为“中国赛艇协会高水平后备人才基地”。2002年参加山东省第二十届运动会比赛，皮划赛艇队共获得7枚金牌、8枚银牌、8枚铜牌。2003年9月，李燕参加在广州举行的亚洲赛艇锦标赛获得双人单桨金牌，参加全国赛艇锦标赛获得双人单桨金牌。2009年，李燕参加在德国举行的世界杯赛艇锦标赛获得女子八人单桨有舵手第二名。2011年9月23日，在2011年全国赛艇锦标赛上，代表山东省出战的德州运动员雒新月、马俊峰分别夺得各自组别的金银牌。至2011年年底，全市为国家队、“八一”队及省级优秀运动队及大专院校运动系培养输送优秀皮划赛艇运动员9名。德州运动员在全国性体育皮划赛艇比赛中获金牌12枚、银牌9枚、铜牌10枚；在国际体育比赛中获金牌4枚、银牌3枚、铜牌3枚。

二、游泳

1986年元旦，部分冬泳爱好者举办了首届德州地区冬泳表演赛。1990年12月，德州地区冬泳协会正式成立。之后，冬泳运动员开始参加全国、全省的比赛和表演。1992年1月，毕方、李金旺等8人参加了在成都市崇庆县举行的中华冬泳联谊赛，毕方获100米蛙泳第四名，李金旺获50米仰泳第五名和100米自由泳第五名。1996年1月，李金旺、常春立等13人参加了在郑州举行的“第二届全国冬泳锦标赛”，李金旺获男子甲组50米仰泳金牌，常春立等3人5次进入前八名。2003年12月，山东省首届冬泳锦标赛在济南举行，德州代表团37人参加了比赛，获得3金1银1铜，2个第五名，1个第六名。2004年3月，在河南洛阳举行的第九届全国冬泳锦标赛上，德州冬泳爱好者李金旺获得55~59岁组的50米仰泳铜牌。

第五节　其他项目

一、体操

自90年代后期起，德州竞技体操运动以德

州师专(高专)为龙头逐步推广,基本体操得到普及。1999 年,德州高专组队参加山东省基本功大赛(广播体操比赛),获高校普通组一等奖。2003 年,德城区区直幼儿园组队代表德州市参加在东营市广饶县大王国际学校举行的首届山东省幼儿基本体操(选材组)比赛,获团体第四名。

二、射击

1988 年 9 月,德州地区体委重新组建射击队,并开始参加各类比赛。1990 年,射击队参加在潍坊举行的全省青少年比赛的 8 个项目中,队员王春荣以 248 环获女子少年自选手枪 6 + 30 发个人冠军,实现了德州地区射击项目参加全省比赛金牌“零”的突破。1992 年 9 月,在山东省第十六届运动会射击比赛中,德州代表队获得小口径运动手枪慢加速 60 发和气手枪 40 发团体第一名,孙红静除获得上述两项团体赛第一名外,还获得小口径运动手枪慢加速 60 发和气手枪 40 发个人第一名。1994 年,地区体校将射击列为重点发展项目,重点投入。2009 年,吴春辉参加 2009 年全国射击青少年团体锦标赛获得个人及团体第一名。至 2011 年,全市为国家队、“八一”队及省级优秀运动队及大专院校运动系培养输送优秀射击运动员 1 名;德州运动员在全国性体育射击比赛中获金牌 3 枚、银牌 2 枚、铜牌 2 枚。

三、拳击

1986 年年初,县级德州市组建第一支业余拳击队,并于当年 6 月参加了由各地市拳击爱好者组织的首届山东省拳击比赛,并取得优异成绩。1990 年,安刚、张德各成为山东省首批拳击队员。1993 年,德州地区承办全国青少年拳击比赛,推动了德州拳击项目的发展。2009 年,拳击队教练焦苏斌被国家体育总局授予“中国拳击开拓者”称号。2010 年,在第二十二届山东省运动会拳击比赛中,德州运动员获得 1 金 4 铜的好成绩,取得历史性的突破。

四、摔跤

1988 年,德州地区国际式摔跤队(含古典跤和自由跤)成立,地区体委请来河北保定摔跤教练李久远到德州体校传授摔跤技艺,学生最多达 150 多人。后古典式摔跤发展为德州重点项目。1989 年 4 月,德州地区首次参加在济南市举行的山东省青少年摔跤比赛,获 1 金、1 银,一个第五名。1994 年,地区体校将摔跤列为重点发展项目,重点投入。1995 年 9 月,受省体委委托,以德州市体校摔跤队为主,组建山东省青少年古典式摔跤队,赴安徽省合肥参加全国青少年古典式摔跤锦标赛,取得金牌 1 枚、银牌 1 枚,以总分 24.5 分的成绩获全国第四名,并获体育道德风尚奖。1998 年,在长春市举行的全国少年古典式摔跤锦标赛中,本市运动员代表山东省参赛,获得 1 个第三名,1 个第四名,2 个第五名,2 个第六名。2003 年,参加在德州市举办的山东省中国式摔跤锦标赛上,德州市运动员共获得 2 枚金牌,4 枚铜牌。2009 年,德州市摔跤队参加在潍坊举行的山东省青少年古典跤锦标赛,共获得 1 个第一名,1 个第二名,1 个第三名,3 个第五名,3 个第七名。2011 年,市摔跤队参加山东省自由式摔跤锦标赛共获得 3 个第一名,3 个第二名,6 个第三名,4 个第五名。

五、举重

1990 年,地区体育运动学校设立男女举重项目,开始正规专业训练。1994 年,地区体校将举重列为重点发展项目,重点投入。到 1995 年,举重队发展到 60 多人,建有举重房,有标准举重台 8 座和十几副标准杠铃。自 90 年代初,地区体校举重队开始参加省级以上各类比赛。至 2011 年,全市为国家队、“八一”队及省级优秀运动队及大专院校运动系培养输送优秀举重运动员3名。德州运动员在全国性体育举重比赛中获金牌4枚、银牌5枚、铜牌8枚。

1986—2011年德州市男子举重最高纪录一览表

表33-4　　单位:公斤

级别	姓名	抓举	挺举	总成绩	比赛名称	地点
48公斤级	吕同山	75	97.5	172.5	1997年青少年锦标赛	临清
52公斤级	张继明	85	105	190	1999年青少年锦标赛	济南
56公斤级	王　昊	70	100	170	1997年青少年锦标赛	临清
62公斤级	孙士全	115	145	270	1998年省十九届运动会	德州
69公斤级	张继明	130	152.5	282.5	2002年省二十届运动会	济南
77公斤级	张世冲	150	185	335	2007年世界青年举重锦标赛	捷克
85公斤级	张世冲	160	200	360	2008年亚洲举重锦标赛	日本
94公斤级	田　琦	125	160	285	1998年省十九届运动会预赛	泰安
105公斤级	顾秀宝	140	165	305	1998年省十九届运动会决赛	德州
105+公斤级	宫庆松	151	191	342	2014年省举重锦标赛	济南

1986—2011年德州市女子举重最高纪录一览表

表33-5　　单位:公斤

级别	姓名	抓举	挺举	总成绩	比赛名称	地点
44公斤级	王玉红	70	85	155	1997年青少年举重锦标赛	东平
48公斤级	王玉红	75	90	165	1998年省十九届运动会	潍坊
53公斤级	任淑爱	65	85	150	1997年省青少年举重锦标赛	东平
58公斤级	李　瑞	77	100	177	2011年省举重锦标赛	莱芜
63公斤级	李　瑞	101	110	211	2013年省举重锦标赛	泰安
69公斤级	刘彩霞	95	120	215	1998年省十九届运动会预赛	曲阜
75公斤级	刘彩霞	90	115	205	1999年省青少年锦标赛	济南
75+公斤级	魏旭英	95	110	205	1997年省青少年锦标赛	东平

第六节 体育学校

1987年，德州地区业余体校升格为德州地区体育运动学校。1995年，市政府制发《关于建立县市级少儿竞技体校的办学意见》，当年武城、平原、夏津、禹城、临邑、陵县相继建成少儿竞技体校，加上德城区体校、齐河体校，全市少儿竞技体育学校达到8所，全市形成以市体育运动学校为龙头，县市少儿竞技体校为依托，乡镇中小学校为补充的三级训练网络。2000年后，由于城建开发及办学资金等原因，禹城市、临邑县、陵县、武城县、夏津县体校相继停办。至2011年，基层公办少儿竞技体校仅有德城区体校、平原县体校、齐河县体校3所。

此外，自20世纪90年代起，特别是1997年国务院《社会力量办学条例》颁布后，一批民办武术学校、围棋学校以及各种体育项目的培训班应运而生，有德州市武术学校、武城兴鲁文武学校、夏津县武术学校等。

德州市体育运动学校 建于1976年，始称德州地区重点业余体校。1987年2月，改建为德州地区体育运动学校，成为德州地区第一所体育中等专业学校。学校建立后，相继设立田径、摔跤、柔道、武术、乒乓球、举重、射击、篮球、跆拳道、散手、拳击、足球、皮划、赛艇14个专项训练项目。1993年，该校被国家体委授予“全国群众体育先进单位”称号。1994年后，根据当地水面等优势，新上皮划艇、赛艇、篮球项目。2002年9月，德州市体育运动学校整体搬迁到德州学院，正式启动二级学院体育学院建设，保留德州体校牌子。2009年8月，德州体校整建制并入德州学院，与德州学院体育系组建成体育学院。

自体校建立至2011年，在省级以上比赛中共获得1082枚奖牌。在全国比赛中共获149枚奖牌，在国际比赛中共获得12枚金牌，其中破43项省最高纪录，破15项全国和青少年纪录、两项世界纪录。

德州学院体育学院 前身为1977年建立的德州师专体育系。2002年，经山东省体育局批准，组建高水平运动队，并开始招收第一批田径、男篮、女篮高水平运动员，成为山东省同类院校首批试办高水平运动队的院校之一。2003年增加武术运动项目。2009年8月与德州市体育运动学校组建体育学院。至2011年年底，学院教学、科研、行政用房近3000平方米，各类场地面积共计11.37万平方米，有标准田径场2个，300米田径场1个；综合室内训练馆1座，皮划艇水上训练基地2处；学院设本科专业2个，专科专业1个，教学班9个，在校生953人；教职工97人，其中教授4人，副教授30人，高级教练员6人，硕士31人，国家级以上裁判12人。

德城区少儿竞技体育学校 位于德城区五环体育馆，成立于1991年12月。学校采取二集中业余训练模式，开设项目有田径、篮球、举重、摔跤、柔道。2011年，学校建有室内篮球馆、3000平方米大型游泳训练馆以及400米标准塑胶跑道等设施；共有教职工17人，其中专职教练员9人，工作人员8人。

平原县少儿竞技体育学校 建于1978年。学校实行训练、教学、住宿三集中的管理模式。先后被山东省体育局、山东省教育厅命名为“山东省高水平体育后备人才基地”；2004年被山东省武术院命名为“四星级武术训练基地”；2008年被国家体育总局命名为“国家级青少年体育俱乐部”。2011年，学校占地面积4公顷，建筑面积2953平方米，拥有1000平方米的学生公寓楼（2002年2月建成）和1096平方米的综合训练馆（2003年3月建成）各一座，400米田径场及标准的多媒体教室和微机室；学校现有教职工41人,有5个教学班,在校生156人。

学校创办后,先后向北京大学、北京体育大学、上海体院、山东省体工队、省体校等院校及专业运动队输送260余人,德州市体校600多人。学校培养输送的学生在亚洲比赛中获得金牌3枚,在国家级比赛中获金牌23枚,省级比赛中获得金牌190枚,市级比赛中获得金牌800多枚。

齐河县业余体校　1988年9月成立,初期只招收具备体育潜质的初中学生,经过一定的初级培训,优秀学生可以被输送到省、市运动队或体校接受正规训练或培训。到1991年,在校生已由建校初期24人增至125人。1992年,开办武术班及齐河县青少年武术学校,当年招生200余名。1994年更名为齐河县少儿竞技体育体校,开设田径、举重、摔跤、篮球、武术、射击、足球、柔道8个项目,为食宿、学习、训练三集中的国办全日制初级体育学校。2004年,学校迁往城区齐心大街。2011年,学校总占地7.6公顷,建有教学楼、综合训练馆各一座,设有400米塑胶/看台田径场和3400平方米的两个室外灯光球场,以及学生宿舍楼、餐厅等;教练员10人,教师19人;共设田径、举重、摔跤、篮球、武术、足球、跆拳道7个项目。

第四章　体育竞赛

第一节　举办市运动会

1986—1996年,德州地(市)级运动会主要有:德州地区田径运动会、德州地区中学生田径运动会等;此外还有篮球、足球、射击、举重、摔跤、柔道、武术、拳击、散打、乒乓球等单项比赛。各项比赛一般每年举办1次。1997年开始举办首届市运动会,将各项比赛纳入其中。至2011年,市运动会共举办4届。

一、市第一届运动会

1997年5月16日—9月24日举行,历时131天。设田径、篮球、足球、射击、举重、摔跤、柔道、武术、拳击、散打、乒乓球、皮划艇、赛艇、中国象棋、体育舞蹈15大项418个小项。11个县(市、区)及华能电厂、市教委、德州师专14个单位的3142名运动员参赛,主赛场设在市体委,并分别在德城区、禹城、齐河设分赛场。

德州市第一届运动会各项目比赛分两个阶段进行。先期进行武术、摔跤、拳击、散打、柔道、射击、足球、皮划艇、赛艇、举重、少年篮球、体育舞蹈等项目;开、闭幕式阶段进行中国象棋、乒乓球、成年篮球、田径等项目比赛。

获得团体总分前6名的代表团依次是:德城、平原、陵县、宁津、禹城、齐河;获金牌总数前6名的代表团依次是:德城、平原、陵县、齐河、禹城、宁津。陵县、齐河、庆云代表团获“体育道德风尚奖”,德城区和齐河县被评为“优秀赛区”。

二、市第二届运动会

2003年10月19—24日在德州市举行。主赛场设在德城区,平原、乐陵、临邑、齐河设分赛场,共设有田径、篮球(男子普通组、少年组、女子组)、足球(男)、射击、举重、国际式摔跤、柔道、武术、散打、台球、门球、地掷球、围棋、跆拳道、中国式摔跤、乒乓球、皮划艇、赛艇、中国象棋、体育舞蹈20个比赛大项。11个县(市、区)及德州经济开发区、水利部第十三工程局、市公安局、市教委、德州学院16个单位的2133名运动员，参加了20个比赛项目中528个小项的角逐。

德州市第二届运动会各项目比赛分两个阶段进行。先期进行武术、摔跤、散打、柔道、足球（男）、皮划艇、赛艇、举重、男子普通组篮球、体育舞蹈、台球、门球等12个项目的比赛；开、闭幕式阶段进行篮球、皮划艇、赛艇、围棋、跆拳道、中国式摔跤、乒乓球、田径等8个项目的比赛。

获得团体总分前8名的代表团依次是：齐河、德城、平原、禹城、乐陵、临邑、夏津、武城；获金牌总数前8名的代表团依次是：齐河、平原、德城、禹城、乐陵、夏津、临邑、德州学院。乐陵、夏津、庆云、德州学院、教育局、十三局、武城、经济开发区代表团获“体育道德风尚奖”，平原和乐陵被评为“优秀赛区”。

三、市第三届运动会

2007年8月2日—9月28日举行，历时58天。主赛场设在德城区，齐河、平原、禹城设有分赛场。11个县（市、区）及德州经济开发区、德州运河开发区、禹城高新技术开发区、德州学院、德州职业技术学院等17个参赛单位的2000多名运动员参加比赛。这次运动会为迎接2008北京奥运会和2009年在山东省举办的十一届全运会而举办，是1986年以后规模最大、层次最高的一次综合性运动会。本届运动会共设16个比赛项目18个单项，共决出金牌615枚。

获金牌总数前8名的代表团依次是德城区、平原县、禹城市、夏津县、齐河县、武城县、临邑县、陵县。乐陵市、宁津县、庆云县、德州经济开发区、德州运河开发区、德州学院、德州职业技术学院、禹城高新技术开发区获得“体育道德风尚奖”。

四、市第四届运动会

2011年7月30日—9月29日举行，历时两个月。共设比赛项目15个大项681个小项，11个县（市、区）及经济开发区、德州学院、德州市教育局、德州武警支队、德州市房管中心等16个代表团的3000余名运动员参加了比赛。共决出金牌567枚，有8个代表团获得体育道德风尚奖，有52名裁判员获优秀裁判员称号，有154名运动员荣获优秀运动员称号。

获得团体总分前8名的代表团依次是：德城、禹城、齐河、平原、夏津、陵县、武城、市经济开发区；获得金牌总数前8名的代表团依次是：德城区、齐河、禹城、平原、夏津、武城、市经济开发区、陵县。德城、陵县、德州学院、临邑、乐陵、宁津、市教育局、庆云县获得“体育道德风尚奖”称号。

第二节　参加省运动会

1986—2011年，山东省运动会共举办10届，其中第十五届和十八届为行业运动会，德州体育代表团未参加。自十六届省运会起，德州体育运动员在田径、皮划艇、摔跤等项目上均保持较好成绩。

一、山东省第十三届运动会

1986年在青岛市举行。德州地区代表团参加田径、足球、排球、乒乓球、羽毛球、武术、自行车、桥牌共8个竞赛项目的比赛。获金牌1枚，列全省第15名。

二、山东省第十四届运动会

1988年在济南举行。德州地区代表团有135名运动员参加田径、武术、乒乓球、足球、排球、摔跤、羽毛球、举重共8个竞赛项目的比赛。获金牌3枚，总分139分。

三、山东省第十六届运动会

1992年在淄博举行。德州地区代表团有145名运动员参加田径、射击、排球、举重、柔道、国际式摔跤、拳击、武术、乒乓球、羽毛球共

10个竞赛项目的比赛。获金牌11枚,总分266分。其中,德州市射击队获4个团体第一名,8个单项第一名。孙红静在女子乙组气手枪40发比赛中,以380环的成绩打破375环的全省青少年纪录,并在女子乙组手枪30加30比赛中,与队友唐连杰同时以578环打破577环的全省青少年纪录。阮斌在男子甲组200米比赛中,以21秒的成绩打破全省最高纪录。德州代表团及射击队、乒乓球队及15名运动员获得"体育道德风尚奖"。

四、山东省第十七届运动会

1994年在济南举行。德州地区代表团有322名运动员参加田径、乒乓球、举重、国际式摔跤、柔道、武术、射击、拳击、排球共9个竞赛项目的比赛。获金牌9枚,总分375分,金牌数和团体总分均列全省第11名。其中,于海云在女子甲组83公斤级举重比赛中,打破全省最高纪录;唐连杰在女子运动手枪个人赛中,以584环的成绩打破578环全省最高纪录。射击摔跤队、柔道队及12名运动员获得"体育道德风尚奖"。

五、山东省第十九届运动会

1998年在潍坊举行。德州市代表团有359名运动员参加田径、篮球、国际式摔跤、举重、跆拳道、柔道、拳击、武术、射击、乒乓球、皮划艇、赛艇共12个竞赛项目的比赛。获金牌23.5枚,总分817.5分,金牌数和团体总分分列全省第12名和第11名。其中,皮划赛艇队共获得11枚金牌、6枚银牌、7枚铜牌,震惊全省皮划赛艇界。此外,王玉红在女子举重44公斤级比赛中,以150公斤级打破145公斤级的全省青年纪录;徐萍、冯俊霞、孙立华在女子运动手枪团体比赛中,以1715环的成绩打破1710环的全省最高纪录。

六、山东省第二十届运动会

2002年10月在济南举行。德州市代表团有198名运动员参加田径、射击、皮划艇、乒乓球、武术、举重、国际式摔跤、柔道、篮球、跆拳道、赛艇11个项目的比赛。获金牌26枚,总分867.48分,列全省第11名,创德州市参加历届省运会最好成绩。其中,靳祖涛在田径跳远比赛中,以8.03米的成绩打破7.90米的山东省最高纪录,达到国际健将标准。德州代表团4个运动队和25名运动员获"体育道德风尚奖"。

七、山东省第二十一届运动会

2006年在烟台市举行。德州市代表团由234人组成,共参加17个大项、130个小项的决赛。获金牌8.5枚,列全省第14名;总分407.5分,列全省第十四名。德州代表团获"体育道德风尚奖",实现了运动成绩和精神文明双丰收。

八、山东省第二十二届运动会

2010年在淄博市举行。德州市代表团167名运动员参加青少年组15个大项、130个小项的决赛。获奖牌25.5枚,其中金牌7.5枚,总分809.50分,位居综合排行榜金牌榜第11位。德州代表团获"体育道德风尚奖"。

1986—2011年德州市(地区)参加山东省历届运动会成绩一览表

表33-6　　　　单位:枚

届次	项目	时　间	地点	金牌	银牌	铜牌
第十三届(1986)	田径	10.2—7	青岛	1	2	4

续表 33－6

届次	项目	时　间	地点	金牌	银牌	铜牌
第十四届（1988）	田径	6. 6—11	济南	2	4	6
	乒乓球	5. 14—20	济南	—	—	2
	武　术	5. 15—21	济南	0	1	1
	摔　跤	5. 12—17	济南	1	1	1
第十六届（1992）	田径	9. 21—26	淄博	2	3	6
	射击	6. 5—15	省竞技体校	7	4	2
	武术	9. 9—11	淄博	—	—	1
	国际式摔跤	9. 21—25	淄博	2	4	2
	柔道	9. 21—25	淄博	—	—	1
	拳击	9. 21—25	淄博	—	—	4
第十七届（1994）	田径	10. 18—21	济南	2	1	2
	射击	10. 8—14	济南	1	1	—
	武术	9. 2—6	潍坊	—	2	1
	举重	9. 14—25	济宁	2	1	2
	国际式摔跤	8. 27—9. 6	临沂	4	4	7
	柔道	10. 13—18	济南	—	2	2
	拳击	9. 7—12	济宁	—	1	1
第十九届（1998）	田径	10. 11—15	潍坊	—	2	2
	射击	10. 11—15	潍坊	—	1	3
	皮划艇		青岛	4	4	2
	武术	10. 10—15	潍坊	1. 5	—	1
	举重	8. 12—10. 7	德州　潍坊	4	—	1
	国际式摔跤	7. 7—10. 15	泰安　潍坊	7	6	7
	柔道	8. 22—9. 7	莱芜　济南	—	1	—
	拳击	7. 16—21	潍坊	—	—	2
	跆拳道		潍坊	—	1	—
	赛艇		烟台	7	2	5

续表 33－6

届次	项目	时　间	地点	金牌	银牌	铜牌
第二十届（2002）	田径	10. 20—24	济南	1	2	5
	射击	10. 14—20	济南	2	—	3
	皮划艇	9. 13—16	青岛	2	15	11
	武术	9. 16—19	济南	2	1	2
	举重	10. 12—23	济南	1	—	—
	国际式摔跤	9. 1—13	济南	2	4	4
	柔道	8. 16—25	济南	—	1	1
	跆拳道	10. 6—15	济南	2	4	5
	赛艇		济南	14	5	20
第二十一届（2006）	田径	10. 11—15	烟台	1	2	1
	射击	10. 6—10	烟台	1	—	2
	皮划艇	10. 7—10	烟台	1	3	2
	武术		烟台	1	—	1
	举重	10. 5—14	烟台	2	—	—
	国际式摔跤		烟台	1	2	—
	篮球	10. 8—9. 4	烟台	1. 5	—	—
	赛艇	10. 7—10	烟台	—	6	3
	散打		烟台	—	—	1
第二十二届（2010）	田径	9. 22—26	淄博	1. 5	—	3
	射击	9. 20—24	淄博	0. 5	—	—
	武术	8. 24—28	淄博	—	—	1
	举重	9. 15—18	淄博	—	1	2
	国际式摔跤	8. 23—30	淄博	—	—	1
	跆拳道	9. 17—20	淄博	1	—	1
	赛艇	9. 24—26	淄博	2	5	—
	拳击	9. 13—17	淄博	1	—	4
	足球	8. 2—20	淄博	1	—	—
	手球	7. 22—28	淄博	0. 5	—	—

第三节 参加全国体育比赛

1986—2011 年，德州先后有 147 名运动员参加全国性体育比赛，获金牌 67 枚、银牌 32 枚、铜牌 20 枚。其中，2000 年德州市首次组队参加全国赛艇比赛，王钊鹏获男子乙组三项全能、1000 米单人双桨两项第二名、4000 米单人双桨第四名；刘敬义获男子甲组 1000 米单人双桨第二名、三项全能第五名；侯红艳获女子甲组 1000 米单人双桨第五名；代表队获得团体总分第二名及“精神文明奖”。2001 年，德州市 12 名运动员参加第九届全国运动会，获金牌 1 枚、银牌 2 枚、2 个第四名、1 个第六名。其中，在广州南海市举行的武术散打比赛中，德州运动员刘龙获 75—80 公斤级比赛全国冠军，实现了德州运动员全国运动会金牌零的突破。

2009 年 10 月，十一届全运会火炬传递活动

1986—2011 年德州市（地区）参加全国体育比赛成绩一览表

表 33－7

运动会名称	地点	时间	姓名	性别	项目	名次
全国“耐克杯”中长跑精英赛		1986	高建国	男	5000 米	一
全国青年田径锦标赛		1986	张来霞	女	400 米	一
全国青年田径锦标赛		1986	张来霞 黄玉梅	女	4×400 米接力	一
全国少年田径锦标赛		1986	邱艳坤	女	800 米	二
全国中学生运动会		1986	王道海	男	800 米	三
全国第一届农运会		1988	高均义	男	800 米	二
全国少年排球赛		1989	房志华	女	女子组	一
全国第二届青运会田径比赛		1989	袁　斌	男	4×100 米接力	二
全国第二届青运会田径比赛		1989	袁　斌	男	4×400 米接力	二

续表 33－7

运动会名称	地点	时间	姓名	性别	项目	名次
全国太极拳比赛		1991	闫　梓	男		一
全国少年乒乓球比赛		1991	杨彩云	女	女子团体	一
全国田径锦标赛		1991	程庆涛	男	1500 米	一
全国田径锦标赛		1991	程庆涛	男	10000 米	二
全国田径锦标赛		1991	李登泉	男	500 米	二
北京室内田径锦标赛	北京	1991	李伟琦	男	跳高	一
全国田径精英赛		1991	李伟琦	男	跳高	一
全国少年田径锦标赛		1991	李伟琦	男	跳高	二
全国城运会		1991	林延玲	女	柔道	二
全国田径锦标赛		1992	李伟琦	男	跳高	二
全国少年排球赛		1992	张翠芝	女	女子乙组	二
全国少年排球赛		1992	刘　军	男	男子乙组	三
全国青年拳击锦标赛		1992	安　刚	男	81 公斤级	三
全国少年田径比赛		1992	王巨胜	男	4×100 米接力	二
全国大学生运动会		1993	李伟琦	男	跳高	一
全国少年田径比赛		1993	于英曼	女	跳高	一
全国田径锦标赛		1993	阮斌	男	4×400 米接力	三
全国少年田径比赛		1994	于英曼	女	跳高	一
全国少年排球比赛		1994	崔志峰 李　岩	男	男子组	一
全国青年拳击锦标赛		1994	安　刚	男	81 公斤级	二
全国少年田径优秀苗子集训赛		1994	段宝杰	男	跳高	三
全国少年古典式摔跤比赛		1995	郑　伟	男	70 公斤级	一
全国青年举重锦标赛		1995	王春花	女		一
全国青年举重锦标赛		1995	刘存兵	男		一
全国青年赛艇锦标赛		1995	孙付伟	男	2000 米四人双桨	二
全国青年锦标赛		1996	孙付伟	男	四人双桨	一

续表 33－7

运动会名称	地点	时间	姓名	性别	项目	名次
全国青年锦标赛		1996	孙付伟	男	四人单桨无舵手	一
全国青年锦标赛		1996	孙付伟	男	个人全能	一
全国赛艇锦标赛		1996	孙付伟	男	个人全能	三
全国少年古典式摔跤比赛		1996	许　建	男	76 公斤级	一
全国少年古典式摔跤比赛		1996	张国栋	男	55 公斤级	一
全国少年古典式摔跤比赛		1996	郑　伟	男	70 公斤级	一
全国青年田径锦标赛		1996	莫树新	男	5000 米	一
全国青年田径锦标赛		1996	莫树新	男	10000 米	二
全国自由式摔跤锦标赛		1996	刘厚军	男	90 公斤级	二
全国举重锦标赛		1996	王春花	女		二
全国工人运动会		1996	范小东	男	3000 米	二
全国青年举重锦标赛		1997	刘存兵	男		一
全国少年古典式摔跤比赛		1997	许　建	男	76 公斤级	一
全国少年古典式摔跤比赛		1997	杨兆友	男	69 公斤级	一
国青年自由式摔跤锦标赛		1997	刘厚军	男	90 公斤级	三
全国马拉松锦标赛		1997	程庆涛	男	—	三
全国青年古典式摔跤锦标赛		1998	范洪刚	男	63 公斤级	一
全国青年古典式摔跤锦标赛		1998	张元凯	男	97 公斤级	一
全国自由式摔跤锦标赛		1998	韩廷海	男	100 公斤级	一
全国举重锦标赛		1998	刘存兵	男	挺举	一
全国青年赛艇锦标赛		1998	马　丽	女		二
海峡两岸跆拳道比赛		1999	王　磊	男	58 公斤级	一
海峡两岸跆拳道比赛		1999	杨　涛	男	58 公斤级	二
全国举重锦标赛		1999	刘存兵	男		一
全国自由式摔跤锦标赛		1999	韩廷海	男	97 公斤级	一
全国自由式摔跤锦标赛		1999	王建义	男	97 公斤级	三

续表 33－7

运动会名称	地点	时间	姓名	性别	项目	名次
全国第四届运动会摔跤预赛		1999	徐　建	男	85 公斤级	二
第四届城运会摔跤决赛		1999	焦华峰	男	56 公斤级	二
第四届城运会摔跤决赛		1999	许　勇	男	85 公斤级	三
第四届城运会摔跤决赛		1999	范洪刚	男	63 公斤级	三
全国散手锦标赛		1999	刘　龙	男	85 公斤级	三
全国第四届城运会田径比赛		1999	莫树新	男	10000 米	三
全国青年赛艇锦标赛		1999	曹守军 吕金利	男	四人双桨	二
全国青年赛艇锦标赛		1999	曹守军 吕金利	男	全能	三
全国跆拳道冠军赛		2000	王　磊	男	78 公斤级	二
全国散手冠军赛		2000	刘　龙	男	80 公斤级	一
全国柔道锦标赛		2000	王建南	女	63 公斤级	一
全国赛艇锦标赛		2000	李　燕	女	八人单桨有舵手	三
全国少年田径比赛		2000	吴朝辉	男	跳高	二
全国武术散手锦标赛		2000	吕永绪	男	75～80 公斤级	一
全国古典式摔跤锦标赛		2000	焦华峰	男	63 公斤级	二
第九届全运会		2001	刘　龙	男	散打 80～105 公斤级	一
第九届全运会		2001	刘　勇	男	古典式摔跤 130 公斤级	二
第九届全运会		2001	李　燕	女	赛艇八人艇	二
全国青年赛艇锦标赛	广州	2003	王宝涛	男	八人单桨有舵手	一
全国赛艇锦标赛	广州	2003	李　燕	女	双人单桨	一
全国青年柔道锦标赛	大庆	2003	王建南	女	63 公斤级	一
全国跆拳道冠军赛	苏州	2003	王　磊	男	72 公斤级	一
全国田径大奖赛北京站		2004	靳祖涛	男	跳远	二
全国体育运动学校田径锦标赛	烟台	2004	刘　英	女	800 米	三
全国青少年男子跆拳道锦标赛	广西	2004	谢其才	男	73 公斤级	一

续表 33 - 7

运动会名称	地点	时间	姓名	性别	项目	名次
全国皮划艇锦标赛	广东	2004	李　涛	男	2000 米 4 人皮艇	三
全国第九届冬泳锦标赛	洛阳	2004	李金旺	男	55 岁 ~59 岁组 50 米仰泳	三
全国皮划艇锦标赛	广东	2004	付金磊	男	500 米 4 人划艇	三
全国射击系列赛	安徽	2005	兰善宝	男	小口径手枪	二
第十届全国运动会	江苏	2005	耿文博	男	铁人三项	一
首届全国女子少年拳击锦标赛	四川	2005	杨雅惠	女	52 公斤级	一
全国武术套路冠军赛		2006	吕勇绪	男	棍术	二
全国武术套路冠军赛		2006	吕勇绪	男	刀术	三
全国皮划艇锦标赛		2006	付金磊	男	4 人划艇 1000 米	一
全国皮划艇锦标赛		2006	付金磊	男	男子 4 人划艇 500 米	一
全国皮划艇锦标赛		2006	付金磊	男	4 人划艇 200 米	一
全国赛艇锦标赛		2007	李　燕	女	四人单桨	一
全国赛艇锦标赛		2007	李　燕	女	八人单桨	一
全国武术套路精英赛	上海	2007	吕勇绪	男	棍术、刀术	一
全国武术冠军赛	上海	2007	吕勇绪	男	棍术全能	一
全国皮划艇锦标赛		2007	付金磊	男	四人划艇	一
全国青年赛艇锦标赛		2008	宋同凯	男		2 金 2 银 1 铜
全国武术套路锦标赛		2008	吕勇绪	男	刀术	一
全国武术套路冠军赛		2008	吕勇绪	男	棍术	一
东亚运动会		2009	李　燕	女	2000 米女子八人艇	一
全国射击青少年团体锦标赛		2009	吴春辉	男	飞碟个人、团体	一
第十一届全运会		2009	吕勇绪	男	刀术、棍术	一
全国武术套路锦标赛	浙江	2010	吕勇绪	男	刀术、棍术	一
全国武术套路冠军赛	上海	2010	吕勇绪	男	刀术	一
全国青年赛艇锦标赛	安徽	2010	郭淋淋	女	双人双桨 2000 米	一

续表 33－7

运动会名称	地点	时间	姓名	性别	项目	名次
全国青少年射击锦标赛	北京	2010	吴春辉	男	男子飞碟双向个人	一
全国大学生运动会	深圳	2011	张世冲	男	85 公斤级	二
全国田径锦标赛	安徽	2011	程　冲	女	400 米	三
全国男子举重冠军赛	新疆	2011	杨　哲	男	105 公斤级	一
全国飞碟项目射击锦标赛	上海	2011	刘　健	男	男子双向	一
全国飞碟项目射击锦标赛	上海	2011	刘　健 唐　帅 王　迎	男	男子双向	一

第四节　参加国际体育比赛

1991 年，李伟琦参加澳门国际邀请赛，夺得跳高第一名。至 2011 年，全市先后有 31 名运动员参加国际体育比赛，获金牌 21 枚、银牌 6 枚。

德州市参加国际体育比赛成绩一览表

表 33－8

运动会名称	地点	时间	姓名	性别	项目	名次
澳门国际邀请赛	澳门	1991	李伟琦	男	跳高	一
国际室内田径邀请赛	济南	1992	谢立梅	女	1500 米	二
中日韩三国少年对抗赛		1994	于英曼	女	跳高	一
世界田径大马公开赛	马来西亚	1996	莫树新	男	10000 米	一
世界田径大马公开赛	马来西亚	1996	莫树新	男	5000 米	二
亚洲赛艇锦标赛	巴基斯坦	1996	孙付伟	男	四人艇	一
长城国际马拉松接力赛	北京	1997	王　伟	男		四
轨迹赛艇公开赛	韩国	1999	李　燕 王培培	女	2000 米双人艇	一
轨迹赛艇公开赛	韩国	1999	魏　建 曹守军	男	2000 米双人艇	一
轨迹赛艇公开赛	韩国	1999	吕金利 曹守军	男	2000 米四人艇	一

续表 33－8

运动会名称	地点	时间	姓名	性别	项目	名次
韩国跆拳道国家公开赛	韩国	2000	杨涛	男	62 公斤	一
世界“军事五项”比赛	比利时	2001	蔡红星	男		一
亚洲赛艇锦标赛		2001	马　丽	女	四人双桨	一
跆拳道世界城市金杯赛	香港	2002	赵建强	男	58 公斤级	一
世界柔道公开赛	青岛	2002	王建男	女	68 公斤级	一
第十六届国际军体跆拳道世锦赛	瓦伦多夫	2004	赵坚强	男	58 公斤级	二
第二届中韩青少年国际跆拳道比赛	天津	2005	刘晨飞	男	47 公斤以上级	一
第二届中韩青少年国际跆拳道比赛	天津	2005	王洪章	男	38 公斤级	一
多哈亚运会	多哈	2006	焦华锋	男	古典式摔跤 55 公斤	一
世界青年举重锦标赛	捷克	2007	张世冲	男	77 公斤	二
亚洲赛艇锦标赛		2007	王宝涛	男	八人单桨	一
古典式摔跤奥运资格赛	罗马	2008	焦华锋	男	55 公斤级	一
第十届世界武术锦标赛	加拿大	2009	吕勇绪	男	棍术	一
德国世界赛艇锦标赛	德国	2009	李　燕	女		二
亚洲青年赛艇锦标赛	广州	2010	郭淋淋	女	双人 2000 米	一
第六届亚洲皮划艇锦标赛		2010	许永召	男	双人划艇、团体划艇	一
第二十六届世界大学生夏季运动会	深圳	2011	张世冲	男	举重 85 公斤级	二
亚洲赛艇锦标赛		2011	郭淋淋	女		一

第五节　承办省级以上体育竞赛

1992 年 6 月 7—14 日，山东省青少年柔道比赛在德州市体育馆举行。

1996 年 5 月 10—19 日，全国青年篮球联赛德州赛区比赛在德州市体育馆举行，此为德州市举办的首次全国性正式比赛。来自北京、辽宁、黑龙江、吉林、河南和上海、江苏、河北、河南、南京部队 10 支男、女篮球队参加。9 月

19—20 日，山东省第十八届运动会举重比赛在德州体育馆举行，来自全省 6 个行业体协的 40 名运动员参加。

1997 年 7 月 20—27 日，全国青年男子篮球锦标赛在德州市体育馆举行，参加此次比赛的有八一、辽宁、河北、前卫、空军、济南军区、北京首钢、南京军区 8 支球队。是年，德州市被国家体育总局授予“全国优秀赛区”荣誉称号。

1998 年 6 月 13—16 日，山东省“希望杯”古典式摔跤比赛暨省第十九届运动会古典式摔跤预赛在德州举行，德州市运动员获得 5 枚金牌、3 枚银牌、3 枚铜牌和团体总分第一名的好成绩。7 月 30 日—8 月 3 日，山东省“希望杯”赛艇比赛暨省第十九届运动会赛艇预赛在德州市举行，德州市运动员获得 9 枚金牌、1 枚银牌、3 枚铜牌。8 月 12—15 日，山东省第十九届运动会男子举重决赛在德州举行，来自 17 地市的近 200 名运动员参赛，德州市共获得 2 枚金牌、1 枚铜牌。9 月 2—10 日，山东省第十九届运动会男子皮划艇决赛在德州丁东水库举行，来自 10 个地市的近百名运动员参赛，德州市代表队获得 4 枚金牌、4 枚银牌、2 枚铜牌。

2000 年 5 月 8—14 日，山东省青少年古典式摔跤锦标赛在齐河县举行，来自全省 17 地市及部分大专院校的 26 个代表队总计 600 余人参赛。德州市代表队获得 4 枚金牌、2 枚铜牌和团体总分第一名；齐河县被山东省体育局评为“山东省体育竞赛优秀赛区”。

2003 年 7 月 17—20 日，山东省少年围棋锦标赛在德州举行；8 月 6 日，全国围棋甲级联赛（山东—云南）比赛在德州举行，山东鲁抗队 3 比 1 战胜云南印象酒业队。8 月 23 日，中国乒乓球俱乐部超级联赛（山东—上海）比赛在德州举行。11 月 7—9 日，山东省中国式摔跤锦标赛在德州举行，德州摔跤队获得两枚金牌和四枚铜牌。

2004 年 6 月 19 日—23 日，全国男子篮球联赛（第二阶段）德州赛区比赛在德州五环体育馆举行，有青岛双星队、新疆队、湖北队、广西队、吉林澳华队、重庆钢铁队 6 支篮球队参赛。此项赛事是由国家体育总局篮球运动管理中心举办的年度正式比赛，也是德州市承办的最高层次的篮球赛事，青岛双星、吉林澳华篮球队获得本赛区冠军、亚军。9 月 26 日，山东省体育大会攀岩锦标赛在德州举行。10 月 21—28 日，全国汽车场地越野锦标赛暨首届中国德州国际怪车邀请赛在德州市隆重举行。越野车赛共有 20 个车队 85 辆赛车 260 余名车手参赛；国际怪车赛共有来自美国、英国、新西兰、斯洛文尼亚、澳大利亚、中国香港地区、中国内地 7 个国家和地区共计 80 名车手参赛，其中外宾 50 人。

2006 年 5 月 20 日，“伊利杯”三省九市健美邀请赛在德城区共青团商场广场举行，来自山东、河北、安徽 3 省 9 市的 60 多名健美选手，分别参加了 65 公斤、75 公斤、80 公斤、85 公

2004 年 10 月，全国汽车场地越野锦标赛（德州站）开幕式

斤、90公斤、95公斤和老年组7个级别比赛。6月10日,全国围棋甲级联赛第五轮山东网通队对北京新兴地产队比赛在德州网通公司举行。6月13日,中国国际象棋联赛第五轮山东队主场对河北队比赛在贵都大酒店举行。山东队以3胜1平1负的成绩取得了胜利。

2007年4月25—29日,CBO山东省业余篮球公开赛“南龙国际杯”德州赛区比赛在德城区五环体育馆举行。6月19—21日,全国青年男子柔道锦标赛在德州五环体育馆举行。该赛事是国家体育总局举重摔跤柔道运动管理中心主办的年度正式比赛。来自全国22个省市自治区37支代表队的193名运动员参加了比赛,江苏队、山东队、内蒙古队分获前三名。9月13—25日,“豪门杯”全国围棋锦标赛(个人)在德州市举行。张立(广西华蓝围棋俱乐部)获男子甲组冠军;严欢(北京天恒春晓围棋俱乐部)获男子乙组冠军;唐奕(上海棋院)获女子组冠军。

2008年6月23日,在市举行的2008年全国中国式摔跤锦标赛决出摔跤男女共18个级别的冠军。是年,山东省体育传统项目学校篮球比赛、山东省武术散打锦标赛等多项省级以上比赛在德州举行。

2009年10月17—20日,第十一届全运会艺术体操比赛在德州市体育中心体育馆举行,来自山东、辽宁、浙江、四川等15个省市代表队的249名运动员、教练员、领队参赛,共决出团体总分、个人全能和团体全能3块金牌。最终,辽宁队以总分111.45分获得冠军,四川队以103.299分获得亚军,浙江队以101.981分获得季军。10月26—28日,第十一届全运会男子篮球9～12名排位赛在德州市体育中心体育馆举行,共有4个省市代表队,78名运动员、教练员、领队参赛。最终,北京队获该届篮球比赛第九名,上海队名列第十名,天津队名列第十一名,黑龙江队获得第十二名。

2011年3月12日,“中日泰功夫明星对抗赛”在市体育中心体育馆举行。中国功夫以7胜1负取得胜利。7月10日,美国哈林花式篮球巡演在德州市体育中心体育馆举行。8月3日,德州武林风中泰对抗赛在德州市体育中心体育馆举行,著名选手郭强、方便和“武僧”一龙等参加比赛。10月28日,“龙行齐鲁”世界笼斗争霸赛在德州市体育中心皇明体育馆举行。此次比赛是由山东武术院批准,德州体育局主办,德泰拳馆承办的山东省首次MMA综合搏击笼斗赛事。

第五章　体育设施与体育彩票

第一节　体育设施

1986年,全区有体育场(含田径场)70个,室外游泳池2个,各类型运动场1672个,各种训练房116组。其中,地区体育场占地面积6.5万平方米,内设400平方米标准田径场1个、篮球场6个、排球场2个、乒乓球室6个。1989年1月3日,由全区人民集资兴建的德州地区体育馆建成使用。该馆坐落于德州市东方红路,占地面积2975平方米,建筑面积2688平方米,观众座席3400个,内场地长45米、宽25

米。适于篮球、排球、武术、举重、摔跤、柔道等项目的比赛以及大型会议和文娱活动。1997年,原田径场扩建成城市广场,广场中新建400米塑胶跑道一条,广场看台下是2000平方米供摔跤、柔道、武术、跆拳道、射击、乒乓球、举重等项目使用的室内训练房。

1986年后,各县(市、区)及市直单位体育设施也有很大的发展。德城区、临邑县先后建成3000座椅的体育馆。陵县、齐河、夏津、武城、平原先后建成1500平方米训练馆。德州一中、齐河县体委、禹城市、跃华中学、平原师范、华宇学院、德城区实验小学、德城区黎明小学,都先后建起了塑胶田径场。各县(市、区)中小学及各大专院校都建有运动场、器材室,部分学校建有训练房。市直及县(市、区)企事业单位大部分建有乒乓球室,部分单位建起了篮球场、台球室、棋牌类活动室。

此外,20世纪90年代后期,以营利为主的个体健身房、训练室、台球室、乒乓球训练中心逐步增多。1995年,由外地客商投资建起了"明昌保龄球馆"和"银座保龄球馆"。之后,德州大酒店、美丽华大酒店、宴宾楼大酒店、温泉度假村大酒店以及禹城市、临邑县也先后建起了保龄球馆。部分游泳馆(池)也陆续建成。室内游泳馆有:泳乐园游泳馆、宴宾楼游泳馆、温泉度假村游泳馆、临盘游泳馆。露天游泳池有:儿童乐园游泳池、温泉度假村室外温泉游泳池、华能电厂游泳池、金荷园游泳池、齐河县舟桥部队游泳池、武城县游泳池及郑凤玉游泳池。德城区体委、温泉度假村大酒店等单位建起了网球场。同时,以阳光健身会馆、金万方、正英健身中心为龙头的健身业已成为全市体育健身娱乐市场的排头兵,注册会员逾千人。

2009年6月,德州市体育中心建成使用,填补全市国际化体育场馆的空白(参见第四编城乡建设第五章第二节下主要公共建筑简介)。11月9日,中国藤球协会训练基地(德州学院)揭牌仪式举行。

至2011年年底,全市体育场(有看台)24个,体育馆(中小型)4座,室内游泳馆(池)7座,室外游泳池13个,各类型运动场553个,各种训练房79组,网球场9个,门球场13个,健身路径858条,田径场71处,足球场16处,篮球场136处,排球场84处,乒乓球室867处,健身房12处。

第二节 体育彩票

1996年,德州市开始组织承办即开型中国体育彩票,最初主要以实物奖励为主,曾在东方红体育场(现德州市中心广场)、火车站广场、汽车站、百货大楼、五环体育馆等场地进行发售,当年销售57.5万元,获公益金8.62万元。至2000年,全市即开型销售网点已达300多个,累计完成发行额228.5万元,筹集公益金32.17万元。这一时期,平原县、临邑县、齐河县、宁津县、庆云县、武城县、陵县等地也发行过即开型体育彩票。

2000年9月,市体育彩票管理中心成立,同年11月开始发行电脑型体育彩票。全市首批投放25台终端机全部设在德州市区,第二批在德城区增设10台,玩法是"33选7"。2001年6月,第三批30台终端机主要分设在各县(市、区)。2002年5月,市体育彩票管理中心划归省体育彩票中心管理。2004年年底,电脑型体育彩票"排列三"上市。2007年,德州市体育彩票销售总量6147.6万元,排名列全省第七,实现历史性突破。2009年,全市电脑体育彩票总发行量首次超亿元,达到11801.3万元。至2011年,全市电脑体育彩票销售网点达到418个,共有电脑终端机418台。年销售体育彩票2.4亿元,筹集公益金1676.9万元。其中,电脑型体育彩票销量1.96亿元,筹得公益

金1373.54万元;即开型体育彩票销量4334万元,筹得公益金303.38万元。1996—2011年,全市共销售即开型体育彩票10158万元,筹得公益金2031.6万元;2000—2011年,全市电脑型体育彩票销量78605.8万元,筹得公益金5502.41万元。2004—2011年,德州市体育彩票市场占有率一直维持在全省前三名。

发行体育彩票所获得的收益金主要用于全民健身工程。德州市全民健身工程始于1998年。至2011年,全市全民健身路径达368余条,全民健身广场44个,其中省级全民健身广场13个、市级全民健身广场3个,县级全民健身广场28个。全民健身工程覆盖面达22%,收益金用于全民健身工程2600余万元。

1996—2011年德州市即开型体育彩票发行情况统计表

表33-9　　　　单位:万元

年份	销量	筹集市级公益金
1996	57.5	8.62
1997	25.3	3.04
1998	21.5	2.57
1999	89.9	12.58
2000	34.3	5.36
2001	22	3.30
2002		4.49
2003	170	16.68
2004		
2005		
2006		
2007	32.9	2.30
2008	1096.9	76.78
2009	1899.3	132.95
2010	2407.3	168.51
2011	4334	303.38

2000—2011年德州市电脑体育彩票发行情况统计表

表33-10　　　　单位:万元

年份	销量	筹集市级公益金
2000	68	4.81
2001	1213.9	84.97

续表 33－10

年份	销量	筹集市级公益金
2002	2356. 5	164. 95
2003	1374. 2	96. 19
2004	998. 1	69. 86
2005	7724. 4	540. 70
2006	8103. 7	567. 25
2007	6147. 6	430. 33
2008	6705. 3	469. 37
2009	11801. 3	826. 09
2010	12490. 8	874. 35
2011	19622	1373. 54

第三十四编

医疗 卫生

YILIAOWEISHENG

1986年,全区共有医疗卫生机构569个,病床9339张,医疗卫生人员15499人,其中技术人员12898人。1987年对乡镇卫生院管理体制进行改革,有40所乡镇卫生院下放乡镇管理。1988年,在医疗卫生单位实行院(校、站、所)长负责制和医院目标管理责任制,开展专业技术职务评聘工作,地区直属直医疗卫生单位全部实行专业技术职务聘任制。1989年,在10个县(市)中的250个乡镇中建立预防保健站,占全区乡镇总数的80%,成为全省建立乡镇防保站最早、数量最多的地区。

1991年,开展以创建卫生城市为中心的爱国卫生活动,当年县级德州市被评为省级卫生城市。儿童计划免疫接种率通过卫生部和省联合考核验收,全区以县为单位完成"四苗"(卡介苗、脊髓灰质炎疫苗、百白破菌苗、麻疹疫苗)接种率达85%的目标。1994年,全区医疗机构分级管理工作全面铺开。1996年4月,市急救中心正式运营并开通120急救电话。

1997年起,大力加强基层医疗卫生服务体系建设,对乡镇卫生院和农村卫生室实行镇办镇管、村办镇管的乡村医疗卫生机构一体化管理,解决农村卫生室标准低、办医乱、医务人员素质良莠不齐、药品购进渠道混乱、重治轻防等问题。2001年,以构建新型城市社区卫生服务体系为重点,启动城市社区卫生服务站(中心)建设工作。2003年,加快推进乡镇卫生院体制和运行机制改革,庆云、武城两县乡镇卫生院上划县级管理。2004年,实施乡镇中心卫生院建设工程。至2005年,全市37处乡镇中心卫生院标准化建设任务全部完成。2007年4月,市120医疗急救调度指挥中心组建完毕,全市院前急救网络开通运行。2008年开始实施村卫生室规范化建设,至2010年,全市共建成标准化农村卫生室1899个。2011年,德州市疾病预防控制中心和市卫生局卫生监督所正式分开独立运转。是年,德州市获"国家卫生城市"称号。

至2011年年底,全市共有各类医疗卫生机构3448个,医疗床位17524张,千人占有床位2.79张;医疗卫生技术人员21027人,千人占有技术人员3.81人。全市已连续27年无白喉、26年无脊髓灰质炎发生,麻疹、百日咳、乙脑、新生儿破伤风等严重危害儿童身体健康的传染病发病率大幅度降低。全市传染病总发病率由1986年的272.16/10万降至257.59/10万。

第一章 机构与队伍

第一节 医疗机构

一、医院

1986年,全区共有县级及以上医院30所,床位4421张,卫生技术人员5458人。其中,综合医院21所,床位3834张,卫生技术人员4364人;中医院6所,床位411张,卫生技术人员710人;专科医院3所,床位550张,卫生技术人员364人。1988年,全区医院普遍实行院长负责制;各医疗单位在医技、临床科室实行经济技术承包制和专家挂牌门诊制度。1992 年起,开展医院分级管理试点工作。1994 年,在试点的基础上,全区医院分级管理工作全面铺开。至 1995 年年初,市人民医院、市中医院达到三级乙等医院标准,齐河、禹城、临邑、陵县人民医院及德州市立医院达到二级甲等医院标准,平原县人民医院达到二级乙等医院标准,另有 8 所医院达到一级甲等标准。

1994 年 4 月,地区行署制发《德州地区关于深化卫生改革,加快卫生事业发展的意见》,就完善性投入补偿机制、转换经营管理机制、放活人事用工制度,完善预防保健服务体系等一系列重大问题做出决策。1995 年起,加大医院改革力度,在管理体制上实行"二级"负责制,即院(站)长负责制和科(室)长(主任)负责制,建立灵活高效的管理机制。1997 年,开展评选"服务、质量双佳医院"和"十佳乡镇卫生院活动"。1998 年,打破隶属关系和所有制界限,将市民政局所属复退军人医院并入市精神病医院;市人民医院兼并宋官屯镇卫生院;德州市立医院对濒临倒闭的德城区赵宅乡卫生院进行托管,组建德州市立医院赵宅分院。2003 年,整合全市医疗资源,将德州市精神病医院、德州市肿瘤医院和解放军 139 医院合并,组建为德州市第二人民医院。2004 年,德州铁路医院划归地方管理,并入市人民医院。

2007 年,出台《德州市医学重点学科建设管理办法》,市人民医院妇产科被省卫生厅认定为省卫生特色专科,心血管内科、眼科被省卫生厅认定为省医药卫生重点专业;全市建成重点中医专科 8 个,其中省级 1 个、市级 7 个。2010 年,开展医疗质量示范科室创建工作,市人民医院内二科、市第二人民医院放疗科、乐陵市人民医院外一科获山东省医疗质量示范科室称号,德州市立医院外一科等 12 科室获德州市医疗质量示范科室称号。2011 年,推动公立医院内部运行机制改革,全市二级以上综合医院、中医院、妇幼保健院全部开展惠民医疗服务项目。

至 2011 年年底,全市共有县级以上综合医院 17 所,中医院 11 所,床位 17524 张,千人占有床位 2.79 张;医疗卫生技术人员 21027 人,千人占有技术人员 3.81 人。全市县级以上医院共拥有大型医疗设备 58 台,其中 X 线计算机断层扫描仪(CT)29 台,医用磁共振成像系统(MRI)12 台,医用直线加速器(LA)8 台,X 射线血管造影系统(DSA)9 台。

德州市人民医院　位于德州市三八中路。前身为 1950 年迁此的泺北人民医院,始称山东省德州专区第十二中心卫生院。1953 年改称德州专区人民医院。1975 年更名为德州地区人民医院。1986 年,医院占地 8.075 公顷,建

德州地区人民医院门诊楼　(1989 年　摄)

德州市人民医院门诊和病房楼

筑面积3.07万平方米;设有职能科室11个、临床业务科室18个、医技科室6个;职工679人,其中卫生技术人员519人。1995年更名为德州市人民医院。1997年12月28日,医院19层病房大楼建成启用。同年,市直机关门诊部划归该院。1999年,医院成为滨州医学院实践教学医院。2001年,该院又被确定为滨州医学院附属医院。2002年4月,医院新门诊大楼建成启用。同年9月,医院建立德州市第一家生殖医疗中心。2004年4月,医院成为潍坊医学院硕士研究生教学基地暨成教学院教学基地。2009年6月,建成市经济开发区分院。2010年9月,设立博士后科研工作站。2011年12月,成立中国医学科学院德州市人民医院慢性病工作室暨德州市医学会老年医学专业委员会。2011年,医院占地3.99公顷,建筑面积9万平方米;设有职能科室20个、临床业务科室19个、医技科室15个;职工968人,专业技术人员862人,其中高级职称248人;开设病床1218张,年门诊量47.8万人次,出院病人3.03万人次。先后购置美国GE产螺旋CT、3.0T核磁共振、C型臂血管造影系统、直线加速器、模拟定位机、X刀、全自动生化分析仪、电子内镜、全身彩超、超声乳化玻璃体切割一体机、数字胃肠机等现代化大型医疗设备372台,并拥有先进的手术设施及综合ICU(重症监护病房)。开展的各种心脑血管病介入治疗技术、断指再植技术、心脏瓣膜置换手术、心脏不停跳冠状动脉搭桥手术、白内障超声乳化术人工晶体转入技术、各种关节置换术、各种内镜微创诊治技术、辅助生殖技术达到国内先进水平。心血管内科、妇产科、眼科是省级医药卫生重点特色专科。

医院为三级综合医院,先后获国际爱婴医院、国际紧急救援中心网络医院、全国首批百姓放心示范医院、全国百佳诚信医院、全国科技创新质量管理先进单位等荣誉称号。

德州市第二人民医院　位于运河西岸胜利桥西侧,原解放军139医院院址。2003年12月,由原市肿瘤医院、市精神病医院、解放军139医院整合而成,加挂肿瘤医疗中心、精神卫生防治中心和感染(传染病)控制中心牌子。

市肿瘤医院建于1972年,始称德州地区第二人民医院兼地区肿瘤医院,位于德州市铁西南路。1982年与地区结核病防治所合并,称德州地区肿瘤医院,承担全区结核病、肿瘤病防治和科研任务。1984年3月,与天津市肿瘤医院联合办院,开全国卫生系统医联体之先河。1985年3月,与上海市铁道医学院建立防治肿瘤技术协作关系。1986年,医院占地2.8公顷,建筑面积4500平方米;内设职能科室6个、临床业务科室5个,医技科室4个,社会防治科室1个,开放病床150张,职工171人,其中卫

德州市第二人民医院

生技术人员134人。1992年3月，与中国医学科学院肿瘤医院达成协议，成立中国医学科学院肿瘤医院、德州地区肿瘤医院癌症综合治疗协作组；同年5月受中国癌症研究基金会委托，成立中国癌症研究基金会德州肿瘤防治中心。1995年改称德州市肿瘤医院。2003年，医院占地2公顷，建筑面积1.9万平方米；内设临床业务科室5个，医技科室8个，社会防治科室1个，开放病床200张，职工310人，其中卫生技术人员223人。同年12月并入德州市第二人民医院。

市精神病医院建于1981年，始称德州地区精神病医院，位于德州市于官屯乡七西村南。1986年，医院占地5.16公顷，建筑面积9000平方米，内设职能科室8个、临床业务科室6个，医技科室3个，职工166人，其中卫生技术人员109人，病床250张。2003年，医院占地7.67公顷，建筑面积1.1万平方米，内设职能科室8个、临床业务科室6个，医技科室3个，职工120人，其中卫生技术人员105人，病床250张。同年12月并入德州市第二人民医院。

中国人民解放军139医院建于1971年9月，始称陆军第二十六野战医院。1981年改称陆军一三九医院。1986年，医院占地8公顷，建筑面积1.7万平方米，设内、外、妇、儿、传染病、五官、口腔等科，开放病床210张，职工204人，其中卫生技术人员148人。2003年，医院占地6.67公顷，建筑面积3000平方米，内设职能科室1个、临床业务科室5个，开放病床50张，职工30人，其中卫生技术人员10人。同年12月并入德州市第二人民医院。

2011年，市第二人民医院占地11.53公顷，建筑面积3.29万平方米；内设职能科室14个、临床业务科室21个、医技科室10个；职工500余人，卫生技术人员350人，其中高级55人；开放病床600张，年门急诊量8.38万人次，出院病人8100人次。医院为三级综合医院，拥有全身CT机、全自动生化分析仪、血液分析仪、模拟定位机、钴60治疗机、全身彩超、电子胃镜、气管镜、结肠镜、膀胱镜、布氏镜、多功能麻醉机、肺功能测试仪、630maX线机等较大型医疗设备50余台。肿瘤防治、结核病防治、精神卫生防治、烧伤整形医疗是该院四大优势学科。

德州市中医院　位于德州市东方红路。1981年9月由德州地区第二人民医院改建而成。1986年，医院占地1.2公顷，建筑面积2894平方米，内设职能科室6个、临床业务科室10个，开放病床180张，职工180人，其中卫生技术人员134人。1990年，与天津南开医院建立骨伤协作中心。1991年4月，与北京医科大学协作建立糖尿病研究所。1993年，增挂“德州地区中西医结合医院”院牌。1999年10月，增挂“德州市中心医院”院牌。2000年，糖尿病治疗中心被确定为省级定点专科建设单位。同年，该院被确定为泰山医学院教学医院。

2003 年，被国家级 973 重大科研项目组授予“心脑血管病预警及治疗协作医院”。2005 年，建成开发区新院。2006 年，定为泰山医学院附属医院。2011 年，医院占地 15.6 公顷，建筑面积 5.5 万平方米；设有职能科室 10 个、临床业务科室 42 个；职工 512 人，其中高级职称 76 名；开放床位 410 张，年门急诊量 12.51 万人次，出院病人 9433 人次。

医院为三级综合医院，拥有直线加速器、模拟定位机、日立螺旋 CT、深蓝版 16 层美国 GE 螺旋 CT、日立磁共振、美国拓能光子刀、德国产 CR、岛津多功能数字 X 光机、核医学 SPECT、DSA、血液透析机、日立彩超、电子胃镜、进口生化分析仪、德国腹腔镜等大型医疗设备 300 余台件。医院内分泌科为国家级重点中医专科，糖尿病科、骨伤科、脑病科为省级重点中医专科。

2011 年德州市县级以上综合医院情况统计表

表 34－1

医院名称	建立年份	地址	医疗科室（个）	医护人员（人）		床位（个）	级别
				总计	高级职称		
德州市人民医院	1948	德城区三八路	42	1194	275	1218	三乙
德州市第二人民医院	2003	运河开发区纺织大道	29	529	99	560	三级
陵县人民医院	1947	陵县中兴路	52	610	42	450	二级
宁津县人民医院	1953	宁津县城康平路	39	397	39	450	二级
禹城市人民医院	1945	禹城市开拓路	35	580	51	600	二级
德州市市立医院	1947	德城区三八中路	25	679	69	346	二级
齐河县人民医院	1949	齐河县齐晏大街	38	678	76	400	二级
武城县人民医院	1949	武城县文化西路	11	408	26	330	二级
夏津县人民医院	1946	夏津县南城街	24	605	43	288	二级
乐陵市人民医院	1946	乐陵市安居路	17	547	41	660	二级
庆云县人民医院	1965	庆云县庆丰路	23	528	32	496	二级
临邑县人民医院	1949	临邑县广场大街	38	751	25	432	二级
临邑县第二人民医院	1952	德平镇富平路	15	162	2	145	二级
平原县第一人民医院	1947	平原县城区平安西大街	10	488	34	372	二级
十三局医院	1962	德州市东风中路	26	306	67	300	二级
德棉医院	1979	运河经济开发区纺织大道	19	133	9	160	二级
优抚医院	2010	市经济开发区长河大道	20	109	34	180	二级

2011 年德州市县级以上中医院情况统计表

表 34－2

医院名称	建立年份	地址	医疗科室(个)	医护人员(人)		床位(个)	级别
				总计	高级职称		
德州市中医院	1982	德城区东方红路	29	456	57	410	三乙
德州联合医院	1952	德城区马市街	20	277	28	260	二级
陵县中医院	1991	陵县陵州路	23	260	10	180	二级
宁津县中医院	1978	宁津县黄河大街	22	186	5	253	二级
禹城市中医院	1991	禹城市开拓路	6	206	15	160	二级
齐河县中医院	1986	齐河县齐晏大街	21	189	11	160	二级
武城县中医院	1989	武城县新城	14	85	3	140	二级
夏津县中医院	1985	夏津县开发区北外环路	11	96	2	80	二级
乐陵市中医院	1991	乐陵市枣城大街	19	287	13	150	二级
临邑县中医院	1958	临邑县广场大街	18	180	6	226	二级
平原县中医院	2010	平原县恩城镇	13	75	0	125	二级

二、乡镇卫生院

1986 年，全区有乡镇卫生院 216 所，职工 5577 人，其中卫生技术人员 4811 人。1987 年开始对乡镇卫生院管理体制进行改革，当年有 40 所乡镇卫生院下放给乡镇政府管理，纳入乡镇经济发展规划。到 1988 年年底，全区划归乡镇政府管理的乡镇卫生院 242 所，占乡镇卫生院总数的 94%。

1990 年，以农村“2000 年人人享有初级卫生保健”为总抓手，重点建设以县为中心的农村三级医疗预防保健网。到 1995 年，全区农村卫生“三项”建设（乡镇卫生院、县市防疫站、县市妇幼保健站）工作取得较大进展，全市 1/3 的乡镇卫生院达到了“一无三配套”（业务用房无危房，业务用房、专业设备、技术人员配套）标准，14 所乡镇卫生院达到一级甲等医院标准。

1997 年，按照“满足需求、区域配套、功能互补、结构合理”的原则，调整乡镇卫生院布局，全市乡镇卫生院由 202 所调整为 192 所，其中中心卫生院由 45 所调整为 35 所。1998 年，开始进行以股份合作经营为主要形式的乡镇卫生院体制改革试点。1999 年，在取得试点经验的基础上全面推开，到 2001 年，全市共有 142 家乡镇卫生院进行了改革，改制面达 90%。

2002 年，推进乡镇卫生院管理体制改革，当年庆云县完成上划县级管理工作；同年配合乡镇撤并调整，撤、并、转、降乡镇卫生院 39 所。2003 年，贯彻国务院《关于农村卫生改革与发展的意见》精神，强化乡镇卫生院公共卫生服务和预防保健功能，80% 的乡镇卫生院建成市

级以上预防接种门诊,47 个乡镇卫生院建成市级妇幼保健规范化门诊。2004 年 12 月,按照“集中力量搞建设,深化改革促发展”的原则,市政府重新规划设置 37 所乡镇中心卫生院,其中新建 18 所,扩建、完善 19 所。到 2005 年 11 月,全市 37 所乡镇中心卫生院基本完成建设任务。在此基础上,积极推行人事制度改革,有 28 所中心卫生院开展了公开选聘院长,并对 1153 名技术人员实行竞争上岗和聘任制管理。

2006 年起,实施山东省“360 工程”,在全市范围内选择德城区二屯镇卫生院等 12 个乡镇中心卫生院进行重点建设。2007 年,启动山东省“1127”工程,当年规划的 50 所乡镇卫生院建设项目全部完成,新建、扩建业务用房 4.8 万平方米。2011 年,开展基层卫生机构综合改革,乡镇卫生院全部上划县级管理。是年,全市乡镇卫生院达到 137 所,其中乡镇中心卫生院 37 所;职工 6071 人,其中卫生技术人员 5824 人。各乡镇卫生院先后购置了心电图机、生化分析仪、血球仪、B 超、X 光机、救护车等医疗设备。

三、农村卫生室

1986 年,全区有农村卫生室 9573 个,乡村医生 13777 人。是年,开展创建甲级卫生室活动,当年创建甲级卫生室 2946 个。至 1988 年年底,全区甲级卫生室 3363 个,占农村卫生室总数的 34.77%。

1995 年,镇办镇管、村办镇管的乡村医疗卫生机构一体化管理试点工作率先在齐河县 7 个乡镇展开,解决农村卫生室标准低、办医乱、医务人员素质良莠不齐、药品购进混乱、重治轻防问题。1997 年,制订《德州市乡村卫生机构“一体化”管理暂行办法》,全市乡村医疗卫生机构一体化管理工作全面铺开。到 2001 年,全市已有 3968 个村卫生室实施了一体化管理,一体化管理率达到 95%。2002 年,在全市推行“三制、五统一”(乡村医生聘任制、工资制、养老保险制和乡村卫生室统一规划布局、统一标准建设、统一管理、统一药品及材料集中采购供应、统一考核)农村卫生管理机制,乡村卫生服务一体化管理覆盖面达 100%。同年,重新启动甲级卫生室创建工作,当年共创建甲级卫生室 574 处;组织开展乡村医生技术职称评定工作,全市共评出乡村主治医师 415 名,乡村医师 1379 名,乡村医士 1062 名。2004 年,按照《乡村医生从业管理条例》规定,开展乡村医生执业注册工作,到 2005 年,共有 7155 名乡村医生通过执业注册。2007 年,全市甲级卫生室 2854 个,占总数的 66.68%。

2008 年,启动农村卫生室规划建设工程,当年全市共完成 1000 所农村卫生室标准化建设。到 2010 年 9 月,按照 2000 ~ 4000 人的服务人口设置 1 所村卫生室的原则和相关建设标准,计划建设的 1899 所村卫生室提前一年完成规划建设任务。2011 年,全市农村卫生室 2828 个,取得执业资格的乡村医生 12040 人,其中执业(助理)医师 477 人。

四、社区卫生服务中心(站)

2001 年 3 月,市政府制发《关于发展德州市城市社区卫生服务的若干意见》,提出以构建新型城市社区卫生服务体系为目标,以政府购买公共卫生服务为保证,加强社区卫生服务网络建设。同年 11 月,市卫生局制发《德州市社区卫生服务考核标准》,对社区卫生服务机构的标准化、规范化、科学化提出了明确要求。11 月 18 日,全市社区卫生服务工作现场会在德城区召开,总结推广德城区社区卫生服务工作经验,当年有 33 个社区卫生服务站试点运行。到 2004 年,全市建成首批 21 家社区卫生服务站。

2007 年,市卫生局、财政局制定《德州市社区卫生服务机构设置与建设规划(2007—2010

年)》,提出城市社区卫生服务机构设置的原则为:每个街道(乡镇)应设一所社区卫生服务中心;服务人口规模或服务半径过大,可增设中心数量或下设社区卫生服务站。社区卫生服务站接受社区卫生服务中心一体化管理。是年,德城区先行一步,建成7个社区卫生服务中心和25个社区卫生服务站。

2008年8月,市卫生局、财政局出台《德州市政府购买城市社区公共卫生服务实施意见(试行)》《德州市政府购买城市社区公共卫生服务资金使用管理制度》,明确了政府购买公共卫生服务项目包括社区卫生诊断、建立居民健康档案、社区健康教育与健康促进、传染病、地方病和寄生虫病预防与控制、社区慢性非传染病疾病防治、妇女保健、儿童保健、老年保健、残疾人康复、社区公共卫生应急处置等10大类52项内容。是年,重点建设了12个社区卫生服务中心和43个社区卫生服务站。到2009年,全市规划建设的20个社区卫生服务中心和80个社区卫生服务站全部通过省级验收,服务覆盖人口140.93万人,覆盖率为100%。2010年,在山东省开展的星级城市社区卫生服务机构创建活动中,德城区新湖街道办事处社区卫生服务中心被省卫生厅、财政厅授予“山东省星级社区卫生服务机构”荣誉奖牌。2011年,全市共有社区卫生服务中心20个,社区卫生服务站82个;职工832人,其中卫生技术人员764人。

五、民办医疗机构

1981年,根据国家规定,允许个体诊所开业。到1986年,全区个体从业人员132人。1990年后,德州市逐步放宽准入范围、改善社会资本办医环境、促进政策完善等措施,民办医疗机构得到较快发展。到2011年,全市民营医疗卫生机构已达1956个,其中民营医院29家,个体诊所293家,村卫生室1634个。民办医疗机构拥有床位648张,占全市总床位的3.91%;卫生从业人员830人,占全市卫生从业人数的6.02%,其中卫生技术人员占全市卫生技术人员的5.94%,执业医生人数221人,占全市总数的10.44%,执业护士占全市总数的10.88%;总诊疗105万人次,占全市诊疗人次的7.86%。

2011年德州市民营医院情况表

表34-3　　单位:张、人

医院名称	类别	级别	床位	工作人员数	卫生技术人员	执业医生	执业护士
德州真爱医院	综合医院	一级	20	30	24	6	6
德州龙光医院	综合医院	一级	22	23	20	5	6
德州朝阳医院	综合医院	一级	20	18	16	8	6
德州世纪协和医院	综合医院	一级	28	37	26	13	12
德州平安医院	综合医院	一级	20	16	12	5	5
乐陵协和医院	综合医院	一级	10	24	21	3	2
庆云现代医院	综合医院	一级	10	30	24	5	2
武城红霞医院	综合医院	一级	20	30	25	7	8

续表 34－3

医院名称	类别	级别	床位	工作人员数	卫生技术人员	执业医生	执业护士
武城博爱医院	综合医院	一级	20	26	18	5	7
夏津大华医院	综合医院	一级	20	43	38	12	6
夏津红霞医院	综合医院	一级	20	33	28	6	7
夏津红十字医院	综合医院	一级	46	41	34	13	12
夏津新华夏医院	综合医院	一级	30	22	17	6	5
夏津运河医院	综合医院	一级	20	16	14	4	5
宁津现代医院	综合医院	一级	20	30	24	6	10
临邑协和医院	综合医院	一级	20	30	23	7	10
临邑北大医院	综合医院	一级	23	25	21	6	13
临邑洛北医院	综合医院	一级	20	48	44	15	25
陵县本田医院	专科医院	一级	20	22	17	6	5
陵县大宗医院	综合医院	一级	20	16	12	4	5
平原龙门医院	综合医院	一级	60	60	54	14	18
齐河协和医院	综合医院	一级	20	24	18	3	8
德州河西骨外专科医院	专科医院	一级	20	22	21	7	10
德州阳光眼科医院	专科	一级	10	19	16	5	4
德州曙光泌尿专科医院	专科	一级	30	50	32	6	11
德州口腔医院	专科	二级	15	55	43	25	16
德州时代妇科医院	专科	一级	20	42	33	5	18
德州手足外科医院	专科	一级	30	25	24	7	12
德州新城医院	综合	一级	20	23	20	13	5

第二节　防疫保健机构

一、卫生防疫机构

1986 年，德州地区共有卫生防疫站 14 家，其中地级 1 家，县级 13 家，共有卫生防疫人员 452 人。1989 年，在 10 个县（市）中的 250 个乡镇建立预防保健站，占全区乡镇总数的 80%，成为全省建立乡镇防保站最早、数量最多的地区。1990 年年底，济阳、商河两县防疫站随区划调整划归济南市。2011 年 5 月，市、县两级疾病预防控制与卫生监督职能分开，建立独立的疾病预防控制机构和卫生监督机构。至 2011 年年底，全市共有疾病预防控制中心 12 处、卫生监督所 12 处。其中，疾病预防控制中心职工 980 人，卫生专业技术人员 814 人；卫生监督所职工 362 人，卫生专业技术人员 217 人。

德州市疾病预防控制中心（市卫生局卫生监督所） 位于德州市三八中路。建于 1954 年 7 月，始称德州地区卫生防疫站。1986 年，全站占地 0.415 公顷，建筑面积 2526.42 平方米；内设卫生科、劳动卫生科、食品卫生科、地方病科、卫生宣教科、药械科、检验科等 11 个科室，职工 90 人，其中卫生技术人员 64 人。1995 年更名为德州市卫生防疫站。1996 年，加挂市公共卫生监督所牌子，成为市卫生局行使卫生监督执法职责的办事机构。2005 年 12 月，撤销市卫生防疫站，分别组建市卫生局卫生监督所和德州市疾病预防控制中心，一个机构两个牌子。同年，于经济开发区天衢东路建成疾控制中心新办公区，建筑面积增至 1.5 万平方米。2011 年 5 月，市疾控制中心与市卫生局卫生监督所正式分开独立运转，其中疾控中心为正县级全额事业单位，编制 93 人；卫生监督所为副县级全额财政拨款事业单位，编制 35 人。至 2011 年年底，市疾病预防控制中心设行管科室 5 个、业务科室 11 个，在职职工 86 人，专业技术人员 75 人，其中高级职称 29 人；市卫生局卫生监督所设综合科、财务科、法制稽查科、医疗机构监管科、卫生监督一科、卫生监督二科、卫生监督三科、职业卫生科、许可受理科 9 个科室，在职职工 31 人，专业技术人员 27 人，其中高级职称 5 人。

2011 年德州市卫生防疫机构情况表

表 34－4

名称	建立时间	地址	科室（个）	设备（台、套）	专业技术人员（人）	
					总计	高级职称
德州市疾病预防控制中心	1954	德州市天衢东路	12	25	86	20
德城区疾病预防控制中心	1953	德城区解放中大道	16	10	110	8
禹城市疾病预防控制中心	1956	禹城市开拓路	11	2	57	1
乐陵市疾病预防控制中心	1956	乐陵市湖滨西路	10	7	68	3
宁津县疾病预防控制中心	1956	宁津县城中心大街	13	2	71	4
齐河县卫生防疫站	1956	齐河县阳光路	12	6	95	6
陵县卫生防疫站	1956	陵县颜陵路	10	3	80	3
临邑县卫生防疫站	1957	临邑县永兴大街	16	1	105	1
平原县疾病预防控制中心	1958	平原县经济开发区	7	1	46	1
武城县疾病预防控制中心	1958	武城县城北方街	14	1	98	4
夏津县疾病预防控制中心	1965	夏津县中山南路	12	2	64	5
庆云县卫生防疫站	1965	庆云县城光明路	13	5	19	2

二、妇幼保健机构

1986 年，德州地区共有妇幼保健机构 14 所，其中地级 1 所，县级 13 所，共有卫生技术人员 200 人。1989 年，在 10 个县（市）中的 250 个乡镇建立预防保健站，占全区乡镇总数的 80%，成为全省建立乡镇防保站最早、数量最多的地区。1990 年，济阳、商河两县妇幼保健所随区划划归济南市。同年，宁津县妇幼保健站、齐河妇幼保健站被命名为山东省甲级妇幼保健站。1995 年，《中华人民共和国母婴保健法》颁布实施，市、县两级妇幼保健机构的业务和基础设施建设加快。到 1996 年，全市县级妇幼保健机构业务用房达到 13917 平方米，妇幼保健专业人员 448 人。2001 年，禹城、齐河、德城区、临邑、乐陵 5 个县（市、区）妇幼保健院达到一级甲等妇幼保健院标准，成为全市第一批站向院转制的妇幼保健院。2011 年，德城区、平原县妇幼保健院晋升为二级妇幼保健院。至 2011 年年底，全市共有妇幼保健院（所）12 处，职工 1210 人，卫生专业技术人员 1000 人，其中具有中高级职称 348 人。

德州市妇幼保健院　建于 1964 年，始称德州地区妇幼保健站。1981 年改称德州地区妇幼保健所。1986 年，由德州市三八路迁至东地北路现址，全院占地 1.67 公顷，建筑面积 2000 平方米，职工 24 人，其中卫生专业技术人员 17 人，主要开展妇产科门诊、儿科门诊、普通化验、药房等业务。1988 年正式建立办公室、妇产科、儿科、医技科 4 个科室。1995 年更名为德州市妇幼保健所。1993 年 6 月 1 日挂牌建立“德州市儿童保健中心”。1996 年增挂妇幼保健院牌子。同年 10 月被卫生部、联合国儿童基金会命名为爱婴医院。2006 年建成经济开发区新院。2011 年，全院占地 5.95 公顷，建筑面积 2.33 万平方米；全院职工 234 人，其中卫生专业技术人员 200 人，具有中高级职称 88 人；设有妇产科、儿科、新生儿重症监护室、妇女保健科、儿童保健科、内科、眼科、口腔科、耳鼻喉科、按摩理疗科、婴幼儿游泳中心、功能科、检验科、药械科等 18 个科室，病床 120 张；拥有美国 GE－E8 四维彩超、飞利浦心脏彩超机、奥林巴斯全自动生化仪、钼靶 X 光机、新生儿暖箱、婴儿高压氧舱、心电监护、麻醉机、呼吸机、西门子 512、美国 LG500、美国阿克松等彩超，德国宫腹腔镜、阴道镜，荷兰时间分辨光度仪、芬兰酶标仪、日本四分血球仪等万元以上仪器设备 80 余台（套）；全年收治住院病人 2230 人次，门诊 29405 人次。

2011 年德州市妇幼保健机构情况统计表

表 34－5

名称	建立年份	地址	科室（个）	床位（张）	卫生技术人员（人）		级别
					总计	高级职称	
德州市妇幼保健院	1964	德城区东地中大街	3	150	218	20	三级
德城区妇幼保健院	1953	城区建设街	15	100	148	6	二级
陵县妇幼保健院	1955	县城陵州路	10	16	48	3	一级
禹城市妇幼保健院	1954	市区市中路	27	51	62	3	一甲

续表 34－5

名称	建立年份	地址	科室（个）	床位（张）	卫生技术人员（人）		级别
					总计	高级职称	
乐陵市妇幼保健院	1956	县城安居路	6	36	76	2	一甲
宁津县妇幼保健院	1959	县城阳光大街	3	125	106	8	二级
齐河县妇幼保健院	1956	县城齐晏大街	15	75	115	8	二级
临邑县妇幼保健院	1958	县城迎宾路北首	15	87	103	1	一甲
平原县妇幼保健院	1953	县城平安西大街	26	80	81	4	二级
武城县妇幼保健站	1954	县城振华西街	11	65	48	2	二级
夏津县妇幼保健计划生育服务站	2001	县城河津街	13	18	43	3	一级
庆云县妇幼保健院	1965	县城文化路	14	20	46	2	一级

第三节　医疗卫生队伍

1986年，全区有医疗机构569个，职工15499人，其中卫生技术人员12898人。同年11月，在地区人民医院和齐河县人民医院进行职称改革、实行专业技术职务聘任制试点。至1987年4月试点结束，共评审主任医师7名，副主任医师31名，主治医师139名。1987年9月，在试点的基础上，全区卫生技术职务评审工作全面展开。此后，专业技术职务评聘工作转入常态化、制度化。

为广开“才路”，1988年，委托省中医学院、泰安医学院、山东医学院开办护理、中医、放射3个专业大专班6个，招生250人。1993年，与山东医科大学联合举办医学专业大专班，首届招收学员91人。1994年，全区中等卫生学校挖掘办学潜力，共招生800人；办大专班1个，招生67人，职工中专招生617人，高等护理自学考试935人（次）。1996年，医学教育注重为农村乡镇卫生院培养用得上、留得住人才，加强了乡村医生正规化、系统化培训，全年共培训乡村医生600人。到1999年，全市有74.2%的乡村医生达到中专学历水平。2002年4月，对执业医师进行首次执业注册。同年，开展乡村医生技术职称评定工作，评定乡村主治医师600人，乡村医士1400人。

2006年起，全市乡村医生集中培训工作全面铺开，6195名乡村医生参加集中培训并取得合格证书。同年，实施山东省“360工程”，组织29所乡镇中心卫生院的203名技术骨干分别到市人民医院等单位进行培训。2007年6月，启动“1127工程”。到2008年，“360工程”609名乡镇卫生院技术骨干业务培训全部完成。2009年，完成“1127工程”乡镇卫生院812名技术骨干培训。同年，招录1214名乡村医生，在德州卫校参加为期3年的卫生保健专业中专学历函授教育；联合山东协和职业技术学院对

766名乡村医生免费培训。2011年7月，开始对124名乡镇卫生院执业（助理）医师进行为期1年的全科医生转岗培训工作。

2011年，全市有医疗卫生机构3448个，职工23752人，其中卫生技术人员21027人，管理及工勤人员1703人。卫生技术人员中，执业医师6555人，执业助理医师1802人，注册护士9455人，药剂人员1071人，检验人员755人，其他4695人。

1986—2011年德州市（地区）医疗卫生基本情况表

表34－6

年份	机构（处）	床位（张）	职工（人）	卫生技术人员（人）
1986	569	9339	15499	12898
1987	565	9950	15806	13308
1988	565	9817	16144	13293
1989	447	8335	14333	11577
1990	451	8993	14145	11664
1991	484	8954	14747	12068
1992	470	8808	14951	12461
1993	472	8849	15339	12785
1994	388	8793	15031	12638
1996	509	8563	16283	13897
1997	509	8963	16801	14478
1999	705	9092	17049	14736
2000	746	9100	17001	14853
2001	685	9005	16792	14906
2002	697	8830	16886	15027
2003	590	9172	16952	15351
2004	606	9575	17140	15286
2005	606	9575	17770	15916
2006	648	9872	17602	15916
2007	699	11362	18374	16872

续表 34－6

年份	机构(处)	床位(张)	职工(人)	卫生技术人员(人)
2008	537	13395	21002	18150
2009	2609	14039	21523	20070
2010	3218	15309	22097	20212
2011	3448	17524	23752	21027

2011 年德州市主要医疗卫生机构基本情况表

表 34－7

项　　目	机构数(个)	床位(张)	人　员(人)	
			合计	其中卫生技术人员
综合医院	30	8298	10496	9198
中医医院	11	2341	2871	2516
专科医院	8	76	71	65
社区卫生服务中心	20	411	832	764
社区卫生服务站	82			
乡镇卫生院	137	5540	6374	5824
妇幼保健院(所、站)	12	853	1210	1000
专科疾病防治所(站、中心)	2	5	18	14
急救中心(站)	1	0	1	1
其他卫生事业机构	2	0	15	2
采供血	1	0	104	73
门诊部(所)	330	0	689	679
疾病预防控制中心	12	0	980	814
医学在职培训机构	4	0	91	77
合　　计	652	17524	23752	21027

第二章 医疗技术

第一节 西 医

一、内科

呼吸内科 1988年，开展胸膜活检技术、恶性胸腔积液胸腔内化疗技术。1989年，开展变态反应检测，提供了对过敏性疾病的确诊率；同时开展的脱敏治疗，使部分哮喘、荨麻疹、过敏性鼻炎等患者得到有针对性的治疗。1992年开展显微支气管镜检查技术，提高了中心型肺癌、支气管内膜结核等疾病的确诊率。1995年，开展CT引导经皮针吸肺活检对周围型肺癌的价值研究，提高了周围型肺癌的确诊率。2001年，开展经纤维支气管镜灌洗联合导管介入注药治疗慢性肺感染性疾病的研究和纳洛酮与可拉明联合应用治疗慢性Ⅱ型呼吸衰竭的临床研究，均取得了理想的临床治疗效果。同年开展的喘可治治疗支气管哮喘和乌体林斯治疗慢性肺原性心脏病达到省内同级医院领先水平。2005年，开展呼吸系统疾病的微波治疗新疗法。2006年开展深部微波治疗肺炎及胸膜炎新技术，开辟了呼吸系统疾病新的治疗途径。2009年开展康莱特胸腔滴注治疗恶性胸腔积液新技术。

消化内科 1988年，开展垂体原叶素联合硝酸甘油治疗肝硬化食管静脉曲张大出血。1989—1996年相继开展了经胃镜治疗上消化道出血、经胃镜治疗胃扭转及胆道蛔虫、纤维结肠镜检查和经胃镜治疗胃内结块。1999年，开展电子胃镜及电子肠镜检查，大幅度提高了上消化道和结肠疾病的诊断治疗水平。2000年，开展C14尿素呼气试验诊断胃幽门螺杆菌感染。2001年，开展经内镜治疗消化道息肉技术、经皮肤穿刺胆管造影及引流术。2002年，德州市人民医院开展了本市首例经内镜消化道息肉切除手术。2003年，在省内较早开展了无痛内镜检查和异物摘取术，德州市人民医院用无痛胃镜成功取出一名6岁儿童吞入胃内的金属螺丝帽，这在本市尚属首例。

心血管内科 1990年，开展急性心肌梗死经静脉溶栓治疗。1997年，市人民医院在国内首次为一慢旁道、室上性心动过速病人进行了射频消融术并获得成功。2000年，开展冠状动脉造影术，单腔、双腔起搏器安装术、阵发性室上速的射频消融治疗、急性大面积心肌梗死的急诊介入治疗和冠状动脉内支架术等新技术。2003年，在省内较早开展了肌钙蛋白Ⅰ监测早期诊断急性心肌梗死，为抢救生命赢得时间。是年，德州市人民医院成立介入治疗中心，开展了先天性心脏病封堵术、肥厚型梗阻性心肌病化学消融术。2006年，开展先天性心脏病室间隔缺损伞堵术，完成了高敏CPR血浆水平与冠状动脉病变程度的相关性研究，开展的阿托伐他汀在正常血脂水平急性冠状动脉综合征患者中的早期应用研究，达到国际先进水平。

血液内科 1986年，在国内较早使用小剂量阿糖胞苷治疗急性早幼粒细胞白血病。1989年，使用长春新碱联合强的松方案治疗原发性血小板减少性紫癜，取得了疗效。1998年，开展对遗传性椭圆细胞增多症及骨髓坏死的诊断和治疗。2005年，开展亚砷酸联合维甲酸治疗M3型白血病新技术，取得良好治疗效果。2006年，开展格列卫联合化疗治疗成人BCR/ABL基因阳性淋巴细胞白血病新技术，完成了白血病患者血清肌钙蛋白水平检测的临床价值研究。2009年，开展了美罗华联合ABVD方案治疗霍奇金淋巴瘤的新技术。

肾内科　1985年，德州市人民医院开展全市首例非卧床持续性腹膜透析新技术。1988年，开展四联疗法治疗系统性红斑狼疮肾炎，取得明显临床效果。1990年应用中药保留灌肠治疗慢性肾功能衰竭，对延缓肾功能衰竭起到了积极作用。1994年，德州市人民医院率先建立血液透析中心，开展血液净化治疗各种原因导致的急、慢性肾功能衰竭和各种药物、毒物中毒。1998年，开展血管紧张素转换酶抑制剂对肾实质性慢性高血压血浆内皮素的影响研究，经专家鉴定达国内领先水平。2000年，开展中西医结合治疗原发肾病综合征，取得良好的临床效果。2001年，德州市人民医院应用血液透析疗法成功抢救2例严重高血压致心脏停搏患者。2002年，应用新型血液抑制剂治疗系统性红斑狼疮肾病，临床治疗效果十分明显。2003年，开展的树脂型血液灌流抢救急慢性肾衰、药物及毒物中毒，左旋肉碱治疗尿毒症患者心血管并发症，左旋肉碱联合促红素治疗尿毒症患者促红素抵抗行贫血，均举得良好的临床效果；开展的血液净化疗法抢救治疗肝衰竭患者，使本市急慢性肝衰竭的治疗上了一个新台阶。2004年，开展树脂型血液灌流抢救急性百草枯中毒、人工肝支持治疗抢救畸形肝肾衰竭、持续徐缓床旁血液滤过抢救顽固性心力衰竭等新技术。2005年，开展甲基强的松龙冲击治疗重症狼疮肾炎新技术。2006年，开展超声引导下肾活检术。2009年，开展血浆置换疗法抢救格林巴利综合征和急性毒物药物中毒、腹膜透析治疗肾衰竭、血液吸附抢救急性药物毒物中毒、人工肝支持治疗抢救急慢性肝衰竭、冰点渗透压检测发检测肾脏浓缩稀释功能等新技术，开展的连续血液净化抢救多器官功能障碍综合征（MODF）达到国内先进水平。

内分泌科　1994年，德州市人民医院建立德州市首家内分泌实验室，相继开展了人胎胰岛细胞单层培养和钙拮抗剂对胰岛素、C－肽释放影响的研究以及同种异体胰岛细胞静脉输注治疗糖尿病鼠的研究。1996年，德州市人民医院在全市率先应用拜糖平治疗Ⅱ型糖尿病。2001年，开展甲状腺细纤穿刺活检术，并检出多例早期甲状腺癌患者。2002年，第二代磺脲类降糖药及非磺脲类胰岛素促泌剂应用于临床，开辟了糖尿病降糖、空糖新途径。2004年，内分泌专业成立卫生部重点科研项目“糖尿病综合防治研究”协助小组，创建了糖尿病患者管理室，市人民医院在全市率先开展了床边糖化血红蛋白、尿微量白蛋白的检测，对糖尿病患者的微机化管理。2005年，开展胰岛素增敏剂治疗Ⅱ型糖尿病新疗法，取得良好治疗效果。2006年，开展了糖尿病的胰岛素泵治疗新技术。2009年，开展手术前后糖尿病患者长效胰岛素治疗、肥胖型糖尿病患者胰岛素增敏剂治疗等新型治疗方法。

感染科　自1989年起，通过与上级医疗机构合作，治疗方案的选择与制定已同国际接轨。1995年，采取抗病毒药物联合应用，辅以调免、保肝、抗纤维化治疗，明显提高了治愈率，降低了复发及肝硬化、肝癌的发生率。1999年，开展经皮肝穿刺技术，为肝炎的诊断及治疗提供了可靠的病理学依据。2000年，与中山医科大学联合开展的HBV－DNA检测技术，为抗病毒药物的选择和疗效评估提供了理论支持。2001年，在肝癌的治疗方面进行了探索和研究，在延长病人生存期、提高生存质量方面取得了良好

的效果。2002 年,开展了乙肝抗病毒结合保肝治疗的新综合疗法。

二、外科

神经科　1987 年,德州市人民医院为阳谷县患者成功切除了大脑额叶胶质瘤,结束了德州地区不能独立开展脑肿瘤切除的历史;同年抢救成功因雷管炸伤头部、自主呼吸停止达 15 分钟的四女寺村患者刘海英和因车祸造成颅内多发血肿、自主呼吸停止长达 20 分钟的陵县患者牟金杰,创造了“死人”救活的奇迹。同年,开展了高血压脑出血的手术治疗。1988 年,德州市人民医院在为平原县三塘患者冯俊祥因脑积水进行导水管探查时,发现近导水下口处有一赘生物,术中将其切除,经病理检查诊断为导水管内胶质瘤,此病例在《中华神经外科杂志》报导,填补了文献记载无中脑导水管肿瘤的空白。是年成功开展了四脑室内室管膜瘤切除、侧脑室内肿瘤切除、矢状窦旁脑膜瘤切除的多项新技术。1994 年,德州市人民医院成功抢救一例因车祸伤来院后自主呼吸停止长达 40 分钟的患者。1997 年,德州市人民医院成功抢救一例重症颅内异物创伤患者:宁津县一名患者在焊汽油桶时引起爆炸,导致气焊焊枪自鼻翼左侧穿入,头端从右耳上方颅骨穿出。此例特殊性颅内巨大金属异物患者的抢救成功,在国内神经外科史上亦属罕见。随着手术显微镜的应用,神经外科步入了显微神经外科阶段,所有择期手术均在显微镜下进行,手术质量大大提高,该年成功切除颅颈交界处巨大神经纤维瘤。1999 年,德州市人民医院成功切除直径为 12 厘米的巨大下丘脑错构瘤。2002 年,开展单鼻孔入路垂体瘤切除、股动脉插管颅内动脉瘤栓塞微创手术,开始采用细孔钻颅血肿内注入尿激酶引流治疗高血压脑出血,并成功实施了脑出血微创清除手术。2003 年,德州市人民医院成功为 3 例重症脑出血患者实施了颅内血肿碎析术,达到国内先进水平。是年,开展脊髓血管技术获得造影成功,开始进行脊髓动脉瘘的手术治疗和颅内海绵状血管瘤的切除手术。2004 年,开展大剂量甲基强地松龙冲击疗法治疗重症肌无力病人的新疗法。2009 年,开展脑血管介入颈动脉支架血管成形术,为脑血管疾病的预防提供了确切有效的方法。

骨外科　1988 年,开展小儿右小腿完全离断再植术。1991 年,开展右手外伤手指缺损异位再植术、小儿小指再植术。1993 年,开展经椎弓根针固定治疗胸腰椎骨折、腰椎滑脱症。1995 年,开展股骨下端恶化骨肿瘤切除、全膝人工关节置换术,达到了国内领先水平。1996 年,开展多指外伤性离断再植、组织瓣游离移植术。1997 年,开展颈椎后路双管开门治疗椎间盘突出、空心螺针内固定治疗股骨转子间骨折。2001 年,开展髌骨外侧剥脱骨折缝合法治疗术、腰椎滑脱后路椎间体方形植骨术、大转子放射状切口治疗骨盘前后柱骨折、神经根管减压神经外膜切开减压术、腓肠神经血管皮瓣修复足踝部皮肤软组织缺损、颈椎骨折脱位截瘫前路切开复位植骨及内固定、半椎板切开回植治疗腰椎神经根管狭窄、右前臂旋转撕脱性断肢再植、坐骨巨细胞瘤切除等多项新技术。2002 年,开展一次性颈椎前后路双开门治疗钳夹型、脊髓型颈椎病,侧前方入路胸椎间盘摘除术,全椎板切除,髓核摘除、椎间植骨治疗腰椎管狭窄症,一次性手术完成双侧人工全髋关节置换术,人工全膝关节表面置换术,动力髋治疗股骨转子间骨折,动力髁治疗股骨髁部粉碎性骨折,高锁髓内钉治疗股骨、胫骨复杂骨折,异性钢板治疗肘部骨折,经前路颈椎多节段次全切,髂骨移骨、钢板内固定治疗颈椎病,侧前方入路治疗胸椎间盘突出并截瘫,交锁髓内针治疗股骨干多段骨折等新技术。2003 年,开展短节段脊柱内固定器治疗上胸椎折脱位技术。2004 年,开展颈椎后路单开门加侧螺钉固定治疗脊髓型颈椎病,CD－Ⅱ脊柱内固定器治疗胸、腰椎骨折脱位,脊柱前路钢板内固定治疗陈旧性胸、腰椎骨折脱位,逆行交锁髓内钉治疗股骨髁部复杂骨折等新技术。2005年,开展前后路联合手术治疗脊柱侧弯畸形的新技术。2006年,开展膝关节镜技术。2009年,开展的多节段脊髓型颈椎病伴颈椎不稳的外科治疗策略、颈项肌锻炼操治疗退行性颈椎不稳症的临床研究,达到国际先进水平。

泌尿外科　1986年,德州市人民医院开展结肠膀胱扩大术、肾脏半切术、膀胱再生术、回肠膀胱术、回盲肠可控膀胱术、腹后充气肾上腺造影术、前列腺癌根治术。1997年,开展同种异体肾脏移植手术,填补了全市医疗领域的一项空白,达到省内领先水平。1998年,开展肾动脉造影、肾动脉扩张和肾癌肾动脉栓塞3项省内领先的新技术。1999年,开展经尿道前列腺电切术、经尿道膀胱癌电切术和输尿管囊肿电切术3项国内领先的微创治疗技术。2000年,开展体外震波碎石技术。2003年,市人民医院在全市成功开展了首例活体肾脏移植手术。2004年,开展泌尿外科腹腔镜手术。2005年,开展腹腔镜下巨大肾积水肾脏切除术。2006年,开展了尿道狭窄尿道内冷刀切开术、膀胱嗜铬细胞瘤切除术。2009年,开展后腹腔镜下全肾切除术、腹腔镜下肾上腺切除术。

胸心外科　1987年,开展食管癌、贲门癌、肺癌等胸部常见恶性肿瘤的手术治疗。1992年,开展先天性心脏病手术矫治、风湿性心脏病瓣膜置换。1996年,实施主动脉瘤手术切除治疗。1999年,应用胸部微创小切口胸腔镜下肺大泡切除、肺气肿减容术、经右胸小切口房室缺损修补术等多项国内新技术和主气管肿瘤切除、颈段食管癌切除等疑难重症手术。2001年,实施冠心病冠状动脉搭桥手术,达到国内先进水平。2005年,德州市人民医院成功抢救一例冠状动脉搭桥术后心脏骤停长达85分钟的患者,打破了省内成功抢救同类重症患者的记录。2006年,开展风湿性心脏瓣膜病合并冠心病Ⅰ期手术治疗、吸入性呼吸道水泥灼伤的临床救治、高龄重症胸外伤抢救性手术治疗、创伤心包填塞的抢救治疗、冠状动脉多支病变的多动脉化搭桥治疗等新技术。2009年,德州市人民医院开展的中国红十字会胡大一"爱心工程"中,成功为40余名贫困先天性心脏病患者实施了介入先心病封堵手术和开胸心脏手术,并积极配合神经外科完成了脑血管疾病介入手术数十例。

普外科　1988年,德州市人民医院开展了全市首例胰腺癌根治术和乳腺癌切除手术。1992年,实施肝血管瘤切除手术。1994年,成功实施了肝癌的肝脏部分切除。1996年,开展胃癌根治术、大肠癌(直肠癌、结肠癌)根治术、晚期肝胆管肿瘤的"U"型管治疗。2001年,成功引进外科腔镜治疗新技术,开展了膀胱镜下胆囊、阑尾切除术,股静脉瓣肌瓣成形术治疗下肢静脉曲张,并开展了巨大肝癌切除术、肛腺癌扩大根治术、严重肝破裂治疗等新技术。2002年,开展腹腔镜下胆囊切除术、深静脉血栓取栓滤器植入术、壶腹癌局部切除、胆胰管吻合术、直肠癌子宫阴道联合切除术等新技术。2003年,开展胰十二指肠切除胰肠捆绑式吻合术、低位直肠癌切除保肛术、下肢深静脉血栓溶栓并取栓术、下腔静脉滤器植入术。2004年,开展全胃切除空肠代胃术、胰管切开取石胰肠吻合术、乳腺癌保乳前哨淋巴结活检术等新手术。2006年,开展胃癌、结肠癌术前辅助放疗、化疗新技术。2008年,平原县人民医院开展了脾外伤保脾(脾部分切除)手术,在省级医院尚属罕见。是年,平原县人民医院为一例胆囊癌侵及肝门的患者行胆囊癌切除并肝门血管"脉络化”加胆肠Y型吻合术，该技术达国内领先水平。2009年，开展超声引导下肝肿瘤微波消融术，为肝癌的治疗开辟了新的途径。

烧伤整形外科 德州市第二人民医院烧烫伤整形中心对特大面积烧烫伤、电击伤、化学烧伤、冻伤、各种复合伤，疤痕整形的手术、非手术治疗积累了丰富的经验，并在临床实践中自行研制的烧烫伤外用药具有抗炎、镇痛和化腐生肌的效果；对糖尿病疽、严重的皮肤感染、皮肤溃烂、软组织创伤、久治不愈的溃疡成功率可达95%，对放射性皮肤溃疡、放疗后灼伤、褥疮均有特殊疗法使之痊愈。1997年，德州市人民医院烧伤整形外科成立，主要治疗各种热力烧伤、化学烧伤、电烧伤和各种烫伤。2001年7月，德州市人民医院抢救成功一例近70岁高龄、烧伤面积达70%的老人，其治疗经验在全国得到推广。2000年，实施疤痕切开松解、脱细胞真皮支架移植术等新技术，填补了全市烧伤领域的空白。2001年，开展纳米贴治疗烧伤新技术，并在全市率先开展了大面积切痂植皮术、异体脱细胞支架移植术等新技术，提高了烧伤后畸形患者的整复治疗水平。2004年，开展面部软组织缺损游离皮瓣移植术、瘢痕综合治疗、面部除皱术、凹陷畸形抽脂填充术、面部磨痂术等新技术。2005年，开展头皮皮源性肿物切除一期扩展器植入术、腋臭根治搔刮术、皮下大汗腺剪除腋臭根治术、前臂一期扩张器植入术、面部瘢痕行锯齿状切除术等新技术。2007年，德州市第二人民医院收治一例7岁的70%～75%的大面积烧伤患者，经过抗感染、抗休克治愈。2009年，6岁的患者崔国奥不慎掉到炸食品油锅里，烫伤面积75%～86%，Ⅲ度重大烫伤，经过二院医护人员全力抢救，3个月后病愈。

肛肠科 德州市立医院肛肠外科的前身是痔瘘科，1987年建成德州市痔瘘医院。肛肠外科除能运用手术或中西医结合治疗各种痔瘘病、肠炎、便秘、息肉病、直肠腹垂、直肠前突、肛肠失禁、直肠尿道瘘等肛门常见疾病外，尤其擅长低位直肠癌保肛术，直肠癌全系膜切除根治术，重度溃疡性结肠炎全结肠切除术等肠道肿瘤手术。德州市人民医院肛肠科于2001年成立，是治疗各种痔、肛瘘、肛周脓肿、肛裂、肛门失禁、肛门狭窄等肛管疾病和直肠肛管肿瘤、直肠脱垂、排粪障碍性疾病等肛肠疾病的专业科室，其镇痛痔瘘技术达到国内先进水平。2002年，开展了各种痔瘘裂、肛管息肉、肿瘤等肛管疾病手术，出口梗阻型便秘的手术治疗，盆底疝经腹疝修补术，创伤性肛门失禁的手术，内镜下结肠、直肠、肛管息肉摘除术，肛管撕裂Ⅰ期修补术。2003年，开展了盆底疝手术治疗技术。2004年，开展了肛门病术后联合镇痛新方法。

三、妇产科

1986年成立遗传实验室，发现世界首例染色体畸变核型，诊断出罕见先天畸形如人鱼综合征、全前脑序列综合征、股骨发育不全一特殊面容综合征等多例，并开展了PCR荧光定量技术、产前诊断病原体感染、性连锁遗传病等新技术。这些诊断技术避免了大量先天畸形患儿的出生，为鲁西北及相邻周边地区的优生优育工作起到了推动作用。自90年代初期，成功地治愈了多例绒癌、肺、脑等多脏器转移后晚期病人，打破了传统和外科手术原则，对晚期卵巢癌病人采取了细胞肿瘤减灭术+系统化疗，大大提高了晚期卵巢瘤病人的5年存活率。这两项新技术均达到全国先进水平。1996年，德州市人民医院成立全市第一家“妇科内分泌不孕症门诊”。1999年，在省内较早掌握了腹腔镜微创治疗技术，开展了卵巢瘤切除、子宫肌瘤切除、宫外孕治疗、子宫内膜异位症诊治、不孕症诊治、阑尾切除等多种微创手术，居省内领先地位。2001年，德州市第一家生殖医疗中心在德州市人民医院投入运行，开展了巧克力囊肿穿刺、卵泡穿刺取卵、超促排卵、卵泡监测、人工授精等新技术，开展人工授精500余例，使120余对多年不孕不育的夫妇成功妊娠。2002年8月6日，德州市首例试管婴儿在德州市人民医院手术室降生。2003年，开展无痛流产、无痛引产、无痛分娩和陪伴分娩等多项新型、人性化的技术方法和服务方式；生殖医疗中心成功开展了第二代试管婴儿技术（单精子卵泡浆显微注射，主要是针对男性原因引起的不育症：输精管问题、少弱精症等等，治疗过程中多需要实施难度很大的单精子注射技术），并开展了多胎妊娠减胎术；成功开展了先天性无阴道患者乙状结肠代引导成型术，填补了市医疗领域的一大空白。2006年，开展液基细胞学检查，提高了早期宫颈癌的诊断水平，开展了多胎妊娠的重点母胎监护，成功救治了多名妊娠合并胎儿宫内呼吸窘迫综合征患者，提高了该危重症的抢救成功率。

四、小儿科

1986—1992年，开展了智商测定、东莨菪碱治疗新生儿硬肿症。2001年，开展危重患儿的呼吸机治疗、新生儿气管插管、危重儿监护等一系列抢救治疗措施，提高了新生儿重症缺氧缺血性脑病、重度黄疸等危重患儿的抢救成功率。2002年，开展白瑞物化治疗支气管哮喘、憋闷性肺炎新技术。2004年，德州市人民医院完成小儿先天性心脏病房间隔缺损、室间隔缺损、动脉导管未闭介入治疗5例，小儿心律失常射频消融术2例，填补了全市空白。2005年，德州市人民医院小儿科收治2名重症先天性心脏病患者，其中一患儿心脏房间隔有两处缺损，且间隔距离很小，两人经省级及北京专家诊断，均被告知封堵介入治疗难度大、风险高、成功率低，建议进行开胸手术。人民医院小儿科大夫经过认真准备，成功为2名患者实施了介入封堵矫治手术，标志着医院小儿心脏病介入治疗技术达到国内先进水平。是年，开展的肺炎、腹泻治疗仪治疗支气管肺炎、毛细支气管炎和婴儿腹泻取得了满意的效果，开辟了此类疾病的治疗新途径。同年，德州市立医院建立了新生儿重症监护室，仅5个月收治了新生儿60余名，并成功抢救8例危重新生儿，其中使一名体重仅900克的新生儿得以成活。2006年，先后开展血液过滤治疗小儿重症中毒、大剂量丙球抢救新生儿感染性休克、川穹嗪治疗过敏性紫癜、甲基强的松龙抢救哮喘持续发作、高危儿早期干预治疗、新三联疗法根治小儿肾炎等新技术。至2011年，相继开展了20余项新技术、新疗法，在救治小儿呼吸衰竭、心力衰竭、休克、重症脑炎、重症肺炎、DIC、RDS、严重心律失常、脑出血等方面积累了丰富的临床经验。

五、五官科

眼科　1987年，德州市人民医院实施全市首例角膜移植手术。1991年，开展首例白内障人工晶体植入技术，在白内障复明康复工作方面成绩突出，5年脱盲率达98%、脱残率达89%。1995年，开展泪道泪器手术、球后肿瘤摘除术、巨大眶内肿瘤摘除术、抗青光眼显微手术、斜视矫正、眼部美容整形手术等大量眼部疾病治疗技术。1999年，开展未成熟期及成熟期白内障超声乳化人工晶体植入术、小切口现代化白内障囊外摘除人工晶体植入术、外伤性白内障前房人工晶体植入术。2000年，临邑县人民医院开展的透时角膜炎切口青光眼小梁切除术治疗新生管性青光眼，达国内先进水平。2001年，开展美兰染色撕囊白内障超声乳化人工晶体植入术、马凡氏综合征透明晶体脱位玻切激光术、糖尿病性视网膜病变激光光凝术、眼底病彩色成像检查技术、自体角膜缘干细胞移植术、视神经减压术、彩色多普勒对中晚期青光眼血流动力学研究等8项新技术。2002年，相继开展了激光诱导视网膜脉络膜静脉吻合术治

疗糖尿病视网膜病变黄斑水肿、复合皮瓣错位治疗先天性外眦角畸形、前部玻璃体切割 + 瞳孔再造 + 前房人工晶体植入术、严重眼球破裂伤视网膜360°切开复位术等4 项新技术。2005 年,开展眼底激光治疗黄斑水肿、巩膜瓣下滤道成形小梁切除术治疗青光眼、复杂泪道泪囊成形术、准分子激光治疗近视等新技术。2006 年,开展的干燥生物羊膜移植治疗翼状胬肉临床应用,达到国内领先水平,同时开展了 EPL - Lasik(薄角膜瓣)矫治近视和散光、个体化切削治疗高度和超高度近视、外伤性全上眼睑缺损及眼外伤美容整形修复手术、严重上下眼睑 2/3 缺损合并颌面部复合伤美容整形修复手术、严重糖尿病性白内障囊外摘除人工晶体植入联合瞳孔再造术等多项高难度眼病治疗新技术。2009 年,新开展小梁切除联合干燥生物羊膜双瓣下植入术治疗青光眼的临床应用研究,治疗水平与国际同步。

口腔科　1986 年开展省内首创的义鼻赝复体制作。1992 年开展光敏固化材料修复牙体缺损,开展无壳冠单牙固定修复治疗。1993 年,在省内首创中药麝香塞外耳道治疗三叉神经痛的治疗方法。1994 年,开展方丝弓固定矫治器矫正青少年牙颌畸形的治疗。1998 年,开展游离肋骨、髂骨移植修复下颌骨缺损手术,同年开展了省内领先的功能矫治器矫正牙颌畸形技术。2001 年,开展应用带血管蒂岛状胸大肌肌皮瓣经穿越锁骨下隧道及颌骨下隧道修复颊癌切除后组织缺损手术,此手术方式属省内首创。2002 年,德州市人民医院成功实施一例用胸大肌皮瓣修复左颊癌术后组织缺损的手术,其手术方式达国内先进水平。同年为一名 83 岁患者成功实施下唇巨大血管瘤切除及下唇整复手术。2003 年,与上海牙防中心联合开展铸造烤瓷牙修复技术和正牙外科手术,同年还开展了颌骨模型外科手术颌面部陈旧性骨折、涡轮机微创拔牙技术、平阳霉素瘤腔注射治疗颌面部血管瘤、三叉神经痛神经封闭治疗等新技术,开展了舌根部肿瘤的舌、颌、颈联合根治术、肋骨移植修复下颌骨缺损术等复杂手术,并将腭裂修复手术的年龄提前到了 2.5 岁,日趋与国际认可的最佳手术时间(2 岁)相一致。2004 年,开展游离腓骨肌皮瓣移植修复肿瘤性及外伤性下颌骨缺损、游离前臂皮瓣移植修复口腔颌面部软组织缺损、颞顶筋膜瓣联合植皮修复前额部软组织缺损等新技术。2005 年,开展头皮冠状切口颅面多发骨折复位钛板固定术、自体骨移植修复牙槽骨缺损术、自体髂骨移植修复下颌骨缺损新技术。

耳鼻喉科　1988 年,德州市人民医院实施了本市首例喉裂声带癌切除术。1990 年,开展鼻侧切开鼻咽部、蝶窦肿瘤切除术。1991 年,开展了喉癌半喉切除功能重建术。1992 年,开展半喉切除、带状肌筋膜修补术。1993 年,开展全喉切除术、全耳部断离再植术、舌下进路巨大囊肿切除术、扩大全喉切除。1994 年,开展巨大咽房肿瘤切除术、鼻小柱副鼻孔成形术、扩大全喉切除、气管环修补咽腔术、喉咽癌切除、肩胸皮瓣咽食道一期成形术、歪鼻成形术。1995 年,开展双外耳道管性狭窄成形术、复杂喉外伤成形联合右声带外展术、喉部分切除、气管 1 ~ 3 环切除、喉气管吻合术、歪耳矫正术。1996 年,开展次全喉切除联合带状肌筋膜修补术、喉咽癌切除硅胶管成形术、扩大水平半喉切除术、鼻窦内窥镜下左鼻息肉摘除、筛窦开放术、鼻窦内窥镜下左上颌窦探查术。1997 年,开展鼻窦内窥镜下筛窦、蝶窦囊肿摘除术、次全喉切除带状筋膜修补术、T 型硅胶管成形术。1998 年,德州市人民医院为一名 17 岁女孩实施了先天性鼻咽闭锁鼻咽成形术,术后鼻咽部能容指,呼吸正常。1999 年开展了功能性鼻内窥镜术。2001 年,德州市人民医院成功为 150

例鼻甲肥大、慢性咽炎、鼻出血患者实施了微波综合治疗，引进了鼻窦内窥镜及相关手术器械，提高了上颌窦炎、上颌窦息肉、上颌窦癌等疾病的诊断准确率。是年，开展了呼吸睡眠暂停综合征（打鼾症）的手术治疗。2002 年，开展改良型喉部分切术、全喉切除发音管重建术，进行了打鼾症咽腭成形术，成功实施了微波治疗 F 鼻甲肥大、过敏性鼻炎，雾化吸入治疗萎缩性鼻炎、萎缩性喉炎新技术。特别是在喉癌手术方面取得了新进展，在切除病变的基础上，保留呼吸、吞咽、发音功能，提高了病人的生存质量。2003 年，开展电离子刀联合手术治疗打鼾症技术。2006 年，开展鼻内窥镜微创治疗新手术。2009 年开展了鼻内窥镜下上颌窦、筛窦额窦息肉根治术，显微镜下耳后小切口乳突胆汁瘤切除术等新型微创治疗技术。

六、肿瘤科

1998 年，德州市人民医院开展肿瘤规范化疗，应用成分输血及集落刺激因子成功抢救了一例重度抑制病人，在全市率先推行癌症病人三阶梯止痛治疗技术。2000 年，综合治疗在肿瘤治疗中得以广泛应用，相继开展了新辅助化疗、双路化疗、术前放疗、放疗增敏及模拟机下肺穿刺技术、肿瘤介入治疗、B 超下介入治疗等一系列先进的治疗技术。2001 年，开展 35 - Fu 持续静脉灌注化疗技术和肿瘤部分基因检测技术，有力地指导了临床诊断与治疗。2005 年，开展 PICC 持续滴注化疗、腹腔灌注热疗等多项新技术、新疗法。2006 年，引进高频电磁场（即“热疗”）新技术，治疗各种肿瘤、前列腺增生、软组织炎、静脉炎等多种疾病。同年，伽马刀放疗技术的开展于临床。是年，又开展放射性粒子植入近距离治疗术。是年，德州市第二人民医院为一未婚女青年成功切除 10 公斤左右浆液性肺腺瘤。2007 年，德州市第二人民医院为一老年女性患者切除 35 ~ 20 厘米大的子宫肌瘤。

第二节　中　医

一、内科

1982 年，设立中医内科，主要运用中医、西医物理诊断，结合临床检验和 X 光检查，诊治常见病、多发病。1985 年，配置微循环测定仪一台和中风预报检测系统一套，开展微循环测定和中风预报的研究，对心脑血管病的早期诊断和预防，取得较好效果。利用中西结合的方法治疗中风后遗症及心脑血病，临床疗效明显。1994 年，与北京中医研究院协作，并引进哮喘病系列药物，治疗过敏性哮喘 500 余例。2003 年，建立中风预警试验室，开展中风预警检测，运用高新技术早期预防和治疗心脑血管疾病。2007 年后，研制出“五虎化栓丸”制剂，获得良好临床效果。至 2011 年，科室突出中医特色，运用中医辨证论治常见病、多发病，取得良好临床效果。运用中风预警、早期溶栓、及早针灸康复、中医辨证论治等综合模式治疗脑血管病形成优势特色。2011 年 12 月，建立名医堂及精品药房，汇聚心脑血管、肾病、糖尿病、呼吸、消化、肿瘤、疮疡等各个中医专业，以传统中医药治疗常见病、多发病及各种疑难杂症。治疗方法多样，膏丹丸散皆备。精品药房中药由北京同仁堂专供。

糖尿病科是从事防治糖尿病及并发症的中西医结合专业科室，2004 年 7 月被山东省卫生厅命名为“山东省中医重点糖尿病专科”，2008 年被国家中医管理局命名为“‘十一五’中医重点专科成员单位”，能开展肌电图、周围血管、眼底、尿微量白蛋白、糖化血红蛋白、快速血脂检测，科室完善的诊疗设备对糖尿病及并发症能做出早期准确的诊断，为早期干预、治疗奠定了基础；灵活运用中西药物既能合理快速的调节血糖达标，又能较为理想的缓解糖尿病并发

症的症状,延缓慢性并发症的发生、发展,有效地提高了糖尿病患者的生活质量。

二、骨伤科

1986年,市中医院骨伤科开展腱鞘囊肿的切开及上肢骨折的手法复位、固定与治疗。1990年,与天津南开医院建立骨伤科协作中心,开展小儿先天性髋关节脱位的保守治疗和手术治疗。1992年,应用手法复位小夹板固定治疗四肢闭合性骨折及关节脱位,应用闭合穿针、钢针撬拨治疗较困难复位的关节周围骨折;采用中西医结合方法及中医辩证治疗胸壁挫伤、肋软骨炎等;自制消肿止痛膏治疗软组织损伤;应用中药、手法整复配合牵引治疗腰椎间盘突出。在天津专家指导下用带旋髂深动脉血管骨块移植加滑膜切除,加转子下截骨术治疗股骨头缺血性坏死10余例效果良好。1994年,能熟练处理各种创伤性骨折。对陈旧性骨折、骨质增生、骨肿瘤进行治疗和研究。能开展股骨头置换术。1999年,进一步加强与天津骨伤专家的协作,积极探索中西医结合治疗骨伤疾病的新方法,开展多发性骨折合并内脏损伤一期手术治疗,髓内针固定治疗胫腓骨骨折;用针挑植皮术成功治疗一侧下肢完全皮肤缺损1例。2000年,购置骨创治疗仪一台。能进行多发性骨折的急症急救和手术处理;颈、胸椎间盘突出症手术;应用DICK钉经椎弓根固定治疗脊柱骨折与脱位;小儿脊髓炎后遗症矫正术等。2001年,改进了全髋关节置换术式,并对高龄患者髋关节置换围手术期进行了系统总结。对股骨近端钻孔泄压预防全髋关节置换术后脂肪栓塞进行了探讨。创研自制中成药“消肿定痛丸”“骨增丸”应用于临床取得较好的效果。2003年,对10多年来采用带旋髂深动脉蒂的髂骨移植、带阔筋膜张肌蒂的髂骨移植,治疗II、III期股骨头缺血性坏死108例进行观察,效果优良率82%。

三、儿科

1986年,以中西医结合诊治小儿常见病、多发病。1996年,市中医院研制“止泻散”敷脐治疗婴幼儿腹泻,取得了疗效。2000年,开展小儿割积疗法治疗疳积病,用中西医结合方法治疗新生儿黄疸取得了疗效;同年开展了“中药保留灌肠”治疗小儿呼吸道疾病,疗效明显。2001年,陆续研制治疗小儿遗尿、尿频、小儿盗汗、厌食,腮腺炎等疾病的穴位中药外敷,均取得显著疗效。2002年,购进“经皮治疗仪”,用于辅助治疗难治性咳嗽与难治性腹泻,取得了一定效果;同年又开展了“中药保留灌肠”治疗病毒性脑炎与病毒性心肌炎,有效率分别为96%与97%。2003年,隋鲁英等研制的“消肿愈溃散”治疗小儿口腔粘膜病,达到国内先进水平。

四、针灸

1986年,中医院开展挑灸疗法,尤其对颈椎病所致的眩晕,其显效率及治愈率达98%以上。1989年,开展了割治疗法及埋线疗法,对久治不愈的慢性呼吸道疾患及顽固性疼痛取得效果。1990年,运用踝腕针治疗急性扭挫伤取得进展,此法痛苦小、取穴少、见效快、很受患者欢迎。1992年,运用子午流学说,远端取穴治疗尿潴留及尿失禁获得成功。1993年,采用梅花针治疗湿疹及皮肤搔痒类疾病取得较好的效果,并将此法推广到家庭,使广大患者受益。1994年,采用温针下关穴为主治疗面神经麻痹;电针取百会穴为主治疗失眠症,均取得明显疗效。1997年,开展小针刀疗法治疗颈、肩、腰、背痛及增生性骨关节疾患,此法具有治疗时间短、见效快、远期疗效好的优点,填补了本市针灸专业的空白。1999年,利用小针刀治疗颈椎病并发枕大、枕小神经痛,取得了前所未有的效果,为针刀疗法在颈部治疗上提供了可靠的理论和实践依据。2001年,采用小针刀多点大幅度松解术治疗增生性骨关节病，对症状及功能障碍的改善。2003年，用总结序贯法治愈颈肩综合症一例。

五、推拿按摩

1989年，开展推拿按摩技术，弥补了理疗方法上的某些不足。1990年，开展推拿与针灸结合治疗中风后遗症，使患者提前得到康复。1997年，运用一指禅疗法治疗面肌痉挛，取得显效。1998年开展了小儿推拿技术，对婴儿腹泻，营养、消化不良、发热等症，疗效明显。2000年，运用脊柱旋转复位法，综合治疗腰椎间盘突出症，明显地缩短了病程，提高了治愈率。

六、中西医结合物理康复诊疗

1986年，开展中药离子导入治疗骨质增生，取得满意效果。1991年，运用超短波为主治疗增生性骨关节炎，对急性炎症期具有明确的消肿、消炎、止痛效果。1993年，利用导平仪循环取穴治疗腰痛、坐骨神经痛及中风后遗症，取得良好效果。1997年，开展超短波治疗小儿呼吸道感染，不但疗效可靠，而且获得了治疗的最佳时间及剂量，缩短了病程。1998年，自制痹舒1－4号中成药，完善了偏瘫、四肢麻木疼痛等各种后遗症康复的治疗方法。2000年，采用直流感应电疗法，治疗末稍神经炎及神经官能症取得疗效。2003年，引进“三维腰椎牵引床”一台，为腰椎间盘突出症的治疗明显提高疗效。

第三节　护理与急救

一、护理

1979年，德州地区护理学会成立，积极开展学术交流与技术培训，促进护理水平的不断提高。1986年，全市共有护理人员1368人。是年，按照卫生部三级医院护理管理标准，实行院长、分管副院长领导下的护理部主任负责制和护理部主任、科护士长、护士长三级负责制。护理工作开始从单纯的以疾病为中心转变为以病人为中心，以人的健康为中心的系统化整体护理。1987年9月，德州地区护理学会举办护理人员基础理论培训班，当年培训800人。1988年5月和1989年5月，先后举办地直卫生系统和全区卫生系统护理知识竞赛，全区护理人员学业务、上水平的热情空前高涨。1994年，对全区护理人员进行执业资格审核、登记、注册，对符合条件的2687名护士颁发护士执业证书。1997年，在市人民医院建立整体护理病房，完善各项护理制度和护理技术操作标准，探索实行整体护理服务模式。1998年11月，以省卫生厅护理技术训练19项操作为标准，举办全市护理技术比武竞赛活动。2000年，在市直医疗单位开展星级护士评比活动，护士配星上岗，分配与星挂钩。2001年，开展护士资格考试注册工作，当年参加执业资格考试241人，合格223人。同年组织全市护理高等教育自学考试，2568人参加。2002年，护士注册达到3313人。

2009年，开展创建全市优质护理服务示范病房活动，将优质护理服务工程纳入医药卫生体制改革必选的试点项目，建立月报告和定期督导制度。2010年起，全市医疗机构开展优质护理服务示范工程活动。到2011年，全市共有23所医院的140个科室参加，占全部二级医院科室总数87.8%，共创建省级优质护理服务示范病房9个，市级优质护理服务示范病房41个。是年，全市注册护士9455人。

二、急救

1986年，各医院设急诊科担负医疗急救任务，实行每日24小时应诊、出诊制。1991年4月12日，县级德州市急救中心成立，是为德州地区首家急救中心。该中心设于德州市立医院，配有医护人员16名、救护车1辆、专用电话

1部，主要担负市区的医疗急救任务。1996年4月8日，德州市急救中心正式运营并开通“120”急救电话。中心挂靠在市人民医院，担负全市医疗急救任务。2003年，市急救中心建立中毒与职业病专业，添置呼吸机，并实现了病房微机化管理，当年抢救毒鼠强中毒病人18人、硫酸二甲酯中毒2人、毒蘑菇中毒18人、百草枯中毒3人，及多批次有机磷、一氧化碳、安定、酒精中毒病人。2004年8月，中毒与职业病专业接诊16名集体食物中毒患者，并在极端短的时间内确诊为国内罕见的误食动物甲状腺引起的食物中毒，经积极抢救取得良好的治疗效果。2006年，市内一化工厂发生反应釜毒气泄露，导致17人发生集体三氧化二氮毒气中毒，医院急诊科积极接诊重症患者、指导县医院进行科学救治，成功挽救了大量患者的性命。2007年4月2日，全市“120”院前急救网络开通运行，实现全市急救资源统一整合和有效利用。7月5日，德州市“120”医疗急救调度指挥中心在市经济开发区天衢东路投入运行。中心建筑面积640平方米，建有“120”调度大厅、领导指挥厅、机房等，实现了全市“120”急救电话统一受理、统一调度。至2011年，全市院前急救网络已经覆盖全部二级以上综合医院和中医院，共设立急救站23个、急救车辆98部，全部达到了人员、设备的规范配置。全年共派出急救车辆81169车(次)，救治病人75720人次，处理重大事件91件(次)。

第三章 卫生防疫

第一节 计划免疫

一、儿童预防接种

德州市自20世纪60年代初开始对人群尤其是儿童开展免疫接种，由于没有建立疫苗的冷链系统，采取在冬季等气温较低的季节突击接种的方法，称为“预防接种”阶段。1978年起，按照《山东省预防接种免疫程序》，在全市范围内对适龄儿童建立预防接种卡片，开始预防接种的“计划免疫”阶段。纳入计划免疫管理的疫苗有卡介苗、脊灰疫苗、百白破疫苗和白破疫苗、麻疹疫苗、流脑疫苗、乙脑疫苗共6种。1986年，全区计划免疫工作完成了各种生物制品接种任务，控制了麻疹、百日咳的流行；白喉、破伤风和脊髓灰质炎已基本无病例报告。

1987年6月，地区防疫站成立计划免疫科，并开始在全区装备冷链设备，儿童免疫实行双月接种。1991年3月，通过卫生部和省联合考核验收，全区以县为单位完成了“四苗”(卡介苗、脊髓灰质炎疫苗、百白破疫苗、麻疹疫苗)接种率达85%的目标。1998年起，逐步推广乡镇集中式接种门诊，并将常规免疫每年运转6次增加到12次，有效地提高了儿童疫苗的及时接种率。2000年，全市预防接种工作逐步过度到“免疫规划”阶段。2003年，乙肝疫苗纳入免疫规划。2004年起，逐步在预防接种门诊配备计算机，建立预防接种信息管理系统，对儿童预防接种信息实行电子档案管理。这期间，以预防接种门诊建设和脊灰、麻疹、病毒性肝炎控制与监测为重点，同时做好其他计划免疫针对传染病的监测控制。2005年，全市各种疫苗报告接种率和现场调查接种率都达到90%以上,其中含麻疹疫苗接种率达到95%以上。2008年按照每出生1名儿童150元的标准落实免疫规划经费,全市范围内实现了免疫规划疫苗的免费接种。同期,开展针对4周岁以内儿童麻疹、脊灰强化免疫活动,接种率都达到95%以上。2011年,全市共为适龄儿童提供免费接种163.42万人次,国家免疫规划适龄儿童接种率达98%以上,麻疹强化免疫接种率97.36%。

随着儿童免疫接种率的提高,计划免疫针对的疾病发病率大幅度降低。德州市自1988年后无白喉发病,自1990年后无脊髓灰质炎野病毒引起的病例,麻疹、百日咳、乙脑、新生儿破伤风等严重危害儿童身体健康的传染病发病率大幅度降低。

二、免疫规划疾病控制与监测

脊髓灰质炎 德州地区曾是脊髓灰质炎高发区,在采取免疫、监测和管理等控制措施后效果显著。1988年,全区除德州市、庆云县外,其余11个县共发生病例142例。临邑县政府立即抽调专业人员分赴各乡镇地进行应急服疫苗,迅速扑灭了疫情。1989年,全区共发脊髓灰质炎病例31例,较1988年下降77.54%。1990年10月发生最后一例脊髓灰质炎野病毒病例后再无脊灰疫情。1991年建立脊灰监测系统并运转良好。2005—2009年,全市各年度分别报告急性迟缓性麻痹病例42例、30例、27例、26例和34例,每年度各项监测指标均达到卫生部80%的要求,监测完整性达到100%。

麻疹 1967年开始在部分县市推广麻疹疫苗,1987年建成冷链系统,1990年以后麻疹发病明显下降。到2000年,全市麻疹发病4例,发病率0.07/10万,为历史最低水平。2003年起,逐步建立起完善的法定传染病报告系统,传染病报告质量提高。2005年起,麻疹发病回升。2008年,全市发病845例,为疫情最高年份,发病率高达14.97/10万,列全省第5位;2009年发病136例,发病率为2.41/10万,列全省第6位;截至2010年10月底,全市发病114例。在发生疫情后,各级政府都在加强常规免疫的基础上采取了开展强化免疫、组织查漏补种等一系列控制措施。2011年,全市麻疹发病率控制在1/10万以下。

第二节 传染病防治

一、霍乱

1986年,全区发生霍乱病3例,比上年下降98.8%。据疫情分析,上年本地区发生霍乱250例,流行的主要原因是水,与水媒有关的病例占82.32%,故1986年全区重点抓了7个县100个村庄的改水任务。1987年全区有4030眼水井进行了消毒,投放漂白粉精片1457箱。至1992年,连续6年未发生霍乱病例。1994年,全市共发病84例,发病率为1.63/10万,死亡2例,病死率2.38%,疫情波及县级德州市、乐陵市、临邑县、宁津县4个县(市)的11个乡镇、39个自然村。发病从8月17日—9月19日历时32天;发病年龄在3~75岁之间,以10~45岁为最高,占发病人数的65.48%;男女性别比为1.04∶1。1998年发病26例,带菌者2例,疫情分布在德城区24例,乐陵市、庆云县各1例。其中德城区因饮用水源污染造成了水型暴发;因食物污染造成1起暴发。对发生的疫情,卫生防疫部门及时到达现场进行流行病学调查,按“早、小、严、实”的原则,有效地控制了该病的传播与流行。2000年起,各级医疗卫生机构每年的流行季节开展腹泻病人、周围环境及饮水、海产品等重点食物开展疫源检索。2006年开始,每年5月1日—10月31日每周进行霍乱零病例报告。至2011年无霍乱病例发生。

二、病毒性肝炎

1986年,全区共发生病毒性肝炎3433例,比上年上升85.67%。在甲型肝炎防治工作中控制操发点,搞好粪便无害化处理、饮食卫生管理、大力开展爱国卫生运动等;在乙型肝炎防治工作中,以切断医源性和血源性传染病为重点预防措施,对全区饮食服务行业46201名从业人员进行健康检查,对发现有肝功能异常者及乙肝感染指标阳性者,一律调离接触食品岗位。此外,还对乙肝阳性孕妇所生的1600余名新生儿进行乙肝疫苗的预防注射。1988年,全区共发生病毒性肝炎1776例,较上年下降4.47%。1990年,全区共发生病毒性肝炎1773例,较上年下降33.41%。1992年,全区共发生病毒性肝炎2251例,比1991年上升49.01%,主要原因是受肝炎流行周期性规律影响。全市各级卫生部门贯彻执行《全国病毒性肝炎防治方案》,每年制定切实可行的防治计划,采取以免疫预防、保护易感人群、切断传播途径为主的综合性防治措施,有效地控制了水平传播,病毒性肝炎发病率由1986年的86.63/10万降至2002年的16.39/10万。2003年1月1日已将乙肝疫苗纳入计划免疫,这对阻断母婴传播、预防乙肝病毒感染起到非常重要的作用。2009年上半年,在全市范围开展成人乙肝疫苗接种活动,全市共接种15岁以上成年人31万余人。自2009年下半年开始,本市开展补种乙肝疫苗项目工作,目标是为1994—2001年出生的未免疫儿童。至2011年,全市实际补种142842人,报告接种率为100%。

自2005年起,按照省卫生厅《山东省病毒性肝炎监测方案(试行)》的要求,本市开展病毒性肝炎监测工作。2008年,全市通过法定疫情报告系统共报告甲、乙、丙、戊和未分型肝炎病例分别为42例、1365例、80例、16例和95例,报告发病率分别为0.75/10万、24.38/10万、1.42/10万、0.28/10万和1.70/10万。2011年全年调查乙肝63例,个案调查率100%,标本采集率96.82%;急性乙肝7例,调查率85.71%。

三、非典型肺炎

2003年2—4月,以广东省为主的全国部分地区相继发生非典型传染性肺炎(简称"非典",英文名简称SARS)疫情。根据国家疫情通报,5月1日,德州市防治非典型性肺炎指挥部成立。市委、市政府发出紧急通告,部署防疫。5月2日,市委召开县(市、区)委书记紧急会议,总结防治"非典"工作,研究部署下一阶段任务。力争实现"不输入、不扩散、不死人"的目标,坚决打好防治"非典"这场硬仗。成立以市、县(市、区)卫生防疫站为主的防治网络,市卫生防治站成立了流行性病学调查和消毒两

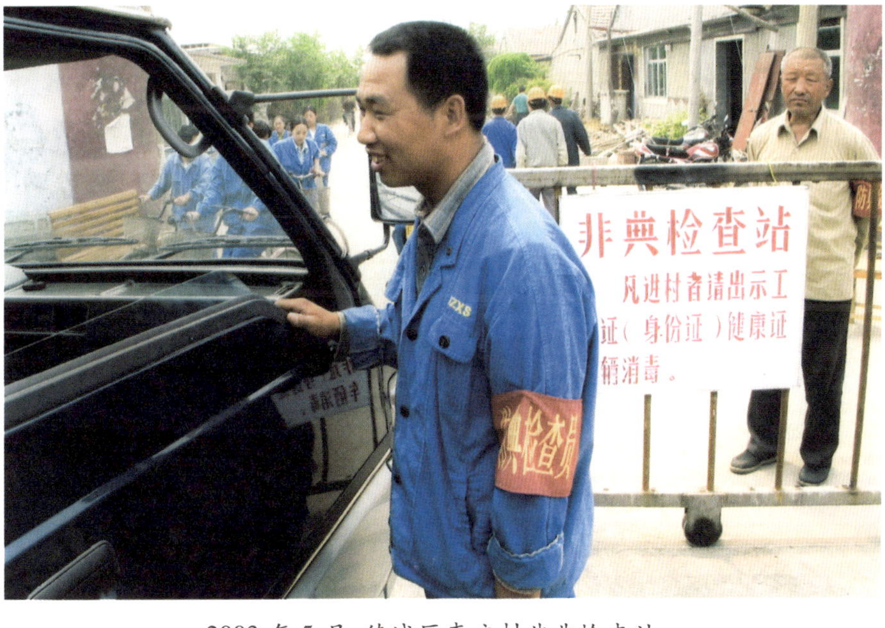

2003年5月,德城区李庄村非典检查站

个技术指导组，组成40个疫情处置队伍，分别负责流调、流检、消毒、检测、住处宣传咨询、卫生监督等。建立24小时值班疫情接报网和住处疫情报告微机网络，实行住处疫情无缝隙覆盖。相关资料显示：全市建立监测台1.42万个，检查员1.41万人，发热门诊1196个，接诊3430例，对9万多名务工返乡和外来人员进行观察。至7月，全市无诊断病例和疑似病例发生，疫情解除。

四、手足口病

德州市一般呈散在发生。2006年继临沂、泰安等市发生流行后，疫情逐步蔓延。2007年全市报告手足口病例348例，较2006年上升9.94倍，发病前五位的是德城区、齐河、临邑、平原、禹城5县（市、区），占全市的74.07%。2008年菏泽、济宁、聊城等地相继发生暴发流行，疫情逐步扩散蔓延。全年共发病1805例，发病前五位的是德城区（714例）、乐陵市（200例）、宁津县（141例）、武城县（137例）、禹城市（118例），占全市的74.07%。2009年，全市累计报告发病5476例，是上年的3倍多，报告重症病例107例，死亡2例。发病前五位的县（市、区）依次为德城区（1078例）、禹城市（928例）、齐河县（781例）、夏津县（662例）、临邑县（426例），占总发病数的72。51%；发病年龄主要集中在0～4岁，占93.33%。2010年报告发病7554例，较上年上升37.95%。死亡2例，均为夏津县。发病前五位的县（市、区）依次为德城区、夏津县、乐陵市、齐河县、临邑县，发病数占全市病例数的68.51%。2011年报告发病5923例，较2010年下降24.08%；报告重症病例15例，死亡3例（陵县、平原县、乐陵市各1例）。发病数前五位的县依次为宁津县（1313例）、德城区（941例）、齐河县（643例）、禹城市（643例）、临邑县（583例），占全市报告病例总数的69.61%。

五、甲型H1N1流感

自2009年4月墨西哥甲型H1N1流感疫情后，德州市开始开展常年流感样监测。至2009年12月31日共报告甲型H1N1病例151例，其中输入性病1例，本地感染150例。首例病人为乐陵市一女孩，2009年8月13日在英国发病后回国。2009年11月2日，齐河县一中出现聚集性病例，短短一周的时间，陆续在德州学院、德州二中、夏津一中、宁津一中和禹城一中发生六起聚集性病例，确诊病例35例，其余为散在发生。因措施得当，救治及时，未引发大的疫情。2010年，全市累计报告甲型H1N1流感确诊病例8例，危重病例3例（临邑县、夏津县、禹城市各1例），均为散发的本地感染病例，并已痊愈。2011年，全市报告甲型H1N1流感确诊病例11例，均为散发的感染病例，并已痊愈。

六、布鲁氏菌病

2004—2010年，分别报告布病病例8例、10例、3例、6例、7例、7例、10例。2011年，共报告布病病例25例，发病率为0.45/10万，与2010年的发病率0.18/10万相比略有上升，无死亡病例报告。

七、流行性腮腺炎

2004—2010年，分别报告流腮病例1105例、265例、128例、88例、84例、160例、384例。2011年，共报告流腮病例1058例，发病率为19.00/10万，与2010年的发病率6.81/10万相比上升1.79倍，无死亡病例报告。

第三节　地方病防治

一、流行性出血热

1986年4月1—4日，除庆云、临邑两县外，全区11县（市）共发生流行性出血热病人1057例，死亡10例。1988年实施以灭鼠为主的综合防治措施。1989年地方病防治以流行性出

血热、狂犬病防治为重点，对30个改水工程进行丰水期和枯水期水质动态监测工作。1991年，流行性出血热发病率下降了64.23%。1995年，全市共发病1433例，死亡6例，发病率比上年上升33.32%，市制定“一役达标和实现无鼠害”的战略目标，重点加强灭鼠工作和疫情监测工作，以及疫点的处理工作。1995年1—11月对疫区286人做了EHF病毒抗体检测，阳性199份，阳性率占69.58%。1997年1—11月，全市共发生流行性出血热病人740例，无死亡病例，比上年下降16.38%，对疫区295人进行了EHF病毒抗体检测，阳性76例，阳性率占25.76%。2004—2007年，全市共发生流行性出血热病人持续下降，分别为64例、33例、19例、15例，均无死亡病例。2008年，全市共发生流行性出血热病人3例，死亡1例，比上年下降80%。2009年全市共发生流行性出血热病人7例，无死亡病例，比上年上升133.33%。2010年全市共发生流行性出血热病人5例，无死亡病例，比上年下降28.57%。2011年，全市共发生流行性出血热病人4例，无死亡病例，比上年下降20%。

二、地方性碘缺乏病

1996年，全面落实《山东省消除碘缺乏病实施方案》，实现全市食用盐全部加碘，合格碘盐食用率达90%以上，碘缺乏病防治知识普及率达90%以上。2004年8月，全市完成了高碘水源碘含量的调查和高碘地区（病区）病情抽样调查。2005年5月，在10个县（市、区）水碘含量在150～300微克/升的58个乡镇（街道）中，随机抽取33个乡镇（街道）进行病情抽样调查，共检查8～10岁儿童6600名，其中尿碘检测3300人，完成了1650人的B超检测任务。2006年进行居民食用盐的碘含量监测，全市共采集了3770份盐样，碘盐覆盖率为100%，碘盐合格率为98.82%。2009年，在11个县（市、区）开展碘盐检测，监测样品数合计3636份，覆盖率100%。2010年3月，全市开展碘缺乏病防治碘盐监测工作，检测居民户食盐3636份，碘盐监测覆盖率100%；6月在陵县、平原县、齐河县、乐陵市开展了儿童甲状腺肿大率、尿碘，孕妇尿碘检测工作。2011年起，对高碘地区开展高碘甲状腺肿病情监测工作。

三、地方性氟、砷中毒监测

2004年开展地方性砷中毒含量筛查工作。2006年，对武城县郝王庄、滕庄、杨庄乡3乡镇，临邑县的清凉店村采集水样160份，进行地方性氟中毒水氟、砷含量监测。2007年，对2004年和2005年筛查后剩余的111个病村进行水氟浓度筛查。2008年，夏津县、武城县和宁津县开展了地方性氟中毒的病情监测和地方性氟中毒的健康教育、健康促进工作，共计检测尿氟尿样10100份。2010年，继续在临邑县、武城县开展地方性氟、砷中毒防治水氟水砷调查、监测工作。2011年，德州市顺利完成并通过了《山东省重点地方病防治规划（2005—2010）》省级终期考核验收工作。

第四节　职业病防治

1987年，全地区共有接触各种有害因素作业的工人51521人，查体17172人，查体率为33.33%，查出各种职业病患者29名，检出率为0.17%。1988年，全地区接触各种有害因素的工人51521人，查体30248人，查体率58.71%，检出职业病患者6人，其中检出尘肺患者3人，职业中毒患者3人。1992年对接触各种物理因素职工查体11186人，对接触铅、苯、锰及热处理作业的989名工人进行了职业健康检查，均未发现职业病人。1995年，全市共对20787名接害作业工人进行了职业健康检查，其中接尘作业工人查体8743人，接毒作业工人查体

2230人,物理因素作业工人查体9814人。同年,在全市范围内对电工、电气焊工、起重工、锅炉工等特种作业工人2000余人职业健康检查;与劳动部门配合对6400余名新职工进行了就业前预防性体检工作。1997年,对有害作业人员查体12830人,查体率54.65%,其中接尘工人查体2815人,接毒职工查体1126人,物理因素等其他作业查体8880人。对新就业人员7700余人查体,共查出各类异常230余人。1999年,共对各类接害人员12987人查体,受检率为53%。是年,开展农药中毒防治和职业病管理及报告工作,全市共报告中毒47人,死亡3人;其中生产性中毒4人,无死亡。2000年,市下达《关于做好农药中毒防治工作的通知》,全年共发生中毒151人,其中生产性中毒5人。2001年,全市监督检测企业1345家,检测有害作业点2585个,检测率达62.43%;全年进行职业健康检查16814人,查体率36.68%,其中德州市卫生防疫站检查甲醇作业人员54人,汽油作业人员55人,混合苯作业人员145人。全年确定观察对象6名,新确诊尘肺病人10人。

2002年5月1日,《中华人民共和国职业病防治法》颁布施行,职业病防治纳入法制化轨道。2004年,市直共开展各类职业健康检查2554人;新就业查体996人,检出各种异常134人,异常检出率13.40%,根据查体结果本着对保护就业人员健康的原则,提出就业工种安排参考意见;对785名特种作业人员进行职业健康检查,检出各种异常98人,占12.48%。同年,对劳务输出人员查体9940人,查出各种异常757人,阳性检出率7.62%,对查出的各种异常视不同情况均提出就业指导意见。2006年,全年共组织各类职业健康查体9783人次,共计检查企业33家,完成各类有毒有害作业人员职业健康检查4738人,其中接毒接害人员2624人,特种作业人员806人;劳务输出人员体检5045人。市直生产性企业现有职业病发病人数为12人,2006年新发病人数为1人;检出职业禁忌症26人,疑似职业病4人,均按照规定进行调离或安排诊断。2008年,共完成各类查体8479人,其中完成新就业人员体检733人,完成高温、酸碱、苯、氯乙烯、噪声作业、电镀等各种有害作业体检2935人,完成粉尘作业人员体检784人,完成外出务工人员上岗前查体3625人,完成放射工作人员体检402人。检出疑似职业病人19例,检出职业禁忌症25人,新诊断职业病人7例,检出其他各种异常750人次。2008年新发职业病例企业共计6家,新发职业病人11例,其中尘肺病例4例,职业中毒病例2例,职业性皮肤病1例,职业性铬鼻病4例。2009年,全年共查体5064人,其中新就业人员体检713人,接触各种有害因素作业人员体检1721人,劳务输出人员体检2630人。通过职业健康检查,检出职业禁忌症21人,检出其他异常758人次,杜绝了职业禁忌作业,有效地保护了劳动者的身体健康。2010年,全年共查体8340人,其中新就业人员体检2423人,接触各种有害因素作业人员体检3446人(粉尘查体2843),劳务输出人员体检2471人。通过职业健康检查,检出职业禁忌症7人,检出其它异常1475人次。无新发职业病。

2011年,全年先后完成项目评价工作3项:检测30余家企业,检测各种有害因素点位1400多个,其中粉尘300多个、物理因素400多个、有毒物质700多个、发出报告书27份;完成各类职业健康检查7700余人次,其中包括劳务输出体检3000余人次、有害作业体检3000余人次、新就业查体近2000人次;完成50余厂(次)的放射防护检测,发放个人剂量计354个,发出报告书55份,覆盖了全市所有的大中型医院以及部分乡镇卫生院、工业探伤企业。

第四章 卫生监督

第一节 食品卫生

1986年，地区及各县(市)防疫站均设有食品卫生科(股)，共有专职食品卫生监督员94名，兼职食品卫生监督员402名，食品卫生检验员700余名，全年查处食品卫生违法案1795例。1987年，重点开展食品出证、索证和企业建档工作，从业人员查体率为99.16%。1988年9月，对全区食品生产经营单位进行执法检查，抽查食品生产经营单位256个、农贸市场14个、个体摊贩150个。1990年12月10日，依据卫生部发布《食品卫生示范县工作指标》，乐陵市第一个通过了地区卫生局组织的验收。

1991年，以创建“食品卫生达标县”活动为中心，全面开展食品卫生法制管理和各项监督检测工作。是年，全区“食品卫生许可证”发证率100%，从业人员查体率99.00%；查出“五病”患者(病毒性肝炎、伤寒、痢疾、肺结核、化脓性或渗出性皮肤病)420名，均按照《中华人民共和国食品卫生法》的要求调离了直接接触食品的工作岗位。1992年，德州市(县级)达到省级“食品卫生达标市”标准。

1995年，开展综合卫生监督执法活动，市卫生防疫站先后两次对市直及11个县(市、区)进行食品、公共场所卫生监督执法检查，其中检查食品生产经营单位920个，对417个违法单位进行了相应的行政处罚。年内，经省卫生防疫站验收，德州美丽华大酒店等5个单位获省级食品卫生示范单位。1996年，开展卫生监督强化执法月活动，以治理中小型饮食单位、街头食品摊点、建筑工地、学校食堂为重点，检查单位525家，处罚253家，没收、销毁变质伪劣食品千余公斤。1997年，开展“食品卫生信得过单位”和“食品卫生信得过产品”创建活动，有效控制和防止了食品污染和食品中毒事故的发生和蔓延。是年，食品卫生监督覆盖率、从业人员健康查体率、建档率均达到100%。1998年，结合创建卫生城市工作，对市区食品、饮食等行业进行拉网式检查，检查各类单位1.2万户(次)，提出整改措施6000余条。1999年，开展食品卫生专项检查，全市实施行政处罚3675户次，其中警告1735户(次)，责令改正1633户(次)，责令公告收回已售出食品11户(次)1853公斤，责令停业整顿71户(次)，责令销毁食品164户(次)31326公斤，没收违法所得1户(次)，罚款19户(次)9850元；并根据卫生部通知精神，查封二恶英污染奶粉1000公斤。2000年7—10月，开展齐鲁食品卫生世纪行活动暨公共卫生监督执法检查，其中在对中小饮食单位和街头食品摊点专项治理活动中，坚持“三规范、一强化”(即规范办证、餐具消毒、个人卫生和强化基础卫生设施配备)，提高了街头食品卫生水平。2001年9—11月，市卫生防疫站和德城区卫生防疫站就德城区范围内的面粉加工厂、馒头房、粮油店的卫生状况和面粉增白剂的使用情况进行专项检查，经对189份样品化验，面粉合格率仅为12.32%，面粉增白剂抽检样品100%不合格。抽检结果通过新闻媒介向社会公布，对违法情节较严重的单位进行了行政处罚。2002 年，开展食品卫生许可证专项治理整顿和学校食品卫生执法，对 22300 家重新核发卫生许可证，取缔 112 家。2004 年 4 月“安徽阜阳劣质奶粉事件”曝光后，全市开展儿童食品专项检查，检查经营业户 3500 户，查出经营劣质奶粉业户 56 户，查封劣质奶粉 260 公斤，行政处罚 136 户。2005 年，开展粮食卫生专项监督检查，全市共检查粮食经营使用单位 810 余个，查出无卫生许可证业户 6 户、无健康证明 30 人；给予卫生行政处罚 25 户，其中警告并限期整改 19 户、责令停业 6 户，没收并销毁霉变大米和面粉。2006 年，开展以食品添加剂卫生专项整治为重点的卫生监督执法行动，检查食品添加剂生产企业 9 家、市场经营的食品添加剂 60 余种，检测使用食品添加剂的面粉、熟肉制品 30 余种，对个别食品添加剂企业生产现场卫生不够清洁的问题，下达《卫生监督意见书》，限期进行整改。2007 年，组织开展产品质量和食品安全专项整治活动，全市出动卫生监督执法人员 31548 人次，检查食品餐饮单位 17666 家（次），查处案件 200 余起；制发《关于完善餐饮经营单位食品采购与进货验收台账制度》，对全市 4168 家食堂和县城以上餐饮单位督导建立进货索证制度。2009 年，配合十一届全国运动会在山东召开，开展多次食品卫生、食品添加剂、生活饮用水、消毒产品及保健食品专项行动，共出动卫生监督人员 6518 人次，检查单位 3628 个，警告 272 家。其中，美丽华大酒店、贵都大酒店、凤都大酒店、新城宾馆 4 家十一运会接待单位安装了食品安全管理软件系统。2010 年，推进餐饮单位量化分级管理，食品抽查合格率达到 85% 以上，多年未发生重大集体生物性食物中毒。

2011 年，改革食品卫生监管体制，餐饮服务环节食品监管和保健品、化妆品卫生监管纳入食品药品监管部门，实行统一管理。

第二节 公共场所卫生

1986 年，根据山东省公共场所卫生工作要点，对县城驻地以上的公共场所建立卫生档案 2347 份，对从业人员查体共 1000 余人。同年，根据卫生部、国家体委有关通知精神，对德州地区体委游泳池卫生设施和条件进行了管理。1989 年，对全区 3159 个公共场所进行摸底调查，建立完整的技术档案 1166 份，发放卫生许可证 2483 份。单位培训从业人员培训率 70.77%，查体率 93.60%，对查出的“五病”患者 230 人，全部调离了直接为顾客服务的岗位。1991 年，在地直和县级德州市公共场所开展“达标升级活动”，评出一级卫生单位 81 家，二级卫生单位 55 家，三级卫生单位 7 家。1992 年，加强公共场所用具消毒管理工作，各公共场所单位配备消毒仪器和药品，配有专业消毒员，并有消毒记录。

1995 年，实现市级食品卫生、公共场所、学校卫生及化妆品卫生综合执法。当年 9—10 月，开展了全市性的拉网式大检查，写出现场卫生检查记录 1501 份，行政处罚 30 户，限期改进 10 家，停业整顿 8 家，对 10 个卫生条件较差的单位进行电视曝光。1996 年 10 月，开展“公共场所卫生优质单位”的评审活动，全市评出省级公共场所优质单位 4 个，市级公共场所优质单位 2 个。1998 年 6 月下旬至 7 月上旬，组织全市 200 名卫生监督员参加行政执法有关法律知识学习班，并进行了法律知识及专业知识考试，全部考试合格。2002 年，针对城区营业网吧未设空气消毒设施及禁烟不力等问题，制订《德州市网吧卫生标准》。2004 年后，市县两级卫生监督部门均配备了声级计、风速仪、温湿度计、照度计等仪器设备，能够测量噪声、温湿度等公共场所环境卫生条件，保证了公共场所监

督管理工作的正常开展。

2007年，开展公共场所室内空气卫生监督检查和集中空调通风系统卫生监督管理试点工作。2008年，在全省卫生监督执法案卷评查与案例研讨会上，德城区卫生监督所承办的《某某发廊无卫生许可证、健康证从事美发经营案》，获得省卫生监督执法案卷评查优秀奖。2009年和2010年，配合十一届全国运动会德州赛区赛事和第四届世界太阳城大会，制发公共卫生监督保障工作方案和突发公共卫生事件卫生监督应急处置预案，确保了各项赛事和大会的顺利进行。同期，以创建国家卫生城市为目标，开展了以餐饮、“五小”行业（小旅店、小美容美发店、小浴室、小歌舞厅、小网吧）整治为重点的卫生监督工作。

2011年8月，依据新颁布的卫生部《公共场所卫生管理条例实施细则》和《山东省公共场所卫生监督范围》，对市所管辖单位及11个县（市、区）公共场所单位进行了抽检，人工游泳池检测单位20家，合格率95%；集中空调通风系统检测单位14家，合格率64%；3000平方米以上商场空气质量检测单位28家，合格率82%；三星级以上宾馆检测单位15家，合格率100%；普通旅店、招待所检测单位355家，合格率65%。

第三节　学校卫生

1986年，地区及德州、平原、夏津、商河、武城、齐河、宁津、乐陵8县（市）防疫部门对中小学生进行“五病”监测，计查13733人，结果城乡分别为视力不良42.6%和21.8%、沙眼18.1%和17.4%、龋齿23.8%和21.8%、脊柱弯曲4.0%和5.1%，农村蛔虫感染率69.6%。1987年8月，地区卫生局组织学校卫生和医院眼科专业人员在德州、商河等8县（市）开展8537人的视力低下及盲目流行病学调查工作。10月，地区卫生局、教育局印发《关于认真做好学生健康卡片建立工作的通知》。1988年，全区对中小学生进行健康查体395912人，查体率达68.25%，并全部建立健康卡片。与1987年相比，除视力低下上升外，其余“四病”均为下降趋势。

2008年5月德州市卫生防疫队赴四川汶川地震灾区

1990年，国家《学校卫生工作条例》颁布，学校卫生工作纳入规范化轨道。1997年，规范市属学校学生查体工作，中小学生查体统一使用卫生部《预防性健康检查表—学生健康检查表》。当年统计结果，学生身高、体重、胸围等形态机能指标呈逐年上升趋势，学生视力不良一直居高不下，龋齿、沙眼发病率较高。2000年6月，市卫生局、市教育委员会联合下发

《关于加强学生龋齿防治工作的通知》,要求全市开展学生龋齿防治工作,并确定德城区、陵县、平原县为全省学生龋齿防治试点县区,有效地减少学生龋齿病的发生。

2002年,制定《德州市学校餐饮业卫生星级管理制度》,促进学校食品卫生工作上台阶。2004年9月,开展"学校卫生安全月"活动,对学校的食品卫生安全、公共场所安全、学生传染病及常见病的预防和管理等进行拉网式检查,对在检查中发现的问题提出整改意见并督促落实。同年,加大学校卫生工作力度,全市学校从业人员查体1127人,查出"五病"人员13人,调离率100%。2006年,学生常见病患病率与2005年相比有了明显下降,其中近视患病率下降0.65%,沙眼患病率下降1.02%,营养不良率下降0.83%,肥胖率降低0.77%。

2007年,对各学校在校学生进行预防艾滋病知识宣传及教育,并对16个在学习艾滋病预防基本知识活动中表现突出的单位、学校进行了表彰。2008年,针对手足口病疫情严峻形势,开展了手足口病及甲型H1N1流感防控教育。2009年11月2日,齐河一中出现甲型H1N1流感病例,并有逐步增多趋势。11月4日,德州学院和德州二中也相继发生聚集性流感样病例,因措施得当救治及时,未引发大的疫情。2010年,围绕创建国家卫生城市,全面促进全市学校健康教育工作的发展,市属学校学生健康知识知晓率及健康行为形成率均达到90%以上。2011年,对全市学校、托幼机构卫生专项检查,全市共检查学校、托幼机构共计1618家,其中学校932所,托幼机构686个。全面推行学校食品卫生监督量化分级管理,评出餐饮单位A、B、C级11、19、21家。校内公共场所13家(旅店业2家、理发业8家、浴池业3家)全部评为C级。

第四节 饮水卫生

1988年,对全区县以上集中式供水状况进行定期水质检测,当年检测氟化物、总硬度、细菌总数、大肠菌群单项指标合格率依次为64.6%、87.7%和76.9%和67.7%。1990年,各县(市)卫生防疫站对其分管的自来水厂的水质监督监测均达到4次/年,监测项目18~25项,3项指标(浑浊度、细菌总数和大肠菌群)合格率为74.42%;对单位自备水源采样检测187处,监测项目18~25项,3项指标合格率为86.63%;对各类饮用水源基本情况进行了调查监测摸底,累计水质监测建档4935处,建档率为58.68%。是年,德州、乐陵两市被省卫生防疫站、省环境卫生监测站列为城市生活饮用水监测网络监测点。1991年,禹城县被省环境卫生监测站定为全省农村生活饮用水监测网络监测点。

1994年,对全区11个自来水厂的水源水、出厂水和39处管网末梢水共280份水样进行水质监测,监测项目达18项以上。主要超标项目为浑浊度、总硬度、氟化物、细菌总数、大肠菌群和游离余氯,超标率分别为10.1%、32%、40.9%、33.4%、21.6%和94.5%。1997年,贯彻建设部《生活饮用水卫生监督管理办法》,市防疫站督导各集中式供水单位按规定办理卫生许可证,对二次供水单位的清洗、消毒工作进行监督、管理。1999年,对市政供水系统水质进行卫生监测,对市属单位自备水源水和二次供水水质进行卫生监测,并特别加测了霍乱弧菌。2001年2月,市供水总公司第三水厂发生水质污染事故。事故的直接原因是:横河芦家河泵站通过泵管向钩盘河水库泄露污水;钩盘河水库冬季硅藻繁殖,污染水库水质。事故发生后,市委、市政府立即决定第三水厂停止供水,同时

组成由有关部门负责人和专业技术人员参加的工作组,监测水质污染情况,积极组织抢险。经采取有效措施,第三水厂于3月2日晚8时恢复正常供水。

2005年3—4月,根据2005年全省生活饮用水卫生监督抽检计划,市卫生防疫站对德州市15家单位的二次供水进行卫生抽检,合格率为80%。水质不合格指标是菌落总数和游离余氯。同年对集中式供水末梢水水质进行卫生抽检,其中抽检市政供水末梢水15份,合格率为93.33%,水质不合格指标是浑浊度;抽检自建供水末梢水14份,合格率为100%。2006年,在全市范围内开展以生活饮用水、桶装饮用水卫生专项整治为重点的“卫生监督执法2号行动”,共监督检查市政供水单位11家、单位自备井供水单位25家、二次供水单位110家,抽检水样189份。2007年6月,制发《2007年县级卫生监督机构重点业务工作考核标准》,对各县市区卫生监督机构生活饮用水卫生进行年度工作考核。2009年4月,市卫生监督所对市供水总公司、县市政府所在地水厂、农村乡镇水厂“生活饮用水化学处理剂”进行卫生监督抽检,经查3种净水剂均合格。

2010年4月,市卫生局卫生监督所制定印发《全市生活饮用水集中式供水单位水质消毒及检测专项整治工作方案》,确定4—10月组织开展以“加强水质消毒检测,保障饮水卫生安全”为主题的全市生活饮用水集中式供水单位水质消毒及检测专项整治工作。6月,制发《德州市实施生活饮用水集中式供水单位卫生量化分级管理制度工作方案》,决定自2010年起组织开展生活饮用水集中式供水单位卫生量化分级管理工作。至2011年,全市11家城市集中式供水单位全部实施了量化分级管理,其中A级1家,B级10家。年内,制订德州市《2011年农村生活饮用水卫生专项整治实施方案》,对919个农村生活饮用水供水单位进行了监督检查,建档率80.95%,监督覆盖率100%。

第五节 放射防护

1986年,地区卫生监督部门重点抓好医用X线机的防护管理工作。1987年,对全区卫生系统使用的264台X线机进行改装,使其有了防护设备。1988年,举办3期放射人员防护知识培训班,349人参加学习,培训率为72.6%。1992年,地区卫生局、公安处联合下发《关于实行放射性同位素与射线装置工作许可登记制度的意见》,要求全区使用放射性同位素和射线装置单位,办理“放射性同位素工作许可证”“放射性同位素工作登记证”和“射线装置工作许可证”。年内,大部分放射单位换发了“射线装置工作许可证”和“放射性同位素工作许可证”。1995年4月,地区卫生局向华能德州电厂下达《卫生行政处罚决定书》,决定对其未办理“放射性同位素工作许可登记证”投入使用96枚钴-60密封源的行为,实施“警告并限期改进”的处罚。到1998年年底,全市21个放射性同位素使用工作单位完成了换发二证的工作,办证率100%。2008年,贯彻《放射工作人员职业健康管理办法》,全市有405名放射工作人员到市疾控中心进行职业将康检查,体检率80%,异常256人。2011年,为保证查体质量,市卫生监督所委托省医学科学院放射医学研究所对全市586名放射工作人员进行了职业健康检查,体检率达到90%。年内,《放射诊疗管理规定》实施后,全市卫生行政部门共对65家放射诊疗单位换发或发放了“放射诊疗许可证”。

第五章　妇幼保健

第一节　妇女保健

1985年，全区重点开展围产期保健工作，加强孕产妇系统化管理，产前检查平均每人4.15次。是年，孕产妇产前检查率98.44%，住院分娩率60.10%。1986年，将女乡医配备、培训、三级管委会的建立和“四簿四卡”的填报落实纳入工作重点，全区有各县普遍建立了妇幼卫生管理委员会，县、乡、村三级妇幼保健网均已建成，90%以上的村出生卡、死亡卡实行了专人负责。1987年，妇幼保健程序化管理全面铺开，各县（市）普遍开展了婚前检查、围产期保健试点，并全部落实了“四簿四卡”填报制度。

1988年，以提高妇女保健质量为目标，全区各县市相继建立优生咨询门诊、婚前检查门诊、更年期门诊、不孕不育门诊等。1990年，加强高危妊娠和体弱儿管理，对查出的高危孕妇进行管理，并填写高危妊娠管理登记表、管理经过和高危分娩记录。1991年，建立健全地、县、乡三级优生遗传咨询网，普遍开展遗传性疾病调查。1992年，对所有从事接生单位和个人设立漏报登记专项档案。1994年5月1日起在全区开展婚前医学检查工作。是年，全区婚前医学检查率为66.6%，检出疾病437人次；孕产妇死亡率10.7/10万，住院分娩率75.02%。

1996年，按照《母婴保健专项技术服务许可及人员资格管理办法》，对全市所有开展和从事母婴保健技术服务的单位和个人实行“母婴保健技术执业许可证”和“母婴保健专项技术考核合格证书”持证上岗制度，全市有3085名专业技术人员取得了合格证书，58人取得了婚前健康检查专项技术合格证书。1997年，确立齐河、陵县、庆云、禹城、德城区、宁津6个县（市）为全市孕产妇死亡、5岁以下儿童死亡的信息监测县（市），监测内容为孕产妇死亡，5岁以下儿童死亡，出生缺陷。1999年，围绕降低孕产妇死亡率，制订《德州市各级医疗单位产科建设考核标准》，明确市、县、乡三级产科建设标准。2000年11月，对全市接生定点单位进行考核验收，共确定接生定点单位95所，其中市级2所、县级28所、乡镇65所，全市基本消灭了家庭接生。

2003年，加强妇女健康查体工作，重点做好“五期三防”（即婚前、孕前、孕期、产时、新生儿期，病因控制、发病控制和防残控制）。同时制定相应建设标准，完成所有县及县以上妇幼保健机构保健门诊规范化建设，乡镇卫生院妇幼保健门诊建设率达到60%。到2004年，全市共有42所乡镇卫生院规范化妇幼保健门诊通过甲等标准验收，3所乡镇卫生院规范化妇幼保健门诊通过乙等标准验收。2005年，推进“百万妇女乳腺普查工程”。2006年，宁津县妇幼保健站在全省县级妇幼保健院中首家修建了层流净化手术室。

2007年12月，启动全市免费婚前医学检查工作，由财政部门和婚检机构各承担50%为新婚男女进行婚检。2008年，在全市医疗保健机构开展产科规范化建设达标工作，28家机构通过市级验收。2009年，启动农村孕产妇住院分娩补助和增补叶酸预防神经管缺陷项目。2011 年，相继进行孕产妇死亡漏报调查和孕产妇死亡评审会。是年，全市孕产妇系统化管理率 93.47%，住院分娩率 99.98%，死亡率 6.41/10 万。

第二节　儿童保健

1985 年，全区死亡婴儿 296 人，婴儿死亡率 39.8‰，其中新生儿死亡 223 人，占婴儿死亡率的 75.85%；围产儿死亡 168 人，占新生儿死亡的 75.34%。1986 年，全区各县（市）妇幼保健站及乡镇卫生院均建立儿童保健门诊，主要开展儿童“四病防治”（小儿佝偻病、营养缺乏性贫血、脑炎和腹泻）、独生子女查体和学龄前儿童查体以及体弱儿的专案管理。1988 年，实行儿童系统化管理，落实儿童保健手册，保证儿童 4.2.1 查体（1 岁儿童年查体 4 次，2 岁儿童年查体 2 次，3 岁儿童年查体 1 次）的质量和数量，儿童健康查体率达 79%；保健项目由单纯的健康查体，增加了口腔保健、视力保健、营养电脑测试、预测身高等。1990 年，制发《关于加强高危妊娠和体弱儿管理的通知》，要求各县组织好儿童健康查体，对查出的体弱儿进行登记、实行专案管理。

1993 年 5 月，制发《德州地区卫生局贯彻〈九十年代中国儿童发展规划纲要〉实施方案的通知》，全区儿童保健工作主要围绕婴儿死亡率，5 岁以下儿童死亡率、5 岁以下儿童重中度营养不良患病率、儿童腹泻和急性呼吸道传染病、提高母乳喂养率等开展。6 月 1 日，在市妇幼保健所建立德州市儿童保健中心，加强对全区儿童保健工作的业务指导。同年，以促进母乳喂养、创建爱婴医院为目标，地区妇幼保健所在全区率先开创了“母婴同室”病房。

1995 年，《中华人民共和国母婴保健法》颁布实施，母婴保健步入法制化轨道。1996 年 3 月，市卫生局、市公安局联合下发《关于统一规范〈出生医学证明〉的实施意见》，境内出生的人口全部统一使用由卫生部印制的“出生医学证明”。1997 年，市卫生局下发《关于结合〈出生医学证明〉做好儿童系列保健的通知》，庆云、乐陵、禹城等县（市）的保健站开始尝试在为新生儿办理《出生医学证明》的同时，为其办理儿童保健手册，按期进行 4.2.1 查体和生长发育监测。同年，市卫生局、市教委联合下发的《关于规范托儿所、幼儿园工作人员健康查体的通知》，自 5 月 1 日起，托幼、园所的保教人员的健康证明一律使用由卫生部监制的《托儿所、幼儿园工作人员健康证明》。

1998 年，启动新生儿疾病筛查工程，项目为先天性甲状腺功能低下和苯丙酮尿症。是年，全市共筛查新生儿 1197 例，查出甲低 1 例，PKU1 例，对查出的患儿由市保健所负责召回，并进行系统管理治疗。1999 年，全市共筛查新生儿 18630 例，其中查出甲低 10 例，PKU3 例，无一例漏报、错报。2000 年，全市共筛查新生儿 37246 人，其中查出甲低 8 例，PKU4 例。同年 11 月，德州市成功创建为爱婴市。至此，全市创建爱婴医院 108 所，其中县以上 35 所，乡镇卫生院 73 所。

2002 年 2 月 1 日起，在全市统一使用《儿童保健手册》。2003 年，制发《关于进一步加强 5 岁以下儿童死亡评审、报告工作的通知》，建立健全由市、县两级卫生行政人员和有关医疗保健单位儿科专家组成的 5 岁以下儿童死亡评审小组，严格实行 5 岁以下儿童死亡报告制度，及时报告并组织评审。2005 年，全市妇幼保健机构普遍安装出生医学证明软件，出生医学证明实现了网络管理。2006 年，下发《关于认真履行职责 搞好出生人口性别比综合治理的实施意见》的通知，要求各县市区认真做好控制出生人口性别比工作，严禁非医学需要鉴定胎儿性别和选择性别终止妊娠。2007 年 7 月，市妇幼保健所与市妇联联合组织的“健康宝贝热线”启动，同时通过《长河晨刊》、电视台《卫生与健康》等栏目对儿童保健知识进行宣传教育。2009 年 4 月 15 日，全市“出生医学证明”签发系统启用全省妇幼保健信息系统网络版。

2011 年 6 月，市妇幼保健所儿童系统化保健正式进入电子档案信息化管理。年底，新筛“四病”（新生儿先天性甲状腺功能低下、苯丙酮尿症、先天性肾上腺皮质增生症、葡萄糖 -6 -磷酸脱脂酶缺乏症）正式启动，新生儿疾病筛查工作迈上新的台阶。是年，全市 3 岁以下儿童系统化管理率 96.29%，5 岁以下儿童死亡率 4.68‰，婴儿死亡率 3.83‰。

第六章　爱国卫生运动

第一节　创建卫生城市

1989 年 3 月，国务院颁布《关于加强爱国卫生工作的决定》后，行署召开专门会议，提出要以创建卫生城镇活动为中心，把各项爱国卫生工作抓好，并制定创建活动方案。县级德州市委、市政府把创建省级卫生城市纳入目标管理，组织各部门、各单位、各行业大力开展环境综合治理与改造。1991 年 2 月，德州市获省级“卫生城市”称号。翌年，在全国第二次卫生大检查中，德州市被评为全国“卫生先进城市”。1996 年，按照“树典型、促创建、全方位启动”的思路，总结推广临邑县创建卫生城的经验，当年临邑县省级卫生城通过省爱卫会验收。到 1997 年，禹城市、齐河县、乐陵市、宁津县、武城县相继成为省级卫生县城。

2002 年，市委、市政府作出“三城联创”（创建国家卫生城、创建省级文明城、创建省级双拥模范城）的决策。2 月 27 日，市委、市政府召开全市“三城联创”暨 2002 年城建工程动员大会，动员部署创建全国卫生城市、省级文明城市和省级双拥模范城以及城建工作。年内，市爱卫会组织开展了大规模的市区统一灭鼠活动，鼠密度（夹夜法）由灭前的 9% 降到灭后的 3%。创建国家卫生城市带动了城市基础设施建设，新湖风景区清风苑建设竣工，建成 6500 平方米的圆形广场和 1 万平方米的中心绿地。希森欢乐岛、车站广场、苏禄王风景区景观大道、东方娱乐园、共青团路、新河西路、马市街、天衢路、向阳路、西外环、通衢桥、东方红路东段、建设街等基础设施建设相继完工。新建 7 座水冲式厕所，种植大树 1 万余株，解决了 9 条道路多年无树问题，市区新增绿化面积 2.5 万平方米，主干道亮灯率 95% 以上。高层建筑射灯、霓虹灯、轮廓灯配置，改变了市区夜景。

2008 年 2 月，市委、市政府作出“双城联创”（国家卫生城市、省级文明城市）的决策，提出用 3 年时间争创国家级卫生城市目标，并成立了创建国家卫生城市领导小组，制发《德州市创建国家卫生城市实施方案》。4 月 3 日，召开全市创建国家卫生城市工作会议暨爱国卫生活动月启动仪式，对创建国家卫生城市工作进行全面的部署。2009 年 4 月，全市开展以“清洁环境、健康市民”为主题的“爱国卫生月”万人义务劳动活动，实行市级部门、单位认包街道、居民小区责任制，组织开展集中清运垃圾活动。5月，市政府出台《德州市爱国卫生管理办法》，全市爱国卫生工作走上规范化轨道。2010年3月20日，市委、市政府召开创建国家卫生城市攻坚会战誓师大会。8月23日，出台《德州市区城市管理行政处罚办法》和《德州市市区养犬管理办法》，并以两个“办法”实施为契机，开展“城市管理百日集中整治”活动和市区养犬集中整治活动。9月28日，创卫国家暗访情况反馈会召开，德州市顺利通过创建国家卫生城市工作暗访。2011年2月25日，市委、市政府召开全市创建国家卫生城市春季会战动员大会，制发《2011年创建国家卫生城市“春季会战”总体方案》和《爱国卫生组织管理、健康教育等2011年创建国家卫生城市春季会战十大方案》。5月6日，创卫工作通过全国爱卫会组织的专家技术评估；9月15—17日，通过省爱卫办组织的创卫技术评估省复核组检查；10月通过国家综合评审。11月24日，德州市获国家卫生城市称号。

第二节　农村卫生

一、改水

1986年，为改善农村群众饮水卫生状况，对二号病疫区宁津、乐陵、庆云、商河及毗邻地区的陵县、临邑、济阳等7县签订了改水合同。经过近半年的努力，7个县100个村庄的卫生改水任务于6月底前全部完成，并对饮用水源水质技术建立档案。1990年2月，地区爱卫会在夏津县召开全区农村改水现场会，大力实施农村改水工程。之后，武城、德州、陵县、宁津、齐河等县市先后被地区爱卫会命名为改水先进县市。到2002年年底，全市农村改水受益人口达428.54万人，占农村人口的94.42%，其中自来水普及率达到31.6%。2003年，市委、市政府把农村建自来水列为改善全市城乡人民生活水平的十件大事之一，计划完成1350个村的自来水建设任务，让城乡居民喝上干净卫生的自来水。到2009年年底，全市农村改水受益人口达407.17万人，自来水普及率达到89.97%。2010年，围绕城乡供水一体化，全市掀起新一轮水库建设高潮。到2011年，对具备水源条件的陵县、平原、夏津、宁津、乐陵、齐河6个县（市）实施重点突破，解决了1444个村的饮水安全问题，城乡供水一体化率由39.3%提高到53.3%，296万人喝上了同网同质的黄河水。是年，农村自来水普及率达到92.21%。

二、改厕

1993年，全区改厕户数4.26万，占45%。1995年农村改厕实行年报制度，卫生厕所普及率达35.35%。到2004年年底，全市农村卫生厕所普及率达到60.41%。2005年起实施中央补助地方公共卫生专项资金农村改厕项目，当年宁津、乐陵和平原3县（市）完成了项目规定的800户农村卫生厕所改建任务。之后，德城区、武城、齐河、乐陵、武城、禹城、宁津、夏津等县（市）相继完成了项目规定的农村卫生厕所改建任务。到2009年年底，全市11个县（市、区）完成了项目规定的2万户农村卫生厕所改建任务，全市农村卫生厕所普及率达到73.96%。2010年，启动国家重大公共卫生服务农村改厕项目，当年建成无害化农村厕所1万座。到2011年年底，全市共完成1.6万户农村无害化卫生厕所建设任务，农村卫生厕所普及率达到78.18%。

三、除四害防病

1986年，全区流行性出血热发病4353例，死亡15人，列全省第二。地委、行署成立灭鼠防病领导小组，实行统一领导、统一药品、统一时间、统一培训、统一拌饵“五统一”和灭鼠“一疫达标”工作考核。到1987年,全区鼠密度室内下降至0.68%,室外下降至0.41%。1990年,德州地区被省爱卫会命名为“灭鼠先进地区”。

2002年起,结合创建国家卫生城市,德州市每年开展灭鼠和除“四害”专项活动。2008年4月和9月,市政府先后下发《德州市市区春季集中灭鼠实施方案》和《德州市除四害工作部门责任分工》,动员全市力量,集中开展灭鼠和消杀蚊蝇蟑螂活动。2008年10月,经省爱卫会专家考核组验收,德州市鼠密度阳性率为0.4%,防鼠设施房间合格率96.7%;重点单位有蝇房间阳性率为0.7%,防蝇设施合格率为96.5%;一般单位有蝇房间阳性率为0.78%;室内外垃圾容器、垃圾转运站、公厕等滋生环境阳性率为0.88%。重点单位发现蟑螂8处,阳性率0.51%,蟑迹阳性率0.58%。考核组对照全国爱卫会制定的国家标准,认为德州市鼠、蝇、蟑密度均控制在国家标准之内。11月3日,省爱卫会授予德州市“除四害先进城市”称号。

2009年,市政府出台《德州市除四害管理办法》。年内,开展了夏季灭杀蚊蝇蟑活动。城区完成3.5万个毒饵站建设任务,投放灭鼠毒饵16.3吨,投放灭蚊蝇蟑药品3.5吨,开展专项督导5次,巩固了城区除四害成果。2010年,集中开展春季灭鼠和夏季灭蚊蝇蟑活动,城区投放灭鼠毒饵16吨,投放灭蚊蝇蟑药品4.2吨,“四害”密度控制在国家标准之内。2011年,坚持以环境卫生综合治理为主、药物消杀为辅的防制原则,强化监测督导,加大培训力度,大力开展各种形式的除害防病活动,全市培训除四害业务人员2000余人次,建设毒饵站5万余个,集中投放灭鼠毒饵16吨,投放灭蚊蝇蟑药品3.5吨,市区“四害”密度得到有效控制。

第七章　红十字事业

1984年10月,德州地区红十字会成立。同年12月28日,德州地区红十字会在地委招待所召开第一次会员代表大会。到1986年年底,地区红十字会辖县(市)红十字会13个,红十字会基层组织48个,会员4765人。1990年,商河、济阳红十字会随区划调整划入济南市。1995年,德州地区红十字会改称德州市红十字会。2006年8月,市红十字会理顺管理体制,由市卫生局代管改为由市政府分管领导联系。2008年1月正式独立办公。截至2011年年底,全市有团体会员单位187个,基层组织为170个,成人会员26728人,红十字青少年会员21212人。全市县级以上红十字会人员编制40人,专职人员8人,兼职人员139人。红十字会会费收缴率达到100%。

1996年,德州市红十字会被中国红十字会授予“全国红十字工作先进集体”称号。

第一节　赈灾募捐

1985年6月,为救助遭受严重旱灾的非洲灾民,地区红十字会共募集善款11205元,转赠非洲受灾国家。1988年,实施“‘88’国际体育援助计划”,全区捐款共计166123.42元。1992

年6月，禹城县李屯、袁营等6个乡镇发生涝灾，红十字会将价值30余万元的面粉、药品、服装等救灾物资送到灾民手中，并配合卫生防疫部门奔赴189个村庄做好防病、治病工作。1994年6月，德州地区遭受暴雨袭击，有88个乡镇遭受涝灾，直接经济损失约9.58亿元。灾情发生后，地区红十字会迅速向省红十字会上报灾情，并开展救灾活动。此次活动，共派出医疗小分队85个，救治伤病员19952名，发放面粉、方便面、大米221吨，棉衣、单衣、毛衣、棉大衣7777件，棉被5350床，药品524箱，喷雾器22部，现金3万元，其他食品1000公斤，共折合人民币近276万元，直接受益人数达45万人。1995—1998年，齐河、禹城、平原、临邑、德城区、宁津等县（市、区）先后遭受暴雨及洪涝灾害，市红十字会迅速组织人员及有关医疗专家到灾区慰问灾民，并开展义诊活动，发救灾药品价值计25万元。

1998年，长江、嫩江流域发生严重洪涝灾害，市红十字会共募集现金5万余元，棉衣、棉被6万件。2003年，为支援抗“非典”工作，市红十字会募集食品，消毒液、隔离服等物品折合人民币17万余元，现金23万余元，被山东省红十字会表彰为抗击“非典”工作先进集体。2004年12月26日，印度尼西亚苏门答腊岛附近海域发生强烈地震并引发海啸，市红十字会、市文化局在德州彩虹剧院联合举办向印度洋地震海啸灾区赈灾义演大型文艺晚会，共募集人民币40余万元，获全省红十字会系统为印度洋海啸灾区募捐工作先进集体。2008年5月12日，四川省汶川发生8.0级特大地震，全市红十字会系统共接收社会各界捐款621.56万元，物资折合人民币725.52万元，款物合计1347.08万元。仅市红十字会接收款物近700万元，分四批通过省红十字会向四川灾区运送太阳能设备、净水器材、矿泉水、鲜奶、方便面等物资折合人民币392.36万元。德州市红十字会被省红十字会授予“全省红十字会系统募捐工作突出贡献奖”。2009—2010年，台海地区“莫拉克”台风灾害、西南地区特大旱灾、青海省玉树地区强烈地震、甘肃省舟曲县特大泥石流灾害等，市红十字会共募捐人民币205.7万元发往灾区。

第二节 社会救助

一、日常救助

1988年9月，平原县红十字会为方便病人就医，组建红十字会医疗咨询门诊；宁津县红十字会向全国抗癌明星李相东捐款9236元。1996年，市红十字会在居民小区设立“医疗救护站”，每年免收医疗费近万元。1999年，市红十字会与市肿瘤医院联合创办德州市肿瘤康复会，指导肿瘤患者进行科学康复治疗。1999—2006年，市、县红十字会先后为市畜牧局再生障碍性贫血患者孟永生、夏津县尿毒症患者付希刚、齐河县仁里集镇左庄先天性心脏病患儿左后猛等6人募集捐款18.6万余元。2006年8月，市红十字会与市教育局在全市教育系统联合开展救助特困学生募捐活动，市直教育系统和红十字会共募集捐款2.1万余元，救助贫困高考新大学生11人。2007年“六一国际儿童节”期间，为德城区特殊教育中心捐赠电脑5台、电风扇50台，折合人民币2.2万元；为德州新语特教学校募捐人民币2万余元。2009年1月9日，德州市红十字会青少年视力康复中心成立，免费为青少年进行视力康复。2011年5月24日，德州市红十字会与英翔视光联合向市区贫困中小学生捐赠价值6万元的近视眼镜。

二、专项救助

红十字博爱送万家活动 1999年起，响应中国红十字会“红十字博爱送万家”号召，每年春节临近期间，走访慰问贫困家庭，并给特困群

众送去慰问金。2002 年 1 月 27 日，中国红十字会总会秘书长苏菊香到德州进行工作调研，并在夏津县城关镇白庙村举行救助物资发放仪式，将 20 万元救助物资送到贫困户家中。2011 年 1 月 11 日，山东省副省长、红十字会会长王随莲到德州市开展“博爱齐鲁”送温暖活动，发放大病救助金及物资 50 多万元，受益 3500 余人。至 2011 年年底，全市各级红十字会共募集款物 500 余万元，其中接收发放中国红十字会总会、山东省红十字会救助物资折合人民币 300 余万元，救助贫困家庭 1.2 万余户，受益者达 10 万余人次。

支持“新农合”大病募捐救助活动　2006 年 4 月，启动支持“新农合”大病募捐救助活动，当年共募集善款 39 万余元。至 2011 年，市红十字会连续 6 年在全市红十字会、卫生系统开展支持“新农合”大病救助募捐活动，共发放救助物资及救助金 410 多万元，救助大病特困群众 8000 余人，受益人口 6 万余人。

光明救助活动　2005 年 8 月 26 日，香港同胞“健康快车”驶入德州，“健康快车光明行”德州站活动正式启动。在 3 个月时间里，共为德州 1000 名贫困白内障患者免费实施复明手术。

2009 年 10 月，实施山东省红十字眼库光明救助活动。当年，省红十字会确定为德州市 8 名贫困家庭的白内障患者免费实施手术。经过省眼科医院的筛查，最终为 4 例白内障患者免费实施手术。2011 年 10 月，省红十字会又为德州市 5 名贫困家庭的白内障患者在省眼科医院免费实施手术。

“小天使”基金救助行动　2010 年，开展“小天使”基金申报工作，全市共申报“小天使”基金 27 人。同年 12 月 1 日，市红十字会举行中国红十字基金会“小天使”救助金发放活动，共发放救助金 30 万元，10 名白血病患儿每人获得 3 万元资助。2011 年共申报“小天使”基金 15 人，有 5 人获得资助，发放救助金 15 万元。

三、救护培训

1986 年，地区红十字会邀请省医科院院长阮景纯教授和省红十字医院院长王培仁教授讲课，对各县（市）进行师资培训。经过逐级培训，947 名会员掌握了现场急救技术。1989 年，对全区机动车驾驶员进行初级卫生救护训练，经过两年的连续培训，共培训驾驶员 1.3 万人。1995—1997 年，对全市机动车驾驶员进行“止血、包扎、固定、搬运”4 项技术及心肺复苏技术的训练，1.6 万人领取合格证书。2005 年 5 月，在波司登有限公司培训红十字急救员 120 人。2008 年 6—7 月，为消防支队和德州元济纺织有限公司培训红十字急救员 239 人和 55 人。2009 年 6 月，为服务好十一届全国运动会，市红十字会对 300 名志愿者进行救护知识普及。2010 年 9 月，对 200 多名第四届世界太阳城大会志愿者进行初级救护知识普及。2011 年 7 月，市红十字会成立“博爱应急救护培训中心”，在全市开展红十字应急救护培训工作。

截至 2011 年年底，全市共举办应急救护培训班 85 期，培训红十字急救员 4200 人，普及初级救护知识 2 万余人。同年 12 月，德州市红十字会、武城县红十字会被山东省红十字会授予全省救护培训工作先进集体称号。

第三节　人道关爱

一、无偿献血

1992 年之前，全区各医疗机构临床用血均来自自采自供。献血者在多处登记献血、频繁采血等现象较为普遍，采供血处于无序状态，血液质量难以保证。

1992 年 4 月，德州地区中心血站建立，开始对血液实行“统一血源、统一采血、统一供血”管理。初期，血源仍以个体卖血为主。1995年5月8日“世界红十字日”期间，市红十字会及血站工作人员在城区开展无偿献血宣传，有105人加入无偿献血队伍。1998年《中华人民共和国献血法》颁布实施，血液管理步入法制化轨道。是年，德州市成立以分管市长为组长的无偿献血领导小组，召开首次无偿献血动员大会，并下达无偿献血指令性计划。此后，血站先后对无偿献血进行了“以政府计划为主、街头自愿献血为辅”“以街头献血为主、计划献血为辅”的探索。到2004年，全市实现了临床用血100%来自自愿无偿献血，取消了政府指令性献血计划。

2005年起，确定以街头献血为主、应急动员献血为辅的工作思路，先后建立了固定献血者队伍、稀有血型队伍和爱心流动血库，形成血站、流动采血车、固定采血点一体化管理的综合服务模式。2007年6月14日，德州市首次被卫生部、中国红十字会、解放军总后勤部联合授予“全国无偿献血先进城市”称号。至2011年，全市拥有大型采供血设备150余台（件），5辆流动采血车，乐陵、陵县、平原3处爱心献血屋，4辆专用送血车。临床用血量从1999年5.3吨上升到2011年的14.65吨，供血量增长了176%。

二、造血干细胞捐献

2004年5月8日，市红十字会在中心广场举行中国造血干细胞捐献者资料库山东省分库德州市工作站（中华骨髓库山东省分库德州市工作站）启动仪式，共有600余人志愿报名捐献造血干细胞，现场采集血样438份。此后每年5月8日均开展现场采集血样活动。2011年3月7—8日，德州市第一例造血干细胞捐献者董林在山东省立医院血液科接受了造血干细胞采集，采集的造血干细胞被空运至武汉为一名19岁女孩进行移植。同年5月25日元济纺织有限公司职工刘志霞，7月20日乐陵市人民医院职工吕海洋，10月17日陵县疾控中心职工王焕涛，11月15日德城区联合医院职工柳辑章，12月28日华鲁恒升有限公司职工左玉津，先后完成造血干细胞捐献。截至2011年年底，德州市红十字会共采集造血干细胞血样3621人份，完成再动员73例，高分辨31例，成功实现造血干细胞捐献6例。

德州首例造血干细胞捐献者董林（中）

（2011年　陈冬梅　摄）

三、遗体（器官、角膜）捐献

2009年5月4日，临邑县女孩程佳薇成功捐献眼角膜，成为德州市首例眼角膜捐献者，也是山东省红十字眼库首例眼角膜捐献者。2010年9月11日，宁津县大曹镇陈庙村身患绝症的26岁青年林英浩的遗体被运往山东医科大学遗体接受中心，此为德州市首例自愿捐献遗体者。截至2011年年底，德州市遗体（器官、角膜）捐献志愿登记者21人，实现角膜捐献3人，分别为临邑县女孩程佳薇、乐陵市男婴“一诺”（2010年10月18日捐献）、德城区62岁妇女崔树芬（2011年8月14日捐献）；遗体捐献1人。

第三十五编

S H E　H U I

社会

■ 人民生活

■ 风俗

■ 少数民族

■ 宗教

■ 老龄事业

■ 残疾人事业

第一章 人民生活

第一节 城市居民生活

一、收入

1986年，按省工资制度改革领导小组要求，对国家机关、事业单位部分人员工资进行套改。在生产发展的基础上，人民生活进一步得到改善。是年，城市居民人年均可支配收入858元。

1987年，全区贯彻省改革劳动制度的实施细则，进一步推行劳动合同制，并开始按规定缴纳合同制工人养老保险基金和国营企业职工待业保险基金，市区居民平均每人可用于生活费的收入为945元。1990年贯彻执行中央治理整顿、深化改革的方针，落实坚持总量控制、调整紧缩力度的一系列措施，取得明显成效，人民生活水平继续提高，城市居民人均年生活费收入达到1357元。

从1993年起，新的财政体制改革、企业改革、实行全员劳动合同制、发展个体私营经济等各项改革全面展开并取得重大突破。一方面使居民收入总体增长迅猛，且个体劳动收入及工资收入外的其他劳动收入、财产收益明显增多；另一方面地区、行业之间的收入差距拉大，特别是下岗职工收入下降。1994年起，国家连续几次提高机关、事业单位工作人员的工资标准及档次，地直与各县（市）供养人员工资收入开始有差距，并有进一步拉大的趋势。2011年，城市居民人均可支配收入达19771元，比1986年增长22倍。政策性因素是城市居民收入增长的主要原因，城市居民社会保障制度建设力度的逐步加大及保障标准的提高，也促进了居民收入的增长。

1986—2011年德州市（地区）城市居民收入情况表

表35-1

年份	平均家庭人口（人/户）	平均就业人口（人/户）	年人均可支配收入（元）	年份	平均家庭人口（人/户）	平均就业人口（人/户）	年人均可支配收入（元）
1986	—	—	858	1991	3.30	1.89	1589
1987	—	—	971	1992	3.19	1.80	1838
1988	—	—	1118	1993	3.15	1.79	2286
1989	—	—	1301	1994	3.36	1.98	2806
1990	3.19	1.68	1357	1995	3.34	1.99	3416

续表 35-1

年份	平均家庭人口（人/户）	平均就业人口（人/户）	年人均可支配收入(元)	年份	平均家庭人口（人/户）	平均就业人口（人/户）	年人均可支配收入(元)
1996	3.37	2.04	3841	2004	3.02	1.95	8049
1997	3.22	2.04	4133	2005	3.00	1.87	9056
1998	3.21	2.05	4282	2006	2.97	1.83	10257
1999	3.10	1.93	4669	2007	2.96	1.92	12392
2000	3.08	1.99	5114	2008	2.95	1.88	14545
2001	3.08	1.90	5757	2009	2.92	1.87	15706
2002	2.99	1.96	6394	2010	2.93	1.85	17410
2003	3.00	1.92	7019	2011	2.82	1.74	19771

二、消费

1986—1990年，全区农副产品有效供给增加，连续几次为职工增加工资，为城市居民消费水平提高奠定了基础。食品消费中副食品的消费量进一步增大；衣着消费水平大幅度提高，改变了颜色单调、款式单一、质地差的状况；彩电、电冰箱、洗衣机等高档家庭日用耐用消费品大量增加；文化娱乐用品消费提上日程；家庭装修从无到有。1990年，城市居民人均消费支出达到1285元，其中副食品支出625元、衣着商品支出421元、文化娱乐用品支出239元。

1991—1995年，随着社会主义市场经济体制的确立，农副产品供应量进一步增加，品质进一步提高；商品流通体制趋于完善，全面放开了粮食购销价格及副食品价格，商业网络更加健全，相继建成了一批商贸市场，市场价格机制基本形成。此时期，食品消费中肉、蛋、奶、水产品的消费量增幅较大；衣着消费在大幅提高的同时，开始追求美观、舒适、新潮；彩电、电冰箱、洗衣机等日用耐用消费品继续保持较大增幅，文化娱乐耐用消费品支出进一步增加；教育支出、医疗保健支出、居住支出随着教育体制、医疗卫生体制、住房制度改革，增长迅猛。1995年，城镇居民人均消费支出2432.42元。其中，食品消费1286.68元，衣着支出415.50元，日用耐用消费品支出240.87元，教育文化娱乐服务支出176.62元，医疗保健、居住、交通及通信支出分别为74.19元、167.86元、70.70元。

1996—2011年，随着改革开放的深化，市场经济不断发展，商品极大丰富，人们的生活观念也开始发生变化，城市居民的消费需求由以满足生存需要为中心的必需品消费阶段逐步向满足发展需求和享受需求的非必需品消费阶段过渡。饮食方面，人们不只讲求吃饱，更讲究吃好。副食中粗菜销量减少，精细菜增多，肉、禽、蛋、鱼、奶上升，膳食结构和营养结构有所改善，营养水平显著提高。衣着消费开始趋向成衣化、时装化，质量向中、高档发展。耐用品方面，在短短的十几年中，从自行车、收音机、缝纫机、手表“老四件”，发展到彩电、摩托车、冰箱、洗

衣机、音响、空调、电话、电脑等,主要家电消费品在城市居民家庭中被频繁更换;家用汽车开始进入居民家庭,出门坐出租车已成普遍现象。随着通讯网络的快速发展,人们对现代化通信的要求越来越高,住宅电话的普及和手机拥有量的迅速增加,宽带网络的开通,丰富了居民的物质文化生活,上网成为居民家庭通信消费的新内容。至2011年年底,德州市城市居民年平均消费12347.28元。其中,食品支出4316.27元,衣着支出1458.08元,家庭设备用品及服务支出828.77元,医疗保健支出825.97元,交通和通信支出1743.16元,教育文化娱乐服务支出1715.3元,居住支出1459.73元。

1993—2011年德州市(地区)城市居民年人均消费支出情况表

表35-2 单位:元

年份	年人均消费总支出	其中						
		食品	衣着	家庭设备用品及服务	医疗保健	交通和通信	教育文化娱乐服务	居住
1993	1610.41	862.70	309.69	111.57	19.18	33.83	179.33	94.11
1994	1918.58	985.60	343.68	170.88	64.58	84.79	119.33	149.72
1995	2432.42	1286.68	415.50	240.87	74.19	70.70	176.62	167.86
1996	3119.20	1325.50	546.20	306.20	158.30	173.90	386.50	222.60
1997	3355.88	1462.30	580.80	298.99	157.60	162.99	391.40	301.80
1998	3380.79	1403.82	495.09	401.85	171.54	185.39	470.96	252.14
1999	3633.44	1406.18	516.60	354.02	188.43	213.81	663.90	290.50
2000	4017.71	1438.63	528.66	544.83	200.18	248.30	749.13	307.98
2001	4209.24	1453.70	552.22	533.15	264.98	362.26	684.85	358.08
2002	4611.84	1641.12	642.96	413.04	277.20	431.28	735.00	471.24
2003	4981.05	1738.04	734.24	396.63	258.98	575.20	843.54	434.42
2004	5628.40	1959.91	870.65	445.69	310.13	604.04	943.27	494.71
2005	6513.16	2164.29	889.33	380.85	436.79	887.10	1160.20	594.60
2006	8168.93	2711.65	1091.22	526.29	624.06	1175.57	1201.97	838.17
2007	8249.32	2736.60	1172.1	589.33	482.12	1052.65	1480.5	736.02
2008	9255.41	3194.59	1239.57	613.59	527.55	1109.74	1580.17	990.2
2009	9814.42	3549.32	1284.67	670.42	587.19	994.74	1724.73	1003.35
2010	11267.03	3804.32	1461.04	785	582.95	1634.12	1593.72	1405.88
2011	12347.28	4316.27	1458.08	828.77	825.97	1743.16	1715.3	1459.73

1990—2000年德州市(地区)城市居民百户家庭拥有贵重耐用消费品情况表

表35-3

品名	单位	年份										
		1990	1991	1992	1993	1994	1995	1996	1997	1998	1999	2000
成套家具	套	93	96			38	63	64	64	73	82	90
摩托车	辆	5	3	3	5	6	8	10	14	19	27	33
自行车	辆	253	237	248	261	283	271	281	280	297	301	299
洗衣机	台	69	81	81	81	92	87	92	92	93	94	95
电冰箱	台	24	59	69	68	59	192	73	73	77	79	81
彩色电视机	台	48	87	85	86	91	93	95	99	104	110	123
影碟机	台	—	—	—	—	—	—	—	2	13	24	37
家用电脑	台	—	—	—	—	—	—	—	2	2	2	7
照相机	架	11	19	28	24	9	29	30	34	34	43	38
微波炉	台	—	—	—	—	—	—	—	3	4	4	6
空调	台	1	1	2	2	2	8	10	11	16	21	42
抽油烟机	台	—	—	—	6	12	31	32	47	58	62	64
固定电话	部	—	—	—	—	—	—	—	—	—	12	15
移动电话	部	—	—	—	—	—	—	—	—	—	3	10

2011年德州市城市每百户居民家庭主要耐用消费品拥有量情况表

表35-4

消费品名称	单位	数量	消费品名称	单位	数量
钢琴	架	2	摄像机	架	7
微波炉	台	42	照相机	架	61
电冰箱	台	99	空调	台	170
消毒碗柜	台	5	固定电话	部	60
淋浴热水器	台	98	移动电话	部	238
洗衣机	台	96	健身器材	套	11
彩色电视机	台	117	助力车	辆	99
组合音响	套	19	摩托车	辆	17
家用电脑	台	80	家用汽车	辆	14

三、生活条件

1986 年以后,德州地区城市居民家庭人均住房使用面积不断增多。大部分家庭有独用自来水,其余使用公用自来水。1979 年 2 月,德州市燃气公司成立,开始供应液化气,居民生活由蜂窝煤生火做饭逐步改用清洁方便的液化气。1986 年城区供应用户达 8500 余户。1990 年,液化气供应用户 2.1 万余户。同时,开始出现私人经营液化气站,液化气敞开供应。1996 年 5 月 18 日,德州市天然气通气点火,开创山东省第一家城区居民使用管道天然气的先例。100% 的居民户使用管道煤气和液化石油气;蜂窝煤炉被彻底淘汰,居民使用煤火做饭成为历史。

2004 年,城市居民人均居住面积 13.4 平方米,较上年增长 8.1%。2011 年,城市居民人均住房面积 32.55 平方米,是 2004 年近 2 倍半。

第二节　农村居民生活

一、收入

1986—1992 年是农村居民收入快速增长阶段。其间,全区农业继续推行联产承包责任制,调整产业结构,农产品价格逐步放开。农村经济开始从单一农业经济向多种经济发展转移,乡镇村办企业异军突起,快速发展,农村劳动力逐步向非农转移。农民人均纯收入由 1986 年的 465 元增至 1992 年的 579 元。

1992—1998 年是农村居民收入高速增长阶段。其间,全市(区)农村产业结构调整加快,发展高产、优质、高效农业,加强农村基础设施建设,农业抗御自然灾害的能力有所加强。乡镇村办工业迅猛发展。部分富余劳动力开始投入镇办、村办企业务工,从此农民拥有了工资性收入。农民人均纯收入由 1992 年的 579 元增至 1998 年的 2248 元。

1998—2011 年是农村居民收入稳步增长阶段。其间,调整和扶持农村经济的主导产业、支柱产业,把提高农业生产效益和提高农民收入作为出发点和落脚点,依靠科技进步、技术创新以及政策引导等措施,大力扶持农村龙头企业、民营企业等重点行业,农业结构调整向规模生产、品质提高、效益增长的深层次展开,农民收入保持稳步增长。农民人均纯收入由 1998 年的 2248 元增至 2011 年的 8350 元。

1986—2011 年德州市(地区)农村居民人均收入情况表

表 35 - 5　　　　单位:元

年份	人均总收入	工资性收入	家庭经营收入	财产性收入	转移性收入	人均纯收入
1986						465
1987						514
1988						534
1989						593
1990						563
1991						647
1992	1020.57	43.10	933.09	1.59	42.79	579
1993	1271.78	48.30	1160.07	23.05	40.36	798

续表 35－5

年份	人均总收入	工资性收入	家庭经营收入	财产性收入	转移性收入	人均纯收入
1994	2023. 36	120. 80	1843. 88	26. 64	32. 04	1148
1995	2709. 56	143. 83	2505. 80	27. 26	32. 67	1463
1996	3133. 83	196. 70	2860. 82	32. 02	44. 29	1824
1997	3439. 08	300. 25	3044. 54	43. 46	50. 83	2057
1998	3575	301	3149. 24	58. 49	66. 27	2248
1999	3585. 86	459. 31	2991. 42	58. 03	77. 10	2350
2000	3780. 21	498. 41	3133. 55	54. 49	93. 76	2491
2001	3739. 36	549. 30	3057. 35	21. 97	110. 74	2602
2002	3719. 57	845. 91	2759. 67	34. 87	79. 12	2735
2003	4078. 21	1128. 99	2747. 82	150. 21	51. 19	3005
2004	4506. 98	1232. 43	2926. 72	285. 80	62. 03	3380
2005	4964. 57	1458. 64	3291. 52	147. 13	67. 28	3800
2006	5568. 36	1618. 84	3764. 20	95. 51	89. 81	4279
2007	6390. 73	1904. 74	4258. 91	117. 47	109. 61	4986
2008	7265. 33	2200. 87	4802. 75	103. 14	158. 57	5659
2009	8170. 35	2871. 49	4946. 03	166. 86	185. 97	6138
2010	8888. 49	2858. 01	5760. 42	49. 03	221. 03	7028
2011	11033. 44	3714. 92	6972. 66	87. 03	258. 83	8350

农民收入结构进一步优化。广大农民除保障种植、养殖业提质增收外，越来越多的农村劳动力向二产、三产转移，使得工资性收入和经营性收入成为农民总收入的主体。一是农民工资性收入逐渐成为农村居民收入的主要来源。至2011年，农民人均工资性收入3714.92元，比1986年增长9倍，占农民总收入构成比重由1986年的32.8%上升至54.7%。二是农民家庭经营收入增长快。农民家庭经营总收入从1986年的373.08元增至2011年的6972.66元，增长2.7倍，占农民总收入构成比重由1986年的61.6%下降至37.6%。三是农民其他非生产性收入增幅大。由1986年的34.11元增至2011年的258.83元，增长6.6倍。

从分布地域看：夏津、庆云两县增幅快于其他县（市、区），但绝对水平仍然偏低。夏津县1986年农民人均纯收入381.78元，2011年为8239.12元，增加7857.34元，增长1960%，高

出全市平均增幅306个百分点；庆云县1986年农民人均纯收入269.98元，2011年为8222.02元，增加7952.4元，增长2845%，高出全市平均增幅1193个百分点。两县农民人均纯收入增幅远远大于其他县市，但其人均收入绝对值却较全市平均水平小。2011年，夏津、庆云两县农民人均纯收入分别比全市平均水平少110.43元、127.53元。

1986年和2011年德州市(地区)各县(市、区)农民收入情况表

表35－6

区县	人均总收入(元)		人均纯收入(元)	
	1986年	2011年	1986年	2011年
全市	681.14	11033.44	465.11	8349.55
德城区	1013.81	10847.88	753.13	8558.63
乐陵	644.42	11747.97	429.60	8316.26
禹城	775.16	11240.33	543.76	8349.89
齐河	731.01	11152.37	488.02	8442.92
临邑	610.64	11134.55	394.22	8433.54
平原	805.08	10291.98	569.32	8351.58
夏津	578.86	12116.17	381.78	8239.12
武城	763.88	10648.01	462.16	8335.07
宁津	630.54	11067.09	419.05	8441.91
陵县	870.26	10854.76	556.94	8338.33
庆云	454.16	8979.93	269.98	8222.02

二、消费

1986—1992年，随着农村承包经营责任制的进一步完善，以及乡镇企业异军突起和多种经营收入的增加，加之商品流通体制的改革，农村居民的消费水平有较大幅度的提高。这一阶段，农民的食品消费开始由“吃饱”向“吃好”转变，食品消费支出结构有明显改善；衣着改变了色泽单调、款式单一的状况；自行车、收音机、缝纫机、手表、钟表等耐用消费品已普及，黑白电视机、电风扇等大量进入农村家庭；为进一步扩大生产、改善生产条件，家庭经营支出进一步增加，役用大牲畜增幅较大，农业机械、农村用电量、化肥使用量保持较快增长。1992年，农村人均生活消费支出449元。每百户拥有自行车192辆、电风扇93台、电视机86台，其中彩电11台，洗衣机50台，电冰箱2台，收录机19台，摩托车3辆。

1993—1998年，全市在实施农业综合开发、发展“两高一优”农业的同时，推进乡镇企业二次创业，乡镇企业得到迅猛发展，农民收入快速增长，农民生活消费水平得到快速提高。这一阶段，全市农村在全面解决温饱的基础上，农民开始快速向小康生活迈进，食品消费结构进一步优化；彩电、电冰箱、洗衣机等日用耐用消费品越来越多地进入农村家庭；居住条件明显改善，砖瓦结构、钢筋混凝土结构房屋比例增大；农业生产经营投入进一步加大，大型工业机械、运输机械、生产用房大幅度增加。1998 年，农村居民每百户拥有自行车 203 辆、缝纫机 88 台、电风扇 142 台、彩电 24 台、洗衣机 14 台、电冰箱 7 台、摩托车 19 辆。

1999—2011 年，全市实施农业产业化经营，农村产业结构进一步优化，乡镇企业改制，民营企业、龙头企业快速发展，吸纳农村劳动力的能力得到进一步增强，农民收入稳步增长，消费水平又有新的提高，消费结构进一步优化，生活环境和社会保障制度得到改善。2011 年，全市农民人均生活消费支出 4142 元，增长 36.1%。其中，食品支出 1531 元，增长 10.8%；衣着支出 286 元，增长 5.2%；居住支出 710 元，下降 8.0%；交通和通信消费支出 586 元，增长 13.3%；医疗保健消费支出 433 元，增长 19.1%；文教娱乐用品及服务支出 226 元，增长 8.2%。农村居民人均居住面积 37 平方米，增长 12.5%。

2011 年德州市农村每百户居民家庭主要耐用消费品拥有量情况表

表 35－7

消费品名称	单位	数量	消费品名称	单位	数量
家用电脑	台	19	空调器	台	34
电冰箱	台	83	固定电话	部	53
排油烟机	台	8	移动电话	部	171
热水器	台	53	助力车	辆	169
洗衣机	台	88	摩托车	辆	54
彩色电视机	台	92	汽车	辆	4
照相机	架	4			

三、居住条件

1986—2011 年的 26 年间，全市（区）农民居住条件明显改善。砖木结构逐步代替土木结构，以石砌墙基、红砖墙体、红瓦盖顶，前出厦或“锁皮厅”式样为主（“锁皮厅”一般格局为 5 间正房，中间 3 间前出 1～1.5 米厦檐，厦檐由 2 根支柱支撑，两头两间屋前出 1～1.5 米，各有门东西相对与厦檐下走廊相通），少数富裕户盖起二层楼房，内外装修考究。自 2008 年起，全市开始实施“两区同建”，通过合并村庄、建新型社区，打造出洪州、华中、南北、宣章等一批全国有影响的农村社区。到 2011 年，全市社区开工建设总数已达 959 个，10.2 万户农民告别有生以来居住的平房，搬进阳光通照的新楼房。

1986—2011 年德州市(地区)农村居民住房情况表

表 35 - 8

年份	人均用于住房支出(元)	人均居住面积(平方米)	年份	人均用于住房支出(元)	人均居住面积(平方米)
1986	—	—	1999	163. 24	28. 38
1987	53. 09	19. 84	2000	163. 84	28. 19
1988	61. 00	22. 21	2001	234. 90	27. 17
1989	67. 40	22. 22	2002	255. 57	27. 22
1990	62. 30	22. 20	2003	221. 22	28. 15
1991	71. 69	24. 00	2004	249. 91	29. 03
1992	66. 69	24. 72	2005	300. 76	31. 17
1993	34. 52	25. 25	2006	327. 15	29. 61
1994	68. 64	24. 13	2007	417. 55	30. 22
1995	100. 24	26. 70	2008	553. 14	31. 67
1996	210. 45	27. 54	2009	563. 35	32. 89
1997	139. 55	27. 29	2010	512. 38	34. 16
1998	128. 51	27. 51	2011	710. 04	37. 18

第二章　风　俗

德州居民以汉族居民为主,习俗与其他民族有差异。随着时代的发展,文化的交融,各族人民互相尊重,兼容并蓄,相互影响,共同形成了具有特色的地方风俗。

第一节　生活习俗

服饰　1986 年以后,服饰变化态势是趋于时装化、时尚化、同质化。服装鞋帽款式逐渐增多,饰品不断普及和高档化。

服装　80 年代中期,男式对襟上衣和勉腰裤子在农村已少见。女式大襟上衣仅见于农村老年妇女。4 个兜的灰色中山装和仿军装便服开始流行,到 90 年代中期,渐渐消逝。西服、各式夹克等成为男式服装的主流款式。紧身裤、桶裙、裙裤开始在年轻女性中间流行。男式夏秋装以短袖褂(裤)居多,城市女性流行穿裙子为多。青年人永远引领时装潮流。这期间,喇叭裤、牛仔装开始在青年中流行。喇叭裤很快退出市场。牛仔裤经过演变,成为青年和中年男性的流行时装。春秋时节，前漏肚脐、后露腰际时装曾一度在时尚女青年中流行。由牛仔装演变来的露腿露肘的乞丐服，成为一些青年女子酷爱，流行不衰。轻便实用的各式夹克服装仍是农村和普通城市居民的主要服装。西装革履被称为正装，多为党政机关工作人员穿着。

80年代后兴起各式各样的羽绒服，轻便保暖，很快普及开来，成为男女老少皆宜的过冬服装。

鞋帽　20世纪80年代中期至今，先后流行穿塑料底松紧口布鞋、网球鞋、皮鞋（三接头、平面等）等。秋冬季节，女式高腰马靴曾一度受到女士们的青睐。到2011年，轻便式塑胶泡沫鞋，以其轻松便捷透气成为主流鞋款式。如今手工制作的鞋袜已很少见。

传统的羊肚子毛巾包头仅见于夏津、武城、平原一带老年男性。城市中老年男性流行戴鸭舌帽、前进帽，女性绒线帽和围巾。带帽子的羽绒服流行后取代了棉帽，秋冬时节戴帽子的人群大为减少。

饰品　80年代中期起，以珍珠为代表的各式各样的饰品开始在年轻女士中间风行。90年代末期黄金戒指和黄金项链逐步成为青年人结婚的定情物。价格在上千、几千甚至上万元不等。

饮食　80年代起，人们饮食结构实现了由吃饱向吃得好、吃得健康转变。

主食　农村主食由玉米、大豆等逐渐改为以面粉为主，辅之以小米、玉米、大豆和绿豆等粗粮。同时，食用大米饭的人群开始增多，尤其是东北大米很受欢迎，价格远超面粉。小麦面粉、东北大米已成为城乡人们的主食。最具地方特色粗面子窝窝头、大饼子等不再作为主食，成为人们改善口味、怀念过去、追求健康的补充食品。小米稀饭和小米粥、玉米粥仍是最受欢迎的辅助饭食。

副食　肉蛋奶开始进入普通人家的餐桌。肉食以猪肉为主，随着人们的健康意识增强，减少脂肪摄入，开始多食用羊肉、牛肉和鸡肉。佐餐的咸菜已经由自行腌制的大萝卜改为各式各样的小菜和豆腐乳、臭豆腐等。食用油从散装棉籽油、豆油变成了桶装品牌豆油、花生油等。夏津、武城等产棉区有食用精炼棉籽油的习惯，后来也大都改食用桶装豆油、花生油等。各类应时蔬菜和跨季节蔬菜，成为日常人们餐桌上必不可少的菜品。初春时节的荠菜、苦菜、马齿苋等各种野菜被视为健康食品重回餐桌

改革开放带来的人口流动，促进了饮食文化的相互交流融合，外地饮食、菜系、菜品陆续进入德州市境域，川菜、淮扬菜、涮锅和陕西泡馍、山西肉夹馍、兰州拉面、新疆羊肉串等改变着人们的饮食结构和口味。辣味川菜的逐渐改变着当地人嗜咸口重的饮食习惯。

小吃　在城镇，大多数青年人的早餐不再自炊，而是到便利早餐店、地摊吃早餐，老豆腐、油条、豆浆、羊汤、蒸包、拉面等各式地方小吃成为早餐的首选。德州名吃羊肠子是冬季德州人的偏爱，经久不衰。

另外，举办婚宴、待客招待以往多自家操办，后来到饭店、酒店点菜置办酒席宴。同时，也出现了浪费现象，尤其是各饭店大量的剩饭剩菜被当做垃圾倒掉，造成浪费。1990年代饮酒之风渐起，特别是2000年前后，消费档次越来越高，上百元、几百元一瓶的白酒司空见惯。

起居　在农村，三世四世同堂，父子两代同院居住状况已很少见。小家庭大多是独门独院。房屋由土坯房逐渐换成了砖瓦房四合院。1990年以后农村出现二三层楼房。水、电、路、电视、通信等一应俱全。流传上千年的土炕只有老年人在使用，中青年人大都换成各式各样的木床。2010年实行新农村建设，各县市部分村庄统一修建四层以上楼房。有的人家为了孩

子读书，或舒适在市区或城镇购买楼房。2011年农村居民人均居住面积达到37平方米。城市居民人均住房建筑居住面积32.55平方米。

出行　2011年前后，全市80%的农村实现村村通公路，通公交车。以往村内“晴天洋灰路，雨天水泥路”的土路代之以通柏油路。人们出行逐渐由步行相继改为自行车、摩托车、电动自行车，部分人家购置小轿车。远途出行乘长途大巴、火车、高铁、飞机已是寻常之举。

游玩　民间传统娱乐消遣方式有纸牌、象棋、扑克、钓鱼、跳广场舞等。纸牌多是老年妇女用于消遣，象棋多为男士对弈取乐。扑克是年轻人玩耍的游戏。钓鱼多是时间充裕者的爱好。

90年代兴起以中老年妇女为主体的广场舞，很快风靡城乡。公园、广场、路旁空地甚至院落门前到处是舞场。伴随着粗犷震耳的音乐节奏，参与者少则十几人，多则几十人、上百人，翩翩起舞，乐此不疲，经久不衰。

旅游是1990年前后兴起的出游消闲活动。首先是年轻人利用假期就近游玩，后来发展到出省出国游。旅游已经成为人们的一种生活方式。机关单位人员借放假之际外出旅游，城市离退休老年人结伴出游成为一种生活常态。农村一些有条件的老年人也开始加入旅游大军行列。

第二节　节日习俗

德州市域流行的节日，与全国特别是北方的节日大同小异。多与祭祀、时令、节气和祈福相关，表现了人们对祖先的敬仰，对神灵的崇拜和对美好生活的向往。

众多节日中除春节外，大部分节日仅是一个简单程序和一次性仪式。随着社会的进步，一些节日神圣、庄严的气氛在逐渐淡化，团聚和吃成了节日不可或缺的内涵。如腊月初八的腊八粥、腊八蒜，腊月二十三的年糕、正月初一的饺子、正月十五的元宵、二月二的炒豆、五月端午的粽子、八月十五的月饼等。

为尊重民间习俗，国家还把春节、清明节、端午节、中秋节作为法定节日，给予一定假期，供人们过节团聚。

腊八节　习惯上把农历十二月称为腊月。腊月初八俗称“腊八”。有吃“腊八饭”（“腊八粥”）的习俗。是日，家家户户都要做腊八饭，喝腊八粥，用醋腌制“腊八蒜”，以备春节沾腊八醋吃饺子。今此习俗仍盛行。腊八节，也可以看做是春节的序曲。

小年（腊月二十三）　辞灶节。是日，家家卫生大扫除，扫房掸尘。晚上摆上香案，供糖瓜、粘糕之类甜食，发送“灶王爷”。将糖稀涂在“灶王爷”嘴上，祈求“上天言好事，下界保平安”，迎接春节的到来。如有亲人在外没有回家，一般要等到除夕夜家人到齐团圆时再发送“灶王爷”。此风俗在农村犹存。

春节　一般指农历腊月三十至正月初六这段时间。过年主要活动集中在除夕夜吃年夜饭、祭祀和守岁，正月初一吃饺子拜年，正月初二祭祖上坟等。初二过后，走亲会友。初五又称“破五”，吃完饺子，过年的器物收拾妥当收放起来，一切渐进正常。初六商家开门迎客，该外出的又要远行，过年结束。

元宵节　正月十五，亦称“上元节”，系年后的第一个民俗大节，有吃元宵、观花灯、耍社火、猜灯谜等习俗。进入20世纪80年代以后，白天，城区或重点村镇要举办踩高跷、敲架鼓、耍龙灯、舞狮子、跑旱船、驶走驴等多种民间传统艺术展演活动。元宵之夜，家家有悬挂花灯习俗。文化部门统一组织或企业赞助举办灯展和燃放焰火活动。

二月二　传说为“龙抬头”之日，又称龙翔节，标志着一年农事活动即将开始，有“打仓囤”、吃炒豆和男子剃头的习俗。“打仓囤”，祈求来年丰收，粮食满仓。吃炒豆，据说可以防止蝎虫蜇伤。民间有“正月不剃头，剃头死舅舅”的禁忌，“二月二”剃头，借取“龙抬头”之意。

清明节　二十四节气之一。在每年阳历4月5日前后。民间旧有“寒食”上坟祭祖，忌动烟火的习俗，“寒食”与“清明”相距时间太近，并称“清明节”。是日，人们上坟扫墓，祭祀祖先。此风至今盛行不衰。清明节这天，有关部门还要组织青少年为革命烈士扫墓活动，缅怀先烈，进行爱国主义和革命传统教育。2008年，国家将清明节确立为法定节日，放假一天。

端午节　俗称“五月节”“五月大五”，又称“端阳节”。国家法定节假日之一。相传是为纪念爱国诗人屈原，主要有吃粽子、赛龙舟等形式。本地旧有插杨柳、戴香包和插艾条、蒿草于门眉的习俗，以用来驱虫和祈求吉祥平安，此俗今已罕见。吃粽子是至今保留的习俗。

七夕节　又叫乞巧节，农历七月初七，又名“七巧节”。传说是牛郎织女鹊桥相会的日子。民间有摆供桌，女子乞求天上织女传授好女工的习俗。又有中国的“情人节”之说。

中秋节　农历八月十五，俗称“八月节”，“团圆节”。是仅次于春节的传统大节。时值中秋，花好月圆。中秋之夜，家人团圆，赏明月、吃月饼，寓意“人月两圆”。此习俗至今犹盛。2008年，国家将中秋节确立为法定节日，放假一天。

重阳节　农历九月初九，日月并阳，两九相重故名“重阳节”。旧有重阳节插茱萸、饮菊花酒、登高远望等习俗，今少见。1989年，国家将农历九月初九定为“老人节”“敬老节”。并确定为全国“敬老日”。重阳节来临之际，有关部门都要组织走访、慰问离退休老干部、百岁老人，举办老年文化、体育表演，组团到老年公寓演出等一系列活动。

寒衣节　俗称“鬼节”，每年农历十月一。俗语说“十月一，送寒衣”。此时寒气渐重，人们上坟时，要为逝去的亲人送寒衣，把纸糊的衣服、被褥与烧纸一同焚烧，谓“送寒衣”。此俗今畅行，且愈演愈奢华，由当初焚烧纸糊的衣服、瓦房楼阁、纸钱等，改为焚烧塑制仿真楼堂殿阁、自行车、汽车、各式各样的家用电器等现代化的冥品和仿真货币等，花费不菲。

如果远离家乡或出门在外不能回家上坟的人，则在当地十字路口划个圆圈，焚化纸钱，以示祭奠。此俗尚存。除此之外，每年农历七月十五各地也有上坟祭祖的习俗。

冬至节　俗称“冬节”，部分县市民间有吃饺子、吃馄饨和祭天祭祖的习俗。

第三节　喜庆习俗

祝寿　给老人祝寿习俗由来已久。一般人过六十岁才开始“做寿”。民间还有“六十六吃块肉”之说，闺女要买六块六毛钱猪肉给父母祝寿。祝寿大多为“逢十祝寿”，即每逢七十、八十、九十和一百岁时祝寿。另有“做九不做十”说法，逢整旬寿诞时，要提前一年“庆寿”。取“天长地久”之祥瑞。

祝寿时，寿星正襟端坐，逐一接受子女、孙子女及其他晚辈的叩拜。祈祷老人“福寿绵长”。寿礼有寿糕、寿面、寿桃等是必不可少的。21世纪以后，给老人“做寿”大都买个带“寿比南山”字样的奶油寿糕，点上蜡烛让寿星吹灭，晚辈们拍手齐唱“祝你生日快乐”歌，过一个中西合璧的庆祝寿诞日。

吃满月　指在孩子出生后满一个月，亲朋好友及族内的近亲属，祝贺吃酒席，称为“吃满月”。届时，孩子的外婆、妗子、姑姑、姨等至亲除到场外，还要送上诸如婴儿的裤、褂、鞋、帽，“绣花围嘴”“绣花兜兜”（兜肚）之类的贺礼。

过生日　是在孩子出生后满一岁、满三岁时，都要“过生日”。祖父、祖母或父、母，要送

“长命锁”。其他至亲仍然要送裤、褂、鞋、帽和玩具等类的贺礼。

第四节 婚嫁习俗

传统婚姻，讲究“门当户对”、“父母之命，媒妁之言”。随着时代的进步，婚嫁习俗也在逐步演变。男女婚姻自主，坚持喜事新办，喜事简办，履行法定结婚登记手续。

进入20世纪80年代以后，随着求学、工作和外出打工等人口流动，通婚圈越来越大，由原来的本村、附近村庄通婚，逐渐扩大到跨县、跨省，甚至出现了跨国婚姻。

在部分农村仍然保留着相亲、定婚、迎娶、婚典、回门等形式。形式背后是金钱物质的分量在不断加重。订婚要彩礼，结婚讲排场，成为双方特别是男方家庭的沉重经济负担。

定婚 新老婚俗结合的表现形式之一。既保留部分旧婚俗，又增添不少新内容。一般由男方作东举办。定婚地点和接待标准，前些年多在男方的家中，酒席档次按当地习俗和家境状况酌情而定。进入21世纪，发展为大多选在酒店。届时，女方父母与近亲属陪同前往，男方父母、婚姻介绍人、近亲属及头面人物，俱到场作陪。定婚仪式中，主要有两项内容。一为互换“定婚贴”（有的此前已办）；二是男方向女方赠送现金及戒指项链等见面礼。

婚礼 保留部分旧婚俗的同时，融入许多西方婚典的成分，渐渐形成如今时兴的、土洋结合的婚典新婚俗。在确认夫妻关系方面，必须在“娶亲”之前，到民政部门进行婚姻登记。在即迎亲的仪仗方面，1986年后经历了骑摩托车、拖拉机、面包车、轿车等阶段。车的颜色，初始皆选红色，后改为黑色或白色车辆。婚车车队有8辆、10辆、12辆不等。

婚礼地点，也经历了在男方家中和在饭店两个阶段。20世纪90年代之前，一般均在男方家中，且典礼仪式短小简洁，后来，农村与城镇出现差别，农村中除距城镇近者外，其余仍在家中。而城镇大多则在饭店举办，由婚庆公司包揽一切事务。婚礼期间，亲戚朋友入席，双方父母到场，证婚人发布证婚词，男方父亲表达感谢和祝福，新郎新娘互表誓言交换戒指。台上台下互动，气氛热烈、活跃，自始至终笑声不断。

第五节 丧葬习俗

传统丧葬习俗程序十分繁琐。自20世纪80年代中期实行殡葬改革，推行火化制度以后，丧葬习俗已大大简化。丧葬活动称“丧事”或“白事”，由专门的班子来承办，后来被称作“红白理事会”。在城市，尸体火化后多将骨灰葬于公共墓地，并树立墓碑。在农村，尸体火化之后，仍将骨灰按旧俗治丧，沿袭了停灵、守灵、送盘缠、出殡等传统习俗和仪式。农村葬于自家墓地，堆土成丘。90年代后，陆续有树碑者。

第三章 少数民族

1990年第四次人口普查时，全区共有少数民族39个，总人口66009人，占全区总人口的1.29%。2010年第六次人口普查时，全市有少数民族45个，总人口80369人，占全市总人口的1.43%。

1984年,建立德州地区民族宗教事务处,具体负责少数民族事务工作。1991年撤销地区民族宗教事务处,组建地区民族事务委员会。1996年10月,撤销民族事务委员会,组建民族宗教事务局。2004年,市民族宗教事务局被国务院授予“全国民族团结进步先进集体”称号。

1986年,按照上级有关政策,对在“文化大革命”时期由城镇居民转为农村户口的少数民族284户、953人办理了“农转非”。同年11月,建立禹城县十里望回族乡。1988年,禹城县十里望回族乡党委、政府被国务院授予“全国民族团结进步先进集体”荣誉称号。

1993年起,地区及县(市)两级财政从预算中专门列支少数民族经济扶持资金,并随着财政收入增长而逐年递增。1995年,市政府批转市民族宗教局《关于对清真食品经营企业加强管理的报告》,对124家清真企业和224家个体企业颁发清真食品经营许可证。2000年“阳信事件”发生后,各级党委、政府及民族工作部门深入到村、清真寺,向阿訇和回族群众宣传党和国家的方针政策,控制事态蔓延。

2001年,市委、市政府成立以分管负责人及统战、组织、宣传、民族宗教等15个部门参加的民族事务协调委员会。同年,将每年10月定为“民族团结进步宣传月”。

2002年,市委、市政府制发《关于进一步加强和改进民族宗教工的意见》,实行领导干部联系重点村和工作组包驻重点村制度,并确定98个回族村为市县乡领导干部工作联系点或派驻工作组驻村。

2004年,制发《关于加强全市民族村(居)民主法制建设的实施意见》,在全市民族村(居)集中开展创建“平安民族村居”活动。年内,20个模范村(居)受到市委、市政府的表彰,德州市民族宗教事务局被国务院表彰为全国民族团结进步先进集体。

2006年5月,全省建立民族工作长效机制建设经验交流会在德州召开,推广德州市民族工作长效机制建设经验。

2008年,开展“民族团结进步和谐乡(镇)村(居)社区”创建活动,当年3个乡(镇)村(居)社区荣获称号。2009年,市委、市政府出台《德州市关于深入开展民族团结宣传教育活动的实施意见》。2011年10月,在临邑清真寺建成市民族团结进步宣传教育基地。

1986—2011年,全市各级政府不断加大对少数民族的财政支持,用于少数民族发展生产、文化教育、医疗卫生等社会事业。

第一节 构成与分布

一、构成

德州是全国少数民族杂居、散居重点地区之一。1990年第四次人口普查时,全区共有少数民族39个,分别为回族、满族、白族、壮族、苗族、彝族、傣族、藏族、黎族、瑶族、佤族、畲族、水族、土族、怒族、京族、羌族、侗族、蒙古族、土家族、布依族、哈尼族、朝鲜族、傈僳族、高山族、拉祜族、东乡族、纳西族、仫佬族、布朗族、毛南族、仡佬族、锡伯族、达斡尔族、俄罗斯族、哈萨克族、维吾尔族、鄂温克族、鄂伦春族等,总人口47628人。(参见第三编第一章第二节人口构成)

2000年第五次人口普查统计,全市有少数民族32个,分别为回族、满族、白族、壮族、苗族、彝族、傣族、藏族、黎族、瑶族、佤族、畲族、土族、羌族、侗族、蒙古族、土家族、布依族、哈尼族、朝鲜族、傈僳族、拉祜族、景颇族、纳西族、达斡尔族、独龙族、怒族、仡佬族、哈萨克族、维吾尔族、鄂温克族、鄂伦春族等,总人口67474人,较1990年增长41.67%。(参见第三编第一章第二节人口构成)

2010年第六次人口普查时，全市有少数民族45个，分别为回族、蒙古族、朝鲜族、满族、苗族、彝族、壮族、俄罗斯族、布依族、藏族、维吾尔族、侗族、瑶族、白族、土家族、哈尼族、哈萨克族、傣族、黎族、傈僳族、佤族、畲族、裕固族、高山族、拉祜族、水族、东乡族、纳西族、景颇族、基诺族、塔塔尔族、土族、达斡尔族、仫佬族、羌族、布朗族、独龙族、仡佬族、锡伯族、阿昌族、鄂温克族、京族、怒族、鄂伦春族、赫哲族，总人口74226人，较2000年增长10%。（参见第三编第一章第二节人口构成）

二、分布

德州市的少数民族以“大分散、小集中”的特点分布在各县（市、区），主要居住在102个民族村（居）和城区街道。在各少数民族中，回族人口最多，2010年达到74785人，占少数民族人口的93%。回族人口最多的县是陵县，有25400人，纯回族村有28个；其次是临邑县，有13961人，纯回族村有13个；禹城市十里望回族镇是全省4个少数民族镇之一，该镇有9个村均是回民村。满族人口有3380人，在少数民族中排第二位，主要分布在德城区、禹城、临邑、庆云等县（市、区），分别有2584人、129人、107人、108人，其余县均不足百人。百人以上的少数民族有：蒙古族650人，壮族195人，白族144人，瑶族140人，朝鲜族137人。

2011年德州市少数民族基本情况统计表

表35－9　　　　单位：人、个、所

县（市、区）	少数民族人口	回族人口	纯回族村（居）	50%以上的村（居）	50%～30%村（居）	30%以下村（居）	民族小学	民族中学
德城区	10945	7777	—	2	2	1	1	
禹城市	7347	7090	13	16	1	2	2	1
乐陵市	1018	925	1	—	—	—	1	—
宁津县	3303	3182	2	2	1	1	5	1
齐河县	2925	2615	1	3	3	—	1	—
陵　县	25914	25400	28	10	2	16	10	—
临邑县	14207	13961	13	19	1	6	6	—
平原县	6015	5743	5	5	—	6	2	—
武城县	4103	3931	1	7	—	2	—	—
夏津县	420	207	—	—	—	5	—	—
庆云县	4172	3954	3	2	1	2	—	—
合　计	80369	74785	67	66	11	41	30	2

注：此表由市民族宗教局提供

第二节　少数民族经济

1986年后，各级党委、政府始终把发展少数民族经济作为贯彻落实党的民族政策出发点和落脚点。1986年5月，地区行署召开全区发展民族经济经验交流会。1988年10月，全省畜牧养殖加工现场会在禹城县召开，推广禹城县发展少数民族畜牧养殖经验。1989年9月，地区民族宗教事务处组织乐陵、齐河、夏津等县（市），分别参加在南斯拉夫举办的诺维萨德第56届国际农业博览会和在北京举办的全国少数民族用品暨名优产品展销会。至1994年年底，畜牧养殖业成为少数民族群众优势产业，人均收入达到800元，有12个少数民族村人均收入超过1200元，工副业收入已占少数民族人均收入的50%以上。

1995年，争取省民委扶持资金30多万元，周转金20万元，用于帮助部分民族村发展经济。临邑县营子乡高家村在省民委扶持4万元的基础上，县乡及有关部门扶持近百万元，帮助高家村建起综合开发小区，其中开挖鱼塘120亩、造田200亩、建黄牛良种站一处、建牛（羊）舍29套、建青贮池13个。1997年，全年争取上级无偿扶持少数民族经济发展资金8万元，扶贫周转资金40万元，帮助陵县东白村引进小尾寒羊60只，并建立“鲁北小尾寒羊养殖基地”。1998年，确定10个人均收入在1000元左右的村为重点帮扶对象，并争取省民委把工作联系点放在禹城县十里望回族乡。1999年，全年引进扶持资金140万元，帮助武城地毯厂、庆云渤海帽厂两个少数民族定点企业扩大减息贷款规模500万元。2000年，省市共同投资16万元，在平原县建立小尾寒羊养殖基地。2001年，投资20余万元在市园林处苗圃内建立集良种繁育、种羊饲养、疫病防治为一体的兴绿原杂交改良羊繁育基地，并以此为依托成立德州市小尾寒羊发展协会。

2003年，成立德州市少数民族经济发展促进会，组织召开民族经济经验交流会暨第一次代表大会。2004年12月，武城县获中国轻工业联合会、中国少数民族用品协会授予的“中国民族毯业城”称号。2005年，组织民贸经济考察团赴西部考察；邀请西部城市经济考察团到德州市民品定点企业考察。2007年，3家民品企业被认定为“十一五”期间全国少数民族特需用品定点生产企业，全市民品企业增至7家，享受国家减息贷款额由5亿元增至10亿元，每年可享受国家贷款贴息2800多万元。2009年，通过增加政策性银行贷款，扩大贷款规模，对陵县糜镇等11个重点民品企业项目进行帮扶。2010年，启动民族村（居）太阳能集中洗浴工程，年内有4个回族村解决了太阳能洗浴。2011年，同年，102个民族村人均收入略高于全市平均水平。

第三节　社会活动

1987年4月，成立德州地区少数民族书画协会。年内，回族作者强会合的阿文作品在晋京展览期间被民族文化宫代国家收藏。1988年10月，成立德州地区少数民族教育研究会。1991年，地区民委出版反映少数民族风土人情的刊物《德州少数民族》。1992年，创办《民族文化报》。1993年，宁津县长官镇回族中学被省教委、省民委、省人事厅授予“山东省民族教育先进集体”称号，9位少数民族教师获得“山东省民族教育先进个人”称号。

1995年，组队参加山东省第四届少数民族传统体育运动会，获第一名1个、第三名1个、第六名1个，及摔跤银牌、铜牌各1块。1996年，组织参加全省首届少数民族文艺汇演和书

画展览，在参展的9幅书画作品中，获得一等奖2个、二等奖1个、三等奖2个。2000年，组织参加第二届山东省少数民族文艺调演，获一等奖1个、二等奖2个、三等奖3个，优秀奖2个。2004年，设立德州市民族教育希望工程基金，首批捐助35名中小学生。2005年，协调民品企业出资45万元，帮助庆云县杨庄子小学新建教学楼、平原县沙庄小学校舍改造，帮助陵县糜镇李家寺回族村建起文化大院。同年，配合市民族教育希望工程基金按计划救助第二批35名少数民族贫困学生。2006年，对第三批少数民族贫困学生进行救助。

2007年4月25—28日，承办第七届山东省少数民族传统体育运动会，全市共有40名运动员参加各项比赛，共获得4枚金牌、5枚银牌、4枚铜牌和男子武术短器械一等奖；金牌总数在全省18个代表团中列第三名。

2008年，争取上级少数民族教育专项资金50万元，帮助13所民族中小学改善办学条件。2010年，先后向齐河、平原、庆云等县14名家庭困难学生实施援助。2011年10月，帮助陵县部分回族村完善了文化大院基础设施。同年，组织参加全省第八届少数民族传统体育运动会，获3金1铜和表演赛一等奖。

第四章　宗　教

1986年，全区有基督教、天主教、伊斯兰教3种宗教。1990年后，佛教、道教活动开始恢复兴起。至2002年，全市依法登记的宗教活动场所319处，教职人员379人，信教群众146697人。2011年年底，宗教活动场所发展到587处，其中基督教424处、天主教22处、清真寺122坊、佛教10处、道教4处；有信教群众183241人，其中基督教85439人、天主教8027人、伊斯兰教穆斯林77631人、佛教6336人、道教4300人；教职人员354人；宗教团体24个，其中全市性5个、县级19个。到2011年，建有德州市和德城、禹城、陵县、临邑、平原、武城、庆云8个伊斯兰教协会。

1986年6月，地、县（市）宗教工作领导小组成立。

1987年8月下旬，武城县李家户乡刘王庄村天主教283名教徒进行非正常活动，公安机关对为首的给予行政拘留处罚。23日，全国政协常委、中国天主教爱国会主席宗怀德主教和省天主教爱国会副主席郭传真主教等神职人员到武城县李家户乡刘王庄村，向信教群众宣传讲解国家宗教政策。

1991年，地区行署下发《关于进一步加强宗教事务管理的意见》。1995年，开展宗教活动场所登记发证工作。至1996年年底，全市依法登记和临时登记宗教活动场所819处，取缔私设活动点30个。

2000年，依据国务院宗教局《宗教活动场所年度检查办法》，对宗教活动场所进行年检，全市活动场所从1998年的802处调整减少到567处。2001年，全市有16个宗教活动场所被授予“全省文明宗教活动场所”称号。

2005年，开展宗教行政执法工作，先后依法处理了平原县非法基督教“夏令营”活动，夏津、宁津等县乱建乱塑宗教造像和宗教活动场所等活动。至2007年，全市共清理整治基督教私设聚会点121处，依法取缔5处；清理制止乱建庙宇5起；教育转化信徒群众累计1300余人。

2009年，开展创建"和谐宗教活动场所"活动。2010年，开展创建星级宗教活动场所目标管理活动，至2011年年底，全市共有130处宗教活动场所获得"全省和谐宗教活动场所"称号；评选星级宗教活动场所35家，其中八星级25处，九星级10处。

第一节 佛 教

古代德州境内佛教信徒众多，盛时全区有寺院、庵堂247处，僧尼602人。至解放前后信奉者渐少，寺院、庵堂大部拆除，少数改建为学校，僧尼多还俗。80年代后，各地陆续设立佛教活动场所，寺庙多在原遗址重建。1986年，全区有佛教信徒200多人，宗教教职人员1人。2003年成立德州市佛教协会。2011年，全市有佛教场所10所，信徒6336人，宗教教职人员55人。

永庆寺　俗称大寺，原寺坐落于德州主城德州一中院内，占地约200余亩，是德州境内最大的一座庙宇。2004年元月，山东省宗教局同意在德州经济开发区（晶华路1号）重建永庆寺。2007年8月礼请江苏无锡灵山祥符禅寺知客兼维那常妙法师任永庆寺主持。大雄宝殿、念佛堂、僚房等，山门、钟鼓楼、天王殿等均已相继开工。2011年，该寺共有信徒230人，宗教教职人员3人。

庆云海岛金山寺　位于庆云县城北3千米处。始建于隋兴于唐，是金宋南北分治时期全国著名寺院，有"北金山"之美誉。相传，唐代高僧玄奘法师曾在海岛金山寺成长、学佛，后来经观世音菩萨指点，踏上西天取经之路，寺院毁于明代战乱，2004年恢复重建。新寺院气势恢弘、大气庄严。寺内陈列的全国室内最重的释迦牟尼纯铜雕塑、缅甸玉质地韦驮菩萨、十多吨重的铜铸大钟等都是雕塑中的精品。藏经楼珍藏的《龙藏》、《四库全书荟要》和古佛像为镇寺之宝。2011年，该寺共有信徒200人，宗教教职人员20人。

庆云石佛寺　位于庆云县城西南6千米处。始建于元代。相传某年夏秋，村前马颊河洪水泛滥，两尊石佛与一口巨钟漂滞于此，元龙、仁凤夫妇修小庙供奉。后来佛教弟子及香客募捐，建造成一座寺院，取名"石佛寺"。该寺毁于民国18年。1993年，庐山诺那塔院仁光法师主持重建。寺院占地20160平方米，建筑面积3800平方米，主要有山门、大雄宝殿、石佛殿、禅堂等4处建筑。中国佛教协会前任会

庆云海岛金山寺　（2010年　摄）

长赵朴初、现任会长一诚法师先后为该寺题写匾额。2011 年,该寺共有信徒 10 人,宗教教职人员 1 人。

第二节　道　教

道教原在德州境内有较大影响,解放前后基本绝迹,1992 年开始恢复重建道观。2011 年,全市有宫观 3 处,宗教教职人员 3 人,信教群众 1.2 万人。主要分布在宁津县、庆云县和市经济开发区。

李满碧霞祠　位于宁津县大柳镇驻地北 3 千米处。始建于唐朝,古称天仙圣母殿,曾于清代乾隆四十年(1775 年)重修,并改名为碧霞祠。后经清光绪十六年(1890 年)扩建,成为华北平原上一处精美的古建筑群。主要建筑包括山门、钟楼、鼓楼、碧霞祠正殿,东西配殿。正殿后面为玉皇阁,玉皇阁东面为阎王殿,西面为白衣观,山门西面有镇武庙。古会香火堪称一绝,沧州、德州及周围十八县知州、知县及黎民百姓,每年庙会必前来朝拜降香,并有“不去天津卫,也赶李满会”“二州十八县,李满会上见”之说,后遭破坏。1992 年恢复重建。随着碧霞祠重建,每年农历四月十五、九月十五的古庙会也兴盛起来。古会期间,南到济南、泰安,北至沧州、河间及京津地区,东至乐陵、北镇,西到东光、衡水等地的客商纷至沓来,日到会人数近十万人。2011 年,该观有宗教教职人员 1 人,信教群众达 1 万余人。

第三节　伊斯兰教

1986 年,全区有穆斯林信教群众 62200 人。1994 年,全区开放清真寺 107 坊,有阿訇 96 人,海里凡 87 人。2011 年年底,全市共有清真寺 121 坊,穆斯林群众 77631 人,阿訇 129 人。

2011 年,全市有德州市、德城区、禹城市、陵县、临邑县、平原县、武城县、庆云县 8 个伊斯兰教协会。每个清真寺都建有民主管理组织——清真寺管委会。

米市清真寺　位于德城区新湖街道米市街,是德州历史上第一座清真寺。建于明初,占地面积 1175 平方米、建筑面积 720 平方米。主要建筑包括大殿、讲堂等。2011 年,该寺共有信众 15 人;宗教教职人员 1 人,其中阿訇 1 人。

长官清真寺　位于宁津县长官镇东街,南北长 120 米,东西宽 52 米。始建于明朝永乐年间,后经数次维修和扩建,具现今规模。整体院落由两道门及正殿组成,一道门前有明代石狮一对。清真寺大殿高 20 米,面宽 7 间,进深 9 间,面积 550 平方米,可容纳 300 人做礼拜。大殿为砖木结构,分前殿、中殿、后殿,三部分呈“钩连塔”。大殿正门朝东,石台有 8 级,门额悬有“天方正教”牌匾,殿内 16 根明柱,大理石柱基。清真寺整体呈青灰色,砖瓦结构,斗拱殿檐,气势恢宏。2011 年,该寺共有信众 5000 人;宗教教职人员 2 人。

石家清真寺　位于临邑县临南镇石家村内。该寺占地 2704 平方米,清乾隆四十年(1775 年)由著名经师常杰主持修建。寺内有沐浴厅 5 间,其他配房 3 间,均为砖木结构,青瓦置顶。寺内主建筑礼拜堂,坐西朝东,木框架砖结构。堂内大柱多为阿文楹联,设有讲经台,置宗教仪式器具等诸多文物。整个殿堂建筑面积 480 平方米,可容纳千人礼拜。2011 年,该寺共有信众 1520 人;宗教教职人员 1 人。

三王庄清真寺　位于齐河县祝阿镇三王城村东部。始建于雍正二年(1724 年),光绪十二年(1886 年)重修,2002 年又一次重修。该寺坐西面东,东西长为 31.2 米、南北宽为 27 米,占地面积为 864 平方米。从东向西依次为寺

门、影壁墙、天井、正殿。正殿面阔 3 间，进深 3 间，二级台阶，起脊为灰瓦顶，硬山顶，两对龙吻屋脊，屋梢两侧翘脚处饰有 5 种神兽，瓦当处刻有龙头图案，正殿屋脊处有麒麟背驮“月牙”标志。正殿北墙东部镶嵌有清光绪十八年石碑 1 通，碑中记载了当年重修该清真寺经过。2011 年，该寺共有信众 314 人；宗教教职人员 1 人。

第四节　天 主 教

1986 年，全区（含济阳、商河）有天主教信徒 5991 人，宗教教职人员 4 人。1994 年，全区天主教人数 6447 人，宗教活动场所 26 个，宗教教职人员 15 人。2011 年，全市共有天主教堂及活动点 22 处，信徒 8027 人；宗教教职人员 17 人，其中神甫 5 人、修女 12 人。

天主教常设机构有德州市天主教爱国会及各县（市、区）爱国会。

御桥韩村天主教堂　位于禹城市十里望回族乡御桥韩村，是禹城方圆百里规模最大的天主堂。主教堂始建于 1910 年，由德国人投资、设计，德国神父翰来良、柯书德主持修建，钟楼和经堂为连体结构。后陆续扩建到 1939 年，形成了包括天主堂、神父用房和修女院的宗教建筑群。该建筑全部为砖砌墙体，神父用房共 4 层，坐北朝南，硬山顶，青砖砌墙，面阔 5 间。1966 年，邢台地震波及禹城，教堂受到严重破坏，后倒塌，神父起居室和修女院得以保存完好。1993 年，西班牙华裔韩成良捐资进行修缮，按原貌重建天主堂。2011 年，该教堂共有信徒 850 人；宗教教职人员 1 人。

第五节　基 督 教

1986 年，全区有基督教信徒 8772 人（含济阳、商河两县）；宗教教职人员 28 人。其中牧师 4 人，长老 24 人。1994 年，全市基督教徒发展到 44087 人，望友 8285 人；宗教教职人员 46 人，其中牧师 6 人，长老 40 人；开放教堂 10 个，活动点 519 个。2011 年，全市共有基督教堂 15 个，活动点 333 处；信徒 88115 人；宗教教职人员 146 人，其中牧师 5 人、长老 26 人、神学生 3 人。

先后成立德州市基督教三自爱国运动委员会，德州市基督教协会及县（市、区）基督教三自爱国运动委员会、基督教协会。

德城区南关基督教堂　建于 1904 年，由美国传教士明恩溥和溥恒理在德州南关街购买民房建成。教堂占地 0.3 公顷，建有 20 米高钟楼和可容纳 800 人礼堂各 1 座，还建有小学和一批附属物。民国时期，基督教会有教友达 400 余人。1937 年日军侵占德州后，基督教从此衰落。德州解放初期，该教堂由德州

禹城御桥韩村天主教堂　　　　(1994 年　摄)

军分区使用。1966 年后的“文化大革命”期间移交地区邮电局。后因拓宽马路和修建新房,教堂的钟楼、礼拜堂及附属建筑物相继被拆除。1978 年后,根据党的宗教政策,邮电局退还给基督教会房舍 5 间半,信教群众活动场所得以恢复。1990 年有信徒 300 余人。2000 年迁至现址建设新教堂,占地 3 亩,建筑面积 6300 平方米。2011 年,该教堂共有信徒 2800 人;宗教教职人员 4 人,其中牧师 1 人、长老 3 人。

禹城市基督教沈庄教堂　位于禹城市区西南禹石商贸街沈庄村。建于 1998 年,由禹城市教会筹资兴建。教堂建有礼拜堂 1 座,办公室 6 间,厨房、仓库 6 间,为禹城市基督教“两会”驻地。2011 年,该教堂共有信徒 300 人;宗教教职人员 2 人,其中牧师 1 人、长老 1 人。

齐河县晏城基督教堂　位于齐河县晏城街村南。该县基督教会活动至 2011 年已有近百年的历史,最早在吴俊生长老家里聚会,后来随着信徒人数不断增多,加上村里实行规划,在县民宗局和各级政府领导的支持关怀下,在村庄南边规划出一块低洼空闲地方,用以修建晏城街教堂。该教堂于 1996 年动工,由基督教两会出资、晏城街村委会建筑队施工,历时 3 个月完工,后经过数次整修扩建,形成现有规模,总占地 1980 平方米,大堂、副堂及附属设施总建筑面积 1132 平米,可容纳 600 人同时聚会。教堂建成后,曾一度作为齐河县基督教两会临时培训中心及晏城镇、华店乡和刘桥乡等乡镇教会活动中心。2011 年,该教堂共有信徒 410 人。宗教教职人员 1 人。

第五章　老龄事业

按照联合国规定,一个国家或地区 60 周岁以上老年人口占总人口的比例达 10% 以上,或者 65 周岁以上老年人口占总人口的 7% 以上,称为老龄化国家或地区。1995 年,全市老年人口达 55.5 万人,占到总人口的 10.73%,与全省同步进入老龄社会行列。到 2011 年,全市老年人口已达 89.8 万人,占总人口的 15.60%,进入老龄社会后的老年人口增长至最高峰。

为适应老龄社会发展的需要,1987 年 4 月,德州地区老龄问题委员会成立,办公室设在地区劳动局。同年,各县(市)相继成立老龄问题委员会。1990 年 2 月,地区老龄问题委员会办公室更名为老龄委员会办公室,2001 年更名为老龄工作委员会办公室。到 1990 年年底,全区各乡镇、街道普遍成立老龄委员会,98% 的行政村和多数企事业单位建立老年协会。1988 年,地区行署制订《德州地区 1989—1990 年老龄事业发展规划》。1991 年,制定实施全市(区)第一个老龄事业五年发展规划。到 2005 年,先后制订“八五”(1991—1995 年)、“九五”(1996—2000 年)、“十五”(2001—2005 年)、“十一五”(2006—2010 年)4 个老龄事业五年发展规划。2009 年,市委、市政府印发《关于进一步加强全市老龄工作的意见》,对养老保障、发展养老服务业、农村养老工作、开展老有所为、老龄宣传工作等方面提出明确要求。2011 年起,市政府将各县(市、区)老龄事业发展纳入全市科学发展综合考评体系,全市老龄事业进入新的发展时期。

第一节 养老保障

一、签订赡养协议

自1989年开始,全区组织开展签订《家庭赡养协议书》工作。规定赡养协议签订对象为:凡年满60岁的农村老年人都要与子女签订赡养协议;赡养标准原则上要求其基本生活水平不低于子女家庭生活水平。赡养协议规定,协议书必须有被赡养人、赡养人和村委会三方签字盖章后方能生效,村委会负责监督赡养协议的兑现落实,并进行公证。1990年10月,地区老龄委、地区司法局、地区中级人民法院联合在夏津县召开全区老年人赡养协议公证工作现场会。是年,全区已签订赡养协议书20万份,办理公证88万件。

2005年4月,市老龄委印发《关于做好签订家庭赡养协议书工作的实施意见》,进一步明确签订家庭赡养协议的目标任务和工作要求,统一设计《家庭赡养协议书》样本。规定协议须经公证部门公证,由村两委和村老工委监督实施。截至2011年年底,全市签订赡养协议书42.66万份。

二、老年人优待

1997年12月省政府印发《山东省优待老年人规定》,对老年人在减免经济负担、维权、就医、出行、游览、娱乐及商业服务等方面作出具体优惠优待要求。1998年4月,市政府下发《关于贯彻落实〈山东省优待老年人规定〉的通知》,除省规定外,德州市还规定本市老年人就医免缴普通挂号费,使用收费厕所一律免费等内容。年内,市直和德城区率先发放"山东省老年人优待证"近3万份。1999年1月5日,市委常委会议要求各县(市、区)全面落实各项老年人规定,特别是减免农村70岁以上老年人的"三提五统"(三项村提留:公积金、公益金、管理费;五项乡镇统筹:教育附加、计划生育费、民兵训练费、民政优抚费、民办交通费)。2000年,市委书记赵克志对《农民多老才能"卸套"》一文作出批示,引起对农村老年人养老和减负问题的重视和关注。年内,全市共计免除19万名农村70岁以上老年人的"三提五统费"1949.14万元。2001年,市委、市政府重申免除农村70岁以上老年人"三提五统"的规定,将其纳入农民减负"一票否决"管理,保证了省、市优待农村老年人规定的贯彻落实。是年,全市共计免除农村60岁以上老年人的"两工"(义务工、积累工)52.5万人;免除"三提五统费"的70岁以上老年人20.5万人,金额2111.5万元;免除农村老年人社会集资432.8万元;发放长寿补贴、养老补贴的有4800人,金额28.8万元;救助特困老年人2530人,金额18.84万元。2002年,实施农村税费改革方案,明确规定70岁以上老年人免征新增农业税及附加,不承包土地的70岁以上农村村民免交乡村公益基金。是年,全市总计为农村70岁以上老年人免除新增农业税及附加1900多万元,免公益事业费385.07万元;发放养老补贴155.69万元,长寿补贴1.8万元,救助资金447.46万元。

2003年3月,市政府印发《关于做好优待老年人工作的意见》,细化了山东省优待老年人规定,把优待老年人的任务分解到各部门和单位,并增加了优待内容。2005年,全市12个收费公园、5个旅游景点、289个文化娱乐场所、287个体育场所全部对老年人实行优惠。2006年起,连续5年为企业退休人员提高养老金,月人均增资60元。是年起,全面实行农村计划生育家庭奖励扶助制度,夫妇年满60周岁以后,政府安排专项资金给予奖励扶助,每人每年600元。2007年1月,全市所有县(市、区)全部纳入省级新型农村合作医疗试点,60万农村老年人参加保险,参合率达到98%以上。2008

年，市老龄办、市服务业发展局、市民经委联合下发《关于在全市服务行业倡导开展敬老惠老活动的通知》，内容包括对老年人在服务行业消费适度降低服务价位、商品打折优惠和免费提供纪念物品等活动。年内，德州市区以及禹城市相继落实老年人优惠乘坐市内公交车制度。2009年，为百岁以上老人长寿补贴金每人每月增长60元，百岁以上老人长寿补贴金实现每人每月260元标准。至2011年年底，全市有48个乡镇840个行政村实行养老补贴，17450名农村老年人享受每人每月20元～200元不等的养老补贴。

三、养老设施建设

1986年，全区有各类养老机构144个（其中，城镇社会福利院1所，农村敬老院143所），总床位3449张。到1991年，全区实现"一乡一院"目标，五保费用全部实现乡镇统筹。

1998年，市社会福利院成立老年人颐养服务中心，开始面向社会招收代养老人。2001年7月起实施老年福利服务"星光计划"，当年建成10个街道综合性老年福利中心。2004年，全市基本实现每个街道建有一处综合性老年福利中心或老年福利服务站的目标。2006年，按照"一镇一院"模式，全市投入8000万元，并采用土地置换等方式筹集资金1.1亿元，对125所敬老院进行改造，院民宿舍达5207间，床位总量超过1万张。

2008年12月，市政府印发《关于进一步加快发展养老服务业的意见》。意见包括将养老服务机构建设纳入发展规划、对养老机构实行运营补贴、规范降低对养老服务机构的收费标准、对养老机构实行税收优惠、鼓励社会力量积极开发老龄产业等10项优惠政策。2009年起，市财政每年安排专项资金12万元对城镇养老服务机构实行择优扶持，每年选定6个，每个一次性奖补2万元。2011年，市委、市政府下发《关于进一步加快老龄事业发展的意见》，要求县（市、区）加大对社会养老服务机构的扶持力度，并将老龄事业纳入全市科学发展综合考评体系。至2011年年底，全市共有城市养老服务机构33家，床位5622张；农村养老服务机构127家，床位11467张；社会养老服务机构19个，床位660张；社会福利院2所，床位133张。

2011年德州市老年人养老状况统计表

表35－10

分 类	人 数	所占比例（%）
入住养老机构	12688	1.53
需入住养老机构	367381	44.25
居家养老	17615	2.12
城镇三无老人入住养老机构的	350	0.04
农村五保老人入住养老机构的	8715	1.05
签订家庭赡养协议书	426629	51.38
农村享受集体养老补助及养老金	12250	1.48

第二节 维护老年人合法权益

1988年7月，山东省人大常委会关于《山东省保护老年人合法权益的若干规定》颁布以后，全区各县（市）人大常委会制定了贯彻细则和意见；各乡镇（街道）把尊老敬老的内容纳入乡规民约；各级老龄委、法院、司法部门对老年人的来信来访认真接待，对侵犯老年人权益和歧视虐待老年人案件从严从快处理。其中，宁津县长官镇老龄委为老年人撑腰说话，惩治不孝子孙的事迹，在当地传为佳话。

1996年10月1日《中华人民共和国老年人权益保障法》颁布实施，全市掀起学习宣传老年法的热潮，并将10月定为全市实施老年法宣传月。1997年，全市老龄组织接待老年人信访587人次，仅市老龄委办公室接待来访12人次，涉及几十个家庭和单位。1999年5月，市老龄办与市司法局联合成立"德州市老年法律援助中心"，设立"老年法律援助联络室"，确定每周三为老年人法律援助接待日，由律师和老龄工作干部为老年人提供法律咨询服务。2000年，全市各级法院、法庭对涉老案件，实行"优先立案，优先审理，优先执行"的原则。2001年，为进一步提高涉老案件的办案效率和办案质量，市老龄办与市中级人民法院联合发出通知，部署在基层法院设立涉老案件合议庭和从老龄干部中选聘涉老案件陪审员的工作。人民法院（法庭）在审理涉及老年人权益案件时，请涉老案件陪审员参加审理，依法共同做好老年维权工作。2003年，全市各级司法部门均建立了老年人法律援助中心，全年为534位老年人提供法律援助，减免律师服务费9.82万元，减免诉讼费11.76万元。至2007年，全市城乡建立老年法律援助组织68个，全市累计有3000多名老年人获得法律援助，减免律师服务费14万多元。各级法院调解处理涉老纠纷4941起，审结涉老案件总计1232起，减免老年人诉讼费20多万元。

2011年，市老龄办和市工商局联合开展老年消费维权专项调查，与30多位老年人代表进行了座谈，并就畅通老年人消费维权渠道、强化维权手段，进一步制定了相关措施，加大市场监管力度，及时有效地维护老年人消费权益。

第六章 残疾人事业

1989年前，残疾人工作由民政部门负责，残疾人组织有地区盲人聋哑人协会。1989年12月，地区行署印发《关于组建德州地区残疾人联合会的通知》，开始地、县、乡三级残联组建工作。1990年1月6日，德州地区残疾人联合会第一次代表大会召开，德州地区残疾人联合会（简称"地区残联"）正式成立。1991年，各县（市）残疾人联合会相继成立。

1994年3月，德州地区行政公署残疾人工作协调委员会成立（秘书处设在地区残联）。1995年，德州地区残疾人联合会更名为德州市残疾人联合会。1996年2月，建立残疾人康复活动中心（加挂市残疾人劳动就业培训中心牌子）。2008年8月，市政府制发《关于进一步加强全市基层残疾人组织建设的实施意见》，对乡（镇、街道）、村（社区）基层残疾人组织规范化建设提出了明确要求。2009 年 12 月，市委组织部、市人社局、市财政局和市残联联合在全市选拔 133 名乡镇残疾人专职干事，充实到基层开展工作。到 2011 年年底，全市县、乡、村残疾人组织网络全部建立健全，并达到国家、省规范化建设标准。其中，县级残联理事会 13 个，乡镇(街道)残联理事会 133 个，村(社区)残疾人协会 3192 个。

第一节 残疾人康复

1987 年，按照《中国残疾人三项康复工作方案》部署，全区对小儿麻痹后遗症、白内障、聋哑患者进行普查，并重点开展白内障患者复明手术。1990 年 5 月，成立德州地区残疾人三项康复工作领导小组。1991 年 7 月，建立地区三项康复办公室和聋儿康复中心。到 1992 年，全区共为 3479 名白内障患者实施了复明手术，儿麻患者矫治手术、聋儿语训工作也有明显进展。

1995 年，残疾人康复工作由 3 项扩展到 8 项(儿麻后遗症矫治、白内障复明、聋儿听力语言训练、精神病防治康复、弱智儿童训练康复、低视力矫治康复、肢残患者矫治术后康复、麻风矫形康复)，弱智儿童康复、低视力康复、社区康复等新康复工作全面展开。当年，全市实施白内障复明手术 1239 例，儿麻矫治手术 403 例，语训聋儿 120 名。1997 年，依托卫生系统的三级康复医疗网络，全面开展残疾人康复工作。截至 1998 年年底，两年共计为 3806 名白内障和 80 名儿麻患者实施手术，语训聋儿 253 名，167 名低视力患者佩戴助视器，501 名肢体残疾患者实施手术，为 194 名肢体患者装配假肢，使 615 名肢体残疾患者和智残儿童得到系统康复训练；为 5500 余名各类残疾人提供用品用具。

2000 年，组织实施“视觉第一中国行动”活动，当年共完成白内障复明手术 2000 例。2003 年 4 月，确立残疾人康复工作实行康复经费投资主体多元化、运作机制市场化、康复形式多样化的康复工作新模式，全年共为 2462 名白内障患者实施了复明手术，为 60 名低视力患者配戴

2009 年 5 月，德州市首届残疾人文艺汇演暨自强模范颁奖典礼

了助视器,训练聋儿81名。2004年,围绕“长江新里程计划”中的假肢安装项目,由市残联筹措资金20万元,为180名缺肢者免费安装假肢。运用“政府主导、部门负责、社会参与、残联协调”的社会化工作手段,协调卫生、教育、民政等部门,全年共完成白内障复明手术2450例,为64名低视力患者配戴助视器,语训聋儿87名。

2006年,开展“康复进社区,服务到家庭”活动,扩大残疾人康复受益面。到2007年年底,共为60名家庭困难的智残儿童和20名脑瘫儿童补贴康复训练经费;为2个脑瘫和智残儿童康复训练机构配发训练器具;为60名贫困肢体残疾人免费安装普及型假肢;为3名贫困聋儿免费植入电子耳蜗;为60名贫困低视力儿童配发助视器;对6270名白内障患者实施复明手术;语训聋儿142名,培训聋儿家长200名;对200名智残儿童、40名脑瘫儿童和269名肢体残疾人进行康复训练,对60名智残儿童家长免费进行了培训,为残疾人提供用品用具近3900件。2009年,实施“山东省社区康复年”活动,市残联成立肢体、智力、精神、视力、听力语言5类康复技术指导中心,全面推进社区康复工作开展。同年12月,启动德州市白内障无障碍市创建工作。到2010年,德城区、夏津、宁津、禹城、临邑、乐陵、宁津、武城、庆云9个县(市、区)被中残联授予白内障无障碍县(市、区)称号。2011年,相继实施“国家百万贫困白内障患者复明工程”“国家彩票公益金康复项目”“山东省贫困儿童康复救助工程”“国家贫困残疾儿童抢救性康复项目”。同年,德州市残疾人联合会获“全国残疾人康复工作先进集体”和“山东省万名聋儿启聪工程先进市”称号。

至2011年年底,全市累计为45096名白内障和3196名儿麻患者实施手术,语训聋儿1231名,987名低视力患者佩戴助视器,1468名肢体残疾患者实施手术,为310名智残儿童、180名脑瘫儿童、100名独症儿童康复训练提供补贴。为8名贫困聋儿免费植入人工耳蜗;为1247名贫困聋儿免费配戴助听器。为526名肢体患者装配假肢,使4612名肢体残疾患者和1596名智残儿童得到系统康复训练;为4641名各类残疾人提供用品用具。为700名贫困精神病患者免费发放药品,为140名重症贫困精神病患者住院提供补助。

第二节　就业安置与扶贫

1986年,残疾人就业主要依托社会福利生产企业。1990年地区残联成立后,将残疾人就业纳入重要议事日程。到1994年,地县(市)两级残联创办经济实体19家(其中地区3家),全年实现产值264万元,利税30多万元,安排残疾职工79人。

1996年,按照“搞好市直,带动全市”的工作思路,出台《德州市市直单位分散按比例安置残疾人就业工作实施细则》,推行分散按比例安置残疾人就业工作。1998年,实施《山东省残疾人扶贫攻坚计划》,以解决残疾人基本生活需求为主,采取就业扶贫、科技扶贫、政策扶贫等多种形式,开展残疾人扶贫工作。当年,全市有120名残疾人得到分散安置;举办家电维修、微机打字、缝纫加工等专题培训班30余期,培训残疾人1200余人;争取上级康复扶贫资金160万元,投放到临邑县、武城县,为部分贫困残疾人脱贫提供启动资金。2000年,进一步贯彻落实《德州市开展分散按比例安置残疾人就业工作实施方案》,在企业减员增效,机关、事业、团体机构改革的情况下,全年共分散按比例安置残疾人350名。2001年,市政府新出台《德州市按比例安排残疾人就业办法》,明确各相关单位残疾人安置工作的责任，对安排残疾人达不到法定比例的用人单位，实施收缴残疾人就业保障金制度。2004 年，市残联、市劳动局联合在市盲校创办德州市盲人职业技能教育培训基地，加强残疾人职业技能培训。2006 年，全面开展地税代收残疾人就业保障金工作，市残联向市直 970 个用人单位发放残疾人就业保障金缴款通知书，全年集中安置残疾职工 80 人，按比例安排残疾人 140 名，鼓励支持残疾人个体从业 240 人。2007 年，贯彻国务院《残疾人就业条例》，在搞好残疾人就业安置的同时，发挥残疾人扶贫和职业培训“两个基地”作用，建成残疾人扶贫基地和职业培训基地各 5 处，举办各类技能培训班 40 期，培训残疾人 2480 人。2008 年，实施“十百千残疾人就业创业扶贫工程”，全年培训城镇残疾人 510 名，培训农村残疾人 2060 名，集中与分散安置残疾人就业 350 名，扶持 5030 名农村残疾人开展手工业加工、种植、养殖等生产项目。2009 年，全市有 10 处残疾人就业创业基地荣获市级优秀基地称号，1 处获“山东省残疾人就业扶贫优秀示范基地”称号。2010 年，将残疾人事业发展水平纳入全市科学发展综合考评体系，残疾人综合服务中心建设、就业和基层组织建设 3 项工作列入市委 2010 年专项督查。2011 年，开展“加强残疾人职业技能培训促进就业年”活动，举办培训班 60 期，培训残疾人 2030 人次，安置或扶持残疾人就业 1275 人。是年，市残疾人综合服务中心交付并投入使用。

截至 2011 年年底，全市累计举办培训班 60 期，培训残疾人 2030 人次，安置或扶持残疾人就业 1275 人；2.2 万名残疾人纳入了最低生活保障，4641 名城镇重度残疾人免费加入居民医保，农村残疾人加入新农合比率达到 99.85%；建成残疾人托养机构 19 处，托养残疾人 628 人，为 1708 名重度残疾人提供居家托养服务。

第三节　社会助残

1986 年 4 月 17 日，加拿大残疾人、轮椅运动员克·汉森于 17 时到达德州市，受到德州人民的热烈欢迎和热情接待。次日，克·汉森启程前往济南继续他的环球旅行。1991 年 5 月，结合第一个“全国助残日”，全区开展为兴建山东省康复职业中专募捐一元钱活动。1992 年 5 月，第二个“全国助残日”期间，全区各级残联把宣传《中华人民共和国残疾人保障法》作为重点，书写、张贴、悬挂各类宣传标语、横幅上千条，印发宣传材料近万份。1995 年 12 月 27 日，市委、市政府召开新闻发布会，部署在全市开展向残疾人献爱心捐赠活动，动员全社会重视关注残疾人事业。1997 年，在“全国助残日”“国际盲人节”“国际聋人节”等残疾人重大节日期间，市残联与德州电视台共同拍摄并播放了《助残与自强》《情筑“黄金屋”》《袁敬华，让我们一起同行》等专题片，呼吁全社会都来关心残疾人，支持残疾人事业。2000 年，为进一步提高社会公民的扶残助残意识，各级残联组织先后组织开展了第十次“全国助残日”、首次“全国爱耳日”及“国际盲人节”“国际聋人节”等残疾人重大节日活动，动员社会力量和青年志愿者开展为残疾人家庭办好事实事活动。

自 2002 年开始，全市残疾人事业受到广泛重视，社会助残活动内容更加丰富实在。至 2004 年，市政府及有关部门负责人走访残疾人福利企业、盲校、弱智学校和部分贫困残疾人家庭，送去 3 万余元救助款和面粉、食用油等生活用品；向 20 名肢残人赠送轮椅，向 40 名聋人赠送助听器，为 30 名下肢残疾者赠送拐杖。2006 年 5 月 20 日，由山东省和德州市残联共同举办的山东省残疾人福利基金会、方树富堂基金会和香港知名企业家捐赠300辆、市残联匹配100辆轮椅捐赠仪式在五环体育馆举行，全市400名肢体残疾者接受了捐赠。2007年，德州好邻居百货有限公司为市聋儿语训中心的聋儿购买近5000元的教学和学习用具，向145个社会主义新农村中的残疾人捐赠150辆轮椅。2008年，组织举办“海尔爱心助学工程”捐助活动、“精彩奥运我看见，文化建设我参与”文化助残活动、“爱心助残·温馨安居”工程捐赠活动，向全市贫困残疾人及家庭捐赠现金10万元、电视机145台、收音机120台及价值10万元的生活用品。2009年，组织开展“我和你·心连心”旅游助残活动，劝募资金11万元，被授予“全省旅游助残组织奖”。在第四次全国自强模范表彰大会上，德州市有1人获“全国扶残助残先进个人”称号；在第四次全省自强模范和助残先进表彰大会上，德州市有3个单位和1名个人获得省委、省政府表彰的“山东省扶残助残先进集体和先进个人（记一等功）”，6个单位获“全省优秀残疾人之家”，7人获“山东省扶残助残先进个人”，3人获“山东省自强模范”。

2010年5月，成立德州市“我和你·心连心”助残志愿者服务总队。当年，全市有志愿者协会18个，志愿者服务站500多个，志愿者注册会员10.2万人。2011年4月，市残联与市文明办、共青团市委联合授予德州学院音乐系等20个单位为“‘我和你·心连心’志愿者助残先进集体”荣誉称号，授予杜雯雯等100名志愿者“‘我和你·心连心’志愿者助残先进个人”荣誉称号。

第三十六编

XIAN(SHIQU)GAIKUANG

县(市、区)概况

- 德城区
- 禹城市
- 乐陵市
- 宁津县
- 齐河县
- 陵县
- 临邑县
- 平原县
- 武城县
- 夏津县
- 庆云县

第一章 德城区

第一节 建置区划

地理位置 位于德州市境西北部。德州市人民政府驻地。东隔市经济开发区与陵县相邻,西、西北隔运河经济开发区与河北省故城县、景县相望,北与河北省吴桥县接壤,南与平原县毗连,西南与武城县相交。全区东西最宽10.2千米,南北最长28.5千米,总面积231平方千米。城区位于区境中部,面积38平方千米。区政府驻新湖街道。

建置 秦,置鬲县。北齐天宝七年(556年),废鬲县,并入安德县。隋开皇六年(586年),于原鬲县地置新广川县,县治在今城区。仁寿元年(601年),为避太子讳,改广川县为长河县。后周显德元年(954年),废长河县为镇,归并将陵县。宋景祐元年(1034年),移将陵县治于长河镇。元至明初,将陵县改称陵州(陵县)。明洪武七年(1374年),废陵县移德州治于此,并废安德县入德州。洪武十三年(1380年),割安德废县东境别置陵县。民国元年(1912年),德州改为德县。1946年6月德县解放后析置德州市。1995年4月,德州市撤市设区,称德州市德城区至今。

区划 1986年,全市辖丰华、建设、马市、盐店口、东地5个街道,黄河涯、二十里铺、于官屯、陈庄、宋官屯、长庄、二屯7个乡,共有84个行政街和166个行政村。2011年,全区辖黄河涯、二屯等5个镇,新湖、新华、天衢、广川等7个街道。(区划统计含经济开发区的宋官屯、长河两个街道,赵虎、袁桥、抬头寺三个镇,及运河经济开发区的运河街道)

人口 1986年,全市总人口28.26万人,其中非农业人口16.38万人。人口密度每平方千米902人。男女性别比为109。人口出生率13.5‰,死亡率5.2‰,自然增长率8.3‰。

德城区新湖公园 (2010年 摄)

2011年，全区总人口为38.15万人，其中非农业人口31.58万人。男女性别比为101。人口出生率8.52‰，死亡率3.48‰，自然增长率为5.04‰。人口密度平均每平方千米1651人。

民族 1986年，全市有回、蒙古、维吾尔、苗、彝、布依、朝鲜、满、侗、瑶、纳西、水等少数民族12个，共7038人，占总人口的2.7%。2011年，全区有回、满、蒙古、朝鲜、壮、羌、土家、苗、黎、布依、侗、彝、达翰尔、锡伯、瑶、藏、畲、土、鄂温克、京、傣、白、仫佬、鄂伦春、塔塔尔、哈尼等少数民族26个，共10804人，占总人口的3.42%。

第二节 自然条件

地形 地处黄河冲击平原，自西南向东北倾斜，地面高程18～24米，坡降为1/7000。

气候 年平均气温13℃，最高为42.6℃（2002年），最低为－14.℃（2001年）。年平均降水量为512.0毫米，且年际变化较大，最多为844.6毫米（1990年），最少为307.5毫米（2006年）。年平均日照时数2447小时。无霜期一般在206天。

河流 境内有南运河、漳卫新河（四女寺减河）、漳卫新河岔河三条河流，总长87.4千米。

土壤 有潮土、盐潮土2个大类，分别占可利用土地面积的98.9%、1.01%。

植被 自然植被多系草本植物群落和灌木丛，面积0.11万公顷，覆盖率为4.7%。人工植被以农作物和林木为主，总面积1.52万公顷，占土地总面积的65.80%。其中，林地5128.4公顷，林木覆盖率为19.06%。

自然资源 全区土地总面积2.31万公顷，土地利用率为99.7%。其中耕地面积9466公顷，占总面积的40.98%。水资源主要为引用黄河水和自然降水形成的地表径流，其中年引黄量459万立方米，年地表水径流量800万立方米。生物资源有540种，其中动物260种，植物280种。

自然灾害 主要有旱、涝、暴雨、冰雹、霜冻、大风等。

第三节 经济状况

1986年，实现国内生产总值53829.6万元，完成社会固定资产投资13185万元，实现地方财政收入7382.3万元。2011年，实现地区生产总值191.44亿元，一、二、三产业比重为2.46∶45.72∶51.82；完成社会固定资产投资90.19亿元，实现地方财政收入8.59亿元。

农业 1986年，全市粮经产值比例为75.9∶24.1。2001年起，全区围绕建立现代农业，大力调整产业结构，先后依托光明、勤农两个奶制品加工龙头企业，建成5处奶牛养殖小区，2个奶牛专业村，奶牛养殖总量2300头。2008年后，全区进一步压缩粮田面积，建立农业高新科技创新示范园8个，引进嫁接国内外先进的农作物新品种100多个。2011年，全区实现农业总产值82004万元，其中种植业49830万元，林业1045万元，牧业29927万元，渔业1202万元，分别占农业总产值的55.52%、1.16%、33.34%和1.34%。粮经产值比例调整为3∶7。

工业 1986年，全市乡及乡以上工业企业222家，其中市属企业100家，城市街道企业43家、农村乡办企业65家，其他14家，工业总产值5.84亿元。1987年，在德州地区率先对市属国有、集体企业推行以招标承包为主要形式的承包经营责任制。1998年起，实施以产权制度改革为主要内容的公司制改造。2002年，以结构调整为主线，全区工业在巩固壮大化工、纺织服装、装备制造等传统产业的同时，以玻璃纤维复合材料、节能产品（太阳能）为主导的新材

料、新能源等新兴产业初具规模。2011 年,全区规模以上工业企业(年销售收入 2000 万元及以上企业)100 家,完成工业增加值 55.53 亿元,实现产品销售收入 253.59 亿元,实现利税总额 19.30 亿元,实现利润 11.16 亿元。

国内贸易　1986 年,全市有商业网点 2355 个,其中国营网点 163 个,集体网点 272 个,个体网点 1920 个,社会商品零售总额为 3.29 亿元;城乡集贸市场 26 处,贸易成交额 2738 万元。1986 年后,国合商贸企业相继实行多种形式的经营责任制。2000 年后,围绕建设现代服务业产业集群,通过引进国美电器等全国知名大型连锁超市,形成多元开放的商业发展格局。与此同时,发挥地理位置优势,加快市场建设,初步形成以建材、布匹、服装、小商品、装饰材料等商品为主的区域性集散中心。2011 年,全区完成社会消费品零售总额 101.45 亿元,其中限额以上批发零售和住宿餐饮企业 90 家,实现社会消费品零售总额 75.49 亿元;各类专业市场 87 处,其中年交易额过亿元市场 14 处,实现城乡集市贸易成交额 266 亿元。

对外经贸　1986 年,外贸出口总额 2054 万元(人民币),出口产品种类有机械、纺织、化工、建材、轻工、工艺美术等,主要销往欧美、东南亚等 50 多个国家和地区。1996 年后,资本和技术密集型产品逐步替代劳动和资源密集型产品,成为最主要的出口商品。2011 年,全区自营进出口企业 111 家,其中外资企业 12 家;外贸进出口总额 33407 万美元,其中出口 27590 万美元。出口产品涉及电子、五金、机械、建材、纺织服装、化工、轻工 7 个门类 300 多个品种,主要销往美国、英国、俄罗斯、欧盟、非洲、中东、东南亚、日本、韩国等 60 个国家(地区)和中国香港、台湾地区。

交通　1986 年,全市有干线公路 7 条,县乡公路 12 条,总通车里程 86.6 千米。全市有营业性运输车辆 300 辆,货运量 0.21 万吨,货运周转量 10.2 万吨千米;营业性客车 229 辆,年客运量 741 万人次。2003 年起实施村村通油路工程,365 个行政村全部通油路。2011 年,境内有京沪、石德和京沪高速 3 条铁路;有京福、衡德 2 条高速公路和 104、105 两条国道以及 101、314 等多条省道,有贯通全区的区乡村公路,实有公路通车里程 956.3 千米。全区社会营业性运输车辆 1 万辆,年货物运输总量 2640 万吨,周转量 537973 万吨千米;社会营运性客车 3732 辆,年客运量 5583 万人次,客运周转量 304159 万人千米。

邮电　1986 年,境内有邮电支局(所)11 处,邮路总长 395 千米,邮电业务总量 213 万元。长途电话交换机容量 160 门;市话交换机容量 4320 门,用户 1788 户;农话交换机容量 430 门,用户 157 户。1992 年 9 月,7000 门程控电话割接成功。1994 年 12 月,全市长途交换实现程控化。1998 年 4 月,GSM 数字移动网建成运行。至 2011 年年底,全区有邮电支局(所)18 处,邮路总长度 200 千米;固定电话用户 16.91 万户,移动电话用户达 155.78 万户,电话普及率 224.96 部/百人;互联网用户 38.86 万户,互联网已覆盖城区和行政村。全年完成电信业务总量 70393 万元,邮政业务总量 2000 万元。

城乡建设　1986 年,城区共有主要道路 163 条,总长 157 千米;城市年供水 3024 万吨,居民供水率 100%;城区绿化覆盖率 16%。1986 年后,按照城市总体规划,新建、扩建道路 45 条。1990 年,完成第三水厂调蓄水库扩建,全区日供水能力达 8.4 万吨。1994 年,城区集中供热一期工程竣工并投入运行。1996 年 5 月,市管道天然气工程开始供气。至 2011 年年底,城区面积 38 平方千米,主要道路 361 条,总长 520.5 千米,人均道路面积 11.49 平方米;城区绿地总面积 1178 万平方米,人均公共绿地面积 9.56 平方米,绿化覆盖率34%。自来水普及率100%,燃气普及率94.8%,集中供热普及率65%。

环境保护 1986年,对1吨以上锅炉和窑炉进行更新改造,同时淘汰陈旧落后除尘器。1987年开始建设烟尘控制区。2001年6月,市污水处理厂竣工。2006年9月,市垃圾处理厂一期工程竣工。2010—2011年,加大对落后产能淘汰力度,取缔辖区小锅炉、茶水炉180余台。2011年,省控重点企业达标排放率达95%,污水处理厂集中处理率达80%,生活垃圾无害化处理率达85%。

第四节 社会事业

科技 1986年,全市有市属科研机构4个,厂办科研机构34个,各类科技团体42个,会员5685人。1993年,德州市被国家科委授予"全国科技工作先进县(市)"称号。2011年,全区共有国家级高新技术创业服务中心1家,省级院士工作站1家,省级产业技术创新战略联盟1家,市级以上创新型企业12家,市级以上工程技术研究中心、企业技术中心24家,"中国专利山东明星企业"8家,山东省知识产权试点单位1家;共取得科技成果85项,其中达到国际领先水平3项,国际先进水平8项,国内领先水平59项,国内先进水平15项;获得市级以上奖励76项;申请专利10380件,授权7081件,保持全市首位;组织鉴定科技成果41项,32项科技成果获市级科学技术奖;列入市级以上科技计划项目83余项,其中国家级15项、省级41项、市级27项。

教育 1986年,全市有小学167所,在校学生2.95万人,教职员工1657人;中学(含高中、职业高中、初中)21所,在校学生1.76万人,其中高中0.34万人,职业高中0.11万人,初中1.31万人。1996年,在全市率先通过山东省政府"两基"验收,基本普及了九年制义务教育。2011年,全区有幼儿园55所,在园幼儿1.34万人,专任教师936人;小学35所,在校学生3.75万人,专任教师1497人;初中10所,在校学生1.64万人,专任教师940人;普通高中3所,在校学生1.35万人,专任教师1026人;职业中学2所,在校学生0.62万人,专任教师123人;特殊教育学校1所,在校学生137人,专任教师22人。学龄儿童入学率、小学毕业生升学率和中学毕业率均100%。

文化 1986年,全市有地区艺术馆、图书馆、展览馆、新华书店,市文化馆、图书馆、工人文化宫等文化机构和场所,有影剧院9个,乡镇文化站7个。1986年12月,德州人民广播电台建成开播。1987年建成儿童乐园。1991年,德州有线电视开播。1993年,建成德州市青少年宫。2011年,境内有市属艺术馆、图书馆、电视台、新华书店、工人文化宫、青少年宫、妇女儿童活动中心、老年活动中心等各1处;区属文化馆、图书馆各1处,镇街文化站6处,农村及社区文化大院各98处。广播电视人口覆盖率达100%。

旅游 2009年9月,德城区旅游局成立,旅游业步入加快发展时期。2011年,全区主要旅游景点有苏禄王墓景区、新湖风景区、锦绣川风景区和黄河涯镇万亩观光桃园等,年接待国内外游客256.93万人次,旅游业总收入13.05亿元。

体育 1986年后,在农村重点开展以体育场地设施、体育健身指导和体育科普知识为内容的"体育三下乡"活动。1990年,德州市被评为山东省体育达标先进市。2011年,全区有各类综合体育场馆6个,田径场10个,篮球场31个,排球场6个,足球场1个,乒乓球房15个,全民健身站(点)60个,形成覆盖全区的全民健身组织网络。1986—2011年,全区(市)累计向国家级运动队输送运动员2人、省级运动队11

人、市级运动队200人。

卫生　1986年,全市有各类卫生机构95个,卫生技术人员2800人。其中,市属医院2所,卫生防疫站及妇幼保健院各1处,乡镇卫生院7所;拥有医疗床位278张,各类卫生技术人员722人。2011年,全区有各类卫生机构145处,其中区属医院2所,疾病控制中心及妇幼保健院各1处;社区卫生服务中心5个,社区卫生服务站17个;乡镇卫生院5所,农村标准化卫生室46个。各类卫生机构拥有医疗床位886张,卫生技术人员1559人。

人民生活　1986年,全市职工年工资总额12314.7万元,年人均工资1284元;农民人均纯收入759元。2011年,全区在岗职工年人均工资33557元,城市居民人均可支配收入达到19770.8元,人均消费性支出12700.47元,人均住房面积32.55平方米;农民人均纯收入8558.63元,人均生活消费支出3855.95元,人均居住面积达49.02平方米。全区职工基本养老、医疗和失业、工伤、生育保险参保人数分别达到2.36万人、3.78万人、1.09万人、2.95万人和2.05万人,覆盖率分别为61%、97%、28%、76%、53%;新型农村养老保险参保农民6.57万人,参加新型农村合作医疗农民6.04万人,覆盖率分别为92%和100%。

注:第三节经济状况和第四节社会事业中的涉及2011年的数据不含经济开发区和运河经济开发区的相关情况

第五节　乡镇(街道)简况

新湖街道　位于城区西部。面积10.3平方千米。办事处机关驻丰华社区。2011年年底,辖丰华、尉署、南龙、康乐、北园、罗南、桥口、顺城、小锅市、状元府、青龙桥、城隍庙、胜利、马庄、南关、柴市、南市、马市、南营、张庄、荣庄、北营22个社区,总人口10万人。

广川街道　位于城区东部。面积10平方千米。办事处机关驻祥和社区。2011年年底,辖祥和、文化、大东关、东方家园、永庆、学府、岔河、锦绣川、长乐、小东关10个社区,总人口10万人。

新华街道　位于城区南部。面积43平方千米。办事处机关驻振华社区。2011年年底,辖振华、辛庄、益德、新河、德苑、邹李、陈公、池口、堤岭、新园、双河、魏庄、三七、城苑、常兴、李河、于官屯、于庄18个社区,总人口7.3万人。

天衢街道　位于城区北部。面积36平方千米。办事处机关驻罗庄社区。2011年年底,辖罗庄、肖何庄、舜晰苑、乾城、于赵、大院、新四合、翟时、索庄、前小屯、七里庄、贾庄12个社区,总人口3.3万人。

二屯镇　位于区境北部。面积41.5平方千米。镇政府驻馨苑社区。2011年年底,辖馨苑、御园、贵和、老渡口、永和、程何庄、丰乐屯7个社区,总人口1.9万人。

黄河涯镇　位于区境南部。面积137.5平方千米。镇政府驻黄河涯社区。2011年年底,辖黄河涯、绿苑、新纪庄、耿李杨、闸北、王程寨、前后李、大史、东西屯、馨秋、桃园、大于庄、王村店、鑫源、李家桥、三十里铺、嘉和、乐章、二十里铺、四新、漳卫新、李家庙、沙扬、九村、焦庄、王律、宋奇屯、许庄、滕庄29个社区,总人口5.6万人。

经济开发区镇(街)

经济开发区宋官屯街道　面积70.5平方千米。办事处机关驻宋官屯社区。2011年辖宋官屯、刘集、付庄、十二里庄、曹村、王庄、张官屯、新城8个社区,总人口5万人。

经济开发区长河街道　面积16.8平方千米。办事处机关驻簸箕刘社区。2011年辖簸箕刘、赵辛中天府、杨庄、八里庄、堤口、岳庄、郭家庵、东七、李船头9个社区,总人口1.9万人。

经济开发区赵虎镇 面积104平方千米。镇政府驻赵虎社区。2011年辖赵虎、李牌、岔河、郝庄、姜庄、避雪店、方庄、湾东、小高店、韩春、郭家庵、王英、赵宅、平福卢、张七、赵芙蓉、贾庄、三古、李芳、李尧、大刘汉、马升衢、大高家店、阎王张24个社区,总人口4.02万人。

经济开发区袁桥镇 面积53.5平方千米。镇政府驻袁桥社区。2011年辖袁桥、胡庄、牟庄、程官屯、碾子赵、孟集、后赵、王官、尹庄、香坊赵、庄科、郑庄、乔庄、官道魏14个社区,总人口2.5万人。

经济开发区抬头寺镇 面积61平方千米。镇政府驻抬头寺社区。2011年辖抬头寺、中心、蕴丰、吉祥、清源、绿洲、和谐、幸福、发展、望湖、福民、民丰、双赢、钱屯、王坤15个社区,总人口2.7万人。

运河经济开发区运河街道 面积32平方千米。办事处机关驻三里庄社区。2011年辖三里庄、小庄、魏庄、陈庄、杨家圈、盐店口、石家园、华兴嘉园、新铁西南、天衢西路、国棉11个社区,张庄、五一、五四、东八里、李庄、五二、屠屯、五三、闫庄、西八里、钟辛庄、代官屯、芦庄、南陈庄14个行政村,总人口15万人。

第二章 禹城市

第一节 建置区划

地理位置 位于德州市中南部。南、东南与齐河县接壤,西南、西与茌平县、高唐县相邻,西北与平原县相连,东北与临邑县毗邻。市境南北最大纵距58千米,东西最大横距33千米,总面积990.7平方千米。城区位于市境中东部,面积46平方千米。市政府驻市中街道。

建置 秦,置祝柯县。汉高祖十一年(前196年),改祝柯县为祝阿县。唐天宝元年(742年),为纪念大禹治水,改祝阿县为禹城县,县治位于齐州西北85里的阿阳城(今禹城车站南扬城子)。唐乾元二年(759年),县治迁至善村(即今城址)。金天会八年(1130年),分置齐河县。1993年9月,禹城县撤县设市,称禹城市(县级)。

行政区划 1986年,禹城县辖禹城、辛店、张庄、房寺、伦镇5个镇,梁家、来凤、张集、十里望、大程、善集、石屯、安仁、前油坊、辛寨、李屯、袁营、莒镇、廿里堡14个乡,共989个行政村。至2011年年底,禹城市辖市中1个街道,伦镇、房寺、张庄、辛店、安仁、辛寨、梁家、十里望回族8个镇,李屯、莒镇2个乡,共有303个社区和79个行政村。

人口 1986年,全县总人口43.28万人,其中非农业人口3.34万人。男女性别比为102.96。出生率为14.22‰,死亡率为6.61‰,人口自然增长率为7.61‰。人口密度437人/平方千米。2011年,全县总人口52.69万人,其中非农人口16.65万人,占总人口的31.59%。男女性别比为100.96。人口出生率12.6‰,死亡率4.8‰,自然增长率7.8‰。人口密度每平方千米532人。

民族 1990年第四次人口普查时,全县有回、满、傈僳、蒙古、彝、朝鲜、壮、白、土、土家、纳西、瑶、藏、苗、布依、傣、黎、京、拉木古、维吾尔、达斡尔等少数民族21个,6608人,占总人口的

1.40%。2011年,全市有回、蒙古、朝鲜、满、苗、彝、壮、布依、藏、维吾尔、侗、白、土家、哈尼、傣、黎、傈僳、拉祜、水、东乡、纳西、土、达斡尔、仡佬、阿昌等少数民族25个,共7775人,占总人口的1.48%。

第二节　自然条件

地形　禹城市地处黄河中下游冲积平原,地势平坦,自西南向东北缓缓倾斜,海拔最高26.1米,最低17.5米,坡降为1/8000~1/10000。

气候　年平均气温13.3℃,年均最高气温14.6℃(1998年),年均最低气温12.3℃(1984年)。年平均降水量555.5毫米,且年际变化较大,最多为1012.3毫米(1990年),最少为318.1毫米(1992年)。年平均日照时数2546.2小时。年平均无霜期202天。

河流　境内主要河流有徒骇河、赵牛河、禹临河、苇河等主干河道26条,总长398千米。

土壤　土壤有潮土、盐土2个土类。潮土面积4.78万公顷,占可利用土地面积的97.41%;盐土面积1273.66公顷,占可利用土地面积的2.59%。

植被　分自然植被和人工植被。人工植被以农作物和林木为主,其中林地面积1399公顷,林木覆盖率33.21%。自然植被主要为杂草和野草。

自然资源　全市土地总面积为9.91万公顷,土地利用率为94.17%。其中,耕地面积5.33万公顷,占土地总面积的53.74%。地表水径流量为0.6亿立方米;引黄水拦蓄利用多年平均1.5亿立方米;地下水可供利用水资源约1.596亿立方米。境内已发现、开发利用的矿产资源主要有石油、砖瓦用黏土;已探明可利用的地下资源为煤和地热。生物资源412种,其中植物资源330种,动物资源82种。

自然灾害　主要有干旱、雨涝、冰雹、大风、霜冻、干热风等。

第三节　经济状况

1986年,实现国内生产总值4.32亿元,完成社会固定资产投资1.34亿元,实现地方财政收入1197.2万元。2011年,实现地区生产总

禹城市大禹公园　(2009年　摄)

值179.16亿元,一、二、三产业比重为14.8:55.6:29.6;完成全社会固定资产投资101.42亿元,实现地方财政收入7.5亿元。

农业 传统农业以种植业为主。20世纪90年代后,实施了特色农业工程,在巩固粮棉生产基础上,突出畜牧生产、农业开发和蔬菜生产三大重点。与此同时,围绕发展现代农业,建成规模以上农业龙头企业26家,全市农业形成畜牧、林业、瓜菜、粮棉四大主导产业和畜禽、玉米、林业、大豆、蔬菜、棉花六大农副产品加工体系。2011年,全市实现农业总产值54.15亿元,其中种植业27.06亿元,林业1.29亿元,牧业21.47亿元,渔业1.80亿元,分别占农业总产值的49.97%、2.38%、39.65%和3.32%。

工业 1986年,全县有工业企业184家,其中县属企业35家,乡镇企业149家,年工业总产值2.02亿元。1995年后,民营经济逐步成为禹城市工业发展的主导力量。1999年,开始推行产权制度改革,工业企业中的国有、集体成分逐步退出。到2011年,全市工业形成以生物产业、机械与装备制造、人造板、纺织、食品、建材、化工、医药、电力与供热、钢铁、塑料、工艺品为主导的产业体系,并成为全国最大的功能糖、人造板、半精纺羊绒和大豆蛋白生产基地。全市规模以上工业企业(年销售收入2000万元及以上企业)239家,完成工业增加值94.52亿元,实现产品销售收入508.72亿元,实现利税总额66亿元,实现利润35.06亿元。

商贸流通 1986年,全县有商业网点14529个,年社会商品零售总额1.33亿元;城乡集贸市场33处,贸易成交额7674万元。2011年,全市社会消费品零售总额65.6亿元;限额以上批发零售和住宿餐饮企业135家,亿元市场7处。

对外经贸 1986年,出口商品有土产、畜产、纺织、发制品等,年出口收购总值3800.2万元(人民币)。1991年10月,安鹏电子有限公司成为禹城首家外资企业。1995年10月,朝日食品有限公司成为该市第一家外商独资企业。2009年9月,德州海关禹城录入中心正式启动,成为德州海关唯一设在县市(区)的海关预录入中心。2011年,全市自营进出口企业104家,其中外资企业16家;年实现进出口总额18500万美元,其中出口17933万美元。出口产品涉及功能糖、机械、纺织、食品、能源、工艺品、畜牧业等多个领域,销往50多个国家和地区。

交通 1986年,县境有干线公路2条,县乡公路3条,总通车里程182.6千米。全县有营业性运输车辆237辆,年货运量54.7万吨,货运周转量2989.45万吨千米;营业性客车4辆,客运量11万人次。1994—2002年,升级改造和新建县乡两级公路109.1千米。2003年实施村村通油路工程。2011年,境内有京沪、济邯和京沪高速3条铁路;有京福、青银两条高速公路和308国道以及101、316等省道,有县乡村道2486.1千米,实有公路通车总里程达2619千米。全市社会营业性运输车辆2596辆,年货物运输总量3011.4万吨,周转量92000万吨千米;社会营运性客车311辆,年客运量583.9万人次,客运周转量20896万人千米。

邮电 1986年,全县有邮电支局(所)19处,邮路总长273千米。市话交换机容量700门,用户473户。2010年,3G网络覆盖一期基本完成,禹城通信步入信息化时代。2011年,全市有邮电支局(所)20处,邮路总长度230千米;固定电话用户10.6万户,移动电话用户37.29万户,电话普及率93部/百人;互联网用户2.4万户,互联网覆盖率14.29%。全年完成电信业务总量17921.8万元,邮政业务总量1967.9万元。

城乡建设 1986年,城区面积12.6平方千米,主要道路10条。城市日供水量36.6万

吨,居民供水率19%。1996—2010年,城区共进行了63个路段的施工,建设各类道路29条,总长123.16千米,形成“七横十纵”道路骨架。2010年,实施101省道、禹王路、南环路、高新区、商贸港五大片区综合改造以及大禹公园、汉槐公园扩建等45项城建工程,建设26个居民小区,新建改建道路15条,绿化176万平方米。至2011年,全市建成区面积46平方千米。城市道路面积55.9万平方米,人均道路面积22平方米;城区人均公共绿地面积13.2平方米,绿化覆盖率38.8%。自来水普及率99%,燃气普及率98%,集中供热普及率65%。

环境保护　1990年,开始监测县城区大气环境质量。1994年开始对污染源废水以及城区噪声进行监测。1998年起,实行企业固体废物数量、种类申报登记制度。2000年以后,对城市建筑垃圾进行监测分析,并通过回收利用、填埋等手段进行处理。2004年,建成日处理能力5万吨的污水处理厂。2005年,将原供热范围内的63台锅炉拆除,集中供暖面积扩大,并积极推广使用天然气。2011年,全市有污水处理厂1座,污水集中处理率达到98.5%,无害化垃圾处理率达到100%,工业固体废物综合利用率100%。

第四节　社会事业

科技　1986年,全县有19个乡镇科协组织,村科协678个,农民技术研究学会33个,乡镇科普学校3所,专业技术人员916人。1986年后,市委、市政府制定相关的科技奖励制度,大力推动全市科技工作,多次获“全国科学技术工作先进县(市)”“全国科技实力百强县(市)”称号。2004年12月,禹城市高新区通过省政府认定并正式挂牌,成为山东省第一家设在县级市的省级高新技术开发区。2011年,全市有企业科研机构31家,其中省级工程技术研究及企业技术中心4家。1986—2011年,全县(市)鉴定验收各类科技成果102项,其中40项填补国内空白;有219项科技成果获得科技进步奖,其中国家级5项,省级24项,市级190项。专利申请656项,其中专利授权312项。高新技术企业11家。

教育　1986年,全县有幼儿园592所,小学717所,初中68所,高中7所,职业学校4所,在校教师4593人,学生6.83万人。1996年,通过山东省“两基”验收,实现基本普及九年制义务教育和基本扫除青壮年文盲的任务。2011年,全市有幼儿园235所,在校生1.35万人,专任教师783人;小学105所,在校生3.79万人,专任教师2437人;初中17所,在校生1.72万人,专任教师1118人;高中2所,在校生6854人,专任教师523人;特殊教育学校1所,在校生94人,专任教师26人;职业教育中心1所,在校生4452人,专任教师122人。

文化　1986年后,城乡文化设施逐步完善,群众文化活动日趋活跃。有作家协会、曲艺家协会、美术家协会、书法家协会、戏剧家协会等文化团体,有文化馆、图书馆、影剧院、书画院、新华书店、广播电台、电视台等文化机构。2007年7月,市图书馆新馆建成开馆,建筑面积3000平方米,馆藏图书10万册。2008年,建成集书报阅览、宣传教育、文体活动、科学普及、全民健身于一体的11处乡镇综合文化站。2011年,全市有各种艺术表演团体20个,文化馆、公共图书馆、档案馆各1处,乡镇综合文化站11处。广播、电视人口覆盖率均达100%。

旅游　2002年,市政府在具丘山遗址处建成禹王亭公园,供人们参观游览。2011年,禹城市主要旅游景点有禹王亭博物馆、御桥韩村天主教堂、高新区工业园等,全年接待国内外游客52万人,实现旅游业总收入2.59亿元。

体育 1986年,全县有篮球场60个,排球场3个,旱冰场1处。1992年及1994年,禹城市先后获得全省群众体育特色县(市)、山东省优秀群众体育活动站称号。2009年获山东省全民健身活动先进单位。2010年获全国群众体育工作先进单位、全民健身活动国家级先进单位。2011年,全市有各类体育场馆1657个,其中田径场10个,篮球场603个,排球场20个,足球场21个,乒乓球场所960个,羽毛球场43个。

卫生 1986年,全县有县医院及预防保健机构4个,乡镇卫生院19所,村卫生室659个;各类医务人员942人,其中卫生技术人员820人;床位606张。1994年,禹城市率先在全国实行了乡镇卫生院管理"三科制",乡镇卫生院实行"乡办市管"体制,实行乡村卫生一体化管理。2011年,全市拥有医疗卫生机构279个,其中市属医院2所,疾病预防控制中心和妇幼保健院各1处;社区卫生服务中心1所,社区卫生服务站8个;乡镇卫生院13所,农村标准化卫生室253个。各类卫生机构拥有卫生技术人员1610人,床位1426张。

人民生活 1986年,全县职工年工资总额2383.5万元,年人均工资838元;农村居民年人均纯收入492元。2011年,全市在岗职工年人均工资26883元,农民人均纯收入8350元。全市职工基本养老、医疗和失业、工伤、生育保险参保人数分别达到5.65万人、6.3万人、2.18万人、4.43万人和2.36万人;新型农村养老保险参保农民28.5万人,参加新型农村合作医疗农民40.76万人。

第五节 乡镇(街道)简况

市中街道 位于市境中部。面积181平方千米。办事处机关驻高新区富华街。2011年年底,辖夏季、红旗、廿里堡、韩庄、任万、寺后、北环、四新、石屯、骇河、郭辛、廿里堡北、寨子、田孟姜石、禹石、张陈、马屯、杨金、屯子、城角韩、新冯、赵庄、天宫院、罗霍石、唐寺、邢高李、宋赵、杨城子、南北庄、冢子、千户屯、要庄、曹坡、南陈、丁刘、于安、三友、肖寺、花园、六和、马桥、群贤居、顺和、先锋、杨桥、姚高、韩庙、东西陈、大刘、薛庙、五联、新合、东辛、李路三54个社区,老城北街、老城南街、老城西街、老城东街、秦老、杨河套、西李泉、黄店、窦庄、月牙湾、果林、闫庄、北七里、魏寨、庞店、韩庄16个行政村,总人口14.79万人(含禹城市高新技术开发区的16个社区和4个村,2.6万人)。

房寺镇 位于市境西部。面积140平方千米。镇政府驻房寺社区。2011年年底,辖房寺、大李店、三友、木王李、镇东、友谊、焦庄、西湖、莲花、河口赵、范赵、瓜张、马侯、南店、南刘、新星、张苏、尚纸坊、马孙、陈寨、董王、李三尖、善集、柳吴、杨林于、南连五庄、张靳明、石桥、双河、南集、朱任冯、三合庄、戴梁、乐源、姜园、霍翟徐、大程、连五庄、北源、韩王庄、福全、邢店、五星、于王、孙楼、王李霍、鲁夏、阳光、屠夏49个社区和东明屯、尉庄、东崔、虎头尚、曲庄、大尚、崔李、狮子昝、红星、北夏、篦子杨、石佛寺、楼子王13个行政村,总人口7.16万人。

辛店镇 位于市境最北部。面积93.1平方千米。镇政府驻辛店社区。2011年年底,辖辛店、王寨、修庄、姜牌寨、二刘、官庄、张西尧、刘寨、王山、大秦、王彩吴、陈庄、张焕、商庄、窦马张、丁刘袁、张寺、常刘董、后徐、秦伦、东董、田刘、邹庄、周栾、赵庄、西苑、沙河辛27个社区和王石、崔楼、刁庄、良合、大李5个行政村,总人口3.64万人。

梁家镇 位于市境北部。面积96平方千米。镇政府驻梁庄社区。2011年年底,辖梁庄、张王、崔庄、大纪、牛和屯、张吕府、大杨、范庙、西小张、郑王、冷家店、立新、三联、惠民、田尼、黄

徐、张李、新陈、邢寨、秦李、来风、杨信李、木槿王、凤前、三院、王寨、东王、王贵庭、国屯、武庄30个社区,五合、唐屯、齐刘、王义、毛子张、长里孙、夏庄、杨官营、窦庄、辛庄、大尹、双庙屯、大杜村、马庙14个行政村,总人口4.29万人。

伦镇　位于市境南部。面积120平方千米。镇政府驻伦镇社区。2011年年底,辖伦镇、闫郑付、堂子街、杨桥、秦李庄、孙张庄、车站、军屯、张杨、燕寨子、宋寨子、牌子、于庄、赵梁、孙庄、朱红董、杨宋、凤吾、刘李、薛官屯、孙李、五龙、袁营、水坡、簸箕王、城子坡、窦韩岱、河南宋28个社区,莲红、万庄、焦寨子3个行政村,总人口4.09万人。

辛寨镇　位于市境西南部。面积90.6平方千米。镇政府驻辛寨社区。2011年年底,辖辛寨、梁河、尹庄、油坊、安和、锦绣、鑫家园、贾旺、马官社区、崔彭、徐各李、鑫苑、永进、庵任、常赵、李庄、新和、丰陈、王战、洛马佃、堂李、苗亭、大刘、四友、友谊25个社区和于屯、先锋、杨圈、小刘、苗刘5个行政村,总人口4.3万人。

张庄镇　位于市境西北部。面积53.17平方千米。镇政府驻张庄社区。2011年年底,辖张庄、前王、前黄、三庙、周庄、黎济寨、琉璃庙、胡庄、姚张、周奎禹、洼里冯、贾庄、沟刘、蔡窑、油坊、北孙、大洼王、冯晏、大段、李元庄20个社区,宗集1个行政村,总人口2.43万人。

安仁镇　位于市境西南偏中部。面积66.3平方千米。镇政府驻安仁社区。2011年年底,辖安仁、安南、赵楼、于楼、合福、河东、贾寺、福荣、赵集、绿鑫、北赵、冯旺、李陈、三合、涳冯、药王、庞家庄、齐尧刘、王子付19个社区,齐庄1个行政村,总人口3.1万人。

十里望回族镇　位于市境中部。面积57平方千米。镇政府驻十里望社区。2011年年底,辖十里望、殷曲、粉王、牛徐、宋家河套、王楼、店张、谷庄、盐官、韩寨、郭庄、黄桥、邵吴、站北、桥西、北马、郝高屯、庞集、站西、骇河、刘石张、尹彭22个社区,南营、小白、前河套、高庄、毛园、田庄、后禚、金庄、大白、孙东、刘桥、御桥韩12个行政村,总人口3.4万人。

莒镇乡　位于市境南部。面积55.25平方千米。乡政府驻莒镇村。2011年年底,辖齐集、司庄、幸福、杨集、白庄、季庄、姜庄、付堂、三和、大郑、小庄、双兴、董屯、兴隆14个社区,徐集、纸坊、郭牛、莒镇4个行政村,总人口2.5万人。

李屯乡　位于禹城市西南部。面积33.8平方千米。乡政府驻李屯社区。2011年年底,辖李屯、同新、兴隆、新河、梁庄、四季、将军庙、育新、柳鞠宋、程徐、连六高、富康、焦王、白布高、曲季15个社区,水寺、李法桥、王辛、孙富荣、丁寺5个行政村,总人口2.5万人。

第三章　乐陵市

第一节　建置区划

地理位置　位于德州市东北部。北隔漳卫新河与河北省南皮、盐山两县相望;东毗庆云县,东南与阳信县相连,南接济南市商河县,西南与临邑、陵县接壤,西临宁津县。全境南北最长48.1千米,东西最宽39.3千米,总面积

1172.2平方千米。城区位于市境东北部，面积32.3平方千米。市政府驻市中街道。

建置 汉高祖五年（前202年），置乐陵县，因境内“大阜日陵，取四民用足，国乃安乐”之意而得名。县治初位于县东南25里魏王城（今花园镇大顾家村北）。后治所屡更，于明洪武二年（1369年）移治于富平镇（今治）。1988年9月，乐陵县撤县设市，称乐陵市（县级）。

区划 1986年，乐陵县辖城关、杨安、孔镇、黄夹4个镇，郭家、大徐、朱集、胡家、杨家、西段、三间堂、杨盘、花园、郑店、大孙、茨头堡、丁坞、张桥、化楼、张屯、王寨子、王集、刘武官、铁营、寨头堡、双庙赵22个乡，共1063个行政村。2011年年底，乐陵市辖市中、胡家、云红、郭家4街道，杨安、朱集、黄夹、丁坞、花园、郑店、化楼、孔镇、铁营9镇，西段、大孙、寨头堡3乡，共有346个社区、146个行政村。

人口 1986年，全县总人口54.56万人，其中非农业人口2.7万人。男女性别比为104.7。人口出生率13.98‰，自然增长率7.32‰。人口密度每平方千米476人。1989年12月，商河县奎台乡1.5万人划归乐陵市。2011年，全市总人口69.68万人，其中非农业人口18.5万人，占总人口的26.55%。男女性别比为105.6。人口出生率13.94‰，死亡率11‰，自然增长率2.94‰。人口密度594人/平方千米。

民族 1986年，全县有回、满、蒙等少数民族5个，共873人，占总人口的0.16%。2011年，全市有回、藏、壮、满、拉祜、维吾尔、侗、佤、苗、哈萨克、彝、布依、土家、高山、朝鲜、蒙古等少数民族16个，共1102人，占总人口的0.16%。

第二节 自然条件

地形 系华北平原的一部分，地势平坦。海拔一般在10～12米，自西北向东南逐渐降低，最高13.7米，最低6.3米。地面坡降为1/8000～1/10000。

气候 年平均气温12.4℃，最高为40.8℃（2005年），最低为－21.6℃（1990年）。年平均降水量为527.1毫米，最多为760.3毫米（2003年），最少为283.1毫米（1998年）。年平均日照时数2509.4小时。无霜期一般在198天。

乐陵市万亩枣林 （2010年 摄）

河流　主要有马颊河、漳卫新河、德惠新河3条,总长106.1千米。

土壤　境内土壤有潮土、盐土、风沙土三种类型,分别占可利用土地面积的95.2%、4.27%、0.53%。

植被　自然植被主要有草甸植物、盐化植物、水生植物等类型,面积0.4万公顷,覆盖率为3.41%。人工植被以农作物和林木为主,面积9.9万公顷,覆盖率为85%。其中林木植被3.8万公顷,覆盖率为32.42%。

自然资源　全市土地总面积11.72万公顷,土地利用率96.8%。其中,耕地面积7.22万公顷,占总面积的61.59%。水资源可利用总量1.51亿立方米,其中年平均地表水总量5802.2万立方米。生物资源178种,其中动物71种,植物106种。矿产资源主要有铁、铜、钴、煤、硫、石油、天然气等。

自然灾害　境内自然灾害主要为旱灾、涝灾、干热风、冰雹和霜冻等。

第三节　经济状况

1986年,实现国内生产总值4.8亿元,完成社会固定资产投资676万元,实现地方财政收入808万元。2011年,实现地区生产总值162.71亿元,一、二、三产业比重为15.5∶54.9∶29.6;完成社会固定资产投资102亿元,实现地方财政收入3.5亿元。

农业　传统农业以粮棉种植业为主。1986年,全县粮经产值比例为11.5∶1。1989年,在稳定粮田面积的基础上,开始发展专用枣园,畜牧业向规模化方向发展。1990年后,大棚和拱棚蔬菜种植面积迅速扩大。2005年,全市将农作物良种、棉花、果品、畜禽、鲁西黄牛、蔬菜、瓜果、调味品等八大产品生产确定为农业主导产业。2011年,全市实现农业总产值53.1亿元。其中,种植业25亿元,林业1.5亿元,牧业23.6亿元,渔业1亿元,分别占农业总产值的47.1%、2.8%、44.4%和1.9%。粮经产值比例调整为6.1∶1。

工业　1986年,全县有工业企业122家,其中县属企业23家,乡镇企业99家,年工业总产值2.67亿元。1991年,实施外向带动战略,形成了以纺织、机械、调味品、家具、轻工、食品为主体的工业体系。1997年后,企业改制、改组、改造同步进行,全市相继组建华乐、国强、泰山、希森、和乐等企业集团,并形成了农副产品加工、食品加工、纺织、服装、鞋帽制造、皮革制品、家具制造、纸制品、印刷、化工、医药、体育器材、五金机电、建材、热超导、电力等10多个行业为主导的工业体系,先后创中国驰名商标4个、中国名牌产品5个、国家免检产品3个、山东省名牌产品10个、山东省著名商标9个。2011年,全市规模以上工业企业(年销售收入2000万元及以上企业)245家,完成工业增加值78.56亿元,实现产品销售收入412.01亿元,实现利税总额42.83亿元,实现利润24.6亿元。

商贸流通　1986年,全县有商业网点419个,其中国营网点39个,集体网点380个,年社会消费品零售额2.21亿元;城乡集贸市场31处,贸易成交额3371万元。1996年,采取联合、租赁、兼并、分离等形式,对国合企业进行改制改造。2002年后,实施"商贸兴市"战略,以打造高端高质的金融、现代物流、电子商务、休闲旅游等现代服务业体系为主攻方向,全市服务业呈现又好又快发展势头。至2011年年底,全市实现社会消费品零售额65.68亿元,其中限额以上批发零售和住宿餐饮企业174家,实现社会消费品零售总额38.41亿元;各类专业市场19处,其中亿元市场12处,实现城乡集市贸易成交额87.55亿元。

对外经贸 1986年，出口商品主要有土特产品和工艺品，年出口产品收购总值1222万元(人民币)，主要销往东南亚地区。1990—1999年，乐陵金麒麟汽车零部件有限公司等10家企业取得自营进出口权。2011年，全市自营进出口企业106家，其中外资企业5家；年实现进出口总额20639万美元，其中出口14702万美元。出口产品涉及机电产品、五金工具、体育产品、纺织服装、日用化工、家具、农副产品等，主要销往80多个国家和地区。

交通 1986年，境内通车总里程242.7千米。其中，干线公路3条，里程108.9千米；县乡公路123.8千米，农村公路里程10千米。全县有营业性运输车辆443辆，货运量47万吨，货运周转量万吨3283万吨千米；营业性客车30辆，年客运量19.5万人次。2003年，启动“村村通油路、村村通客车”工程。2011年5月，济乐高速公路开工建设。至2011年年底，境内有314、315、247、248等省道，实有公路通车里程1635千米。全市社会营业性运输车辆5280辆，年货物运输总量2209万吨，周转量166192万吨千米；社会营运性客车249辆，年客运量1491.5万人次，客运周转量54017万人千米。

邮电 1986年，全县有邮电支局(所)17处，邮路总长度432千米，邮电业务总量118.3万元。长途电话交换机容量60门；市话交换机容量600门，用户话机448部；农话交换机容量1070门，用户339户。1988年4月，开通乐陵至德州长途半自动拨号电路。1990年8月，开通乐陵至德州、乐陵至庆云载波电路。1994年，长途电话实现数字程控交换。至2011年年底，全县有邮电支局(所)23处，邮路总长度269千米；固定电话用户8.13万户，移动电话用户31.84万户，电话普及率11.8部/百人；互联网用户1.89万户，互联网覆盖率8.9%。

城乡建设 1986年，城区面积7.7平方千米，主要街道有10条，总长11千米。城市年供水72万吨，居民供水率30%。从1990年开始，对城市道路格局进行规划建设。2005年，开始引进天然气项目。至2011年年底，全市建成区面积32.3平方千米，主要道路15条，总长49千米，人均道路面积21.84平方米；城区绿地总面积1773万平方米，人均公共绿地面积12平方米，绿化覆盖率27.58%。自来水普及率100%，燃气普及率98%，集中供热普及率75%。

环境保护 1998年开始加强对污染源的治理，关停部分污染项目。1999年筹建乐陵市污水处理厂。2011年，日处理能力200万吨的垃圾处理厂投入使用。至2011年年底，全市城镇生活污水处理率达90%，生活垃圾无害化处理率达100%，工业烟尘排放量达标率85.7%。

第四节 社会事业

科技 1986年，全县有县属科技协会15个，科技人员3602人。1986年后，贯彻国家关于放活科研机构、放活科技人员的“双放”政策，建立科技管理、示范、服务“三大网络”，实施“科技兴乐”战略。1997年，乐陵市被国家科委授予全国“科技工作先进市”称号。2006年后，乐陵市把培育和创建各类科技创新平台作为重中之重，先后创建了国家马铃薯工程技术研究中心和国家体育用品工程技术研究中心2个国家级科研平台。2011年，全市有企业科研机构248家，其中国家级工程技术研究及企业技术中心4家，省级4家，市级6家。1986—2011年，全县被列入市级以上科技计划项目43项，其中国家级7项、省级26项、市级10项。有74项科技成果获得科技进步奖，其中省级4项，市级70项。专利申请761项，其中专利授权532项。高新技术企业20家,其中省级5家,市级15家。

教育　1986年,乐陵县有幼儿园所622所,在园幼儿2.02万人;学区以上小学62所、小学教学点924个,在校小学生6.46万人;有初级中学73所,在校生2.99万人;3所普通完全中学有高中教学班29个,在校生1775人;各类学校在校教师3399人。1996年,通过山东省政府"两基"验收,实现了九年义务教育。2011年,全市有职业学校2所,在校生3200人,专任教师87人;普通高中2所,在校生6656人,专任教师564人;初中27所,在校生2.43万人,专任教师1604人;小学115所,在校生5.56万人,专任教师3057人;特殊教育学校1所,在校生42人,专任教师8人;幼儿园135所,在园幼儿1.9万人,专任教师745人。

文化　1986年,乐陵县有电影院、文化馆、图书馆及人民剧场各1座。1989年起,利用每年一次的"金丝小枣节",全市大力开展摄影、书画展、戏曲杂技专场晚会等活动。1994年1月,建立有线电视台。2001年,建成集电影放映厅、卡拉OK多功能厅、舞蹈排练厅、工人文化宫、文化馆等为一体的市文化娱乐中心。至2011年年底,全市有文化娱乐中心1处,艺术表演团体11家,公共图书馆、文化馆各1处,乡(镇)文化站16处,农村文化大院266处。

旅游　2007年3月,市旅游产业办公室成立,确立了以枣林为中心的生态游、以梁锥希森新村为中心的新农村建设游、以碧霞湖为中心的水上游、以泰山集团为中心的工业游、以文庙大成殿及碧霞元君祠为中心的古文化游等五大系列旅游项目,形成了集生态枣林、生态农业、传统文化于一体的景区景点旅游格局。2011年,接待国内外游客69.26万人次,实现旅游总收入3.42亿元。

体育　1986年,全县有田径场8个,篮球场45个,排球场2个,乒乓球房5个。2011年,全市有各类体育场馆191个,其中大型体育场馆1处,篮球场161个,排球场7个,乒乓球房33个。

卫生　1986年,全县有医院、防疫、保健医疗机构及乡镇卫生院27家,医务人员901人,病床685张。2011年,全市有医疗卫生机构409所,其中县级医院2所,疾病预防控制中心及妇幼保健院各1所;乡镇卫生院16所,农村标准化卫生室380个;社区卫生服务中心2处,社区卫生服务站7个。各类卫生机构共有卫生技术人员1589人,病床1938张。

人民生活　1986年,全县在岗职工年工资总额1962.7万元,年人均工资1090元;农村居民人均纯收入546元。2011年,城镇在岗职工年人均工资24833元,城镇居民年人均可支配收入18054元,人均消费性支出18504元,人均居住面积35.52平方米;农村居民人均纯收入8316元,人均生活消费支出4928元,人均居住面积52.67平方米。全市职工基本养老、医疗和失业、工伤、生育保险参保人数分别达到3.82万人、4.08万人、1.11万人、2.39万人和1.27万人;新型农村养老保险参保农民35.22万人,参加新型农村合作医疗农民56.56万人,覆盖率分别为69%、99%。

第五节　乡镇(街道)简况

市中街道　位于城区中部。总面积38平方千米。办事处机关驻富城社区。2011年年底,辖安居、兴隆、振兴、阜盛、龙山、文昌、开元、顺河、仁和、康庄、东苑、顺源、西苑、富城、南鑫、阳光、中苑、平安、渤海、育英、三和、云祥22个社区,赵胡同、五里岔、大桥、臧家4个行政村,有居民9.06万人。

云红街道　位于城区东部。面积22.55平方千米。办事处机关驻三和社区。2011年年底，辖四屯、枣园、和顺、结义、忠义、千红湖、月阳、三和、谭梁、东兴、昌盛、联谊、兴丰13个社区，任苏、匡家、穆堰、朱桥、韩家5个行政村，有居民2.27万人。

郭家街道 位于城区西部。面积43.29平方千米。办事处机关驻郭家社区。2011年年底，辖华亿、大张、中兴、郭家、南夏、郑家、枣王、安张、崔韩9个社区，有居民2.23万人。

胡家街道 位于城区北部。面积38.67平方千米。办事处机关驻中心社区。2011年年底，辖国强、幸福、枣园、中心、平安、富城、创业、富民、和谐、富达、于灶张、史家坟、史家、三合、共建、后张、孟家、富康、和平、立大志、新兴、芦店新村22个社区，有居民2.65万人。

朱集镇 位于市境东北部。面积90平方千米。镇政府驻朱集社区。2011年年底，辖朱集、林焦、园艺、乐福洲、五合聚、斗金、三和兴、和顺、结义园、绿林、前后周、百枣园、枣林、田园、双李、灶户田国、四和通、王邢、刘许、金丝家园、高新、学府、前尹张、孙家寨、王玉讲、杨郭、三间堂、新河崖、贾孟、贾宋、朱姚、兴业、金色乡村、诚通家园、华凝、左联焦赵、留园、翰林、香椿园39个社区，席家、荣家、段家、李胡马、大徐、马铁匠6个行政村，有居民6.01万人。

杨安镇 位于市境中南部。面积88.43平方千米。镇政府驻杨安镇社区。2011年年底，辖王新宋、韩李、王方阚、赵北、王双、杨家、黄刘、闫李、王于、半屯、杨安镇、苗家、崔刘、周家、商郝、四寨、庞郑、董家、碱高、陈唐、孙路、任杨、夏家、三石、孙李、沈刘、孙栾、刘杨、封家、王寨子、刘家31个社区，大王、安子李、苏家、剪毛王、关庙李、左集、冯辛庄、许家、堤北董9个行政村，有居民4.73万人。

郑店镇 位于市境南部。面积143.11平方千米。镇政府驻郑店社区。2011年年底，辖郑店、四合、双于赵、殷寇、利民、张杨李、西六连、蔡马、前后黄、奎台、李王谷、李廉、高安王、张北台、五排庄、郭李信、双杨、戚张、朱闫、双赵、郭堂、前后靳、富民、陈谢、杨信、旧乐陵、尹张、博士宋、李高、孙王、魏王、房王耿、房许、陈辛王、康陈、崔王、陈寇王37个社区，樊屯、徐家、孟家、赵梳头、张心白、官道刘、盆张、常庄、韩家、买虎、王集、祁家、西高、刘呈吉14个行政村，有居民6.65万人。

黄夹镇 位于市境偏西北部。面积123.2平方千米。镇政府驻黄夹社区。2011年年底，辖黄夹街、富强、李赵、兴国、韩商、昌盛、张孟、陈孙、邵吴、刘胡、闫付、张李姜、张赵、梁锥新村、李张、安邦、赵王、奔腾、梁王、奋进、纸坊、汪家、胡粉陈、大桑树、张木良、海李、灶户孙、韩集、宁寨、仓溢、高家31个社区，潘寨、许家、徐家、朱家、张牌、后周、于货郎、安子杨、封家、刘车炮、李寿、杨铁、史家、辛店、霍寨、老君堂、宫寨、吴家、袁家、任庄、潘岳、王香匠、宋集23个行政村，有居民7.8万人。

化楼镇 位于市境西南部。面积85.16平方千米。镇政府驻中心社区。2011年年底，辖东星、五星、中心、新高、新五合、张屯、富山、谭家、新四合、郑李王、文庙、黄柳、石马、赵家、邓孙、霍安、蔡孙、孙刘、南岳、张家、炉坊、中星、郭高、张大褂、冯牟、郑丰26个社区，孙南湖、白家、杨桥、洼里王、双庙高、杨安、时家、后魏8个行政村，有居民4.07万人。

丁坞镇 位于市境西部。面积82.13平方千米。镇政府驻丁坞社区。2011年年底，辖安宁、何庙、杨盘、张生、苑家、丁坞、纪楼、镇南、杨寨、闫美玉、平安、城南、民生、田河、挂牌郭、陈皮、生张、欣旺、万梁、殷屯、幸福、仁和、四合23个社区，郭屯、定杆李、闫美贾、曹寨、辛庄5个行政村，有居民3.91万人。

花园镇 位于市境东南部。面积88.89平

方千米。镇政府驻花园社区。2011 年年底，辖夏屯、刘武官、王母殿、鞠张、关王、金左李、花园、韩李、韩高孟、谷李、三屯、银芙蓉、翟刘王、关赵、马高、新田李、三鲁、富陈安、韩宋、齐高李、孟李、袁杨、两店、新朱 24 个社区，曲店、帽刘、范桥、仲家、故城、王道元、大顾、城子后、东河涯、西河涯、彭家、房家、后刘、前刘、孙家、陈家、周家 17 个行政村，有居民 4.74 万人。

孔镇　位于市境西南部。面积 111.26 平方千米。镇政府驻孔镇村。2011 年年底，辖刘季李逯、贾芦刘齐、李肖郦、台屯杨、井子、弥耿王、曹家、李史马、郭桥、双李、崔邓王、刘陆新、大马、朱寨子、殷宋、刘袁许、范吕腾、齐王陈宋、张汪店、田马王、张桥尹、楼子院、陈官庄、姚吕家、李闫、姚聂 27 个社区，孔镇街、街南宋、张文彩、大宋、孟家、吕桥、庄科、郑家、张仪、文家、前坡、刘阎韩、赵桥 13 个行政村，有居民 4.87 万人。

铁营镇　位于市境东部。面积 75 平方千米。镇政府驻兴隆镇社区。2011 年年底，辖兴隆、铁营、闫集、六兴塬、四张、四和 6 个社区，封桥、唐家、大张、小张、桑庄、张盘石、辛庄、杜家、桑坊、郑庙、王滩子、赵滩子、张蝎子、高文亭、大王庄、国坊 16 个行政村，有居民 2.81 万人。

寨头堡乡　位于市境偏东南部。面积 43 平方千米。乡政府驻中心社区。2011 年年底，辖红旗、永和、幸福、友谊、和谐、中心、永兴、联谊、兴隆、永昌、振兴、兴业、碧霞、兴华 14 个社区，盖家、坡赵、冢上、闫孟、东杜家、阎芙蓉 6 个行政村，有居民 2.51 万人。

西段乡　位于市境北部。面积 41 平方千米。乡政府驻西坊田社区。2011 年年底，辖西坊田、靳木王、岔河、郝郭、赵家、程立王、灶刘、李家仓、徐肖蔡、大梁、张梁、朱张、崔家、李王、杨铁韩、张李邓 16 个社区，孙七、郝桥、纸坊、张库吏、刘会主 5 个行政村，有居民 2.85 万人。

大孙乡　位于市境西北部。面积 39.32 平方千米。乡政府驻大孙村。2011 年年底，辖何吕王、店杨、官庄、西星、康王李、红旗 6 个社区，吴官庄、西官庄、新发李、大孙、杜寺、雉刘、辛集、巩家、夏家、刘背津、孙白玉、乔家、乔纸纺、张家、武家 15 个行政村，有居民 2.53 万人。

第四章　宁津县

第一节　建置区划

地理位置　宁津县位于德州市东北部。县境东连乐陵市，南接陵县、德城区，西与北以漳卫新河为界，与河北省的吴桥、东光、南皮 3 县隔河相邻。全县南北纵距最长 31 千米，东西横距最宽 32.5 千米，总面积 833 平方千米。城区位于县境南部，面积 15 平方千米。县政府驻宁城街道。

建置　东魏天平元年（534 年），于胡苏亭始置胡苏县，县治位于今县城西保店镇。唐天宝元年（742 年），胡苏县更名临津县。金天会六年（1128 年），临津城毁于大水，县治东迁 25 里卧牛岗（今城址），取安宁之意，更名为宁津县。

行政区划　1986 年，全县辖宁津、保店、大柳、长官、柴胡店 5 镇，张宅、相衙镇、大曹、张大庄、刘营伍、虎皮张、双碓、道口、张学武、后魏、田家、常洼、尤集、小店、时集、后王、孟集、杜集、西唐、张鳌20乡，共有851个行政村。2011年，全县辖宁城、津城2个街道，柴胡店、长官、杜集、保店、大柳、大曹、相衙、时集、张大庄9镇，刘营伍1乡，共有304个社区。

人口 1986年，全县总人口41.28万人，其中非农业人口2.17万人。人口密度平均每平方千米501人。男女性别比为101。人口出生率11.78‰，自然增长率5.15‰。2011年，全县总人口47.18万人，其中非农业人口6.07万人。男女性别比为103。人口出生率14.62‰，死亡率4.64‰，自然增长率4.08‰。人口密度每平方千米566人。

民族 1986年，全县有回、壮、朝鲜、满、瑶、白、苗等少数民族7个，共2889人，占总人口的0.7%。2011年，全县有回、满、土家、水、锡伯、苗、壮、哈尼、白、傣、布衣、侗、黎、瑶、佤、达斡尔等少数民族16个，8700人。占总人口的1.84%。

第二节 自然条件

地形 系黄河泛滥冲击形成的平原，呈西南高东部低的倾斜地面，坡降1/6000左右。

气候 年平均气温12.5℃，最高为41.3℃（2005年），最低为－18℃（2000年）。年平均降水518.6毫米，且年际变化较大，最多为783.1毫米（2009年），最少为246.8毫米（2002年）。年平均日照时数2533.5小时。年无霜期为207天。

河流 境内有漳卫新河、朱家河、宁南河、宁北河等骨干河道，另有沟渠21条，境内河长252.58千米。

土壤 境内土壤土体为潮土、盐土、风沙土3个大类，分别占土地总面积的99.67%、0.21%、0.12%。

植被 自然植被多系草本植物群落和灌木丛，面积3332公顷，覆盖率为4%。人工植被总面积78893公顷，占土地总面积的94.71%。其中林木植被27489公顷，覆盖率为33%。

自然资源 全县土地总面积8.33万公顷，土地利用率为95.1%。其中，耕地面积5.64万公顷，占土地总面积的67.7%。县内河道年蓄水量为568.7万立方米；地下水总储量为4.55亿立方米，其中淡水4.15亿立方米。生物资源丰富，其中植物资源3080种，动物资源464种，微生物资源有40多种。

宁津县康宁湖公园 （2011年 摄）

自然灾害　境内主要自然灾害有旱、涝、风、雹、霜、虫灾等。

第三节　经济状况

1986年,实现国内生产总值2.8亿元,完成固定资产投资363万元,实现财政收入803万元。2011年,实现地区生产总值145.36亿元,一、二、三产业比重为13.7∶57.5∶28.8;完成固定资产投资112亿元,实现地方财政收入3.4亿元。

农业　宁津县是一个以种植业为主的农业县。1986年,全县农业总产值2.67亿元(按现行价),其中种植业产值2.08亿元,林业产值667万元,牧业产值4537万元,副业产值576万元,渔业产值82万元。2000年,调整粮棉种植比例,扩大瓜菜种植面积,订单农业品种增加,以饲养羊、牛、鸡和瘦肉型猪为重点的畜牧业稳定发展。2011年,全县农业总产值42.56亿元,其中种植业23.37亿元,林业1.66亿元,牧业15.09亿元,渔业1235万元,分别占农业总产值的54.67%、3.9%、35.45%、0.29%。粮经产值比例调整为2∶1。

工业　1986年,全县工业企业200家,其中县属企业38家,乡镇企业162家,年工业总值1.5亿元。1997年,对县属企业进行零资改制。2000年后,大力调整工业结构,全县形成机械制造、木器加工、工艺地毯、玻璃器皿、化工、纺织、农产品加工、皮革、工业阀门、机车制造及配件等为主导的10大产业体系,其中五金机械、家具生产等产业发展成为过百亿元的产业,被授予"中国五金机械产业城""山东省优质木制家具生产基地""山东实木家具示范县"等称号。2011年,全县规模以上工业企业(年销售收入2000万元及以上企业)272家,完成工业增加值73.89亿元,实现产品销售收入405.77亿元,实现利税43.34亿元,实现利润24.4亿元。

商贸流通　1986年,全县有商业网点2758个,其中国营网点189个,集体网点150个,个体网点2419个,年社会商品零售总额1.19亿元;城乡集贸市场35处,贸易成交额2137万元。1994年起进行商贸体制改革,到1997年,形成国营、集体、股份制、承包制和个体经营共存的局面。2000年,全县新建、改建、扩建各类市场13处,商贸流通市场日趋繁荣。2011年,全县实现社会消费品零售总额59.69亿元,其中限额以上批发零售和住宿餐饮企业147家,实现社会消费品零售总额40.9亿元;各类专业市场26处,其中亿元市场23处,实现城乡集市贸易成交额310亿元。

对外贸易　1986年,宁津县外贸收购总额1100万元(人民币),出口产品种类有棉花、豆类、菜牛、辣椒干等农副产品及家具、服装等工业品。2000年,宁津县加大招商引资力度,当年成立"三资"企业7家;另有21家企业取得自营进出口权。2011年,全县自营进出口企业43家,其中外资企业22家;年实现进出口总额7556万美元,其中出口额6887万美元。出口产品涉及家具、工艺地毯、汽车配件、工业阀门、玻璃器皿等20多个门类,主要销往美国、德国、日本、韩国、澳大利亚、印度尼西亚等40余个国家和地区。

交通　1986年,全县有干线公路5条,县乡公路11条,总通车里程212千米。全县有营业性运输车辆253辆,公路货物运输量46.4万吨,货运周转量3245万吨千米;营业性客车43辆,旅客运输量26.8万人次。2005年,在全市率先实现村村通油路、村村通客车,并在全省率先建立健全农村公路管理养护体系。2011年,境内有249、313、314省道,实有公路通车里程1423千米。全县社会营业性运输车辆4211辆,年货物运输总量660万吨,周转量136759

万吨千米;社会营运性客车319辆,年客运量647万人次,客运周转量3240万人千米。

邮电 1986年,全县有邮电支局(所)15处,邮路总长143千米,邮电业务总量61.2万元。长途电话电路9条;市话交换机容量550门,用户303户;农话交换机容量1500门,用户333户。1989年12月开通数字程控电话。1993年7月开办特快专递业务。2002年邮政开办物流配送业务。2011年,全县有邮电支局(所)23处,邮路总长度214千米;固定电话用户6.4万户,移动电话31.83万户,电话普及率65.1部/百人;互联网用户3.52万户,互联网覆盖率24.46%。全年完成电信业务总量13920万元,邮政业务总量2895.5万元。

城乡建设 1986年,县城区面积3.1平方千米,主要街道8条,总长12千米;城市年供水20万吨,自来水供水率35%;城区绿化覆盖率5%。1988年后,按照建设精品城市的标准,新建和改造城区道路近百千米,形成了"八横十纵"的道路交通网络;建成占地3.2万平方米的县中心广场和10处大型街头绿地。至2011年年末,全县建成区面积15平方千米,主要道路31条,总长92千米,人均道路面积17平方米;城区绿地总面积365万平方米,人均公共绿地面积6.49平方米,绿化覆盖率30.65%。自来水普及率55%,燃气普及率40%,集中供热普及率27%。

环境保护 1986年,对全县9个单位66个锅炉安装除尘器。1988年对排污单位安装监控和治理设备,逐步采取集中供暖供气,加强对饮用水管理。1996年配合企业进行技术革新,安装自动监控设备,实行达标排放。2007年建成环境监测中心、污水处理厂等设施,并对生活垃圾日产日清。2011年,全县有污水处理厂1处,污水集中处理率98%,无害化垃圾处理率100%,工业烟尘排放量达标率100%。

第四节 社会事业

科技 1986年,全县有各种学会、协会、研究会37个,会员1.37万人。1988年实施"科技兴宁"战略。2011年,全县有县属科研机构25家,企业科研机构80家,科技人员18353人。1986—2011年,全县被列入市级以上科技计划项目92项,其中国家级13项、省级36项、市级43项。鉴定验收各类科技成果63项,其中43项填补国内空白,20项填补省内空白;有51项科技成果获得科技进步奖,其中省级6项,市级45项。专利申请826项,其中专利授权780项。高新技术企业8家,其中省级2家,市级6家。

教育 1986年,全县有高级中学3所,在校学生2346人;农技高中2所,在校学生278人;初级中学83所,在校学生1.89万人;小学783所,在校学生5.48万人;幼儿园784所,在园幼儿1.53万人;各类学校在校教师1746人。1996年,通过山东省政府"两基"验收,基本普及了九年制义务教育。2011年,全县有中等职业学校1所,在校学生4072人,专任教师224人;高中2所,在校学生6536人,专任教师624人;初中16所,在校学生1.45万人,专任教师1163人;小学61所,在校学生3.78万人,专任教师1975人;幼儿园170所,在园幼儿1.45万人,专任教师763人;特殊教育学校1所,在校学生45人,专任教师5人。

文化 1986年,全县有文化馆、图书馆、剧场各1座;电影公司2个,乡镇电影放映队40个,个体电影放映队18个;乡镇文化站25个;县杂技团1个,民间团16个,杂技演员719人。2011年,全县有各种文艺表演团体15个,文化馆、公共图书馆、新华书店各1座。广播电视人口覆盖率100%。宁津杂技入选国家级非物质文化遗产名录。

旅游　2011年,宁津县主要旅游景点有家具大世界、李满碧霞祠、蟋蟀文博馆等。全年接待国内外游客30万人,实现旅游业总收入5亿元。

体育　1986年,全县有体育场所29个,其中田径场10个,篮球场15个,足球场1个,乒乓球房1个,其他2个。1988年建成县体育场。从1998年开始,宁津县深入开展全民健身工程,逐步实现体育器材农村社区全覆盖。2011年,全县有各类体育场馆167个,其中田径场13个,篮球场142个,排球场4个,足球场1个,乒乓球房2个,其他7个。1986—2011年,全县累计向省级运动队输送运动员1人、市级运动队180人。

卫生　1986年,全县有卫生机构50个,其中医院、卫生院27所,门诊所19个,卫生防疫、妇幼保健、药品检验各1所,其他卫生事业机构1个;各类卫生机构共有床位665张,卫生技术人员901人。1997年,宁津县成为山东省农村初级卫生保健达标县。2004年3月,宁津县成为省级新型农村合作医疗试点县。2011年,全县有卫生机构204个,其中县级医院2所,疾病预防控制及妇幼保健机构各1所;社区卫生服务中心2所,社区卫生服务站3个;乡镇卫生院11所,农村标准化卫生室184个。各类卫生机构共有卫生专业技术人员1205人,床位1060张。

人民生活　1986年,全县职工年工资总额713.6万元,年人均月工资60元,城镇居民人均收入499元。农村人均收入436元,消费支出364元。2011年,城镇在岗职工年平均工资收入26634元,城镇居民人均可支配收入17410元,人均消费性支出11217元,人均住房建筑面积37平方米。农村居民人均纯收入8442元,人均生活消费支出3573元,人均住房面积31平方米。全县城镇基本养老、医疗、失业、工伤和生育保险参保人数分别为3.44万人、9.14万人、1.45万人、4.33万人和1.93万人,覆盖率分别为90%、93%、95%、92%、93%。新型农村养老保险参保人数24.14万人,新型农村合作医疗参加人数40.7万人,覆盖率分别为99%、100%。

第五节　乡镇(街道)简况

宁城街道　位于县主城区。面积24平方千米。办事处驻安业社区。2011年,辖安业、康平、正阳、振华、朝阳、希望、福宁7个社区,总人口4.6万人。

津城街道　位于县城乡接合部。总面积85平方千米。办事处机关驻希望社区。2011年,辖八里庄、前园、时庄、太平店、沙河董、后王、栾庄、岱庙、李拔贡、常庄、雒庄、刘言、关庄、王石、孟合、苍白、皮家洼、岳庄、吴碾、皂户刘、谢集、蔡庄、陈万侯、洼刘、百佛堂、李仙、小店、苏陈、洼赵、高庄、东姜、东弭、李镇、赵庄惠宁、银河、阳光、津泉、义和39个社区,总人口5.1万人(含县经济开发区的5个社区,总人口1.2万人)。

柴胡店镇　位于县境东南部。面积113.11平方千米。镇政府驻柴胡店社区。2011年,辖柴胡店、崔杨、东崔、王德普、双庙崔、王月、王学堂、皮虎林、冯邵、小艾、小冯、李士固、孟集、方家、青积务、白庙、张家、亓家、生家、明家、臧家、陈家、盖家、葛勇、辛庄、寨子、尤集、马厂、李马子、小李、大周、毛家、王庄、阎集、楼子王、郝家、王世英、张集、大辛、马海、吕庄、孔房、光明庵、大柴家、李道口、毕子刘、仁官、二马苏、逯家庙、逯铁匠、孟家、东店刘、大逯、前艾、司家、路家56个社区,总人口6.2万人。

时集镇　位于县境偏西部。面积56平方千米。镇政府驻时集社区。2011年,辖时集、桑庄、前焦、杜阁、前油、杨大庄、坊子、刘万仓、博古张、范庄、孙杨处、王庄、大曹、史殷、刘太环、杨西川、翟家、周集、崔庄、郭寺、油房李、王岐山、虎皮张23个社区，总人口3万人。

杜集镇 位于县境东部。面积101平方千米。镇政府驻杜集社区。2011年，辖杜集、前姜、李镇、张边头、大刘集、红庙、前杨保、大郭、高苏、后陈、枣李、郭庙、王纸、刘三华、孙东、西段、常洼、张盘古、张端、魏庵、洼里高、钟楼张、丁庄、五大庄、王庭府、西舒、肖庄、仲伍街、前刘、古庄、来庄、东贾、后水、毕庄、前张定、张学武、段庄、王铁匠38个社区，总人口5.6万人。

长官镇 位于县境东北部。面积64.59平方千米。镇政府驻长官街社区。2011年，辖长官街、薛庄、郭相、刘廷献、曹塘、三苑、田庄、双孟、坡李、盐头李、罗张、杨庄、张凤巢、小曹、新集、王德厚、路庄、贾庄、赵庄、仉庄20个社区，总人口4.2万人。

大柳镇 位于县境偏北部。面积51.8平方千米。镇政府驻大柳社区。2011年，辖大柳、李刘范罗、茂孙、桑谢、魏庄、付集、篦杨、小姚、陶庵、张斋、李满、庞家寺、小章、石庄、财帛李、潘庄、李智白17个社区，总人口2.9万人。

相衙镇 位于县境西部。面积54平方千米。镇政府驻相衙社区。2011年，辖相衙、芝麻李、大耿、张望南、杨年、编杨、车李、黑白、谷白、徐庄、大刘普、纸房、楼子李、杨老头、道口、京城张、惺悟寨、化牛李18个社区，总人口2.5万人。

张大庄镇 位于县境西北部。面积53平方千米。镇政府驻大庄社区。2011年，辖大庄、刘辉、杏行、白菜魏、鑫庄、铁佛寺、程庄、白集、李冯、张刘房、九窑场、清明寺、双尹桥、田庄、双碓15个社区，总人口3.4万人。

保店镇 位于县境西南部。面积91.8平方千米。镇政府驻保店中心社区。2011年，辖保店中心、张宅、王千、彭井、郭庄、长庄、东高、西昌、王吏目、方庄、许庄、蒋庄、黄镇、陈庄、孙庄、刘双槐、徐庄、王兴吾、雒庄、皂户李、灰刘、赵庄、蒙洼、满庄、铁庄、胡庄、红庙李、迟庄、杨东、肖庄、乔庄、牟庄、郑庄、二堂苏34个社区，总人口3.8万人。

大曹镇 位于县境西南部。面积83平方千米。镇政府驻大曹社区。2011年，辖大曹、北邢、哮罗寨、孙庄、赵庄、陈武、沈庄、三坦、宋桥、郭红、谢马、三李万、高官、大郭、张傲、野竹李、黄河涯、柳槐邢、穆庄、董张、西塘、油坊赵、孙尚、刘朝、乔管、代庄、梁庄、高集、姚毛29个社区，总人口3.6万人。

刘营伍乡 位于县境西北部。面积36平方千米。乡政府驻刘营伍社区。2011年，辖刘营伍、寨子、兴宁、贾宋门、老君堂、祥瑞、龙潭、丰宁8个社区，总人口2.2万人。

第五章 齐河县

第一节 建置区划

地理位置 齐河县位于德州市东南部。北界临邑县，东北与济阳县毗连，东及东南邻济南市天桥区，隔黄河与济南市槐荫区、长清区相望，西南与东阿、茌平、高唐三县接壤，西及西北邻禹城市。南北长73千米，东西宽22千米，总

面积1411平方千米。城区位于县境中北部,面积37平方千米。县政府驻晏城街道。

建置 金天会八年(1130年),析禹城县东南部置齐河县,因旧为齐河镇而得名,治所在齐河镇。1974年,县城北迁至晏城。

行政区划 1986年,齐河县辖晏城、赵官、表白寺、焦庙、桑梓店5镇,焦斌屯、靳家、安头、大黄、宣章屯、南北、华店、刘桥、潘店、务头、仁里集、大张、马集、胡官屯、富足店、贾市、小周、大夫营、大王19乡,共有1088个行政村。2011年,全县辖晏城、晏北2个街道,表白寺、焦庙、赵官、祝阿、仁里集、潘店、胡官屯、宣章屯、马集9镇,大黄、安头、华店、刘桥4乡,有9个城市社区、278个农村社区、69个行政村。

人口 1986年,全县总人口60.41万人,其中非农业人口4.12万人。男女性别比为124。人口出生率20.73‰,自然增长率13.45‰。人口密度每平方千米389人。2011年,全县总人口62.77万人,其中非农业人口16.28万人。男女性别比为111.3。人口出生率12.12‰,自然增长率8.82‰。全县人口密度每平方千米445人。

民族 1986年,全县有回、朝鲜、满、藏、苗、蒙古、彝、布依、侗等少数民族9个,人口3527人,占总人口的0.584%。2011年,全县有回、满、壮、蒙古、苗、土家、布依、朝鲜、彝、藏、达斡尔、景颇、傣、瑶、侗、佤、纳西、白、傈僳、锡伯、黎、鄂温克、土、仫佬、哈尼、塔吉克、拉祜、德昂等少数民族28个,共3340人,占总人口的0.53%。

第二节 自然条件

地形 齐河县地处黄河下游冲积平原,地势西南高而东北低,海拔高程在19~35米之间,自然坡降1/7000左右。

气候 年平均气温13.6℃,最高为41.8℃(2002年),最低为-18.7℃(1990年)。年平均降水量为521.2毫米,最多为844.9毫米(1990年),最少为233.9毫米(2002年)。年平均日照时数2413.4小时。无霜期一般在235天。

河流 主要为黄河,流经县境62.5千米;另有赵牛新河、老赵牛河、戚官干沟、六六河、齐济河等一级河5条,流长113.91千米。

土壤 境内土壤分为潮土、盐土、水稻土3

齐河县泉城海洋极地世界 (2011年 摄)

个土类，分别占可利用土地面积的 98.9%、0.54%、0.56%。

植被 自然植被所占比例极小，多见于河堤、渠畔、路旁、村边。人工植被以林木和农作物为主，面积 11.24 万公顷，覆盖率 87.97%。其中，林地面积 4.83 万公顷，覆盖率 34.26%。

自然资源 全县土地总面积 14.11 万公顷，土地利用率为 92.4%。其中，耕地面积 8.39 万公顷，占土地总面积的 59.49%。水资源，主要为引用黄河水和大气降水形成的地表径流。大气降水形成地表径流多年平均径流量 0.32 亿立方米。2011 年引黄量 3.5 亿立方米，是地表水和地下水的主要补给源之一。境内矿藏资源主要有煤炭、石油、温泉、优质矿泉水等，其中煤碳储藏量 60 亿吨。生物资源有 493 种，其中动物 141 种，植物 352 种。

自然灾害 主要有旱涝、冰雹、大风、干热风、霜冻、低温连阴雨和暴雨。

第三节　经济状况

1986 年，实现国内生产总值 1.23 亿元，完成社会固定资产投资 1.41 亿元，实现地方财政收入 1162 万元。2011 年，实现地区生产总值 252.87 亿元，一、二、三产业比重为 9.5∶54.0∶36.5；完成社会固定资产投资 111.86 亿元，实现地方财政收入 11.02 亿元。

农业 传统农业以种植业为主。1986 年，齐河县被农牧渔业部确定为全国优质棉生产基地县。20 世纪 90 年代，发展重点逐步向“两高一优”农业转移，除粮食生产外，畜牧业、水产养殖业、桑蚕业和蔬菜生产都有较快发展。2004 年，齐河县获“全国粮食生产先进县”称号。2011 年，全市实现农业总产值 56.95 亿元，其中种植业 32.48 亿元，林业 2.36 亿元，牧业 20.86 亿元，渔业 1.7 亿元，分别占农业总产值的 57.03%、4.14%、36.63% 和 2.99%。粮经产值比例调整为 56∶44。

工业 1986 年，全县有工业企业 1476 家，其中县属企业 32 家，乡镇企业 16 家，村办企业 1428 家，年工业总产值 18662 万元。1987 年，全面推行承包经营责任制。后，逐渐探索推行嫁接改造、股份（合作）制、兼并、破产等模式，不断推进企业改革。20 世纪 90 年代，县内工业始建立现代企业制度。1996 年，齐河板纸厂整体租赁给寿光晨鸣纸业集团，成为引进资金、先进技术和管理经验的典范。进入 21 世纪，“工业立县”和企业发展实行“方阵带动”战略的相继实施，全县先后培植了钢铁、浆纸、煤炭、化工等支柱产业，发展了特种材料、食品医药、装备制造等新兴产业。2011 年，全县完成工业增加值 135 亿元。其中，规模以上工业企业（年销售收入 2000 万元及以上企业）379 家，完成工业增加值 120.1 亿元，实现产品销售收入 538 亿元，实现利税总额 61.2 亿元，实现利润 33.3 亿元。

商贸 1986 年，全县商业网点 6687 个，其中国营网点 109 个，集体网点 344 个，个体网点 6234 个，年社会消费品零售额 2.1 亿元；城乡集贸市场 51 处。1988—1991 年，国合商业推行为期 3 年的经理承包制。1992 年 7 月推行职工租赁柜台的公有民营试点改革。1998 年全面实行租赁经营。2001 年后，通过招商引资，县内开始出现大型商场和超市，仓储物流、电子商务等行业和超级市场、便民店、专卖店等多种零售业呈并存。2005 年，齐河县被确定为“全国‘万村千乡’市场工程”试点县。2011 年，全县实现社会消费品零售总额 68.26 亿元，其中限额以上批发零售和住宿餐饮企业 181 家，实现零售额 30.72 亿元；各类专业市场 125 处，其中亿元市场 24 处，实现城乡集市贸易成交额 181 亿元。

对外经贸　1986年，全县出口产品主要包括工艺品、土特产品、畜产品等，年出口2264.8万元（人民币）。1988年，美国嘉吉公司在县投资成立山东—卡吉尔有限公司，为全县第一家具有自营进出口权的企业。2011年，全县自营进出口企业76家，其中外资企业17家；实现进出口总额7.14亿美元，其中出口1.49亿美元。出口产品涉及化工、机械、医药、纺织、轻工等40多个种类，主要销往欧盟、日韩、美国、东南亚以及印度、巴西、俄罗斯等国家和地区。

交通　1986年，全县公路通车里程295.7千米，其中干线公路154.2千米，县乡公路141.5千米。全县有营业性运输车辆984辆，货运量34.7万吨，货运周转量3600万吨千米；营业性客车28辆，客运量53.5万人次。2003年，启动"村村通油路"工程。至2011年，境内有京沪和京沪高速2条铁路；有京福、济聊、青银和济南北绕城等5条高速公路，有308、309国道和101、324省道，实有公路通车里程2810千米。全县社会营业性运输车辆3746辆，年货物运输总量799.4万吨，周转量92416万吨千米；社会营运性客车162辆，年客运量583.2万人次，客运周转量26101.2万人千米。

邮电　1986年，全县有邮电支局（所）15处，邮路总长2156千米，邮电总收入27.58万元，邮电业务总量95.38万元。长途电话交换机容量100门；市话交换机容量700门，用户418户；农话交换机容量1150门，用户437户。2011年，全县有邮电支局（所）25处，邮路总长度2102千米；固定电话用户6.6万户，移动电话用户38.76万户，电话普及率71部/百人；互联网用户3.68万户，互联网覆盖率19.28%。全县完成电信业务总量18845.4万元，邮政业务总量3164万元。

城乡建设　1986年，县城面积3.5平方千米，主要道路18条，总长18.36千米。城市年供水54万吨，居民供水率30%。城区绿化覆盖率14%。1995年后，县城经过两次改貌，陆续建成广场、公园4处；县城面积扩展到27平方千米（含开发区）。2005年，县城东、西、南、北外环路相继开通。2011年，城区再次扩容，开始建设城南新区，面积10平方千米。至此，建成区面积37平方千米，主次道路47条，总长214.8千米，人均道路面积18.8平方米；城区绿地总面积1151.4万平方米，其中公园绿地面积166.8万平方米，人均公园绿地面积9.8平方米，绿化覆盖率36.2%。自来水普及率96.6%，燃气普及率89.89%，集中供热普及率51.4%。

环境保护　1989年始，县开展环境管理、环境监测、环境监察等各项环保工作。1992年，划分城区环境噪声区域，严格控制噪声污染。2003年开始，对全县所有新、扩、改建项目执行环境影响评价制度和"三同时"（同时设计、同时施工、同时投产）制度。2004年，投资6000万元建成日处理能力2万吨的生活污水处理厂。2006年，齐河县荣获"全国绿化模范县"称号。2009年7月，齐河县被联合国人居环境发展促进会等6个单位联合授予"中国最佳绿色生态县"称号。2011年，全县有生活污水处理厂1个，城镇生活污水处理率达到95.97%，无害化垃圾处理率达100%，工业烟尘排放量达标率100%。

第四节　社会事业

科技　1986年，县有县属科研机构2家，科技人员10人。1991年，开始实施《齐河县科技发展"八五"规划》，全县科研部门共承担国家、省、地、县科研、星火、火炬、推广计划项目162项，累计新增产值4.3亿元。1995年，成立县科技开发中心和农村科技推广中心，设立

210个县、乡(镇)两级科技推广站,三分之二的行政村相继建立起科技示范队。2006年,实施《齐河县2006~2010年科技发展计划及今后十年长期规划》。至2011年,全县有县属科研机构8家;企业科研机构240家,其中省级工程技术研究及企业技术中心3家,市级8家;科技人员14664人。1986—2011年,全县被列入市级以上科技计划项目87项,其中国家级7项、省级28项、市级52项。有841项科技成果获得科技进步奖,其中国家级2项,省级14项,市级91项。专利申请713项,其中专利授权433项。全县高新技术企业14家,其中省级5家,市级9家。

教育 1986年,县有幼儿园616所,在园幼儿2.14万人;小学980所,在校学生7.43万人;初级中学104所,在校生2.56万人;高中7所,在校生3276名;职业中学3所,在校生934人;全县有教师6410人。1997年,通过山东省政府"两基"验收,基本普及九年义务教育。至2011年年末,全县幼儿园242所,在园幼儿1.52万人,专任教师949人;小学132所,在校生3.86万人,专任教师2959人;初中16所,在校生1.79万人,专任教师1326人;高中2所,在校生6936人,专任教师607人;中等专业学校1所,在校生4712人,专任教师317人;特殊教育学校1所,在校生183人,专任教师38人。

文化 1986年,县城建有广播站、电影院、文化馆、图书馆、工人文化宫和新华书店,乡镇较少有文化站和书店,乡镇邮局开展代卖书刊杂志业务。2001年后,对原有文化设施进行大规模改造,新建了县文化中心、广电大厦、新华大楼等设施。2011年,全县有文化馆、公共图书馆各1处;乡镇文化站15个。广播电台1座,电视转播发射台1座,广播、电视人口覆盖率达到100%。

旅游 2008年1月成立县立旅游局。2009年7月,引进投资118亿元的黄河生态旅游文化大观园项目。随后,在黄河北展区设立黄河国际生态城。2010年5月,总投资150亿元的东盟现代生态旅游城项目、晏子湖休闲旅游度假区项目、定慧寺恢复重建项目等落户黄河国际生态城。2011年7月,投资10亿元的泉城海洋极地世界项目投入运营。2011年,全县主要旅游景点有泉城海洋极地世界、齐齐发茶城、国科景区、定慧寺、时传祥纪念馆等,年接待国内外游客265万人次,实现旅游总收入6.89亿元。

体育 1986年,全县有田径场25个,篮球场217个。1988年,投资20万元建成1460平方米可容纳3000名观众的灯光球场;县直机关、学校、企事业单位、各乡镇机关及少数行政村按照"一场"(篮球场)、"二室"(乒乓球室、体育展室)的标准相继兴建体育设施。1990年,齐河县被国家体委授予"第三批全国体育先进县"称号。1998年起,开展全民健身活动,被国家体育总局表彰为"全国群体工作先进单位"。至2011年,全县有各类体育场馆576处,其中田径场28个,篮球场497个,排球场3个,足球场5个,乒乓球房43个;24%的城市社区和24.9%的村安装了健身器材。1986—2011年,全县累计向国家级运动队输送运动员9人、省级运动队26人、市级运动队529人。

医疗卫生 1986年,全县有县乡医疗机构28个,其中县直医疗机构4个、县医院分院4所、乡镇卫生院20所;卫生技术人员936人。1990年,结合实施初级卫生保健,齐河县在德州地区率先推行农村合作医疗制度。2004年12月,齐河县被确定为省级新型农村合作医疗试点县。2011年,全县有县乡医疗机构279个,其中县级医院2所,疾病预防控制中心、妇幼保健站、皮肤病防治站各1处;社区卫生服务中心1个,社区卫生服务站6个;乡镇卫生院15

所,农村标准化卫生室 252 个。各类卫生机构共有床位 1475 张,卫生技术人员 1478 人。

人民生活　1986 年,全县职工年工资总额 187.07 万元,年人均月工资 76.67 元;农村居民年人均纯收入 572 元。2000 年 7 月始,全县对企业退休人员的养老金实行社会化发放。2011 年,全县在岗职工年人均工资 29987 元,城镇居民年人均可支配收入 19520 元,人均消费性支出 10665 元,人均住房建筑面积 27.48 平方米;农民人均纯收入 8442.92 元,人均消费性支出 5066 元,人均居住面积 42.2 平方米。全县职工基本养老、医疗和失业、工伤、生育保险参保人数分别达到 5.3 万人、5.78 万人、1.72 万人、5 万人和 1.4 万人;新型农村养老保险参保农民 34 万人,参加新型农村合作医疗农民 51.83 万人,覆盖率分别为 65.6%、100%。

第五节　乡镇(街道)简况

晏城街道　位于县主城区。面积 125 平方千米。办事处机关驻永安社区。2011 年,辖永安、永盛、永顺、永泰、永祥、永兴、永和、永乐 8 个城市社区,东宋、孟孙、城东、南北、唐楼、北魏、柳官、刘善、全玉、高庄、石庙、寨子、张相、冀庄、姜屯、小安、毛官、周马郝、徐坊、赵刘林、义和、李官、杜官、马官、朱君、三合、兴隆、桃园、甄营、城南、大杨、老肖 32 个农村社区,晏城街、红庙朱、大魏、大漠刘 4 个行政村,总人口 11.19 万人。

晏北街道　位于城区东北部。面积 56.5 平方千米。办事处机关驻县经济开发区。2011 年,辖开泰、开元、开运、开达、开兴、开瑞、开祥、开悦、开鑫花园、铁北 10 个社区,姚魏、桑园赵、丁庄 3 个行政村,总人口 3.61 万人。

宣章屯镇　位于县境东北部。面积 64 平方千米。镇政府驻宣章屯社区。2011 年,辖宣章屯、明贾、甘隅村、李坊、钱玉屯、后屯、胡楼、宋店、耿庄 9 个社区,戚官屯、麦坡口、王保、辛法屯、宋庄 5 个行政村,总人口 2.40 万人。

表白寺镇　位于县境东北部。面积 68.5 平方千米。镇政府驻表白寺社区。2011 年,辖孙耿、于门、生家、三聂、戴庄、蔡谢、单家、赵席、袁家、李英、韩楼、谭家、盐梁、王家、孙庄、表白寺、官家 17 个社区,崔许、孔家、大周、魏庄 4 个行政村,总人口 2.86 万人。

祝阿镇　位于县境中部。面积 113 平方千米。镇政府驻小周社区。2011 年,辖古城苑、望岱、长丰庄、李家岸、天湖岛、新里、石屯、坡赵、马坊、王辛、小周 11 个社区,米三里 1 个行政村,总人口 4.96 万人。

焦庙镇　位于县境中南部。面积 109 平方千米。镇政府驻焦庙社区。2011 年,辖苇叶、团枣圆、焦庙、白马、曹虎、陶絮、宋坊、双庙屯、石门张、李楼、杜庄、贾市、季寨、华集、郭窑、贾庄、小寨尚、谯庄、炮姜、南李张、马坊、芦庄、黑马、钟庄、张杨、张村街、杨场 27 个社区,姜堂、彭庄、小李、王老、曲屯、前郑、常庄 7 个行政村,总人口 4.74 万人。

潘店镇　位于县境西南部。面积 137.5 平方千米。镇政府驻潘店社区。2011 年,辖五星、庙杨、王对宇、井王、王西川、葛靖庄、张楼、王老、杨家河口、洪张、姚庄、平安、潘庄、三杨、西联五、沈李、胡楼、鸡鸣王、曹庙、南联五、腰站、曲赵、雾头、三屯、朱庄、和谐、刘楼、十里雾、潘店 29 个社区,田庄、王堂、兴隆、中屯、西屯、郑刘、于科、洪孙、孟庄 9 个行政村,总人口 5.12 万人。

仁里集镇　位于县境西部。面积 126 平方千米。镇政府驻仁里集社区。2011 年,辖张铺、北潘、韩胡、辛屯、前燕、后宋、柴洼、仁里集、郭庄、后刘、大王、前屯、南四、边庄、黄庄、郑坊牛集、田楼、梅庄、黄楼桑海子、宋集、西高、四营子、大张、翟寺、董集、松林赵、苏塘子、三合、郑段31个社区，枣杨、大柴、南潘、大高、索庄、石围子6个行政村，总人口5.29万人。

胡官屯镇 位于县境西南部。面积109.6平方千米。镇政府驻胡官屯社区。2011年，辖孔老、坟台、富军屯、沙张、大李、大明、孙楼、纸坊、段庄、孔官、前楼、富足店、大刘、郑官、梁官、白草林、胡官屯、阴河、老傅、杨道口、马官屯21个社区，曹庄、路庄、大耿庄、周苏、蛇窝、寨南卢、赵官屯7个行政村，总人口3.84万人。

赵官镇 位于县境西南部。面积61.02平方千米。镇政府驻赵官社区。2011年，辖赵官街、水坡张、律官屯、红星、银周、葛冯赵、胡庄、徐李、靖南、镇东、尹孟于、刘邢、季韩、尹小王、马头、韩刘、刘集、崔黄、董傅水19个社区，官庄、王厅村、西赵村3个行政村，总人口3.02万人。

马集镇 位于县境最南部。面积64.7平方千米。镇政府驻马集社区。2011年，辖西侯、南方寺、封官、齐庄、岱庙、刘堂、邱集、顾道口、北方寺、宋庄、雷屯、韩庄、王楼、郑庄、周李、潘路16个社区，马集、苑庄2个行政村，总人口3.05万人。

大黄乡 位于县境最北部。面积66.5平方千米。乡政府驻大黄社区。2011年，辖大张、甄庄、北段、二郎庙新村、河南孙庄、杜家寨、大黄、吴家埝、赵庄、常程孔、刘连屯、生官、南李13个社区，黑牛、彭太屯、仓上3个行政村，总人口2.71万人。

安头乡 位于县境东北部。面积73.9平方千米。乡政府驻安头社区。2011年，辖安头、张保屯、冢子张、鲍官屯、王举、大吴现屯、东里仁、王京屯、孙王9个社区，薄家岭、郝佃屯、苏官屯、张孟杨、小吴现屯、钱官屯、蔡家庄、三岔口、西里仁9个行政村，总人口2.27万人。

华店乡 位于县境西部。面积96.95平方千米。乡政府驻华店村。2011年，辖华中、华北、朱付庄、王楼、腾史、华西、华东、姜楼、华南、华阳、倪庄、赵店、龙庄、大夫营、董范、大周、李舍17个社区，总人口3.93万人。

刘桥乡 位于县境西部。面积85.2平方千米。乡政府驻刘桥社区。2011年，辖流洪、倪梁、塘坊、陈楼焦集、东风后郑、战庄赵店、洪州、大刘、耿葛小李、老李、刘桥、栾庄、崔庄桑刘、高庄、朱庄蔡官、孟庄、太平、十甲王18个社区，老焦、于屯、大马张、朱官屯、宋庄、西杨庄6个行政村，总人口3.76万人。

第六章 陵 县

第一节 建置区划

地理位置 陵县位于德州市中部。西与德州市经济开发区和德城区接壤，西南与平原县相邻，东与临邑县毗连，北、东北分别与宁津县、乐陵市相接。1986年，全县总面积为1420平方千米。1992年9月，抬头寺、袁桥、赵虎、赵宅4个乡镇划归德州市，面积变为1213.4平方千米。城区位于县境西南部，面积30平方千米。县政府驻陵城镇。

建置 今陵县，乃汉代所置安德县，取以其德水安澜之意而得名，县治初在今县城东南25华里处的平原县马腰务村。北齐天保七年

(556年),安德县和鬲县合并称安德县,移安德县治于鬲县旧治临齐城(即今县城)。隋开皇十六年(596),分安德县西北部置将陵县。明洪武七年(1374年),废安德县入德州,并移州治于陵县故址(时陵县即今德城区)。洪武十三年(1380年),于安德故地别置陵县(所谓陵德互易)。

行政区划　1986年,全县辖陵城、土桥、前孙、糜镇、边临镇、滋镇6个镇,刘泮、于集、抬头寺、袁桥、郑家寨、凤凰店、碱场店、神头、邓集、义渡口、徽王庄、官道孙、赵宅、赵虎、宋家、黄集、张习桥、丁庄18个乡,共1138个行政村。2011年,全县辖安德、陵城2个街道,边临镇、前孙、糜镇、滋镇、宋家、徽王庄、神头、郑家寨8个镇,于集、丁庄、义渡口3个乡,共有251个社区、153个行政村。

人口　1986年,全县总人口55.01万人,其中非农业人口3.33万人。人口密度平均每平方千米387人。男女性别比为113.6。人口自然增长率为7.82‰,死亡率为5.92‰。1992年9月,抬头寺、袁桥、赵宅、赵虎4个乡划归德州市,全县人口减为51.56万人。2011年年底,全县总人口为59.30万人,其中非农业人口11.3万人。男女性别比为107.9。人口出生率12.28‰,死亡率5.1‰,自然增长率7.18‰。人口密度平均每平方千米488人。

民族　1986年,全县有回、满、蒙古、朝鲜、土家等少数民族8个,17008人,占总人口的3.2%。2011年,全县有回、满、蒙古、朝鲜、藏、维吾尔、苗、彝、壮、布依、侗、白、土家、哈尼、傣、黎、傈僳、佤、畲、拉祜、纳西、塔吉克、怒、瑶、哈萨克、东乡、羌、俄罗斯等少数民族28个,3.18万人,占总人口的5.37%。

第二节　自然条件

地形　地处黄河冲击平原,地势由西南向东北倾斜,呈西高东低之势。地面高程最高24米,最低13米,地面高差11米,平均海拔18.5米。

气候　年平均气温12.7℃,最高为41.7℃(2002年),最低为-20.7℃(2003年)。年均降水量570.2毫米,且年际变化较大,最多为985.6毫米(1990年),最少为220.3毫米(1986年)。年均日照时数2647.2小时。无霜期达205天。

河流　主要河流为马颊河和德惠新河,境内总长度为98.82千米。

陵县东方公园　　(2010年　摄)

土壤 全县土壤分为潮土和盐土两个土类,分别占可利用土地面积的93.7%、6.3%。

植被 人工植被分为农作物、林木、草坪三部分,总面积9.76万公顷,覆盖率80.5%。其中林地面积3.14万公顷,林木覆盖率28.8%。

自然资源 全县土地面积为12.13万公顷,土地利用率94.14%。其中,耕地面积7万公顷,占总面积的57.7%。水资源总量2.24亿立方米,主要为地表水和地下水,其中年引黄河水1.56亿立方米。生物资源160种,其中动物资源53种,植物资源107种。矿产资源主要是黏土和地热。

自然灾害 境内主要自然灾害有旱灾、水灾、风灾、雹灾等。

第三节 经济状况

2011年,实现地区生产总值176.73亿元,一、二、三产业比重为14.6∶51.6∶33.8;完成社会固定资产投资98.77亿元,实现地方财政收入5.18亿元。

农业 陵县是一个传统农业大县。1993年起,按照农村产业化发展思路,全县组建了以农产品深加工为主的棉花加工、纺织、面粉、食油加工和造纸等企业,促进了全县农业生产,同时引导农民自愿组成了若干诸如养鸡(奶牛)协会、蔬菜生产合作社等组织,将个体生产与产品的规模化、市场化联结起来,推进农业生产向专业化、规模化、标准化、市场化发展。2000年被省政府命名为全省粮食生产先进县。2005年被列为全国棉花生产百强县。2011年,全县农林牧渔业实现总产值520775万元,其中种植业264832万元,林业11795万元,畜牧业197387万元,渔业16139万元,分别占总产值的50.85%、2.30%、37.90%和3.10%。

工业 1986年,全县有工业企业132家,其中县属企业28家,乡镇企业104家,总产值7589万元。1987年后,相继对县属企业实行承包经营责任制和租赁制。1996年,对国有、集体企业实行以股份制改造为核心的产权制度改革。2001年以后,把“大上工业、上大工业”作为全县经济工作的主线,通过招商引资、嫁接改造等措施,培植起以纺织、农副产品加工、新材料、机械制造、化工等五大支柱产业近千家企业。2011年,全县规模以上工业企业(年销售收入2000万元及以上企业)185家,完成工业增加值76.36亿元,实现产品销售收入420.94亿元,实现利税50.96亿元,利润24.39亿元。

商贸流通 1986年,全县有商业网点1253个,年社会商品零售总额3960万元;城乡集贸市场26处,贸易成交额1551万元。1990年取消商品计划分配体制,开始实行多渠道经营。1993年9月,陵县国合商业全部实行股份制改造,商品流通市场呈现多元化。2005年起,先后投资6亿元用于改造、扩建和新建市场,全县形成大中小结合、专业综合协调、批发零售配套的多层次、多类型、多功能商品流通网络。2011年,全年实现社会消费品零售总额55.4亿元。其中,限额以上批发零售和住宿餐饮企业112家,实现零售额13.6亿元。各类市场112处,实现城乡集市贸易成交额39.7亿元。

对外经贸 1986年,全县外贸出口以农副产品为主,年出口额为482万元(人民币)。20世纪90年代起,逐步改革外贸体制,先后发展地毯厂和外贸公司2家自营进出口企业。1998年9月组建美东地毯有限公司,此为陵县第一家外资企业。2011年,全县自营进出口企业73家,其中外商投资企业达12家;年实现进出口总额17923万美元,其中出口12033万美元。出口产品涉及食品、轻工、纺织等门类的50多个品种,主要销往美国、韩国、日本、新加坡等国家和中国香港及台湾地区。

交通　1986年,全县有干线公路18条,县乡公路12条,总长423千米。全县有营业性运输车辆884辆,货运量86万吨,货运周转量5230万吨千米;营业性客车10辆,客运量32万人次。2003年实施“村村通”柏油路工程。2011年,境内有104国道和249、314、315等省道,实有公路通车里程达到2431千米。全县社会营业性运输车辆4800辆,货运量1686万吨,货运周转量337200万吨千米;营业性客车71辆,客运量59.4万人次,客运周转量1188万人千米。

邮电　1986年,全县有邮电支局(所)21处,邮路总长156千米;长途电话交换机容量1.8万门,市话交换机容量4000门。1993年,市内电话开通国际、国内长途直拨业务。1994年,在全区率先撤销人工长途台。1995年,农村电话用户全部开放了国际、国内长途直拨业务,并实现了微机化处理。同年12月,全县长途自动交换机全部撤销。2011年,全县有邮电支局(所)23处,邮路总长度187千米;固定电话用户7.25万户,移动电话用户达35.01万户,电话普及率92部/百人;互联网用户2.17万户,互联网覆盖率12%。全年完成电信业务总量2869.64万元,邮政业务总量520万元。

城乡建设　20世纪80年代初期,人们用“一条马路、一盏灯、一个喇叭响全城”来戏称陵县的城市建设。1986年后,相继建起影剧院、服务楼、电影院、百货大楼等一批现代化建筑。2002—2011年,按照“新区开发、老城提升、大气拓展、整体推进”的思路,实施了管线入地、大树进城、城市治污、新区建设、道路拓宽、住宅开发等10大城建工程;开通了管道天然气,启动建设了城区排水系统、交通、通信、医疗等公共设施及东方公园等文化休闲工程。至2011年年底,全县建成区面积30平方千米,主要道路35条,总长118千米,人均道路面积19.32平方米;城区绿地总面积175万平方米,人均公共绿地面积12.35平方米,绿化覆盖率47.2%。自来水普及率85%,燃气普及率62.5%,集中供热普及率48%。

环境保护　1988年12月成立陵县环境保护局,环境保护力度逐年加大,全县污染加剧的趋势得到了一定控制。2011年,全县有污水处理厂2座,污水集中处理率达到51%,无害化垃圾处理率达85%,工业烟尘排放量达标率98%。

第四节　社会事业

科技　1986年,全县有厂办科研机构21家,科技人员367人。1988年,引入黄淮海开发项目,推动了全县中低产田改造。1989年后,健全县、乡、村三级科技管理体系,完善县、乡、村、户四级科技推广服务网络,使陵县在改良盐碱地、棉花生产、农牧渔业综合开发、冬季农业方面取得了显著的成绩。1995年,陵县被国家科委命名为“全国科技工作先进县”。2011年,全县有企业科研机构203个,其中省级省级工程技术研究及企业技术中心4个,市级企业技术中心8个;科技人员5122人。1986—2011年,全县被列入市级以上科技计划项目58项,其中国家级11项、省级18项、市级29项。鉴定验收各类科技成果39项,其中20项填补国内空白,12项填补省内空白;有36项科技成果获得科技进步奖,其中省级2项,市级34项。专利申请561项,其中专利授权301项。高新技术企业21家,其中国家级1家,省级5家,市级15家。

教育　1986年,全县有小学333所、初中28所、高中1所、完全中学3所、农业中学1所,在校教师4358人,学生9.87万人。1997年,基本普及九年义务教育。2011年,全县有幼儿园

256 所，在园幼儿 1.86 万人，专任教师 1207 人；小学 155 所，在校学生 4.17 万人，专任教师 2766 人；初中 16 所，在校学生 1.54 万人，专任教师 1293 人；高中 1 所，在校学生 0.65 万人，专任教师 586 人；中等专业学校 1 所，在校学生 478 人，专任教师 120 人。全县九年义务教育入学率 100%。

文化 1986 年，县文化局下设 6 个事业单位，24 个乡镇文化站和电影站，36 个电影放映队。2008 年，在东方公园建成建筑面积 1.3 万平方米的文化艺术中心，内设图书馆、博物馆、展览馆。截至 2011 年年底，全县有公共图书馆、历史博物馆、文化馆各 1 座，颜真卿书法展览馆 1 处，王书平书画展览馆 1 处，剧场 1 处，乡镇综合文化站 13 处，农村文化大院 350 处。广播、电视人口覆盖率分别达到 100% 和 97%。

旅游 1994 年组建文化旅游局。全县逐步形成以东方朔故里、文博苑、两湖风景区"三点一线"旅游格局。2011 年，全县主要旅游景点有东方公园、仙人湖、丁东水库、文博苑、神头汉墓群等，年接待国内外游客 119.2 万人次，旅游业总收入 71966 万元。

体育 1986 年，全县有体育场所 68 个，其中田径场 1 个，篮球场 47 个，排球场 1 个，足球场 1 个，乒乓球房 18 个。1986 年后，全民体育活动蓬勃发展，各类体育协会、业余体校、武术场地相继成立。1992 年，陵县被授予"全国体育先进县"称号。2011 年，全县有各类体育场馆 525 个，其中田径场 1 个，篮球场 210 个，排球场 75 个，足球场 2 个，乒乓球房 236 个，羽毛球场 1 个。1986—2011 年，全县累计向省级运动队 13 人、市级运动队 123 人。

卫生 1986 年，全县共有医疗卫生机构 29 个，职工 895 人，卫生技术人员 743 人，床位 347 张。是年，陵县被省政府命名为"全省首批无鼠害县"。1997 年，陵县获"山东省爱国卫生先进县"称号。2004 年，全面完成疾病预防控制与医疗救治"两个体系"建设和设备配套任务，建设了国内一流的洁净手术部。2007 年，县、乡、村三级医疗卫生服务体系已基本形成。2011 年年底，全县有医疗卫生机构 267 个，其中县级医院 2 所，疾病预防控制中心及妇幼保健站各 1 个；社区卫生服务中心 1 个，社区卫生服务站 3 个；乡镇卫生院 13 所，农村标准化卫生室 246 个。各类卫生技术人员 2130 人，医疗床位 1734 张。

人民生活 1986 年，全县职工年人均工资 1629 元；农村居民年人均纯收入 473 元。1999 年，实施养老保险基金社会化发放。2007 年，全县社会保险已发展到养老、失业、医疗、工伤、生育 5 项保险业务。2011 年，城镇在岗职工年平均工资 24391 元，城镇居民年人均可支配收入 16292.73 元，人均消费性支出 9123.57 元，人均住房建筑面积 45 平方米；农民人均纯收入 8338 元，人均生活消费支出 3289 元，人均住房面积 34.97 平方米。全县职工基本养老、医疗和失业、工伤、生育保险参保人数分别达到 3.03 万人、4.61 万人、1.51 万人、3.57 万人和 1.86 万人；新型农村养老保险参保农民 35.33 万人，参加新型农村合作医疗农民 45.13 万人。

第五节 乡镇(街道)简况

安德街道 位于县主城区。面积 100 平方千米。办事处机关驻时楼社区。2011 年年底，辖时楼、后王、张集、宋集、邱家、芦坊、蔡堤口、纪庄、前刘、将军寨、宋堤口、叶堤口、吕庄、刘庄、袁庄、土桥 16 个社区，刘家铺、菜园、任桥 3 个行政村，总人口 2.89 万人。

陵城街道 位于县境西南部。总面积 191.3 平方千米。办事处机关驻马厂街。2011 年年底，辖五李、王景河、小赵、小吕、孙来仪、吴

店、南高、丁楼、西曹、前后王、陈马、西高、王强、大杨店、赵寨、岔河刘、张举人、张定杆、王二马、苑家、侯家、王举人、张挑、药王、路寨、刘在格、盛家、杨家、刘大友、廉寨、祁家、杨念佛、高官屯、三圣家、连七乡、张机、赵油坊、才庙、凤凰树、陆庙40个社区，东关、东街、北街、北关、西关、西街、南街、马厂街、杨致屯、于道口、孙油坊、贺家、韩家、卜家、郭家庙、王定杆、董家、马酒坊、张集、三龙侯、大吕、凤凰街、前后蒙、曹杜、前刘泮、后刘泮、宋光国、王落梧、十里河、崔帽头、西赵、西崔、万家、马厨、郑家35个行政村，总人口13.62万人。

边临镇　位于县境西北部。总面积73平方千米。镇政府驻边一村。2011年年底，辖南北辛、东华、生金刘3个社区，前华、寨门刘、后华、前桐、后桐、仁义店、王连榜、胡寨、冯寨、高道仁、孙胡同、马占、西孙、西魏、中魏、东魏、东张、中纪、西张、西于架、东于架、北纪、西宋、王陈、洼李、乔庄、库庄、陈庄、史家庵、边一、边二、边三、东小庄、侯庄、簸箕王、马才、范桥、王吉口、贾庄、郭庄、孙连娥、夏庄、五间房、闫庄44个行政村，总人口2.9万人。

前孙镇　位于县境北部。总面积82.4平方千米。镇政府驻前孙社区。2011年年底，辖前孙、柳庄、张架、东堂、常家、杜庄、杨庄、王雨、杨马、徐百万、白庄、小王、李集、北金、王桂芝、李庄、水王、商庄、楼子庄、大辛、张万良、程庄、后刘、花马张、孙夸25个社区，南金、李全真、北许3个行政村，总人口3.1万人。

糜镇　位于陵县境东部。总面积101平方千米。镇政府驻糜镇街。2011年年底，辖前赵、周家、孟胡、三刘、曹家、湾头、张成吾、解孟、陈凡、李家楼、宿庙、齐老、徐家、双井李、陈犨、张寨、基山、梅家、张习桥、朱官屯、郑家、写字王、吴龙、董河、大河涯、岳家、后张、范桥、孙楼、朱坊、大裴31个社区，糜镇街、大田、徐阁、前寺、后寺、金家、朱家、田家、崔赵、崔家、马家、白布张、栾王、袁家14个行政村，总人口5.3万人。

滋镇　位于县境东部。面积73平方千米。镇政府驻滋镇街社区。2011年年底，辖滋镇街、魏龙江、宋杨、三联、赵屯、高家、北宋、大周、程周孙、前后许、苗家、张道、沙王、盛家、三寨、张龙、大于、朱胥、大辛、南许、兴隆镇、葛家22个社区，大王、洄河2个行政村，总人口3.7万人。

宋家镇　位于县境东北部。总面积111平方千米。镇政府驻宋家社区。2011年年底，辖宋家、崇兴街、朱木匠、闫马许、太家、蜂李、段家、徐坊、大小李、四合、孙家、张王阮、东屯、管饭堂、于河、河北四庄、黄集、南五、褚集、厚家、高牛、单家、前马、北五村、四屯、王寨、周坊、梁家、白集、王集30个社区，李堂1个行政村，总人口4.2万人。

徽王庄镇　位于县境西北部。总面积105平方千米。镇政府驻徽王庄社区。2011年年底，辖徽王庄、玫芗园、五村、王奇、杨顶、孙杠、连五寨、卢红梅、牛王、孙世官、官道孙、官辛、王淮庵、河南、天明、杨集16个社区，王解、前马、后马、朱家、东庞、乔家6个行政村，总人口4.2万人。

神头镇　位于县境中部。总面积111平方千米。镇政府驻神头社区。2011年年底，辖神头、李五道、史张、朱家、高安然、牟陈、南任、圈刘、彭寺、乔家、迟家、大寨、黄家、纪家、老庄户、刘向前、祁屯、任集、五屯、皂户杨、马集、大柳店、史官寺、付店、西辛25个社区，前店、东寨、小李科、小褚家、邓集、前邓、霍家、赵马拉、刘东龙9个行政村，总人口5.6万人。

郑家寨镇　位于县境东南部。总面积117平方千米。镇政府驻郑家寨村。2011年年底，辖白家、张庙、金付寨、侯家、纪家、陈大亮、大吴、苗家、老官张、穆家、门徐、罗院、邓家、盐场14个社区，郑家寨街王美韩、栾家、卢家、杨冲霄、吴辛、尚安、碱店街、乔家9个行政村，总人口4.6万人。

于集乡 位于县境中西部。总面积53平方千米。乡政府驻于集社区。2011年年底，辖于集、后张、张西楼、王路寺、张武、孟庙、任张、芦田谭、东朱9个社区，陈宝亮、盐店2个行政村，总人口2.1万人。

丁庄乡 位于县境西南部。总面积70平方千米。乡政府驻丁庄村。2011年年底，辖许辛、董羊皮、河沟刘3个社区，郭叶、王蛮、石庄、大刘、小刘、前王、许桥、苑庄、于庄街、闫庄、董屠、赵庙、丁庄、薛庄、郑屯、孙堤口、小庄、仙人桥、大庄19个行政村，总人口2.1万人。

义渡口乡 位于县境中北部。总面积66平方千米。乡政府驻义渡口社区。2011年年底，辖义渡、张耐、小林、赵邵、潘家、果园、铁太、大李、顺河、后刘、辛安街、赵店、南赵、五虎庄、段店、马颊河、庄科王17个社区，边家、堤后刘、初家、大付、马庙、西许6个行政村，总人口3.6万人。

第七章 临邑县

第一节 建置区划

地理位置 位于德州市东部。东与济南市商河县毗连，西与禹城市、平原县、陵县为邻，南临徒骇河与济南市济阳县相接，与齐河县隔河相望，北以马颊河与乐陵市为界。辖区东西最大距离30千米，南北最大距离58.5千米，总面积1016平方千米。城区位于县境中南部，面积33平方千米。县政府驻邢侗街道。

建置 秦，置漯阴县。南朝宋孝建二年(455年)，将原漯阴县和著县(济阳县境西部)部分土地合并，取汉时东郡临邑县(今东阿)之名，侨置临邑县，县治位于今济阳县孙耿镇。宋建隆三年(962年)，县治迁至今址。

区划 1986年，临邑县辖临邑、德平、夏口3镇，满家、碱场李、理合务、翟家、林子、宿安、李家、孟寺、孙庵、赵家、沙河子、太平寺、张家寨、兴隆寺、营子、田口、双丰17乡，共805个行政村。2011年，临邑县辖邢侗、恒源、临盘3个街道，临邑、临南、德平、林子、兴隆、孟寺、翟家、理合务8个镇，宿安1个乡，共184个社区。

人口 1986年，临邑县总人口44.19万人，其中非农业人口3.43万人。男女性别比为101.85。人口自然增长率4.91‰，死亡率6.15‰。人口密度439人/平方千米。1990年，总人口47.40万人，其中非农业人口4.44万人。2011年，全县总人口54.19万人，其中非农业人口20.39万人。男女性别比为102.27。人口出生率12.82‰，死亡率6.12‰，自然增长率6.7‰。人口密度530人/平方千米。

民族 1986年，全县有回、满、壮、苗、朝鲜等少数民族8个，共10188人，占总人口的2.38%。2011年，全县有回、满、壮族、苗族、朝鲜等少数民族24个，共1.65万人，占总人口的3.1%。

第二节 自然条件

地形 地处黄泛平原，自西南向东北缓缓倾斜,西南部最高海拔20.5米,北部最低海拔12.9米,东西最大高差3米。

气候 临邑县属暖温带半湿润季风气候,具有四季分明的特点。春季,干旱少雨,天气多变;夏季,炎热多雨,湿度大;秋季,秋高气爽;冬季,寒冷干燥。多年平均气温12.6℃。极端最低气温-18.2℃(1990年);极端最高气温39.8℃(1997年)。年平均降水量553.7毫米,且年际变化较大,最多为845.2毫米(1998年),最少为345.3毫米(1992年)。年平均日照时数2622.7小时。无霜期年平均196天。

河流 境内主要河流有马颊河、徒骇河、德惠新河,总长52.2千米。

土壤 分为潮土、盐土、风沙土3种类型,分别占可利用土地面积的94.79%、4.85%和0.36%

植被 分自然植被和人工植被两个植被区。自然植被多系草本植物群落和灌木丛,面积3331.96公顷,覆盖率为3.28%。人工植被总面积7.23万公顷,占土地总面积的73.5%。其中林木22924.2公顷,覆盖率25.5%。

自然资源 全县土地总面积10.16万公顷,土地利用率95%。其中,耕地面积6.45万公顷,占总面积的63.38%。水资源,可利用的地上水、地下水和客水为2.78亿立方米,其中浅层地下水可开采量1.47亿立方米。生物资源419种,其中动物资源97种,植物资源322种。境内地下藏有石油、天然气资源,已探明石油地质储量2.5亿吨,天然气储量40亿立方米。

自然灾害 境内主要自然灾害有旱灾、风灾、涝灾、雹灾、霜冻、病虫害等。

第三节 经济状况

1986年,实现国内生产总值38534万元,完成社会固定资产投资556万元,实现地方财政收入741万元。2011年,实现地区生产总值177.77亿元,一、二、三产业比重为14∶53.1∶32.9;完成社会固定资产投资103.47亿元,实现地方财政收入7.04亿元。

农业 粮食作物以小麦、玉米为主。1986年后,在稳定粮食作物种植面积的基础上,扩大经济作物种植面积,同时大力发展多种经营。

临邑县新世纪广场 (2011年 摄)

1993年，实施“蔬菜产业带动”发展战略，先后建成食用菌、加工型蔬菜、冬暖式蔬菜大棚、辣椒、圆拱棚菜等五大蔬菜生产基地基地。1995年起大面积开挖低洼地，建设高标准渔业生产基地，临盘万亩鱼鸭混养基地被评为国家一类示范区。2009年，坚持高产、优质、高效、生态、安全，大力发展现代农业，临邑县成为国家（省级）重要的小麦、玉米生产基地。至2011年，全县农业总产值56.21亿元，其中种植业28.04亿元，林业0.4亿元，牧业22.35亿元，渔业2.14亿元，分别占总产值的49.89%、0.71%、39.76%和3.81%。粮经产值比例调整为5.1∶4.9。

工业 1986年，全县有工业企业1369家，其中县属企业14家、乡镇企业148家，村办企业1207家，工业总产值1.69亿元。20世纪90年代中后期，国有企业开始了以明晰产权、建立现代企业制度为目标的企业改革，乡镇工业逐步由速度效益型向质量效益型发展。2009年，坚持工业优先发展战略，大力实施骨干企业二次创业工程，全县初步构建起石油化工、生物医药、食品加工、机械制造、纺织服装、新能源六大产业体系，成为中国新能源产业百强县。2011年，全县完成工业增加值104.33亿元。其中，规模以上工业企业（年销售收入2000万元及以上企业）355家，完成工业增加值93.57亿元，实现产品销售收入491.73亿元，实现利税总额69.11亿元，实现利润37.64亿元。

商贸流通 1986年，全县有商业网点2923个，其中国营、集体网点790个，个体网点2133个，年社会商品零售总额13566万元；城乡集贸市场30处，贸易成交额1951.5万元。1986年后，随着流通体制改革的日益深入，国合商业采取联合、租赁、兼并、分离等形式，对企业实行改制改造。2003年后，各类商业中心市场、专业市场建设加快。至2011年，全县社会商品销售总额达67.8亿元，其中限额以上贸易单位235个，实现社会消费品零售总额52.7亿元；各类专业市场21处，其中亿元市场10处，实现城乡集市贸易成交额380亿元。

对外经贸 1986年，全县完成出口商品总值1333.69万元（人民币）。出口产品种类有畜产品、工艺品、粮油、化工等。1995年9月，县外贸公司获得自营进出口权。至2011年，全县自营进出口企业90家；年进出口总额30838万美元，其中出口28971万美元。出口产品涉及碳素、机电产品、纺织品、塑编产品、食品5大门类，主要销往美、俄、日本、伊朗、东南亚等20余个国家和地区。

交通 1986年，全县有干线公路4条，支线公路2条，县乡路5条，境内路段总长94.1千米。全县有营业性运输车辆259辆，货运量36.12万吨，货运周转量2704.75万吨千米；营业性客车3辆，年客运量8.06万人次。2011年，全县有104国道，315、316、318、249共4条省道，县乡村道1876千米，实有公路通车里程2171.3千米。全县社会营业性运输车辆4985辆，年货物运输总量1359万吨，周转量277036万吨千米；社会营运性客车320辆，年客运量789万人次，客运周转量43000万人千米。

邮电 1986年，全县有邮电支局（所）20处，县内邮路200千米，农村投递邮路1461千米。长途电话交换机容量180门；市话交换机容量600门，用户459部；农话交换机容量900门，用户270部。邮电业务总量612.4万元。1987年12月，开通半自动长途电话直播业务。1994年1月，数字程控交换机开通。1995年1月，县邮电局引进的美国摩托罗拉模拟基站开通。1996年12月，引进的瑞典爱立信GSM数字基站设备开通。1997年7月至2002年9月，共投入9期移动通信工程建设，同时建成临邑本地传输网。2011年年末，全县有邮电支局（所）75处，邮路总长度1481千米；固定电话用

户6.39万户,移动电话用户达38.4万户,电话普及率82.65部/百人;互联网用户3.54万户,互联网覆盖率23.12%。全年完成电信业务总量21744万元,邮政业务总量4381.97万元。

城乡建设　1986年,城区面积5.1平千米,主要道路27条,总长27.7千米。城市年供水57万吨,居民供水率90%。城区绿化覆盖率16.8%。1986年后,先后新建拓宽改造道路20余条,基本形成“六纵五横”城市道路框架。2002年,临邑县恒利热电有限责任公司热电联产工程竣工投产。2010年,实施南区建设推动、东区商贸拉动、西区工业带动、老区改造促动“四区联动”战略,开工建设了120多项城建工程,东外环、南外环建成通车,迎宾南路综合改貌全面完成,构筑起“十纵十横”的城市道路主框架。至2011年年末,全县建成区面积33平方千米,主要道路20条,总长480千米,人均道路面积51平方米;人均公共绿地面积8.6平方米,绿化覆盖率40%。自来水普及率97%,供热普及率60%,燃气普及率70%。

环境保护　1989年,建垃圾处理场一处。1996年和1997年,全县相继开展排污申报登记和废气申报登记工作;同时对污染企业实施限期治理,取缔污染严重和工艺落后的企业;对新建、改建、扩建的对环境有影响的建设项目,严格执行建设项目环境影响评价制度和“三同时”(同时设计、同时施工、同时投产)制度。至2011年,全县已建成污水处理厂2座,城镇生活污水处理率达80%,无害化垃圾处理率达100%,工业烟尘排放量达标率80%。

第四节　社会事业

科技　1986年,全县有县属科研机构2个,厂办科研机构21个。1997年3月,临邑县获全国科技工作先进县荣誉称号。自2004年起,临邑县连续7年被评为全国科技进步先进县。2009年,被列为国家中小企业发展创新示范基地,国家科技成果示范基地,全国培育企业自主创新能力示范基地。2011年,全县有县属科研机构4个;企业科研机构112个,其中省级企业工程技术研究及企业技术中心1个,市级4个。1986—2011年,全县被列入市级以上科技计划项目60项,其中省级6项、市级54项。专利申请543项,其中专利授权363项。高新技术企业14家,其中省级4家,市级10家。

教育　1986年,全县有幼儿园所136所、小学519所、普通中学41所、职业学校2所,在校教师4542人,学生8.1万人。1996年,通过山东省政府“两基”验收,实现了普及九年制义务教育。至2011年,全县有幼儿园195所,在园幼儿1.5万人,专任教师612人;小学61所,在校生3.69万人,专任教师3170人;初中13所,在校生1.27万人,专任教师1300人;普通高中1所,在校生6450人,专任教师446人;成人中等职业学校1所,在校生3397人,专任教师3397人;特殊教育学校1所,在校生29人,专任教师10人。各级各类民办学校和教育机构13所,其中中小学9所,培训机构4所。

文化　1986年,全县文化机构设有文化馆、图书馆、电影院、广播站、新华书店。1989年6月,临邑县人民广播电台开通,实现了调频、有线双向覆盖。1994年1月,开通有线电视。至2011年年末,有文化艺术团体5个,艺术表演团体3个,县工人文化中心1个,文化馆1个,乡镇文化站12个,农村文化大院406个;剧场、影剧院2处,公共图书馆1个,藏书10万册。民间艺术“德平大秧歌”入选省级非物质文化遗产名录,“一沟沟”入选国家级非物质文化遗产名录。

旅游　1998年,临邑县政府成立外事旅游办公室,旅游工作开始起步。2011年,全县旅游景点主要有红坛寺森林公园、邢侗纪念馆、龙泉寺文化园、明德文化苑等,年接待国内外游客5万人,实现旅游业总收入60万元。

体育 1986年,全县共有田径场7个,篮球场199个,排球场6个,足球场7个,乒乓球房4个。除个别年份外,每年举办一次全县田径运动会。从1997年开始,全民健身活动在全县城乡蓬勃发展。2001年,临邑县被国家体育总局授予全国体育先进县称号。2011年,全县有各类体育场馆313个,其中田径场31个,篮球场222个,排球场16个,足球场26个,乒乓球房16个,其他2个。每年定期举办的体育活动有篮球、乒乓球、羽毛球、自行车。95%的社区和村安装了健身器材,经常参加体育活动的人员占常住人口的20%。1986—2011年,全县累计向上级运动队输送优秀运动员14人。

卫生 1986年,全县有县属医院3所,乡镇卫生所20处,工厂、学校等企事业单位医疗机构21个,共有卫生技术人员652人,病床593张。2011年,全县各级各类医疗卫生机构344个,其中县级医院3所,疾病控制中心及妇幼保健院各1所;社区卫生服务中心1所,社区卫生服务站3所;乡镇卫生院12所,农村标准化卫生室184个。各类卫生机构共有卫生专业技术人员1266人,病床1745张。

人民生活 1986年,全县城镇职工年人均工资1012元,农村居民人均纯收入611元。2011年,城镇在岗职工年平均工资收入26581元,城镇居民人均可支配收入19160元,人均消费性支出9170.5元,人均住房建筑面积30平方米。农村居民人均纯收入8433.5元,人均生活消费支出3560.47元,人均住房面积42.9平方米。全县城镇职工基本养老、医疗、失业、工伤和生育保险参保人数分别为3.9万人、3.11万人、1.5万人、1.74万人和2万人,覆盖率分别为95%、99%、90%、91%、97%。新型农村养老保险参保人数27.39万人,新型农村合作医疗参加人数43.38万人,覆盖率分别为80.1%、99.8%。

第五节 乡镇(街道)简况

邢侗街道 位于城区东部。总面积60.55平方千米。办事处机关驻洛源社区。2011年年末,辖洛源、卞庙、徐孟柳、邱许、三官庙、邓井子、广场、瑞恒、鑫兴、凯旋、开元11个社区,总人口6.6万人。

恒源街道 位于城区中部。总面积25.63平方千米。办事处机关驻柳行社区。2011年年末,辖柳行、刘波海、前仓、大户、阜寺、大孙、付庙、龙湾、沙河、三里庄10个社区,总人口2.3万人。

临盘街道 位于县境西部。总面积136平方千米。办事处机关驻太平社区。2011年年末,辖太平、崔大、夏家、毕寨、刘庙、大杨、张寨、辛集、小马家、牛角店、任家、元郑、盘河、甄家、门刘、曹店、肖家、营子、高家19个社区。总人口11.9万人。

临南镇 位于县境南端。总面积112平方千米。镇政府驻夏口社区。2011年年末,辖夏口、齐集、新华、和谐、富源、刘双庙、清店、宁楼、旭升、河沟、齐心、同心、双丰、新星、李屯、三星、振兴、团结、胜利、石家村、广旺村、杨香村、宫家村23个社区。总人口4.53万人。

兴隆镇 位于县境西南部。总面积102.9平方千米。镇政府驻兴隆社区。2011年年末,辖兴隆、苗屯、唐庙、季寨、王坊、刘辛、冯屯、西袁、田口、彭边、王相、祁家、王花、小刘、乔家15个社区。总人口4.27万人。

孟寺镇 位于县境东部。总面积123平方千米。镇政府驻孟寺社区。2011年年末,辖孟寺、韩家、孙安、宫家、赵家、蒋家、范楼、刘钟楼、

马保、程家、东张、宁家、耿刘、中店、王母店、沙洼、大孙17个社区。总人口4.4万人。

理合务镇　位于县境东北部。总面积72.8平方千米。镇政府驻理合社区。2011年年末，辖理合、林寨、张庙、沙于、焦楼、唐家、王寨、鲁庙、蔺家、夏家、田庵、解家联村12个社区，总人口3.1万人。

林子镇　位于县境中北部。总面积80.5平方千米。镇政府驻林子社区。2011年年末，辖林子、李元寨、徐店、官道、梨杭、天齐庙、刘双槐、郝家、曹寨、苗甫庵10个社区，总人口2.68万人。

临邑镇　位于县境中北部。总面积89.13平方千米。镇政府驻张法古社区。2011年年末，辖张法古、国寨、胡同、八里、赵家、后凡、卞庙、王草、毛寺、前关、郑家、毕家、孙家、李仙台、大史、李跃明、李寨、季寨、大陈19个社区。总人口4.3万人。

德平镇　位于县境北端。总面积144.32平方千米。镇政府驻东关社区。2011年年末，辖东关、西关、陈集、闫家、林家寨、活佛庙、八里庄、十里堡、茄子李、闫庙、陈寨、炉房、王朝阳、曹塚、满家、三里庄、戚寨、宫屯、大鲍、碱李、王连周、宫家、养马、葛老庄、前明、房集26个社区。总人口6.3万人。

翟家镇　位于县境北部。总面积52.07平方千米。镇政府驻地翟家社区，2011年年末，辖李家、吴家、赵家、解家、黄集、翟家、祝家、宫家、四合、于家、韩家、马家12个社区。总人口3万人。

宿安乡　位于县境东部。总面积59.6平方千米。政府驻宿安社区。2011年年末，辖宿安、三寨、刘寨、许寨、正升、魏家、耿楼、高辛、于安、五龙堂10个社区。总人口2.7万人。

第八章　平原县

第一节　建置区划

地理位置　平原县位于德州市西南部。东、东南与临邑县、禹城市交界，南与高唐为邻，西和西南与武城、夏津毗连，北与德城区、陵县接壤。南北长39千米，东西宽48千米，总面积1047平方千米。城区位于县境中部，面积23.5平方千米。县政府驻龙门街道。

建置　秦，置平原县，因地处平原、无山河之限而得名。县治在今王庙镇张官店村东。北齐天保二年（551年），县治东迁至今址。

区划　1986年，全县辖平原、恩城、王凤楼、腰站4镇，炉坊、王打卦、王杲铺、十里铺、王村店、三唐、坊子、张士府、前曹、尹屯、寇家坊、林庄、王庙、苏集、张华15乡，共有893个行政村。2011年，辖龙门、桃园2个街道，王凤楼、前曹、恩城、王庙、王杲铺、张华、腰站、王打卦8镇，坊子、三唐2乡，共有180个社区。

人口　1986年，全县总人口为42.81万人，其中非农业人口3.1万人。男女性别比为98.9。人口出生率为21.39‰，人口自然增长率为14.31‰。人口密度每平方千米380.7人。2011年，全县总人口为46.56万人，其中非农业人口13.01万人。男女性别比为100.9。人口出生率为12.7‰，死亡率5.87‰，自然增长率为6.83‰。人口密度每平方千米444人。

民族 1986年,全县有回、满、蒙古、朝鲜等少数民族23个,5180人,占总人口的1.2%。2011年,全县有回、满、蒙古、朝鲜、苗、壮、侗、土家、黎、佤、拉祜、纳西、羌、鄂伦春、藏、彝、布依、白、哈尼、傈僳、高山、水、土、布朗等少数民族24个,6500人,占全县总人口的1.39%。

第二节 自然条件

地型 地处黄河下游鲁西北平原,地形自西南向东北缓慢倾斜,海拔高程由27米降到18米,地面坡降为1/8000～1/10000。

气候 年平均气温13.4℃,最高为41.7℃(2002年),最低为-19.4℃(1990年)。年平均降水量为536.8毫米,且年际变化较大,最多为1052.7毫米(1998年),最少为240.1毫米(2002年)。年平均日照时数2468.2小时。无霜期一般在204天。

河流 主要河流有马颊河、德惠新河,总长48.64千米。

土壤 境内土壤分为潮土、盐土、风沙土3个土类,分别占可利用土地面积的96.74%、3.01%、0.25%。

植被 境内植被大部分为农作物和林木组成的人工植被,总面积7.8万公顷,占土地总面积的74.5%。其中,林地面积3.55万公顷,林木覆盖率为33.9%。野生植被主要为饲草和杂草,总面积4万公顷。

自然资源 2011年,土地总面积10.47万公顷,土地利用率93.64%。其中,耕地面积7.77万公顷,占总面积的74.25%。水资源总量2.58亿立方米,主要为地表水和地下水,其中年引黄河水2.22亿立方米。矿产资源主要是黏土和地热。生物资源丰富,其中植物资源有200多个品种,动物资源有80多个品种。

自然灾害 主要有旱灾、涝灾、雹灾、病虫害等。

第三节 经济状况

1986年,实现国内生产总值完成3.36亿元,实现地方财政收入0.07亿元。2011年,实现地区生产总值146.51亿元,一、二、三产业比重为15.1∶53.4∶31.5;完成社会固定资产投资99.18亿元,实现地方财政收入3.92亿元。

平原县琵琶湾公园 (2011年 摄)

工业 1986年,全县有工业企业374家,其中县属企业38家,乡镇企业86家,村办企业112家,联办企业138家,年工业总产值6168万元。1992年,全县大力推进工业转换经营机制,破除“一大三铁”(大锅饭,铁交椅、铁饭碗、铁工资)的企业管理模式。1998年,开始进行工业企业产权制度改革,探索建立现代企业制度。1999年,围绕造纸、化工、机械、酿酒四大主导产业,重点培植20家县乡骨干企业,实现了工业经济持续健康发展。2002年后,突出“工业立县”,大力实施“工业带动战略”,装备制造、新型材料、生物医药等新兴产业迅速成长,造纸、化工、棉纺等传统产业实现了提档升级。2011年年底,全县规模以上工业企业(年销售收入2000万元及以上企业)达到220家,完成工业增加值75.56亿元,实现产品销售收入416.9亿元,实现利税总额42.9亿元,实现利润26.27亿元。

农业 平原县是一个以种植业为主的传统农业县。1989年,实施商品粮基地建设规划,当年粮棉单产均创历史最高水平,被省政府授予全省唯一的粮棉双高产先进县称号。1990年后,在稳定粮棉等种植面积的基础上,大力调整农业产业结构,逐步形成牛、鸡、鸽、果、菜五大主导产业以及“一乡一业”、“一村一品”的格局。2011年,全县共完成农业总产值24.45亿元,其中种植业产值5.16亿元,林业产值1.46亿元,畜牧业产值16.53亿元,渔业产值1.30亿元,分别占农业总产值的21.11%、5.97%、67.61%、5.31%。粮经产值比例调整为8:2。

商贸流通 1986年,全县有商业网点1571个,其中国营网点82个,集体网点486个,个体网点1003个,年社会商品零售总额为16227万元;城乡集贸市场33处,贸易成交额1656万元。1986年后,大力推进流通体制改革,积极发展现代商业体系,先后实施服务业重点项目168个,建成新世纪购物广场等8大商贸项目,初步形成了以新世纪购物广场中央商贸区、10条商贸街、百家知名连锁店和千家“万村千乡”工程农家店为主体的“一区十街百店千家”商贸格局。2011年,全县实现社会消费品零售总额54.58亿元,其中限额以上贸易单位69家。各类专业市场12处,其中亿元市场5处,实现城乡集市贸易成交额18亿元。

对外经贸 1986年,全县出口产品主要包括棉花、工艺品、土特产品、畜产品等,年出口105.6万元(人民币)。2011年,全县自营进出口企业53家,其中外资企业10家;年实现进出口总额6806万美元,其中出口5312万美元。出口产品涉及机床附件、乳鸽、乌鸡、化工染料、速冻蔬菜、人造花、柳编等29类400余个品种,主要销往美国、加拿大、德国、英国、法国、意大利、日本等30多个国家和中国香港地区。

交通 1986年,县境有干线公路4条,县乡公路4条,总通车里程213.26千米。全县有营业性运输车辆193辆,货运量49.8万吨,货运周转量2216万吨千米;营业性客车16辆,年客运量44.36万人次。2003年,实施村村通公路工程。2011年,境内有京沪和京沪高速2条铁路;有京福高速公路和105国道,有101、315、318省道,实有公路通车总里程2166千米。全县社会营业性运输车辆4275辆,公路货物运输量为879万吨,周转量1.6亿吨千米;社会营运性客车305辆,公路旅客运输量为505万人次,客运周转量3020万人千米。

邮电 1986年,全县有邮电支局(所)20处,邮路总长1856千米,邮电总收入73.42万元。长途电话交换机容量60门;市话交换机容量600门,用户387户;农话交换机容量970门,用户662户。2011年,全县有邮电支局(所)17处,邮路总长度1856千米;固定电话用户9.65万户,移动电话用户达11.27万户,电话普及率44.9部/百人；互联网用户2.44万户，互联网覆盖率17.18%。全年完成电信业务总量24922万元，邮政业务总量3890万元。

城乡建设 1986年，城区面积3.7平方千米，主要道路18条，总长12.35千米。1986年后，按照城市总体规划，相继实施了琵琶湾公园、平安大街改造、文博园、东三环等72项城建重点工程，新建、改造城市道路27条，新铺设供排水管线160多千米、集中供热管线30多千米、天然气管线200多千米，新增城市绿化面积200万平方米。2011年，建城区面积22平方千米，主要道路31条，总长90.5千米，人均道路面积20.55平方米；人均公共绿地面积9.8平方米，绿化覆盖率35%。自来水普及率98%，燃气普及率97.1%，集中供热普及率61%。

环境保护 2001年开始，本着"谁污染，谁治理"的原则，环境保护力度逐年加大。到2007年，所有污染企业，特别是化工、造纸、啤酒、水泥等重点企业都建设了治污设施，并达到稳定达标排放。2011年，全县有污水处理厂1座，城镇生活污水集中处理率91%，无害化垃圾处理率90%，工业废水排放量达标率98%，工业烟尘排放量达标率96%。

第四节 社会事业

科技 1986年，全县有各类专业技术人员3788人。2011年，全县有县属科研机构1个；企业科研机构20个，其中省级工程技术研究及企业技术中心4个，市级8个；各类专业技术人员14090人。1986—2011年，全县被列入市级以上科技计划项目79项，其中国家级4项、省级35项、市级40项。鉴定验收各类科技成果143项，其中120项填补国内空白，23项填补省内空白；有99项科技成果获得科技进步奖，其中国家级1项，省级17项，市级81项。专利申请412项，其中专利授权229项。高新技术企业14家，其中省级2家，市级12家。

教育 1986年，全县有幼儿园327所、小学739所、初中59所、高中3所、完全中学2所、农业中学2所，在校教师3768人，学生8.08万人。1989年，平原县被国家教委确定为"燎原计划暨农村教育综合改革"试点县之一。1997年1月，经省政府评估验收达到普及九年义务教育合格标准。2011年，全县中等职业学校2所，在校生2009人，专任教师73人；普通高中1所，在校生7560人；初中6所，在校生1.53万人；小学80所，在校生3.45万人，专任教师2652人；幼儿园99所，在园幼儿1.16万人，专任教师760人；特殊教育学校1所，在校生31人，专任教师9人。

文化 1986年，全县有电影公司1个，文化馆1处，县广播站1处。2002年，平原县被评为"全省社会文化先进县"。2011年，全县有艺术表演团体1个，文化馆、公共图书馆、档案馆各1座。广播、电视人口覆盖率分别达到75%和95%。

旅游 2011年，全县旅游景点有三国文化广场、和谐广场、琵琶湾公园、千佛塔、文昌阁、森罗殿遗址、通德历史文化馆，年接待国内外游客107万人次，实现旅游总收入1.36亿元。

体育 1986年，全县有体育场所173个，其中田径场7个，篮球场150个，排球场15个。1986年后，群众体育活动日趋活跃，平原县曾先后获"山东省群众体育活动特色县""全省群众体育先进单位""全省青少年体育工作先进集体"，并被国家体委授予"全国群众体育先进集体"称号。2011年，全县有各类体育场馆705个，其中田径场23个，篮球场310个，排球场12个，足球场15个，乒乓球房165个，其他180个。1986—2011年，全县累计向国家级运动队输送运动员3人、省级运动队277人、市级运动

队675人。

卫生　1986年，全县有医院、防疫、保健医疗卫生机构24个，床位719张，从业人员总数1429人。2003年，在全县开始建立新型农村合作医疗制度。至2005年，全县共投资3100多万元，新建、扩建了县医院、县疾病预防控制中心以及王凤楼等3所中心卫生院和9所乡镇卫生院，对200多个乡村卫生室进行了规范，基本形成了以县医院为龙头，以乡镇卫生院为骨干，以乡村卫生室为主体的三级医疗网。2011年，全县有卫生机构246个，其中县级医院2所，卫生防疫站及疾妇幼保健院各1所；社区卫生服务中心2个，社区服务站7个；乡镇卫生院13所，农村标准化卫生室220个。各类卫生机构共有床位1100张，卫生技术人员1372人。

人民生活　1986年，全县职工年人均工资928元；农村居民年人均纯收入569元。2006年，启动职工养老、医疗、工伤、生育、失业5个险种。2011年，城镇在岗职工年平均工资23515元，城镇居民人均可支配收入16868元，人均消费性支出13337元，人均住房建筑面积29.8平方米；农民人均纯收入8352元，人均消费支出6185元，人均住房建筑面积32平方米。全县城镇职工基本养老、医疗和失业、工伤、生育保险参保人数分别达到4.01万人、4.33万人、1.71人、3.3万人和1.8万人，覆盖率分别为88.9%、96.1%、37.9%、73.2%、39.9%；新型农村养老保险参保农民22.33万人，参加新型农村合作医疗农民38.03万人，覆盖率分别为100%、100%。

第五节　乡镇(街道)简况

龙门街道　位于县主城区。面积37.8平方千米。办事处机关驻金河源社区。2011年，辖金河源、聚福、光明、新华、新城、新湖、兴工、北苑、许铺、郭刘、友谊、军屯、鑫河13个社区，总人口7.45万人。

桃园街道　位于县城南部。面积86平方千米。办事处机关驻寇坊社区。2011年，辖寇坊、胜利、仇庄、周寨、大芝坊、高齐、田园、魏北、魏中、饮马店、青陵11个农村社区，总人口3.16万人。

恩城镇　位于县境西部。总面积108.1平方千米。镇政府驻西城社区。2011年，辖西城、南城、东城、滨河、恩北、红运、河东、耿贤、闵韩、周李、北十里铺、南于、河西、大军营、南十里铺、秦夏、沙河、五里铺、八里河、金麦、六合、雷魏石、刘官23个农村社区，总人口5.74万人。

王凤楼镇　位于县境东部。总面积144.2平方千米。镇政府驻凤楼社区。2011年，辖凤楼、南街、五麻、东方、凤凰、前进、古楼、爱民、富民、和谐、希望、古郡、红星、张府、幸福、胜利、盘石、盛达、沙河19个农村社区，总人口5.28万人。

王杲铺镇　位于县境西北部。总面积73.5平方千米。镇政府驻王杲铺社区。2011年，辖王杲铺、甜北、五博杨、甜南、胡庄、王岑、洼董、董路口、栾庄、梅家口、赵庄、看水、徐官屯、六合、刘庄15个农村社区，总人口3.57万人。

前曹镇　位于县境东南部。总面积198平方千米。镇政府驻前曹社区。2011年，辖前曹、董集、城墙李、南油坊、鸡鸣店、宫徐、大宋、刘庄、西肖、大张、东贾、尹屯、东何、崔寨、刘云、万斛、王仁语、铁嘴、万王、三寨子、小郭、古台寺、邵庙、孙寨、谢家洼、苏家洼、五合庄、簸箕张、前李29个农村社区，总人口5.39万人。

腰站镇　位于县境西南部。面积55.6平方千米。镇政府驻腰站社区。2011年，辖腰站、耿楼、勤政、福园、新月有、五联、韩营、马颊河、相马河、大张、徐屯11个农村社区，总人口

2.71 万人。

张华镇 位于县境西南部。总面积 36.6 平方千米。镇政府驻中心社区。2011 年，辖中心、朝阳、新悦、顺河、南园、河西、东兴、华新 8 个农村社区，总人口 2.29 万人。

王庙镇 位于县境南部。总面积 116 平方千米。镇政府驻王庙社区。2011 年，辖王庙、苏集、郭庄、大务集、刘环、韩何、张老虎、程裴崔、张官店、邱车李、贾庄、曹庙、刘宾洪、梁庄、捉虎、临河、杠子李、辛张、闫坊 19 个农村社区，总人口 3.82 万人。

王打卦镇 位于县境中西部。面积 43.7 平方千米。镇政府驻王打卦社区。2011 年，辖王打卦、花园、代家口、赵庄、北侯、东屯、郭家堂、新王管庄、大褚、夏家口、白佛寺、打渔李、众和 13 个农村社区，总人口 2.40 万人。

坊子乡 位于县境东北部。面积 66.6 平方千米。乡政府驻坊子社区。2011 年，辖坊子、亭子、大蔡、崔庄、红庙、叶庄、张楼、张仁 8 个农村社区，总人口 2.56 万人。

三唐乡 位于县境西北部。面积 73 平方千米。2011 年，辖兴唐、通达、兴牧、桃园、千佛塔、姚屯、泰和、正大、三安、中兴、协和 11 个农村社区，总人口 2.18 万人。

第九章　武城县

第一节　建置区划

地理位置 位于德州市西部。东与平原县相连，南与夏津县接壤，西、北两面隔卫运河与河北省故城县相望，东北隅濒四女寺减河与德城区毗邻。全县南窄北阔，东西宽 27 千米，南北长 33 千米，总面积 748 平方千米。城区位于县境中南部，面积 20 平方千米。县政府驻广运街道。

建置 武城县战国时期属赵地，因地处赵国东境边塞，四无山阜，东毗强齐，岁饬武备，修筑城防以屯兵，是为武备之城。西汉初置东武城县，县治位于今河北省故城县饶阳店镇南部。西晋太康年间（约 284 年）改称武城县。唐调露元年（679 年），移治永济渠（卫运河）西，今河北省故城县祖杨庄一带。宋大观二至三年（1108—1109 年），县治迁至东岸，即今老城镇。1973 年，展宽卫运河，县治迁至今址。

行政区划 1986 年，武城县辖武城、老城、四女寺 3 镇，杨庄、大屯、马庄、蔡村、滕庄、董王庄、郝王庄、李家户、梁庄、鲁权屯、甲马营、祝官屯 12 乡，共有 391 个行政村。2011 年，全县辖广运 1 个街道，武城、老城、四女寺、鲁权屯、郝王庄、甲马营、李家户 7 个镇，共有 71 个行政村、124 个社区。

人口 1986 年，全县总人口 32.98 万人，其中非农业人口 2.26 万人。人口密度平均每平方千米 441 人。男女比例为 101。人口自然增长率为 6.62‰，死亡率为 6.95‰。2011 年，全县总人口 39.19 万人，其中非农人口 7.95 万人，占总人口的 20.28%。男女性别比为 103。人口出生率 5‰，死亡率 3‰，自然增长率 2‰。人口密度平均每平方千米 524 人。

民族 1986 年，全县有回、苗、朝鲜、满等少数民族 4 个，共 2830 人，占总人口的 0.91%。

2011年,全县有回、满、蒙古、朝鲜、壮、苗族、俄罗斯、彝、黎、哈尼、土家、锡伯、独龙、白、鄂伦春、布依等少数民族16个,共3205人,占总人口的0.8%。

第二节　自然条件

地形　属黄河冲击平原,地势由西南向东北倾斜。最高海拔30.5米,最低海拔21.8米。自然坡降1/6000。

气候　年平均气温13.3℃,最高为41.8℃(2002年),最低为-18.7℃(1990年)。年平均降水量为493.7毫米,且年际变化较大,最多为996.9毫米(1990年),最少为266毫米(2002年)。年平均日照时数2488小时。无霜期一般在197天。

河流　县内主要河流有卫运河、四女寺减河和六五河,总长度为92.3千米。

土壤　境内土壤有潮土类、盐土类、风沙土类等3个土类,分别占可利用土地面积的98.65%、1.15%、0.2%。

植被　自然植被多系草本植物群落和灌木丛,面积2626.66公顷,覆盖率为3.51%。人工植被总面积5.39万公顷,占土地总面积的72.1%。其中林地2.67万公顷,林木覆盖率为35.8%。

自然资源　全县土地总面积7.48万公顷,土地利用率为79%。其中耕地面积4.96万公顷,占总面积的66.3%。全县河道坑塘拦蓄可利用水资源量年均为1300万立方米,河流(客水)提引年均8600万立方米,两项合计为9900万立方米;地下水开采量每年在5800万立方米。生物资源有260种,其中动物93种,植物167种。

自然灾害　境内主要自然灾害有旱、涝、风、雹、霜冻等。

第三节　经济状况

1986年,实现国内生产总值4166万元,完成社会固定资产投资152万元,实现地方财政收入812.5万元。2011年,实现地区生产总值129.58亿元,一、二、三产业比重为12.9∶58.5∶28.6;完成社会固定资产投资83.73亿元,实现地方财政收入3.59亿元。

农业　1986年,全县农业总产值2.28亿

武城县弦歌湖公园

元,其中种植业1.9亿元,占农业总产值的83.3%。是年起,调整种植业结构,实行“粮棉一起抓,重点抓棉花”。1991年,武城县被农业部列为“八五”期间第一批优质棉基地建设县;1996年又被列入国家大型商品粮生产基地建设项目县。2002年,深化农业结构调整,将“一红(辣椒)、两白(食用菌和棉花)、一牧(畜牧)”列为武城农业的主导产业。2011年,全县农业总产值33.06亿元,其中种植业21.13亿元、牧业9.76亿元、林业4864万元、渔业5579万元,分别占农业总产值的63.9%、29.6%、1.5%、1.7%。粮经产值比例调整为6:4。

工业 1986年,全县有工业企业133家,其中县属企业40家,乡镇企业93家,年工业总产值19014万元。1987年开始在县属企业推行承包经营责任制。1992年后实施以产权制度改革为核心的股份制改造。2005年,实施“工业强县”战略,围绕玻璃钢、汽车零部件、地毯、农副产品深加工和白酒五大主导产业办企业、上项目,工业经济实现了跨越式发展。武城县先后被命名为“中国民族毯业城”“中国汽车零部件产业集群县”“中国县域产业集群竞争力100强”“山东省首批特色产业集群”。2011年,全县规模以上工业企业(年销售收入2000万元及以上企业)372家,完成工业增加值72.45亿元,实现产品销售收入402.70亿元,实现利税总额46.70亿元,实现利润23.83亿元。

商贸 1986年,全县有商业网点578个,其中国合网点177个,个体网点401个,社会商品零售总额为11848万元;城乡集贸市场19处,贸易成交额1100万元。1990年后,随着全县的大规模企业改革,国有、集体商业的主导地位逐步削弱。2002年成立“中国·武城辣椒城”,年收购辣椒0.5亿公斤,交易额2.5亿元。2005年被命名为“中国辣椒第一城”。2011年,全县限额以上批发零售和住宿餐饮企业155家,实现社会消费品零售总额46.48亿元;各类专业市场43处,其中亿元市场13处,实现城乡集市贸易成交额281.6亿元。

对外贸易 1986年,武城县外贸商品出口额为1775万元(人民币),出口产品种类主要有畜产品、工艺地毯、机械产品等。2011年,全县自营进出口企业38家,其中外资企业10家;年货物进出口总额3350万美元,其中出口2609万美元。出口商品涉及食品、轻工、纺织、玻璃钢、裘革等8个门类产品,主要销往美、俄、东盟、东南亚等20余个国家和地区。

交通 1986年,县境有干线公路1条,乡镇公路8条,总通车里程138.4千米。全县有营业性运输车辆378辆,货运量5.5万吨,货运周转量812.6万吨千米;营业性客车28辆,年客运量24.7万人次。1992年修建完成了德武公路。2003—2005年,实施村村通油路工程。2011年,境内有254、318等省道,实有公路通车里程1935千米。全县社会营业性运输车辆4534辆,年货物运输总量541万吨,周转量30767万吨千米;社会营运性客车159辆,年客运量394万人次,客运周转量25794万人千米。

邮电 1986年,全县有邮电支局(所)15处,邮路总长271千米,邮电业务总量54万元。长途电话电路10路;市话交换机容量600门,用户367户;农话交换机容量1400门,用户396户。1992年,开通1000门纵横制动电话,实现了自动交换、载波传输。1994年12月3000门程控电话开通,实现了程控交换数字微波传输。1997年4月,联通G网投入运行。2011年,全县有邮政局(所)18处,电信局(所)52;固定电话用户5.24万户,移动电话用户25.41万户,电话普及率92部/百人;互联网用户2.17万户,互联网覆盖率18.16%。全年完成电信业务总量9930万元,邮政业务总量2341.34

万元。

城乡建设　1986年,城区面积为2.5平方千米,主要道路7条,总长6.77千米。城市年供水54万吨,居民供水率92%。城区绿化覆盖率5.2%。1995—2000年,先后完成振华街东延、旧城街西延、向阳路南延及新汽车站的建设与搬迁,乡镇驻地改貌工程和部分中心村规划建设全面启动。2000—2005年,累计投资2.1亿元,新建改造城区道路60多千米,形成“八纵七横一外环”的城市道路框架。2011年,全县建成区面积20平方千米,主要道路23条,总长82.2千米,人均道路面积30平方米;城区绿地总面积50.69万平方米,人均公共绿地面积10平方米,绿化覆盖率18.3%。自来水普及率100%,天然气普及率11%,集中供热普及率45%。

环境保护　1986年后,加强对重点污染源的监督管理,相继关闭取缔多家小造纸、小印染、小电镀、小砖瓦等高污染、高耗能企业;对工业污染防治则采取了提升产业技术水平和工业污染治理技术水平。同时加强水质监测能力,定期对全县境内重点河流监测断面进行水质监测。严格执行建设项目环评及“三同时”(同时设计、同时施工、同时投产)制度,做到增产不增污或增产减污。2011年,全县有污水处理厂1座,垃圾处理站1个。城镇生活污水处理率85%,无害化垃圾处理率达到100%,工业废水排放量达标率100%,工业烟尘排放量达标率100%。

第四节　社会事业

科技　1986年,全县有县属科研机构2个,厂办科研机构21个。1995年,实施“科教兴武”战略,深化改革,建立现代化企业制度,发展高新技术,开发高技术含量、高附加值、高市场占有率、高出口创汇产品。1996年,武城县相继通过山东省和国家“全国科技工作先进县”验收。2011年,全县有县属科研机构4个;企业科研机构120个,其中省级工程技术研究用企业技术中心2个,市级8家。1986—2011年,全县被列入市级以上科技计划项目64项,其中国家级8项、省级24项、市级32项。鉴定验收各类科技成果32项,其中8项填补国内空白,15项填补省内空白;有26项科技成果获得科技进步奖,其中国家级1项,省级3项,市级22项。专利申请642项,其中专利授权413项。市级高新技术企业11家。

教育　1986年,全县有幼儿园234所、小学333所、初中28所、高中1所、完全中学3所、农业中学1所,在校教师3155人,学生7.07万人。1997年,武城县实现普及九年义务教育。2011年,全县有幼儿园19所,在园幼儿6860人,专任教师148人;小学66所,在校学生3.54万人,专任教师数1675人;初中14所,在校学生1.09万人,专任教师1229人;普通高中1所,在校学生5460人,专任教师499人;中等职业学校1所,在校学生2328人,专任教师229人。

文化　1986年,全县有电影公司1个,影剧院3座,县直属电影队1个,乡镇电影队13个,文化馆1座,乡镇文化站15处,县广播站1处。1990年后,利用政府搭台,企业唱戏的形式,武城县先后举办了玻璃钢艺术节、古贝春酒文化节及德州国际辣椒节。2011年,全县拥有艺术表演场所1个,公共图书馆1座,文化馆1座,镇街文化站8处,影剧院1座。广播电视人口覆盖率达100%。

旅游　2011年,全县主要旅游景点有四女寺风景区、古贝春酒文化馆、玻璃钢展览馆、神龙地毯艺术博物馆、农业展览馆等,年接待国内外游客43.27万人次,旅游业总收入2.14

亿元。

体育 1986年,全县有田径场28个,篮球场198个,乒乓球房121个。1998年,武城县获"全国群众体育先进集体"称号。2011年,全县有各类体育场馆356个,其中综合体育场馆1个,田径场21个,篮球场230个,排球场12个,足球场17个,乒乓球房42个,其他33个。1986—2011年,全县累计向国家级运动队输送运动员1人、省级运动队26人、市级运动队193人。

卫生 1986年,全县有医院、防疫、保健医疗卫生机构28个,床位490张,从业人员总数947人。1998年,武城县对乡村卫生实行一体化管理。2005年,加强中心卫生院和乡级防保站建设,农村医疗、防保体系不断完善。至2011年,全县共有县乡医疗卫生机构169个,其中县级医院2所,疾病预防控制中心及妇幼保健站各1个;社区卫生服务中心1个,社区卫生服务站3个;乡镇卫生院10所,农村标准化卫生室150个。各类卫生服务机构共有病床835张,卫生技术人员1092人。

人民生活 1986年,全县职工年工资总额1047.2万元,年人均工资1058元;农村居民年人均纯收入462元。2005年,建立完善养老、失业、医疗等基本保险和政府解困、社会救济等保障制度。2011年,全县在岗职工年人均工资26450元,城镇居民年人均可支配收入16292.73元,人均消费性支出9123.57元,人均住房建筑面积45平方米;农民人均纯收入8335.1元,人均消费性支出4548.3元,人均居住面积46.04平方米。全县职工基本养老、医疗和失业、工伤、生育保险参保人数分别达到1.1万人、4.35万人、1.6万人、2.95万人和1.27万人,覆盖率分别为94%、97%、92%、98%、98.5%;新型农村养老保险参保农民20.23万人,参加新型农村合作医疗农民29.49万人,覆盖率分别为分为98%、98.92%。

第五节 乡镇(街道)简况

广运街道 位于县主城区。面积40平方千米。办事处驻县经济开发区。2011年年底,辖振东、振华、兴隆、兴武、漳南、贝州、沙窝屯、王立屯、前坡、旧城、城关、历亭、运祥、运鑫14个社区,棘围1个行政村,总人口5.9万人(含县经济开发区的10个村,5500人)。

武城镇 位于县境东南部。面积150平方千米。镇政府驻县城振华社区。2011年年底,辖付王庄、史堂、董王庄、野庄、李善屯、肖河庄、岳觉寺、大屯、见马庄、尚庄、桃店、南北官、贾庄、吕庄、曹庄、前刘、李庄、后刘、河沟19个社区,马言庄、辛王庄、马良庄、张王庄、丁王庄、西小屯、侯王庄、肖邢王庄、东小屯、两生官庄、田尔庄、孔庄12个行政村,总人口5.5万人。

鲁权屯镇 位于县境西北部。面积165平方千米。镇政府驻腾鲁社区。2011年年底,辖腾鲁、四厂、和新、和乐、兴鲁、小堤口、振鲁、欣鲁、和悦、高官屯、李庄、滕庄、小于庄、北郑庄、桑吴庄、和祥、良庄、和颐、南宋庄、代官屯、和扬、惠鲁、和飞、盛鲁、和谊25个社区,南甘泉、北甘泉、漳南镇、李贤屯、闫庄、韩家洼、东王屯、西王屯、宋王庄、西郑庄、大于庄、大史庄、第十屯、朱家圈、北伍旗15个行政村,总人口7.1万人。

老城镇 位于县境西南部。面积107平方千米。镇政府驻新街社区。2011年年底,辖新街、新运、新和、新南屯、沙庄新村、东寺庙、兴寨新村、范庄、顺杨、建杨、瑞杨、兴杨12个社区,东关、小王庄、东屯、赵庄、六合、三合、三义、仓上、后王庄、祖寨、祝官屯、闫沟、勾庄、戚庄、吴庄、魏官屯、孟庄、梁院、吕洼、随庄、西杨21个行政村,总人口6.53万人。

郝王庄镇 位于县境东北部。面积55.92

平方千米。镇政府驻郝西社区。2011 年年底，辖郝西、郝东、邱王庄、玄帝庙、吕王庄、隆盛、草屯、昌盛、李古寺、罗屯、付祁、庞庄、陈武赵、振兴 14 个社区，御马园、孟庄 2 个行政村，总人口 3.2 万人。

甲马营镇　位于县境西部。面积 75 平方千米。镇政府驻运兴社区。2011 年年底，辖运兴、北园、魏村屯、花园、凤凰台、金鑫、新兴、新屯、后营、龙兴 10 个社区，董白三、谭庄、徐庄、前庙、河北营、王虎庄、耿时潘、占官屯 8 个行政村，总人口 3.6 万人。

四女寺镇　位于县境东北部。面积 49 平方千米。镇政府驻佛堂社区。2011 年年底，辖佛堂、聂北、东刘庄、三合、刘茂商、蔡庄、蔡东、岳高屯、张官寺、韩铁、罗寨、孙李庄、和朋、馆庄、和洽、卜官屯、和惠、友和、四女寺、东吴庄、礼义庄、和丽、和兴共 23 个社区，祁村、白庄、庙留庄、五屯 4 个行政村，总人口 3.76 万人。

李家户镇　位于县境西南部。总面积 64 平方千米。镇政府驻李家户村。2011 年年底，辖东升、郎寨、郑官屯、李官屯、祥和、祥瑞、祥顺 7 个社区，李家户、刘王庄、张庄、刘官屯、位庄、梁庄、辛庄、石官屯 8 个行政村，总人口 3.01 万人。

第十章　夏津县

第一节　建置区划

地理位置　夏津县位于德州市西南部。东跨马颊河与高唐县为邻，西靠卫运河与河北省清河县相望，南与临清市相依，北与武城县接壤，东北与平原县毗连。全县东西长 39 千米，南北宽 32 千米，总面积 872 平方千米。县城位于县境中南部，面积 19.96 平方千米。县政府驻银城街道。

建置　夏津县地处黄河故道，因“会盟之要津”渡口而得名。西汉初年置鄃县，县治位于现城东北 20 千米处（今平原县腰站镇王双堂村北侧）。北齐，鄃县并入平原县。隋开皇十六年(596 年)，在古鄃城西南复建鄃县，县治在今县城；又别置夏津县，县治在孙生镇（即今新盛店镇）。大业年间(605—618 年)，夏津县并入鄃县。唐天宝元年(742 年)，改鄃县为夏津县。

行政区划　1986 年，夏津县辖夏津、东李官屯、新盛店、郑保屯、苏留庄 5 个镇，宋楼、栾庄、朱庙、香赵庄、郭寨、雷集、常安集、后屯、左王庄、西李官屯、田庄、李楼、双庙、渡口驿、白马湖 15 个乡，共有 499 个行政村。2011 年，全县辖银城、北城 2 个街道，南城、苏留庄、新盛店、雷集、郑保屯、白马湖、东李官屯、宋楼、香赵庄、双庙 10 个镇，田庄、渡口驿 2 个乡，共有 139 个社区、171 个行政村。

人口　1986 年，全县有 44.37 万人，其中非农业人口 2.34 万人。男女性别比为 103.19。人口出生率 13.2‰，自然增长率 6.01‰。人口密度 508 人/平方千米。2011 年，全县总人口 52.46 万人，其中非农业人口 14.8 万人。男女性别比为 102.67。人口出生率 9.58‰，人口自然增长率 4.49‰。人口密度 601 人/平方千米。

民族　1986 年，全县有回、蒙古、藏、维吾尔、苗、彝、壮、布依、朝鲜、满、侗、白、土家、哈尼、佤、水、达斡尔、鄂伦春等少数民族18个,共450人,占总人口的0.1%。2011年,全县有回、蒙古、藏、维吾尔、苗、彝、壮、布依、朝鲜、满、侗、白、土家、哈尼、佤、水、达斡尔、鄂伦春等少数民族18个,人口755人,占总人口的0.14%。

第二节　自然条件

地形　夏津县地处黄河冲积平原,地势自西南向东北缓慢倾斜,地面坡降在1/5000～1/8000之间。最高点海拔34米,最低点海拔23.0米,高差11米。

气候　年平均气温13.32℃,极端最高气温为41.6℃(2002年),极端最低气温为-20.5℃(1993年)。年平均降水量为486.8毫米,且年际变化较大,最多为767.4毫米(2009年),最少为253.7毫米(2002年)。平均无霜期211天,年均日照时数2409.1小时。

河流　县西部边界有卫运河,东部边界有马颊河,境内流长46.52千米。

土壤　分为潮土、盐土和风沙土3种类型,分别占可利用土地面积的94.25%、1.74%、4.01%。

植被　境内多为人工植被,面积7.25万公顷,覆盖率为83.2%。其中,林地2.13万公顷,林木覆盖率为19.31%。自然植被面积2667公顷,覆盖率为3.1%左右。

自然资源　全县土地总面积8.72万公顷,土地利用率98.13%。其中耕地面积为5.86万公顷,占总面积的67.2%。地表水主要来源于降水,年均降水量为486.8毫米,折合水体4.28亿立方米;地下水总储量130078万立方米;除了自然降水和地下水之外,每年引用客水1.279亿立方米。生物资源有346种,其中动物136种,植物210种。

自然灾害　主要有旱灾、涝灾、风灾、雹灾、霜冻等。

第三节　经济状况

1986年,实现国内生产总值4.02亿元,完成社会固定资产投资856万元,实现地方财政收入1378万元。2011年,实现地区生产总值134.29亿元,一、二、三产业比重为14.2∶57.7∶28.1;完成社会固定资产投资86.39亿元,实现

夏津县鄃城公园　　(2011年　摄)

地方财政收入达到4.02亿元。

农业　夏津是一个以种植业为主的传统农业大县,尤以棉花种植见长,素有“银夏津”之称。1986年,农牧渔业部定夏津县为优质棉生产基地县和出口基地县。20世纪90年代,规模养殖兴起,1998年夏津县被农业部列为全国瘦肉猪生产基地县、商品猪生产基地县。2010年起,开展新一轮农业产业结构调整,当年实现农业总产值37.36亿元。2011年,全县农业总产值达到39.97亿元,其中种植业26.46亿元,林业0.71亿元,牧业9.11亿元,渔业149万元,分别占农业总产值的66.22%、1.77%、22.8%和0.37%。粮经产值比例调整为73.8∶100。

工业　1986年,全县工业企业105家,其中县属企业28家,乡镇企业77家,年工业总产值15391万元。1988年,县属工业企业全面实行承包经营责任制。1993年,推行股份制和股份合作制。进入21世纪后,全县大力实施工业发展战略,棉纺织、植物油、面粉加工三大产业总量不断壮大。其中,纯棉纺能力居全国第二位,被评为山东省十大产业集群之一;棉籽油加工能力占到全国的1/8;面粉加工创单体能力和整体规模两个全省第一。2007年后,产业结构持续优化,工业经济逐步形成棉纺织、食品加工、植物油加工、造纸、工艺品等特色产业,先后被命名为“中国棉纺织名城”“中国食品加工强县”“中国植物油示范县”“中国面粉大县”“中国工艺品之乡”。2011年,全县规模以上工业企业(年销售收入2000万元及以上企业)339家,完成工业增加值70.37亿元,实现产品销售收入411.41亿元,实现利税总额46.17亿元,实现利润25.27亿元。

商贸　1986年,全县有商业网点2664个,其中国营网点396个,集体网点90个,个体网点2178个,社会消费品零售总额达到9425万元;城乡集贸市场51处,贸易成交额7549万元。1990年后,随着全县的大规模企业改革,国有、集体商业相继改制;同时粮食、棉花、黄牛、木材、羊绒、蔬菜等各类专业市场和综合市场相继建立。2011年,全县实现社会消费品零售总额51.3亿元,其中限额以上批发零售和住宿餐饮企业106家,实现社会消费品零售总额40.4亿元;各类专业市场15处,其中亿元市场4处,亿元市场实现成交额9.9亿元。

对外贸易　1986年,全县对外贸易收购额1691万元(人民币),销售额530万元,仅棉花出口即达4041吨。1999年,夏津金棉有限公司在乌兹别克斯坦投资兴建绒棉有限公司,成为夏津首家在国外投资兴建的企业。2011年,全县自营进出口企业55家,其中外资企业14家;年实现进出口总额4175万美元,其中出口1556万美元。出口商品涵盖了人造花、节日用品、柳编、毛绒玩具、棉纺织、化工、轴承等领域,主要销往美、日、韩、东南亚、欧洲、西亚、南美等国家和地区。

交通运输　1986年,县境有干线公路4条,县乡公路16条,总通车里程230.1千米。1998—2002年,全县累计投资2493.69万元,公路总里程达到489千米。2003年,启动“村村通油路”工程。2006年后,将工作重点转移到县乡公路升级改造和新农村建设上来,全县交通形成了以高速公路、国道和省道为骨架,县乡村道相互连接的公路网络。2011年,境内有青银高速公路和308国道,有254、315、318等省道,县乡道路16条,实有公路通车里程1887.7千米。全县社会营业性运输车辆3934辆,年货物运输总量1118万吨,周转量101977万吨千米;社会营运性客车121辆,年客运量497.28万人次,客运周转量19398万人千米。

邮电　1986年,全县有邮电支局(所)15处,邮路总长1152千米,邮电业务总量46.5万元。长途电话交换机容量64门;市话交换机容量660门，用户281户；农话交换机容量990门，用户242户。1992年，程控电话开通。1993年，移动电话开始使用。1997年10月，开办国际互联网普通拨号上网业务。2007年，夏津网通公司在全县507个行政村完成村级网站建设，使全县村级网站建站率达100%。2011年，全县有邮电支局（所）16处，邮路总长度1459千米；固定电话用户6.3万户，移动电话用户达29.1万户，电话普及率67.5部/百人；互联网用户5.72万户，互联网覆盖率38%。全年完成电信业务总量1.24亿元，邮政业务总量2164.56万元。

城乡建设 1986年，城区面积为3平方千米，主要道路24条，总长80千米。城市年供水50万吨，居民供水率40%。城区绿化覆盖率13.4%。1993年以后，按照“一城两片，双心并立，一轴统率，分区建设”的整体思路，全县先后进行3轮城区规划，实施了南城街、中山街、308过境段、文化路等20多条城区主次干道的新建和改建，并引进公交、出租车客运公司。2007年，完成“碧水绕城”工程，人民、龙湖、会盟、鄃城、湿地等公园相继开园，打通了中山南路，拓展改造锦纺街、砚池街等主干道近百千米，城市框架渐成体系。2008年，城区统一供暖一期工程投入使用。2011年，城区面积达到19.96平方千米，主要街道48条，总长125.9千米；城区绿地总面积520万平方米，人均公共绿地面积22平方米，绿化覆盖率37%。自来水普及率100%，燃气普及率95%，集中供热普及率37%。

环境保护 夏津环境监测始于1989年，监测项目有地下水、地表水、废水、空气、废气、噪声六大类。2005年后，全县加强对辖区内断面水质的排污单位、污水处理厂的监督管理，对超标排污企业实施监督查处。2011年，全县有污水处理厂1座，污水集中处理率90%，无害化垃圾处理率达99%，工业烟尘排放量达标率80%。

第四节 社会事业

科技 1986年，夏津县有县化工研究所1家科研机构。1987年，随着科技体制改革的深入，第一个民办科研单位夏津县食用菌研究所成立。进入21世纪，加大对企业科研机构建设的支持力度。到2008年年底，全县50%以上企业都设立了企业科研室（所）。2011年，全县有企业科研机构18个，其中省级工程技术研究及企业技术研究中心2个，市级5个。1986—2011年，全县被列入市级以上科技计划项目110项，其中国家级8项、省级67项、市级35项。鉴定验收各类科技成果332项，其中19项填补国内空白；有171项科技成果获得科技进步奖，其中省级7项，市级72项。专利申请426项，其中专利授权284项。高新技术企业10家，其中省级2家，市级8家。

教育 1986年，全县有幼儿园317所、小学464所、初中60所、高中4所、中等职业学校6所，在校教师3720人，学生7.54万人。1997年，实现了基本普及九年义务教育、基本扫除青壮年文盲（两基）目标。2011年，全县有幼儿园114所，在园幼儿1.71万人，专任教师175人；小学101所，在校学生4.81万人，专任教师数2596人；初中19所，在校学生1.52万人，专任教师1198人；普通高中2所，在校学生0.57万人，专任教师627人；中等职业学校1所，在校学生0.16万人，专任教师64人；特殊教育学校2所，在校生391人，专任教师53人。学龄儿童入学率为100%，初中升学率100%。

文化 1986年，全县有电影公司1个，影剧院1座，县直属电影队5个，乡镇电影队16个，文化馆1座，乡镇文化站14个。2007年，夏

津县被省文化厅命名为“山东省书画之乡”。2011 年,全县有文化馆 1 座,文化站 14 个;公共图书馆和文物保护机构各 1 个。广播、电视人口覆盖率达到 100%。

旅游 2011 年,全县主要旅游景点有黄河故道森林公园、白龙王庙村汉墓群、大云寺遗址、颐寿园、千亩梨园景区、千亩槐树林等,年接待国内外游客 169 万人次,实现旅游总收入 2.8 亿元。

体育 1986 年,全县有田径场 2 个,篮球场 20 个,排球场 1 个,乒乓球房 2 个。县城内有体育场 1 处,面积 1.5 万平方米,标准跑道 400 米,附设有篮球场 2 处,并建有 600 平方米的训练房,设有乒乓球台 7 张。2011 年,全县有各类体育场馆 156 个,其中田径场 30 个,篮球场 90 个,排球场 3 个,足球场 3 个,乒乓球房 30 个。1986—2011 年,全县累计向国家级运动队输送运动员 8 人、省级运动队 15 人、市级运动队 160 人。

卫生 1986 年,全县有医院、防疫、保健医疗卫生机构 35 个,床位 584 张,从业人员总数 1004 人。20 世纪 90 年代后,各类先进医疗设备陆续购置,医疗水平逐步提高。2006 年起,夏津为全省新型农村合作医疗制度试点县。2011 年,全县共有县乡医疗卫生机构 233 个,其中县级医院 2 所,疾病预防控制中心及妇幼保健站各 1 处;社区卫生服务中心 1 个,社区卫生服务站 4 个;乡镇卫生院 14 所,农村标准化卫生室 210 个。各类卫生机构拥有医疗床位 889 张,卫生技术人员 1458 人。

人民生活 1986 年,全县职工年工资人均年工资 1051 元,农村居民人均纯收入 382 元。2011 年,城镇在岗职工年平均工资 24606 元,人均消费性支出 9140 元,人均住房建筑面积 33 平方米。农村居民人均纯收入 7009 元,人均消费支出 4787.42 元,人均住房面积 36.75 平方米。全县企业职工基本养老、医疗、失业、工伤和生育保险参保人数分别达到 1.65 万人、3.99 万人、1.64 万人、3.59 万人和 1.69 万人,参保率分别为 100%、98%、100%、97%、98%;城乡居民社会养老保险参保 24.81 万人,参加新型农村合作医疗农民 41.66 万人,覆盖率分别为 100%、98.76%。

第五节 乡镇(街道)简况

银城街道 位于县主城区。面积 87 平方千米。办事处机关驻王栗社区。2011 年,辖东董吴、隋韩梁、腾庄、王栗、苑王一、淡官屯、四联、八里冯、双冉、孟王一、三义、前马 12 个社区,西关、南关、北关、南屯子、塔坡、五里庄、代庄、郭寨、李集、许集、十里庙、后赵庄、十五里铺 13 个行政村,总人口 7.93 万人。

北城街道 位于县城乡接合部。总面积 39.2 平方千米。办事处机关驻李楼社区。2011 年,辖霍庄、岳庄、李楼、七里屯、苦水、罗庄、董仓、艾庄 8 个社区,胡里长屯、许小庄、许老庄、孟韩庄、纪庄、苦水马庄、齐庄、茶店屯、马辛庄、孔市、杨堤、唐堤、李刘庄 12 个行政村,总人口 3.57 万人(含县经济技术开发区的 3 个社区、5 个行政村,1.16 万人)。

南城镇 位于县境南部。总面积 52 平方千米。镇政府驻镇中社区。2011 年,辖栾庄、蒋寨、镇中、双王、南王、地寺、乔官屯、王仁、拐李、北大刘、刘洪石、朱庙、姚寨 13 个社区,张东吴、白杨张、丁坊、银子王联、双楼、卢庄、张庄、红白庙、赵坊联、朱庄 10 个行政村,总人口 4.14 万人。

宋楼镇 位于县境西南部。总面积 36 平方千米。镇政府驻宋楼村。2011 年,辖张堤、张官屯、朱官屯、时庄、刘芦 5 个社区,宋楼、许堤、赵官屯、靳庄、侯王庄、时庙、魏店、任堤、红寺高庄、潘马庄、窦姚庄、赵沟、王沟、刘李栗14个行政村，总人口3.24万人。

香赵庄镇 位于县境东南部。面积37平方千米。镇政府驻香赵庄社区。2011年，辖香赵庄、西张屯、官道李、南邢、东张屯、莫庄、打帘王一、张孙庄、齐庄、王寨、张肖庄、刘王铺、纸房头、左韩庄、宗庄、仓上16社区，周哈庄、升斗张、北邢庄、五龙堂、王寨、东姚寨、于庄7个行政村，总人口2.66万人。

东李官屯镇 位于县境东部。面积51平方千米。镇政府驻镇中社区。2011年，辖镇中、四联乡、张官屯、昝韩范、肖官屯5个社区，张法寺、东靳庄、东高庄、臧庄、宋桥、陶桥、王世寨、于桥、邓庄、东李楼、卞官桥、刘兴裕、程庄、房庄、张里庄、段庄前赵庄17个行政村，总人口3.04万人。

雷集镇 位于县境东北部。面积91.32平方千米。镇政府驻雷集社区。2011年，辖雷集、许庄、马庄、张集、张庄、津期店、古城、沈耿付、于村庄、刘宪庄、范郎肖、谭宋、三教堂、魏寨、康石15社区，北庞庄、朱庄、陈尤庄、倪庄、齐营、大官屯、左庄、常安集、马官屯、小郭庄、穆王庄、谢王庄、东双庙、大姜庄14行政村，总人口4万人。

苏留庄镇 位于县境东北部。总面积101.13平方千米。镇政府驻苏留庄村。2011年，辖大兴、韩庄、前杏、谢庄、毛王庄、肖里官屯、郭寨、于里长屯、左刘堤、闫庙、杨庄、周官屯、枣园、石堂、石官庄、于王庄16个社区，苏留庄、封庄、报效屯、大郭庄、尤王庄、范窑、仁育官庄、孙贺拐、郭堤口、梁吴庄、后籽粒屯、于家仓、刘曹庄、温辛庄、盛庄、主合庄、侯官屯、南双庙、北铺店19个行政村，总人口5.21万人。

新盛店镇 位于县境北部。总面积120.4平方千米。镇政府驻新盛店社区。2011年，辖新盛店、后肖里长屯、东屯、双堂、季庄、腾庄、菜园、刘韩佘、大李庄、新霍庄、左王庄、张石庄、陈屯、纪孟三、东风、蔡庄、改貌渠、张官寨18个社区，五安庄、忠信寨、拐尔庄、小辛庄、前肖、仁宫庄、前胡官屯、张大屯、郑庄、曹庄、永安庄、老金庄、陈寨、前霍庄、刘辛庄、岳集、东马庄、孙小屯、西李官屯、孙家窑、毕庄、宋里长屯、盐厂、韩庄、王卞庄、于堤口、张堤口中、殷堤口28个行政村，总人口5.62万人。

双庙镇 位于县境西南部。总面积39平方千米。镇政府驻双庙社区。2011年，辖双庙、三鸭、文庙、郝崔庄、李营5个社区，六屯、曹庄、吴庄、郭庄、范楼、前柳、后柳、王堂、清凉寺9个行政村，总人口2.76万人。

郑保屯镇 位于县境西部。总面积27平方千米。镇政府驻郑保屯社区。2011年，辖郑保屯、柳元庄、邢庄、杨庄4个社区，珠东、珠中、珠西、西李庄、五屯、七屯、八屯7个村，总人口2.35万人。

白马湖镇 位于县境西南部。总面积68平方千米。镇政府驻白马湖社区。2011年，辖白马湖、崔楼、梅庄、祁屯、九营、三箭口中、三店、杜马堤、梁庄9社区，韩桥、白辛庄、白坡高庄、前陈庄、崔庄、枣林、花园、白庄、师堤9个行政村，总人口3.34万人。

田庄乡 位于县境西北部。总面积40平方千米。乡政府驻田庄社区。2011年，辖田庄、八方塔、姜庄、于庄、大张庄、谷庄、腾庄、张堡8个社区，陈庄、范庄、曲庄、闫庙、裴官屯、周邢庄6个行政村，总人口2.56万人。

渡口驿乡 位于县境西北部。总面积48平方千米。乡政府驻渡口驿社区。2011年，辖渡口驿、四屯、曲堤、三屯、二屯5个社区，太平庄、殷小庄、夏庄、西刘堤、闫庄、管辛庄6个行政村，总人口2.04万人。

第十一章　庆云县

第一节　建置区划

地理位置　位于德州市东北部。北以漳卫新河为界，与河北省的盐山县、海兴县隔河相望，东与无棣县毗连，南与阳信县接壤，西与乐陵市交界。全县南北最长40.2千米，东西最宽26.9千米，总面积501平方千米。城区位于县境西部，面积30平方千米。县政府驻渤海路街道。

建置　明洪武六年(1373年)，析乐安州北地置庆云县，县治位于今河北省盐山县庆云镇驻地。庆云故城东有一卧龙岗，岗上树繁草盛，其上空常被云雾笼罩。《史记·天官书》曰："若烟非烟，若云非云，郁郁纷纷，萧索轮囷，是为卿云。"卿云，古以祥瑞之气，故名庆云。1964年12月，庆云县划归山东省德州专区管辖，县治由四女寺减河之北迁至解集村(今县城)。

区划　1986年，庆云县辖庆云、崔口2镇，严务、后张、大丁庙、小郑、大胡、徐园子、东辛店、板营、常家、东郎坞、大靳、中丁、杨和尚寺、尚堂14乡，共有380个行政村。2011年，全县辖渤海路1个街道，庆云、常家、尚堂、崔口、东辛店5镇，徐园子、严务、中丁3乡，共有132个社区、35个行政村。

人口　1986年，庆云县总人口25.69万人，其中非农业人口1.3万人。男女性别比为104.7。人口出生率14.4‰，自然增长率8.1‰。人口密度每平方千米502人。2011年，全县总人口31.42万人，其中非农业人口6.08万人。男女性别比为106.2。人口出生率13.09‰，死亡率6.02‰，自然增长率7.07‰。人口密度每平方千米627人。

庆云县北海公园　　(2011年　摄)

民族 1986年，全县有回、满、水等少数民族3个，人口2825人，占全县总人口的1.1%。2011年，有回、蒙古、满、维吾尔、朝鲜、藏、苗、彝、壮、布衣、侗等少数民族11个，人口3797人，占总人口的1.2%。

第二节 自然条件

地形 属黄泛冲积平原，地势由西南向东北倾斜，地面平均坡降为1/9000~1/3000。地形最高处海拔高程10.1米，最低处海拔高程5.1米。全县平均地面高程为7.5米。

气候 年平均气温12.6℃，年极端最高气温41.0℃(2005年)，极端最低气温-18.5℃(2001年)。年平均降水量552.1毫米，且年际变化较大，最多为878.5毫米(2003年)，最少为284.7毫米(1989年)。年平均日照时数2510.1小时。无霜期一般在209.9天。

河流 骨干河流有马颊河、德惠新河、漳卫新河3条，总长度94千米。

土壤 土壤主要分为潮土类和盐土类两种，其中潮土类3.25万公顷，占可利用土地面积的93.6%；盐土类面积0.22万公顷，占可利用土地总面积的6.4%。

植被 自然植被主要有草甸植物、盐化植物、水生植物等类型，面积1648.94公顷，覆盖率为3.3%。人工植被主要以农作物和林木为主，总面积4.18万公顷，占土地总面积的83.5%。其中林木植被1.82万公顷，覆盖率为36.3%

自然资源 全县土地总面积为5.01万公顷，土地利用率为96.6%。其中，耕地面积3.06万公顷，占总面积的61%。水资源有地下水、降水、客水。其中，浅层淡水储量为1.52亿立方米，深层地下水可开采量为1415万立方米；多年平均降水2.76亿立方米，降雨季节通过行洪河道引进客水1.57亿立方米；年平均引进黄河水6374立方米。已查明的生物资源300余种，其中动物资源100余种，植物资源200余种。

自然灾害 主要有旱灾、涝灾、风灾、雹灾等。

第三节 经济状况

1986年，实现国内生产总值1.78亿元，完成全社会固定资产投资918万元，实现地方财政收入246.8万元。2011年，实现地区生产总值104.31亿元，一、二、三产业比重为8.9∶49.2∶41.9；完成全社会固定资产投资88亿元，实现地方财政收入2.85亿元。

农业 庆云县传统农业以粮食种植为主。1993年，以发展高产、优质、高效农业为主攻方向，坚持“一个稳增，三个调整”(稳增粮棉，调整种养结构、种植方式、种植布局)，种养结构调整主抓“三种”(种枣、种果、种蔬菜)、“三养”(养兔、养鸡、养大牲畜)。2000年后，以打造现代农业示范区为目标，充分发挥中澳、鼎力等龙头企业的带领致富作用，加快培育蔬菜、肉鸭、肉牛及林果木等特色产业，建成枣树绿色示范基地1866公顷，畜牧规模化、标准化养殖比重分别达到77%和60%。2011年，全县实现农业总产值20.99亿元，其中种植业10.54亿元，林业0.48亿元，牧业8.31亿元，渔业0.17亿元，分别占农业总产值的50.21%、2.29%、39.59%、0.8%。粮经产值比例调整为49.9∶50.1。

工业 1986年，全县工业企业123家，其中县属企业36家，乡镇企业87家，年完成工业总产值9779万元。1987年开始在县属企业推行承包经营责任制。1997年，以股份制和股份合作制为主，采取卖、破、送、租、并等形式推行企业产权制度改革。2002年，按照“大上工业、上大工业”的方针，全县实施民营经济和招商引资两大“天字号”工程。2006年后，实施工业强县战略，加快产业结构调整步伐，重点培植装备制造、精细化工、农副产品加工、纺织服装、金融机具五大传统产业和新材料、新能源、电子信息、生物技术、环保科技五大新兴产业，全力构建现代工业产业体系。2011年，全县规模以上工业企业（年销售收入2000万元及以上企业）178家，完成工业增加值54.56亿元，实现产品销售收入266.92亿元，实现利税总额31.33亿元，实现利润21.26亿元。

商贸流通　1986年，全县有商业网点1865个，其中国营网点60处，集体网点231处，个体网点1574个，年社会消费品零售总额6178万元；城乡集贸市场12处。1987年后，逐步改革商贸流通体制，实行多渠道经营。1998年后，以市场建设为突破口，大力实施升级改造、主体培育、经营创新三大工程，相继建成小商品、副食、服装、装饰材料、机车、粮油、钢材、农资、旧货、茶城、轻纺、文化、蔬菜水果、塑料杂品、五金、绳网等24个大型专业批发市场。2008年9月，庆云县被中国市场学会命名为“中国商贸名城”。2011年，全县实现社会消费品零售额总额43.42亿元，其中限额以上批发零售和住宿餐饮企业56家，实现社会消费品零售总额18.6亿元；各类专业批发市场24处，实现城乡集市贸易成交额330亿元。

对外经贸　1986年，出口商品主要有苜蓿草、小枣、乌枣、皮张、菜牛等土特产品和礼帽、抽纱制品、苇帘等少量工艺品。2000年，联发不锈钢管阀业有限公司落户庆云，实现自营出口零的突破。2003年，庆云县第一家代理型进出口外贸公司——山东鼎隆进出口有限公司注册，获得自主进出口贸易权。到2011年，全县外贸自营进出口企业19家，其中外资企业13家；年实现进出口总额5161万美元，其中出口4637万美元。出口产品涉及农产品、化学制品、工业成品等，主要销往美国、澳大利亚、韩国、欧盟等国家和地区。

交通　1986年，庆云境内有庆淄、永馆两条省际干线公路，里程24.2千米；县乡道路45千米。全县有营业性运输车辆370辆，货运量2.58万吨，货运周转量40.9万吨千米；营业性客车14辆，年客运量3.3万人次。2003年，实施“村村通”油路工程。到2006年，全县形成以干线公路为枢纽、县乡公路为骨架、村村相连、路路相通的交通网络。2011年，境内有205国道以及246、315等省道，实有公路通车里程954.07千米。全县社会营业性运输车辆9592辆，年货物运输总量986万吨，周转量200842万吨千米；社会营运性客车143辆，年客运量174万人次，客运周转量9461万人千米。

邮电　1986年，全县有邮电支局（所）16处，邮路总长度716千米。长途电话电路6路，市话交换机容量600门，用户话机331部；农话交换机容量920门，用户270部。1994年12月，新装3072门程控交换机，实现县城市话程控化。1995年9月，全县实现交换数字程控化，传输光缆微波化。2011年年底，全县有邮电支局（所）10处，总里程994千米；固定电话用户6.12万户，移动电话用户18.8万户，电话普及率92部/百人；互联网用户1.53万户，互联网覆盖率16.42%。全年完成电信业务总量14998万元，邮政业务总量1712.85万元。

城乡建设　1986年，建城区面积3平方千米，主要道路有9条，总长9千米。城市年供水54.75万吨，居民供水率97%。2003年以后，按照“小县域、大县城，以县城经济带动县域经济的思路”，新建商贸广场、北海公园、小西湖公园等26项城市精品工程，新建城区道路26条45千米，形成了“六纵十横一环绕城”的城市路网。到2011年,全县建成区面积30平方千米,主要街道达23条,总长度34千米,人均道路面积21.08平方米;城区绿地总面积160万平方米,人均公共绿地面积17平方米,绿化覆盖率37.5%。自来水普及率100%,燃气普及率70%。

环境保护 1986年,庆云县对投产项目执行防治污染及其他公益设施与主体工程同时设计、同时施工、同时投产制度。1988年,以煤烟型大气污染防治为重点,淘汰1吨以上的手烧锅炉15台,对10余家企业锅炉进行更新改造,对污染严重的乡镇工厂实行关、停、并、转、迁。2009年,康泉污水处理厂建成运营。2011年,全县污水集中处理率达到99%,无害化垃圾处理率达到85%。

第四节 社会事业

科技 1986年,全县有县属科研机构2家,科技人员1250人。是年大面积推广"农业立体种植模式"。1991年,研发的"德州地区440万亩小麦综合丰产技术"获得农业部一等奖。1997年,庆云县被国家科委授予"全国科技工作先进县"称号。至2011年,全县有县属科研机构1个;企业科研机构57个,其中省级工程技术研究及企业技术研究中心2个,市级17个;科技人员7120人。1986—2011年,全县被列入市级以上科技计划项目49项,其中国家级12项、省级23项、市级14项。鉴定验收各类科技成果36项,其中2项填补国内空白,4项填补省内空白;有53项科技成果获得科技进步奖,其中国家级1项,省级1项,市级51项。专利申请451项,其中专利授权162项。高新技术企业12家,其中省级3家,市级9家。庆云县被科技部命名为"国家可持续发展实验区"。

教育 1986年,全县有幼儿园66所,小学353所,初中34所,高中2所,职业学校1所,在校教师2095人,在校学生4.29万人。1997年,通过山东省政府"两基"验收,基本普及了九年制义务教育。2011年,全县有幼儿园71所,在园幼儿6582人,专任教师740人;小学66所,在校学生2.99万人,专任教师1576人;初中13所,在校学生7037人,专任教师511人;普通高中1所,在校学生3476人,专任教师318人;中等职业(技工)学校1所,在校学生420人,专任教师40人;特殊教育学校1所,在校生27人,专任教师7人。小学学生入学率达100%,初中入学率达98%。

文化 1986年,庆云县有剧院、文化馆、图书馆各1座,各乡镇设有文化站。1995年,对文化馆进行原地改建。2002年,成立庆云县文化中心。2007年始,开工建设北海公园,成为市民休闲娱乐、健身活动的场所。2009年,建成10万平方米的庆云广场以及可容纳1200人的祥云艺术剧院和总建筑面积6000平方米的博物馆、文化馆、图书馆。2011年,全县有电视台、文化馆、剧院、公共图书馆各1座,乡镇文化站9个,社区文化服务中心72个,村级文化大院35个。广播、电视人口覆盖率达100%。

旅游 2007年,随着海岛金山寺的恢复重建,庆云县的旅游业开始起步。2011年,庆云县主要旅游景点有海岛金山寺、唐枣生态园、石佛寺、北海公园、祥云欢乐世界、庆云宫等,全年接待国内外游客230万人,实现旅游业总收入5.29亿元。

体育 1986年,全县有田径场18个,篮球场34个,排球场12个,乒乓球房3个。1990年后,随着全民健身活动的开展,各类体育设施不断完善,群众体育由单一化向多样化发展。2011年,全县有各类体育场馆23个,田径场27个,篮球场21个,排球场10个,足球场2个,乒乓球房8个,门球场3个。1986—2011年,累计向省级运动队输送运动员 4 人、市级运动队 7 人。

卫生　1986 年,全县有医疗机构 22 个,医务人员 504 人,病床 307 张。1987 年后,不断加大各级医疗机构建设力度,积极推行院长负责制、岗位目标责任制、全员聘任合同制等医院内部管理体制改革,对乡村医疗机构实行镇办镇管、村办镇管的乡村卫生服务管理一体化管理,健全县、乡、村三级医疗卫生管理体系。至 2011 年年底,全县有医疗机构 116 个,其中县级医院 1 所,疾病预防控制中心及妇幼保健站各 1 个;社区卫生服务中心 1 个,社区卫生服务站 3 个;乡镇卫生院 10 所,农村标准化卫生室 99 个。各类卫生机构拥有卫生技术人员 790 人,病床 1000 张。

人民生活　1986 年,全县在岗职工人均年工资 1022 元,农村居民人均纯收入 270 元。2011 年,城镇在岗职工年平均工资 23471 元,城镇居民人均可支配收入 11000 元,人均消费性支出为 5030 元,人均住房建筑面积 26.1 平方米。农村居民人均纯收入 8222 元,人均生活消费支出 1714 元,人均住房建筑面积 58 平方米。全县职工基本养老、医疗和失业、工伤、生育保险参保人数分别达到 1.8 万人、2.05 万人、0.55 万人、2.32 万人和 1.14 万人;新型农村养老保险参保农民 15.77 万人,参加新型农村合作医疗农民 25.54 万人,覆盖率分别为 58%、97%。

第五节　乡镇(街道)简况

渤海路街道　位于县主城区。面积 35 平方千米。办事处机关驻新华社区。2011 年,辖文西、文中、青北、新建、新中、新兴、光明、庆东、庆中、庆西 10 个城市社区,金山、韩李、新华、诚信、安居、利民、开元、石官堂、友谊、杜树刘、和谐里、歪柳树 11 个农村社区,刘南纯、养马王、北侯 3 个行政村,总人口 4.9 万人。

庆云镇　位于县境西北部。面积 46 平方千米。镇政府驻开元社区。2011 年,辖张桃符、蔡王、石佛寺、小刘、大陈、程下韩、唐枣园、李博士、韦家、后于、三里庄、周贾、后马、中马、前马、张玛郎、汾水王、寇家、西窑、甄袁、后张、东杨 22 个社区,前官、杨庄子、东窑 3 个行政村,总人口 3.77 万人。

尚堂镇　位于县境南部。面积 105 平方千米。镇政府驻尚德社区。2011 年,辖尚裕、尚美、尚谐、尚富、尚和、尚明、尚秀、尚文、尚德、尚诚、撒店白、尚义、尚祥、尚礼、翟家、尚智、尚信、尚俭、尚吉、尚勤、大宗、徐堰 22 个社区,大胡楼、李家店 2 个行政村,总人口 6.12 万人。

常家镇　位于县境东部。面积 88 平方千米。镇政府驻常家村。2011 年,辖史坊徐、任家、杨家、大胡、柳行张、枣园桥、孙郭田、板营、刘家、乔孟徐、郭家、纪铺杨、四柳、李营魏、波张、全林寺、唐家、乔王 18 个社区,张巧、廿里铺、大高、胡店、于店、河涯赵、霍家、刁家、西张、东张、常家 11 个行政村,总人口 5.31 万人。

崔口镇　位于县境北部。面积 34 平方千米。镇政府驻崔口社区。2011 年,辖崔口、小屯、程赵、齐周务 4 个社区,周辛、刘庄、西齐、陈庄 4 个行政村,总人口 1.5 万人。

东辛店镇　位于县境西部。面积 43 平方千米。镇政府驻东兴社区。2011 年,辖圣苑、众和、合义、三和、双和、范家、家和、新和、东兴、康庄、姜马李、香海、付兴赵、绿丰、金水、孔李、史家阁、金丰、邓家 19 个社区,万粮张、南赵、大丁、小丁 4 个行政村,总人口 2.87 万人。

徐园子乡　位于县境东北部。面积 35.2 平方千米。乡政府驻徐园子村。2011 年,辖花牛赵、道口、裕华、安务、闫刘邢和谐、孙蒋柴、利华 7 个社区,徐园子、后道口、小赵、苏家、刘贵、周家6个行政村,总人口1.83万人。

严务乡 位于县境北部。面积58.9平方千米。乡政府驻严务社区。2011年,辖黄邱、东方、严务、大淀、红云、庄科、彩云7个社区,总人口2.37万人。

中丁乡 位于县境东南部。面积41平方千米。乡政府驻中丁社区。2011年,辖刘古风、崔家、马刘郑、大店、杨和寺、茂杨梁、李田、段家、甄刘张、辛刘、苗家、中丁12个社区,文侯齐、小胡楼2个行政村,总人口2.25万人。

REN WU

人物

■ 人物简介

■ 人物表

人物志收录1986—2017年间，为德州政治经济和社会事业发展产生影响、贡献较大的各界人物，以及德州籍在外地工作生活有一定知名度的人士。

共分两大部分：一、人物简介收录1986—2017年间，含去世人物45人，在世人物71人。二、人物表收录1986—2011年间，"全国劳动模范"26人，"全国五一劳动奖章获得者"31人，"全国道德模范"2人，"山东省劳动模范"193人，"省级道德模范"5人。

人物简介

（一）

杨心培（1915—1989）　山东日照县（日照市）人。曾任中共德州地委书记。

1938年6月加入中国共产党。同年冬，任中共日照县委宣传部长。1941年后，任莒南县委书记、莒南县抗日民主政府县长、滨海地委宣传部部长。1949年初，随军南下浙江，任中共浙江台州地委副书记。新中国成立后，任浙江省台州地委书记，浙江省委委员、组织部副部长。1957年7月任浙江省温州地委书记。1960年11月调任中共聊城地委第一书记。1961年7月恢复德州地区建制，改任德州地委第一书记。1962年8月任中共华北局组织部副部长。1972年后，上海奉贤县委副书记、书记及县革委会副主任、上海市农办主任、党组书记，1978年5月后，任上海市革委会副主任，上海市委常委、组织部长兼市纪委筹备组组长，中共上海市委顾委会筹备组组长。是十一届中纪委委员，第五届全国人大代表。1989年6月，在上海去世。

郭澄清（1929—1989）　原名郭成清，宁津县郭皋村人，当代作家，中国作家协会山东分会原副主席。

少年和青年时代经历了抗日战争、解放战争艰苦岁月的磨练。1947年中学毕业后，任小学教员。1948年参加了解放济南战斗。1949年5月加入中国共产党。1957年任《宁津日报》总编辑兼县广播站站长。1959年任宁津县委宣传部副部长兼《宁津文艺》主编，同年加入中国作家协会河北分会。在此期间，还担任过党的基层领导工作，为文学创作积累了丰厚的生活素材。郭澄清从1955年开始发表作品，先后发表短篇小说、散文、报告文学100多篇，诗歌、民谣300余首，通讯报道200多篇，出版《大刀记》(三卷集)、《龙潭记》《决斗》3部长篇小说；《武区长》《社谜传》两部中篇小说；《社谜》《公社的人们》《小八将》《麦苗返青》4本短篇小说集。有的作品被改编成电影、广播剧，电视剧《大刀记》在全国观众中产生深远影响；有的被译成外文，介绍到欧洲各国。1989年8月在济南因病去世。

郭　鲁（1917—1989）　原名郭桂棻，武城县四女寺村人，铁道部副部长。

1937年春到北京，5月参加中华民族解放先锋队。1937年抗日战争全面爆发后，随平津流亡学生回到济南，同年加入中国共产党，开展抗日救国宣传活动。1939年4月，任枣强县抗日民主政府县长。1940年夏，枣强分县后，调任冀南抗战学院总队长，同年冬，调任冀南二专署秘书主任。1941年8月，任冀南运东专署专员。1945年，任冀南六专署专员。1948年初，调入铁路系统工作。1949年春，天津解放，调天津参加铁路接管工作。北平解放后，调铁道部工作，先后任铁道部计划局局长、办公室副主任。1951年冬，调任中苏共管中长铁路中方局长、哈尔滨铁路局副局长。1954年冬，任铁道部办公厅主任。1958年秋，任铁道部工厂管理总局局长。1959年10月，任铁道部副部长。在主管全路运输工作期间，狠抓基础建设和管理工作，使铁路运输质量指标达到新的水平。"文化大革命"初期，他依靠全路广大干部职工，基本保证了铁路运输工作的正常运转。曾当选第四届全国人大代表。1985年10月离休。

1986年，郭鲁携夫人回老家探亲，看到母校四女寺小学较为简陋，承诺待有条件时出资重建学校。1989年10月郭鲁在北京病逝。2004年，其夫人为实现郭鲁生前愿望，与子女商议，将省吃俭用积攒的24.9万元寄回家乡，用于新建学校。为纪念郭鲁夫妇义举，武城县人民政府将学校更名为"四女寺郭鲁小学"，并在四女寺修建了"郭鲁纪念馆"。

刘　干（1914—1989）　山东沂水县人，曾任中共德州地委书记。

1938年加入中国共产党。1942年7月，任中共振华(宁津)县委书记。1944年6月，任中共东南(吴)县委书记兼县大队政委。同年9月，任中共东吴县委书记兼县大队政委。1946年1月，东吴县委撤销，改任吴桥县委书记兼县大队政委。1947年3月后，任中共津南(包括青县、静海、新海)县委书记。1948年2月，任渤海区党委组织部干部科科长。

1950—1960年，任中共中央山东分局组织部干部科科长、副处长、山东省委监察委员会副书记、济宁地委书记处书记。1960年，任枣庄市委书记。1964年5月，任山东省委组织部副部长。1966年3月，任淄博市委书记。1972年8月，任山东省水利局局长。1975年5月至1978年2月任德州地委书记。后任中共山东省委统战部部长，山东省人民检察院检察长。1981年12月，任山东省人民代表大会常务委员会副主任，是山东省第五、六届人大常委会副主任。第五届全国人大代表。1989在济南去世。

范普权（1910—1991）　原名范则博，庆云县人，少将，曾任山西省军区副政治委员。

范普权出生于贫寒农家。1931年，加入中国共产党。1933年，到天津从事工会工作，任天津市赤色工会委员。党组织被破坏后，范普权到南皮县以卖瓜子为掩护，从事党的秘密工作。1934年，回到家乡在板营小学任教，传播革命思想，秘密发展党员。1937年抗日战争爆发后，中共津南特委组建新的庆云县工委，范普权任庆云县工委书记，领导全县共产党员和爱国青年宣传抗日救国，组织各种救亡团体，成立抗日救国会和救国军，并率领救国军参加中共鲁北特委组织的第三十一支队，任政训处处长、政治部主任，成为津南鲁北地区抗日游击活动的领导人之一。解放战争时期，范普权参加了攻打保定、唐河阻击战和大清北等战役。之后参加抗美援朝战争，归国后，历任北京军区政治部群工部长、北京卫戍区副政治委员、北京市革命委员会常务委员、山西省军区副政治委员（因病休未到职）。1964年，晋升少将军衔，获得二级独立自由勋章、二级解放勋章和朝鲜民主主义人民共和国二级自由独立勋章。1988年7月，被中央军委授予中国人民解放军一级红星功勋荣誉章。1991年4月因病在北京去世。

傅爱农（1915—1991）　宁津县人。曾两次任中共德州地委书记。

1930年在宁津参加抗日救国会，担任本村救国会主席。1934年7月，加入中国共产党。1934年11月，任村党支部书记。抗日战争时期，历任区委书记、河北省东光县教导队指导员、县委组织部部长、二区战委会主任、县农会组织部长、工会主任、乐陵县委组织部部长、南皮县农会主任、救委会主任、南皮县委、沧县县委副书记兼组织部部长。解放战争时期，1945年11月，任渤海区一军分区农民救国联合会主任。1947年1月，任中共庆云县委书记兼县大队政委。同年12月，任中共渤海区一地委委员、组织部长。1948年12月，任渤海区一地委副书记。1949年6月，渤海区一地委改名为沧南地委，仍为副书记。同年12月，任沧南地委书记兼军分区政委。1950年5月任德州地委第二副书记，1953年1月至1956年3月任德州地委书记。1962年8月至1965年1月再次担任德州地委书记。后历任山东省委委员、省交通工作部部长、省地质厅党委书记兼厅长。1965年调贵州省，后历任贵州省革命委员会常委、省委常委、省顾问委员会常委。1991年4月，在贵州病逝。

王克东（1915—1991）　原名王玉成，平原县人，曾任河北省人民政府副省长。

1937年10月加入中国共产党，1938年2月至1941年年初先后任中共恩县县委宣传委员、组织委员、县委书记，鲁西区三地委委员、战争动员部部长等职。1941年春，调到冀鲁豫抗日根据地中心区域——观城县，任县委委员、抗日民主政府县长。1943年3月，调任曹县县委委员、抗日民主政府县长兼县武装大队大队长。

他组织带领群众，坚持抗日游击战争，为巩固扩大抗日根据地，进行了艰苦卓绝的斗争。1945年10月热河省成立，王克东任热（河）西专署秘书室主任。1946年5月，调任中共围场县委书记，带领全县人民进行了土地改革。1949年10月，先后任热河省人民政府副秘书长、秘书长。1953年初，任中共热河省委秘书长，直到1955年热河省建制撤销。1956年1月，任中共承德地委第一书记。1960年3月，被撤销承德地委第一书记职务，任石家庄地区藁城县副县长。1962年年初平反后，仍担任中共承德地委第一书记，两个月后调到国家农垦部工作，先后任分局局长、计划局局长。1973年春节，回到农林部任政治部主任。1979年年初，任畜牧总局副局长。1979年，任中共河北省委常委，当选为河北省人民政府副省长，分管农村工作，为推动农村家庭联产承包责任制做出贡献。1982年，任河北省人民政府顾问。1986年1月离休。1991年6月因病在北京去世。

王克东是中共八大、十二大代表。

王　新（1919—1991）　武城县人，少将，曾任武汉军区顾问。

1938年参加八路军，同年6月加入中国共产党。先后任冀南军区第五军分区政治部宣传股股长，军区政治部民运科干事，第四军分区武城县独立营政治教导员，第六军分区武城县大队政治教导员，中共武城县委书记。抗日战争时期，王新积极组织地方抗日武装，坚持敌后游击战争。解放战争时期，任冀南军区第六军分区运河支队政治委员，晋冀鲁豫野战军第二纵队六旅十八团政治委员。1949年任第二野战军十军二十九师政治部主任。先后参加了邯郸、豫北、鲁西南、淮海、渡江和解放大西南等战役。抗美援朝战争中，参加了上甘岭战役。1964年晋升为少将军衔。1967年任河南省军区第二政治委员。1971年任武汉军区副政治委员，后任武汉军区顾问。曾获二级独立自由勋章、二级解放勋章。1991年8月因病在武汉去世。

王新是中国共产党第九届中央候补委员。

孙润华（1907—1993）　平原县人，开国少将，曾任甘肃省人大常委会副主任。

孙润华青年时，参加了冯玉祥的国民党西北军第二十六路军。1931年12月江西“宁都暴动”后编入中国工农红军一方面军第5军团，参加了中央苏区第四、第五次反“围剿”。1934年10月，参加二万五千里长征。1935年10月加入中国共产党。抗日战争时期，他在陕甘宁边区兼任地方和军队多种职务。历任关中军分区驻宜君抗敌后援会代表、中宜洛驻店头办事处（八路军办事处）主任、靖边县县长、三边（定边、靖边、安边）专署一科科长、三边整风训练班班主任、定边县县长、中共依克昭盟乌审旗工委书记。解放战争时期，任中共靖边县委书记、中共三边地委组织部部长、三边军分区政治部主任、军分区副政治委员。参加了保卫延安、建设地方政权和进军大西北等重大战役。中华人民共和国成立后，历任宁夏军区政治部主任、军区副政治委员，甘肃省军区副政治委员，甘肃省委监察委员会副书记、书记，甘肃省平凉行政公署副专员，甘肃省储备局党组书记、局长。1956年被授予少将军衔，曾荣获二级八一勋章、二级独立自由勋章、一级解放勋章。1979年12月，任甘肃省第五届人大常委会副主任。1984 年离职休养。1993 年 3 月因病在兰州去世。

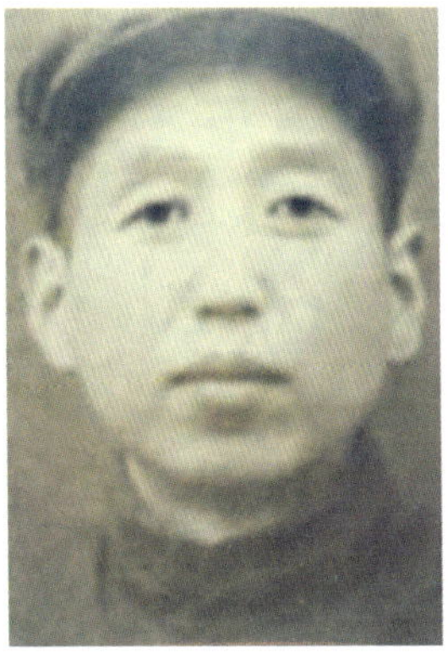

纪照青（1918—1993） 原名许宗福，夏津县人，曾任湖南省人大常委会副主任。

1936 年 8 月，纪照青师范毕业后，到本县四区刘兴裕庄小学任教。1938 年 7 月，在夏津县参加八路军津浦支队工作团，从事民运、抗日宣传等工作，同年 10 月，加入中国共产党。1939 年 6 月后历任中共夏津县委委员、三区区委书记、禹城县八区区委书记、夏东县委委员、组织部部长、冀南六地委组织部干事等职。1943 年 11 月任中共夏津县委书记。解放战争时期，先后任中共武城县委副书记、中共恩县县委书记，领导人民群众除奸反特、土地改革、发展生产、支援前线。1949 年 2 月南下湖南。同年 8 月，任湖南省常德地委委员兼南县县委书记。组织领导群众减租反霸、进行土地改革。新中国成立后，历任中共湖南省常德地委组织部部长、地委副书记，湖南省委组织部副部长、部长等职。1959—1961 年"生活困难时期"，纪照青从湖南筹集代食品救济家乡民众度荒。"文化大革命"期间遭迫害。1970 年 7 月重新工作，历任湖南省零陵地委副书记、地区革委会副主任，湖南省"五七"总校党委书记、校长，湖南省委组织部副部长、部长，湖南省纪检委副书记、省委常委等职。1983 年 6 月，当选为湖南省第六届人大常委会副主任、省人大法律委员会主任委员，1988 年离职休养。1993 年 8 月因病在湖南长沙去世。

纪照青是中共八大候补代表、八大二次会议和十二大代表。

尹特辉（1914—1995） 江西永新县人。曾任中共德州地委书记。

1930 年 1 月入伍，1932 年 4 月加入中国共产党。历任通讯员班长、副排长、指导员、副股长、团政治处主任、政委、军直工部副部长、师政治部主任、师政委、上海市公安局人民武装警察总队副政委、山东省公安总队副政委、独立二师副政委等职，1971 年 7 月至 1973 年 7 月任德州军分区政委兼任德州地委书记。后任山东省军区顾问等职。参加过土地革命战争、抗日战争、解放战争、抗美援朝等。1981 年 6 月离职休养，享受副军职待遇。1955 年授予三级八一勋章、二级独立自由勋章、二级解放勋章。1988 年授予中国人民解放军二级红星功勋荣誉章。1995 年 3 月去世。

张文华（1926—1997） 宁津县人。中将，曾任海军副政治委员。

张文华 1943 年 2 月参加八路军，同年 11 月加入中国共产党。先后任渤海军区乐陵县大队文化教员，连指导员、军区卫生部政治协理员等职，参加了乐陵豆家攻坚战和丁家坞战。解放战争时期，参加了潍县、兖州、济南等战役和凤化店、大沟洼战斗。新中国成立后，历任海军某部干部部副部长，海军东海舰队军事法院审判员。海军某部军事法院院长，某部政治部副主任、主任，海军某部副政治委员，海军外训队政治委员等职。1988 年 9 月被授予海军中将军衔。1990年4月至1992年11月任海军副政治委员。他为推进海军的革命化、现代化、正规化建设做出了重要贡献。1997年1月在上海去世。

张文华是第七届、第八届全国人民代表大会代表，第八届全国人大常委会委员、全国人大常委会法律委员会委员。

王为民（1949—1997） 山东济阳县人，临邑临盘油田副所长，全国劳动模范。

王为民于1968年参军入伍，1970年复员，1981年调入胜利油田，1984年9月加入中国共产党。历任胜利油田临盘指挥部采油三队电焊工、临盘采油三矿、一矿副矿长等职。王为民立足本职岗位，对工作认真负责，对技术刻苦钻研，对人民无私奉献。1984年到1997年间，紧密结合基层的生产实际，先后研制成功千斤顶式扒轮器、硅橡胶套安全阀、多功能流量计、永久性盘根及油井井口防盗系列装置等30多项技术革新成果。其中5项成果获得国家专利。1995年11月，获得全国首届“中华技能大奖”。1984年起，连续数年被评为胜利油田劳动模范或双文明标兵，多次被评为山东省和胜利油田模范共产党员。1985年，被评为山东省劳动模范。1989年，被评为全国劳动模范。1990年，出席全国劳模代表大会，并受邀先后到7个省市作巡回报告。1993年，当选为八届全国人大代表。1994年，被评为中国石油天然气总公司特等劳动模范。1997年1月，被中国石油天然气总公司党组授予“铁人式的好工人”称号。1997年9月14日，王为民在技术革新现场不幸殉职。

邓广铭（1907—1998） 字恭三，临邑县人。历史学家，北京大学教授。

1936年国立北京大学史学系毕业后，留校任北京大学文科研究所和史学系助教。先后发表《辛稼轩年谱》《稼轩词编年笺注》《宋史职官志考正》（陈寅恪作序）、《宋史刑法志考正》等。1943—1946年，任复旦大学史地系教授。建国后，修订出版《辛稼轩年谱》《稼轩词编年笺注》，先后两次重写《岳飞传》，并写成《辛弃疾传》《王安石》等书。发表了《唐代租庸调法研究》《唐宋庄园制度质疑》、《南宋对金斗争中的几个问题》等论文。20世纪60年代初，执笔撰写《中国史纲要》中宋辽金史部分，成为高校文科的首选教材之一。从1954年起，先后担任北大历史系中国古代史教研室主任、历史系主任、中国中古史研究中心主任，以及国务院学位委员会成员、中国史学会主席团成员、中国宋史研究会会长、名誉会长、全国高校古籍整理委员会副主任、全国政协委员等职。1980年，当选为中国史学会主席团成员和中国宋史研究会会长。邓广铭治学严谨，领域宽阔，勇于探索政治史、经济史、军事史、学术文化史各方面的重大课题，精于历史人物传记之作，在古籍整理方面，亦有精深研究。他提出的治史入门的四把钥匙：职官制度、历史地理、年代学、目录学，一直受到史学界的重视，被称为宋史学界的一代宗师。1998年1月，因病在北京去世。

王殿臣（1926—1998） 武城县人，曾任德州行署专员、德州地委书记。

1946年加入中国共产党。1947年2月参加工作。1977年7月任德州地委副书记、地区

革命委员会副主任兼商河县县委书记、县革委会主任。1978 年 3 月任德州地委副书记、地革委副主任。同年 9 月任德州地委副书记、行署专员。1983 年 10 月至 1986 年 12 月任德州地委书记。1998 年 1 月病逝。

王殿臣是第六届全国人大代表。

李　博（1929—1998）　字伯群，原名李以达，夏津县人，植物生态学家，内蒙古大学教授，中国农业科学院农业自然资源与区划研究所研究员，中国科学院院士。

1953 年毕业于北京农业大学。长期从事植被生态学与草地资源研究，将生态学基础研究与应用研究相结合，在传统研究基础上引入现代技术。在内蒙古大学主持建立了中国第一个植物生态学专业。首次阐明了中国草原区与沙漠地区植被的基本类型与分布规律，率先进行大范围草原植被制图、资源评价与生态分区及草原定位的研究；首次阐明了中国草原植被的类型与分布规律利用植被指标，成功地评价土地资源与环境利用遥感与地理信息系统，建立了中国草地资源数字地图库，以及北方草地估产、草畜平衡预报、草地退化等动态监测的技术系统。1978 年 4 月受到全国科学大会表彰奖励。1988 年获国家自然科学二等奖，其主持的“八五”科技攻关项目“中国北方草原常青平衡动态监测系统试点实验研究”获农业部科技进步一等奖，国家科技进步二等奖。并先后获高教优秀教学成果奖；全国高等学校先进科技工作者，中国农业科学院先进工作者。1993 年当选为中国科学院院士。第八届、九届全国人大代表。1998 年 5 月出席匈牙利草地国际学术会时不幸殉职。

梁秉治（1925—1999）　乐陵市人。中将。

1939 年参加八路军，1941 年 10 月加入中国共产党。抗日战争时期，任渤海军区第二军分区直属队班长、排长、连长。解放战争时期，任第四野战军四十三军警卫营营长。中华人民共和国成立后，任坦克团团长，坦克师师长，北京军区装甲兵参谋长、副司令员，总政治部管理局局长。1985 年 6 月至 1990 年 4 月任总政治部直属工作部部长。1988 年 9 月被授予中将军衔。曾获中华人民共和国三级独立自由勋章和三级解放勋章。1999 年 10 月在北京去世。

薛金玉（1923—2001）　武城县鲁权屯镇（原滕庄乡）西郑庄人，农民，德州最早传播玻璃钢生产技术者。

薛金玉出身于富裕农民家庭，幼读乡塾，种地是一把好手，而且擅长木工手艺，还是生产队的柴油机手，是大家公认的“能工巧匠”。

1972 年，为增加集体的收入，改变群众贫困的生活，薛金玉到石家庄国棉三厂学习制作玻璃钢技术，回村后不断摸索创新，生产出多种产品。不到半年时间，他所在生产队产值就达3万多元，第二年达到7万元，年终分配每个劳动日工值是其他生产队的十几倍。薛金玉成为当地掌握制作玻璃钢技术的权威人物，周围村队前去请教指导者络绎不绝。1976年初，他迁居黑龙江拜泉县，仍不忘乡亲，回乡毫无保留地把技术传授给在周围村庄群众，使更多村庄从此有了玻璃钢加工项目。一传十，十传百，掌握玻璃钢生产技术的人和生产企业越来越多。薛金玉从指导个体生产转向指导企业化制造。1978年后的几年时间，武城县15个乡镇，就有13个乡镇兴办起玻璃钢加工项目，厂家达160多个，从业人员12000多人，有的村庄几乎家家有工厂，人人会生产，部分农民从此走上富裕之路。并相继涌现出亚太、格瑞德、中大贝莱特等一批以玻璃钢加工为主业的大中型企业集团。武城县被命名为“全国第一个玻璃钢县”。

薛金玉从1972年始，为传播玻璃钢生产技术奉献出自己的余生，2001年去世。

刘秉章（1938—2001）　1938年10月生，禹城市人，德州恒升化工（集团）有限公司原党委书记、董事长兼总经理，中共党员，大专学历，高级工程师。

1961年，山东化工学校毕业分配到山东明水化肥厂。1968年德州市兴建化肥厂，刘秉章调到德州化肥厂，1981年1月被任命为厂长。1984—1987年担任德州市化学工业局局长、党委书记兼化肥厂厂长。1988—1996年，担任德州化肥厂党委书记兼厂长。1996年，化肥厂改制为恒升化工（集团）有限公司，他任党委书记、董事长兼总经理。

在担任企业一把手的近20年间，刘秉章为企业制定了“七五”发展化肥、“八五”发展化工、“九五”建成综合化工企业集团的发展规划，并按计划稳步实施。“七五”期间，总计投资2000多万元，先后进行4次大的技术改造，淘汰落后工艺和设备，使合成氨能力扩大了6倍，成为山东省小氮肥企业的排头兵。“八五”期间，他抓住国家改造小尿素机遇，投资8700万元新上改产11万吨尿素工程，企业产值、利税成倍增长，为全国小氮肥改造树立了典范。随后又先后投资2亿多元建设了年产5万吨甲醇、3万吨甲醛和尿素翻番工程，企业实力再度增强。“九五”期间德州化肥厂被省政府列入111家重点企业，批准改制为国有独资企业，刘秉章及时提出“推改制、促改革、抓管理、增效益”的企业发展指导方针，至2000年末，集团下辖8个子公司，具有年产18万吨合成氨、30万吨尿素、5万吨甲醇、3万吨甲醛、15万吨高效肥、2万吨塑料型材、5万平方米塑钢门窗、45兆瓦发电、280万百万千焦供热、1万吨有机胺、1万吨DMF的生产能力，成为山东省化工行业支柱企业和利税大户，连续6年保持主导产品产销率和货款回收率两个100%的纪录。刘秉章先后被评为全国化工系统劳动模范、全国劳动模范，荣获全国五一劳动奖章、山东省富民兴鲁劳动奖章，享受国务院特殊津贴。是山东省第八届、九届人大代表。2001年8月病逝。

袁成隆（1912—2002）　原名袁成龙，北京通县（今通州区）人。曾任中共德州地委书记。

1938年参加革命工作，同年加入中国共产党。1938年入延安陕北公学学习。曾任陕公学1分校队长、抗大1分

校文工团主任，中共山东莒南县群委书记兼各救会会长，滨北新区工作团团长，山东省文联组织部部长、中共滨海区委农会副会长、沧南地委副书记。新中国成立后，任中共清河地委书记，1950 年 5 月至 1953 年 1 月任德州地委书记兼军分区政委。后任中共华东局办公厅主任兼机关党委书记，中共中央华东局农村工作部副部长，中共中央书记处 2 办地区工作部组长，第二机械工业部副部长，国防工业办公室政治部副主任，农业机械部副部长。2002 年 1 月在北京逝世。

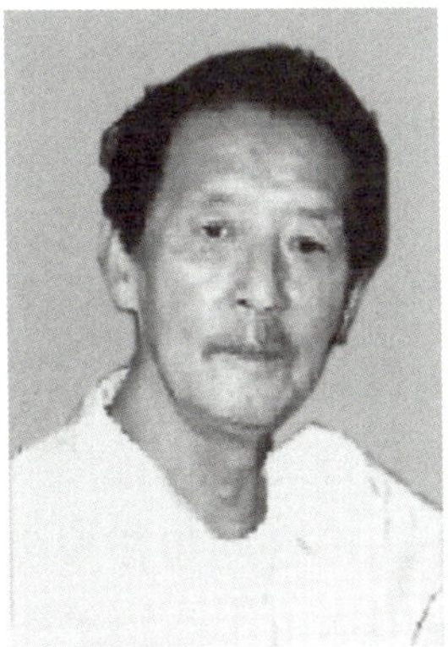

席文天（1926—2002） 原名席文祥，满族，乐陵市人，书画家。

席文天诗词书画兼具，书法尤精章草。幼时学习书法，得益于当地书法名家指点，初学楷书。稍长，拜本村席崇义为师，学习《四书》《五经》。向李慕白学习隶书和篆刻。1955 年调临邑一中任教；1962 年调临邑剧团工作，拜济南关友声为师，学习诗词章草。他临写的邢侗书法能以假乱真，其书法作品多次参加全国、省、市书展，作品曾获国际银奖、省一等奖。其绘画《花蝶》在山东省第四届美展中晋京献礼。4 幅书法作品在上海《书法》2002 年第一期作封页，并有文章作专门介绍。书法作品被美、日、韩、新加坡等国家和港台友人收藏。其书法和诗词中央电视台曾作专门介绍。席文天是山东省文史研究馆馆员、中华诗词学会会员、中国书协山东分会会员、山东少数民族书画协会理事、山东省老年书画研究会理事、邢侗纪念馆名誉馆长。著有《苔色轩诗选》。2002 年 2 月去世。

苏　钢（1920—2002） 原名苏文楼，乐陵市人，曾任贵州省省长、省委书记。

1937 年 10 月参加革命。1939 年 1 月加入中国共产党。先后任中共鲁西区委党校大队长、支队参谋，鲁西行署公安总局组织科科长，冀南一专署公安局局长，冀南一地委社会部副部长，山东冠县县委书记，冀南六地委委员、宣传部部长。1949 年 6 月后，服从组织安排南下，历任湖北大冶地委委员、社会部部长，公安处处长，地委秘书长。新中国成立后，历任武汉裕华纺织厂党委书记、经理，武汉国棉一厂党委书记。1955 年 5 月任中共湖北省委副秘书长、秘书长。1960 年 3 月任湖南省委常委、省委秘书长。1964 年 5 月至 1967 年 8 月任湖南省委书记处候补书记兼省委秘书长。1972 年 6 月后任湖南省涟源钢铁厂革委会第一副主任、党委书记、革委会主任，湖南省委经济工作领导小组副组长。1977 年 3 月任贵州省委副书记、省革委会副主任。1978 年 3 月任中共贵州省委书记、省革委会副主任。1980 年 1 月任中共贵州省委书记、省长。1985 年 3 月至 1993 年 11 月任中共贵州省顾问委员会主任。2002 年 9 月 23 日在贵阳逝世。

苏钢是中共十二大至十五大代表，十二届中央委员，第五届、第六届全国人大代表。

程秉文（1912—2003） 庆云县人，民主爱国人士，曾任江苏省政协副主席。

1938 年，程秉文先后创办东亚运输公司、徐州新孚贸易商行，徐州淮海皮革厂。在中共地下党的影响下，追求光明，利用所从事的商贸运输活动之便，为抗日根据地做了许多力所能

及的工作。抗战胜利后仍和共产党保持经常性联系，在解放战争中，为解放区提供药材、钱物等，为支援淮海战役带头捐款捐物。1949年10月1日，他作为华东地区代表在北京天安门参加开国大典。新中国成立后，参与接管徐州市旧商会，任徐州市人民政府副市长、市工商联主委，分管工商业工作。1956年3月，任江苏省商业厅副厅长，省民建、工商联副主委。1982年，任江苏省工商联第四届执委会主委。此后，先后担任江苏省工商联第五、六、七届名誉主委（名誉会长），省民建副主委、全国工商联常委、民建中央委员，第五、六届江苏省政协副主席等职务。1988年3月当选为第七届全国政协委员。2003年1月在南京去世。

张朝忠（1920—2004） 庆云县人，少将，曾任海军南海舰队司令员。

张朝忠1937年9月参加八路军，同年11月加入中国共产党。1939年秋，他随肖华率领的主力部队开赴鲁西、鲁南创建抗日根据地。抗日战争期间，参加了多次反扫荡战斗。在解放战争中，张朝忠历任团参谋长、副团长、团长、师参谋长等职。参加指挥了解放峄县、枣庄、滕县、邹县等战斗，以及宿北、鲁南、泰安、济宁、沙土集战斗和许昌、洛阳、开封、睢杞及淮海战役、渡江战役。新中国成立后，任二十二军六十六师参谋长，解放军海军快艇学校副教育长、教育长。1955年任海军鱼雷快艇大队大队长，后任海军鱼雷快艇六支队支队长、海军福建基地副司令员、海军舟山基地副司令员、司令员、东海舰队副司令员等职。1965年11月14日，指挥崇武以东海战，击沉台湾国民党海军“永昌号”炮舰、击伤“永泰号”猎潜舰。1982年1月至1985年8月任解放军海军南海舰队司令员。海军少将军衔，曾荣获三级独立自由勋章一枚、二级解放勋章一枚。2004年2月在广州因病去世。

张朝忠是第六届全国人民代表大会代表。

关　锋（1919—2005） 原名周玉峰，号秀山，庆云县人。

1933年加入中国共产党，1938年10月任中共乐陵县委书记。1939年调任鲁北地委宣传部部长。1943年担任黎明报社社长。1944年任中共中央山东分局渤海区教育科科长。1947年任山东国民师范学校校长。1950年任中共中央山东分局理论教育处处长。1952年任山东政治学校校长，全国人大代表。1955年，中共中央党校在山东省成立中央党校第四中级党校，关锋任副校长，开始对中国古代哲学思想进行研究，经常写作和发表文章。1956年借调到中共中央政治研究室工作。1957年，关锋成为“左派新秀”，受到中央重视和重用。1958年6月1日，中央创办《红旗》杂志，关锋调到杂志社，编辑专供毛泽东参阅的《思想理论动态》，后来又调到中央政治研究室工作。1966年，成为中央文革小组成员，1967年兼任中央军委文革小组副组长。1967年8月底关锋被隔离审查。1968年1月被捕入狱，1982年年初免于起诉释放出狱。1984年经中纪委决定开除党籍，政治上按一般干部待遇，生活上按司局级待遇。出狱后，他埋头研究学术，论著颇丰，主要著作有《春秋哲学史论文集》《反对哲学史方法论上的修正主义》《庄子内篇译解和批判》《孙子军事哲学思想》《求学集》《王允哲学思想研究》《学习马克思主义认识论、反对主观主义》《谈主观能动性和客观规律性的统一》《论雷锋世界观的形成》等。2005年6月在北京去世。

苗建中（1953—2005） 乐陵市人。工商管理硕士，高级工程师。德州晶华集团有限公司原党委书记、董事长。

1975年山东建材学院毕业后到德州第二建材厂工作，他勤于动脑，善于钻研，研究引进建材高新技术，组织了十几次技术攻关，积累了丰富的实践经验。他主持攻克以粉煤灰代黏土配料生产水泥这一高难课题，荣获国家星火科技三等奖。该项成果应用后累计创产值8100万元，节支总额884万元，消化掉德州电厂排放的粉煤灰32万吨，节约土地261亩，实现了经济、社会、环境效益三统一。主持完成的科研成果有11项分别获得山东省科学大会奖和山东省优秀新产品二等奖、山东省星火科技三等奖，其中一项列入国家推广计划。1995年6月任大坝集团公司党委书记、总经理。他善于总结和发掘技术成果，先后有多篇论文在国内外专业技术刊物发表，成为国内硅酸盐行业的知名专家之一。1998年，由大坝集团公司、晶峰集团公司、振华集团公司三家大型企业改制组建德州晶华集团，苗建中任党委书记、董事长、总经理。他创立的"双本市场融动模式"，作为典型经验在德州市工业系统和全省建材工业系统中推广。2000年成立德州晶华集团有限责任公司，使晶华集团向股份制的现代化大型企业迈进一大步。成为全国建材百强企业，山东省百家重点企业。他先后被评为德州地区专业技术拔尖人才、山东省优秀青年知识分子、全国五一劳动奖章获得者，全国建材系统劳动模范，全国优秀企业家，享受国务院首批政府特殊津贴，是山东省第九届、十届人大代表，中国企业家协会理事。被中国人民大学、国家建材干部管理学院、济南大学聘为兼职教授。

张振武（1927—2005） 原名张凌春，山东临清市人，定居夏津县。曲艺演员，鲁北木板大鼓创始人之一。20世纪50年代任夏津曲艺队队长。

幼时随父学唱说书，未成年即享誉一方。张振武演唱的木板大鼓，书理细腻，台风潇洒，不疾不徐，故事曲折婉转，善用"包袱"，环环相扣，引人入胜，备受听众赞赏。在夏津、武城、临清和河北清河一带家喻户晓。经常演出的长篇剧目有《隋唐演义》《包公案》《杨家将》等。60年代初开始，率先说唱新书，改编的长篇现代评书有《烈火金刚》《野火春风斗古城》《林海雪原》《平原枪声》《江姐进山》等。

张振武在说唱生涯中，不断与同行切磋技艺，改革木板大鼓，逐渐发展成为独具一格的鲁北木板大鼓。鲁北木板大鼓俗称"干鼓板"，伴奏乐器仅一板一鼓，自伴自唱，简便轻捷，随时落地演唱。1957年在山东省首届曲艺大赛中，张振武表演的木板大鼓《朱买臣休妻》获三等奖，获山东省曲艺家称号。1980年被吸收为中国曲艺家协会山东分会会员。2007年"鲁北木板大鼓”被列入德州市非物质文化遗产项目。

周主信（1962—2007） 庆云县人，中共党员，庆云县教育局原纪检组组长、教研室主任。

1980年周主信从乐陵师范学校毕业后，历任中学教师、县教育局教研室副主任、乡镇教办主任，2004年任县教育局教研室主任，2005年任纪检组长。担任教研室主任后，力主课堂教学改革，创造性地提出“当堂达标”教改方案，改变了课堂教学“高耗低效”的局面，使全县的基础教学成绩从原来的全市末位跃升为中上游。他以工作为己任，常年奔波在教育第一线，几乎没休过一个星期天、节假日，每天工作十几个小时。多次荣获德州市“优秀教育工作者”称号。2007年4月27日，因劳累过度，心血管突发破裂逝世，年仅44岁。2007年9月，周主信荣获“全省道德模范”称号，2008年2月，被评为“2007中国教育年度十大新闻人物”。同年4月，荣获“2007年度感动德州十佳人物”特别奖。中共德州市委决定，在全市开展向周主信学习的活动。2009年，以周主信为原型，由庆云县和山东影视剧制作中心联合拍摄的首部数字电影《春雨沙沙》，先后获得山东精品工程奖、泰山文艺奖。《中国教育报》《大众日报》《德州日报》均大篇幅报道过他的事迹。

田　毅（1938—2007） 原名李春学，禹城市人，中共党员，作家。

田毅1967年毕业于上海戏剧学院戏剧文学系。历任高唐县京剧团编导，禹城县文化馆创作员，德州地区文教局剧目组创作员，德州地区创作室主任，德州市文联副主席，专业作家。

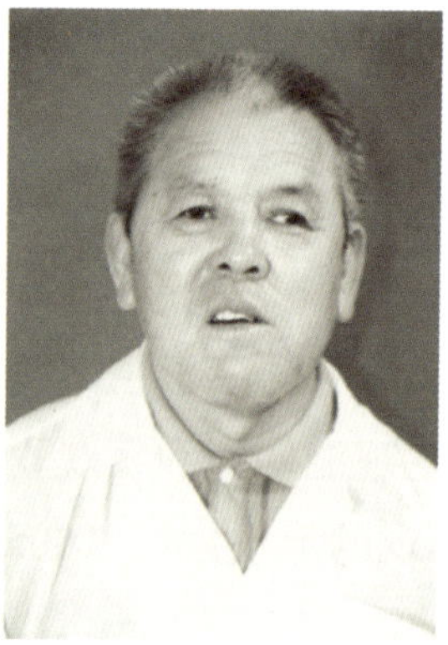

山东省文联第三、四届委员，山东省作协第二、三、四届理事。1956年开始发表作品。1984年加入中国作家协会，文学创作一级。著有长篇小说《魔鞭》《东方卓别林》，诗集《故乡情》《田毅诗选》，中篇小说《驯兽姑娘》，散文集《履痕》等。长篇小说《冰雪花》获全国优秀儿童读物奖、山东省新中国50年儿童文学奖。《珍珠》获山东省第三届优秀舞台剧本奖。1988年，田毅被评为德州地区首批专业技术拔尖人才。晚年患重病仍笔耕不辍，出版新书《与少年朋友谈写作》。田毅平易近人，热心培养青年文学爱好者，来电来信都一一回复。2006年1月获得“感动德州2005年度十佳人物”称号，2007年6月在德州去世。

王成旺（1920—2007） 山西襄垣县人。曾任中共德州地委书记。

1937年2月参加革命，1938年3月加入中国共产党。抗日战争时期，历任山西襄垣县牺牲救国同盟会协助员，襄垣县委、黎城中心县委组织部部长，太谷县委书记，榆太祁路西县委书记兼太行区党委太原城工委员会委员、太行二地委城工部副部长，晋中区党委组织部干部科长、太原市委组织部干部科科长、山西省委组织部组织科科长等职务。新中国成立后，历任榆次地委组织部部长，山西省委党校副校长、校长、党委书记，榆次地委书记。1958年7月至

1973 年 5 月，历任山东济宁地委书记、淄博地委书记、惠民地委书记。1973 年 7 月至 1975 年 5 月任德州地委书记、地区革委会第一副主任。1975 年 5 月至 1983 年 6 月，先后任山东农学院党委书记，省科学院院长、党组书记。1983 年 7 月任山东省顾问委员会委员、常委。是二届山东省委委员，中共八大代表。于 2007 年 10 月在济南逝世。

孟祥斌（1979—2007）　齐河县人，全国道德模范。

1997 年 12 月参加人民解放军，当兵第一年就受到部队嘉奖两次，并被评为优秀士兵。1999 年 9 月，经组织推荐考入解放军信息工程大学兰州分院。2002 年 6 月加入中国共产党。同年 7 月军校毕业后，分配到某部司令部机要科工作。2005 年 9 月，被选送到解放军第二炮兵工程学院深造。2007 年 7 月毕业后，任副连职中尉军官。2007 年 11 月 30 日 11 时，在浙江省金华市因营救跳江女青年而壮烈牺牲，年仅 28 岁。在 12 月 4 日孟祥斌追悼会上，有 3 万群众自发前往殡仪馆告别英雄。金华市追授孟祥斌“见义勇为市民”称号，所在部队追认其为“革命烈士”。浙江省追授其“浙江青年五四奖章”。山东省委、省政府、省军区联合作出开展向孟祥斌学习活动的决定，山东省文明办、省总工会、团省委联合作出决定，追授孟祥斌为“全省道德模范”。德州市委、市政府专门印发《关于开展向孟祥斌同志学习活动的决定》。2008 年 1 月，孟祥斌被评为 2007 年度“感动中国人物”。2009 年被评为第二届“全国道德模范”，同年 5 月，中央军委追授孟祥斌为“舍己救人模范军官”荣誉称号。

宋云庆（1930—2008）　夏津县人。夏津民歌的主要整理创作者，中国音乐家协会山东分会会员，山东省民间文学协会会员。

1948 年参加工作，历任小学校长、县文教科副科长等职。宋云庆酷爱音乐，20 世纪 50 年代后期，配合当时形势宣传，先后创作了民歌《四季花开》《暖小猪》《王大娘喂鸡》等新民歌。他的民歌贴近生活，曲调欢快活泼，为群众喜闻乐见。1958 年 9 月，《四季花开》《暖小猪》在山东省跃进歌舞会演中，获创作奖和演出奖。10 月，《四季花开》作为省跃进歌舞团保留节目参加全国巡演。1978 年 11 月和 1979 年春节期间，山东人民广播电台将《王大娘喂鸡》《四季花开》编入“每周一歌”播放。1982 年 3 首民歌被收入《山东民间歌曲选》和《中国民歌集》。2002 年、2004 年，《四季花开》《王大娘喂鸡》先后被人民音乐出版社编入中学音乐教材。宋云庆曾 3 次参与搜集整理夏津民歌，合作编辑出版《夏津民歌集》。

马荣珂（1931—2009）　河北东光县人，中共党员，曾任德州地委副书记、行署专员。

1945 年 5 月参加工作，1948 年 2 月加入中国共产党。1965 年任中共济阳县委副书记，1969 年 10 月至 1975 年 6 月任济阳县委副书记、济阳县革委会副主任。1975 年 6 月任中共平原县委书记、革委会主任兼武装部政委。1983 年 10 月任德州地区行署副专员。1988 年 9 月任中共德州地委副书记，1989 年 2 月至 1992 年 2 月任德州地委副书记、行署专员。1993 年 12 月离职休养。2009 年 2 月在德州去世。

孙铁青（1922—2009） 别号红霞寓公，乐陵市人，中共党员。书法家、编辑家、诗词家。

1938 年 12 月参加工作，历任中共沧县县委书记、冀鲁边区地委秘书长兼宣传部副部长，东光县县委书记、共青团清河地委书记。1950 年起历任共青团上海市委常委兼宣传部副部长、部长，共青团中央宣传部副部长，《中国青年报》社副总编辑、总编辑等职。1962 年 4 月任共青团中央常委兼《中国青年报》社社长、总编辑。1964 年任全国青联副主席。1972 年任《北京日报》社党委书记、总编辑兼中共北京市委宣传部负责人。1976 年 10 月任《人民日报》社副总编辑。1980 年 1 月起，历任国家文物局副局长、常务副局长、文化部党组成员兼文物局局长。1983 年 6 月任全国政协副秘书长。

孙铁青自幼爱好书法与传统诗词。书法特点重传统，尚功力，善行草，诗书结合。他曾任中华诗词学会会长、中国文物学会名誉会长。著有《恋爱·婚姻·家庭》《传统诗词与时代精神》《开创诗词新纪元》等有关新闻工作、思想修养、文物博物馆事业、书法艺术、中华诗词方面的书籍和论文。

2009 年 3 月，因病在北京逝世。

任继愈（1916—2009） 平原县人。著名哲学家、宗教学家、历史学家，国家图书馆原馆长。

1934 年考入北京大学哲学系。1939 年考取西南联大北京大学文科研究所第一批研究生，攻读中国哲学史和佛教史。1941 年毕业，获硕士学位。1942 年至 1964 年在北京大学哲学系任教，历任讲师、副教授、教授，先后在北京大学讲授中国哲学史、宋明理学、中国哲学问题、朱子哲学、华严宗研究、佛教著作选读、隋唐佛教和逻辑学等课程，并在北京师范大学担任中国哲学史课程。1955 年至 1966 年担任《北京大学学报》人文科学版编辑。1956 年起兼任中国科学院哲学研究所研究员，为新中国培养第一批副博士研究生。1964 年，负责筹建国家第一个宗教研究机构——中国科学院世界宗教研究所，任所长。1978 年起招收宗教学硕士生、博士生，1985 年起与北大合作培养宗教学本科生，为国家培养大批宗教学研究人才。1999 年当选为国际欧亚科学院院士。1987—2005 年任中国国家图书馆馆长。1978 年以后，先后担任中国社会科学院研究生院教授和博士生导师，国务院学位委员会学科评议组成员和哲学组召集人，国家古籍出版规划小组委员，中国宗教学会会长，中国无神论学会理事长，中国西藏佛教研究会会长，中国哲学史学会会长，社会科学基金宗教组召集人，中国社会科学院世界宗教研究所名誉所长。主要著作有《汉唐佛教思想论集》《中国哲学史论》《任继愈学术论著自选集》《任继愈自选集》《墨子与墨家》《韩非》《老子新译》《天人之际》《念旧企新》《任继愈哲学文化随笔》《竹影集》等；与人合著《中国近代思想史讲授提纲》等；主编有

《中华大藏经》(汉文部分)《中华大典·哲学典》《中华大典·宗教典》《中国哲学史》(大学教科书)、《中国哲学发展史》《中国佛教史》《中国道教史》《道藏提要》《宗教词典》《宗教大辞典》《佛教大辞典》《国家图书馆藏敦煌遗书》《中国历史文化丛书》等。曾到加拿大、美国等十几个国家讲学、访问。2009 年 7 月在北京医院病逝。

任继愈是第四至八届全国人大代表。

杨传升(1948—2010)　禹城市人。中共党员,曾任山东省委常委、省纪委书记。

1967 年 9 月参加工作。1995 年 3 月任山东省委组织部副部长,省人事厅厅长、党组书记,省机构编制委员会办公室主任(1994 年 5 月至 1996 年 4 月山东大学国政学院科学社会主义专业硕士课程进修班学习结业)。1998 年 8 月任山东省委组织部常务副部长,省人事厅厅长、党组书记,省机构编制委员会办公室主任。2000 年 12 月任山东省委常委、组织部常务副部长,省人事厅厅长、党组书记,省机构编制委员会办公室主任。2001 年 1 月任山东省委常委、秘书长。2006 年 10 月任山东省委常委、省纪委书记。中共十七大当选为中央纪律检查委员会委员。2010 年 10 月因病去世。

张凤岐(1921—2011)　宁津县人,中共党员,曾任中共吉林省顾问委员会主任。

1938 年 7 月参加革命工作,11 月加入中国共产党。1938 年 7 月至 1945 年 12 月,历任津浦支队青年干事、八路军一一五师政治部青年干事,山东纵队二支队文化教员、指导员,抗大

一分校学员,山东省日照县委秘书等职务。1945 年 12 月至 1968 年 4 月,历任吉林省九台县委宣传部部长,松江武工队政治委员,榆南县公安局局长,九台县公安局局长、县长、县委书记,吉林省委农村工作部办公室主任,吉林省农林工作部副部长等职务。1968 年 4 月至 1982 年 7 月,历任吉林省农林办负责人,白城地委书记。1982 年 7 月至 1983 年 4 月,任吉林省委常委、统战部部长。1983 年 4 月至 1986 年 1 月,任吉林省政协副主席、省委统战部部长。1986 年 1 月至 1988 年 1 月,任吉林省政协副主席。1988 年 1 月,任吉林省顾问委员会副主任。同年 5 月,任吉林省顾问委员会主任。1992 年 3 月离职休养。2011 年 5 月在长春去世。

韩哲一(1914—2011)　原名韩同臣、韩宝华,禹城市人,曾任中共上海市委书记。

1931 年在黑龙江省黑河市参加抗日救亡活动。1932 年被派往苏联学习。1934 年,奉命回国,不久因叛徒出卖被捕。1937 年出狱,当即回到家乡参加抗日活动。1938 年 8 月加入中国共产党。先后任八路军冀鲁边支队战地工作团团长,中共高唐、平原、禹城联合县委组织部部长、副书记,夏津县抗日民主政府县长。1939 年,任中共卫东地委委员、统战部部长。1941 年初,任鲁西濮县抗日民主政府县长。1943 年初,任冀鲁豫边区政府工商局监委。1945 年 8 月后,先后任中共冀鲁豫区党委经济部副部长,

中共冀鲁豫区党委委员、冀鲁豫行署副主任。1949年8月，任中共平原省委委员、平原省人民政府副主席。新中国成立后，任平原省人民政府主席。1951年12月至1953年6月任华北行政委员会委员、财经委员会副主任。1953年6月至1960年10月任国家计委副主任、经委副主任兼国家物资供应总局局长。1960年10月至1966年任华东局候补书记、书记兼经济委员会主任。“文化大革命”期间遭受迫害。1975—1977年8月任上海市革委会计划统计组领导成员、工交组组长。1977年8月至1983年4月任中共上海市委书记，市革委会副主任，副市长。1983年4月至1988年4月任第六届全国人大常委会委员、财经委员会副主任委员。1988年4月至1993年4月任第七届全国政协常委、经济委员会副主任。2000年6月离休。2011年7月7日在上海逝世。

韩哲一是中共八大代表，第三、五、六届全国人大代表。

赵林山（1933—2011） 山东肥城市人，曾任德州行署专员、地委书记。

1948年参加革命，1956年11月加入中国共产党。初任肥城县小学教员。1955年9月在济南工业学校毕业后分配到德州电厂工作，先后任技术员、助理工程师。1965年受命组建德州电机厂，1978年任德州市（县级市）机械局副局长、经委副主任、工程师。1980年任德州市委副书记，主抓工业。1982年3月任德州地区行署副专员，1986年12月任德州地委副书记、地区行署专员，1989年2月任德州地委书记。1993年4月调任山东省第八届人大常委会秘书长，后任山东省八届人大常委会副主任。2003年12月离职休养。2011年12月在济南去世。

张星南（1923—2012） 女，河南邓县人。1947年考入上海复旦大学，1948年6月毅然放弃学业，投身革命工作，1950年到山东禹城县，先后在共青团禹城县委和十里望区工作。1954年，一封举报信，将她打成反革命分子，受到处理，度过了26年的艰难岁月。1980年平反，1986年加入中国共产党。

张星南对中国共产党忠诚，生活简朴，自费订阅《求是》《党员干部之友》等刊物，每年多交党费500～2000元。2008年汶川特大抗震救灾期间，她连续3次缴纳抗震救灾“特殊党费”共计3500元。从2009—2012年，每年缴纳特殊党费2000元。2006年84岁高龄的她毅然作出决定，辞世后将身体无偿捐给医学机构作科学实验。自1985年开始，张星南化名“服奉乐”，向社会各项公益事业及灾区累计捐款20余万元，救助困难党员和学生67人。

她先后被授予山东省优秀共产党员、山东省三八红旗手、齐鲁百佳环保女性、全国老有所为精英奖、全国离退休干部先进个人、全国老干部先进个人等荣誉称号。

2012年9月因病去世，遗体无偿捐献给医学机构。

许志玉（1929—2013） 陵县滋镇后许村人。曾任山东省政协德州地区工作委员会主任。

1942年7月参加工作，1945年5月加入中

国共产党。历任匡五县(今陵县)独立营战士,渤海二专署干部股干事,德平县满家区委代理书记,糜镇区委书记,德县县委副书记,平原县委副书记、代理书记,后任陵县县委副书记、书记,临邑县委书记、县革委会副主任、主任。1981年1月任德州地区行署副专员,1988年9月任山东省政协德州地区联络组组长,1989年3月任山东省政协德州地区工作委员会主任。1993年12月离职休养。2013年2月去世。

刘存智(1924—2013)　庆云县人,出生于内蒙古通辽。中将,曾任广州军区代司令员。

少年时就读庆云县板营镇高小。1937年10月参加革命工作。1939年4月加入中国共产党。历任冀鲁边区第三十一支队少先队副队长,永兴支队宣传队分队长,边区五团政治处干事,八路军第一一五师鲁西军区第三四三旅第七团一营二连政治指导员、第三四三旅侦察通信队政委。解放战争时期,刘存智先后4次身负重伤。辽沈战役前,任团参谋长,参加了塔山阻击战。1954年,参加抗美援朝回国后,升为四十一军一二一师第一副师长兼参谋长,次年授予上校军衔。获三级独立自由勋章、三级解放勋章。后任解放军桂林步兵学校训练部部长、副校长,万山要寒区司令员,广州军区军政干部学校训练部部长、副校长。1963年晋升为大校军衔。1977年11月任广州军区步兵学校校长。1980年12月任广州军区桂林陆军学校校长。1982年10月任广州军区参谋长、军区党委常委。1985年6月任广州军区副司令员、军区党委常委。1989年5月任广州军区代司令员、军区党委副书记。1989年6月至1990年4月任广州军区副司令员、军区党委副书记。1988年9月被授予中将军衔,获独立自由功勋荣誉章,正大军区待遇。2013年10月22日在广州逝世。

刘存智是政协第八届全国委员会常务委员。第六届、第七届全国人大代表。

侯仁之(1911—2013)　武城县人,著名历史地理学家,中国科学院院士。

1940年毕业于燕京大学,1949年获英国利物浦大学博士学位。1950年发表《中国沿革地理课程商榷》,第一次从理论上阐明沿革地理与历史地理的区别及历史地理学的性质和任务,在理论和实践两个方面为北京、承德、淄博、邯郸、芜湖等城市开展历史地理研究工作,特别是为首都的城市建设提供了必要的科学论据。1952年任教于北京大学地质地理系,曾任地质地理系系主任和学校副教务长等职。在北京大学开设中国第一个“历史地理学”专业。1980年当选为中国科学院地理学学部委员。任北京大学城市与环境学院教授、博士生导师。1984年被英国利物浦大学授予“荣誉科学博士”称号。同年,侯仁之在美国康奈尔大学讲学时接触到《保护世界文化和自然遗产公约》,为联合国教科文组织致力于保护世界文化和自然遗产的理念和实践所感动,认为中国加入《公约》刻不容缓。他在归国后立即以全国政协委员的身份起草了一份中国应加入公约的提案,为国家所采纳,1985 年 12 月 12 日,中国成为"世界遗产公约"缔约国。侯仁之则被誉为"中国申遗第一人"。1999 年获何梁何利基金科学与技术成就奖。同年 12 月,被美国地理学会授予"乔治·戴维森勋章",成为全世界获此殊荣的第 6 位著名科学家,也是第一个获得这一荣誉的中国人。主要著作有《天津聚落之起源》《历史地理学的理论与实践》《历史文化名城保护与建设》《历史上的北京城》《历史地理学四论》等。主编有《中国古代地理学简史》《北京历史地图集》。与人合著的《北京史话》获中国历史学会、中国出版工作者协会授予的"爱国主义通俗历史读物优秀奖状",《试论北京城市规划建设的两个基本原则》获国家教委科技进步二等奖。2013 年 10 月,在北京友谊医院病逝,享年 102 岁。

杜占臣(1939—2014) 乐陵市杨安镇安子李村人,农民,乐陵市杨安镇调味料市场开拓者。

1974 年前后,杜占臣见外地人到乐陵收购辣椒到城里贩卖赚钱,萌生了加工辣椒面销售的想法。1977 年,他鼓动生产队加工一些辣椒面,自己到吉林四平市销售,与该市饮食服务公司签订第一笔 5000 斤辣椒面购销合同。当年为生产队净赚 2 万多元,第二年赚 4 万多元,第三年达到 10 万多元,生产队用卖调料赚来的钱通电、修建学校、购买拖拉机、化肥和农药,提高了农业生产效益。周围村纷纷效仿,在杜占臣指导帮助下,调料加工在杨安镇许多村子迅速蔓延开来。

改革开放后,鼓励个人经商办企业。杜占臣首先创办燕陵调食品有限公司,在杨安镇开设门店经营调味品,一些做调料生意的人也先后往杨安镇聚集。杨安镇逐渐发展成为全国最大的调味品集散地,有"中国调味品第一镇"之称。

1993 年,杜占臣被中共德州地委、德州地区行署评为"模范个体工商户"。他连续担任了 4 届乐陵市人大代表、乐陵市政协委员、德州市人大代表。

吴振齐(1929—2017) 山东新泰市人,曾任山东省人大常委会德州地区工作委员会主任。

1945 年 8 月参加工作,1947 年 2 月加入中国共产党。1948 年到德州工作,1948 年 5 月至 1959 年 1 月,任临邑县团区委书记、团县委书记、县委副书记,武城县委副书记。1959 年 1 月至 1961 年 5 月任聊城地委青委书记、团地委书记。1961 年 5 月至 1971 年 8 月任平原县委第一书记、副书记、武城县委书记。1971 年 8 月至 1981 年 1 月任德州地委常委兼武城县委书记、地区建委主任、乐陵县委书记。1981 年任德州地委副书记,1988 年 9 月至 1992 年 5 月任德州地委副书记、地区人大联络组组长、地区人大工委主任。1992 年 6 月离职离休。2017 年 5 月去世。

(二)

李　振　1924 年 7 月生,山东安丘县人,曾任中共德州地委书记,地区革命委员会主任。1939 年 6 月加入中国共产党,同年参加工作。历任中共高密县县委书记兼独立营政委、

即东县委书记兼人武部政委、胶州地委常委、秘书长、胶州地委副书记、山东省委办公厅副主任、省委政研室副主任、省委副秘书长兼研究室副主任。1964 年 10 月至 1967 年 1 月任德州地委书记，德州军分区政委。后任山东省委副秘书长，省革委会办公室核心组副组长，省委研究室主任。1977 年 1 月至 1980 年 11 月任山东省委书记（当时设有第一书记）、省革委会副主任。1981 年 11 月至 1983 年 3 月任山东省委书记、副省长、省政府党组副书记。1983 年 3 月至 1985 年 6 月任省委副书记，常务副省长，省政府党组副书记兼省人民武装委员会主任。1985 年 6 月至 1996 年 2 月任山东省第六届、第七届、第八届人民代表大会常委会主任、党组书记。中共十二大代表、十四大代表，第六、第七、第八届全国人大代表。

任继周　1924 年 11 月生，平原县人，中国工程院院士，博士生导师。

1948 年毕业于中央大学（现南京农业大学）畜牧系。1950 年到甘肃农业大学任教；1956 年加入中国共产党。1981 年创办甘肃省草原生态研究所，任所长。1984 年成为中国第一位草原学博士生导师。1992 年任甘肃农业大学草原学院名誉院长、博士生导师。1979—1994 年，任中国草原学会副理事长。1995 年当选为中国工程院院士。1992—1999 年，任中国草业协会副会长；2002 年任兰州大学草地农业科技学院名誉院长、博士生导师。曾任国务院学科评审组一、二、三届成员，农业部一、二、三、四届学术委员会委员。第五、六、七届全国政协委员。他创建了中国草业科学学科体系，主持制订全国第一个草原专业本科生教学计划和研究生培养方案，创办《草原与牧草》《草业科学》《草业学报》并首任主编。1991 年获国家级有突出贡献的专家称号，享受国务院特殊津贴。2000 年被人事部等部委授予全国优秀农业科学工作者称号。2009 年被农业部评为新中国成立六十周年"三农"模范人物。曾获得国家技术进步奖，"何梁何利"科技进步奖，国家教学成果特等奖，国务院扶贫办友成扶贫科研成果奖，中国草业学会功勋奖等多种奖项。多次应邀参加国际学术会议，任特邀报告人和英、美、澳等国学术杂志编委，国际草原大会（IRC）八届、九届委员会成员。新西兰梅西大学设立任继周教授奖学金。

卢　洪　1926 年 10 月生，山东莒县人，曾任德州地委书记、革命委员会主任。

1940 年参加革命工作，1943 年加入中国共产党。曾任中共胶南县区委书记。新中国成立后，历任青年团胶州地委书记，中共定陶、成武、金乡县委第一书记，济宁地委副书记、革命委员会副主任。1978 年 2 月至 1983 年 10 月任德州地委书记、德州地区革命委员会主任，后任山东省副省长，山东省第六、七届人大常委会副主任。是中共十大、十二大、十三大代表。

刘存信　1926 年 11 月生，庆云县人，曾任沈阳军区空军政委，中将。

1938 年参加八路军，次年加入中国共产

党。曾任冀鲁豫军区连副指导员、东北野战军团直属队协理员、第四野战军营教导员。参加过辽沈、平津、衡宝等战役。1950年调空军第一航空学校飞行学员，1952年年初毕业，任飞行大队长。1974年任武汉军区空军司令员。后任中国民用航空总局局长，沈阳军区空军副司令员，沈阳军区空军政委。1988年被授予空军中将军衔。曾获三级独立自由勋章、三级解放勋章。

刘存信是中共十三大代表，第四届全国人大代表，第八届全国政协委员。

周振兴　1927年2月生，曾用名周隆轩，齐河县人。曾任山东省政协副主席。

1943年7月参加革命工作，同年加入中国共产党。1945年后，历任齐禹县三区分区委组织干事、县委组织部干事、十二区区委书记；新中国成立后，先后任中共齐河、禹城县委组织副部长、部长、县委委员；1952年，历任禹城县、德县县委副书记，兼地委基点区曹村区委书记；1955年后，任历德县、夏津县委第一书记，县武装部第一政委；1960年4月后，历任聊城地委副秘书长，地委委员、常委、秘书长；1964年12月，任中共聊城地委副书记；1969年11月，任聊城地区革命委员会副主任，党的核心领导小组成员；1971年1月，任菏泽地区革命委员会副主任、党的核心领导小组成员；1971年9月，任菏泽地委副书记；1978年2月，任菏泽地委书记；1980年12月，任山东省政府副省长兼秘书长（仍主持菏泽地委工作），1982年8月，任省委常委、青岛市委第一书记；1985年3月，任省委常委、政策研究室主任；1986年5月起，任省委常委、统战部部长。1988年2月至1993年4月任山东省政协第五、六届委员会副主席。是中共十一大代表。第七届全国政协委员。

宋清渭　原名宋清湖，1929年3月生，陵县人，上将，曾任济南军区政委、第九届全国人大外事委员会副主任委员。

1944年7月参加革命，1945年10月加入中国共产党。曾参加过德州、商河、晏城、津南、昌潍、济南、淮海、渡江、上海、福州等战役。1970年任陆军第二十九军副政委，1978—1979年在解放军政治学院高级系学习。1983年任陆军第三十一军政委，1985年6月任济南军区副政委，1987年11月任济南军区政委、党委书记，1988年9月被授予中将军衔，1994年5月晋升为上将军衔。荣立过一等功1次，三等功6次，曾获得三级解放勋章、独立功勋荣誉章和抗日战争胜利60周年纪念章；2003年7月离职休养。曾出版《躬行实践集》《晚晴文思集》《学吟集》《岁月纪实》等著作。

宋清渭是中共十四大代表，十四届中央委员，第六届、第七届、第九届全国人大代表，列席中国共产党第十三届二至九次全会，十五大列席代表。

邓友梅　1931年3月生，笔名右枚、方文、锦直、命冬，平原县人。作家。

1945年参加革命工作，1952年加入中国共

产党。曾任北京市文联书记、党组成员，中国作家协会第四届书记处书记、第五届全委会及六、七届名誉副主席。专业作家，文学创作一级。

1956 年，发表处女作《咱们都是同志》，受到著名作家赵树理等人的称赞。同年发表成名作《在悬崖上》，1957 年被错划为右派分子。1962 年“摘帽”。1978 年，发表描绘陈毅将军战场经历的佳作《我们的军长》，荣获 1979 年“全国优秀短篇小说奖”。随后发表《追赶队伍的女兵们》，获 1979 年“全国优秀中篇小说集奖”。邓友梅创作注重“真”与“新”，着意在人物性格和语言上下功夫。从《话说陶然亭》开始，创作一系列京味小说，大都取材于旗人的故事，以独特的视觉，给人以历史的感悟和现实的启示。《话说陶然亭》和《那五》分别于 1980 年和 1982 年获“全国优秀短篇小说奖”“全国优秀中篇小说奖”。作品译有英、法、德、意、日、阿拉伯等多种文字。

邓友梅是全国第八、九届政协委员，中国少年作家班顾问。

张全景 1931 年 12 月生，平原县人。曾任中共中央组织部部长。

1946 年 2 月参加革命，1949 年 9 月加入中国共产党。曾任德州地委组织部干部科副科长，德州市（现德城区）委副书记，德州地革委政治部副主任、党的核心组副组长，山东省革命委员会组织组核心领导小组成员、党务组组长，省委组织部三处处长，省委组织部副部长。1985 年 6 月任省委组织部部长。1988 年 12 月任省纪律检查委员会书记。1991 年 12 月任中共中央组织部副部长。1994 年 10 月任中共中央组织部部长。1999 年 3 月任中共中央党的建设工作领导小组副组长。1999 任全国“三讲”教育联席会议负责人。2000—2005 年任全国党建研究会会长。主编《干部人事工作概述》《干部人事制度改革论丛》等书。

张全景是中共第十三至十五大代表，第八届、九届全国政协常委。

庞居勤 1932 年 10 月生，武城县人。棉花育种专家，国家级有突出贡献的中青年专家。

1957 年考入山东农学院，1959 年加入中国共产党。1961 年 7 月毕业后留校任教。1962 年 2 月调到省棉花研究所工作，主要从事棉花遗传育种技术研究工作，历任省棉花研究所育种室副主任、主任、副所长、所长、党委书记和技术员、农艺师、副研究员和研究员，曾兼任国家发明委员会特邀评审员，农业部科技委员会委员，全国品种审定委员会委员，山东农学会理事等职。主持过国家科委下达的攻关课题和农业部、省科委下达的重点研究项目。主持育成鲁棉 1 号、鲁棉 3 号新品种产量高、抗虫害，成为当时棉花生产的当家品种，为 20 世纪 80 年代初期棉花丰收奠定了基础。合作编写《鲁棉 1 号》《棉花实用新技术》2 部著作，发表论文 20 余篇。1984 年，被人事部批准为“国家级有突出贡献的中青年专家”；两次被山东省人民政府授予“山东省劳动模范”称号。1991 年被评为山东省专业技术拔尖人才，1992 年享受政府特殊津贴。2003 年 5 月退休。

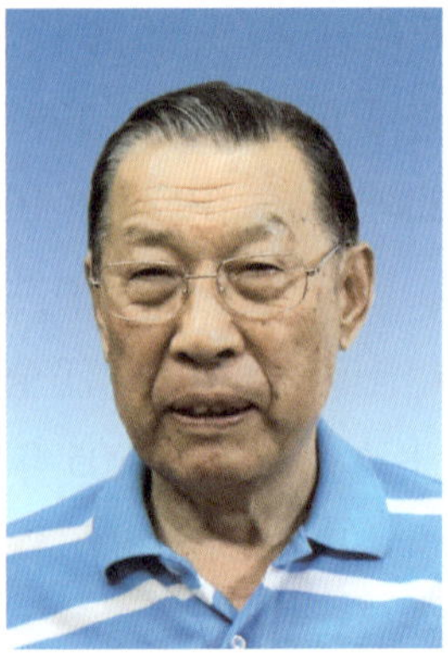

马仲才 1933年7月生，山东沂南县人。曾任中共德州地委书记。

1948年7月参加工作，1953年11月加入中国共产党。1948—1951年在华东高等工业专科学校工作。1951—1955年在山东省农学院附设工农速成中学学习。1955—1959年，入北京钢铁学院学习。1959—1962年，在清华大学力学研究班学习。1962—1971年，任山东工学院力学研究室、力学教研室教师。1971—1986年历任莱芜钢铁厂机修厂技术员、基建办公室副主任、机动设备科副科长、科技处工程师，党委常委、副厂长，机修厂党委书记，莱芜钢铁厂指挥、党委副书记，莱芜钢铁厂厂长。1986年12月任中共德州地委书记。1989年1月调任省委常委、秘书长兼省委直属机关工委书记。后任山东省委副书记，山东省人大常委会党组书记、副主任。

马仲才是中共十三大、十四大代表，第八届全国人大代表。

孙清明 1933年9月生，山东商河县人，曾任政协德州市委员会主席。

1949年3月参加工作，1954年10月加入中国共产党。历任教师，德平县理合税务所会计，城关税务所副所长，德平县委组织部干事，商河县委组织部干部干事，齐河县四清工作团分队指导员，商河县怀仁镇党委副书记，县委组织部副部长，县委常委、组织部部长，商河县革委常委、政治部副主任、主任，政治部核心组组长，商河县委常委、政治部主任，县委副书记，邱集煤矿会战指挥部副指挥、临时党委书记，齐河县委副书记、县长，禹城县委书记，德州地委委员、组织部部长。1992年6月至1995年4月任山东省政协德州地区工作委员会主任。1995年4月至1998年3月任政协德州市第九届委员会主席。2014年11月荣获全国离退休干部先进个人称号。

徐洪铎 1935年7月出生，山东招远县人。德州市摄影家协会名誉主席。

1961年南京艺术学院毕业，分配到原山东艺术专科学校美术系。1963年调到德州文教局工作。1989年12月—2007年12月任德州市摄影家协会主席。现任德州市摄影家协会名誉主席。山东省摄影家协会原理事、中国摄影家协会会员，中国记者协会摄影学会会员。1988年评为副编审职称。德州市文联授予“德艺双馨”优秀艺术家，山东画报评为优秀通讯员，是山东画报特约记者，大众日报特约通讯员。曾获中国摄影家协会颁发的“从事摄影事业30年荣誉奖章”和“从事摄影事业50年荣誉称号”。1999年编入“中国摄影大辞典”，“中国当代艺术界名人录”。

从20世纪60年代初开始，在鲁西北地区用相机记录历史。几十年来，跑遍了德州所有县市、几百个村庄，拍摄了数万张照片，记录了鲁西北百姓的生活和奋斗历程。在人民画报、山东画报、中国建设、林业画报、中国妇女、中国日报、光明日报、经济日报、农民日报、文汇报、大众日报、新华社、中国摄影报、中国摄影杂志、

摄影世界杂志、齐鲁乡情杂志等发表上千幅作品，有些作品中国摄影家协会作为珍贵历史照片收藏。多次举办个人摄影展。1997 年百花文艺出版社出版《徐洪铎摄影作品集》，2007 年山东美术出版社出版《光圈与心灵的对话》摄影作品集。

李荣振　1936 年 3 月生，河北故城县人，大学文化，农艺师。曾任德州市人大常委会主任。

1962 年 10 月参加工作，1971 年 2 月加入中国共产党，历任德州专署农林局种子站技术员、副站长、站长、技术站长，德州行署农业局办公室副主任、副局长兼地区农科所党总支书记、所长，夏津县委副书记、县革委副主任、县长；1983 年 10 月任德州地委副书记、行署专员；1987 年 1 月至 1992 年 5 月任山东农业管理干部学院党委书记兼院长；1992 年 5 月任山东省人大常委会德州地区工作委员会主任、党组书记；1995 年 4 月至 1998 年 3 月任德州市人大常委会主任、党组书记。2001 年 6 月退休。

傅国杰　满族，1938 年 12 月生，武城县人，中共党员。曾任德州第一中学校长。

1963 年 7 月自曲阜师范学院中文系毕业后分配到德州一中任教，1984—1998 年任德州一中校长。他从教 30 余年，始终未离开一线教学工作。所教班级语文成绩优秀率、及格率多年居全地区之首。担任校长期间，每年有计划地招聘优秀师范毕业生到校任教，采取以老带新，新老教师共同备课，相互听课，举办各种公开课、示范课，鼓励青年教师快速成长。提倡启发式教学，改革课堂教学，摒弃“满堂灌”“填鸭式”教法，向 45 分钟要质量，促使老师们提高业务素质。自 1985 年，德州一中高考成绩连续 15 年名列全市（地区）第一，学校成为德州教育战线的一面旗帜。傅国杰先后荣获山东省特级教师，山东省优秀教师，山东省园丁奖，山东省劳动模范、全国“五一”劳动奖章、全国先进工作者称号，1997 年享受国务院政府特殊津贴。曾任山东省第五届中学语文教学研究会副会长，山东省高级中学协会副理事长。是中共十四大代表。

管华诗　1939 年 8 月生，夏津县人，中共党员，博士生导师，中国工程院院士。曾任中国海洋大学校长。

1964 年 9 月山东海洋学院毕业后留校担任水产系助教。1993 年 7 月任青岛海洋大学（2002 年更名为中国海洋大学）校长，1995 年 5 月当选中国工程院院士。20 世纪 60 年代参加完成“海带提碘新工艺规模生产”工程，为中国海带提碘工艺奠定了基础。70 年代主持完成“海带提碘联产品—褐藻胶、甘露醇再利用”重大研究课题，研制成功“农业乳化剂”等 4 个新产品并相继投产，为中国制碘工业的巩固和发展做出突出贡献。80 年代首创中国第一个海洋药物—PSS（西药），获得巨大的经济效益和社会效益。90 年代发明研制出甘糖酯、海力特和降糖宁散等 3 个海洋新药和藻维胶囊等 5 个系列的功能食品，且全部投产。共获13项发明专利。创建了中国第一个海洋药物化学本科专业，形成了中国海洋药物领域唯一的相对完善的人才培养体系，培养博士生、硕士生50余名，是中国海洋药物学的开拓者和学术带头人之一。1978年获全国科技大会奖；1998年3月至2003年3月任山东省政协副主席，1999年11月至2009年6月任山东省科协主席，2009年6月起任山东省科协名誉主席。曾获2项农业部科技进步二等奖及国家科技进步三等奖、国家教委科技进步二等奖、山东省科技进步二等奖、山东省最高科学技术奖、美国世界成就奖，并被授予全国先进工作者、“九五”国家重点科技攻关计划先进个人称号。是国家海洋药物工程技术研究中心主任，兼任国家重点基础研究发展规划专家顾问组成员、国务院学位委员会学科评议组成员，第八、九、十届全国人大代表。

张宗亮　1940年7月生，山东梁山县人，曾任中共德州地委副书记。

1965年8月参加工作，1966年4月加入中国共产党，研究生学历。曾任平原县城关公社副社长、县委办公室副主任、王打卦公社党委书记，1980年11月至1983年9月平原县委副书记；1983年9月至1985年7月中央党校干部培训班学习；1985年7月至1986年12月德州市(县级)委书记。

1986年12月至1987年8月德州地委副书记；1987年8月至1992年5月山东省委组织部副部长；1992年5月至1994年12月山东省委组织部副部长兼省人事局(厅)局长(厅长)、党组书记，省编委办公室主任；1994年12月至1995年2月中共省委组织部常务副部长兼山东省人事厅厅长、党组书记，省编委办公室主任；1995年2月至1996年1月省委秘书长；1996年1月至1996年11月省委常委、秘书长；1996年11月，中共省委常委、秘书长兼省委省直机关工委书记；1998年4月至2006年1月任省人大常委会副主任。

中共十五大代表。

桑恒昌　1941年12月生，武城县鲁权屯镇桑庄村人，诗人，中国诗歌学会副秘书长。

1961年高中毕业后被保送到军事学院深造，1963年开始发表诗作。1972年退役后历任《山东文学》诗歌编辑、《黄河诗报》社长兼主编、编审；1986年加入中国作家协会；国际华文诗人笔会理事。出版诗集有：《出岫集》《光，是五颜六色的》《低垂的太阳》《桑恒昌抒情诗选》《桑恒昌怀亲诗》《桑恒昌抒情诗选》《爱之痛》《灵魂的酒与辉煌的泪》《年轮·月轮·日轮》《听听岁月》《来自黄河的诗》《桑恒昌短诗选》等。报告文学《爱的暖流》(合作)获1981—1982年全国优秀报告文学奖。评论其个人的专著：《桑恒昌论》《桑恒昌诗歌欣赏》《诗坛娇子桑恒昌》3部。1984—1999年间，先后出版诗集10余部，其中《桑恒昌抒情诗选》1989年获由中共山东省委、山东省人民政府颁发的“首届山东省泰山文艺创作奖二等奖”。270多首(次)诗作被翻译成英、法、德、捷、西、韩、越文发表，并在国外结集出版。

赵振东　1942年9月生，武城县人。中国工程院院士。

1965年毕业于南京农学院农学专业，1980

年考入湖南农学院攻读作物遗传育种专业研究生学业，获得硕士学位。1984年调入山东省农业科学院作物研究所。现为作物研究所首席专家、山东省人民政府参事。他长期从事优质高产小麦新品种选育和推广工作，研究创建了以微量沉降值为核心技术的优质面包小麦育种方法，育成中国第一个年推广面积过千万亩的面包小麦品种济南17。研究确立了优质面条小麦选育的4项关键指标，育成优质高产面条小麦品种济麦19。创新采用微量沉降值和面粉膨胀体积指标改良面筋强度和淀粉特性，实现了蛋白和淀粉品质的同步提高，育成面包面条兼用型高产小麦品种济麦20。集成高产多抗广适品种选育技术，育成小麦新品种济麦22，实现了高产育种的新突破。济麦22连续5年在不同生态类型区37个点次培创出700公斤/亩以上的超高产典型，实打产量达789.9公斤/亩，创中国冬小麦高产纪录，为全国年推广面积最大的小麦品种。赵振东先后获国家科技进步二等奖3项、山东省科技进步一等奖2项、二等奖1项；在国家和省级学术期刊发表学术论文70余篇，参编专著5部。本人先后荣获山东省优秀科技工作者、山东省先进工作者、全国五一劳动奖章、何梁何利基金科学与技术进步奖、中华农业英才奖、全国先进工作者称号，2005年享受国务院政府特殊津贴，2012获得山东省科学技术最高奖。

张惠来　1942年12月生，山东荣成市人。首任中共德州市委书记。

1967年9月参加工作，1970年加入中国共产党。历任即墨县科技办公室干事、县委宣传

部干事、副部长，县委常委、宣传部部长、即墨县委副书记；1984年先后任青岛市委常委、副市长，市委副书记兼市委工农委副书记、书记；1988年任青岛市委副书记兼市委农工委书记、市委政法委书记；1992年12月任德州地委书记，1995年2月至1995年8月任德州市委书记、军分区党委第一书记。1995年8月调任省委政法委书记。后任省委常委、青岛市委书记，省人民政府特约顾问。是中共十六大代表，第十届全国人大代表。

莫振奎　1943年5月生，夏津县人，曾任德州市委书记，首任德州市人民政府市长。

1967年9月山东财经学院毕业参加工作，1972年8月加入中国共产党。大学毕业后到济南军区工程兵农场锻炼；1969年11月至1981年11月历任陵县食品公司干事，陵县县革委会生产指挥部办公室秘书，县委办公室秘书、县政府办公室副主任。1981年11月至1990年6月任德州地委办公室干事，德州地委副秘书长，地委委员、秘书长。1990年6月任德州地委副书记，1994年2月任德州地委副书记、地区行署专员，1995年2月任德州市委副书记，4月任德州市市长，1995年8月至1997年12月任德州市委书记、市委党校校长、军分区党委第一书记。1997年12月调任泰安市委书记，后任山东省人大常委会副主任、党组成员。是第七届省委委员，省第八次党代会代表。

刘玉江 1943年出生，禹城市人，山东黑马集团有限公司董事长，高级经济师。

1981年由部队转业到德州地区燃料公司，1984年主持企业全面工作。1984年投资修建的八里庄煤场，成为全市煤炭物流龙头。1995年，在平原县三唐乡开发荒地1000亩。1998年，在铁西区第一个兴办市场，所兴办的黑马农贸水产批发市场已成为国家农业部重点市场和全国竞争力百强市场，商贸市场已成为德州十大骨干市场之一，是鲁西北、冀东南最大专业批发市场。2000年，德州地区燃料公司改制为山东黑马集团有限公司，是全国燃料行业中第一家改制企业。2000年，投资建设白天鹅大厦，兴建白天鹅电脑市场。同时，在房地产开发领域积极探索。连续几十年的发展，黑马集团由一个名不见经传的单一经营煤炭的地区燃料公司，一跃成为多元化经营的大型企业集团，下设房地产开发总公司、农贸物流总公司、煤炭物流总公司、金融总公司。拥有十几家子公司，利税连续多年过千万元，经济效益连续16年列全省同行业第一。刘玉江先后被授予全国模范军队转业干部、省企业管理创新优秀人才等多项荣誉称号，获省富民兴鲁劳动奖章、省五一劳动奖章。是山东省第七届党代会代表。

李怀喜 1944年7月生，山东苍山县（今兰陵县）人。曾任政协德州市委员会主席、党组书记。

1964年7月毕业于临沂农业学校，1966年加入中国共产党。1991年3月任中共德州地委委员、秘书长。1992年6月，任中共德州地委委员、组织部部长、秘书长。1992年11月任

德州地委组织部部长，1995年2月任市委组织部部长。1996年9月任市委副书记、组织部部长。1996年11月任市委副书记。1997年12月任市委副书记、市政协党组书记。1998年3月至2008年1月任德州市第十届、十一届政协主席、党组书记。是中共省第六、七、八次党代会代表，省政协七届、八届委员。2013年4月退休。

蔚立臻 1944年10月生，山东汶上县人，中共党员，大学文化。曾任德州市人大常委会主任。

1964年12月参加工作。历任齐河县焦庙公社四清工作队队员，夏津县郑保屯公社团委书记，夏津县革委政治部干事，共青团夏津县委书记，共青团德州地委常委、副书记、党组成员，共青团德州地委书记、党组书记，德州地直机关党委书记、地区工会主任，禹城县委书记，德州市委（县级）书记，德州地委委员兼德州市委（县级）书记。1994年5月任德州地委副书记兼德州市委（县级）书记；1995年2月任德州市委副书记、德城区委书记，1995年3月任德州市委副书记。1997年12月任德州市委（地级）副书记、市人大常委会党组书记；1998年3月至2008年1月任德州市人大常委会主任、党组书记。2005年起任德州市关心下一代工作委员会主任。第五届全国人大代表，山东省第八届、九届人大代表，山东省第七次党代会代表。

王根源　1945 年 7 月生，江苏无锡市人。高级工程师，中共党员，大学文化。曾任国营德州棉纺织厂厂长、德州行署副专员、德州市副市长。

1969 年无锡轻工学院纺织系毕业，1970 年分配到德州棉纺织厂工作，1984 年 10 月至 1994 年 5 月担任厂长。期间，他大胆进行企业改革、强化企业管理，不断进行管理创新、开展资本运营、追求技术进步，致力市场营销，第一年就摘掉落后帽子，成为山东纺织行业第一利税大户。此后经济效益年年保持省内同行业首位，1990 年出口创汇和利税总额双双跨入全国纺织行业百强行列，1992 年利税总额和人均利税分别跃居第五、第六位，固定资产增长近十倍，生产技术装备提高到国内同行业一流水平。他本人先后被评为山东省劳动模范、山东省科技拔尖人才、全国纺织系统双文明建设积极分子、全国优秀经营管理者，获得全国五一劳动奖章，享受国务院特殊津贴。1994 年 5 月至 1995 年 4 月任德州地区行署副专员、党组成员，1995 年 4 月至 2001 年 1 月任德州市副市长、党组成员，2001 年 1 月至 2006 年 2 月任政协德州市委员会副主席、党组成员。第七届、八届全国人大代表。

焦林杰　1945 年 8 月生，德城区人，山东德州扒鸡集团有限公司首任董事长、总经理，高级经济师。

1959 年参加工作，历任德州市（县级）蔬菜公司营业员、会计员，行政科、企管科科长，德州市食品扒鸡公司经理，德州市商业局办公室主任、党委委员、局长、党委书记，德州扒鸡总公司总经理、党委书记等职务。1985 年年底，他出任新组建的德州市扒鸡食品公司总经理，一是全面改造扒鸡生产线，开发出真空包装扒鸡新品种，解决了德州扒鸡无法长时间保鲜和长距离运输的难题；二是与德州火车站签订合同，由德州扒鸡食品公司每年向火车站供应扒鸡 108 万公斤；三是成功引入“经济承包责任制”，调动干部职工积极性。1993 年，面对扒鸡生产、销售市场混乱的状况，确立“内抓管理、外拓市场、名牌带动、加快发展”的指导思想，整顿生产，落实责任，加大市场开拓，使德州扒鸡总公司成为在全地区扒鸡生产企业中的龙头企业。之后不断推进企业改革，成立山东德州扒鸡集团有限公司，使企业发展成为一业为主、多元化发展的大型国家级农业产业化龙头企业。德州牌扒鸡先后荣获部优、省优、山东省著名商标、山东名牌、中华老字号、中国驰名商标等百余项荣誉称号。焦林杰先后荣获山东省富民兴鲁劳动奖章、山东省十大儒商、山东省优秀企业家、全国财贸行业职工满意的企业领导干部等荣誉称号。

陈光林　1946 年 1 月生，齐河县人。中央第一巡视组组长。

1967 年 9 月参加工作，1970 年 12 月加入中国共产党。曾任山东省委宣传部副部长、常务副部长（正厅级）、常务副部长兼省广播电视厅党组书记，济宁市委书记，省委常委、宣传部部长，兼山东省社联主席、中国孔子基金会常务副会长。2001 年 10 月后，历任内蒙古自治区党委副书记，自治区政协党组书记、副主席，自治区政协第九届、第十届政协主席、党组书记。2002年开始诗歌创作。2004年加入中国作家协会。著有诗集《草原情思》《永远的草原》《啊，草原》，歌词集《忘不了我的草原》，另有专著、论文多部（篇）。歌词《想起你》获国家金孔雀奖金奖。2011年2月增补为政协第十一届全国委员会文史和学习委员会副主任。2013年任中央第一巡视组组长。

李德强 1947年8月生，齐河县人。民革中央常委、山东省主委，曾任山东省政协副主席。

1968年8月参加工作，民革党员。大专学历。1982年2月起，历任济南变压器制修厂、济南洗衣机厂干部，民革济南市委副主委、济南洗衣机厂副厂长，民革济南市委副主委，山东小鸭集团有限责任公司副总经理。2001年12月后，历任民革济南市委主委、山东小鸭集团有限责任公司副总经理，民革山东省委副主委、济南市委主委、小鸭集团有限责任公司副总经理。2003年2月，在济南市第十三届人民代表大会第一次会议上当选为济南市人大常委会副主任，任民革山东省委副主委、济南市委主委，小鸭集团有限责任公司董事局副主席。2007年5月，当选民革山东省委主委。2008年1月，当选山东省政协副主席。2008年3月，当选为第十一届全国政协常委。

李开运 1949年6月生，齐河县人，中共党员，全国十佳人民满意的公务员。

1968年3月入伍，1978年10月转业，历任马集乡政府文书、管区区长、总支书记、司法助理员、司法所所长；1998年3月，任县司法局副

局长。在马集乡任职司法助理员和司法所所长期间，指导全乡48个村依法制定《村民自治章程》，帮教300多名重点管理对象，调处各类民事纠纷2200余起，避免非正常死亡32人，防止“民转刑”案件63起，起草各类经济承包合同12万余份，帮助企事业单位追回外欠款600余万元，避免、挽回经济损失800余万元。事迹被全国100余家新闻媒体报道。1991年获山东省司法厅有功个人一等奖，1993年获全国司法行政系统一等功，1996年被司法部授予二级英雄模范，1998年被中宣部、人事部、中央文明办授予十佳人民满意的公务员。

杨英国 1949年10月生，回族，禹城市人，一级专业作家、编剧。

1969年毕业于德州卫校医士班，后为社办工业卫生室医生。1979年开始发表作品。1984年调入德州地区文化局创作室从事专业创作。2004—2009年任德州市作家协会主席，先后出版长篇小说7部、中篇小说集《书生夜短》和短篇小说集《疑似》，作品总字数逾300万字。曾先后6次获地市级文学奖，长篇小说《天园有路》获山东省第二届“精品工程”奖。2008年开始影视剧创作，由其创作的剧本《民为邦本》《声声不息》先后在央视频道播映，院线电影《曲点鸳鸯谱》于2017年年底在全国115家影院影城放映。2005年被评为德州市首批有突出贡献的中青年专家。是中国作家协会会员，中国少数民族作家学会会员。

刘富春　1950年2月生，夏津县人，大学文化，1971年1月加入中国共产党，曾任任德州市委副书记、副市长，山东省环境保护厅党组书记、厅长。

1971年12月参加工作，山东农业大学经济管理专业函授毕业，大学文化程度。曾先后任夏津县双庙公社组织干事、组织委员，桑庄公社党委副书记，夏津县白马湖公社党委书记1984年2月任夏津县委副书记；1987年4月任武城县委副书记、县长；1990年1任武城县委书记；1992年6月任德州地区行署副专员；1995年4月任德州市副市长；2001年1月任德州市委副书记、副市长；2002年12调莱芜市任副书记、副市长、代市长、市长。后任山东省环保局党组书记、局长；山东省环境保护厅党组书记、副厅长。

田玉茂　1950年11月生，山东滕州市人，曾任德州市政协主席、党组书记。

1970年3月参加工作，1972年9月加入中国共产党。曾先后任民办教师，滕县张汪公社党委常委、秘书、团委书记，公社党委副书记、革委会副主任，滕县南沙河公社党委副书记、管委会副主任，滕县洪绪乡党委书记，滕州市委常委、洪绪乡党委书记，枣庄市乡镇企业局局长、党组书记，1991年9月任枣庄市中区区委书记，1994年4月任中共枣庄市委常委、秘书长，1997年12月任枣庄市委常委、市委政法委书记。2001年1月任德州市委副书记、纪委书记；2007年1月任德州市政协副主席、党组书记；2008年1月至2011年1月任德州市政协主席、党组书记。2011年1月任德州市生态文明研究与促进会会长，同年2月16日在政协第十届山东省委员会第四次会议上增补为第十届山东省政协常委。

孟昭君　1951年5月生，山东济阳县人。男高音歌唱家，国家一级演员，德州市音协主席，中国音乐家协会会员。

1970年考入德州市歌舞团，曾在中央音乐学院、上海音乐学院进修。1986年毕业于山东艺术学院。几十年勤奋学习，博采众家之长，在“美声唱法”基础上，融民歌、戏曲等演唱技巧于一体，形成自己的演唱风格。主演过《刘三姐》《小二黑结婚》《洪湖赤卫队》等多部大型歌剧。多次在济南、德州举办独唱音乐会，多次在全国、省级比赛中获大奖。演唱的40多首歌曲，由中央、省电视台、广播电台、中国唱片社等单位播放、出版。1996年调入德州市艺术馆任馆长，2013年10月离职。曾荣获山东省有突出贡献的文艺工作者、第九届国家文化部“群星奖”、德州市十大爱才之星、有突出贡献的中青年专家，第六、第七届山东省艺术节一等奖，山东省第九届“文艺精品工程奖”，第三届“泰山文艺奖”，2009年山东省“富民兴鲁”劳动奖章。

刘锡潜　1951年9月生，禹城市人。山东禹王实业（集团）有限公司董事长兼总经理，中共党员，工商管理博士，高级工程师，高级经济师。

1979年创办个体蛋白质厂，生产大豆蛋白肉，之后，陆续创办化学试剂厂、植物油厂、制药厂、化工厂、涂料厂、建筑工程公司、建材厂等集体企业集团公司。在企业发展中，他坚持依靠科技进步，瞄准当代最新技术，走产、学、研联合开发之路，各厂生产的五大类十四个品种大部分是中、高科技产品。与北京大学生命科学院合作创建的禹光生命科学研究中心，主要从事边缘科学、生物基因工程的研究。禹王公司拥有省级企业技术中心、山东省大豆生物工程研究中心、山东省海洋多不饱和脂肪酸工程技术研究中心等3个省级研发中心，设立了博士后科研工作站。禹王集团成为以大豆深加工为主，集生物医药、粘结新材料、隔热、节能新材料为一体的国家级高新技术企业，农业产业化国家重点龙头企业，是中国最大的非转基因大豆蛋白及原料加工基地，全球最大的功能性鱼油制品供应商，中国502胶黏剂行业开拓者及中国CVD产业领航者，全国首批两化融合管理体系贯标试点企业。刘锡潜先后获得山东省优秀企业家、山东省劳动模范、山东省优秀共产党员、山东省首届科技创业杰出青年、山东省十大优秀民营科技企业家、全国劳动模范等荣誉称号，享受国务院特殊津贴。是山东省第八届、九届人大代表，第十届、十一届全国人大代表。

李振坤　1952年3月生，宁津县人。中国美术家协会会员，国家一级美术师，德州市美术家协会名誉主席。

李振坤擅长中国水墨人物画创作，作品在全国大型美展展出屡次获奖。有作品被海内外国家专业机构、体育团体收藏，并以国家级礼品

赠送国际友好团体和个人。1997年《巴康一家》参加全国首届“中国画人物画作品展”，获山东省首届中国画人物画展览一等奖；1991年《清宫演义》获第四届全国连环画评选三等奖；2008年《马球图》入选第二十九届奥林匹克美术大会并收藏；2013年全国第十届艺术节，其国画《铁流》获优秀作品奖。同年，中国美协艺委会、山东美协、德州市委宣传部在中国美术馆联合主办《李振坤水墨人物画展》。

吴福增　1953年8月生，乐陵市人。中共党员，全国劳动模范。

1971年参加工作。1990年5月任乐陵市城乡建设委员会党组副书记、环卫处主任、党支部书记。上任伊始，环卫处没有固定办公地点，吴福增提出“用我自己苦与累，换得全城净与美”口号，他率先垂范，身体力行，最脏最累的活冲在前面抢着干。仅用一个多月的时间，就使城区面貌变了个样。在环卫处工作十几年没休过星期天、节假日，每天工作都在14个小时以上。他带领全体环卫工人常年开展“奉献在环卫”活动，义务出工近万个，义务清运垃圾3.2万吨，节约财政开支近千万元。吴福增先后被省政府授予“山东省环卫先进工作者”称号，连续9年被评为“山东省建设系统先进工作者”“十佳职业道德建设标兵”，1999年被人事部、建设部授予“全国建设系统劳动模范”。2000年5月被国务院授予“全国劳动模范”。是山东省第十届、十一届人大代表。

史好泉　1953年10月生，齐河县人。曾任政协德州市委员会主席、党组书记。

1975年4月至1990年1月，先后任齐河县华店公社教师、通讯报道员、齐河县委宣传部干事、共青团齐河县委书记、齐河县潘店乡党委书记，齐河县委常委、潘店乡党委书记。1990年1月至1997年12月任武城县委副书记、县长，县委书记兼县委党校校长。1997年12月至1998年3月，任德州市政府党组成员，1998年3月至2003年2月，任德州市副市长。2003年2月任德州市委常委、秘书长。2007年1月任德州市委常委、副市长。2008年11月任德州市委副书记。2011年2月任政协德州市委员会主席、党组书记。2012年2月任省政协常委、德州市委、市政府特约咨询。是山东省第八届人民代表大会代表，山东省第九次党代会代表。

赵克志　1953年12月生，山东莱西人。公安部部长。曾任中共德州市委书记。

1973年3月参加工作，1975年1月加入中国共产党。曾任民办教师，莱西县农业学大寨工作队队员、夏格庄公社团委副书记，姜山公社党委常委、宣传委员，共青团莱西县委副书记、书记，莱西县南岚乡、水集镇党委书记。1984年4月任莱西县委副书记、县长，1987年3月任即墨市委副书记、市长，1989年9月任即墨市委书记，1991年8月至1997年12月任山东省建委副主任、主任。1997年12月任德州市委书记。2001年2月任山东省副省长。后任江苏省委常委、常务副省长，贵州省委副书记、代省长、省长，2012年7月至2012年12月任贵州省委书记、省长。2012年12月至2013年1月任贵州省委书记。2013年1月至2015年7月任贵州省委书记、省人大常委会主任。2015年7月至2016年1月任河北省委书记。2016年1月至2017年10月任河北省委书记、省人大常委会主任。2017年10月至11月任公安部党委书记、公安部部长。是中共第十八届、十九届中央委员，十九大代表。

苏寿堂　1953年12月生，乐陵市人。山东华乐实业集团有限公司总裁，中共党员，全国劳动模范。

1969年12月参加工作，1978年担任乐陵县寨头堡农机修配厂厂长，大胆改革管理体制，奖勤罚懒，使企业扭亏为盈。1980年，他决定转产帆布，其研发的具有防水、防火、防腐“三防”帆布成为当时畅销全国20多个省市的优质产品。1983年，他发明设计的电钟控制油耗、自动计数观察台、闭路电视监控生产等先进管理方法，其事迹被新华社发通稿。经过30多年的艰苦创业，苏寿堂把一个资产不足7万元的小农机厂发展为一家拥有纺织、化纤、橡胶胶带、房地产四大产业、总资产达12亿元的集团公司，连续25年缴纳税金占乐陵市地方财政收入的10%以上，公司纺织产品畅销全国各地，并出口日本、美国、韩国、越南、俄罗斯等国家和中国香港地区。连续5年被评为全国纺织行业最具竞争力的前20名企业之一，成为全国制造行业500强企业，山东省百强民营企业，山东重点企业之一。为社会公益事业及光彩事业累计捐款捐物近亿元，先后资助80多名贫困大学生完成学业。苏寿堂2002年当选为德州市工商联主席、山东省工商联副主席、德州市政协副主席。是第九、十、十一届全国人大代表，是三届全国青联委员、省青联副主席。先后获得全国劳动模范、全国优秀共产党员、全国优秀乡镇企业家、全国百名优秀社会主义事业建设者、全国光彩事业奖章、山东省100位为新中国成立建设作出突出贡献的英雄模范人物等荣誉。

杨传堂 1954年5月生，禹城市人。全国政协副主席，交通运输部部长、党组书记，曾任德州地委副书记、行署专员。

1972年入伍，1976年6月加入中国共产党。先后任山东生产建设兵团战士，黄河农场三分场工人，山东胜利石化总厂第二化肥厂工人、厂团委干事，车间党支部书记，第二化肥厂党委副书记、副政治委员，齐鲁石化公司乙烯工程建设指挥部生产处、设计处、资料室副组长，办公室秘书科副科长，齐鲁石化公司团委副书记，齐鲁石化公司党委副书记。1985—1987年，任齐鲁石化公司党委副书记兼乙烯工程建设指挥部党委书记。1987至1992年，任共青团山东省委副书记、书记兼省青年管理干部学院院长。1992年2月任德州地委副书记、行署专员；1993年11月调任中共山东省委常委。后任西藏自治区政府常务副主席，党委副书记、区政府常务副主席，西藏自治区党委常务副书记，青海省委副书记、代省长、省长。2004—2006年，西藏自治区党委书记。2006—2007年，国家民族事务委员会副主任、党组副书记（正部长级）。2007—2011年，国家民族事务委员会党组书记、副主任。2011—2012年，中华全国供销合作总社理事会主任、党组书记。2012—2016年，交通运输部部长、党组书记。2016年任交通运输部党组书记。是中共第十六届中央候补委员，十六届七中全会递补为中央委员，十七届、十八届中央委员。第十三届全国政协副主席。

黄　胜 1954年9月生，山东威海市人，大学学历。曾任中共德州市委书记。

1972年11月参加工作，1975年5月加入中国共产党。先后任总参第十三测绘大队战士，济南军区测绘大队测绘员，潍坊二中团委干事。1979年9月至1983年7月在曲阜师范学院历史系学习，毕业后留校任团委干事、副书记。1984年5月进入山东省委办公厅工作，历任秘书处秘书、副处级秘书、处级秘书。1988年6月调入省政府办公厅，历任综合二室副主任（正处级）、综合一室主任、办公厅副主任。1993年6月至1995年8月任省政府副秘书长，其间曾挂职德州地（市）委副书记。1995年8月至1996年3月任德州市委副书记、代市长。1996年3月至2001年1月任德州市委副书记、市长。2001年1月任德州市委书记。2007年3月任山东省副省长。2011年11月因涉嫌严重违纪接受组织调查。后被免去领导职务，开除党籍，开除公职。2013年5月被判处无期徒刑。

梁希森 1955年3月生，乐陵市人，山东省希森集团董事长。

自幼家境贫寒，早年做过铁匠、木匠，并在面粉厂、装修队做过工人。1980年，以土地承包收入的几万元钱投资面粉厂，后逐步开办了五金厂、棉纺厂、棉织厂、建筑装饰公司等企业。1995年组建乐陵市希森集团有限公司。2001年他在本村投资盖起多幢二层别墅和四层小楼，利用置换来的宅基地建造了现代化养牛场。同时探索试验种植脱毒马铃薯。2008年6月由科技部批准的全国唯一的国家马铃薯工程技术研究中心在乐陵希森中联马铃薯产业集团挂牌成立。至2011年年底，乐陵希森马铃薯产业集团拥有3万平方米的现代化脱毒苗组培中心，20万平方米的现代化微型薯繁育大棚，全国最先进的茎尖脱毒实验室、病毒检测室、全国最大的种质资源库，年可扩繁脱毒苗9000万株，繁育微型薯2.5亿粒。在北京市延庆县设立的北京希森三和马铃薯有限公司，占地面积400亩，年扩繁脱毒苗5000万株，微型薯1.5亿粒。在内蒙古乌兰察布市设立的内蒙古希森马铃薯种业有限公司建成100万亩的种薯生产基地。

雷建国　1955年4月生，河北高碑店市人，曾任中共德州市委书记。

1970年11月参加工作，1974年8月加入中国共产党，中央党校研究生学历。1970年11月至1991年5月一直在济阳县工作，历任县机械厂工人，县农具厂技术员，县工交办公室办事员，县工业局领导小组副组长、党总支副书记，县工业局副局长、党组副书记，团县委书记，县委宣传部部长，济阳县委副书记，济阳县委副书记兼纪委书记。1991年5月至1997年12月，历任长清县委副书记，长清县委副书记、代县长、县长，长清县委书记。1997年12月至2007年3月任济南市委副书记。2007年3月任中共德州市委书记、市委党校校长、市人大常委会主任。2011年1月调任济南市人大常委会党组书记，2011年2月任济南市人大常委会主任、党组书记；2012年1月任山东省委秘书长，济南市人大常委会主任、党组书记；2012年3月任山东省委秘书长；2012年5月任山东省委常委、秘书长；2015年1月任山东省委常委、省委秘书长、省政协副主席；2015年6月任山东省政协副主席；2017年2月—2018年1月任山东省政协副主席、党组副书记。是山东省第八次党代会代表，第九届山东省委委员，中共十七大代表，山东省九次党代会代表。

袁秀和　1955年6月生，武城县人，曾任德州市政协主席。

1976年5月加入中国共产党。1974年3月至1978年9月武城县李家户公社通讯报道员、财政助理、文化站站长。1978年9月至1980年7月德州师专中文系中文专业学习。1980年7月至2003年1月先后任平原县王打卦公社党委干事，德州地委组织部干事、组织科副科长，共青团德州地委副书记、党组副书记，共青团德州地委书记、党组书记；陵县县委副书记、副县长，县委副书记、县长，县委书记兼县委党校校长；齐河县委书记兼县委党校校长。2003年1月起历任德州市政府市长助理，德州市政府副市长，德州市委常委、副市长，德州市委副书记等职务。2012年2月至2015年2月任德州市政协主席。是中共山东省第七、八次党代会代表。

兰忠良 1955年11月生，陵县人，曾任德州市人大常委会第一副主任。

1971年6月参加工作。1976年加入中国共产党。1971年6月在陵县饮食服务公司工作，1972年10月调陵县县委办公室工作。1976年任陵县袁桥公社团委副书记。1976年11月至1990年6月调入共青团德州地委工作，历任干事、宣传部副部长、副书记、书记。1990年6月任齐河县委副书记、县长。1992年7月任平原县委书记；1996年5月任平原县委书记兼县委党校校长；1996年9月任德州市委常委、平原县委书记兼县委党校校长；1996年10月任德州市委常委、政法委书记。2003年2月任德州市委副书记；2007年1月任德州市委副书记，市人大常委会副主任、党组书记；2007年4月—2016年2月，任德州市人大常委会第一副主任、党组书记；2016年1月在山东省第十二届人民代表大会第五次会议上补选为山东省十二届人大常委会教育科学文化卫生委员会副主任委员。1995年6月被中共中央组织部授予“全国优秀县委书记”称号。

满春重 回族，1956年3月生，武城县人，曾任德州市政协主席、党组书记。

1973年1月参加工作，1979年6月加入中国共产党。曾历任民办教师，武城县委办公室干事，县委组织部组织员、副部长、部长。1990

年3月任武城县委常委、组织部部长。1992年12月任武城县委副书记。1995年3月任武城县委副书记、副县长。1996年10月任平原县委副书记、县长。1997年12月任平原县委书记、县委党校校长。2001年1月任陵县县委书记、县委党校校长。2003年1月至任德州市政府市长助理、党组成员。2003年2月任德州市政府副市长、党组成员。2006年7月任德州市政府副市长、党组成员，市慈善总会会长。2008年11月德州市委常委，市慈善总会会长。2008年12月任德州市委常委、秘书长，市直机关工委书记兼市慈善总会会长。2009年5月任德州市委常委、秘书长，市直机关工委书记。2012年2月任德州市委副书记。2015年2月至2016年2月，任德州市政协主席、党组书记，市关工委主任。

孙永春 1957年5月生，山东省寿光市人。曾任德州市委副书记、市长。

1974年参加工作，1976年7月加入中国共产党，研究生学历。1974年6月至1980年5月在垦利县工作，历任西宋乡大三合村团支部书记、党支部书记，公社团委副书记，县委工作队组长，西宋公社团委书记，团县委干事。1980年6月至1989年9月调入共青团山东省委工作，历任科级干事、组织部副部长，团省委常委、组织部部长。1989年10月任博兴县委副书记。1991年4月任共青团山东省委常委、组织

部部长。1992 年 9 月任共青团山东省委副书记。1997 年 12 月任德州市委副书记。2001 年 1 月任德州市委副书记，代市长。2001 年 2 月当选德州市市长。2006 年 3 月调任烟台市委副书记、市长，后任烟台市委书记，2011 年 4 月至 2017 年 1 月，贵州省委常委、省委组织部部长、兼省委党校校长。2017 年 1 月至 2017 年 4 月，贵州省委常委、组织部部长，省人大常委会党组书记、副主任；2017 年 4 月起任贵州省人大常委会党组书记、副主任。

黄　鸣　1958 年 3 月生，江苏无锡市人。山东皇明太阳能有限公司董事长。

1982 年中国石油大学毕业分配到地矿部德州石油钻探技术研究所工作，1995 年辞职，创办德州皇明太阳能技术研究所，生产太阳能热水器；1996 年创办山东皇明太阳能有限公司，产品涵盖热水器、光电设备等，开始探索太阳能建筑以及材料生产。2006 年 5 月，应联合国总部特别邀请，向世界 100 多个成员国及国际组织介绍皇明创造的中国太阳能可持续发展模式（简称“皇明模式”）。他是《中华人民共和国可再生能源法》的领衔提案人，中国可再生能源协会副理事长，中国农村能源行业协会副会长，有 50 余项国家专利。2010 年 9 月，第四届世界太阳城大会在德州召开期间，黄鸣首次面向全球提出“微排地球战略”。2011 年 1 月，黄鸣荣获“2010CCTV 中国经济年度人物创新奖”。是第十届、十一届全国人大代表。

杨维星　1958 年 5 月生，河北临西县人。山东德百集团董事长、总经理、党委书记，高级经济师。

1993 年，杨维星担任德州市百货大楼总经理后，大胆对企业运营进行系列改革，先后实施 20 多项技改工程，新增营业面积 2 万多平方米，仓储面积 7000 多平方米，未增加一分贷款。经过 20 多年的努力，他领导的德百集团由原来的单店经营发展到涉足百货零售、连锁超市、家居装饰、汽车贸易、物流配送、房地产开发等 9 大领域，拥有 6800 余名员工的大型商流集团，经济效益年均以 20% 以上的速度增长。一举跨入全国百货零售业百强行列，成为鲁西北、冀东南最大的商贸流通企业，2010 年实现销售额 40 亿元，被山东省政府批准为全省十五家重点培植的流通大集团。先后荣获“全国内贸系统劳动模范”“山东省劳动模范”“山东商业十佳经营者”等荣誉称号，2001 年荣获“全国五一劳动奖章”称号。2011 年 9 月荣获“中国流通产业十大经济人物”称号。2015 年 9 月，在北京举行的中国商业联合会第五次会员代表大会暨五届一次理事会上，杨维星当选为中商联兼职副会长。

姜桂廷　1958 年 7 月生，河北景县人。全国劳动模范，山东景津环保设备有限公司董事长。

1994 年 11 月至 2002 年 9 月，任河北景津压滤机厂厂长；2002 年年初，姜桂廷到德州开发区扎根创业。两年后，眼光独到的姜桂廷力排众议，拿出 17 万欧元买断意大利的一项压滤机全套专利技术，使景津压滤机的品质迅速提高，达到国际一流水平。他始终坚持以细化、创新、速度为发展理念，鼓励员工创新，提高品质，做世界一线品牌。山东景津环保设备有限公司（原景津压滤机集团有限公司）已成为全球压滤机行业规格最全、产量最大、品质最优的专业制造商、销售商和服务商，压滤机及滤板国家标准的主要起草人。自2004年连续8年全球产销量第一，市场份额达到60%。曾获得国际发明专利4项，国内发明专利8项，国内实用新型专利52项，拥有自主知识产权的产品远销142个国家和地区。姜桂廷先后被评为河北省乡镇企业家、河北省优秀环境科技实业家、山东省优秀社会主义事业建设者、山东省富民强鲁劳动奖章获得者、山东省低碳环保功勋个人、全国五一劳动奖章获得者、全国劳动模范。享受国务院特殊津贴。是河北省第十一届人大代表。

卞志良　1958年8月生，乐陵市人。泰山体育产业集团董事长，大学文化，高级工程师，高级经济师。

经过近30年的努力，卞志良将泰山集团从一家作坊发展成为国内高端体育器材的生产供应商和中国体育产业的航母，“泰山”牌体育器材产品已成为中国驰名商标、中国名牌、国家免检产品，主导产品分别通过国际足联、体联、田联、柔联、摔联等专项认证。泰山集团曾参与亚运会、世界大学生运动会、世界锦标赛、全运会等重大国际国内赛事体育器材竞标获得成功，并赢得好的口碑和信誉。2008年北京奥运会体操、柔道、跆拳道、摔跤、拳击、田径6个项目所使用的器材全部出自泰山体育产业集团，该集团也由此成为北京奥运会乃至百年奥运历史上最大的器材供应商，改写了西方发达国家垄断奥运器材百年奥运历史。泰山集团产品还出口到多个国家和地区。泰山产品已经占据国内竞技体育器材90%以上的市场份额，年产值突破20亿元。

卞志良是山东省政协常委，山东大学兼职教授、硕士生导师，南开大学、华东理工大学、银川大学的客座教授。

吴翠云　女，1958年9月生，山东省淄博市人。曾任德州市委书记、市人大常委会主任。

1976年5月加入中国共产党。1975年12月至1993年4月一直在淄博市周村区工作，历任学大寨工作队员，萌水公社党委常委、妇联主任，党委常委、管委会副主任，团区委书记，区委常委、宣传部部长、副区长。1993年4月任共青团淄博市委书记，1997年12月至2006年2月，历任淄博市委常委、团市委书记、市总工会主席、淄川区委书记。2006年2月，任德州市委副书记、市政府党组书记。2006年3月任德州市委副书记、市政府代市长、党组书记；2006年5月任德州市委副书记、市政府市长、党组书记；2011年1月至2015年6月任德州市委书记、市人大常委会主任。2015年6月至2015年7月，任山东省委常委、统战部部长，德州市委书记、市委党校校长，市人大常委会主任、党组书记，德州军分区党委第一书记；2015年7月至2017年2月，任山东省委常委、统战部部长；2017年2月至2017年6月，任山东省委常委、统战部部长，省政协党组副书记、副主席。2017年6月起任山东省政协党组副书记、副主席。

吴翠云是中共十八大代表。第十一、十二

届全国人大代表。中国共产主义青年团第十二次代表大会代表，全国总工会第十三次、十四次代表大会代表，第十届山东省人大代表。

陈　勇　1960 年 1 月生，山东淄博市人，德州市委书记兼市委党校校长。

1980 年 1 月参加工作，1986 年 4 月加入中国共产党。研究生学历，经济学硕士。1980 年 1 月至 1988 年 6 月在淄博矿务局工作，历任教师、团支部书记、局团委宣传部副部长。1988 年 7 月至 2001 年 4 月，在淄博团委、市委办公厅工作，历任团市委办公室副主任、市委办公室（厅）副主任、市委副秘书长、办公厅副主任、市委副秘书长兼党史委员会主任。2001 年 4 月任淄博市委副秘书长、办公厅主任。2002 年 12 月，任淄博市周村区委书记、区人大常委会主任、区委党校校长。2006 年 12 月任桓台县委书记、县人大常委会主任、县委党校校长。2007 年 3 月任淄博市委常委、桓台县委书记、县人大常委会主任、县委党校校长，2007 年 12 月，任淄博市委常委、桓台县委书记、县委党校校长，2011 年 5 月，任济南市委常委；2011 年 6 月任济南市委常委、秘书长，2011 年 12 月任济南市委常委、秘书长、组织部部长。2012 年 2 月任济南市委常委、组织部部长。2015 年 7 月担任德州市委书记、市委党校校长，同年 8 月起任德州市委书记、市人大常委会主任、市委党校校长。2017 年 2 月起任德州市委书记、市委党校校长。是第十一届山东省委委员。

李登龙　1960 年 7 月生，山东商河县人。谷神生物科技集团有限公司董事长、党委书记。

李登龙所领导的企业谷神生物科技集团有限公司是国家大豆工程技术中心的中试基地和产业化示范基地，企业技术中心为国家级企业技术中心、省级工程中心，质检中心通过中国合格评定国家认可委员会实验室认证（CNAS 认证），并设有博士后科研工作站。所产谷神牌大豆油荣获“国家免检产品”“全国放心油”称号，所产大豆蛋白产品荣获山东省名牌产品称号，“谷神”商标荣获中国驰名商标称号。他先后荣获山东十大科技创新企业家、第十七届山东省优秀企业家、2010 年度山东省最具影响力优秀企业家、2010 年度山东省行业十大创新人物、山东省劳动模范、全国轻工行业劳动模范、中国自主创新优秀专家等荣誉称号。

靳海洋　1960 年 10 月生，山东章丘市人，山东德建集团有限公司董事长、党委书记。

1982 年从济南军区第二野战医院转业到德州地区建筑公司工作，任团委书记、党委成员兼驻北京分公司经理。1995 年 7 月在企业巨额亏损、陷入低谷时，临危受命任公司总经理、党委副书记。1999 年，他主持建筑公司，率先在全省建筑行业改制为国有资本全部退出的股份制集团有限公司。他倡导并模范践行“重信守诺，永葆品质”“以德建树，以信取赢”的经营理念，逐步使建精品、树品牌，守合同、重信用成为德建人的品格、融入德建人的行动。传承工匠精神，保证程序化、标准化的管理，使集团采用统一、科学的方式控制工程质量,降低了人为因素的影响。注重调动人的积极性、发挥人的潜力,使大批有志青年快速成长。企业骨干队伍形成了30岁、40岁、50岁的梯队结构,保持了企业活力和发展的连续性。企业获得30多项国家专利,获得上百项省级工法、技术创新奖。创出上百项"鲁班奖""国家优质工程奖"、"泰山杯""海河杯""天府杯"等省部级以上优质项目,纳税10多亿元,安置就业数万人。德建集团从改革开放初期的4000万元产值到2011年的40余亿元产值,成为一家融建筑施工、投资开发、国际工程和贸易、建筑产业化为一体的现代化企业集团,市场拓展到亚、欧、非三大洲16个国家,跻身中国建筑业竞争力百强企业行列,他先后获得全国五一劳动奖章、全国建设系统劳动模范、全国建筑业优秀企业家等荣誉称号。

靳海洋是德州市工商联副主席兼建筑业商会会长。

韩建亭 1961年10月生,山东商河县人,德州市人大常委会主任、党组书记,研究生学历。

1982年7月参加工作,1985年1月加入中国共产党。曾任德州二中教师、团委书记;共青团德州市(县级)委副书记、书记,陈庄乡党委挂职副书记。1990年4月任德州市(县级)委组织部副部长。1992年10月至1997年12月,历任共青团德州地委副书记、书记,共青团德州市委书记、党组书记。1997年12月任临邑县委副书记、县长。2001年1月任武城县委书记兼县委党校校长。2003年1月任德州市德城区委书记、区人大常委会主任、区委党校校长。2005年12月任德州市政府副市长、党组成员。2010年12月任德州市委常委,2011年1月任德州市委常委、政法委书记。2012年2月任德州市委常委、秘书长、市直机关工委书记。2016年2月任德州市人大常委会第一副主任(正厅级)、党组书记,市委秘书长、市直机关工委书记。2016年5月任德州市人大常委会第一副主任、党组书记。2017年2月任德州市人大常委会主任、党组书记。

翟长生 1962年1月生,平原县人,德州市政协主席、党组书记。研究生学历,工程硕士学位。

1981年7月参加工作,1982年11月加入中国共产党。曾任禹城县安仁公社团委干事、团县委干事,禹城县十里望乡党委副书记。1988年6月至1997年12月,历任共青团德州地委干事、办公室副主任,共青团德州地委宣传部部长,共青团德州地(市)委组织部部长;共青团德州市委副书记(其间,1997年7月至12月挂职庆云县委副书记)。1997年12月至2006年12月,先后任庆云县委副书记,县委副书记、代县长,县长,县委书记、县人大常委会主任、县委党校校长。2006年12月至2007年2月任齐河县委书记、县人大常委会主任。2008年12月至2011年12月,任德州市人民政府副市长、党组成员。2012年2月至2015年1月,任德州市委常委,市人民政府副市长、党组副书记。2015年1月至2016年1月任德州市委常委,市政府副市长、党组副书记,兼市行政学院院长。2016年2月起,任德州市政协主席、党组书记。是山东省九次党代会代表。

陈先运 1962年9月生，山东成武县人。曾任德州市委副书记、市长。

1983年7月参加工作，1984年6月加入中国共产党。历任济南市第三运输公司秘书，第三运输公司二场工会主席，济南市科委人教处处长，机关党委副书记，副主任、党组成员。1999年12月至2000年9月，先后挂职济阳县副县长、济南市历城区委副书记。2000年9月至2004年11月，历任章丘市委副书记、代市长，市长，市委书记、市委党校校长。2004年11月至2011年1月，历任济南市副市级干部、章丘市委书记、市委党校校长，济南市委常委、章丘市委书记、市委党校校长，济南市委常委、市政府副市长、党组副书记。2011年1月，任德州市委副书记、市政府市长、党组书记。2013年2月调任临沂市，先后任市委副书记，市政府副市长、代市长、市长。2015年2月任山东省民政厅党组书记，同年4月起任山东省民政厅党组书记、厅长。

陈先运是十届、十一届山东省委委员，山东省党代会代表，省人大代表。

王宪利 1963年2月生，德城区人，中国黑陶艺术委员会副会长，全国民间手工艺黑陶大师，省工艺美术大师。

王宪利16岁学习制陶。历任德州工艺美陶研究所所长、技术所长。1987年作品在北京展出在业内引起轰动，当年为中共中央对外联络部、中华人民共和国外交部设计制作国礼。1988年，作品获法国科技博览银奖。1993年发明无釉开片陶、彩云陶、玛瑙陶，古铜陶，填补国际陶瓷空白，形成了独具特色的“宪利陶艺”。2008年为北京奥运会设计礼品。2012年王宪利彩云陶被中国工艺美术馆收藏。论文《中国黑陶文化探源》获中国陶瓷艺术大展暨全国陶瓷艺术与设计创新评比优秀奖。2015年获全国拉坯大赛第一名，2016年获中国非遗博览会非遗传承人现场大赛第三名。作品蛋壳陶《钢架时代》被景德镇陶瓷大学收藏。他是中国陶瓷协会艺术专业委员会常务理事，中国工艺美术学会会员，德州市“五一”劳动奖章获得者，市“十大工匠”之一。

杨学军 1963年4月生，武城县人。解放军军事科学院院长，教授、博士生导师。中国科学院院士。

1983年7月毕业于解放军通信工程学院，1991年3月获工学博士学位。2004年被授予少将军衔。2007—2011年7月历任国防科学技术大学教育长、副校长、校长。2017年7月任军事科学院院长。2011年12月当选中国科学院院士。2013年8月被授予中将军衔。杨学军长期从事并行处理技术和软件工程的研究，积极跟踪世界计算机领域的前沿。是“银河—Ⅰ”、“银河—Ⅱ”主要技术人员，是中国银河—4巨型计算机总设计师。2010年11月17日，国际超级计算机TOP500组织发布第36届世界超级计算机500强排行榜，由杨学军担任总设计师的“天河一号”二期系统（天河—1A）跃居榜首，成为世界运算最快的超级计算机。

杨学军是第九届全国人大代表，中共十七、

十八大代表，第十八届中央候补委员，第十九届中央委员会委员。

曹鸿鸣　1963年9月生，武城县人，致公党中央副主席，农学博士，教授。

1982年7月毕业于山东农学院农学系农学专业，分配到德州农校担任教师。1986年8月至1998年5月，先后任山东农业大学德州专科部、德州农校讲师、教授，教务科副科长、副校长。1998年5月至2001年9月，任德州市农业局副局长，山东农业大学德州专科部副主任，德州农校副校长，教授。1998年12月加入致公党。2001年9月至2002年10月任德州市人民政府副市长，山东农业大学兼职教授。2002年10月至2002年12月任致公党德州市委会主委，德州市人民政府副市长，山东农业大学兼职教授。2003年担任致公党中央副秘书长兼办公厅副主任，山东省德州市副市长。2004年12月任致公党中央秘书长，山东省德州市副市长。2005年12月任致公党中央秘书长。2010年3月任致公党中央常委、秘书长。2016年3月任致公党中央副主席、秘书长。

曹鸿鸣是政协第十届、十一届、十二届全国委员会委员，十三届全国人大代表，第十三届全国人大常委会委员。

单传海　1963年10月生，山东新泰人，中共德州市委常委、市纪律检查委员会书记，市监察委员会主任。

1983年7月参加工作，1994年3月加入中国共产党。研究生，工学学士，副研究员。历任新泰楼德化肥厂技术员，泰安市科委技术开发

中心经理助理，泰安市科委政策管理科干部，泰安市科委技术市场管理处副主任，泰安市科委人秘科副科长，泰安市委政研室科长。1999年9月至2000年11月任泰安市委办公室副主任，2000年11月至2003年1月任泰安市委副秘书长、办公室副主任。2003年1月至2006年12月任肥城市委副书记，2006年12月至2007年3月任肥城市委副书记、代市长，2007年3月至2010年12月任肥城市委副书记，市政府市长、党组书记，2010年12月至2011年1月任肥城市委书记、党校校长、市政府党组书记，2011年1月至2012年1月任肥城市委书记、党校校长，2012年1月至2014年1月任肥城市委书记、党校校长，市人大常委会主任。2014年1月至2015年5月任德州市委常委、宣传部部长，2015年5月至2015年8月任德州市委常委、宣传部部长、德州经济技术开发区党工委书记，2015年8月至2015年10月任德州市委常委、市纪委书记、宣传部部长、德州经济技术开发区党工委书记，2015年10月至2018年1月任中共德州市委常委、市纪委书记。2018年1月任德州市委常委、市纪委书记，市监察委员会主任。

周晓峰　1964年2月生，河北故城县人。古贝春集团公司董事长、总经理。

1979年10月参加工作，先后任武城商业大楼批发部经理、商业大楼总经理。1983年9

月任商业局副局长兼商业大楼总经理。1995年12月起任古贝春集团公司董事长、总经理。十几年间，他凭借解放思想、开拓创新的先进理念，带领古贝春集团逐步走出低谷，踏上高速发展、良性发展的轨道。他坚持科学发展，严抓产品质量，实施品牌战略，扎实开拓市场，使企业的经济效益指标连续16年以30%的速度递增。他不断创新企业发展战略，加强与五粮液集团技术合作，成功开发出星级系列古贝春白酒，其中五星级古贝春不仅填补了山东省无浓香型高档白酒的空白，还受到中国酿酒界高度评价。古贝春酒的质量跻身全国一流，成为江北最大的五粮浓香型白酒生产基地，年产白酒能力达到10万吨。产品行销山东、河北、河南、江苏、辽宁、吉林、黑龙江等10余个省市，销售市场连续十几年保持稳定健康的发展势头，成为鲁酒新的形象代言。周晓峰先后荣获内贸部劳动模范、山东省新长征突击手、全国五一劳动奖章、中国商业优秀企业家、全国孝亲敬老之星、中国白酒历史杰出贡献人物等称号。

周晓峰是第十一届全国人大代表，山东省第九届、十届人大代表，中国白酒协会副会长。

杨宜新　1964年5月生，湖北公安县人，曾任德州市委副书记、市长。研究生学历，经济学硕士。

1988年4月加入中国共产党，1989年7月参加工作。1989年7月至1998年8月，在国家土地管理局工作，历任建设用地管理司干部，办公室综合处副处长、处长。1998年8月至2011年7月，历任国土资源部办公厅综合处处长、办公室主任、办公厅副主任、研究室主任。2011年7月至2013年2月，历任莱芜市委副书记，市政府副市长、代市长、市长、党组书记。2013年2月至2013年4月，德州市委副书记，市政府副市长、代理市长；2013年4月任德州市委副书记、市政府市长。2015年4月调任山东省工商行政管理局局长、党组书记；2017年2月起任华融国际主要负责人。

杨宜新是十届山东省委委员，山东省十次党代会代表，十一、十二届山东省人大代表，十二届全国人大代表。

刘宗利　1966年9月生，禹城市人。中共党员，研究生学历，保龄宝生物股份有限公司董事长兼总经理。高级工程师，工程技术应用研究员。

1986年参加工作，曾任禹城市棉麻公司办公室主任、禹城市供销社副主任、禹城市经济贸易委员会副主任。1997年领衔创立保龄宝生物股份有限公司，任公司董事长兼总经理、党委书记。与中科院微生物所科研人员经过一年多的联合攻关，1998年初，建成国内首条低聚糖生产线，实现了低聚糖国内工业化生产“零”的突破。他专注于微生物学工程技术研究，聘请一批院士、博士、教授担任企业的常年技术顾问，主持完成的“低聚糖工业化生产及应用”“IMO900低聚异麦芽糖工业化生产及应用”“发酵法赤藓糖醇生产”等3项科技成果填补国内空白，创造两项国家级重点新产品，拥有发明专利30余项，主导或参与起草《低聚异麦芽糖》《果葡萄浆》等国际或国家标准10余项。作为首席专家，带领科研团队先后承担国家“九五”以后的多项科技攻关课题、科技支撑计划及国家“863”计划，通过科技金融产业深度融合，引领国家生物产业（德州）基地、中国功能糖城的发展，开创功能糖产业的新时代。保龄宝公司已经成为全球500强企业中41家食品企业和国内50余家驰名商标企业的供货商。他兼任中国发酵工业协会副理事长、中国功能食品配料专业委员会理事长、国家标准化委员会委员、齐鲁工业大学硕士生导师、山东财经大学客座教授，德州市生物技术产业联盟会长。曾荣获山东省有突出贡献的中青年专家、山东省十大杰出工程师、全国食品行业质量管理杰出领导者、中国青年科技奖、中国青年创新杰出奖等荣誉，享受国务院特殊津贴。是山东省第十、十一届人大代表。

黄平亮　1966年10月出生，庆云县人。中共党员，大学学历，庆云县人民检察院副检察长，德州市人民检察院副县级检察员。全国“模范检察官”，“全国五一劳动奖章”获得者。

1984年调入庆云县检察院工作，历任科员、副科长、反渎职侵权局局长，副检察长。2012年8月任德州市人民检察院副县级检察员、庆云县人民检察院党组成员、副检察长。黄平亮从事检察工作30多年，由一名只有小学文化程度的司机逐步成长为检察业务骨干。他始终对党忠诚，顾全大局，恪尽职守，公正执法。在身患胃癌晚期，胃组织全部切除，家人又相继患重病的情况下，仍坚守岗位，顽强与病魔抗争，积极维护国家、集体和群众的合法权益，为检察事业发展作出重要贡献。他先后23次立功受奖，其中荣立个人一等功、二等功各1次，三等功4次；荣获全国检察机关“十佳反渎职侵权局局长”、“齐鲁时代楷模”等称号；2008、2009年由中共山东省委、山东省人民政府分别授予“优秀共产党员”、“人民满意的公务员”荣誉称号。2016年获全国五一劳动奖章。

2010年12月，最高人民检察院作出《关于授予黄平亮同志全国“模范检察官”荣誉称号的决定》，号召全国检察机关和全体检察人员开展向黄平亮学习活动。

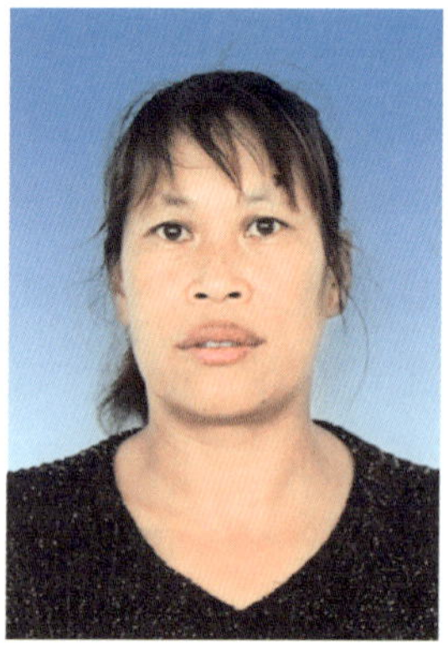

孙洪香　女，1969年4月生，禹城市辛店镇孙庄村人，高中文化，农民。“全国道德模范提名奖”获得者。

孙洪香21岁时，出嫁到辛店南街，丈夫袁振海在北京工作。婆母早年去世。三个智障的叔公由袁振海的哥嫂照顾，家庭非常贫苦。过门后，孙洪香毅然接过照顾叔公的任务。1991年2月，嫂子突然去世，撇下两个正在上学的孩子，孙洪香就把两个侄子接到自己家，照料他们。1996年，儿子袁梦出生，给她带来喜悦，也加重了她的负担。一人承担起照顾三个叔公、两个侄子和抚育幼子的重任。还要耕种20多亩责任田。麦收时节，她像男劳力一样开着拖拉机收麦子、轧场。1998年，大伯哥又去世，大侄子袁建经受不住打击，几度逃学，孙洪香就耐心劝导袁建要好好学习。2003年，公公患脑溢血失去生活自理能力，孙洪香义无反顾地承担其照顾公爹的任务，喂水喂饭，端屎端尿，从不嫌麻烦。

孙洪香的善良和付出赢得了亲人的尊敬和社会的赞誉。她和她的家庭曾被评为德州市“第五届全市孝老爱亲模范”，被全国妇联授予“全国道德模范提名奖”“全国最美家庭”，被中央精神文明建设指导委员会授予“全国文明家庭”。

刘 锋 1970年10月生，禹城市人，山东莱钢永锋钢铁有限公司董事长。

1988年在山东莱芜钢铁总厂工作，后到山东巾帼实业总公司。1997年2月开始自主创业，创办山东锋通经贸有限公司，任总经理。2002年8月创建永锋钢铁有限公司，任董事长。公司经营范围涉及钢铁冶炼、地产置业、市政服务、金融投资、贸易物流、文化旅游等多个领域，拥有10余家子公司，员工近6000人，是山东省大型建材生产基地之一，是以实业化为核心的大型、多元化、领先型企业集团公司。2016年，山东钢铁集团与永锋集团完成对山东钢铁永锋淄博钢铁有限公司混改工作。2016年集团公司实现销售收入280亿元，上缴税金9.6亿元。依托钢铁主业，多元延伸，稳步涉足城市供热、水资源，以及钢铁物流、制品深加工基地建设，实现主辅业齐头并进，上下游产业对接延伸的格局。

刘锋是全国青联委员、山东省第十届、第十一届人大代表、山东省青年企业家协会副会长、山东省青春创业促进会副会长。

朱俊海 1971年2月生，德州经济技术开发区人。德州市红十字会应急救护培训中心主任、游泳教练，国家公开水域裁判。

自幼在德州减河边长大，1986年开始冬泳。2001年6月，参加全国第一届横渡琼州海峡大奖赛并历时9小时7分16秒横渡成功，是大赛中唯一一位山东省选手，横渡距离超过30千米。2002年8月，往返游渡54千米的东平湖，历时13小时42分，创下当时国内湖泊最长游泳距离的“阳光纪录”。2004年8月17日，横渡海拔3600米、宽度3千米的雅鲁藏布江桑耶寺段，被媒体誉为“横渡雅鲁藏布江世界第一人”。2007年，为迎接2008年北京奥运会倒记时一周年，朱俊海创造了又一项前无古人的行动——畅游京杭大运河活动，历时70天，途经20多个城市，游程800多千米，开创了国内连续马拉松游泳之先河，被沿途6省、市及全国几十家媒体争相报道。

魏德东 1972年生，临邑县魏家村人，临邑县富民小麦种植专业合作社理事长。全国种粮售粮大户。

2008年，魏德东流转300亩土地进行规模化种植。之后每年扩大土地流转面积。2011年他以玉米亩产973.4公斤、小麦亩产717.79公斤的成绩问鼎“山东粮王”。2013年3月，注册德州市首家家庭农场——德平镇富民家庭农场，拥有土地3000亩。被众多媒体称为中国第一个农场主。2008年到2013年连续5年荣膺“全国种粮售粮大户”称号。2013年，与山东良星种业合作从事小麦良种繁育，牵头成立富民小麦种植专业合作社，按照集约化、规模化、标准化经营，实行统一供种、统一购肥、统一病虫害防治、统一技术服务、统一机械作业、统一销售农产品的“六统一”服务。合作社小麦亩产比本地平均产量高出10%。从2013年开始，魏德东连续两年承担省农科院的“玉米—花生宽带间作高产高效栽培模式”的试验项目。2014年，被中央电视台评为“2014 年度三农人物”。2015 年获全国劳动模范奖章和证书。到 2017 年，以富民家庭农场为龙头的富民小麦种植专业合作社有社员 4000 户，入社土地面积 4 万多亩，占德平镇土地总面积的 40% 左右。带动发展良种繁育专业村 6 个，良种繁育面积 8000 余亩，使 1000 余农户的小麦平均亩产 550 公斤以上，玉米平均亩产 700 公斤以上，亩均粮食产量比其他农户高 20% 以上。

魏德东是第十三届全国人大代表，山东省第十次党代会代表。

陈　飞　1975 年 1 月生于济南，籍贯山东潍坊市，德州市委副书记，市人民政府市长、党组书记。在职研究生，法学博士。

1997 年 7 月参加工作，1996 年 1 月加入中国共产党。1997 年 7 月至 2000 年 12 月，任青岛市委组织部科员。至 2007 年 12 月，历任青岛团市委副书记、市少工委主任、市青联副主席、市青联主席。2007 年 12 月任青岛团市委书记。2012 年 2 月至 2012 年 5 月任青岛市委常委、统战部部长，团市委书记，青岛高新区党工委书记；同年 5 月，兼任青岛红岛经济区党工委书记、管委会主任。2012 年 8 月至 2013 年 2 月，任青岛市委常委、统战部部长，青岛高新区党工委书记、青岛红岛经济区管委会主任、党工委书记。2013 年 2 月至 2015 年 4 月，任青岛市委常委，青岛红岛经济区（青岛高新区）管委会主任、党工委书记。2015 年 4 月任德州市委副书记，市人民政府副市长、代市长、党组书记；同年 8 月任德州市委副书记，市人民政府市长、党组书记。是十一届山东省委委员。

袁敬华　女，1976 年 8 月生，夏津县人。民进会员，夏津县特殊教育学校校长。

1992 年高考落榜，袁敬华开始创办家庭聋哑儿语训学校。经过艰苦努力，让许多聋哑儿开口讲话，受到社会广泛认可和赞誉。1998 年在党和政府及社会各界支持下，在村外建设独立院园。取名“精华聋儿语训学校”。随着规模的扩大，2002 年在政府支持下，学校迁至夏津县经济开发区，学校逐渐由单一的招收聋儿转向招收聋哑、智障、脑瘫、自闭症及多重残疾的孩子。2012 年学校再次迁建。至 2015 年年底，学校占地 5.6 万平方米，建筑面积 2.1 万平方米，在校学生 738 名，教职工 172 人。学校探索总结的“缺陷补偿、潜能开发、医教结合、综合康复”的办学模式被命名为夏津特教模式，由山东省残联、教育厅、卫计委联合要求在全省范围内推广学习。办学 20 多年，有 600 多名聋哑儿童走出无声世界，为无数家庭减轻了负担和痛苦，使 400 多名学生进入正常学校就读，200 多名孩子成家立业自食其力。袁敬华先后荣获第五届国际青少年消除贫困奖一等奖、全国先进工作者、全国三八红旗手、全国劳动模范、全国五一劳动奖章、全国助残先进工作者、山东省道德模范等荣誉。是第十届、十一届、十二届全国人大代表。

人　物　表

1986—2011 年德州市(地区)获“全国劳动模范”人员表

人物表 - 1

姓　名	性别	民族	出生年月	政治面貌	籍　贯	工 作 单 位	授予时间
李国仲	男	汉	1953. 8	党员	山东德州	山东黑马集团有限公司商贸市场	1989
苏寿堂	男	汉	1953. 12	党员	山东乐陵	山东华乐集团	1989
赵桂芝	女	汉	1935. 9	党员	辽宁兴城	平原县第一人民医院	1989
王新成	男	汉	1938. 12	党员	山东临邑	临邑县临邑镇南关村	1989
徐文凯	男	汉	1933. 1	党员	山东章丘	德州振华集团有限责任公司	1995
傅国杰	男	满	1938. 12	党员	山东武城	德州市第一中学	1995
陈德兴	男	汉	1952. 2	党员	山东平原	平原县邮电局	1995
刘桂珍	女	汉	1945. 12	党员	山东乐陵	乐陵市寨头堡乡教委	1995
范士芳	男	汉	1959. 1	党员	山东夏津	夏津县双庙乡范楼村	1995
刘锡潜	男	汉	1951. 9	党员	山东禹城	山东禹王实业有限公司	2000
李建华	男	汉	1953. 1	党员	山东夏津	夏津县夏津镇西关村	2000
吴福增	男	汉	1953. 8	党员	山东乐陵	乐陵市环境卫生管理局	2000
薛玉柏	男	汉	1950. 5	党员	山东济阳	德州市人民医院	2000
段月英	女	汉	1971. 8	党员	山东陵县	德州市工人文化宫	2000
刘秉章	男	汉	1938. 1	党员	山东禹城	德州恒升化工(集团)有限公司	2000
杨振峰	男	汉	1980. 12	党员	山东武城	山东华鲁恒升化工股份有限公司	2005
殷　红	女	汉	1970. 1	党员	山东夏津	山东德棉股份有限公司	2005
侯　娟	女	汉	1972. 6	党员	山东平原	山东德百集团培训部	2005
王富勇	男	汉	1964. 5	党员	山东禹城	禹城市房寺镇邢店村	2005
王德江	男	汉	1965. 12	党员	山东陵县	山东乐悟集团	2005
杨秀娟	女	蒙古	1975. 4	党员	辽宁彰武	德百集团百货大楼首饰商场	2010

续人物表－1

姓　名	性别	民族	出生年月	政治面貌	籍　贯	工 作 单 位	授予时间
赵福增	男	汉	1987. 1	党员	山东宁津	德州华源生态科技有限公司	2010
张洪波	男	汉	1966. 4	党员	山东庆云	庆云县中澳集团	2010
冯玉珍	女	汉	1953. 3	党员	山东禹城	禹城市安仁镇王子付社区	2010
袁敬华	女	汉	1976. 8	党员	山东夏津	夏津县特殊教育学校	2010
刘　锋	男	汉	1970. 1	党员	山东禹城	山东莱钢永锋钢铁有限公司	2010

1986—2011年德州市(地区)获“全国五一劳动奖章”人员表

人物表－2

姓　名	性别	民族	出生年月	政治面貌	籍　贯	工 作 单 位	授予时间
段建芹	女	汉	1955. 2	党员	山东宁津	德州职业技术学院	1986
聂春来	男	汉	1952. 4	党员	河北枣强	德州建筑材料厂工会	1986
王根源	男	汉	1945. 5	党员	江苏无锡	山东德州棉纺织厂	1987
乔永德	男	汉	1932. 1	党员	山东陵县	山东省陵县官道孙业余体校	1987
李玉华	女	汉	1954. 9	党员	河北故城	德州地区汽车运输公司武城汽车站	1988
王清华	女	汉	1963. 9	党员	河南清丰	中国农业银行夏津县支行营业部	1990
杨明祥	男	汉	1949. 7	党员	山东武城	武城县地毯厂	1990
王洪山	男	汉	1944. 7	党员	山东平原	武城县地毯厂	1991
周爱红	女	满	1965. 3	党员	山东德州	德州职业技术学院	1991
徐文凯	男	汉	1933. 1	党员	山东章丘	山东德州振华玻璃厂	1992
王红旗	男	汉	1956. 3	党员	山东东阿	德州地区邮电局	1992
傅国杰	男	满	1938. 12	党员	山东武城	德州市第一中学	1993
张永考	男	汉	1935. 7	党员	河北南宫	山东德州晶峰集团	1996
李凤云	女	汉	1953. 3	党员	山东德州	德隆集团	1996
刘秉章	男	汉	1938. 10	党员	山东禹城	德州恒升化工集团	1997
曹春华	女	汉	1968. 7	党员	山东平原	神禹纺织有限公司细纱丙班	1997
樊春霞	女	汉	1971. 11	党员	山东平原	德州一棉有限公司细纱车间	1998

续人物表 -2

姓　名	性别	民族	出生年月	政治面貌	籍　贯	工 作 单 位	授予时间
苗建中	男	汉	1953.2	党员	山东乐陵	山东德州大坝集团	1998
段月英	女	汉	1971.8	党员	山东陵县	德州市工人文化宫	1999
杨维星	男	汉	1958.5	党员	河北临西	山东德百集团	2001
袁敬华	女	汉	1976.8	党员	山东夏津	夏津精华聋儿语训希望学校	2002
王文路	男	汉	1960.4	党员	山东德州	德州市供水总公司管线处	2002
殷　红	女	汉	1970.1	党员	山东夏津	山东德棉股份有限公司	2003
吴　勇	男	汉	1960.3	党员	山东齐河	德州双环建材有限公司	2004
任绪功	男	汉	1952	党员	山东齐河	德州市人民医院	2006
焦文玉	女	汉	1976.2	党员	山东平原	德州市宝丽洁家政服务物业管理公司	2007
赵福增	男	汉	1987.1	党员	山东宁津	德州华源生态科技有限公司	2008
周晓峰	男	汉	1964.2	党员	河北故城	古贝春集团有限公司	2009
崔　霞	女	汉	1960.12	党员	山东临沂	德州市第二中学	2009
程少博	男	汉	1964.6	党员	山东禹城	山东龙力生物科技有限公司	2011
王世和	男	汉	1958.4	党员	山东夏津	德州市人民医院	2011

1986—2011 年德州市(地区)获“山东省劳动模范”人员表

人物表 -3

姓名	性别	民族	出生年月	政治面貌	籍　贯	工 作 单 位	授予时间
陈文治	男	汉	1951	党员	山东德州	德州玻璃厂工会	1986
王根源	男	汉	1945.5	党员	江苏无锡	德州棉纺织厂	1986
张子文	男	汉	1931	党员	山东武城	山东省武城酒厂	1986
席月芹	女	汉	1964	党员	江苏宿迁	平原县面粉厂	1986
王洪山	男	汉	1944.1	党员	山东平原	武城县人大常委会	1986
李德星	男	汉	1954	党员	山东庆云	中澳控股集团	1986
王长印	男	汉	1950	党员	山东平原	平原县啤酒厂	1986
李传武	男	汉	1953	党员	山东临邑	临邑县化工厂	1986

续人物表-3

姓名	性别	民族	出生年月	政治面貌	籍 贯	工 作 单 位	授予时间
赵继昌	男	汉	1928	党员	山东滕县	德州地区公路管理段养护科	1986
丁延厚	男	汉	1935	党员	山东章丘	乐陵市网通公司	1986
杨秀岩	男	汉	1935	党员	河北吴桥	德州百货大楼	1986
孟广发	男	汉	1936	党员	天津武清	水电部十三局四分局十队	1986
施玉水	男	汉	1947	党员	山东济南	德州地区建筑工程公司第一工区	1986
李国仲	男	汉	1953.8	党员	山东德州	德州地区燃料公司	1986
刘之田	男	汉	1941	党员	山东宁津	宁津县鹏达集团有限公司	1986
王清华	女	汉	1963	党员	河南清丰	中国农业银行夏津县支行会计股	1986
段建芹	女	汉	1956	党员	山东宁津	德州职业技术学院	1986
李元庆	男	汉	1945	党员	山东济南	齐河县第一中学	1986
赵坤云	女	汉	1938	党员	山东武城	德州市建设街小学	1986
乔永德	男	汉	1931	党员	山东陵县	陵县官道孙乡官道孙小学	1986
霍桂珍	女	汉	1943	党员	山东德州	德州市德城铁东粮油供应站	1986
范贻山	男	汉	1933.3	党员	河北乐亭	德州市农科院	1986
孙丰文	男	汉	1930	党员	山东陵县	陵县孙洼大队	1986
丁志方	男	汉	1942.7	党员	山东禹城	禹城市农机局	1986
张同山	男	汉	1946.12	党员	山东乐陵	乐陵寨头堡乡家上村龙山油脂厂	1986
撒元升	男	汉	1947.5	党员	山东宁津	宁津县经管局	1986
李庆荣	男	汉	1934.8	党员	山东宁津	宁津县水利局园艺场	1986
刘玉民	男	汉	1938.11	党员	河北吴桥	德州无线电三厂	1989
孙 光	男	汉	1955.7	党员	河北沧县	德州市公安交警支队高速公路一大队	1989
赵家传	男	汉	1951.11	党员	山东宁津	德州建筑材料厂	1989
赵桂芝	女	汉	1935.9	党员	辽宁兴城	平原县第一人民医院	1989
赵恒章	男	汉	1936.1	党员	山东武城	武城县工业公司	1989
黄继桑	男	汉	1939.3	党员	福建南安	水电部十三局汽车修理厂	1989
郝荣文	男	汉	1955.1	党员	山东庆云	庆云县德胜日用品公司	1989
杜宝恩	男	汉	1949.11	党员	山东陵县	陵县供销社官道孙油棉加工厂	1989

续人物表－3

姓名	性别	民族	出生年月	政治面貌	籍　贯	工 作 单 位	授予时间
毛何英	男	汉	1957.2	党员	山东陵县	陵县磷肥厂	1989
王清德	男	汉	1939.4	党员	山东齐河	禹城县第三运输公司	1989
李胜玉	男	汉	1953.6	党员	山东乐陵	乐陵农药厂	1989
刘桂珍	女	汉	1945.12	党员	山东乐陵	乐陵市寨头堡乡枣顾家小学	1989
张华奎	男	汉	1950.1	党员	山东宁津	宁津县贸易委	1989
陆菊生	男	汉	1937.1	党员	江苏句容	夏津县人民医院	1989
王书琴	男	汉	1933.4	党员	河北景县	德州地区建筑工程公司	1989
张玉林	男	汉	1952.6	党员	河北枣强	山东省粮油进出口分公司德州支公司	1989
党清俊	男	汉	1930.9	党员	山东临邑	临邑县人民检察院	1989
王高田	男	汉	1935.1	党员	山东齐河	德州地区水泥厂	1989
张正木	男	汉	1943.11	党员	山东齐河	齐河县机械厂	1989
李万玉	男	汉	1937.5	党员	山东宁津	宁津县杜集李麻村	1989
苏绍常	男	汉	1945.5	党员	山东乐陵	乐陵朱集镇杩头苏村	1989
王艳荣	女	汉	1964.7	群众	山东平原	平原兴隆柳制品厂	1989
郭　钢	男	汉	1946.11	党员	山东平原	平原县物价局	1989
杨福明	男	汉	—	党员	山东庆云	庆云县伊斯兰教协会	1989
王文路	男	汉	1960.1	党员	山东德州	德州市自来水公司管线所	1992
王玉英	女	汉	1970.12	党员	山东陵县	山东省颜陵毛纺织厂	1992
陈德兴	男	汉	1952.2	党员	山东平原	平原县邮电局张士府支局	1992
胡庆荣	男	汉	1941.5	党员	山东庆云	庆云县水利局	1992
于成铎	男	汉	1935.4	党员	辽宁盖县	水电部十三局机械厂	1992
杨杰池	男	汉	1958.8	党员	山东宁津	宁津县第一棉油厂	1992
卢加升	男	汉	1950.3	党员	山东禹城	禹城兴达建材有限公司	1992
梁洪建	男	汉	1949.12	党员	山东德州	山东新华印刷厂德州厂	1992
孟宪如	男	汉	1937.12	党员	山东夏津	夏津县良种棉加工厂	1992
任传富	男	汉	1938.9	党员	山东济阳	德州地区建筑工程公司工会	1992
李相英	女	汉	1950	党员	山东齐河	齐河县人大常委会	1992

续人物表－3

姓名	性别	民族	出生年月	政治面貌	籍贯	工作单位	授予时间
李兆顺	男	汉	1961.11	党员	山东临邑	临邑县第一中学	1992
阎秀莲	女	汉	1937.12	党员	山东乐陵	乐陵市政协	1992
李庆荣	男	汉	1951.7	党员	山东武城	武城进修学校	1992
傅国杰	男	满	1938.12	党员	山东武城	德州市第一中学	1992
黄彦明	男	汉	1956.4	党员	山东武城	德州汽车运输二公司	1992
李凤云	女	汉	1954.2	党员	山东德州	德州机床厂	1995
曹春华	女	汉	1968.7	党员	山东平原	神禹纺织有限公司细纱丙班	1995
林文亮	男	汉	1965.6	党员	山东陵县	山东绿源化工集团有限公司	1995
张晓芳	女	汉	1965.7	党员	山东莱州	庆云县木材二公司	1995
童劲松	男	汉	1949.9	党员	湖南湘乡	中国水电第十三工程局	1995
王兆禄	男	汉	1943.2	党员	山东招远	华能发电股份有限公司德州电厂	1995
于树基	男	汉	1949.2	党员	山东陵县	德州商场	1995
殷炳君	男	汉	1955.10	党员	河北故城	山东神龙毯业有限公司	1995
董臣修	男	汉	1943.9	党员	山东夏津	夏津棉纺织厂	1995
尹桂兰	女	汉	1946.8	党员	山东东阿	齐河县机关第一幼儿园	1995
崔立清	男	汉	1949.3	党员	山东武城	德州市第二中学	1995
任绪功	男	汉	1952.1	党员	山东齐河	德州地区人民医院	1995
赵东山	男	汉	1965.10	党员	山东陵县	德州通力实业总公司	1995
王俊海	男	汉	1942.12	党员	山东平原	平原县电业局	1995
奚家华	女	汉	1946.3	党员	上海	宁津县科委	1995
刘锡潜	男	汉	1951.9	党员	山东禹城	山东省禹王实业总公司	1995
张冠军	男	汉	1950.7	党员	山东齐河	齐河县第三造纸厂	1995
张万泽	男	汉	1944.11	党员	山东陵县	康达集团	1995
李建华	男	汉	1953.1	党员	山东夏津	夏津县夏津镇西关村	1995
杨文平	男	汉	1956.9	党员	山东德州	德州市皇宫地毯有限公司	1995
张兆喜	男	汉	1955.4	党员	山东临邑	临邑县临邑镇刘江村	1995
苏凌云	男	汉	1955.2	党员	山东武城	武城县滕庄镇	1995

续人物表－3

姓名	性别	民族	出生年月	政治面貌	籍　贯	工 作 单 位	授予时间
赵传孔	男	汉	1954. 5	党员	山东潍坊	山东移动德州分公司	1995
韩金岭	男	汉	1949. 10	党员	山东乐陵	乐陵市人民法院	1995
迟凤德	男	汉	1943. 11	党员	山东宁津	宁津县林业局	1995
王振平	男	汉	1948. 11	党员	山东庆云	庆云县人大常委会	1995
杨维星	男	汉	1958. 5	党员	河北临西	山东德百集团	1998
许国庆	男	汉	1957. 10	党员	山东临邑	山东恒源石油化工集团有限公司	1998
邢仁泉	男	汉	1950. 10	党员	山东禹城	禹城中农润田化工有限公司	1998
李兰英	女	汉	1957. 6	党员	河北枣强	德州长途汽车站	1998
王洪叶	男	汉	1952. 4	党员	山东诸城	德州电机厂	1998
胡立刚	男	汉	1966. 3	党员	河北高邑	德州振华集团有限责任公司	1998
高玉柱	男	汉	1955. 8	党员	山东禹城	禹城禹王装饰材料总公司	1998
崔洪利	男	汉	1968. 8	党员	山东文登	德州市邮电局计算机技术支援中心	1998
薛玉柏	男	汉	1950. 5	党员	山东济阳	德州市人民医院外科	1998
丁守义	男	汉	1944. 11	党员	山东禹城	德州市水利局水利施工处	1998
张有来	男	汉	1955. 5	党员	山东武城	德州市第一中学	1998
侯焕才	男	汉	1962. 12	党员	山东寿光	山东晨鸣纸业集团齐河板纸厂	1998
任士伟	男	汉	1955. 10	党员	山东长清	德州市黄河河务局	1998
吴佃禄	男	汉	1964. 10	党员	山东武城	德州市公安局德城分局刑警大队	1998
刘　强	男	汉	1958. 6	党员	山东宁津	德州新华出版发行集团总公司	1998
辛广生	男	汉	1948. 9	党员	山东夏津	夏津南关村农工商联合总公司	1998
赵传水	男	汉	1949. 9	党员	山东平原	山东照东方纸业集团	1998
闫宝国	男	汉	1962. 8	党员	山东宁津	宁津县津美特艺品有限公司	1998
段德勇	男	汉	1950. 12	党员	山东陵县	陵县宋家镇	1998
张万钧	男	汉	1950. 1	党员	山东乐陵	乐陵市磐古集团有限责任公司	1998
纪俊良	男	汉	1949. 11	党员	山东庆云	庆云县常家镇纪小杨村	1998
王金兰	女	汉	1945. 12	党员	山东鱼台	德州市人口计生委	1998

续人物表－3

姓名	性别	民族	出生年月	政治面貌	籍贯	工作单位	授予时间
韩世信	男	汉	1949.10	党员	山东德州	德州市宏祥鞋业有限责任公司	2002
杨新刚	男	汉	1969.6	党员	山东宁津	宁津县万达毯业有限公司	2002
商明新	男	汉	1958.6	党员	河北故城	武城县新明玻璃钢制品有限公司	2002
杨振峰	男	汉	1959.12	党员	山东武城	山东华鲁恒升化工股份有限公司	2003
邢建刚	男	汉	1958.7	党员	山东德州	德州克代尔集团临邑啤酒有限公司	2003
马　静	女	回	1960.10	党员	山东德州	山东德州新华出版发行集团总公司	2003
祖洪涛	男	汉	1955.1	党员	山东沂南	中国人民银行德州中心支行	2003
周喜弟	男	汉	1966.5	党员	山东宁津	上海大众德州销售服务有限公司	2003
刘丽丽	女	汉	1971.11	党员	山东武城	山东德棉集团德州恒丰纺织有限公司	2003
王义海	男	汉	1970.7	党员	山东武城	德州市园林管理处绿化工程公司	2003
田光谱	男	汉	1966.8	党员	山东夏津	德州市公路管理局	2003
梁金锋	男	汉	1968.9	党员	山东夏津	夏津县国税局苏留庄分局	2003
张智娟	女	汉	1954.3	党员	河北枣强	武城县人民医院	2003
孙世文	男	汉	1964.2	党员	山东陵县	山东省陵县信达化工有限公司	2003
李维堂	男	汉	1968.4	党员	山东齐河	晨鸣纸业集团齐河板纸有限责任公司	2003
吴　勇	男	汉	1960.3	党员	山东齐河	德州双环建材有限公司	2003
李玉双	女	汉	1973.8	党员	山东平原	德州沪平永发造纸有限公司	2003
陈志诚	男	汉	1946.2	党员	福建莆田	德州石油化工总厂	2003
白金龙	男	回	1958.8	党员	山东陵县	宁津县交通局	2003
史冠武	男	汉	1964.6	党员	山东武城	德州市第二中学	2003
李国顺	男	汉	1957.3	党员	山东烟台	德州人民医院骨科	2003
张勤建	男	汉	1957.4	党员	山西文水	山东省通信公司德州分公司	2003
曹九岗	男	汉	1965.2	党员	山东宁津	德州市水利局水利施工处	2003
李文松	男	汉	1975.10	党员	山东齐河	山东移动德州分公司	2003
李　文	男	汉	1970.8	党员	湖北孝感	山东贝莱特空调有限公司	2003
李超英	男	汉	1962.4	党员	山东临邑	乐陵市电业局	2003

续人物表 -3

姓名	性别	民族	出生年月	政治面貌	籍　贯	工 作 单 位	授予时间
杨　涛	男	汉	196.8	党员	山东鱼台	中国水利水电第十三工程局	2003
梁业胜	男	汉	1967.3	党员	山东临邑	山东恒源石油化工集团	2003
王富勇	男	汉	1964.5	党员	山东禹城	禹城市房寺镇邢店村	2003
王国富	男	汉	1954.2	党员	山东武城	武城县郝王庄镇大王庄村	2003
崔俊良	男	汉	1963.11	党员	山东乐陵	乐陵市飞达集团有限责任公司	2003
崔仁宏	男	汉	1962.11	党员	山东宁津	山东华懋实业有限公司(民营)	2003
王德江	男	汉	1965.12	党员	山东陵县	陵县乐悟经贸有限公司(民营)	2003
刘文山	男	汉	1954.10	党员	山东庆云	庆云县庆云镇范庵村	2003
黄德林	男	汉	1957.3	党员	山东齐河	齐河县大黄乡二郎庙村	2003
王建民	男	汉	1953.11	党员	山东平原	平原县王凤楼镇王凤楼村	2003
翟永良	男	汉	1952.7	党员	山东德州	德城区二屯镇翟时庄村	2003
董吉增	男	汉	1957.7	党员	山东德州	德州市经济开发区宋官屯镇簸箕刘村	2003
于风东	男	汉	1950.9	党员	山东临邑	临邑县理合务乡沙于村	2003
解元波	男	汉	1958.6	党员	山东禹城	德州市公安局德城分局	2008
陈声环	男	汉	1953.4	党员	辽宁盖州	德州德隆集团责任有限公司	2008
王星云	男	汉	1957.5	党员	山东禹城	山东福田药业有限公司	2008
刘　锋	男	汉	1970.10	党员	山东禹城	山东莱钢永锋钢铁有限公司	2008
李登龙	男	汉	1960.7	党员	山东济南	谷神生物科技集团有限公司	2008
董善昌	男	汉	1959.6	党员	山东高唐	山东泉林纸业夏津有限公司	2008
朱秀英	女	汉	1955.6	党员	山东齐河	德州学院政法系	2008
潘　雷	男	汉	1965.2	党员	山东夏津	夏津县第六中学	2008
邱红玲	女	汉	1962.6	党员	山东招远	德州市广播电视报社	2008
付洪楼	男	汉	1965.10	党员	河北盐山	临邑县人民医院	2008
周培荣	女	汉	1955.7	党员	山东宁津	宁津县人民医院	2008
戚继舫	男	汉	1953.3	党员	江苏苏州	中国水利水电第十三工程局	2008
赵　磊	男	汉	1974.4	党员	山东乐陵	国强五金集团有限公司	2008

续人物表－3

姓名	性别	民族	出生年月	政治面貌	籍　贯	工 作 单 位	授予时间
李凌云	女	汉	1971.11	党员	山东夏津	夏津县国家税务局	2008
崔玉洪	男	汉	1963.8	党员	山东临邑	德州市中心血站	2008
赵　红	女	汉	1966.3	党员	山东商河	临邑第一中学	2008
杨秀娟	女	蒙古	1975.4	党员	辽宁彰武	山东德百集团有限责任公司	2008
孙希瑞	男	汉	1963.3	党员	山东德州	德州恒力电机有限责任公司	2008
刘建军	男	汉	1961.4	党员	山东德州	德州交通集团有限公司客运分公司	2008
刘绍敬	女	汉	1979.6	党员	山东庆云	庆云县信誉商厦有限公司	2008
蔺心恒	男	汉	1966.3	党员	山东临邑	山东省恒源石油化工集团	2008
董利民	男	汉	1972.9	群众	山东武城	山东联兴建设集团有限责任公司	2008
潘皋正	男	汉	1966.5	党员	山东陵县	德州市丁东水库管理处	2008
吴兆征	男	汉	1957.12	党员	山东武城	山东古贝春有限公司	2008
郑福德	男	汉	1957.12	党员	山东武城	宁津县电业公司	2008
田新锋	男	汉	1970.8	党员	山东德州	德州克代尔集团有限公司	2008
王连水	男	汉	1958.9	党员	山东平原	山东照东方纸业集团有限公司	2008
满增志	男	汉	1962.11	党员	山东德州	德州巨嘴鸟工贸有限公司	2008
张洪波	男	汉	1966.4	93学社	山东庆云	中澳控股集团有限公司	2008
任廷水	男	汉	1962.8	党员	山东德州	宁津县柴胡店镇崔杨村	2008
郭仁水	男	汉	1955.8	党员	山东乐陵	乐陵市化楼镇郭寺村	2008
赵风庄	男	汉	1955.4	党员	山东德州	德州运河经济开发区五四村	2008
王业明	男	汉	1948.9	党员	山东德州	齐河县潘店镇李官屯村	2008
谭英潮	男	汉	1966.10	党员	山东武城	山东英潮集团	2008
张成岗	男	汉	1966.9	党员	山东德州	德城区黄河涯镇焦庄村	2008
冯玉珍	女	汉	1953.3	党员	山东禹城	禹城市安仁镇王子付村	2008
于光林	男	汉	1951.7	党员	山东陵县	陵县陵城镇王景河村	2008
王玉芹	女	汉	1986.9	党员	山东禹城	德州市残联	2011
刘俊升	男	汉	1951.8	党员	山东宁津	山东良星种业有限公司	2011

2007—2011年德州市获“全国道德模范”人员表

人物表－4

姓　名	性别	民族	出生年月	政治面貌	籍　贯	工作单位	授予时间
孟祥斌	男	汉	1979.4	党员	山东齐河	解放军96164部队	2009
张光城	男	汉	1928.11	群众	山东齐河	齐河县经济开发区火把张庄	2011（提名奖）

2007—2011年德州市获“省级道德模范”人员表

人物表－5

姓　名	性别	民族	出生年月	政治面貌	籍　贯	工作单位	授予时间
周主信	男	汉	1962.8	党员	山东庆云	庆云县教育局	2007
胡　军	男	汉	1984.4	团员	山东齐河	齐河县赵官镇大胡村	2009
胡敏敏	女	汉	1988.4	团员	山东齐河	齐河县赵官镇大胡村	2009
袁敬华	女	汉	1976.8	民进社员	山东夏津	夏津县精华聋儿语训希望学校	2009
张光城	男	汉	1928.11	群众	山东齐河	齐河县经济开发区火把张庄	2011

FU LU

附录

- 重要批复
- 重要文件选辑
- 媒体报道选录
- 修志文件辑要

一、重要批复

1. 1989年12月，国务院关于行政区划调整，济阳县、商河县划归济南市批复文件。

国务院关于山东省调整部分地市行政区域的批复

国函〔1989〕76号

山东省人民政府：

你省一九八九年十月十七日《关于扩大淄博、济宁、济南三市行政区域的请示》收悉。同意你省：

一、将惠民地区的高青县和临沂地区的沂源县划归淄博市领导。

二、将菏泽地区的梁山县划归济宁市领导。

三、将德州地区的济阳、商河两县划归济南市领导，齐河县的靳家乡、大王乡和桑梓店镇划归济南市历城区领导。

一九八九年十二月二日

2. 国务院、山东省人民政府关于德州撤地设市批复文件。

国务院关于同意山东省撤销德州地区设立地级德州市的批复

国函〔1994〕132号

山东省人民政府：

你省《关于撤销德州地区及其驻地县级德州市组建地级德州市实行市领导县体制的请示》（鲁政发〔1994〕45号）和有关的补充报告收悉。现批复如下：

一、同意撤销德州地区和县级德州市，设立地级德州市，市人民政府驻原德州地区行署驻地。

二、德州市设立德城区，以原县级德州市的行政区域为德城区的行政区域，区人民政府驻原县级德州市人民政府驻地。

三、德州市辖原德州地区的陵县、宁津县、庆云县、临邑县、齐河县、平原县、夏津县、武城县，原德州地区的乐陵市、禹城市由省直辖。

一九九四年十二月十七日

山东省人民政府关于撤销德州地区和县级德州市设立地级德州市的通知

鲁政字〔1994〕249号

德州地区行署，德州市人民政府：

1994年12月17日，国务院以国函〔1994〕132号文批复我省，同意撤销德州地区及县级德州市，组建地级德州市。现将有关事项通知如下：

一、撤销德州地区和县级德州市，设立地级德州市，市人民政府驻原德州地区行署驻地。

二、设立德州市德城区，以原县级德州市的行政区域为德城区的行政区域，区人民政府驻原县级德州市人民政府驻地。

三、德州市辖原德州地区的陵县、宁津县、庆云县、临邑县、齐河县、平原县、夏津县、武城县和新设立的德城区；代管乐陵市、禹城市。

望你们按照国务院批复精神和有关规定，

做好地级德州市及德城区的组建工作。行政区划调整后，德州市要把德城区的行政区域标绘在1∶5万地形图上，报省政府备案。

一九九四年十二月三十日

3. 2000年6月，国务院关于同意设立德州海关的批复文件。

国务院关于同意设立德州海关的批复

山东省人民政府：

你省《关于设立德州海关的请示》（鲁政发[1997]94号）收悉。现批复如下：

一、同意设立德州海关（正处级）。

二、核定德州海关人员编制30名，由海关总署从现有编制内调剂解决，不另行增加。所需人员从地方党政机关现有人员及大学毕业生、军队转业干部中选调，不从社会上招收。

三、德州海关所需办公、生活用房和开办费、交通工具、通讯设备由你省解决，检查检验设备由海关总署负责配备。

有关具体事宜，请与海关总署商办。

国务院

二〇〇〇年六月二日

4. 2006年4月，山东省人民政府关于德州运河经济开发区设立为省级开发区的通知。

山东省人民政府关于山东微山经济开发区等设立为省级开发区的通知

鲁政字〔2006〕125号

各市人民政府，省政府各部门、各直属机构：

根据《国务院办公厅关于清理整顿各类开发区加强建设用地管理的通知》（国办发〔2003〕70号）和国家发展改革委、国土资源部、建设部《关于印发〈清理整顿开发区的审核原则和标准〉的通知》（发改外资〔2005〕1571号）精神，我省的山东微山经济开发区等7个园区基本符合国家开发区清理整顿的原则和标准，已原则通过国家开发区设立审核，经省政府同意，批准设立为省级开发区，现就有关问题通知如下：

山东微山经济开发区等7个园区虽属违规设立，但符合规划要求，已形成一定经济规模和产业集聚优势，经国家发展改革委审核认定，基本符合国务院批准的《清理整顿开发区的审核原则和标准》，批准设立为省级开发区。各开发区面积、四至范围及界址点坐标等以国土资源部核定公布的数据为准，审核结果以国家发展改革委审核公告为准。

各市要结合全省和当地经济与社会发展规划、土地利用总体规划、城市总体规划等，科学制定园区发展规划，明确功能定位，合理布局，集约用地，协调发展，把园区真正建设成为产业特色鲜明、综合配套能力强的现代制造业聚集区。

附：经批准设立的省级开发区名单

……

德州运河经济开发区

……

山东省人民政府

二〇〇六年四月二十日

二、重要文件选辑

1. 中共德州市委 德州市人民政府关于加速开发区建设若干问题的决定
（1998 年 2 月 26 日）

为尽快把经济开发区建设成为我市经济建设的龙头、对外开放的窗口和招商引资的基地，根据《山东省省级经济开发区管理暂行办法》的规定，特作如下决定。

一、开发区的管理体制

1. 开发区党委、管委会是市委、市政府的派出机构，在开发区内行使市级管理权限，具有同级党委、政府相应职能。市政府各部门要支持开发区管委会实施封闭管理。

2. 实行区镇合一，继续保留宋官屯镇的体制，由德州经济开发区代管。

二、开发区的职责

3. 依据国家法律、法规和有关规定，制定开发区的有关管理办法，并负责组织实施。

4. 编制开发区经济、社会发展计划，经批准后组织实施。

5. 按照规定权限负责开发区投资项目的申报和审批。

6. 根据开发区总体规划和土地利用总体规划，依法进行开发区内土地的规划、开发和土地利用管理工作。

7. 负责组织实施开发区内各项基础设施和公用设施的建设和管理。

8. 负责管理开发区的财政、国有资产、税收、劳动人事、工商行政、环境保护和社会治安工作。

9. 按照国家规定办理开发区的涉外事务，管理开发区的进出口业务。

10. 负责开发区企事业单位的统计工作，及时、准确、全面地汇总上报统计数据。

11. 市委、市政府赋予的其他职责。

三、开发区的权限

12. 开发区管委会依据发展规划，安排年度投资计划，市计委每年要留出开发区基建投资规模。开发区内属市级审批权限的项目（包括内资和外商投资项目）立项，合资合作项目的合同、章程以及外商独资企业入区，由开发区管委会审批。限额以上的项目由开发区管委办理报批手续。

13. 开发区内的土地由开发区管委会统一管理。市级批准权限内的土地征用、划拨、出让，由开发区管委会决定，发放市统一制发的土地使用证。市级以上审批权限的，市土管局协助开发区管委会报批。

14. 开发区的建筑市场，由开发区管委会统一管理。投资总额 1000 万元以下的民用项目和投资总额 3000 万元以下的工业项目，由开发区管委会审批，办理各种建筑施工手续。超出限额的，由开发区管委会负责报批。

15. 开发区内的房产由开发区管委会统一实行行政管理，核发市统一制发的房产执照。

16. 开发区的总体规划报市政府批准。规划区内的详细规划由开发区管委会审批，办理手续。

17. 开发区的城市管理、环保由开发区管委会统一管理。开发区的人防工程建设或人防工程易地建设收费,除起步区免收外,按照人防的有关政策规定执行,所收取的人防建设费和易地建设费,用于开发区的人防建设。

18. 开发区内设机构由开发区管委会提出意见,报市委、市政府、市编委审定;开发区自收自支的事业单位机构、编制,由开发区自行管理。开发区中层及以下干部和工勤人员一律实行聘任制,由开发区统一任命管理。

四、开发区的财政、税收及工商行政管理

19. 开发区内的一切行政事业性收费全部留给开发区,用于开发区滚动发展。

20. 凡进入开发区的企、事业单位,一律在开发区办理工商注册、税务登记,享受开发区的优惠政策。

21. 享受减、免税的单位或个人,按现行政策,实行先征后退的办法。由纳税人提出退税申请,经开发区管委会和财政部门审核批准,由财政返还。

五、开发区的基础设施建设

22. 为改善开发区的投资环境,在开发区建设期间,除启动资金外,市政府每年投入一定数量的资金用于开发区基础设施建设。

23. 由市政府统一协调,组织城市公共事业部门联合开发建设规划区内的供水、排水、供电、供热、煤气、通讯、道路等基础设施。

六、开发区的招商工作

24. 全市新审批的、适合在开发区发展的外商投资项目,尽量挪进开发区。

25. 支持现有三资企业把适合到开发区发展的项目,挪到开发区建厂,尽快形成以商引商的小气候。

26. 利用各种渠道,吸引外商到开发区办企业、建设工业专用地,搞小区域集中开发。

27. 把老企业的嫁接改造与开发区建设结合起来。支持市里老企业到开发区设点,与外商合资合作,在新的起点上加速发展。

28. 把老城区的改造与开发区建设结合起来,有计划地把城市中心区的工业企业迁到开发区,退出后的老厂区用于发展第三产业。迁到开发区的企业,享受开发区的优惠政策。符合进区条件、投资规模在300万元以上的企事业单位,允许区内注册、区外经营(时间不超过两年),享受开发区优惠政策。

29. 进入开发区的合资合作企业,由开发区管委会统一管理。各专业银行要采取倾斜政策,在资金上给予大力支持和优先安排。

七、其他

30. 开发区内开发建设项目,必须按规定期限投入资金或动土兴建;对未按规定期限动工兴建又未申请延期的,由开发区管委会收回其土地使用权,对造成土地闲置荒芜的,由开发区管委会依法征收土地闲置荒芜费。

31. 开发区内的企业除按照法律、法规和规章规定缴纳费用外,任何部门、单位不得向企业摊派和收取费用;对于乱摊派、乱收费的,企业有权拒绝缴纳。

2. 中共德州市委　德州市人民政府关于加快城市化进程的意见

(2000年8月4日)

为认真贯彻落实《中共中央、国务院关于促进小城镇健康发展的若干意见》和省委七届四次全体会议精神,加快我市城市化进程,促进全市经济和社会各项事业更快更好发展,提出如下意见:

一、充分认识加快城市化进程的重要意义

(一)城市是一定区域的政治、经济、文化和信息中心,是现代经济社会发展的重要载体。城市的发展主导着经济增长和社会文明的进步。加快城市化进程,是我市经济社会发展进

入新阶段的客观要求，对于促进生产要素集聚，推进产业结构的调整和升级，加速农村剩余劳动力向城镇转移，加快城乡现代化建设步伐，全面提高经济增长质量和人民群众生活水平，都具有重要的现实意义和战略意义。

（二）改革开放以来，特别是撤地设市以来，我市城市化进程明显加快。全市城镇体系框架初步形成，城市基础设施日趋完善，城市在经济社会发展中的作用日益突出，1999 年城市化率已达到 29.33%。但是，目前仍存在城市化滞后于工业化，城市（镇）规模小、基础设施欠帐多、辐射能力弱、城镇建设缺乏特色等问题，与全市经济社会跨世纪发展的要求很不适应。大力推进城市化进程，已成为各级党委、政府和全市人民面临的一项紧迫任务。

（三）我市加快城市化进程的时机基本成熟。按照城市化发展的一般规律，城市化达到 30% 即可进入高速发展阶段。目前，我市农业正在由传统农业向市场农业、现代农业转变，工业正处于快速膨胀、档次提升的阶段，第三产业特别是各类市场建设方兴未艾，全市非农产业快速发展，农村剩余劳动力日益增多，这些都为加快城市化进程提供了良好的条件。各级一定要认清形势，坚定信心，抢抓机遇，切实把加快城市化进程作为德州跨世纪发展的战略重点，尽快取得大的突破。

二、进一步明确城市化发展的战略方针、布局、目标和原则

（四）今后一个时期，我市城市化发展的战略方针是：从工业欠发达的实际出发，在优先推进农村工业化的基础上，加快发展区域中心城市，重点膨胀县市驻地。积极发展小城镇，择优培育中心镇，量力而行，循序渐进，逐步构筑起区域中心城市，次中心城市和小城镇协调发展的城市化体系。

（五）全市城镇空间布局，要逐步形成“一个中心、三个层次、四条轴线”的网络化结构形态。即以德州市区为中心，区域中心城市、县市驻地和小城镇三个层次，济德高速公路、104 国道、105 国道、314 省道四条发展轴线。

——加快发展区域中心城市。德州市区要以建设“城郊型农业、商贸型城市、能源化工纺织基地”为目标，加速产业聚集，强化功能培育，加快河东新区建设步伐，努力扩充城市规模，到 2010 年跨入大城市发展行列，建成鲁西北、冀东南地区最大的中心城市。

——重点膨胀县市驻地。10 个县市驻地要迅速扩充人口、产业集聚规模，调整优化经济结构，加快城市建设发展步伐，到 2010 年，乐陵、禹城，临邑跨入中等城市发展行列，其它县也要发展成各具特色的小城市。

——积极发展小城镇，择优培育中心镇。小城镇建设要与产业发展和资源开发紧密结合，加快实现由数量扩张到质量提高。由分散建设到集中建设转变。全市重点抓好 12 个中心镇，到 2010 年，镇区人口要达到 3 万人以上，基础条件较好的要达到 5 万人以上。

（六）城市化发展的总体目标：第一步，到 2005 年，市域城镇体系得到初步调整和完善，以河东新区建设为重点的中心城市发展初见成效，人口规模达到 50 万人，10 个县市驻地和 12 个中心镇得到重点培育，全市城市化水平达到 40%。第二步，到 2010 年，基本形成较为完善的市域城镇体系，中心城市人口达到 60 万人，跨入大城市发展行列，10 个县市驻地人口达到 10—15 万人，其中，乐陵、禹城、临邑达到 20 万人，建成中等城市，中心镇镇区人口规模达到 3—5 万人，全市城市化水平达到 50%，赶上全省平均水平。再经过 10 年的发展，到 2020 年，市区面积发展到 130 平方公里，人口达到 100 万人，全市城市化水平达到 70%，接近或赶上东部沿海发达地区。

（七）在推进城市化进程中，要把握以下原则：一是科学规划，分步实施。立足当地优势和资源条件，统筹安排城市化发展的战略重点、战略步骤和阶段任务目标，坚持量力而行，尽力而为，分步实施，有序推进。二是抓住重点，突出特色。坚持有所为有所不为，抓住主要矛盾，集中力量解决规划、基础设施建设、经济结构调整等突出问题。根据城市自然、历史条件和现状基础，把准特点，发展特色产业，建设特色城镇。三是改革开放，持续发展。搞好机制创新，转变政府职能，提高管理效率，在注重量的增长的同时，更要注重质的提高。充分考虑资源和环境的承载能力，实现经济、社会、环境效益的高度统一。四是政府引导，市场推动。政府强化对城市化进程的引导和宏观调控，发挥规划的导向、协调和约束作用，充分利用市场机制，依靠市场力量，实现城市化整体推进。

三、加快城市基础设施和生态环境建设

（八）建设完善的城市道路、供水、供热、燃气系统。以主次干道为主，着重抓好快速通道、进出口、外环路、停车场建设，形成便捷的道路网络系统，提高城市交通效率。完善水厂配套设施，合理调整供水管网，提高供水能力。进一步搞好市区、禹城、武城、临邑、平原、齐河等县市管道天然气工程和燃气工程建设，大力发展城市集中供热系统，提高供热普及率，

（九）建设以绿化、污水处理、垃圾处理为重点的城市生态环境体系。注重城市大环境绿化，搞好沿河、沿湖、沿路和环城的“三沿一环”绿化建设，切实保护利用好水面等自然景观，大量建设街头绿地和小游园，积极开展创建园林城市活动，提高城市绿化水平。建设完善的城市排水系统，搞好污水处理厂工程建设，到2010年，每个县市都要建成一座污水处理厂。建设垃圾处理场、垃圾中转站和高标准公厕，大力推行垃圾分类收集和生活垃圾袋装化。积极实施城镇亮化工程，丰富城镇夜景，

（十）搞好建筑业和住宅建设。加快以经济适用房为重点的住宅小区建设，大力推行物业管理，提高市民居住水平。全面深化住房制度改革，启动、规范住房交易市场，建立多层次的住房供应体系。强化措施，加大扶持力度，合理调整优化建筑企业结构，尽快将建筑业培植成为国民经济支柱产业。

（十一）建设完善的公路、电力、通讯、水利和信息网络。以提高对外辐射和快速通达能力为重点，完善公路网布局，形成德州市区“日”字型外环路主框架，按一级公路标准建设104线、德武公路、044线，将全市所有连接中心镇的公路改造升级为二级公路。加快以邮电、通讯为主体的综合信息网络建设，到2010年，电话普及率达到35部/百人。以骨干河道治理、关键水源工程和农田节水灌溉为主，不断完善水利设施。加快电力能源设施建设，扩建华能德州电厂三、四期工程，实现装机总量372万千瓦；建设4座220KV和6座110KV变电站，完善城区电网及农村电网，满足用电负荷增长的需要。

（十二）统筹规划建设科技、教育、文化、旅游、卫生、体育等设施。适应社会主义市场经济和现代化建设要求，大力发展科技事业，增强城市技术创新功能，加快发展教育事业，提高市民文化素质；加强城市文化建设，增强城市文化品位。新建或改建一批科技馆、文化馆、图书馆、博物馆、体育中心、医疗中心等科教文卫设施，提高城市居民生活质量。

四、强化城市产业聚集，壮大经济实力

（十三）加快推进农业和农村现代化进程。根据参与国内外市场竞争的需要，积极进行农业结构战略性调整，大力发展农村二、三产业，特别是加快培植农产品加工、流通龙头企业，大幅度提高农业劳动生产率和农民收入，为更多

的农民离开土地参与城镇建设创造条件。

（十四）加快实施工业带动战略。工业化是城市化的先决条件。继续坚持“两手抓、两扩张”的发展思路，以壮大工业总量、扩大企业规模、提高产品竞争力为目标，按照建设能源化工纺织基地的要求，加快用高新技术改造传统产业，大力发展高新技术产品。市和各县市区都要培植一批能够支撑当地财政和城市经济发展的支柱产业、骨干企业和优势产品。进一步优化民营经济发展环境，加大“五股力量”带动力度，在千方百计扩大民营经济总量的同时，引导民营骨干企业向科技型、外向型、集团化发展，并创造条件吸引民营企业向城镇集中。

（十五）加快以市场建设为重点的第三产业发展。以建设商贸型城市为目标，坚持统筹规划、合理布局，重点搞好德州市五大商贸区及便民市场的建设和培育，大力培植骨干流通企业集团，积极发展总代理、总经销、连锁配送、电子商务等新型商业业态和流能方式，逐步把德州建成鲁西北、冀东南地区最大的流通中心。各县市要根据各自实际，尽快建设一处商务中心区，发展一批有特色的专业批发市场。各中心镇也要加快商贸设施和专业批发市场建设，力求做到以商兴业、以贸兴城。同时，加快发展交通、邮电、金融保险、科技教育、文化传媒、旅游休闲、中介服务和社区服务等第三产业，完善城市功能，繁荣经济，方便人民生活。

（十六）加快各类园区建设。这是加速产业聚集、扩大城市规模的有效途径。市经济开发区要按照“当年出形象，三年见雏形，五年成规模，十年建成河东新区”的要求，尽快建成以高新技术产业、外向型企业为主的工业区，并适时实施市级行政中心东迁，到2010年河东新区要接近15万人。各县市区、乡镇也要加大各类园区建设的力度，努力扩大园区单体规模，提高园区档次水平，使之成为加速整个城市化进程的重要带动力量。

五、加强城市规划建设管理

（十七）搞好规划编制。规划是建设的龙头和灵魂，大力推进城市化，必须以科学的规划作指导。市和各县市区都要根据经济和社会发展的要求，制定加快城市化发展的规划纲要，搞好市域城镇体系规划、城市建设详细规划、基础设施建设专业规划和小城镇建设规划的编制，规划编制要立足当前，着眼长远，突出特色，体现高标准、高水平。特别是小城镇建设规划要确保质量，合理安排功能分区布局，实行集中连片开发建设，防止沿公路两侧无序发展。

（十八）强化规划管理。规划一经批准，就具有法律效力，必须严格实施，不得随意调整和修改。加强规划管理是城市政府的重要职责，规划管理权必须高度集中，不能分散下放。要加大对违反规划行为的查处力度，特别要加强城乡结合部、城市规划区内村庄、乡镇企业、各类工业园区建设、临时用地建设等方面的规划管理，维护规划的权威性和严肃性。

（十九）严格工程建设管理。牢固树立工程质量是百年大计的思想，建立健全设计、施工、监理的市场准入制度，严格执行工程招标投标、项目法人和工程监理制度，建立工程质量责任追究制，确保基础设施和城市公用工程质量。

（二十）加强城市管理。树立建管并举、重在管理的思想，坚持依法治市，健全城市管理执法队伍，大力开展以市容卫生、市场秩序、交通秩序为重点的城市环境综合整治活动，加强市民群众法制和社会公德教育，增强法制观念和文明意识，积极创建文明城市，提高城市文明程度。

六、建立有利于城市化发展的集聚机制和政策环境

（二十一）深化户籍制度改革。逐步建立以居住地划分城镇户口和农村户口，以职业划

分农业人口和非农业人口的户籍登记制度，实行城乡户口一体化管理。制定优惠政策，鼓励有技术、有资金、有专长的各类人员进城发展，形成城乡人口合理流动的有效机制。

（二十二）深化土地管理制度改革。坚持政府垄断土地一级市场，放开搞活二级市场，认真执行土地有偿使用制度，逐步使土地收益成为城镇建设主要资金来源。建立有利于城镇建设发展的土地置换和调整机制，进城镇从事二、三产业的农民，其原有宅基地可按一定比例折算成城镇建设用地，置换到城镇，降低进城成本。严格限制分散建房，鼓励农民进镇购房或按规划集中建房。小城镇建设用地在不改变土地用途的前提下，允许土地使用权在本城镇集体经济组织间流转，保持集体土地性质不变。对进镇落户农民的土地承包经营权，可根据本人意愿保留三年，也允许依法有偿转让。

（二十三）深化社会保障制度改革。以市场化、社会化为方向，完善城镇养老、失业、医疗保险等社会保障制度，农民转入城镇户口，享受城市居民同等的最低生活保障。培育城乡一体的劳动力市场，降低劳动力流动成本，提高劳动力资源配置效率。

（二十四）深化投融资体制改革。坚持政府主导、市场运作的原则，建立由财政投入、城市市政公用设施有偿使用、公用事业合理计价、吸引社会资金和引进外资等多渠道、多元化的投资体制，保证城市维护建设税和公用事业附加足额征收，专款用于城市市政基础设施的维护和建设。城市基础设施配套费、城市污水处理费等收费项目要按规定标准足额征收。建立和完善促进城市化发展的价格政策，利用价格杠杆，解决城市供水、供气、供热、污水处理、垃圾处理等公用事业的投资补偿问题。运用经营城市的观念和市场经济手段，通过出让、转让市政公用设施经营权，采取 BOT、TOT、以路带开发等方式，吸引民资和外资参与城市基础设施建设。建立城建资产经营公司，承担资本运营、国有资产保值增值的责任，并赋予其“自借、自用、自还”的筹资和还贷功能，盘活和优化存量资产，拓宽融资渠道，加大对城市基础设施的投入。

（二十五）运用市场机制促进小城镇健康发展。各县市区要结合实际制定小城镇建设规划，在财政、投融资、土地、户籍等方面制定更加优惠的政策，促进小城镇加快发展。要因地制宜确定小城镇发展的路子，依托当地主导产业，加快各类工业园区和专业批发市场建设，带动小城镇规模扩张，吸引广大农民参与小城镇建设。市里近期重点抓好 12 个中心镇，设立独立的镇级财税机构和镇级金库，做到“一级政府，一级财政”，逐步建立稳定、规范、有利于中心镇长远发展的分税制财政体制；目前尚不具备实行分税制条件的，要协调县、镇两级合理确定中心镇的财政收支基数，其地方财政每年超收部分全部留给中心镇。中心镇党政主要负责人任职要保持相对稳定，一般要干满两届。

七、加强领导，积极稳妥地推进城市化进程

（二十六）切实加强对城市化工作的组织领导。各级、各部门要进一步解放思想，转变观念，增强城市化意识，把推进城市化进程纳入国民经济和社会发展总体规划。市委、市政府确定成立德州城市化工作领导小组，统一组织和协调全市城市化工作。各县市区也要成立相应的组织机构，加强对城市化工作的领导。

（二十七）大力提高领导城市的能力。各级领导干部都要加强学习，熟悉和掌握市场经济条件下城市工作的客观规律和科学方法，正确处理城市化与经济结构调整、机制创新、环境保护、人口流动、保护耕地，区域协调发展、城乡共同进步的关系，坚持因地制宜，既量力而行，又尽力而为，积极推进和正确引导城市化健康发展。

（二十八）建立民主科学的决策机制。城市化是一项复杂的系统工程，事关经济社会发展的全局，有关决策要充分发扬民主，扩大公众参与，听取和尊重专家的意见，进行科学论证，避免和减少失误。要建立城市化发展竞争激励机制和科学的考核评价体系，确保我市城市化发展的各项任务目标落到实处。

3. 中共德州市委　德州市人民政府关于深入实施工业强市战略进一步加快工业发展的意见

（2007 年 7 月 30 日）

为全面贯彻省第九次党代会和市第十三次党代会精神，深入实施工业强市战略，大力发展工业经济，现结合我市实际，提出如下意见。

一、指导思想

坚持以科学发展观为统领，以优化产业结构为主线，立足优势、培育特色、突出重点、强化科技、注重环保，努力增加工业经济总量，构筑支柱产业优势明显、骨干企业地位突出、中小企业蓬勃发展的工业经济格局，走出一条科技含量高、经济效益好、资源消耗低、环境污染少、交通区位和人力资源优势充分发挥、富有德州特色的新型工业化道路。

二、总体目标

在工作方向上，着力培育一批重点骨干企业、一批优势主导产业、一批特色产业集群、一批知名品牌；在工作重点上，抓好骨干带动、项目带动、园区带动、产业带动、科技带动、开放带动；在工作目标上，力争实现“四个翻番”，即到 2011 年底实现工业总资产、销售收入、增加值、利税均比 2006 年底翻一番，分别达到 2000 亿元、3000 亿元、900 亿元、400 亿元。全市重点培植的 25 家财源骨干工业企业以及其他市属企业要率先发展，提前一年实现四项指标的翻番。

三、发展方向和重点

（一）发展壮大优势产业。根据发展优势明显、发展方向明确、发展潜力较大的原则，重点发展机械制造业、化学工业、纺织服装业、农产品深加工业、林产品加工业和生物制造业等六大优势产业，着力打造六大基地。力争到 2011 年底六大产业实现销售收入 1700 亿元，利税 220 亿元。

1. 机械制造业。以运用高新技术改造提升产业层次和增加产品科技含量为重点，以骨干企业为依托，突出发展数控机床及机床零部件、石油钻探机械、汽车零部件、工程机械制造业。力争到 2011 年底实现销售收入 300 亿元，打造全省重要的机械制造基地。

2. 化学工业。以精细化工为方向，拉伸产业链条，不断增强煤化工联产能力，扩大石油加工规模，发展有机化学产品和精细化工产品。力争到 2011 年底实现销售收入 300 亿元，打造全省重要的精细化工生产基地。

3. 纺织服装业。加大技改力度，提升装备水平，立足上下游配套发展，全面提升产业层次，重点发展家纺、服装、高档面料和产业用布，推进产品升级换代，强力实施服装名牌带动战略，实现从初加工产品为主导到终端产品为主体的跨越。力争到 2011 年底实现销售收入 300 亿元，打造全省重要的服装纺织生产基地。

4. 农产品深加工业。依托资源优势，加快推广应用先进制造技术，最大限度地提高产品附加值，进一步扩大肉制品和乳制品产销规模，提高小麦、玉米、大豆、棉籽等产品的深加工水平，推进酿造生产由单一酒品向精细化工、生物制药、食品添加剂等高附加值产品转变。力争到 2011 年底实现销售收入 400 亿元，打造全省重要的农产品深加工基地。

5. 林产品加工业。立足我市速生林发展优势，重点搞好林木资源综合开发利用，加快人造板生产规模扩张，推进家具生产向集约化、集聚化、品牌化方向发展；调整造纸原料和产品结构，推进林浆纸一体化进程，加快小枣及水果深加工进程，努力提高附加值。力争到2011年底实现销售收入200亿元，打造全省重要的林产品生产基地。

6. 生物制造业。充分发挥现有产业基础和园区优势，重点发展生物基材料、生物能源、生物育种、生物医药、生物酶制剂五大领域。力争到2011年底实现销售收入200亿元，打造全省重要的生物产品生产基地。

（二）大力培育产业集群。重点培植新能源、中央空调、功能糖、汽车零部件四大产业集群。力争到2011年底四大产业集群销售收入达到400亿元。

1. 新能源产业集群。以建设“新能源城市”为目标，大力发展新兴能源产业。扩大太阳能产业规模，提升档次，充分发挥名牌带动效应，扩大光热产品生产规模，开发光电光伏、温屏玻璃、太阳能建筑一体化等产品，促进新技术与太阳能产业的结合应用；大力发展循环经济，积极推进秸秆发电、燃料乙醇等节能型新能源开发；结合新农村建设，大力推广秸秆燃气、沼气、颗粒燃料等实用性能源。

2. 中央空调产业集群。以现有骨干企业为龙头，提高自主创新能力，抓好核心部件、主机及上下游产品的生产，带动一批专业化配套企业快速集聚发展。

3. 功能糖产业集群。以禹城高新区为载体，依托龙头企业，扩大主导产品生产规模，发挥国家糖工程研究中心禹城分中心的作用，不断增强企业自主研发能力，拓展延伸产业链条。

4. 汽车及零部件产业集群。充分发挥武城齐鲁汽车整车装配的龙头作用，加快实现规模化生产。同时，大力发展刹车片、轮毂、方向机、变速箱、汽车覆盖件、内饰件、密封件等零部件产品，提高为主流车型配套和融入全球采购市场的能力。

在产业发展中，各县市区要立足优势，依托特色产业积极申报国家级“名城”和“基地”等称号，加速形成一批块状经济隆起带，进一步提升区域品牌影响力。

四、奖励政策

1. 对纳税额超过上年15%的企业，由市政府对企业法人代表进行奖励，并授予荣誉称号，对符合条件的，优先推荐为市级以上人大代表、政协委员和劳动模范。其中，纳税额超过1000万元（含1000万元）的，按超出15%以上部分的1%进行奖励；纳税额超过5000万元（含5000万元）的，按超出15%以上部分的1.5%进行奖励；纳税额超过1亿元（含1亿元）的，按超出15%以上部分的2%进行奖励，纳税额不足1000万元的，由企业所在县市区奖励。

2. 支持企业上市融资。对新上市的企业，由市政府奖励100万元（其中奖励市主管部门10万元、企业所在县市区20万元、企业70万元）。上市公司通过配股、增发等形式在证券市场实现再融资的，由市政府奖励30万元。

3. 对获得国家级高新技术企业称号的，由市政府奖励10万元。对经认定的国家级、省级企业技术中心（工程技术中心、工程技术研究中心），由市政府分别奖励20万元和10万元。鼓励企业承担各级各类科技计划项目，对获得国家自然科学奖、技术发明奖、科技进步奖、国际合作奖的企业，由市政府一次性奖励20万元。

4. 对贷款余额超过上年的金融单位，每超出1亿元，由市政府奖励单位1万元。

5. 对获得省级以上绿色环保、节能减排、清洁生产、资源综合利用等称号的企业，由市政

府奖励5万元。

凡年度内发生重特大安全生产事故，未完成节能减排指标的县市区和企业，不享受上述政策。

五、组织领导

充分发挥工业强市战略推进委员会的组织领导作用，每季度至少召开一次会议，落实市委、市政府加快工业发展的政策措施，及时研究解决重大问题。落实市级领导干部联系骨干企业制度，帮助企业解决实际困难。推进委员会办公室每月要向委员会提交一次工业经济发展情况专题报告。各县市区也要成立相应的领导机构和工作班子，切实履行好促进工业发展的职能。

全面提高服务效率。进一步强化市政务服务中心的职能，实行"预约告知、一次受理、限时办结"制度。继续压缩收费项目，对保留的收费项目，在"德州政府信息网"公布，并按最低限标准收取。继续开展机关效能考评和民主评议行风"两评"活动，由市纪委、监察局牵头，每年于6月份、12月份进行综合测评。对年终考评排名前十位的单位，给予通报表彰；排名后三位的，给予主要负责人诫勉连续两年排名后三位的，给予主要负责人免职，属垂直管理部门的，建议上级主管部门调离主要负责人。

大力营造良好的舆论氛围。充分发挥新闻媒体的舆论导向和监督促进作用，在全社会形成加快工业发展的共识。各新闻媒体要开辟专栏，加强对全市工业发展形势、重点骨干企业、优秀企业家和先进典型的宣传，确保工业强市战略深入人心，凝聚加快工业发展的强大合力。

本意见自公布之日起施行，由市政府办公室负责解释，并组织有关部门制定细则，组织实施。

4. 中共德州市委　德州市人民政府关于建设幸福德州的实施意见

（2011年9月2日）

为深入贯彻落实科学发展观，促进经济社会又好又快发展，全面提高人民群众的生活质量，真正让人民群众共享改革发展成果，不断增进人民福祉，现就建设幸福德州提出如下实施意见。

一、重大意义

幸福是一个不断追求、不断建设、不断发展的过程，是一个激发人民群众为推动经济社会发展不懈奋斗的过程。当前，我市正处于全面建设小康社会的战略机遇期，现阶段提出建设幸福德州，是市委、市政府在改革开放取得重大成就、人民生活基本实现小康之后，为更好地满足人民群众对幸福的新追求而作出的战略决策。建设幸福德州，就是坚持以人为本，以提高人民幸福感为目标，有效破解发展难题，更加注重转型发展，更加注重创新创造，更加注重改善民生，更加注重社会和谐，努力使经济发展与人的发展统筹共进，发展指标与幸福指数同步提升。

建设幸福德州体现了科学发展的新境界。建设幸福德州，明确了落实科学发展观的目标导向，搭建起党委、政府执政为民的广阔平台，把以人为本的执政理念与人民群众渴望幸福生活的共同愿望紧密联系在一起，把实现经济发展、社会和谐的目标追求与人民群众的现实感受有机结合起来，将科学发展提高到一个新的境界。

建设幸福德州符合现阶段加快发展的新要求。目前我市经济社会发展正处于群众利益诉求增多、社会矛盾增多、社会结构平衡难度加大的阶段，加快发展是解决诸多问题的关键。建设幸福德州，将经济社会发展成果更多更好更直观地惠及人民群众，把提高人民群众的幸福感作为经济社会发展的目标追求，有利于促进政府职能转变和公共服务水平提高。

建设幸福德州顺应了人民群众的新期盼。建设幸福德州，将促使各级不断转变发展理念，科学制定增进人民福祉的政策措施，进一步提升发展层次和内涵，更好地满足人民群众的生存需求、实现人民群众的发展愿望、提升人民群众的幸福指数，真正实现发展为了人民、发展依靠人民、发展成果由人民共享。

建设幸福德州开启了全市转型发展的新征程。建设幸福德州，将进一步引导各级围绕人的发展、完善、提升、感受和追求来思考推进工作，在更大程度上实现经济发展与民生改善相融合，以经济发展保障民生改善，以民生需求促进经济转型升级，从而加速产业结构、政府职能、财政投向、公共服务等方面的全面调整与转型，实现经济发展与民生建设良性互动。

二、总体要求

指导思想。以邓小平理论和“三个代表”重要思想为指导，深入贯彻落实科学发展观，牢牢把握“主题主线”和继承创新、务实求进、跨越发展的主基调，坚持用发展创造幸福、用幸福评估发展，统筹推进经济建设、政治建设、文化建设、社会建设以及生态文明建设，力求富民与强市同步谋划、经济与民生同步建设、生态与生产同步优化、城市与农村同步发展、民主与法制同步推进、个人与社会同步提升，确保人民群众生活一天比一天好、信心一天比一天足。

基本内涵。立足德州实际，通过增强经济实力，不断满足群众新需求，提高群众满意度，增强群众幸福感。(1)发展经济、增加收入，让人民群众有富足感。发展现代产业体系，加快经济发展和转型升级，加速膨胀社会财富总量，不断增加城乡居民收入，确保更多财力用于民生事业，人民群众跨越激情日益高涨、生活质量不断改善、发展信心持续增强。(2)安居乐业、衣食无忧，让人民群众有稳定感。加快城乡基础设施建设，健全社会保障制度，加快构筑终身教育体系、就业服务体系、社会保障体系、医疗卫生服务体系、住房保障体系，人民群众衣食住行有保障、生老病孤有依靠、安居乐业有依托。(3)公平正义、安定有序，让人民群众有安全感。加强民主法制建设，维护司法公正，坚持依法行政，树立政府公权公信，畅通上下沟通渠道，创新社会管理方式，努力缩小贫富差距，保持社会安定和谐，人民群众事有人办、难有人帮、话有处讲、理有处说。(4)实现自我、受人尊重，让人民群众有成就感。崇尚创新创造，人人好学上进，市民充分就业，发展环境优越，干部创事业、百姓创家业、能人创大业、人人创实业，人民群众爱岗敬业、勤劳致富、热爱劳动、尊严生活。(5)环境优美、生活方便，让人民群众有舒适感。追求人与自然和谐相处，践行绿色生态低碳文明，统筹城乡一体发展，提升居民生活质量，人民群众生活惬意、崇尚自然、心情愉悦、体健安康。(6)崇文尚德、守望相助，让人民群众有归属感。弘扬包容诚信精神，培养高尚道德情操，丰富文化生活，体现人文关怀，人民群众邻里团结、家庭和睦、友好互助、精神充实。

推进原则。(1)坚持以经济建设为中心。立足经济欠发达这一基本市情，充分发挥后发优势，把加快发展扩大经济总量作为建设幸福德州的基础工程，集中力量增加城乡居民收入。(2)坚持民生民本导向。以不断满足人民群众物质文化需求、提高生活质量为目标，将财力最大限度地向民生倾斜，合理调整收入分配关系，努力实现居民收入增长和经济发展同步、劳动报酬增长和劳动生产率提高同步。(3)坚持实事求是、务实推进。立足我市现阶段基本特征，突出解决当前人民群众反映强烈的现实问题，

不提不切实际的过高指标，不做华而不实的表面文章，确保人民群众生活质量年年有实实在在的提高。(4)坚持统筹兼顾、共建共享。将幸福德州建设具体到经济、政治、文化、社会和生态文明建设的各个方面，统筹推进，形成强大合力；动员社会各方面及广大人民群众积极参与、共建共享，确保形成良好的社会推动效应和创建氛围。

三、全力促进发展转型升级

着力构建现代产业体系。认真落实《德州市现代产业体系发展规划纲要》，全力实施“10+3”主导产业集群推进计划，力争3～5年实现经济总量倍增目标。今后3年，农产品(食品)加工、装备制造、纺织服装、化学工业、新能源(节能环保)、新材料、生物技术、现代物流(现代商务)、文化旅游(体育)、城市综合体(房地产业)十大产业年均投入不低于100亿元。争取到2013年，十大产业累计完成投入5000亿元以上，实现主营业务收入1万亿元以上，两项指标年均增长40%以上。超前谋划发展交通装备、电子信息和现代服务业(现代金融业、文化创意、服务外包)三大未来新兴产业，努力培植新的经济增长点。出台优惠政策，大力培育县域特色产业。

加快转方式调结构步伐。(1)提升新型工业化水平。加快信息化与工业化融合，到2013年，全市规模以上工业企业研发、管理、生产、销售各环节信息技术应用率超过40%。加快传统产业技术改造，加大技改扶持力度，三年间传统产业的设备先进率每年提高3个百分点。坚决推进节能降耗，加速淘汰“五小”企业等落后产能，在钢铁、造纸、化工等高耗能行业全面推行清洁生产审核，创建一批循环经济示范企业和园区。力争到2013年，单位国内生产总值能源消耗比2010年降低11%左右，高新技术产业产值占规模以上工业总产值的比重超过25%。(2)加快发展现代服务业。充分发挥区位交通优势，深入分析研究高铁时代带来的机遇和挑战，全力做好对接京津济大城市的文章，主动承接大城市服务配套功能。不断提升商贸、餐饮等传统服务业水平，着力打造购物德州、美食德州、休闲德州城市品牌。大力发展物流、研发、设计、信息、中介、金融保险等生产性服务业，积极发展文化创意、会议会展、养生保健、服务外包、休闲旅游等新兴服务业。“十二五”期间，服务业占比年均提高2个百分点，到2013年，服务业增加值占地区生产总值比重达到38%以上。(3)大力发展生态高效农业。以建设国家重要的现代农业示范区和京津济优质农产品供应基地为目标，加快推进现代化生产、产业化运作、公司化经营。强化农业产学研的横向合作，推进生物育种、生物肥料、生物制剂等生物农业发展。积极开展农产品质量安全示范区建设。到2013年，确保粮食总产量稳定在700万吨以上，农产品“三品”(无公害食品、绿色食品、有机食品)认证面积突破200万亩；农产品(食品)加工业销售收入年均增长50%左右，达到3000亿元以上。

提升城市综合能级。(1)优化城乡空间布局。积极融入山东半岛蓝色经济区和黄河三角洲高效生态经济区战略，纵深推进济德一体化、德陵同城化，促进陵县、平原、武城、宁津融入中心城区，积极构建“一带三心三城”的城市发展格局和“一区一轴两带”的市域城镇空间结构。稳步推进小城镇建设，到2013年，全市城镇化水平达到50%。(2)提升中心城区层级。按照市区“百平方公里、百万人口规模”目标，高标准推进“两个新区”、“五大片区”规划建设，努力提升中心城区辐射力、带动力。以中心城区为核心，加速形成“中心城区半小时经济圈”。紧紧抓住高铁建设带来的重大机遇，推动东部形成新的经济隆起带，打造新的城市增长极，为建设区域性枢纽城市奠定基础。探索商业地产经营新模式，积极对接国内外知名城市开发企业，多形式、高标准开发城市综合体项目。围绕“中国太阳城”、“新能源示范城市”等城市品牌，全力塑造城市特色，积极打造生态宜居城市，展现阳光之城、清新德州的靓丽形象。(3)强化城市功能支撑能力。牢牢把握以人为本的规划建设理念，把保障安全、方便群众放在首位。大力推进城市基础设施建设，严把建设质量关，全面提高抗灾减灾能力。提高供水、排水、供气、供热等公用事业服务质量，促进公用事业高效率运营，确保居民区修建到哪里，公用服务设施跟进到哪里。到2013年，城乡供水一体化率达到65%，建成区燃气普及率达到90%以上。优化城市综合交通，畅通各县市区间路网，统筹推进市、县、乡客运中心站建设，构建现代交通大格局。到2013年，全市公路通车总里程达到2.25万公里，公路密度达到每百平方公里220公里。

加快统筹城乡步伐。稳步推进以“两区同建”为重点的新农村建设，大力推动农民集中居住和农村经济集约发展，促进农民生活方式和生产方式“两个转变”。加快城乡水库建设，加强城乡主要饮用水源地保护。继续抓好通村公路建设，提高农村公路网络化水平，力争三年内新建和改造农村公路2600公里，大中桥梁150座。到2013年，全市自然村通公路、通客车率达到100%。构建起城乡一体的基础设施体系、城乡对接的公共服务体系和城乡联动的产业体系，积极推进农村通信基础设施规划编制，实现城乡统筹发展。力争到2013年，农村社区并居率达到30%，每个乡镇至少建成1～2处年产值超亿元的产业园区。

加快形成科技、人才、资本综合支撑体系。(1)提升科技创新能力。大力构建以市场为主导、产学研资政相结合的区域性科技创新体系，引导政府资源配置和各类创新要素向科技创新型企业倾斜，采取积极政策鼓励企业加大研发投入。到2013年，全社会研发投入占地区国内生产总值比重达到1%，科技贡献率达到50%，各级财政投入的研发经费占财政预算支出的1%以上，拥有省级及以上研发机构和企业技术中心超过120家。(2)大力建设区域人才高地。认真落实《德州市中长期人才发展规划纲要(2010～2020年)》，着力构建高层次人才引进、培育和激励体系，为现代产业体系发展提供坚强的人才保证和智力支持。重点构建“大规模引进、大规模提升、大规模对接、大规模聚集”四大人才板块，着力实施“811”人才引进计划、“双万”人才提升计划、“双千”对接合作计划、“1313”人才聚集计划等四项人才计划。通过合作研究、兼职、咨询等多种方式，培养、引进一批拥有自主知识产权或掌握核心技术、对我市产业发展有重大推动作用的高层次人才。加大科技研发平台建设，全面提高科技创业服务中心、博士后工作站、院士工作站等科技研发水平，整合各类资源，加快设立德州市应用技术研究院。力争到2013年，全市新增2家国家级科技创业服务中心，博士后科研工作站累计达到15家以上，进站科研人员100人以上。更大范围开展企业家培训，实施紧缺型人才引进计划，制定优惠政策，鼓励中小企业引进技能、研发、管理人才。力争“十二五”末，企业经营管理人才总量达到12万人，其中高级经营管理人才增加到3000人，专业技术人才总量达到13万人，高技能人才总量达到5万人。坚持以用为本，加大人才激励力度，完善人才公共服务功能，积极为各类人才和用人单位提供优质高效服务。(3)进一步加快资本市场建设。在充分发挥商业银行融资主渠道作用的同时，高度重视资本市场的培育和运作，不断加快区域性金融服务中心建设。突出科技型中小企业的资本支持体

系，支持本地企业、个人组建风险投资公司或创业投资公司，积极引进培育私募、风投、创投等投融资机构。出台扶持政策鼓励企业在主板、中小板、创业板、场外交易市场和境外市场融资，以及在债券市场上发行短期融资券，到2013年，力争全市各类上市企业达到30家以上。

四、夯实劳动就业基础

加强城乡就业创业培训。引导全体公民牢固树立用劳动创造幸福的观念。大力实施劳动力培训工程，建设一批高技能人才培养基地和公共实训基地。以下岗失业人员再就业培训、农民工技能提升培训、就业困难高校毕业生技能提升培训、新成长劳动力劳动预备制培训和创业培训为重点，落实培训补贴，对城乡劳动者开展大规模的普惠性就业培训。三年间每年培训城乡劳动者8万人以上，以实施“百千万”技能人才提升计划（即每年力争省市首席技师总量保持在100名以上，新增技师、高级技师1000人，提升培养高技能人才1万人）为抓手，深入开展“技能人才传技艺，首席技师带高徒”活动，举办好各类技能竞赛，搞好“金蓝领”培训和首席技师选拔，全面提升劳动者素质，壮大技能人才队伍。

拓宽就业创业渠道。注重发挥重大建设项目对就业的带动作用，积极扶持各类劳动者自主创业。继续把高校毕业生就业放在就业工作的首位，统筹实施“三支一扶”等基层就业项目，鼓励引导高校毕业生到基层就业创业。深入开展“4050”人员和下岗失业人员再就业援助工程、阳光扶助工程、农村困难人员就业服务行动，促进各类重点群体实现就业。大力开展全民大创业活动，扎实推进组织领导、政策支持、创业培训、创业服务、工作考核“五大体系”建设，在创业培训、项目审批、信贷发放、税收减免、土地使用等方面给予支持。健全完善“服务、培训、维权”三位一体的农村劳动力转移就业机制，提高转移的组织化程度。到2013年，年均提供新增就业岗位7万个以上，扶持自主创业2000人，累计解决困难人员就业1.2万人，德州籍高校毕业生总体就业率85%以上，城镇登记失业率控制在4%以内，动态消除城镇零就业家庭。

促进百姓持续增收。（1）改革收入分配机制。深化事业单位收入分配制度改革，全面实施绩效工资制度，稳步提高最低工资标准，健全职工工资正常增长机制，保障职工工资增速同经济发展增速同步。（2）优化城乡居民收入结构。大力度提高产业层次、优化产业结构，大幅度提高低收入群体收入水平，缩小低收入群体，扩大中等收入群体，确保城乡居民收入增长幅度高于GDP增长水平、高于全省平均水平、高于周边地区水平。（3）切实保障农民收入持续增加。改造农村、提升农业、转移农民，引导各类合作经济组织做大做强，使农民更多地享有股金、租金、薪金。到2013年，累计组建各类新型合作经济组织8000家以上，农民人均纯收入年均增长13%以上。

五、提高社会保障能力

不断扩大社会保险覆盖面。加快社会保障由“人均享有”向“人人享有”转变，重点推进城保扩面工作，促进重点区域（各类开发区和工业园区）、重点企业（民营企业和招商引资企业）和重点群体（下岗失业人员、农民工和灵活就业人员）参加城镇职工（居民）社会保险，努力扩大覆盖范围，提高基金征缴率。到2013年，基本建立城乡统筹、均衡普惠的社会保障新体系，全市城镇养老、医疗、失业、工伤、生育保险参保计划完成率超过100%；各项社会保险待遇水平不断提高，其中城镇职工和城镇居民医疗保险政策内住院费用报销比例分别达到75%和70%；新型农村合作医疗统筹区域政策内住院报销比例达到70%。

健全社会救助体系。建立健全以城乡低保、无业重度残疾人生活救助、农村“五保”和城市“三无”对象为重点的社会公共救助体系，有序开展医疗、住房、教育等专项救助工作，完善社会救助和保障标准与物价上涨挂钩联动机制。到2013年，城市低保标准达到每人每月360元，农村低保标准达到每人每年1600元。健全完善孤儿基本生活保障体系，切实提高孤儿生活水平。扎实抓好流浪救助工作，建立健全流入地与流出地之间、救助管理站与临时救助以及其他社会救助之间的衔接机制，有效预防和控制流浪乞讨现象，重点加强流浪儿童救助。积极发展慈善事业，坚持开展“慈心一日捐”等慈善活动，强化慈善事业“阳光操作”。严格落实捐赠税收减免政策，确保慈善专项资金额度年增长幅度不低于城镇居民收入增长幅度。每年表彰一批慈善捐赠先进个人，营造良好的社会风气。积极整合各类救助资金，探索建立社会救助基金，建立合理捆绑使用机制，加大对弱势群体的救助力度，最大限度地提高资金利用效率。

不断完善城乡养老体系。大力推行以城镇职工基本养老保险、城镇居民社会养老保险和新型农村社会养老保险制度为基本框架的全民养老保险制度。进一步完善城镇职工基本养老保险制度，适时提高企业退休人员养老金水平，落实养老保险关系转移接续办法，及时为跨地区流动就业人员接续养老保险关系，解决未参保集体企业退休人员和“家属工”等群体的养老保障问题。全面开展新农保试点，同步推进城镇居民社会养老保险工作，2011年年底前两项保险制度实现全覆盖，为城乡老年居民按时足额发放基础养老金，力争到2013年，全市城乡居民社会养老保险参保率达到90%以上。建立健全老年人生活补贴和高龄津贴制度，力争到2013年，全市老年居民养老补贴发放范围扩展至90周岁以上。提高老年人医疗保健水平，推动减免农村70岁以上老年人新农合参合费，每年为65岁以上老年人进行一次免费体检。完善以居家养老为基础、社区服务为依托、机构养老为补充的老年人社会福利服务体系。对社会力量兴办并达到一定规模的养老服务机构，政府财政采取以奖代补形式给予补助。建立政府为城乡散居“三无”老年人、低保家庭老年人等困难群体购买养老服务制度。到2013年，全市建成300家以上社区居家养老服务中心，全市每千名老年人拥有养老床位超过30张，全市养老床位总量超过3万张。

改善残疾人生活质量。加快推进残疾人社会保障体系和服务体系“两个体系”建设，让残疾人共享改革发展成果。健全完善市、县残疾人综合服务中心，完善现有公共场所残疾人无障碍设施建设，新建公共场所按照规划建设无障碍设施。积极推动残疾人“助岗工程”，到2013年，建立60处规范化、高标准就业培训和扶贫基地，免费对5000名残疾人进行技能培训，提供政府公益性岗位200个，分散安置600名残疾人就业，出台扶持政策鼓励800名残疾人自主创业。实施残疾人助学工程，为所有新考取大中专院校的残疾考生和家庭贫困的残疾人子女考生一次性发放1000～2000元救助金，逐步提高救助标准。开展残疾人康复工程，每年为残疾人提供康复服务2万人次。推进贫困残疾人家庭温馨安居工程，三年间，市区残疾人家庭每月增加住房补贴100元，完成农村残疾人危房改造500户。实施残疾人托养工程，每年新建10处残疾人托养中心。

切实保障困难职工、青少年和妇女儿童权益。(1)加大困难职工帮扶力度。深入实施“工友创业”行动，加强工友创业实训基地建设，市、县两级建立标准化困难职工帮扶中心，力争到2013年，培训下岗困难职工3000人。做好对困难职工的生活、医疗、助学、就业帮扶和法律援助，广泛开展职工互助互济活动，规模较大企事业单位建立职工互助互济基金会。(2)营造青少年健康成长环境。动员社会各界广泛参与，形成关爱青少年的强大合力，加强"青少年维权岗"创建，力争到2013年，省、市级"青少年维权岗"达到200个。做大做强希望工程品牌，深化圆梦大学行动，切实做好贫困青少年群体救助工作。改扩建德州青少年宫，到2013年，每个县市区至少建设1处县级规模的青少年活动中心，在新建城市和农村社区中按相应标准建设青少年活动阵地。加强"两新"组织团建和青少年分类指导，深化青年就业创业工作。大力推进小额贷款工作，深化信贷助推青年创业行动，力争到2013年，每年提供青年创业信贷资金1000万元。广泛开展职业培训、技能提高等活动，确保年培训青年5万人次。到2013年，全市各类青年创业就业培训见习基地达到1000处。(3)着力构建促进妇女就业体系。加大妇女就业岗位开发力度，积极帮扶女性困难群体就业。全面落实妇女小额担保贴息贷款、财政补贴、税费减免等扶持政策，大力开展"贫困母亲救助行动"，深化信贷助推农村妇女创业行动，力争到2013年，全市妇女小额担保贴息贷款突破5亿元，扶持1万名妇女创新业，带动5万名妇女就业。在政府补贴的专项培训中优先向妇女倾斜，确保年培训妇女5万人。到2013年，全市各类妇女创业就业培训示范基地达到2000处。(4)维护妇女儿童合法权益。关注失业失地妇女、老龄妇女、零就业家庭等群体的实际困难，开展多种形式的帮扶关爱活动，努力为弱势妇女儿童排忧解难。严厉查处侵害妇女儿童权益的违法行为，重点查处用人单位违反女职工孕期、产期、哺乳期劳动保护规定，违反同工同酬规定及违法使用童工等行为。高标准规划建设市、县妇女儿童活动中心，到2013年，每个县市区都要建设1处成建制、标准化妇女儿童活动中心。关注和做好农民工子女教育工作，深入实施关爱留守儿童工程，确保进城农民工子女同城镇居民子女一样，100%就近就地入学和享受义务教育政策。

提升城乡中低收入家庭住房保障能力。以建立城镇低收入家庭住房保障制度为重点，优先安排建设用地，加快推进经济适用房建设，增加廉租房房源，扩大廉租房覆盖范围，强力推进公共租赁房建设，构建多层次住房保障体系，逐步把城镇居民和各类来德就业创业人才纳入住房保障体系。到2013年，城镇保障性住房覆盖面达到20%以上，改造农村危房8万户。

加速完善卫生保健体系。加快医疗保健服务、疾病预防控制、卫生监督执法、应急医疗救治等公共卫生服务体系建设。重点加快乡镇卫生院、社区卫生服务中心建设，全面加强基层医疗卫生队伍建设，积极落实《关于开展基层医疗卫生机构全科医生转岗培训工作的指导意见（试行）》，力争三年内，通过增配事业编制，为乡镇卫生院每年增加1名医学专业本科毕业生，为社区卫生服务中心配备1名医学专业专科及以上毕业生。加强基层医疗工作人员业务培训，提高基层医务人员福利待遇，每二年完成一次基层医疗工作人员轮训。扎实推进政府办基层医疗卫生服务机构基本药物制度，完善相应的报销与基层医疗卫生机构财政补助政策。坚持中西医并重，推进公立医院改革，全面提高医疗服务质量和水平，更好地满足人民群众医疗需求。鼓励社会资本参与医疗卫生服务，举办综合、专科等医疗机构。加快建设基于居民健康档案的区域卫生信息平台，并逐步实现市、县、乡三级联网，到2013年，城市居民和农村居民健康档案建档率达到60%以上，全市人均期望寿命达到75岁以上。

积极推进志愿服务活动。大力弘扬“奉献、友爱、互助、进步”的志愿服务精神，组织党团员、社区居民、青年、学生等围绕法制服务、文明引导、社区便民、敬老助残、结对帮扶、生态环保、重大赛会等开展志愿服务，营造良好社会环境。支持青年志愿者工作，扎实开展服务青少年成长、关爱农民工子女和保护母亲河行动等活动。力争到2013年，全市志愿者人数占城市建成区常住人口总数6%以上。

六、提升文化教育水平

全面推进素质教育。科学规划中小学校布局，大力提升教学质量，推动普通教育全面发展。到2013年，全市义务教育巩固率保持在97%以上，高中阶段毛入学率达到93%。加强教师队伍建设，加强教师职业理想和职业道德教育，采取有力措施，吸引优秀人才长期从教、终身从教、到农村学校从教。对长期在农村任教的教师在奖励性绩效工资发放、专业技术职务评聘、评先奖优等方面予以倾斜。加大对教育设施、教学设备的投入。加快学校校舍安全工程建设，按时完成中小学校舍改造、升级任务，确保质量。到“十二五”末，农村中学和中心小学基本实现楼房化。

高水平普及学前教育。全面提高学前教育办园质量，重点加强园所建设，积极构建广覆盖、保基本、有质量、城乡人民普遍受益的学前教育公共服务体系。到2013年，全市公办和公办性质幼儿园占比达到60%，学前三年毛入园率达到75%。加强幼教队伍建设和师资保障体系建设，提高公办幼儿园聘用教师工资待遇。

大力发展职业技术教育、高等教育和特殊教育。加快建立覆盖城乡的职业技能培训网络，构建以企业行业为主体、以职业（技工）院校为基础、校企密切合作、政府推动与社会支持相结合的技能人才培养体系。加快与现代产业体系对接，及时更新专业设置。积极发展高等教育，落实德州学院东扩计划，全面提高教学质量，尽快建成德州大学。鼓励各类社会力量举办特殊教育，全市特殊教育投入年均增长30%以上。

不断加大教育经费投入。各级政府年初预算和预算执行中的超收入分配都要体现法定增长要求，并按在校学生人数平均的教育费用逐步增长。提高财政预算内教育经费支出占财政支出的比重，确保到2012年达到20%以上。强化教育税费征收管理，足额征收教育费附加和地方教育附加，并专项用于教育事业，各县市区土地出让金和彩票公益金要有一定比例用于教育。建立教育人才培养激励机制，大力实施教育名师工程，对引进的高层次优秀教师进行奖励。

提升文化凝聚力。以崇文尚德为导向，大力挖掘弘扬以“德”为脉的德州文化。广泛开展“爱学习、好读书、重品行、讲文明”活动，培育“开放、创新、包容、诚信”的市民精神，不断丰富德州的文化底蕴。

繁荣发展文化事业。（1）不断健全公共文化服务体系。加强公共文化设施建设，推进文化信息资源共享工程建设。确保年内市博物馆正式投入使用，2013年建成德州大剧院，尽快启动市图书馆新馆和艺术馆建设。到2013年，全市农村文化大院普及率达到100%，万人拥有公共文化设施面积达到800平方米，实现农家书屋全覆盖。（2）抓好文化精品创作和群众文化活动。加大舞台艺术精品创作加工力度，每年创造1～2部在全国、全省有影响的精品力作，由财政补贴到社区、工厂、广场等进行公益性文艺演出。精心组织社会文化艺术创作，认真抓好群众文化品牌创建，广泛开展诵读经典等群众性读书活动，大力推动各级、各类组织举办讲坛、讲座活动，营造浓厚的学习氛围，加快

学习型城市建设步伐。(3)充分挖掘和传承文化资源。积极做好文物保护基础工作,建设德州市文物资源数据库,编辑出版新发现文物名录。加大大运河德州段的保护和开发力度,进一步体现德州运河文化的特色和地位。深入挖掘、搜集、整理、开发非物质文化遗产资源,加强旧志整理和校注,推进文化遗产融入经济社会发展。加大文化艺术人才培养培训力度,对作出突出贡献的文化艺术人才,授予"德州文化艺术名人"称号,大力表彰奖励。

不断提高居民文明程度。扎实开展文明村镇、文明行业、文明单位、文明社区、文明家庭等群众性精神文明创建活动,提高全社会文明程度和居民整体素质。到2013年,50%以上的社区建成文明社区,力争在"十二五"期间建成省级文明城市。围绕村容村貌、村风民俗、乡村道德、生活方式、平安村庄、文化惠民等内容,积极实施"生态文明乡村行动",全市每年建设市级生态文明示范社区120个,重点培育精品生态文明社区50个。加强思想道德教育和法制教育,增强全体公民遵纪守法意识。大力开展社会主义荣辱观教育和实践,着力宣传典型,深入推进社会公德、职业道德、家庭美德、个人品德教育,自觉维护公共秩序和公共文明。实施"全民科学素质"行动计划,通过发展科学技术教育、传播与普及,尽快使全民科学素质在整体上有大幅度的提高。加快建设德州市科技馆,力争2013年向公众开放。积极推进乡村、社区、学校、企业等科普设施建设,扎实开展科普活动,到2013年,全市创建科普示范乡镇20个、社区(村)100个、农技协300个、基地300个,培养农村科普带头人500人。支持工青妇等群团组织开展各类精神文明创建活动,发挥其在文明创建中的重要作用。

广泛开展群众体育活动。加快形成以政府为主导,以体育社团、基层体育指导站(点)、体育俱乐部经营组织为支撑的群众体育组织网络。积极构建市县乡村四级健身设施网络,严格落实居民小区体育用地规划,加快推进市体育中心二期工程。用3至5年时间,市区和各县市区分别建成1处全民健身中心或健身广场、体育公园,每个乡镇建成1处球类项目健身场地和健身路径,每个社区(村)建成1套包括篮球、乒乓球等项目的健身设施。广泛开展全民健身活动,继续实施篮球进村、乒乓球进机关、健身路径进社区、围棋进学校"四进工程";积极组织体育竞赛活动,机关、学校、企业等每年至少组织一次学生或职工运动会。积极推进机关、企事业单位特别是学校体育场地和设施向社会开放。到2013年,经常参加体育活动的人数比例,城市达到50%以上,农村达到30%以上。深化"中国围棋城"创建机制,努力争创"中国自行车运动城"。

加强人文关怀和心理疏导。建立健全社会舆情汇集和反映机制,搞好社会心态检测、评估和预警,完善社会心态疏导、调适与平衡工作体系,促进社会情绪交流渠道畅通,引导社会心态良性变化。加大心理卫生投入,健全心理咨询网络,把人文关怀和心理疏导贯穿、渗透、体现于各级、各部门的思想政治工作、家庭教育、学校教育、舆论引导、文化消费、志愿服务、专业咨询、心理医疗等各个方面。

七、着力促进民主和谐

不断健全公众诉求渠道。加强政府与群众之间的对话交流,完善并延伸"承诺热线"制度,逐步推行面对面的交流形式。坚持用群众工作统揽信访工作,完善领导干部和党代会代表、人大代表、政协委员联系信访群众制度。完善信访工作责任制和责任追究制度,定期召开各有关部门领导参加的信访工作联席会议,形成信访工作合力。坚持领导干部定期下访、定期接访制度,健全问题排查化解机制,把信访工

作重心从事后处理转移到事前排查化解上来。健全信访督查工作机制，建立民意汇集和诉求跟踪回访制度。全面做好网络舆情的分析研究工作，及时解决网民反映的实际问题，并向社会公开处理结果。

促进公平正义。大力实施廉政效能管理工程，积极营造廉洁高效的政治社会环境。加快建设法治政府，规范执法行为，深入推进依法行政，严格按照法定权限和程序行使权力、履行职责。加强行政权力网上公开运行平台和电子监察系统建设，全面落实行政执法责任制和执法过错追究制。加强对权力运行的制约和监督，推进行政权力公开透明运行。加大各类公共组织的群众维权力度，加快建立企业社会责任评价体系，切实维护公民合法权益。坚持公正司法，全面实施司法人员素质提升工程，严惩滥用司法行为，充分发挥司法维护社会公平正义的职能作用。扎实推进“六五”普法活动。

大力发展人民民主。以公共权力运行公开透明为目标，深入推进党务政务厂务村务公开和公共企事业单位办事公开。扩大公民有序政治参与，完善重要信息披露和重大事项听证、民意反馈、社会评议、信访接待、投诉申诉、新闻发布会等制度，发挥好舆论监督作用。大力推进决策科学化、民主化，健全基层重大事项集体决策、专家论证、技术咨询、社会公示与听证、决策评估等制度，建立决策反馈纠偏机制和决策责任追究制度。扩大社会组织的自主权、自治权和群众参与权，逐步实现社会组织的自我管理、自我服务、自我教育、自我监督。建立完善各级人民代表大会闭会期间代表约见和质询同级政府机关工作人员制度。鼓励各民主党派和工商联充分发挥参政议政职能，为幸福德州建设积极建言献策。

重视化解社会矛盾。完善人民调解、行政调解、司法调解联动的工作体系，推进县、乡两级社会矛盾纠纷调解中心规范化建设。加大法律援助力度，开通“12348”法律服务热线，到2013年，全市法律援助中心省级规范化建设标准达标率达到100%。进一步做好“矫正对象、刑释解教”两类人员的引导帮扶、教育管理工作，减少不稳定因素。加强民族团结教育，依法管理宗教事务，维护民族团结，促进宗教和谐。

加强社会治安综合治理。完善社会治安防范体系，深入开展群防群治活动和专项整治活动，加强专业巡防队伍建设，全面提高技防覆盖率，净化治安环境，推进“平安德州”建设。加强校园治安防控体系建设，确保校园安全。坚决打击影响人民群众安全的各类犯罪行为。加强危机管理，充分调动各种社会资源共同应对各类安全危机。到2013年，万人刑事案件发案率控制在万分之十一以内，人民群众对社会治安的满意率达到98%。

加强社会服务和管理。创新社会管理方式，提高社会管理服务科学化水平。推进各级便民服务体系建设，完善行政办事服务项目并联审批制度，编制便民服务手册和查询系统，发放和安设到所有社区。整合社会服务资源，建立直接面向广大市民的呼叫服务中心，为市民提供开放、安全、优质的社会服务。大力培育社会团体组织，充分发挥居民委员会、行业协会、专业合作组织等在社会建设中的重要作用。加强城市社区建设，提高社区工作人员素质和待遇，积极探索政府向社会组织购买公共服务机制。

认真加强人口管理。推进户籍管理体制改革，规范常住人口登记管理制度，加快推进外来务工人员向新市民转化步伐，逐步实现常住人口同城权益。完善流动人员动态管控体系，建立以证管人、以房管人、以业管人、以机管人的服务管理机制，提高流动人口服务管理和信息化水平。科学控制人口规模，不断提高人口素质、优化人口结构。

强化安全生产监督管理。把安全生产纳入各级经济社会发展总体布局,严格落实安全生产党委领导责任、政府监管责任、行业管理责任、企业主体责任和领导班子成员"一岗双责"责任,各级行政首长为安全生产第一责任人。持续开展重点行业领域安全生产专项整治,严厉打击非法违法生产经营建设行为。到2013年,各类生产安全事故死亡人数较2010年下降3%,杜绝重特大事故,遏制较大事故;亿元GDP死亡率控制在0.144以内,工矿商贸10万从业人员死亡率控制在1.03以内。

大力加强产品安全管理。积极开展质量兴市活动,全面提高产品质量。进一步强化产品质量和食品、药品安全监管工作,全面实施食品安全标准化、药品安全信息化监管,年度食品安全指标检测合格率达到90%以上,药品监督抽验品种覆盖率达到95%以上,确保不发生重大食品药品安全事件。到2013年,建成5个国家级产品质检中心。

八、大力改善生态环境

修复、构建、完善城乡一体的生态系统。深入开展以水环境、大气污染防治为重点的城乡环境综合治理,确保不发生重大生态安全事故。完成镇村河道综合整治工程,加快河道生态系统修复,全面消除水质劣V类河道。全面完成绿化任务,实施主要水系侧绿工程,提高全市森林覆盖率。实施城市绿化提升工程,加快城市森林公园和植物园建设,进一步提高城乡绿化覆盖率。合理布局城市街头游园,确保市民出行300~500米有休闲绿地。到2013年底,全市累计新增城市绿地4500万平方米,建成区绿化覆盖率达到40%,人均公园绿地面积达到12.7平方米以上,市级以上生态乡镇占比达到80%。

大力推进节能减排。以工业节能减排为重点,突出对主要工业行业和重点企业的实时监测、控制,继续推进高耗能、高排放企业的技术改造。加强城镇污水处理设施的统一规划、建设和管理,改造现有污水管网和提升泵站,提高城镇污水集中处理率。到2013年,工业用水重复利用率超过85%,中心城区和县城生活污水处理率达到90%以上,化学需氧量、二氧化硫排放比2010年分别减少5%,单位国内生产总值二氧化碳排放比2010年降低12%。

积极打造低碳城市。(1)加快推行低碳建筑。在全市范围内推行低碳绿色建筑,县级以上城市规划区内全面实施居住建筑节能65%、公共建筑节能50%的设计标准,加快推进"百万屋顶"太阳能采暖和制冷示范工程。三年间,累计完成节能应用建筑面积1000万平方米以上,其中太阳能与建筑一体化应用面积600万平方米以上。(2)积极实行低碳交通。加大城市公交使用新能源(天然气)的力度,到2013年,城市公交使用新能源(天然气)的比例超过70%,大量推广出租车使用新能源(天然气)。(3)大力推进生态文明创建活动。深入开展生态文明教育,倡导低碳生活,全面提高市民生态文明素质。加快建设一批低碳示范社区,积极开展生态文明乡镇(街道)、生态文明机关、生态文明企业建设活动,加大对生态文明创建典型表彰力度,在各县市区积极创建中国人居环境奖。

提高城市管理水平。加强城市管理各系统之间的信息共享、协同,促进城市管理的精细化、人性化、高效化,寓管理于服务之中。到2012年,中心城区数字城管系统覆盖率达到100%,到2013年,县市区数字城管系统覆盖率达到100%。加大中心城区环境卫生整治力度,到2013年,生活垃圾无害化处理率达到98%。优先发展城市公交,加快客运中心、停车场、换乘枢纽等公交设施建设,优化调整公交线路，中心城区公交线网密度达到每平方公里1.5公里以上，公交出行分担率达到12%以上，进一步方便市民日常出行。

九、保障措施

加强组织领导。成立市委主要领导同志任组长的幸福德州建设领导小组，相关市领导兼任领导小组办公室主任，具体承担幸福德州建设的宏观指导、部署协调、督查推进和考核评价职责。聘请国内外产业界、学术界和科研机构的权威专家学者及公众代表组建幸福德州建设顾问队伍，对幸福德州建设中的重大事项进行咨询论证，不断提高决策科学化水平。

广泛宣传动员。广泛开展幸福德州建设宣传教育活动，深化各级对幸福德州建设的认识，用幸福德州建设凝聚人心、集聚智慧、汇聚力量。引导市民尤其是年轻一代弘扬艰苦奋斗精神，以正确的世界观、人生观、价值观感知幸福，以奋发有为、锐意进取的心态追求幸福。深入开展幸福社区、幸福机关、幸福校园、幸福家庭等基层系列幸福创建活动，使依靠劳动创造幸福、追求幸福成为每个德州人的自觉行动。

狠抓工作落实。以幸福德州建设统领全市经济社会发展各项工作，全力抓重点、抓推进、抓落实。要按照具体化、项目化和可量化、可考核的要求，强化任务分解、强化督查推进、强化目标考核、强化责任追究，营造层层抓落实、人人担责任的氛围。充分发挥党组织和党员干部的先锋模范作用，在全体干部中着力增强学习能力、创新能力、执行能力、服务能力、协调能力“五种能力”，大兴真抓实干、创先争优、亲民爱民、艰苦奋斗、清正廉洁“五种作风”，以干部队伍的能力提升和作风转变推动幸福德州建设，以幸福德州建设成果检验能力和作风建设的成效。

完善考评机制。将幸福德州建设工作纳入科学发展综合考评，进一步完善科学发展幸福德州综合考评体系。科学设定客观指标和主观指标，在不改变原考核机制和渠道、不加重基层负担的基础上，加大直接涉及人民群众幸福感相关内容的考核权重。市委、市政府督查室负责将年度任务目标分解到各相关部门，并负责督导落实，市考评办负责根据任务分配情况及综合考评体系组织好考核评价工作，确保幸福德州建设健康有序进行。

三、媒体报道选录

德州地区推行承包经营　完善企业内部责任制

企业增强活力　经济效益提高

梁学文　孙益荣

德州讯　德州地区88个预算内国营工业企业，实行承包经营等多种形式的经济责任制后，消化了企业的增支因素，使国家、企业和个人在增收中受益。今年1月5日，企业实现利税比去年同期增长45%，企业留利增长两倍，职工收入增长31%以上。去年末亏损的15个企业，已有8个扭亏为盈，7个大幅度减亏，亏损额由328.7万元降到93.6万元。

德州地委、行署本着“两权分离”和正确处理三者利益关系的原则，从实际出发，推行多种形式的经济责任制。到目前为止，预算内国营

企业已有20%左右分别实行了上缴利润递增包干、上缴利润基数包干、定额补贴包干和扭亏递减包干等形式的承包经营责任制，极大地调动了职工的劳动积极性。德州机床厂实行承包经营责任制后，给车间下放了10项权利，并逐步完善了内部经济责任制。在调整分配政策时，着重提高了一线工人的待遇，还拿出100多万元搞设备更新和技术进步，从而调动了职工的积极性，发展了生产。今年1～5月份，全厂上缴国家利税比去年同期增长1倍，企业留成增长了1.9倍，创造了该厂从未有过的成绩。

这个地区在加强企业内部改革中，还在80%以上的企业实行了分级分权管理和两级、三级核算制。并普遍完善、推行了工厂对车间、车间对班组个人的经济责任制，以及16种具有包干、计件性质的工资分配形式。实现了企业经营好坏、贡献大小与个人收入紧密挂钩。

（《大众日报》1987年6月26日第1版）

"黄淮海战役"德州告捷

全区小麦增产1亿公斤

记者：宋学春

本报济南6月22日电　山东省德州地区是我国农业科技开发"黄淮海战役"的重点区，全区526万多亩（折实面积）小麦喜获丰收，单产可望达到300公斤，比去年亩增30公斤，创历史最高水平。总产可达15亿公斤左右，比去年增产1亿多公斤。

实行大规模的农业科技开发，是德州地区夺取小麦丰收的重要原因。去年秋种以来，该地区承担或安排了"20万亩带动100万亩吨粮田开发"等课题的近200万亩科技开发，加上230万亩的黄淮海低产变中产、中产变高产开发，共占全区小麦总面积的80%左右。地区科委、农业局最近邀请20多名农业专家对几大开发项目进行了测产验收，结果是：20万亩吨粮田技术开发，小麦平均亩产430.46公斤，比去年亩增125公斤，增长41%；15万亩精播高产开发的冬小麦，平均亩产436.23公斤，比上年亩增26.85公斤，增长6.56%；60多万亩配方施肥的小麦，平均亩产413.9公斤，比传统施肥技术亩增64.43公斤，增18.4%。陵县的3万亩冬小麦高产技术开发，平均亩产442公斤，比去年亩增79.7公斤。平原县的5亩"鲁麦8号"小麦，亩产高达664.3公斤，为全地区之冠。

（《人民日报》1989年6月23日第2版）

全国"三夏"现场会要求推广德州经验

以粮保棉　以棉促粮　双夺高产

蒲立业　刘伟华　刘德玉

新华社济南5月22日电　全国"三夏"现场会议今天在山东省德州地区召开。这次会议将分析总结上半年的农业生产形势，研究部署下半年的工作，并专题研究农业政策、服务体系建设和"八五"计划等问题。农业部长何康、副部长陈耀邦和山东省副省长王乐泉等出席了今天的会议。

陈耀邦在开幕式上说，今年的"三夏"现场会议选在山东德州地区召开，主要是为了学习推广德州地区以粮保棉、以棉促粮、夺取粮棉双高产的经验。

陈耀邦向大家通报了上半年的农业生产形势，他说，今年夏粮收获面积比去年增加900万亩，油菜子面积比去年扩大近600万亩，是近几年来夏季粮油作物面积最大的一年。从全国情况分析，如果今后半个月无大的特殊灾害，预计夏粮将在去年创历史最高水平的基础上继续增产，油菜子有较大幅度的恢复性增产。棉花形势明显好转，大部分地区春插春播计划胜利完成。陈耀邦同时强调，夏季粮油丰收在望并不等于丰收在握，收获前依然存在许多不利因素，希望各地加强小麦后期管理，以实际行动打好90年代夏粮丰收第一仗。

山东省副省长王乐泉在会上介绍说，近几年来山东省种植业之所以持续稳定发展，粮棉油生产有较大幅度的增长，主要是较好地处理了三个关系，即：正确处理粮棉关系，坚持双扩双增；正确处理夏秋关系，坚持夏秋并重；正确处理粮棉油生产与多种经营、乡镇企业的关系，促进种植业协调发展。

德州地区行署副专员董昭和向大家介绍了他们夺取粮棉双高产的成绩和经验，这个地区通过推广"夏秋粮套种"、"麦棉套种"等立体种植技术，大幅度提高了单位耕地上的产出效益，全区粮食产量连续10年持续增长，粮食总产由1980年的27.4亿斤，提高到1989年的66.57亿公斤，增长了1.43倍；棉花年总产量从1985年以来一直保持在600万担左右。

（《人民日报》1990年5月23日第2版）

德州"鸡"香

梁希忠　初　江　李传龙

在刚刚闭幕的德州扒鸡美食节上，德州市与美、俄客商签订了开办扒鸡分店的协议，德州扒鸡将远涉重洋，到"肯德基"的家乡去挑战了。

鸡年大吉，山东省德州市既有"鸡城"之誉，逢鸡年自应演鸡戏、发鸡财。"让金鸡顺风展翅，促经济加速腾飞"，德州市委书记蔚立臻如是说。正是基于这种思路，市委、市政府才正式把鸡年元宵节定为首届中国德州扒鸡美食节，并借"鸡"举行产品展销会和项目洽谈会。

创产已有300年之久的德州扒鸡，以其穿香透骨，味鲜形美，享誉海内外，素有"神州一奇"、"中华第一鸡"美称。扒鸡给德州经济发展注入了强大的活力，改革开放以来，德州市把它当作振兴地方经济的"王牌"和"酵母"，积极走集团发展、规模经营的路子。目前，全市扒鸡生产厂家已达30多个，年产能力3000多万只，以德州扒鸡总公司为龙头的分公司遍布全国30多个城市。扒鸡产品也由单一整鸡走向多品种、系列化。全国独此一家的"全鸡宴"，纯以鸡为主料，可烹制出五大系列200多道菜，令人赞叹不已，大享口福。

德州扒鸡展翅腾飞，富了农民，活了流通，促进了开放。1992年，全市农民人均养鸡收入占总收入的20%，达210多元；扒鸡开道，推销产品2亿多元，新辟购销网点1000多个；闻鸡香而来的美、俄、日、德、印尼、新加坡等客商达200多人次，利用外资5300多万美元，建成"三资"企业36家。难怪德州人自豪地把他们的德州扒鸡称为"金鸡"。

（《人民日报》1993年2月14日第2版）

政策调动　服务推动

德州地区突出重点抓技改

本报讯　山东省德州地区坚持从本地实际出发，把发展工业的重点放在抓现有企业的技术改造上，把技术改造的重点放在培植主导产业、骨干企业和发展拳头产品上，短短几年，一批企业脱颖而出，有的一跃而成为全省、全国同行的排头兵。

德州地区的工业基础比较薄弱，到1990年，全区国有、集体乡镇企业大中型工业企业总共才37家，而且大都缺乏市场竞争力。如何加快发展工业？是靠铺新摊子，还是靠技术进步？

德州地委、行署选择了后者。他们把工业工作的重点放在技术改造上，把技改重点放在发展主导产业、骨干企业和拳头产品上。根据这一思路，地区及各县市都成立了由党政“一把手”挂帅的技术改造工作领导小组，建立了几大班子主要领导成员分工承包技改项目的制度。

企业是技改主体，厂长经理是技改的“主角”。为唱好技改这场大戏，这个地区自1992年以来每年都从财政拨款重奖表现优秀、成绩突出的“主角”，地区及各县（市）领导还自动当配角、跑龙套，为每一个重点技改项目提供全方位、全过程的服务。政策调动、服务推动，全区技改热潮很快兴起。据统计，1991—1993年，全区完成技改投资16亿元，增加年产值能力30亿元，利税能力5.3亿元，创汇能力1亿美元。通过技改，全区有41家企业跨入大中型企业行列，德州国棉厂、振华玻璃厂、德州通力实业总公司、乐陵木制工艺品总厂、乐陵金麒刹车片有限公司以及乐港五金制品有限公司等十几处企业，1993年生产规模、经济效益、全员劳动生产率等主要经济技术指标均居全国同行业前茅。

（《人民日报》1994年5月29日第2版）

产业结构调整 产权制度改革 产业化推进

德州地区“三产”结合发展市场农业

记者：佟化文　通讯员：泉江　绍国　希忠

本报德州讯 把产业（产品）结构调整、产权制度改革、产业化推进“三产”有机结合，配套联动，系统运作，这是德州地区推出并实施的发展市场农业新谋略。1994年，全区农业总产值72亿元，农民人均纯收入1100元，分别比上年增长12%和37.8%；农民收入50%以上、农村社会总产值85%以上来自二、三产业。

调整农业产品产业结构，是发展市场农业的客观要求，也是这个地区着力研究的问题。德州地区决策层明确提出，农村经济要抓好“一个基础（粮棉）”，突出“两个主题（多种经营和乡镇企业）”，以“一牧一菜两水（水产、水果）”、劳动密集型项目、农副产品加工增值作为发展重点。同时要求，各地因地制宜，选准和培育有市场、有特色的县域、乡域主导产业和主导产品，构筑大户、小区、龙头格局，实行特色化、区域化、规模化经营，走产业化大生产的路子。但在实际操作过程中，遇到诸多深层次上的矛盾和问题。产业结构和产业化推进离不开产权制度改革。德州地区在稳定家庭经营责任制的前提下，搞活土地使用权，采取拍卖、租赁等土地有偿转让改革形式，加速土地合理流动。去年，全区拍卖荒地荒水80万亩，当年开发利用60万亩，租赁78.2万亩，转包19.4万亩，入股开发22.5万亩，还出现了土地产权招商、反租倒包等土地流转形式。土地使用权流动和集中，形成连片成方规模开发、区域开发态势，畜牧、蔬菜、水产、果品等随规模开发而形成地方主导产业。以产权制度改革为动力，改进运作机制，构筑“大户小区加龙头”格局，是全区推进产业化颇具特色的做法。拍卖、租赁、合伙经营、股份合作制等多种改革手段并用，催生出4万个种养加大户；建立起6大类、20多个生产基地，3000多个专业村，形成400个各具特色的经济小区；出现了3900个股份合作实体，新增龙头企业400个，其中600处已发展成为一头连市场，一头连小区、基地、千家万户的龙头企业。

“三产”结合，配套联动使德州地区“把原来只有粮棉优势的德州，变为粮棉优势+多种经营优势+乡镇企业优势+对外开放优势的德州”的构想变为现实。去年，全区在粮棉均比上年大幅度增产的前提下，多种经营收入达

150 亿元，比 1992 年翻两番，乡镇企业实现税收和完成出口交货值，分别占全区财政收入和出口交货值的 40%、50% 以上；全区果园、蔬菜、水产面积分别发展到 120 万亩、100 万亩、12 万亩，大牲畜存栏达 176 万头，建立山东“北菜园”、京津“南菜园”、鲁北淡水养殖基地、华北肉类基地的目标开始实现。一批小枣、肉牛、蛋鸡、蔬菜、玻璃钢、地毯、工艺品、胶合板等种养加大县、大乡正迅速崛起。

（《大众日报》1995 年 1 月 16 日第 1 版头条）

为让农民过上好日子

——德州市万名干部下农村活动纪实

希忠　王军　风春　卢镇

今年以来，中共山东省德州市委从市、县、乡三级机关选派 10297 名干部进驻全市 11 个市区的农村，结合开展“干部作风建设年”活动，加强农村基层组织建设，为群众过上“顺心、富裕、太平、放心、文明”的好日子，创造了良好的思想和物质环境，普遍受到群众好评。

化矛盾　解难点

工作组进村后，普遍开展了“进农家院，干农家活，说知心话，解疙瘩事”活动。3 个多月来，他们共走访群众 13.27 万人，召开各类座谈会 1 万多场次，深入了解村情民意。对群众反映的农民负担、土地承包、财务收支、宅基地安排等热点、难点问题，一一梳理，逐件解决。

夏津县岳集村过去是个“上访专业村”，群众因土地分配不公多次上访。市纪委工作组进驻后，根据群众反映，组成清地小组，组织村“两委”班子和党员、群众代表，对全村土地逐户逐块进行丈量，将全村 2048 亩土地细梳了一遍，清查出 19 户多占地 18 亩，56 户少地 20.5 亩，理顺了干部群众关系。

今年 1—6 月，全市农民集体、越级上访案件比去年同期下降 40%，驻工作组的村没有发生一起集体上访案件。

办实事　抓服务

这次下派干部驻的村，经济条件大都比较落后。人民群众生产、生活中的困难，深深地牵动着下派干部的心。为让农民群众过上富裕日子，各工作组竭尽全力，积极办实事，抓服务。

乐陵市杩头苏村原只有一台 50 千伏安的变压器，由于电力不足，群众生产生活用电经常发生矛盾。市委办公室工作组进村后，多方筹集资金 20 多万元，为村里新安装了一台变压器，基本解决了全村的用电矛盾。为解决这个村长期吃苦水和灌溉难的问题，他们积极争取水利部门的支持，帮村里打了一眼 402 米深的机井，解决了村民生活用水和 400 亩地灌溉用水。

市计委工作组驻的陵县十里河村有一家传统酿醋厂，由于技术设备落后，产量和效益一直低而不稳。工作组争取到 15 万元无息贷款，帮助他们进行技术改造，加强质量管理，使该厂的年产量增加了两倍，年利税由 8 万元增至 50 余万元，仅此一项，全村年人均增收 660 元。

庆云县中王村经济落后，没有致富项目。市经委工作组进村后经过多次考察，帮助村里 60 多户村民上了工艺苇帘加工项目，产品出口日、韩、西欧等国，同时组织 40 多名妇女新上了刺绣项目，使该村 90% 的村民有了致富项目，户均增收 5000 元。

市电信局驻临邑县草寺村工作组为了改变村里信息闭塞的状况，投资 80 万元建起了电话村，帮村里安装了电脑，同时筹资 20 万元为村里铺设了一条长 1000 多米的柏油路。今年全村有 40 多户人家靠电脑、电话提供的信息，把

蔬菜生产运销搞得红红火火。

抓班子　建制度

工作组的同志们清楚，只有帮助村里建好领导班子，才能真正保证群众过上好日子，给村里留下一支“永不走的工作队”。

武城县谢张村原村级班子老龄化，工作滞后。市农业局工作组结合换届选举，根据群众意见，帮助班子充实了新生力量，健全了各项制度，对他们强化宗旨教育，增强了他们的事业心、责任感。新的村“两委”班子心往一处想，劲往一处使，群众拍手称快。

市统计局驻陵县郑屯村工作组，帮助村里建立健全村务、财务公开、民主管理等制度，还为村里专门装了一台电脑，用于村里的财务收支、农民负担、计划生育等情况的管理，每月在村务公开栏上定期公布。群众有什么不明白的地方，也可以直接从电脑上查询。群众对村里的收支情况一清二楚，心里亮堂了，干部腰杆也直了。

到目前，工作组所驻的 2937 个村，已有 2489 个村依法进行了村委会换届选举，有 389 个工作组帮助所驻村调整了村党支部班子，建立健全了村民代表议事会和民主理财小组；举办党员干部培训班 1944 期，培训农村干部、党员 83858 人次，占所驻村干部、党员总数的 89.1%。

扬正气　树新风

富裕和文明是一对孪生兄弟。市委宣传部驻陵县陆家庙工作组和市委办公室驻乐陵杨头苏村工作组，帮助村里建立了精神文明建设领导小组，编制了精神文明建设规划和标准，开展了评选“五好家庭”、“好青年”、“好媳妇”、“好婆婆”等活动，给评选出的先进村民及随时涌现的好人好事，发奖状、戴光荣花、照光荣像，通过村里的黑板报、广播进行表扬。为丰富群众的精神文化生活，他们还帮助村里建起了图书室、文化活动室和锣鼓队，组织群众开展丰富多彩的文体活动，受到了农民群众的欢迎。陆家庙中心小学校长王加瑞道出了群众的心声：“工作组真行，帮着咱村讲文明，扬正气，树新风。现在邻里和，街道净，好人好事受尊重。”

（《人民日报》1999 年 8 月 27 日第 3 版）

营造开放的“良港”

——德州市发展招商引资载体纪事

本报记者　佟化文

“开放的德州欢迎您”，进入德州，随处可见这样的标语。这，反映了德州对扩大开放的渴望和追求。

把客商“欢迎”到哪里，怎样让其“长入”本地经济？德州在探索，而建设具有强大吸引力的载体，则是探索的成果之一。

（一）

1998 年 3 月正式启动建设的德州经济开发区，已累计接洽国内外客商 5000 余人次，洽谈项目 200 多个，现已确定入区项目 98 个，合同投资 22.8 亿元，其中 70 个项目已开工建设。

市经济开发区是全市工业园区的龙头和样板。在其示范带动下，全市工业园区已发展到 26 个，其中国家级 1 个，省级 4 个，市级 15 个；入园企业达 918 家，总投资 44.5 亿元，年创利税 4.8 亿元。

“德州已培植起经济发展的制高点和增长点，令人刮目相看。”春节过后，来德州参观考察的 153 批省内外人士，大都发出这样的感叹。这一批批考察者，大多是冲着德州的“园子”来的。

面对经济欠发达和吸引力不强的现实，德

州人深知，扩大开放是治“欠”的希望所在，工业园区是招商引资的重要载体，而创造优质一流且富有个性的环境，则是增强吸纳能力的关键。为此，工业园区按高起点规划，商标准设计要求，提供规模经营、集约化发展的条件，全市累计投资21.1亿元，完成了路、水、电、气等基础设施建设，所有园区都实现了“通”与“平”。

“早听说这里实行封闭式管理，但没想到‘封’得这么好，这项目就投到这里了！”江苏康博集团决策者经5次考察，于今年3月把一个亿元项目投到开发区。

吸引“康博”投资的是软环境。园区实行“篱笆式管理”。园区成立管委会，一个窗口对外，一条龙服务，一个口子收费。客商只要投资，剩下的问题全由管委会包揽。

（二）

今年，德州市调减粮田83万亩，扩大了蔬菜、林果、水产、畜牧4大主要产业，粮经比例已调整到6∶4，且种养业内部结构不断优化升级。

全市农业结构发生革命性变化，已带动40万农户的农业科技示范田功不可没；而示范园功能的发挥，又靠了引进。

“发展现代化精准农业，离不开开放，离不了引进。”德州人认识到这一点，农业科技示范田也被列为扩大外引的载体。

占地1000亩、投资2000万元兴建的市农业科技创新园，引进博士生、硕士生和高层管理人才10人，引进资金2500万元，设立了工厂化育苗、果蔬花栽培、生物技术、大田示范等6个功能区。这里的11项国内外农业尖端技术20多个领先品种，已向大田转移和扩散。

创新园是全市示范园的示范。在其兴建之际，立足带动，功能各异的县、乡科技示范园纷纷“冒”出。全市各级各类示范园已有201个，占地71万亩。引进域外科技，装备本地农业，是政府赋予示范园的重要任务。

“要着眼先进性和实用性，以管理体制、运行机制创新，广泛吸纳，扩大外引。”市里把这一要求写进园区管理的红头文件。

园区一脱胎，市里就塑造其开放“性格”：园区实行股份合作制，科技部门、大专院校和各类人才可以技术入股，企业、社会法人可以资金入股；实行企业化管理，可通过科研、示范、育苗、培训、推广，参与市场竞争，获得效益。

进区入园者是为了获得利益或为了获得成果。因此，市里从调整利益分配入手，在税费缴纳、产权出让、成果分割等方面给投资、入股、合作者以最大优惠，并调整、完善了人才、技术引进机制；市里累计投资9.1亿元完善设施建设，为入园科技人员提供施展才能的舞台。

引进347名高科技人才、219项技术、610个项目，510个品种、8亿元资金的成果，是对德州市机制创新的丰厚回报。

（三）

建设商贸城市，依托外引建市兴市，是一项重要策略。因此，市场也成为德州招商引资的重要载体。

“庆云现象”发人深省。该县去年5月建成营业的小商品城，13个省市的360户客商进入经营，日交易额达500万元，高峰时达1200万元，他们带入的经营资本连同经营经验，激活了当地经济。

客商云集庆云。因这里有全方位的优质服务，帮助解决经营场地，包办一切手续，负责子女入托上学，用餐有挂牌饭店，就医住专设病房，不用担心“三乱”、“五霸”骚扰。

去年隆冬时节，德州市委常委扩大会议搬到庆云召开，议题之一就是研究“庆云现象”。会议形成一个共识：建设培育大市场，离不开大服务。去年，市里对5个市场区，10大专业批发市场、59 处重点市场进行新建扩建。同时，全市上下实行“四个一”系统化服务，即每个市场建立一个班子，制定一套政策，确立一个目标，建立一套考核办法。

系统化服务带来的效应之一，就是实现了市场建设由政府投资向社会投资的转变。各类市场建立的市管会，功夫下在外引上，采取叩门招商、代理招商、网上招商等形式，运用预售产权、预收租金等手段，引进建设资金 12.8 亿元，占投资总额的 79%。

“无‘特’不进，不‘专’不投。”客商这一心态，刺激起德州人建设专业、特色市场的决心和行动，全市已建起 33 处独具特色的工业、农副产品市场。全市上下以“三找”吸引客商进市场：到有钱的地方找大户，到有资源的地方找商品，到有实力的地方找伙伴，引进经营大户 2.5 万个。去年，全市市场交易总额达 150 亿元，比上年增长 20%，客商在市场繁荣中获益。

让市场繁荣，是服务的目的；让客商挣钱，才算是最好的服务。治理“三乱”，是市场服务的延伸和提升。各类市场都设立了“110”，各县市都成立了收费局，收费实行明白卡、监督卡制度，全市取消收费项目 81 个，降低收费标准的有 20 项。

（《大众日报》2000 年 6 月 11 日第 1 版头条）

鲁西北农民学温州

新华社记者：董学清

温州人对全国各地有参观者来访早已习以为常。可近日山东平原县 600 多名农民包乘专列前往取经，却在温州掀起不小的波澜

38 万农民的“温州梦”

平原县地处鲁西北，因地势平坦而得名。平原农民包专列赴温州取经，偶然中有必然的因素。

说是偶然，是因为“包专列”的灵感来自济南铁路局一次送上门的促销。6 月间，济南铁路局业务人员到平原县联系包“专列”旅游业务。县委书记陈永华否决了包专列旅游，提出另一条思路：能否让农民包专列到温州看看？

其实，这也是当地农民的心声。

去年初，平原县提出了“四天四地”工程：即顶天立地抓骨干，铺天盖地抓民营，感天动地优环境，钻天入地寻合作。一年下来，其他方面都进展迅速，只有民营经济成了“短腿”，一时难有突破。县里决定今年 6 月召开民营经济大会，专门组织了一个班子制定有关政策，结果政策草稿了无新意，两次被县委常委会否决。

民营经济怎样才能大发展，成为平原县的重中之重。

与此同时，38 万平原农民已做了十几年的“温州梦”。在紧靠县城的赵家湾村，村支书张有坤激动地说，在平原农民眼中，“温州梦就是致富梦，就是发展民营经济之梦”。这里的农民最早知道温州是在 10 年前，当时有温州人在平原修鞋、开理发店、弹棉花，很多平原人看不起他们，觉得修一双鞋赚几毛钱没意思，更多的农民则觉得温州人是在干很低贱的活。张有坤说，很多温州人就是靠这种小生意赚了钱，现在成了大老板。近几年，平原的农民听说了许多关于温州的事，到过温州的人回来后都在传说温州人怎么会赚钱，经商方法这么多。

今年 3 月，县委邀请原温州计委主任李丁富到平原作了一场《温州如何发展民营经济让市民奔小康》的报告，县电视台作了现场直播。这场报告会让很多农民坐不住了。

一些人抵挡不住“温州梦”的诱惑，自己悄悄跑到温州考察，结果没有找到发财的“真经”。他们觉得单枪匹马不可行，便相约来到

乡政府、县政府，要求政府领导带农民们去温州看看。

一个专列最多可坐 600 个人。名额怎么定？县领导明确指示，要以农民为主。实行自愿报名、政府牵头组织的办法。名额分配到 11 个乡镇，却让乡镇领导为难起来。平原镇分到了 70 个名额。私营企业主闫善彪得到了一个名额，他的父亲是村委会主任，正经营养鸭场，也想到温州看看。闫善彪只好四处打听是否有人退票。

咋不能像温州人一样富起来

对于农民包专列赴温州参观，浙江省委和温州市委领导高度重视。省委有关领导专门打电话询问有关事宜。8 月 26 日，农民取经团刚刚到达温州，温州市委书记李强就接见了农民代表。并表示全力做好接待和安排工作。

在温州的 3 天时间里，平原农民分成 5 个团队走工厂、访农村、听报告，在温州市区及乐清、瑞安、永嘉、平阳、苍南等地穿梭往返。农民所到之处，温州人无不投来惊奇和赞许的目光。

对取经团的农民们来说，温州是一种新鲜，是一种感动，是一种启发。

平原县民营经济发展局局长杨建新已是第三趟到温州，这次与农民们一起看温州，还是深有感触。他说："在我们提出铺天盖地发展民营经济的口号时，温州的民营经济早已铺天盖地地发展起来了。"

温州人吃苦耐劳的精神让平原县恩城镇女支书班洪芹感到吃惊而感动。在一家打火机公司参观时，她听说公司老板创业时曾在 7 平方米的阁楼上住了 5 年，历尽艰辛，最后终于在商场上打败了外国客商，班洪芹的眼泪止不住地流了下来。几天来，她吃不好、睡不好，反复思考一个问题：我们那里农副产品资源丰富，交通便利，为什么不能像温州一样富起来？

几天来，平原的农民发现温州人最爱唱的歌是《爱拼才会赢》，连车上的引导员小姐给大家最先唱的也是这首歌。在家乡和温州的巨大反差面前，坊子乡农民李荣彬说，温州许多老板创业时条件不比我们强。我们落后的根本原因在于思想观念不解放、开拓意识不强、打拼劲头不够。

赵家湾村支书张有坤在参观了乐清市北白象镇前岸村后，吃惊不小。他说，前岸村农民人均收入达到了 1.4 万元，这与自己村的人均收入 3000 来元比起来，简直是一个天文数字。他说："我们的土地意识太强，认为'秃子瞎子都是儿，盐碱涝渍还是地'，一辈子困在土地上，还以银行有存款、家里有余粮而满足。现在看来，这种旧观念不改变，就难以致富奔小康。"

对这些取经的农民来说，3 天时间行程太过匆匆。许多人说，想看、想听、想学的还有很多，回去后还要与家人或亲友再来温州。

农民取经团在温州备受关注，温州市委研究室主任谢浩说，平原农民的到来，标志着以农民为主体的第四轮"温州热"的来临。

600 名农民是 600 颗种子

农民取经团回到了平原，这里的"温州热"刚刚开始。

9 月 1 日，全体赴温州人员进行了一天的交流。2 日，平原县主要领导、各乡镇负责人和农民代表进一步谈体会和收获，并结合平原的实际，提出了一些具体建议。几天后，平原还将举行全县万人大会，请农民代表向全县干部群众畅谈在温州的所见、所闻、所感。

县委书记陈永华在座谈会上慷慨陈词说："过去，我们讲自己的不足时老是说自己小富即满，可和温州人比，我们富了吗？玉米饼子换了白面馒头就叫富？"他认为，温州精神是温州的精髓和核心。"平原和温州的差距最突出的

是精神上的差距。温州人挣钱一分不嫌少，几个亿不嫌多，而我们则是小钱不愿挣，大钱挣不来；温州人开拓市场志在四方，而我们则宁愿穷，也要守着自己的家。”陈永华号召全县人民学习温州人白手起家、艰苦奋斗的创业精神，不等不靠、依靠自己的自主精神，闯荡天下、四海为家的开拓精神，敢于创新、善于创新的创新精神。

陈永华坦承，指望去一趟温州就能解决所有问题的想法是不现实的。但他相信，赴温州的600名农民会成为600个火把，用全新的思想观念照亮全县的每一个角落；600名农民也会成为600颗种子，促使民营经济在全县生根、开花、结果。

（《人民日报》2002年9月4日第1版头条）

德州地区推行承包经营　完善企业内部责任制

德州民营经济亮起来

成为就业、纳税、投资重要力量，与骨干工业、招商引资一起成为全市经济发展“三大引擎”

记者：佟化文　通讯员：展德明　梁希忠

本报德州讯　“抓住影响经济全局的牛鼻子，会起到四两拨千斤的效果。”1月初，德州市在总结经济发展经验时达成了这样的共识。去年全市上下狠抓加快发展的主要矛盾，发展民营经济、加强工业、扩大招商，“三大引擎”促进了经济的快速发展。全市GDP、财政收入、扩大就业增速以及城镇居民人均可支配收入等6项指标均创出新高。

2002年，德州市民营经济完成增加值271.3亿，上缴税金13.5亿，分别占GDP的59%和地方财政收入的69.7%，成为全市就业、纳税、投资的主体。市里发挥民营经济对整个经济的推动作用，以面上抓总量、点上抓骨干、线上抓特色、块上抓园区的方法，推动其提速与升级。他们坚持解放思想开路、放开搞活引导的方法，去年新增私营企业1200家、从业人员2.4万人。对排出的50强民企，帮助制订发展规划、落实扶持措施，其固定资产投入、销售收入、利税分别比上年增长37.5%、56%和28%。对迅速发育的玻璃钢、刹车片、太阳能、地毯等10大特色产业，组建行业协会，产业当作企业抓，年营业收入达到253亿元。全市77处经济园区，全年完成基础设施投入12亿元，新开工500万元以上的项目650个。

加强工业，是优化经济结构的基础和杠杆。德州市三次产业比调整为20∶48∶32，地方财政收入、税收、高新技术产业在GDP、财政收入和工业增加值中的比重不断提高。市里按“一退、二进、三提高”和“低（层次、回报率低的产业）退、高（高新技术、高回报率的产业）进”的产业调整思路，加快工业化进程，全市去年完成投入125亿元，新开工投资过亿元项目46个。同时，突出特色，扶持竞争力强的化工、造纸、纺织、建材等传统主导产业，去年全市传统产业投入技改资金69亿元，培育利税过千万的企业70家，其中过5000万的15家、过亿元的4家。注重培植制高点，发展起“三糖一药”、数控机床、刹车片、太阳能综合利用等45个高新技术企业。

去年，德州市县以上单位固定资产、基础设施、更新改造以及二三产业投入比上年分别增长25%、24%、53%和16%、42%。投入大、后劲足的可喜局面，关键靠了借助外力。市里把扩大招商引资视为重点中的重点，先后开展了“招商引资年”和“优化环境年”活动，在引导各级增强无外不快不活不强的意识的基础上，以“周边是平原，我们造‘洼地’；周边是洼地，我们挖‘深井’”的决心，塑造环境品牌，扩大吸纳。每个县市区、每个部门、每个单位都肩上有担子、身上有指标，并严格考核，兑现奖惩。去年，全市引进投资过百万的项目750个，经验资核实到位资金80亿元，其中投资过亿元的项目77个。

（《大众日报》2003年1月25日第1版头条）

阳光事业

——德州发展太阳能产业纪事

梁希忠　梁希东

走进山东德州，仿佛走进一个太阳能产品的博览会：太阳能热水器、太阳能路灯、太阳能空调、太阳能温屏玻璃、太阳能发电机、太阳能智能化健康住宅……

令人目不暇接的太阳能产品是德州大力发展太阳能产业的缩影。如今，德州有太阳能以及相关企业100余家，从业人员3万多人。太阳能热水器产量占到山东省的70%以上，产值占全国太阳能行业总产值的10%左右。

“无中生有”理念催生朝阳产业

德州位于鲁西北，地下少矿，地上无山，沿边没海。“借不上沿海城市政策的光，更沾不上扶持贫困地区和实施西部大开发政策的光”，人们这样评价德州。

然而，10年前，几家刚起步的太阳能热水器企业，让德州市领导看到了阳光里蕴涵的生机和潜力。

“创业之初，大部分人还不知道太阳能为何物，有的顾客对这个粗糙简陋的产品冷嘲热讽，市场开拓难度可想而知。”皇明集团总裁黄鸣介绍说，起步之初，企业厂房靠租赁、工艺靠自试、生产设备靠自制，资金也少得可怜。

尽管很多人对德州发展太阳能产业持怀疑态度，德州市领导却认为太阳能产业是朝阳产业，前景远大。在市政府的大力支持下，皇明集团从家庭作坊起步，历经10年，成长为固定资产8亿元、年销售收入15亿元的国家级企业集团，是太阳能行业唯一的中国驰名商标企业。

让阳光流金淌银需要政策支持

近日，德州市委召开常委（扩大）会议，对德州创建“中国太阳城”这一重大发展战略作出专题部署，要求全市上下高度统一思想，做大做强“阳光产业”。

为了打响“中国太阳城”品牌，德州申请了“中国太阳城”和“中国太阳能示范城”商标注册和保护性注册。目前，该市正在论证太阳能“百万屋顶”计划，研究制定加快发展太阳能产业、提升产品档次的政策措施。同时，大力加强太阳能研发生产，力争到2010年，建设太阳能小区500个，太阳能村庄500个，太阳能及相关产业产值达到500亿元，市场份额占到全国的1/3，成为世界范围内太阳能普及率最高、科研水平最强、生产能力最大、市场份额最多的地区。

让阳光经济走上阳光大道

如今，德州的太阳能路灯不仅“点亮”了德州，安装到了上海、安庆、呼伦贝尔、郑州等数十座城市的广场、小区和道路，还将光明送到了祖国的南端——西沙永兴岛。8月中旬，随着太阳能光伏发电系统供货合同的正式生效，德州的太阳能产品还将照耀意大利的罗马城夜空。

德州市领导告诉笔者，尽管起步不久的太阳能事业还面临不少困难和障碍，但是日益凸显的能源紧缺形势、《可再生能源法》的颁布和潜力巨大的太阳能资源，将为德州发展“中国太阳城”打下坚实的基础。

如今，投资10亿元、年设计产值100亿元

以上的“国际环保节能示范区”项目已经在德州启动。该项目包括各类太阳能一体化建筑、太阳能生产区、检测中心、可再生能源大学等。其中，目前我国唯一一座太阳能博物馆已正式开馆，太阳能一体化建筑样板楼已对外开放，太阳能温屏玻璃厂等项目一期已竣工投产。

［《人民日报》（华东新闻）2005 年 9 月 14 日第 1 版］

“让群众得到更多实惠”

——山东德州经济开发区扎实推进新农村建设纪实

王金虎

地处经济欠发达地区的山东德州经济开发区，始终坚持“开发建设必须保护农民利益，发展成果必须让农民分享，涉农政策必须尊重农民意愿”的原则，以农民增收为目标，从解决农民群众最关心、最直接、最现实的利益问题入手，积极探索建立让农民得实惠的长效机制。近年来，开发区管委会先后投资 1 亿多元，改善当地农村的基础设施状况，实现了经济社会和谐发展。

建立长效互动机制

德州经济开发区为了让广大群众充分享受开发区的发展成果，他们重点建立了“三个互动机制”：

一是依托园区，借势发展，建立城乡经济发展互动机制。目前，建成区所有村庄都建起了工业园或综合写字楼，总建筑面积达 65 万平方米，利用率达 90%。

二是依托龙头企业，建设基地，建立产业发展互动机制。他们根据区划调整的实际，用工业化的理念来推动农业发展，走出了一条“依靠工业化，加快产业化，带动结构调整，促进农民增收”的路子。几年来，他们先后引进光明乳业、双汇食品、巨嘴鸟面粉等 10 余家“农”字号龙头企业落户。依托龙头企业，把当地农村的禽畜养殖和特色种植作为结构调整的重点，建立起了工业与农业之间的产业发展互动机制，使农副产品加工成为开发区的主导产业，使畜牧养殖、特色种植成为当地农民增收的重要渠道。

三是依托企业，扶持就业，建立农民增收互动机制。根据入区企业多、就业机会多的实际，开发区成立人力资源服务中心，根据用工单位需求，免费提供就业信息、进行职业技能培训，积极引导组织农民务工经商，既满足了企业用工需求，又拓宽了农民就业渠道，促进了农民增收。目前，开发区共安排就业 3.5 万人，区内适龄人员基本实现了充分就业。

把群众利益放在首位

众所周知，“旧村改造”是个“老大难”问题。德州开发区管委会主任许传忠告诉记者：“只要把群众利益放在首位，‘老大难’就不再难。改善农村居住条件、缩小城乡差距，是广大农民的迫切愿望和要求。我们有责任也有义务搞好‘旧村改造’，造福于民。”

据测算，改造一个 600 人左右的村庄，安置楼占地仅是原村庄占地的 1/10，“旧村改造”可节约大量土地资源。为集约利用土地、改善农民居住环境，德州开发区从 2003 年大力实施了“旧村改造”工程。按照“房地分开”的原则进行补偿，对每户宅基地给予补偿。在安置方面，他们确定了“建安置楼——村民搬迁——拆除旧房——综合算账”（多退少补）的程序。

村民搬迁上楼后，管委会采取多种办法保障群众基本生活，规定村集体为村民每人每月发放 40 斤面粉，55 岁以上老年人，每人每月发放100元生活保障金，每月1斤食用油，中秋节、春节等节日适当发放福利费；村集体负担公用设施电费、水费，负担村民一半的取暖费，最大限度地降低农民生活成本。

目前，小申新村、宋官屯新村、十二里庄新村、艾家坊新村等6个新村已建成，开发区60%以上的失地农民迁入新居。改造后的农民安居小区，人均居住面积达50多平方米。

在暂不具备改造条件的村庄，他们以建设“秀美农村”为目标，以“四化”、“三清”和“两改”为重点，大力实施“村容村貌整治”工程，切实做到村庄街道绿化、硬化、美化、亮化，使农村面貌焕然一新。

如今，开发区农民就业结构由以务农为主转变为进厂务工、从事公用事业、运输业、建筑业、商贸服务业等为主。农民收入水平大幅提高，农民年人均纯收入由建区前的2356元增加至5980元，部分村的农民年人均纯收入达到9600元，有的村已达15000元。

（《经济日报》2007年3月1日第15版）

德州："南融北接"借势跨越

记者：佟化文　负瑞虎　通讯员：梁希忠

本报德州讯　在7月11日举行的两院院士德州行暨产学研合作签约仪式上，德州市先后与天津工业大学、天津农科院、山东省科学院、济南大学等大专院校和科研院所签订合作协议，这是该市贯彻落实省党代会精神、实施“南融北接”战略采取的实质性措施之一。

“省九次党代会提出要加快省会城市群经济圈发展，国家也作出开发开放天津滨海新区的决策部署。我们实施‘南融北接’战略，就是要紧紧抓住这一机遇，充分发挥德州北依京津、南靠济南的区位优势，向南融入省会城市群经济圈，向北对接天津滨海新区，承接辐射，当好配角，错位发展，互利共赢，把德州打造成两地的产业转移基地、制造业配套墓地、商贸物流基地、农副产品供应基地和劳动力输出基地。”谈到实施“南融北接”战略的初衷，市委书记雷建国如是考虑。

南融北接，借势发展，观念转变是关键，体制接轨是基础。着眼于此，该市组织党政考察团深入江浙六地，亲身感受六市“服务上海、接受辐射”的经验做法；开展“解放思想、转变作风、共建和谐、促进发展”主题教育暨优化发展环境“整创建活动”，营造善于创业、崇尚创业、竞相发展的氛围；推进思维、思路、管理、体制创新，打造“企业之外零成本、生产经营零干扰、外地客商零投诉”的发展环境，为“南融北接”提供体制机制保障。

围绕“北接”，该市于今年4月底赴津举办对接滨海新区恳谈会，与滨海新区签署了“缔结友好区市关系”和“战略合作框架”协议。成为山东第一个与滨海新区确立友好关系的城市。乐陵、宁津、庆云等县市相继与塘沽区、河东区、北辰区建立了友好区县关系，并在滨海新区设立了办事处；德州市经济开发区与滨海新区举办了产业对接和企业家联谊会；禹城市和武城县还与滨海新区就生物制药和汽车制造达成了一系列配套合作协议。

围绕“南融”，今年5月该市制订了《融入济南服务省会实施方案》。并于6月5日在济南举办了融入济南、服务省会、共同发展恳谈会，与济南签订了战略合作协议；同时，市政府与省科技厅、各县市区与济南相关单位、两市旅游局、德州晶华集州与济南山水集团、皇明集团与山东大学、德州龙马金建集团与济钢、宁津永兴化工公司与省农资集团等也签订了战略合作协议。6月中旬以来，又继续与省委高校工委、省教育厅、京津济高等院校、两院所、两院院士

等开展了科技、人才对接，就人才培养、智力引进、科研成果转化等签署协议，并进入实质操作阶段。

据统计，目前该市共与天津、济南签订合作项目177个，合同引资额131亿元，有19个项目已开工建设。

（《大众日报》2007年7月29日第1版）

太阳能产业的快速发展产生了集聚效应，从而带动了以太阳能、生物质能、风电装备制造、热超导材料等为重点的新能源产业快速发展。目前，德州已拥有规模以上新能源企业150余家。德州市领导表示，力争到2012年，新能源产业实现销售收入500亿元、利税100亿元。

（《人民日报》2010年9月18日头版）

太阳能“点亮”德州

累计生产推广太阳能热水器2400万平方米

梁希忠

9月16日，来自50多个国家和地区的专家和企业家汇聚“中国太阳城”——山东德州，参加第四届世界太阳城大会，共同探求开发利用清洁能源之路。

如今的德州，太阳能的开发利用无处不在。市区安装太阳能路灯已达80公里，中心城区新建住宅太阳能热水器推广利用率达到95%以上、城镇达到50%以上。

2005年以来，德州市委、市政府从促进经济社会可持续发展的战略高度，把以太阳能为代表的新能源产业确立为支柱产业，并在政策、资金方面加以扶持，力争做大做强产业。经过几年的培育，已经形成了以光热、光伏、光电为主的太阳能产业集群，相关企业达到120多家，主营业务收入200多亿元。

目前，在太阳能光热利用方面，德州站到了世界制高点。全市累计生产推广太阳能热水器2400万平方米；仅皇明太阳能集团年推广集热器面积就达300多万平方米，相当于欧盟的总和，比北美的两倍还多。全市每年推广应用的太阳能热水器，可节约标准煤80万吨、节约用电20亿千瓦时、减排二氧化碳200万吨、减排二氧化硫6万吨。

一个整市推进的高产创建样本

——德州市粮食“九连增”的路径探寻

本报记者：杨志华　通讯员：李成祥

“你们在高产创建上、发展现代农业上走出了一条新路子。”今年4月18日，中共中央政治局委员、国务院副总理回良玉到山东省德州市齐河县视察10万亩粮食高产创建示范区后欣慰地说。

提起德州，大家首先想到的是扒鸡。可是这几年，德州又因为粮食而声名鹊起。

全国粮食生产先进市，全国“总产过百亿”的吨粮市（地级），而且是“三连冠”；全国粮食高产创建整市（地级）推进的市；全国粮食高产创建整县推进专题培训班在德州举办……

10月28日，德州市再传捷报：粮食总产达到157.85亿斤，实现“九连增”。德州市委书记吴翠云喜出望外地告诉记者：今年，全市秋粮玉米700.4万亩，单产584.3公斤，增长3.2%，总产81.85亿斤，增长7.19%；夏粮小麦711.5万亩，单产527.2公斤，增长3.3%，总产75亿斤，增长3.1%；全年粮食总产157.85亿斤，增长4.8%。

德州，作为农业大市、全国重要的商品粮生产基地，也曾像全国其他地方一样出现过粮食种植面积逐年减少，粮食总产逐年下滑的局面。

那么，德州又是如何在短时间内，迅速扭转这种被动局面，取得了粮食生产“九连增”、“三连冠”的骄人成绩，成为高产创建整市（地级）推进的样本呢？

连续四年，粮食产量持续下滑，德州粮食到了最危险的边沿；痛定思痛后，德州市借国家政策东风，奋起直追，扭转困局，八年奋战，八年丰收，为九连增打下坚实基础

2003年3月22日，回良玉副总理莅临德州，在视察春季抗旱工作时说，要千方百计打好春季抗旱攻坚战，确保夏粮丰产丰收，为全年粮食增产打好基础；粮食主产区要为保障国家粮食安全作出更大贡献。

此时，德州像全国一样，粮食生产已经连续多年下滑，可以说到了最危险的边沿。当时的德州市领导和市农业局新领导班子意识到，粮食生产连年下滑的局面在一定程度上已经影响了国家粮食安全保障能力，作为粮食主产区要义不容辞地担当这一光荣而艰巨的历史责任。为此，德州市当即调整思路，扭转困局，将全市农业工作的重心转移到大力发展粮食生产上来，明确了压缩普通粮食种植，大力发展高产、优质、高效粮食生产的工作思路。当年，全市粮食总产达到77亿斤，实现恢复性增长，扭转了自1999年以来的下滑趋势。

2004年，德州粮食总产突破80亿斤大关，达到88.16亿斤。2005年，德州粮食总产突破100亿斤大关，达到104.3亿斤。2006年，国家全面取消农业税，粮食生产潜能得到极大释放，总产达到115亿斤。2007年，德州市提出创建地级“吨粮市”的奋斗目标，全市粮食总产达到116亿斤，再创历史新高。

2008年，制定实施了《关于开展粮食高产创建活动的意见》，针对各县市区和高产创建示范点的生产实际，分别提出了攻关目标、高产目标、丰产目标、平均单产目标和具体实施方案，层层建立行政首长指挥田，实行技术专家包方责任制，带动效果十分明显，夏秋两季亩产合计979.7公斤，向“吨粮”目标靠近。

2009年，出台实施了《大力推进吨粮市建设的意见》，在更大规模、更大范围、更高层次上推进粮食高产创建活动，落实农业部“十百千万”高产示范方20处、20万亩。在高产创建示范方的辐射带动下，粮食大面积均衡增产，粮食总产达到144.24亿斤，小麦、玉米两季单产合计1061.4公斤，成为全国首个“亩产过吨粮、总产过百亿”的地级市。为此，农业部、山东省政府联合在德州召开“德州市亩产过吨粮总结会议”，全面总结推广德州经验。

“吨粮市”创建目标的顺利实现，令德州上下士气大振。2010年9月18日，在全国粮食主产区农业生产座谈会上，时任市委副书记、市长吴翠云提出了更高创建标准，要在全国率先开展整建制县推进高产创建活动，重点抓好齐河、陵县两个粮食超级大县整建制县推进和临邑翟家乡、平原县腰站镇万亩“吨半粮”创建，同时将其他县市区的22个重点乡镇纳入整建制高产创建范围，制定了更高的创建目标和增产计划。在整建制粮食高产创建的带动下，全市粮食总产首次突破150亿斤大关，再创历史最高纪录。

“德州粮食八连增，借了国家重粮政策的东风；德州粮食增产之路也折射了全国粮食增产的路径！”作为全国粮食生产先进工作者标兵的德州市农业局局长邵国君深有感触地说。

以全国首个高产创建整市推进为契机，德州人拿出“脱层皮也要干成事”的精神，打破乡域、县域界限，高起点规划，高标准建设，构建了粮食生产的三大板块，在扩充高产面积上做足了文章

2011年新春伊始，德州遭遇了多年来少有的严重干旱。面对旱情，又处于八连增的高点，

如何高位起跳，再创佳绩，成为摆在全市上下不可回避的难题。

倚仗八连增的厚实积淀，德州市大胆提出了在全国率先启动高产创建整市推进的思路，并迅速付诸实施。整市推进的关键是个“整”字，到哪里去找这么大面积整块的高产创建粮田？该市根据农业部提出的《优势农产品区域布局规划》，打破乡域、县域界限，高起点规划了全市粮食生产三大板块：南部板块包括齐河、禹城共涉及乡镇12个，面积99.3万亩；东部板块包括陵县、临邑、宁津、乐陵共涉及乡镇24个，面积172.3万亩；西部板块平原、武城、夏津、德城共涉及乡镇17个，面积109.1万亩。三大板块共涉及53个乡镇，面积380.7万亩，占全市粮食总面积的53.6%，全部实行整建制高产创建开发。在三大板块中，面积最大的东部板块，项目完成后，将成为全国面积最大、标准最高的粮食高产创建示范区。

借鉴“拼图”原理，德州市在三大板块中综合考虑地力水平、科技水平、基础设施条件等因素，制定具体的发展计划，分步实施，按图填空，以齐河十万亩示范方为样板，每个县打造3万亩或5万亩以上的示范方，粮食大县打造10万亩或20万亩以上的示范方，市级规划建设30万亩以上的大方，力争用3~5年的时间将三大板块打造成总面积380万亩成方连片的规模化粮食优势产区。

邵国君向记者展示了一张《德州市粮食高产创建区域布局规划图》，图上用红蓝两色标注区分三大板块建设的两期工程进展情况，红色部分为一期工程，已开发或正在开发的乡镇22个，粮食面积157.4万亩，占全市粮食总面积的22.2%。

齐河县10万亩粮食高产创建示范区已建设完成，并取得显著成效；陵县15万亩、临邑10万亩、武城5万亩、平原3万亩、禹城3万亩粮食高产创建示范区也正在扎实快速推进。蓝色部分为二期计划开发的31个乡镇，粮食面积223.3万亩，占全市粮食总面积的31.4%。

依据“种子饱粒儿，技术打捆儿，体系分层儿”的生产模式，德州真正做到科技人员直接到户、良种良法直接到田、技术要领直接到人，正是依靠科技创新使粮食单产大幅提高

2010年11月12日，“金满田杯”2010年山东粮王大赛评选结果揭晓，临邑县翟家镇农民孙丰忠以夏玉米亩产1029.6公斤的优异成绩夺得全省总冠军，被省农业厅、山东电视台授予“山东粮王”称号。这是继2007年被评为“全国种粮标兵”之后，孙丰忠获得的又一殊荣。孙丰忠的成功正是德州市大力推广先进实用丰产增产技术、实现全市粮食生产“九连增”的一个缩影。

先进农业生产技术的推广是一个漫长而又艰辛的过程。孙丰忠自发办起了“农业科技推广站”，在全村推广良种良法、配方施肥、宽幅精播等新技术。可任何新生事物的推广都是不容易的，当听孙丰忠说1亩地只播7.5公斤麦种时，人们犹豫了；当听孙丰忠要求小麦行间距要21公分时，人们简直“愤怒”了，这不是浪费土地吗？不管群众理解不理解，孙丰忠先发动村里的8名党员和他一块作示范，从20多个小麦良种中筛选出“济麦22”，采取宽幅精播技术，每亩地只播7.5公斤麦种，并且全部采取测土配方施肥技术，根据土壤肥力需求上肥料，让农田吃上了“营养餐”。来年麦收时，和孙丰忠一块“折腾”的党员地块里小麦亩产达到716公斤，每亩地比群众多收200公斤。村民信服了，秋种时，全村860亩地用上了孙丰忠的种植技术，小麦实行“一喷三防”，玉米实行“一增四改”，并且全部采用了孙丰忠改良后的“八统一”方法，粮食产量一年比一年高。孙丰忠们尝到了“良种饱粒儿、技术打捆儿”的甜头。

孙丰忠说的“种子饱粒儿”，就是德州市实施的良种工程。德州市农业局副局长张功礼告诉记者，自2003年实施种子工程以来，全市共有31个农作物品种分别通过国家和省级审定，其中国审品种4个，省审品种27个，小麦、玉米良种覆盖率达到100%。到了2010年，在山东省20强种子企业中，德州共有鑫秋、良星、德利农、苗宝、银兴等5家企业入选，且有4家企业位列全省10强行列。

孙丰忠说的“技术打捆儿”，专家叫“技术集成”。德州市在小麦生产方面，规范化播种、宽幅精播、深耕深松、播后镇压、浇越冬水、氮肥后移等配套技术一起上；在玉米生产方面，优选登海605、郑单958、浚单20、德利农988等耐密型高产品种，“一增四改”、玉米直播晚收等实用技术一并用，通过开展玉米“十、百、千、万”高产创建活动，全市玉米种植密度明显增加，十亩高产攻关田平均种植密度达到6000株以上，大田玉米平均种植密度由原来的4000株左右增加到现在的4500株左右。市农业局种植业管理科科长郑光辉介绍，这几年，玉米适当晚收、小麦适当晚播的“双晚”技术在德州得到大面积快速推广，全市70%以上的粮田均使用了这一增产技术。据专家分析，玉米生长后期，每晚收一天玉米将增产8～10公斤。目前，德州的玉米收获期推迟到9月底，较常年推迟5天左右，亩均增产40～50公斤左右。

被孙丰忠称为土地“营养餐”的，就是测土配方施肥。自2005年始，全市累计推广应用测土配方技术面积达到3851万亩，施用配方肥面积达到1475万亩，节本增效14.84亿元。

有了良种良法，还必须有人来推广。在整建制粮食高产创建活动中，市里成立了由农业局局长任组长的技术指导工作组，常年派出由5名局领导班子成员带队巡回督导，落实包县、包重点乡镇、包示范片责任制，深入生产一线指导技术培训、良种普及和关键技术应用，强化“五统一”生产模式落实。与此同时，还建立健全了农技推广、良种繁育、植保服务、测土配方施肥四大公益性科技服务体系，形成了“农技人员直接到户、良种良法直接到田、技术要领直接到人”的农技推广新机制。目前，全市共有县乡两级农技推广机构137个，实现了全市乡镇全覆盖。

“无灾增产，农业科技功不可没；有灾无害，农技人员更是屡建奇功！”市农业局张连臣副局长深有体会。今年冬春连旱特大灾情，小麦规范化播种、播后镇压、浇越冬水等抗旱保墒技术在德州得到大面积推广应用，全市90%以上的粮田普浇一遍越冬水，全市小麦的抗旱抗冻防虫能力大为提高，创造了气象有干旱、麦田无旱象的奇迹。

“背靠大树好乘凉”，依托丰富的粮食资源，德州加大政策、资金、项目的倾斜扶持力度，延长粮食产业链条，促进粮食产品加工增值，把粮食作为一个能够富民、强企、强市、招商的品牌产业做大做强

“背靠大树好乘凉”，山东发达面粉集团（以下称“发达”公司）董事长徐山元用这句话来说明自己的企业态势。这个地处德州市夏津县的公司是山东省小麦面粉加工行业的龙头老大，“中国粮食加工业十强企业”。正是靠着德州这个全国著名的优质高产小麦基地，发达公司成为“有米之炊的巧妇”。董事长徐山元说，企业拥有现代化制粉生产线8条，日处理小麦2600吨；企业发展了优质小麦生产基地100万亩，与基地麦农签订合同，保护价收购，每年收购优质原粮8亿多斤。

像发达公司这样的粮食加工以及以粮食为原料的企业不在少数。德州市分管农业的副市长告诉记者，德州是产粮大市，九年生产粮食1080亿斤，为国家供应商品粮880多亿

斤;全市粮食商品率由2003年的71.9%提高到2011年的85.5%。除了卖给国家的和当地食用的粮食外,德州市每年有几十亿斤的粮食需要就地转化。为此,全市紧紧围绕做大做强粮食产业,把延长粮食产业链条,促进粮食产品加工增值,加快构建现代农产品加工产业体系作为保障国家粮食安全、促进农民增收的一项重要措施来抓。在市经济开发区划出专门区域,高标准建设农产品加工园区,实施集群式推进。

在素有"中国功能糖城"之称的德州禹城市,年轻的市长张磊颇为自豪地说,他们研制开发出以玉米芯等为原料的低聚异麦芽糖、木糖(醇)、低聚木糖、麦芽糖醇4大类63种功能糖系列产品,使玉米芯的价值翻了上百倍。由保龄宝公司制定的低聚异麦芽糖、果葡糖浆两项企业标准被认定为国家标准。目前,低聚糖和糖醇类产品在国内市场占有率达到80%以上,国际市场占有率达40%以上。

"一头扎进了粮囤里!"目前,德州市以粮食等农产品加工为主的企业已涵盖面粉、淀粉、豆粕、食用油、保健食品、饮料、乳制品、肉制品等多个加工领域。以夏津发达、陵县颜皓、宁津天雁、"巨嘴鸟"、"鲁德"为代表的小麦加工龙头,年加工能力达到550万吨;以禹城三糖一药、平原福源生物淀粉、陵县华茂生物科技为代表的玉米深加工龙头,年加工能力达到350万吨;以大蔡牧业、天恩、正大为代表的饲料加工龙头,年加工能力达到132万吨。拥有"巨嘴鸟"小麦粉、"发达牌"小麦粉、永乐食品的"腾永乐牌"小麦粉等国家名牌产品5个,"腾永乐"牌面粉等中国驰名商标9个,巨嘴鸟的小麦粉、发达集团的小麦粉、永乐食品的小麦粉、志强集团的小麦粉、浩天食品的小麦粉、福源淀粉的食用玉米淀粉等国家免检产品9个。

"正是看中了产粮大市这个资源,看中了中国粮油食品城这个牌子,我才来德州投资建厂的。"刚刚落户德州的河北五得利面粉集团公司负责人说。2011年8月,欧洲客商主动前来德州洽谈淀粉深加工项目。在问及是什么原因吸引他们主动来德州洽谈项目时,欧洲客商用不太标准的普通话说出了"吨粮市"三个字。

国家粮食直补、农资综合补贴、良种补贴、农机具购置补贴等一系列惠农政策出台,使农民种粮的热情大增;国家产粮大县的政策激励,令地方政府抓粮的劲头十足。德州用足国家政策,配套地方措施,全面调动了"两个积极性"

"如果没有党的惠农政策,我不可能种这么多地,买这么多的农机具,挣这么多钱。"临邑县德平镇富民种植合作社负责人魏德东颇有感触地说。

正是国家粮食直补、农资综合补贴、良种补贴、农机具购置补贴等一系列惠农政策出台,老魏种粮的热情大增。2007年,他承包500亩地,成立了富民种植合作社,开始大规模种粮食。目前,他已承包耕地1820亩,购置拖拉机、联合收割机、深松机、深耕犁、播种机、喷药机等各种农机具30多台套,吸收社员230多人。仅去年一年就产粮182吨,赚了35万元,带动社员增收500多万元。

"可以说,党的惠农政策是德州农民种粮积极性提高的源泉。"德州市委副书记袁秀和一语中的。他说,自2004年开始,中央连续发出8个一号文件,按照"以工补农、以城带乡"战略和"多予、少取、放活"方针,梯次构建支农惠农政策体系和强农促粮的长效机制。德州市把全面贯彻落实国家惠农政策,最大限度地发挥中央政策的拉动效应作为提升农民种粮积极性和主动性的重要举措,牢牢抓在手上,落实在行动上,共落实粮食直补、农资综合补贴、良种补贴、农机具购置补贴等中央惠农资金39.13

亿元。

德州市农机办主任魏洪斌说，德州市落实仅农机具购置补贴一项就拉动农民投资7.82亿元，全市农机总动力达到1300余万千瓦。其中，农用排灌动力机械284万千瓦，农用拖拉机24.6万台，联合收割机14157台，全市机耕、机播率、机收率分别达到99.4%、98.3%、99.25%，使粮食从种到收基本上实现了全程机械化，农业机械化为提高技术到位率、防灾抗灾、减轻农民劳动强度、促进粮食增产发挥了重要保障作用。

权威资料显示：在影响粮食生产的诸要素中，水的增产效用最为突出。1亩水浇地的收益是1亩旱地的2倍至4倍，水利对粮食生产的贡献率达到40%以上。

如何破解水利基础设施薄弱的难题，彻底解决水的问题，实现"能引、能排、能蓄"的目标，成为历届德州市委、市政府主要领导深深思考的重大课题。德州市水利局局长张英昌告诉记者，近年来，德州市累计完成投资5.9亿元，治理骨干河道20条，新打机井2.7万眼，每年引用黄河水10亿立方米以上，新增改善灌溉面积350万亩，发展节水灌溉面积59万亩；2007年以来，累计投资2.6亿元，改造中低产田45万亩。目前，已建成"田成方、树成行、沟相通、渠相连、旱能浇、涝能排"的标准农田400万亩。

"农民种粮有了积极性，地方抓粮的积极性也不能没有。"袁秀和说，为了激发了德州市各级党委、政策重农抓粮的积极性。2011年全市10个产粮大县获中央财政奖励资金1.44亿元，齐河县、陵县、禹城市、临邑4个获山东省超级大县奖励资金5266万元，使各级党委、政府真正体会到了国家重粮抓粮的决心，也真正体会到重粮抓粮不仅能为保障国家粮食安全承担应尽的政治责任，而且还能增加地方财政收入，发展粮食生产不再是包袱，而已成为促进地方经济发展的一项重要产业。

各级领导的关心和支持，成为德州粮食发展的强大外部推力；"一把手"工程和地方政府的高度重视成为德州粮食生产的巨大内部动力。德州内外结合，双力齐发，创造了粮食"九连增"的奇迹

齐河县县委书记魏洪祥说，今年齐河县小麦收获面积112.01万亩小麦平均单产555.1公斤，总产12.44亿斤，单产、总产同比分别增长2%、0.4%；齐河县110万亩玉米平均单产613.3公斤，总产13.5亿斤，单产、总产同比分别增长4.05%、9.32%；全年粮食总产达26亿斤，同比增长4.83%。

2011年2月7日，农业部部长韩长赋冒着严寒到德州视察春季抗旱工作，对德州大力推广播后镇压、浇越冬水等抗旱技术措施给予充分肯定；同时将陵县作为整建制高产创建部长联系点。在部领导的关心支持下，陵县积极筹措资金，精心谋划，启动建设了15万高标准粮田示范区工程。陵县县长马俊昀说，2011年，陵县94.53万亩小麦平均亩产为546.3公斤，总产10.32亿斤，单产、总产同比分别增长6.74%、8.6%，均创历史新高；陵县94.7万亩玉米平均单产606.4公斤，总产11.49亿斤，单产、总产同比分别增长5.3%、8.5%；全年粮食总产21.81亿斤，再创历史新高。

陈先运市长告诉记者："德州粮食九连增特别是整建制粮食高产创建工作的成功实践，既与德州市农业系统广大干部职工的积极探索、大胆创新分不开，更与各级领导的大力支持、倾力帮扶分不开。"

德州的探索和实践得到了农业部领导的充分肯定，农业部相继在德州召开了德州市亩产过吨粮总结会议、全国粮食高产创建整建制推进专题培训班、全国粮食高产创建整建制推进试点县授牌仪式、全国麦田杂草防治示范现场观摩会等全国性会议，在全国推广德州经验，为强力推进整建制粮食高产创建不断注入新的活力和动力。

多年来，山东省委、省政府以及省农业厅领导多次到德州检查指导工作，为扎实推进德州市粮食高产创建提出了很多宝贵意见和建议，并在政策、项目等诸多方面给予积极扶持。相继在德州召开了全省春季生产现场会议、全省高产创建暨玉米“一增四改”技术培训会议等全省性综合会议，有力推动了德州粮食高产创建工作的深入开展。

德州成立了由市委书记、市人大常委会主任吴翠云挂帅的粮食高产创建推进委员会。这个委员会除了制定关于粮食高产创建的政策、计划和提出措施和意见，还负责组织实施、督导检查、考核表彰等工作。

作为粮食高产创建推进委员会的一把手，市委书记吴翠云曾多次召集专题会议研究指导粮食高产创建工作，多次亲临一线指导，并明确要求，要高起点规划，高标准建设，打造全国样板。市委副书记、市长陈先运多次深入生产一线开展调查研究，调动一切积极因素，发挥优势，突出特色，强力推进，打造全国亮点。市委、市政府主要领导的高度重视，为德州市粮食高产创建特别是整建制粮食高产创建夯实了组织保障基础。

“粮食，是德州的产业优势、资源优势、生态优势；粮食，是德州对外招商引资的名片、争取政策项目支持的载体、上级领导重视关注的焦点；粮食，为德州聚集了人气，鼓舞了士气，提高了名气，招来了项目，引来了资金；粮食等农产品加工业将成为未来德州经济发展的重要支柱。我们相信，在各级领导的关心和支持下，在德州干部群众的共同努力下，继续稳定面积，主攻单产，实行玉米良种中央、市县财政奖补资金整合，百万亩免费供种，力争明年实现粮食十连增！”陈先运市长信心百倍地说。

《农民日报》(2011 年 11 月 22 日 01 版)

“决战”黄淮海
——记中科院禹城综合试验站

王晨绯

禹城站扎根基层，将科学院与地方结合创造出的模式、技术、经验瞄准国家重大需求，通过基层的实际工作，提出新模式、新技术，最后推动国家和区域的农业发展。

山东禹城市，中科院禹城综合试验站的主楼里，李振声院士书写的“黄淮海精神”五个大字醒目地挂在墙上。

如今，已过耄耋之年的李振声仍坚持身体好的时候就到这里的试验田里看看他的小麦们。

山东省禹城市，又被称作“小黄淮海”，这里自然环境并不理想，旱涝、盐碱、风沙数灾并发。20 世纪 60 年代初，中科院、中国农科院的队伍开进禹城，他们在市西南的新老赵牛河之间，选择了一片旱涝不断、盐碱严重的 130 平方公里区域，建立起“井灌井排旱涝碱综合治理试验区”，提出一系列改造中低产田的办法和科学治理措施。

1993 年，原来重灾低产区的 8 个地市粮食总产净增 56 亿公斤。这场粮食“保卫战”也被称为“黄淮海战役”。

此役过后，禹城站声名鹊起，逐步成为中科院最重要的野外综合试验站，并在解决旱涝、盐碱、风沙等方面创造了独具特色的“禹城农业模式”。

一种科学精神

“当时20多个研究所，几百名科研人员投身黄淮海，他们实事求是按科学规律办事，紧密联合生产实践搞科研，风里来雨里去、以荒野为家、不怕困难的奉献精神，都值得弘扬。”小麦之父李振声将其称为“黄淮海精神”。

“禹城的成功在于多兵种、大联合、点片面、长期干，禹城黄淮海工作是中国科学院总体工作的一个缩影，‘黄淮海精神’是所有参加黄淮海工作的人们共同创造出来的。”李振声说。

然而，在环渤海的陆海接壤处，仍然有1000多万亩盐碱荒地和4000多万亩中低产田始终是科学家们的心病。

2010年春节前后，刘小京按照惯例到李振声家里拜访。“我们谈论起环渤海地区盐碱地科技攻关的一些问题。”作为中科院遗传与发育生物学研究所农业资源研究中心南皮生态农业试验站站长，刘小京回忆说，“讨论中，李院士提出，这个地区有可能大幅度增加产量，就叫‘渤海粮仓’吧。”

如今，中科院禹城试验站又开始承担国家重大科技支撑计划“渤海粮仓”科技示范工程项目。科学家们将在山东项目区改造20万亩滨海盐碱荒地，改良100万亩中轻度盐碱地棉田改种粮食；推行1300万亩的粮食增产计划，到2020年，实现粮食增产30亿斤。

在黄淮海平原中低产田治理攻关任务中，中科院禹城试验站的科学家积累了丰富经验，突破了一批盐碱地治理、咸水灌溉和耐盐小麦新品种培育等关键技术。后“黄淮海精神”时代，科学家们有望在环渤海地区再次实现扩面积、增单产、水保障、创高值的目标。

一种优越感

“我在无形中体会到一种优越感，这是周围其他县市区不可比拟的，而这种优越感完全来自于禹城站长期在这里开展的农业试验示范。”王玉东在禹城担任主管农业的副市长时深有体会。他说：“禹城在经济社会发展，在新农村建设，在‘三农’问题解决等方面，得到中科院的大力支持，这包括如何促进农民致富，如何利用新的技术、信息，并在当地推广，转化为成果。”

由于包括中科院院士李振声等许多不同学科、不同研究单位的科学家都到禹城去；院里、局里领导经常去禹城讨论问题；各个研究所，包括生物、化学、地学、技术等很多方面的专家都根据具体项目的内容，和当地干部、老百姓一起来共同实施，潜移默化地大大提高了禹城老百姓和干部的科技意识和科学素质。

在山东德州的11个县市中，禹城的发展状态是最好的，农业上处于领先地位，有些工作在全省也排在前几名。

“中科院对禹城的贡献是全方位的。”禹城站站长欧阳竹说，中科院发挥多学科的优势，一方面注重学科综合，另一方面，能从区域区位可持续发展角度去联系和集成中科院各个研究所、各方面的力量，集中在禹城开展联合攻关和试验示范。这其中，中科院地理资源所发挥了重要作用。

中科院和禹城的长期合作提高了禹城的知名度，不同时期所开展的试验示范在全国形成了一些有影响的经验、模式和技术，加强了与各个部门的联系，通过比如项目验收、项目检查等形式，扩大了对外宣传，吸引了各省市来参观、学习，这对禹城的经济发展甚至项目引进、招商引资、外部环境的建设等都有好处。

不仅如此，禹城站扎根基层，将科学院与地方结合创造出的模式、技术、经验瞄准国家重大需求，通过基层的实际工作，提出新模式、新技术，最后推动国家和区域的农业发展。

一种生活

禹城，因大禹在此率众治水而得名。不论是大禹治水的科学性，还是大禹治水中三过家门而不入所体现出的精神都影响着几千年的后代子孙。在禹城站，几乎每个人身上都有大禹治水当年的影子。

“中科院很多科技人员都把禹城当成家，半年一年不回家。吃住在农村，白天在田野。当时，所有科研人员都很能吃苦，一心扑在试验上，确实值得敬佩。”禹城农业开发办公室原主任、禹城市政府办公室原主任马宪全与科学家都成知心朋友了。

“我干的都是小事，为科研人员做好科研支撑工作。”高级工程师蔡晓光在禹城度过了大半青春，他每年在禹城站的时间超过 8 个月。

来到禹城的人都是面朝黄土背朝天，下地就是一白天。中国农业大学一位叫作张海玲的女生，野外实验态度非常认真，因为长期在田间工作，站里的人从来没有看清楚她的鞋子长什么样子，认真劲头让人佩服。

欧阳竹也已两鬓生白。不过 30 年间，他和同事们将“不毛之地”改造成了“良田沃土”，将“渍涝洼地”改造成了科技与生态并举的“粮食大市”。

采访手记

禹城站印象

从北京出发，搭乘高铁几个小时就到了济南西站。大概还需要两个小时车程，跨过大片的玉米地，禹城站在那里已有 30 多年。

30 年前，科学的春天降临之际，中科院地理所在老一辈科研人员的支持下在禹城建站。宗旨非常明确，一是为解决黄淮海平原的旱涝盐碱威胁，为提高作物产量作贡献；二是开展蒸发、水量平衡、能量平衡、盐分运移、水—盐作物关系的试验研究。禹城站的黄淮海之役，非常成功，还树立了有名的“黄淮海精神”。现在禹城站大厅的中央还挂着这几个大字。

禹城站和中国农科院的种子示范推广站为邻，但禹城站规模较大。所谓的规模大，就是有大片的试验田，一眼望过去蔚为壮观，绕上一圈要花十五分钟。这么多年过去，它如今还是稳稳当当的在一片农田中安详座立。如果不仔细区分，根本不知道哪块是试验田，哪块是农民的农田。这些做科研写文章的科学家们，和当地农民早已不分彼此。

下午得知李振声院士要来，管理员提前收拾好房间，换上洗好的床单被罩。太阳快要落山时，宿舍前的小麦样地里传来熟悉的声音。只见李振声院士弯腰在看挂了穗的小麦，他刚下车就到大田里检查今年的小麦长势。李院士虽然过了 80 岁，但看上去气色很不错。听说他只要身体没有不适，就会经常来禹城看看他的宝贝小麦们。直到太阳下山前，他慢慢地从田头走到田尾，认真地看，不时和身边的人交流，手里攥着根麦穗。

晚饭时分，来了许多禹城及周边县市的农业干部，他们围着李振声，详细汇报今年的粮食长势，将碰到的问题说给李振声听。李院士倒是一点倦色也没有，聚精会神地听着，认真地解答。

禹城的作息非常规律——完全是下地干活的时间表。三餐时间固定，早餐较早，因为大家吃完饭得赶着去地里忙活。餐厅里秩序井然，桌椅整齐、餐具干净，从侧面反映出禹城站凡事讲究程序和规范，管理严谨。

在即将结束禹城的探访时，我遇见南京大学地理与海洋科学学院副教授赵书河。他参与了中科院的先导专项——碳专项，带着学生来禹城站采集玉米样地数据。“这个站开放程度比较高，整体条件不错。作为野外试验基地，各方面都很好。站里工作人员对我们参与实验工作大力支持。我一看，他们每天有固定的人员协助我们采样，大家的实验工作井然有序，就知道这里试验基础很好。”他说这里的工作开展得非常顺利。

《中国科学报》(2014年7月14日第8版)

回眸“普九”

高立泉

20世纪的1995至1997年，是我市各级党委政府、广大干部群众、学校教职员工，为实现“普九”(基本普及九年制义务教育)而攻坚克难的三年。1997年12月25日，随着山东省政府“普九”验收组宣布庆云县通过“普九”验收，我市11个县(市、区)全部完成了“普九”任务，“两基”人口覆盖率达到了100%。这是我市523万人民三年拼搏奋斗的丰硕成果，更是我市教育发展史上的重要里程碑。这期间，全市人民为实现“普九”，倾其财力、物力、人力，用智慧和汗水谱写了兴办教育、发展教育的光辉篇章。

形势严峻，痛下决心如期“普九”

20世纪八十年代，党中央、国务院确定我国要在20世纪末基本普及九年制义务教育，基本扫除青壮年文盲。国家教委把我省和沿海其他八个省市列为一类地区，要求在1997年率先实现“两基”。但是，地处鲁西北的德州，是全国42个经济贫困地区之一，地方财政非常困难。尽管从1980年到1994年的十几年间，全区先后投资4.48亿元，使农村中小学校基本达到了“六配套”(校舍、课桌凳、院墙、厕所、操场、校门)，城镇中小学基本实现了“五达标”(学校规模、校舍、课桌凳、运动场地、校园环境)，但与我省东部发达地区相比，办学条件还有很大差距。

1994年12月20日，德州地委、行署召开全区教育工作会议，传达贯彻全国、全省教育工作会议精神，研究部署“两基”工作，莫振奎专员与各县市主要负责人签订了责任状。各县市党委、政府都把“两基”纳入当地经济社会发展的总体规划，把实施“两基”纳入党政领导的任期目标，并召开专门会议研究部署。各县市普遍实行“双线”(一线为县市长、乡镇长、村委会主任；一线为县市教育局长、乡镇总校长、中小学校长)目标责任制，层层签订目标责任书。地、县两级都实行了几大班子领导人分工包点制度，教育部门实行了局长包片、科室包县、乡制度。市教育局成立了“普”九工作领导小组和办公室，并组织督导室、普教科、计财科等有关科室，到各县市举办讲座，逐一讲解“普九”的内容、标准。通过学习，大家认识到，这次“普九”和以前的“六配套”、“五达标”相比，不仅内容多，而且标准高、要求严。其四大部分(普及程度、师资队伍、办学条件和教育经费)、14个项目，都有严格的标准要求。要实现这些目标，必须重新调整学校布局，进行大量的资金投入和大规模的基本建设，彻底改变办学条件，完善师资队伍，保证适龄儿童少年全部入学。各县市在摸清所辖区域内适龄儿童少年底数的基础上，计算出了在保证学龄儿童少年全部入学的前提下，所需校舍、师资、经费三笔账。当时，我区共有89.6万适龄儿童少年，其中失学辍学者共9万余人，多数为初中阶段学生。而要实现“普九”，让孩子们全部接受九年义务教育，大约需要投入8.12亿元，新建校舍100多万平方米，增加初中师资5000余人。庞大的需求摆在各级党政领导面前，他们制定“普九”工作方案，开展“普九”宣传，着手筹集资金、选址征地、开工建设，“普九”工作很快启动起来。

禹城市梁家镇邢寨小学"普九"前旧貌

收申请的94个乡镇进行评估验收时，只有71个基本合格，仅占验收乡镇的75.5%，占全部乡镇的36.8%。究其原因，一是不少县乡领导认识不到位，行动迟缓。二是学校布局调整不到位。小学布点多，规模小，影响了办学效率。三是教育投入不足。有相当一部分县乡财政对教育拨款达不到"三个增长"（财政对教育拨款的增长要高于财政经常性收入的增长，生均教育事业费要逐年增长，生均公用经费和教师收入要逐年增长）；农村教育费附加征收不足，管理不善，没有做到"乡征县管乡用"，甚至有的乡镇挤占、挪用教育经费。四是办学条件不能满足需求。以楼房建设为主的学校基建尾工大，生均校舍面积和内部设施配套不足。

经过一年的努力，全市共投入2.78亿元，完成校舍建筑面积47.6万平方米，不少学校的办学条件有了较大改善，并涌现了乐陵市双庙赵中学、临邑县兴隆镇中学等一批窗口学校。民办教师的工资待遇也有了提高，拖欠工资现象得到初步遏制。小学适龄儿童少年入学率为99.34%，小学毕业生升学率由上年的79.04%提高到了91.9%。与此同时，全市的扫盲工作进展顺利。从1991年到1995年，全市共扫除青壮年文盲153731人，非盲率达到99.24%，巩固率达到95%以上。1995年9月11日至18日，省教委副主任刘鸣泽带领省政府扫盲验收组来我市检查验收，全市11个县（市、区）全部通过。这标志着我市取得了第一个战役的胜利。

然而，1996年1月，市教委对提出"普九"验

1996年1月中旬，省教委来我市检查"普

"普九"验收后的武城县武城镇中学

九"工作,既肯定了我们的成绩,也严肃地指出,德州如果在1996年没有大的动作,很可能要拖全省的后腿,形势将相当严峻。上级领导的分析,对我们触动很大,同时,也引起了市领导的高度关注。

3月13日,市委常委召开第九次会议,最后一个议题是研究"普九"工作。与会人员一致表示,"普九"是百年大计,是科教兴国的重要前提,目前我们的经济是困难一些,但再穷不能穷教育,再苦不能苦孩子,在"普九"问题上,一定要千方百计克服困难,坚决完成任务。最后,市委书记莫振奎做了总结,讲了四条意见:一是要坚定到1997年完成"普九"任务的信心,不犹豫、不后退,不拖全省的后腿;二是在部署今年"普九"工作时,只强调按照规划完成任务,不统一规定义务教育集资的数额;三是对1995年已经收起来的教育集资,要强调专款专用,不得挪作他用;四是积极争取省里支持,集中使用争取来的资金,加快"普九"进度。

3月19日,市委书记莫振奎在县(市、区)委书记和市直有关部门负责人会议上,传达了市委常委会对"普九"工作的意见,强调各县(市、区)委必须在"普九"问题上旗帜鲜明,主动作为,宁可在别的方面打紧一些,甚至牺牲一点速度,也要加大教育投入,把这件造福子孙后代的大事办好。分管教育的副市长金清云也与各县市负责人进行沟通。之后,各县(市、区)迅速召开会议,对"普九"工作进行了再动员、再部署,并参照市里的做法,普遍对"普九"工作领导小组和办事机构进行了调整充实。各级政府加大了对教育的投入和筹资力度,采取"干部群众集一点、银行贷一点、建筑材料赊一点、建筑单位垫一点、师生义务劳动省一点"的办法,千方百计克服资金困难,扎扎实实推进"普九"进度。自此,一场轰轰烈烈的"普九"热潮在德州大地上迅速蔓延开来。尽管当年8月份德州市遭遇特大洪涝灾害,216万亩农田被淹,但市委、市政府对"普九"的态度没有改变。在9月1日召开的全市第十一次党代会上,莫振奎在工作报告中,再次强调了确保1997年实现"普九"的决心,使"普九"工作得以稳步发展。

教育部门,既当参谋更做主力

"普九"是政府行为。作为政府主管教育的职能部门,各级教委在"普九"工作中既要当好参谋助手,更要做冲在前干在前的主力。为打好"普九"攻坚战,全市从各级教委主任到学校校长,从普通教育干部到学校教师,人人为"普九"着想,个个为"普九"出力,殚精竭虑,忘我工作,用实际行动谱写了普及九年义务教育的篇章。

首先,进一步加大了宣传力度。市委宣传部和市教委联合行文,把义务教育宣传月由8月份改为4月份,并提出了具体要求。德州日报开辟了"县委书记谈'普九'""教育话题"等专栏,市县电台、电视台开设了"'普九'之窗""'普九'潮"等专题节目。各乡镇、学校通过出动宣传车进村广播、师生上街宣讲、书写永久性标语口号,印发教育法律法规材料汇编,散发"普九"明白纸等多种形式,在广大城乡营造了浓厚的"普九"氛围。仅以乐陵市为例,市领导发表电视讲话3次,书写永久性标语8600余条,出动宣传车386辆次,设立集市宣传站98个,义务教育宣传小组920多个,印发《义务教育法》6500多册,宣传提纲10万多份,举行了"三法一纲"知识电视大奖赛,有的乡镇还建起了"义务教育宣传一条街"。

其次,县乡教育行政部门进一步调整规划设计,优化资源配置。按照"合理布局,减少处数,扩大规模,提高效益"的原则和"一个乡镇建一所初中,5000人建一所小学"的要求,将原

先制订的方案重新审查、修正，将乡镇中小学、教学点进行了大幅调整和压缩。

三是，调整市教委班子成员和各科室包县（市、区）的安排，并提出了新的要求。主要是，督促各县（市、区）按照规划，一定要做到调整到位、建设到位、配备设施到位、学生入学到位，高标准，严要求，不得迁就，不能马虎，发现问题要随时和县乡分管领导、教委主任进行沟通，及时加以解决，确保按计划完成“普九”任务。

新的措施，使市教委的干部们精神抖擞，干劲十足，更加积极主动地开展工作。从 1996 年 4 月份开始，多数人基本上就没有了星期天、节假日。大家和县乡教委干部、学校校长战斗在第一线，常常披星戴月，废寝忘食。为掌握情况，教委班子成员基本跑遍了全市 193 个乡镇。“普九”办的同志几乎天天活跃在第一线，也几乎天天晚上加班加点。教委办公室及时向新闻单位报道了“普九”工作的动态、典型和经验。督导室、普教科和派驻各县（市、区）工作组人员，不仅督促指导“普九”的进度和质量，还要为基层做业务辅导，解惑释疑。计财科三年共争取国家和省专项补助 2588.5 万元，使我市成为全省得到补助资金最多的单位。

在“普九”过程中，我们除了到外地如临沂、阳信参观考察、学习先进经验外，还特别注意发现和培养自己的典型。乐陵市原本安排到 1997 年完成任务，但是市委不等不靠，积极行动，“普九”工作一路领先。我们建议市政府于 1995 年春、1996 年春两次在乐陵召开现场会，为各县（市、区）树立了样板。市领导要求每月召开一次调度会，每次解决一两个重点问题，我们都及时推荐地点，整理材料。从 1996 年 5 月到 10 月，市政府先后在临邑、齐河、德城、禹城、宁津、陵县、武城等七个县（市、区）召开了六次调度会，重点解决筹集资金、布局调整、建筑质量、内部设施配套等方面的问题，使“普九”工作环环扣紧，步步为营，起到了重要的示范和推动作用。与此同时，市教委还配合省教育督导组先后五次对各县（市、区）进行初验和复查。省政府教育督导室副主任刘庆春、高文浩及科长辛莲英等，每到一个县市、乡镇，从规划到现实，从宏观到微观，认真检查指导，并一再强调，“普九”验收的四大部分 14 条要求，是铁打的尺子，不能缩小，不能变形，进度要服从质量；要注意“软件从严、硬件从实”，“先入学、后完善”，等等。这些要求和指示，对指导各县（市、区）严格按照标准，尽快完成“普九”任务，发挥了重要作用。

为了搞好学校内部设施配套，市教委推行了图书、仪器招标购进和自制相结合的办法，降低了价格，节约了成本。一些县市将实验桌、仪器橱、图书架及体操垫等，由校办工厂按统一标准制作。标本、模型等一些简单的器材，则发动师生自制。这样，全市不仅加快了设施配套进度，还节约资金 2000 余万元。

在“普九”工作中，战斗在第一线的各县（市、区）教委主任及班子成员、一般干部，可谓辛劳之至。德城区教委主任张锦初，“普九”期间曾六次到济南开会，每次都是来去匆匆，竟没能抽出时间去看望住在省城的老母亲。平原县教委主任张荣忠，曾做过颅脑手术，“普九”时，从头、颈到腹部，皮下还置留着导流管，但他和大家一样坚持工作在第一线。

各界助教，奇迹频出令人动容

德州作为经济欠发达地区，1995 至 1997 年，全市地方财政收入分别是 4.7 亿、7.4 亿、9.4 亿，属于“吃饭财政”。但就是在这样困难的情况下，市县财政三年内共拨出 8.578 亿元投入教育，与 1994 年的 2.055 亿相比，平均每年增加 39.14%，其中市级财政有 907 万元专门用于奖励“普九”先进县市、先进乡镇。各县

市直部门干部职工为"普九"捐款

邮电、交通、电厂等部门和单位,也纷纷伸出援助之手,支援庆云达120多万元。陵县60家县直企事业单位,在不到四天的时间里,筹资630万元,对口支援14个乡镇的"普九"。时任德州市拖拉机厂厂长李文和,将16万元奖金全部捐出,为家乡武城县李家户乡良言村盖起了一座教学楼。乐陵市政协副主席、华乐工贸集团董事长苏寿堂和乐陵乐港五金制品有限公司,都设立了多达10万元的奖学金,鼓励学生努力学习,立志成才。

(市、区)党委政府规定,在完成"普九"任务之前,各机关、事业单位一律不准新建楼堂馆所,不准购买小轿车。德城区在放弃修建区委、区政府办公楼的计划后,从财政上共拨款3000多万元,加上区直企事业单位支援和多方筹资,共投入6000多万元,于1996年7月初率先完成了"普九"任务。

我市广大农民群众、干部职工,为解决"普九"资金作出了重大贡献。1995和1996年,我市农民人均纯收入只有1463元、1824元,城镇职工的年收入也仅在3100至3400多元之间,但是为了实现普及九年义务教育,他们有钱的出钱,有物的捐物,有力的出力,表现出了令人崇敬的无私精神和高尚情怀。三年来,全市共缴纳城乡教育费附加3亿多元,农民集资捐资3.8亿多元,各机关、企事业单位和干部职工捐资1.178亿元。

为了支援贫困县庆云,德州市化肥厂专门召开动员大会,全厂干部职工当场捐款2.83万元。厂党委把这些钱连同厂里捐助的25万元一起送到了庆云县后张乡,用于该乡中学教学楼建设。德州市劳改队、新华书店、百货大楼、

农村的集资捐资活动,更加激动人心。齐河县焦庙镇党委政府,为了发动干部群众集资、捐资,召开万人大会,书记、镇长每人带头捐款500元,一般干部200元,在场的县教委干部每人300元。他们的行动感染了在场的每一个人,仅用七天时间,这个镇就筹资170多万元。德城区袁桥乡牌子村赵俊杰老人,将自己多年积攒的1000元钱献了出来。陵县前孙镇田家村农民田文和,家中有病人,但他两次共捐资1.5万元。临邑县临邑镇王楼村王明兰,丈夫偏瘫在床,儿子结婚,但她只给儿子出了1000多元的彩礼钱,却将承包村里砖厂积攒的3万元钱和5万块砖捐献出来,帮助村里建起一所希望小学。乐陵市小学教师、全国"五一"劳动奖章获得者刘桂珍,把国家奖励的2000元全部献给了学校。宁津县宁津镇教师乔桂莲,把自己市级劳模所得的1000元奖金全部捐给了"普九"工程。庆云县东辛店乡民办教师王金华,将丈夫的700元抚恤金买成图书捐给学校。德

城区新婚女青年王兰英，乐陵市杨家乡幼儿教师朱俊芹，都将自己置办嫁妆的钱捐给了学校，一个5000元，一个6000元。齐河县焦庙镇姜堂村农民姜立洪，身患食道癌，病重之际，他听说村里正筹资建校，便执意出院，回到村家，他对村支书说："我的病治不好了，还是把治病的钱给村里修学校吧！这也是我给后代尽一份心意。"当村支书含着热泪接过他仅有的100元救命钱时，老人欣慰地笑了。学校建好了，老人却离开了人世。

许多在改革开放后富裕起来的农民企业家，带头为家乡政府排忧解难，无私奉献。德城区抬头寺乡前屯村戚洪友，用建冷库的30多万元为本村建了670平方米的教学楼。庆云县庆云镇张桃符村从事白铁加工的张学增夫妇，投资28.8万元建起了一栋480平方米的二层楼房捐给本村小学，而他们家里，用的仍是破旧的沙发和一台14寸的黑白电视机。乐陵市农民企业家梁希森，为家乡学校先后捐资30多万元。临邑县苗木专业户董元庆，1996年开春后，自己租车为各乡镇中学送去无偿捐献的树苗、花草，价值10万多元。该县身在江苏铜山县的个体户金永利，解放初已定居江苏，听到家乡"普九"的消息后，托人把两万元钱送到临邑县翟家乡金集村建校。

在革命战争年代不怕牺牲浴血奋战的革命军人，更是主动为"普九"做贡献。福州军区原副司令员郭培庚将军，回原籍探亲时，为家乡的"普九"热潮所感动，当即决定捐资14万元，为乐陵市化楼乡刘集村修建了一所高标准小学。原广州军区副司令员刘存智将军，听到家乡庆云"普九"的消息，寄回1000元，以示支持。许多复退军人虽然待遇不高，但他们中的很多人，成了为"普九"集资捐资的带头人。夏津县新盛店镇退伍军人黄士荣，年逾花甲，曾参加过抗美援朝。他的两个儿子都患有残疾，家境贫寒，但在"普九"中，老人主动承担起镇中学的保卫工作，又向亲戚借款120元，加上自己的退伍补助，凑齐200元交到镇政府。

德州市的"普九"，还得到了省内外、海内外爱心单位、爱心人士的热情支持。临邑县营子乡政府在"普九"之初，给在外地工作的营子籍人士写了一封感人肺腑的公开信，一个多月的时间，就收到捐款37万多元。原籍庆云县常家镇西田村的天津英伦纺织有限公司经理田克治，捐款23万元。1995年7月，威海市环翠区团委捐资20万元，在庆云镇前马村开工建设庆云县第一所希望小学——威海希望小学。之后，共青团德州市委联合德州市教委开展救助失学儿童、支持基础教育事业的"希望工程"，三年间共收到捐款捐物617.4万元，救助失学

1996年夏，禹城市学校建设工地现场

儿童少年7803人，新建“希望小学”19所。至1997年底，德州大地上共矗立起30多所希望小学。祖籍齐河县马集乡东代庙村81岁高龄的台胞侯拱辰，捐款15万元。香港大业制造有限公司董事长沈炳麟，捐资47万多元，在庆云县建起了两所希望小学，这在“应善良”基金会的捐助史上是绝无仅有的。身在台湾的退役国民党中将曹树炳先生，听说家乡陵县凤凰店村正在修建学校，也派女儿回家，捐款10万元。

特别需要提到的是，由省教委、省高校工委牵头，省属十几所高校派往庆云、夏津支教的人员，为两县的“普九”做了大量工作。省教委挂职夏津县副县长的牟思伦，回省城发动山大、山师大等10所高校，向夏津捐助了20多万元的课桌凳及教学仪器，并与支教队员捐款5000元。驻庆云的支教扶贫干部，先后在挂职副县长姜玉亭、林寿彤和挂职县长助理杜德昌的带领下，到省直机关和36所大专院校，为这个贫困县争取无偿资金120万元，捐赠的课桌凳、教学仪器、电教器材、图书资料，折合人民币80多万元。他们还自掏腰包，捐资4600元。驻该县崔口镇的支教干部刘西忠，为学校建设绘制图纸，节约设计费一万多元，并主动承担了工程监督工作。

全省调度，既是肯定更是促进

在全市“普九”高潮迭起之际，1996年11月19日至25日，乐陵市和宁津县，一举通过了省政府验收。至1997年1月底，又有临邑、禹城、陵县、平原、武城、齐河六个县市通过省政府验收。这样，我市在1996年度共有九个县（市、区）实现“普九”，占当年全省验收总数的近三分之一。

1997年3月25日至27日，省政府在我市召开“普九”工作调度会，全省尚未完成任务的七个市地的分管市长、专员和教委主任，24个县（市、区）的分管县（市、区）长、教委主任共120人参加了会议。与会代表参观考察了武城县、禹城市的七个乡镇11所中小学校实现义务教育的情况，一致认为，德州市在非常困难的情况下，领导重视，真抓实干，走出了一条经济欠发达地区实现“普九”的路子。张瑞凤副省长说：“大家和德州的条件差不多，为什么人家能实现，我们实现不了呢？我看主要是主观努力不够。所以这次会议就是要解决大家的认识问题，加强领导，增加投入，积极主动，争取像德州这样，使“普九”工作有突破性地进展。”

省政府、省教委对我市“普九”工作的肯定，既是鼓励，更是鞭策和促进。会后，市教委党组进行了认真研究，制定了此后的工作方案，并报市领导同意后实施。

一是抓落后县攻坚，全面完成“普九”任务。市教委和庆云、夏津两县进行协调沟通，下决心打好1997年“普九”攻坚战。同时，增加了派往两县工作组人员，与省教委、省高校工委派驻两县的工作组加强协调，共同为两县的攻坚战出谋划策，贡献力量。

当时，夏津是省级贫困县。这个县在1995、1996两年共投入“普九”资金1500多万元，不足投资需求的30%。面对严峻形势，夏津县委县政府重新调整了“普九”工作领导小组，由书记县长亲自挂帅。县委县政府决定，暂缓改建南城街，暂停城内水上公园建设，取消8个新建项目，腾出资金用于“普九”，并足额征收城乡教育费附加，充分运用教育集资政策。县乡领导带头捐款，在几天时间内，县直机关就捐了40多万元。雷集乡马官屯村支部书记李洪和，家中盖新房不到一半，听说“普九”时间紧，马上带领建筑队去修乡办中学。中学的校舍竣工了，他家的房子却还敞着茬。当年，夏津遇到了特大干旱，为了抗旱、“普九”两不误，县委县政府决定分线作战，使“普九”工作一直处于高速运转状态。在最紧张的5、6月份，全县每天有80多支建筑队、4000多名民工同时奋战在“普九’工地。这一年，全县共投入资金4000万元，于12月6日顺利通过省政府验收。

国家级贫困县庆云，人口少，底子薄，对教育欠账多。农村校改“六配套”和城镇校改“五达标”，只分别完成了38%和51%。这一次，要将大量的历史欠账一起补上，困难程度可想而知。至1996年底，庆云县共投入资金1000多万元，仅占“普九”任务量的四分之一，。在困难面前，庆云县委县政府没有后退，他们于4月3日召开动员大会，传达全省“普九”调度会议精神，重点解决认识和筹资问题。全县人民发扬革命老区的光荣传统，尽其所能支援“普九”，三年共集资、捐资3490万元，其中农民人均110元。尽管这一年庆云遭遇了特大干旱和罕见台风，几十万亩农田减产、绝产，但庆云的“普九”没有停顿。在紧要关头，尚堂镇三个砖瓦厂各捐献30万块砖。中丁乡中学为垫校园，全乡干部群众每天出动3000多人、1000多辆小推车，义务垫土3.5万方。许多乡镇党委书记、乡镇长和校长坚持吃住在工地。当年，庆云在全县人民的无私奉献和外地爱心单位、爱心人士的大力支援下，共投入3000多万元，胜利完成了“普九”任务，成为全省第123个通过“普九”验收的县，也使我市成为全省第14个完成“普九”的地级市。面对一所所漂亮的校园，一座座新矗立起来的楼房，前去视察工作的省教委领导和省政府验收组的专家们激动地说：“最好的房子是学校，在庆云县体现得最明显。全国级的贫困县，能做到这个程度，太不容易了！”为此，山东教育报在头版头条发表了《穷县办大教育的凯歌—庆云县“普九”工作纪实》，并配发了评论。

二是，及时转移工作重点，巩固提高“普九”成果和水平。通过验收的九个县（市、区）继续增加投入，充实完善了内部设施、绿化美化了校园，使中小学校面貌更加靓丽，有的县还在城区着手建设新的中小学。各县（市、区）加大《义务教育法》的执法力度，确保学生的入学率、巩固率、毕业率。各乡镇、村制订了尊师重教的乡规民约，大兴尊师重教之风。对家庭困难的学生，政府和学校在经济上给予适当照顾。对无正当理由不送子女上学的家长，由乡镇政府下达“敦促入（复）学通知书”。工商、司法、教育等部门联合开展了打击非法雇佣童工大检查。同时，全市加强了初中后、高中后继续教育，实行“三教统筹”，扩大乡镇成教中心、县市职业中专规模，实行“初三分流”和初中职业技术教育、高中毕业生专业技术培训，使学生在升学无望的情况下，能够掌握两门以上专业实用技术，为学生就业成才架起了“立交桥”。全市还开展了创建省市级规范化学校建设活动，取得了明显成效。

三是，以“四制”改革为重点，多措并举，狠抓教师队伍建设。全市普遍推行校长负责制、教师聘任制、目标责任制、结构工资制，改革传统的用人制度和分配制度，搬掉“铁交椅”，打破“大锅饭”，优胜劣汰，优化教师队伍。同时，加强师德教育，要求教师爱岗敬业，办人民满意的教育。采取派出去、请进来的办法，组团到江苏无锡、泰州等先进地区考察学习，选派中小学校长到烟台、威海等地学校挂职锻炼。请省内外教育专家、教学能手到各县市传经送宝。开展学科带头人培养工程，定期组织优质课、教学能手评选活动。开展评选“十佳校长”、“十佳教师”活动，让一批名校长、名教师脱颖而出。1997年，全市教育教学质量全面提高，高考一本上线人数1553人，共录取本专科学生4506人，取得连续5年来的最好成绩。武城二中高中应届毕业生武平获全省高考理科状元，为我市教育战线增添了光彩。

三年“普九”,成果丰硕。第一,全市建立健全了九年义务教育制度。小学初中适龄儿童少年的入学率分别达到100%和97.01%,残疾儿童少年入学率达到88.5%,15周岁人口中初等教育完成率达到99.1%,17周岁人口中初级中等教育完成率92.4%,均达到或超过了国家要求,初步实现了教育公平。第二,调整了学校布局,改善了办学条件。乡镇中学由1994年的325所调整到230所,减少了29.2%,小学由6040所调整到3802所,减少了37.1%,三年来,全市“普九”总投入7.88亿元。其中,新征土地1.3万亩,占学校原占地面积的47%,新建校舍111.2万平方米(含新建楼房160栋);添置6800万元的教学仪器、音体美器材和750万册图书资料,农村中小学理化生、自然等实验设备从过去的空白实现了85%以上学校达标;电化教学进入了城镇中小学课堂,不少学校增添了语音室、微机室,微机总量达1400台。教育资源的优化配置和办学条件的明显改善,使学生有了较好的学习环境,也为全市开展素质教育、提高办学效益和教学质量,创造了有利条件。第三,建立了较为规范的教育投入机制。市县两级财政对教育投入主渠道的体制被确立下来,做到了“三个增长”,学校的公用经费、教师的工资待遇得到了明显改善;农村教育费附加实行了“乡征县管乡用”,城市教育费附加的征收管理步入正轨,征收额逐年上升;义务教育的筹资政策得到落实,并在关键时刻发挥了关键作用。第四,师资队伍整体水平明显提高,素质教育取得初步成效。学校校长完成了岗位培训,实现了持证上岗。教师通过脱产或函授、自考等学习培训,学历合格率大幅提升,初中达到84%,小学达到96%。清退了不合格民办教师和代课教师,并将2658名民办教师转为公办,初中缺编教师得到了补充。我市先后被评为全省校长培训、师资培训、教师队伍管理先进单位。各县市通过学习借鉴湖南汨罗、烟台开展素质教育的经验,全面贯彻教育方针,全面落实课程方案,广泛开展目标教学,分层次教学等方面的改革,减轻学生课业负担,提高课堂教学效率,促进了学生全面发展。

“普九”具有划时代的意义,已成为我们难以抹去的记忆。有人说,那时候的“普九”标准,与今天的学校建设已不在一个档次上。这话不假。但在当时的历史条件下,各级党委政府、广大干部群众,已经做出了最大的努力和牺牲,他们在不很具备条件的情况下,勒紧裤带,奋勇拼搏,完成了那样一项艰巨的任务,而且涌现了那么多可歌可泣的动人事迹,应该感到骄傲和自豪。“坚定信心,不犹豫、不后退,勇于拼搏、敢于胜利”的“普九”精神,依然激励广大教育工作者继续前行。事实证明,正是因为有了当年的“普九”,才为我市教育事业的发展、人才的培养、科教兴德战略的实施,打下了坚实基础,创造了有利条件。“普九”,是德州人民倾力发展教育事业的一曲凯歌,是我市教育事业发展驶入快车道的重要转折,它的功绩永载史册。

(《德州日报》2017年12月刊发　作者系德州市原教委主任)

《德州赋》

季桂起

九达天衢,神京门户①。傍泰山之巍峨,揽运河之清秀,沐京津之繁华,临黄河之波涛。人文浸润,积齐鲁之厚重;地脉相接,得燕赵之慷慨。民风淳朴,似平畴之坦荡;俊杰辈出,若星空之灿然。漕运贯通,留千年舟楫之帆影,商贸自古兴隆;铁路纵横,居百载交通之枢纽,经济

日益繁盛。扼华北之咽喉，是为重镇；汇鲁西之精萃，实乃名城。从来兵家必争之地，商者必聚之所，风化必畛之域也。

抚古追昔，溯源觅迹。黄河汤汤，名曰德水[2]。先民劬劳，筑土立城，为有穷氏之国[3]，是为德州之始。其史悠久，有史可征：秦为安德，汉为广川，唐为长河，宋为将陵，明清以降，史称德州。

"德"者，涵蕴丰厚，旨远义深。因水得名，被上善之教化；居州名"德"，彰中华之传统。后羿射日、嫦娥奔月，经世代传说，诱神奇美丽之遐想；仰韶文化、龙山文化，考遗迹尚存，贮勤劳智慧之瑰宝。大禹治水，疏九河、布息壤，固华夏之邦土，伟业九州传诵；董子献策，黜百家、尊儒术，立儒学之正统，功德四海远播[4]。齐邦古邑，晏平仲一代名相，受封于辖地；汉代巨镇，东方朔千古奇人，出生于斯土。高适豪放、孟郊沉郁，同为盛唐诗歌之中坚，诗才名扬天下。邢侗、邢慈静，书法兄妹，墨宝人人称奇；田雯、田同之，诗文祖孙，家学源远流长。李诚明弘扬心学，程先贞编纂州志，是为乡学先贤；任继愈精研佛学，邓广铭专治宋史，皆成一代宗师。此乃德州文脉之所系也。

厚土育忠，民风尚义，故德州自古多忠义之士、豪迈之气。"德"者，忠义为精，豪迈为神，行忠良之事，做正直之人。有品不畏强势，能除暴安良；生性不计利害，求匡扶正义。夏靡秉忠，甘倾全族之力，助少康中兴[5]；弥衡持义，不惜个人之躯，敢击鼓骂曹。刘玄德主政平原，亲民遗留佳话，初露蜀主之风采；颜真卿力抗安史，业绩彪炳汗青，尽显书圣之胆略。窦建德义胆高悬，斩木揭杆高鸡泊，覆隋帝之暴政[6]；宋哲元忠肝明鉴，大刀扬威芦沟桥，挫强寇之凶焰。孙桐萱保德州城，血战日军王牌师团，威名扬疆场；肖华率八路军，开辟冀鲁根据地，豪气壮山河。时传祥京城为清洁工，甘愿平凡，死而后已；孟祥斌金华救轻生女，舍己为人，义薄云天。此乃德州品格之所载也。

德州居平原之上，无山川之险峻，有平芜之坦荡，然风物景致，韵味独具。昔者五河流经，水网密布，垂杨摇曳，荷卉飘香，俨然有江南之明丽。唯初夏时节，无边麦野，金黄盖地，一片璀璨；待隆冬之际，千里冰封，银装素裹，雪域茫茫。此二季，极目远畴，令人顿生天地寥廓、人生豪迈之感。大运河引漳卫之水入境，清浊交融，水势滔滔。夹堤白杨，铺岸碧草，舟船往还，帆影夕照，为历代之胜景。十里码头，熙熙攘攘；百条街衢，纵横交错。纤夫号子，高亢入云；绣楼弦丝，清幽在耳。柳湖书院，续董子读书之风，繁露承接[7]；永庆佛寺，诵观音普渡之经，香火盛极。大禹遗迹，有禹王亭以为瞻仰；平原故郡，存颜子碑可供凭吊。临黄河故道，槐花似雪；看万亩枣林，玛瑙争艳。苏禄国王，入境结好，安葬此地，诚见厚土可托[8]；乾隆大帝，六下江南，驻跸行宫，足证名城不虚。

今我德州，乘中华盛世之势，合齐鲁腾飞之拍，锐意开拓，强抓先机，百业兴盛，民生殷实，呈蓬勃发展之前景。弘扬传统，以德兴州，打造崇德上善之城；人本为先，秉法行政，创建和谐文明之市。让景于民，四水沟通，喜看新湖碧波荡漾；扩城为众，七桥连跨，壮观长河彩虹飞舞[9]。两个东进，启动新区建设，广厦万间起平畴[10]；城乡对接，拓展城市辐射，通衢千条连郊县。传统工业，仍具生命之力，继续奋飞；民营经济，已呈燎原之势，竞相争辉。德州扒鸡，鲜香流溢，品列天下第一家；运河黑陶，色形古朴，名扬宇内人称奇。运河商贸区，业盛物丰，流光溢彩，重妆运河之风韵；天衢工业园，气旺资厚，竞奇斗艳，新添科技之异容。对外开放，敞三川之胸怀；招商引资，结四海之宾朋。北接天津滨海新区，汇入环渤发展之大潮；南入济南城市集群，组成齐鲁崛起之强势。此乃德州发展之基本、进步之坦途也。

回眸千年历史，遥望百代前程。想我德州未来，必定万紫千红，繁花似锦。社会健康和谐，人民安居乐业。为达此弘愿，须我五百六十万人，解放思想，开阔眼界，立志高远，自强不息，完成新跨越，实现新崛起。滔滔黄河之水，莽莽华北平原，育我德州人民。先辈立业，永志永存；后代开拓，维强维新。与时俱进，保我盛名永享；开拓创新，续我伟业长兴。鸣呼，谨以此赋为献，祝吾土吾民，尽展新时代之风采，再铸新世纪之辉煌！

注释：

①九达天衢，神京门户：明代德州城西官道立有牌坊，上书“九达天衢，神京门户”，反映了德州在明代的重要城市地位和特色。

②德水：秦代称黄河为“德水”，在德州地域设安德县，取“德水安澜”之意。

③有穷氏：为德州境内古部落，传说其首领即为善射的后羿。

④大禹治水：《禹贡》记载，黄河进入华北平原后，播为九河即徒骇、太史、马颊、覆鬴、胡苏、简、洁、钩盘、鬲津。大禹治水，就是在德州境内疏通九河，使水患平息。董子献策：汉武帝采纳董仲舒的建议，“罢黜百家，独尊儒术”。董仲舒，汉代广川人。广川县治即在今德州境内。

⑤夏靡：传说夏朝有鬲氏国君名靡。太康荒政，被后羿所废；后裔又被寒浞所杀。寒浞篡夺了夏朝的天下。靡帮助少康讨伐、剪灭寒浞，恢复夏朝。

⑥高鸡泊：德州西南部古湖泊名，今已湮没。

⑦苏禄国王：苏禄国，在今菲律宾苏禄岛上。明代永乐年间，苏禄国东王巴都葛叭哈剌来华，在返国途中病逝于河北安陵，永乐帝钦命葬于德州城北，今存“故苏禄国东王墓”。

⑧柳湖书院：德州古书院名。史载董仲舒在德州读书、讲学，曾有“董子读书台”，因董仲舒著《春秋繁露》一书，又称“繁露台”。明代在其旧址建“董子书院”，因院内水波清漾，垂柳婆娑，习称“柳湖书院”。

⑨让景于民：为德州市委、市政府一项重要城市建设措施，将过去德州市委所在新湖风景区一部分让出，辟为市民开展文化、娱乐活动区域，使风景区整体连成一片。七桥连跨：为德州一项重要城市建设项目，即在城区漳卫新河岔河上建七座桥梁，使河东新城与河西老城融为一体。

⑩两个东进：德州市委、市政府提出发展德州经济和城市建设的一个战略口号，即城区与开发区向东部发展，拓展城市发展空间，增强德州作为区域中心城市的经济势力与辐射作用。

（《光明日报》2008年6月刊发　作者系德州学院副院长，教授，中国作家协会会员）

四、修志文件辑要

1. 中共德州市委办公室 德州市人民政府办公室 关于印发《续修〈德州市志〉实施方案》的通知

德办字〔2001〕41 号

各县(市区)党委、人民政府,市委各部门,市国家机关各部门,市属各企业,各大中专院校,各人民团体,中央、省驻德各单位,军分区:

做好各级地方志的续修工作,对于记载历史,总结经验,提供施政借鉴,推动社会发展,具有重要意义,各级、各部门、各单位对此要高度重视,切实负起责任,尽快投入工作,确保按时完成全市续修新方志任务。

根据省委、省政府办公厅文件精神制订的《续修〈德州市志〉实施方案》已经市委、市政府同意,现印发给你们,请遵照执行。

中共德州市委办公室

德州市人民政府办公室

2001 年 11 月 4 日

续修《德州市志》实施方案

(2001 年 10 月)

编纂地方志是一项长期的具有连续性的社会主义文化建设事业。我市已完成的第一届社会主义新方志对积累保存地方文献,全面反映市情,推进经济与社会的发展,发挥了重要作用。根据省政府办公厅《关于续修新方志有关问题的通知》(鲁政办发[1998]71 号文件和德州市人民政府《关于续修新方志有关问题的通知》(德政发[1998]209 号)文件,特别是最近下发的厅字[2001]14 号文件,即省委办公厅、省政府办公厅《关于转发〈山东省续修新方志工作纲要〉的通知》要求,德州市续修新方志工作全面展开。鉴于德州已于 1995 由地区改为市,新志书定名为《德州市志》。为使续修《德州市志》工作健康、有序地发展,特制定如下实施方案。

一、指导思想

续修《德州市志》,要以马列主义、毛泽东思想、邓小平理论和江泽民“三个代表”重要思想为指导,必须坚持党的基本路线和建设有中国特色的社会主义理论;续修新方志必须坚持辨证唯物主义和历史唯物主义的基本原理,坚持实事求是的思想路线,努力做到思想性、科学性和资料性的统一;续修新方志应贯彻存真求实的方针,突出改革开发的时代特点和地方特色,全面真实地记载我市改革开放、经济建设和社会发展的成就和经验,强化资政、教育、存史功能;续修新方志要积极运用现代科学理论和高新技术成果,提高修志工作效率和志书质量;积极为市委、市政府科学决策服务,为各部门、各行业的工作和发展服务,为社会主义两个精神文明建设服务,以更好地记载历史、研究历史、规划未来。

二、断限

根据《国务院办公厅关于进一步加强地方志编纂工作的通知》(国办发[1996]47 号)中

地方志“每20年左右续修一次”的要求和中国地方志指导小组下发的《关于地方志编纂工作的规定》中“续修志书时，每届志书的下限力求统一”的精神，鉴于志书理应完整地记述一个重要时期的变化与发展的实际，按照我市改革开放以来经济和各项社会事业全面发展的具体情况，确定《德州市志》上限与原《德州地区志》下限1985年衔接，即1986年，酌情适度上溯到1978年党的十一届三中全会；下限断定为本届政府届满即2003年。

三、框架设计

坚持为党立言、为人民立言、为事业立志，以改革开放和经济建设为重点的原则；详异略同，突出时代特征和地方特点的原则；既保持常规，又改革创新的原则，全面记述改革开放以来我市自然与社会各个方面的历史与现状，宏观记述本市经济与各项事业发展基本趋势。

续修《德州市志》除序、目录外，分概述、大事记、各专业篇、人物、附录5大块，按横不缺项纵不断线之原则，拟设25个部类。

1. 概述为全志之纲，概述全貌，简述发展，记述变化，揭示规律，使读者见微知著，展卷便得德州发展之轨迹。

2. 大事记为全志之径，采用编年体与记事本末体相结合之方法，重于纵述，综述全区的大事、要事。

3. 各专业篇为全志主体，本着“以类系事、横排纵写”的体例，按事业一级并列设篇后以年度远近深入纵述，尽量与第一部《德州地区志》相对应。

4. 人物篇，坚持以正面人物为主、以本市籍人物为主的原则。对有影响、贡献大的在世人物本着“以事系人、因人叙事”的原则，将其事迹载入史册。

5. 附录，主要是重要文献辑存、本志编纂始末、资料索引等二次文献资料。

全志体裁，综合运用记、志、传、图、表、录等。寓褒贬于记述之中，寓思想性、科学性于资料之中，坚持述而不论原则，主要部类与正文不加评论。

全志约计150万字左右。

四、修志体制

继续坚持第一代修志形成的“党委领导，政府主持，史志办公室组织实施”的修志体制。在市委的统一领导下，市政府安排和协调各方面的力量，全面主持续修《德州市志》，并把这一工作列入我市经济和社会发展的总体规划，切实予以保障。市地方史志办公室具体组织续修《德州市志》工作的实施。

建立健全续修《德州市志》的组织网络。

（一）领导机制。调整和充实市地方史志编委会，建立由市政府市长任主任，市委秘书长、分管副市长、市人大副主任、市政协副主席、市政府秘书长及市史志办主任为副主任，市直主要业务相关部门的领导同志任委员的新一届市史志编纂委员会。

（二）工作机制。为适应工作需要，须立即增加和充实专业人才，以解决编写人员无有的困难，确保续修《德州市志》和编纂出版《德州年鉴》两项大工程同时顺利实施。

（三）审编机制。主审由市地方史志编委会主任担任，副主审由直接参与审稿的市委、市政府及有关部门的领导同志担任。主编由市史志办公室主任担任，副主编由市史志办公室副主任担任，编辑由市史志办公室借调人员及外聘人员担任。

（四）供稿机制。各县（市、区）的资料由各县（市、区）史志办公室负责供稿。市直各部门均成立供稿班子，明确一位领导分工，采用专、兼职结合的办法，挑选两名以上掌握本部门情况、写作能力强的同志任供稿人。

（五）咨询机制。聘请老领导、老同志、专

家、学者等组成评稿委员会，及时对编纂的实施给予指导和评审，并对疑难问题展开研讨和论证，确保整个续修工作不走弯路。

五、续修时限

（一）续修《德州市志》于2005年底全面完成。共分四个阶段：准备阶段：2001年—2002年7月。市史志办公室进行续修有关理论和技术问题的研讨，制定续修《德州市志》的篇目设计并征求各县（市、区）、市直各部门的意见，由市政府领导批准执行。2002年对各县（市、区）和市直各部门的供稿人进行业务培训，并派编辑分头去各部门研究修定具体的供稿方案。各县（市、区）和市直各部门组成供稿班子，负责撰写本部门的资料。

（二）供稿阶段：2002年7月—2003年7月。市史志办公室采用派编辑现场业务指导、召开会议介绍经验、发范本请供稿部门参考等措施，督促供稿工作的顺利开展。各县（市、区）、市直各部门根据总体框架和各自的篇目安排进行组稿，至2003年6月底前全部完成供稿任务。

（三）编纂阶段：2003年7月—2004年7月。市史志办公室采用分工负责、责任到人的措施安排各位编辑和外聘人员进行各篇章的撰写、编辑、校对，并召开两次全市性的评稿会议，以便提出意见，修改完善。

（四）评审出版阶段：2004年7月—2005年。市地方史志办公室在市政府领导审改的基础上，征得省史志办公室的同意，召开全省范围的评稿会议，最后一次修改完善，然后经省史志编委会审核合格，由市政府批准，交付出版。

六、经费保障

从2001年至2005年，每年应有10万元的续修《德州市志》编纂专项经费列入财政预算，专款专用。

确保在续修准备阶段：购买必要的书籍器材和材料；召开全市专业会及理论研讨会进行必要的理论和技术方面的研讨；外出参加学习和培训；对各县（市、区）、市直各部门供稿人进行全面的业务培训。

确保在供稿、编纂、评审出版阶段借调及外聘5名以上专业人才参与具体的编写；随时去省史志办公室请示技术等方面的问题，并适时去外地就某一问题参观学习和研讨；去外地搜集文字及口碑资料；打印三遍评审稿清样；召开五次全区供稿协调会议，督促各县（市、区）、市直各部门高质量地完成供稿任务；召开三次全区和全省评审会议对志稿进行评审。

志书编完后，出版经费根据具体情况另行确定。

附：

山东省人民政府指令下达的
德州市续修市、县（市、区）两级志书任务指标

志书类别	志书名称	主修单位
德州市志1部	《德州市志》	德州市人民政府
县市、区志11部	《德城区志》	德城区人民政府
	《乐陵市志》	乐陵市人民政府
	《禹城市志》	禹城市人民政府
	《平原县志》	平原县人民政府
	《临邑县志》	临邑县人民政府
	《夏津县志》	夏津县人民政府
	《武城县志》	武城县人民政府
	《陵县志》	陵县人民政府
	《庆云县志》	庆云县人民政府
	《宁津县志》	宁津县人民政府
	《齐河县志》	齐河县人民政府

2. 德州市人民政府办公室关于印发《全市地方志工作管理办法》的通知

德政办发〔2011〕27号

各县(市、区)人民政府(管委会),市政府各部门:

《全市地方志工作管理办法》已经市政府同意,现印发给你们,请结合实际,认真贯彻执行。

二〇一一年九月二十二日

全市地方志工作管理办法

第一条 为规范和加强地方史志工作,全面、客观、系统地编纂地方志,科学、合理地开发利用地方志资源,发挥地方志在促进经济和社会发展中的作用,根据国务院《地方志工作条例》和《山东省地方史志工作条例》,结合我市实际,制定本办法。

第二条 本办法适用于全市行政区域内地方志的组织编纂、管理、开发利用等工作。

第三条 本办法所称地方志,是指地方志书、地方综合年鉴等地情资料性文献。

地方志书,是指全面系统地记述本行政区域自然、政治、经济、文化和社会的历史与现状的地情资料性文献。地方志书包括综合性地方志书和专业性地方志书。

地方综合年鉴,是指系统记述本行政区域自然、政治、经济、文化和社会等方面情况的年度地情资料性文献。

第四条 各县(市、区)要加强对本行政区域地方志工作的领导,将地方志工作纳入本地经济和社会发展规划,所需经费列入本级财政预算。

第五条 各县(市、区)地方史志办公室是本行政区域地方志的工作机构,履行下列职责:

(一)组织、指导、督促和检查地方志工作;

(二)拟订地方志工作规划和编纂方案;

(三)编纂本级综合性地方志书、地方综合年鉴,审查、验收本行政区域下一级综合性地方志书及同级专业性地方志书;

(四)征集、整理、保存地方志文献,开展地方志学术研究和学术交流;

(五)组织开发利用地方志资源,宣传、推广地方志成果,开展地情研究,建设地方志馆(室)、地方志资料库、地方志网站,为公众读志用志提供服务;

(六)培训地方志编纂人员;

(七)法律法规规定的其他职责。

第六条 各县(市、区)负责制定本行政区域地方志编纂工作规划,并报上一级人民政府负责地方志工作的机构备案。

第七条 各县(市、区)要组织做好本行政区域综合性地方志书和地方综合年鉴的编纂工作,具体工作由本级地方史志办公室负责,其他组织和个人不得编纂。

支持和鼓励机关、社会团体、企事业单位、其他组织和个人编纂出版有助于经济社会发展的其他志书。有条件的办事处、乡镇、村可以组织编纂本单位的志书。地方志办公室应当对有关编纂活动给予业务指导,并做好备案工作。

第八条 综合性地方志书每20年左右编修一次,地方综合年鉴按年度编纂。每一轮综合性地方志书编修工作完成后,地方史志办公室在编纂地方综合年鉴、搜集资料以及向社会提供咨询服务的同时,启动新一轮综合性地方志书的续修工作。

第九条 编纂地方志应当符合下列要求:

(一)符合宪法和保密、档案等法律、法规的规定;

（二）全面、客观地反映本行政区域自然、政治、经济、文化和社会的历史与现状；

（三）符合志书的体例格式；

（四）文字表述准确，篇目结构合理；

（五）标点符号、计量单位和数字的使用规范、标准；

（六）装帧印刷符合出版要求。

第十条　编纂地方志应当吸收有关方面的专家、学者参加。地方志编纂人员实行专、兼职相结合，专职编纂人员应当具备相应的专业知识，做到恪尽职守、客观公正、秉笔直书、尊重史实。任何单位和个人不得要求编纂人员在地方志中做虚假记述。

第十一条　为执行本单位的地方志编纂任务或者利用本单位的物质技术条件收集、积累的地方志书及有关地情资料，应当按照规定归档管理，任何人不得损毁或据为已有。

第十二条　地方史志办公室可以向机关、社会团体、企事业单位、其他组织及个人征集有关地方志资料，有关单位和个人应当在规定的时限内按要求提供全面、系统、翔实、准确的资料。

地方史志办公室可以对所需资料内容进行查阅、摘抄、复制，但涉及国家秘密、商业秘密和个人隐私以及不符合档案开放条件的除外。

第十三条　公民、法人和其他组织可以通过查阅、摘抄等方式利用地方志馆（室）、地方志资料库收藏、展示的地方志文献和资料。

地方志馆（室）、地方志资料库应当将服务范围、开放时间等服务事项进行公示。鼓励单位和个人向地方志馆（室）、地方志资料库捐赠或有偿提供地方志文献和资料。

地方志文献和资料所有人或持有人提供有关资料，可以获得适当报酬。地方志文献和资料所有人或持有人不得提供虚假资料。

第十四条　全市地方志书和地方综合年鉴，实行备案、审查、验收制度。

综合性地方志书编纂完成后，应当报上一级地方史志办公室备案，并经审查、验收后，方可公开出版；专业性地方志书编纂完成后，应当报同级地方史志办公室备案，并经审查、验收后，方可公开出版。地方综合年鉴应报经本级政府批准后，方可公开出版。

第十五条　各级地方志书及相关地情资料性文献的编纂单位，应当在地方志书及相关地情资料性文献出版后30日内，向原审查、验收的地方史志办公室报送样书和电子文本。

第十六条　综合性地方志书、地方综合年鉴为职务作品，依照《中华人民共和国著作权法》第十六条第二款的规定，其著作权由组织编纂的地方志办公室享有，参与编纂的人员享有署名权。

第十七条　地方史志办公室应当加强地方志资源的开发利用，积极开拓社会用志途径，可以编辑、出版地方志简本或者通过建设地方志馆（室）、地方志资料库、地方志网站等方式，加强地方志工作的信息化建设，为经济社会的全面发展服务。

第十八条　地方志成果可以依照有关规定，参加国家、省和市优秀社会科学成果评奖。

第十九条　对在地方志工作中做出突出成绩和贡献的单位及个人，给予表彰和奖励。

第二十条　违反本办法，有下列行为之一的，由地方志办公室责令限期改正；逾期不改的，提请本级政府或有关行政主管部门予以纠正，并视情节对有关单位和个人予以通报批评或行政处分；构成犯罪的，依法追究刑事责任。

（一）未能在规定时限内提供资料；无故拖延、拒绝提供地方志资料或者提供虚假资料的；

（二）未经审核、验收、批准，擅自出版地方志书的；

（三）损毁单位地方志资料或将其据为已

有的；

（四）未能在规定时限内报送样书和电子文本的。

第二十一条 违反本办法，涉及其他有关法律、法规的，由相关部门依法予以处罚。

第二十二条 本办法自2012年1月1日起施行。

3. 德州市人民政府办公室关于印发德州市地方史志事业发展规划纲要（2016—2020年）的通知

德政办发〔2016〕4号

各县（市、区）人民政府（管委会），市政府各部门、各单位，中央和省驻德有关单位：

《德州市地方史志事业发展规划纲要（2016—2020年）》已经市政府同意，现印发给你们，请结合实际认真贯彻执行。

德州市人民政府办公室

2016年6月7日

德州市地方史志事业发展规划纲要（2016—2020）

为充分发挥地方史志工作在促进全市经济社会发展、建设协同发展示范区中的重要作用，根据《地方志工作条例》、《全国地方志事业发展规划纲要（2015—2020年）》、《山东省地方史志工作条例》和《山东省地方史志事业发展规划纲要（2016—2020年）》，结合我市实际，制定本规划纲要。

一、指导思想与基本原则

（一）指导思想

认真贯彻落实党的十八大和十八届三中、四中、五中全会精神，紧紧围绕市委、市政府中心工作，解放思想，实事求是，锐意进取，改革创新，充实和拓展地方史志成果体系，丰富和挖掘地方史志资源，充分发挥地方史志工作在传承文化促进发展中的重要作用，依法推进全市地方史志事业科学发展，为加快建设协同发展示范区提供精神动力、决策参考、信息服务和智力支持。

（二）基本原则

1. 坚持正确方向。坚持走中国特色社会主义文化发展道路，坚持为人民服务、为社会主义服务的方向，通过编修和开发利用地方史志成果，为弘扬优秀传统文化，培育和践行社会主义核心价值观提供丰富、优秀的精神文化产品。

2. 坚持依法治志。按照《地方志工作条例》、《山东省地方史志工作条例》和《德州市地方史志工作管理办法》，树立依法治志理念，培育依法治志环境。加大地方史志法规制度宣传力度，依法履行组织、指导、督促和检查职责，各级、各部门和社会各界依法履行相关职责和义务。

3. 坚持科学发展。以修志编鉴为主，统筹兼顾信息化建设、方志馆建设、旧志整理、理论研究、开发利用等工作，实现史志事业科学发展。

4. 坚持改革创新。继承和弘扬中华民族编史修志优良传统，认真总结史志工作经验，正确把握发展规律，结合德州市地方史志工作实际，紧紧围绕全市经济社会发展大局，勇于改革，敢于创新，不断探索，拓展史志工作领域，丰富史志成果表现形式。

5. 坚持质量第一。坚持求真务实，确保质量，将精品意识贯穿于地方志书、年鉴、地情书编纂出版工作全过程，严把政治关、史实关、体例关、文字关、出版关，编纂出版经得起历史检验、具有鲜明时代特征和地域特色的地方志

成果。

6. 坚持修用并举。充分发挥地方志资源优势，以促进经济社会发展和丰富人民群众文化生活为目标，不断提高为党政机关、社会各界和人民群众服务的能力和水平，拓宽开发利用领域，增加开发利用途径，形成修用结合、良性互动机制。

二、目标与任务

（一）总体目标

到2020年，全面完成第二轮修志任务，业务广度和深度加大，实现市、县、乡村志书编纂和谱牒研究纵向系列化。实现年鉴编纂优质化，市和县（市、区）两级年鉴全面实现一年一鉴。进一步提升信息化水平，建成特色方志馆和网上方志馆。加强对社会地情研究的指导与服务，提供活动平台。全市基本形成修志编鉴、开发研究、质量保障、传播利用、工作保障“五位一体”的史志事业发展综合体系，确保我市地方史志工作走在全省前列。

（二）工作任务

1. 全面完成第二轮修志任务。2018年，市、县（市、区）全面完成第二轮修志任务。积极组织开展部门志、行业志、专业志编纂工作，完成《德州扒鸡志》的编纂，确保列入全国地方名吃志系列丛书。推动修志工作向纵深发展，继续推动“德州市名村志丛书”工作，力争出版一批名镇名村志，打造一批精品志书。

2. 实现年鉴编纂出版全覆盖。市、县（市、区）史志机构切实担负起组织编纂地方综合年鉴的职责。到2018年，各县（市、区）年鉴编纂全部达到一年一鉴、当年出版，实现市、县（市、区）综合年鉴编纂优质化，全覆盖。加强对编纂年鉴的行业、部门、单位的业务指导和质量管理，丰富年鉴品类。推动年鉴工作改革创新、提速增效，提升年鉴时效性，缩短出版周期，增强服务能力。

3. 加快信息化建设。按照全国地方志事业信息化发展意见，广泛应用“互联网＋”等现代信息技术，逐步实现修志编鉴的数字化、网络化，建成地方史志全文数据库，面向社会提供服务。加大资金投入，不断升级完善市、县两级地情网站和地情资料库软硬件设施，建设新的载体平台，构建多界面、多渠道、多元化、全方位的综合服务体系。加强地情网站和地情资料库管理，确保网络信息安全，不断提升资料储备，加速更新频率。加强“德州史志”微信平台的维护和推广，创造并运营好“智慧德州”地情类手机APP，为公众提供触手可及的地情信息服务。

4. 加强方志馆建设。把方志馆建设纳入各县（市、区）公共文化服务设施建设规划，加快市级方志馆升级改造。方志馆建设突出地方特色，以便给地情研究者提供系统的资料。德州市方志馆完成“一圈四线”（以德州为点方圆200公里圈、京沪经济线、黄河渊源线、运河文化线、京福吏治线）志书的征集交流，各县（市、区）因地制宜，明确主题，馆藏注重特色，突出德州特有的董子文化、运河文化、孝德文化、红色文化等内容。逐步实现方志馆管理科学化、制度化、规范化。开展数字化方志馆建设，实现资料数字化、传递网络化、信息共享化、使用便捷化。强化方志馆服务功能，工作日免费向社会公众开放，提供地情服务。

5. 推动谱牒续修和姓氏研究。以继承文化传统，推动家族和睦，促进社会和谐为目的，加大对家谱续修和姓氏研究的推动力度。成立德州市谱牒和姓氏研究社会组织，充分调动社会力量参与，营造良好氛围。继续搞好谱牒普查，配合有关部门建立数据库，征集名人望族家谱入馆，编辑家训谱序集成，开展较大族群姓氏研究，推动文化和经济交流。

6. 提高地情资源开发利用水平。依托德州地方文献研究中心，启动《德州文集》规划、征集和整理出版工作，接续德州文脉，传承地域文化。完成德州旧志、德州名人著述和涉及德州文史的著作征集分类，整理出版《德州文集》分册，并及时将已整理出版的成果数字化。引导社会各界开展对史志资源的开发利用，进行重大课题研究。编辑出版地情普及读物丛书。加快修志成果转化，利用群众喜闻乐见的多种现代传播方式方法，宣传历史知识，弘扬优良传统。将《德州史志》期刊打造成全方位展现鲁西北大地悠久历史文化、光荣革命传统、和谐社会发展、丰富人文精神的窗口平台。广泛开展读志用志活动，推动史志成果进机关、进农村、进社区、进校园、进企业、进军营。

三、保障措施

（一）加强组织领导。坚持和健全“党委领导、政府主持、地方史志工作机构组织实施、社会各界广泛参与”的工作体制，全面落实“一纳入、八到位”（一纳入是指将地方史志纳入各地国民经济和社会发展规划，八到位是指认识、领导、机构、编制、经费、设施、规划、工作）的工作机制。地方史志工作机构设置和人员编制，要与其有效履行职能、顺利开展工作的要求相适应。市志承编单位要稳定修志队伍，保障修志条件。各县（市、区）政府，各有关部门要结合工作实际，根据本规划纲要要求，制定本地区、本部门地方史志事业发展规划或实施方案，切实加强领导，加大工作力度，推进我市地方史志事业科学发展。

（二）加强法治保障。进一步贯彻落实《地方志工作条例》、《山东省地方史志工作条例》等地方史志法规规章，健全与之相配套的规章体系，切实提升依法行政的能力和水平。建立修志工作动态管理机制，定期检查通报工作进展情况，保障史志事业健康发展。定期开展政府行政执法检查和定期政务督查，依法纠正、查处执行不力和违法行为，保障地方志工作法规落到实处，开创依法治志新局面。

（三）加强制度保障。健全地方志工作机构主导、社会各界有序参与修志编鉴的途径和方式。健全和完善资料收集管理、编辑业务制度和主编责任制等质量保障体系，确保在篇目设计、资料收集、总纂统稿、志鉴稿评议、审查验收、出版发行、报送备案等环节均有章可循，保障志鉴质量。

（四）加强经费保障。各级政府要适应新时期地方史志工作要求，将地方史志工作纳入当地国民经济和社会发展计划，所需经费列入财政预算，确保地方史志经费与地方史志业务发展相适应。逐步改善工作条件，配备符合地方史志工作需要的现代化设施设备。保障信息化建设经费，确保地方史志信息化与全市信息化建设同步，在全省地方史志信息化建设中处于领先地位。

（五）加强队伍保障。重视选拔、引进、培养和使用符合地方志工作需求的人才，加强专兼职结合、结构合理的人才队伍建设，建设一支高素质的地方史志编修、研究工作队伍。开门修志，吸纳社会力量参与史志工作，利用购买服务、课题外包、建立志愿者队伍等形式，拓宽人才渠道，建立灵活的用人机制。加强地方史志工作队伍培训，分期分批轮训全市地方史志修志编鉴业务骨干，鼓励和支持业务人员接受专业继续教育，不断优化人才成长环境，全面提高地方史志队伍基本素质。建立市级史志专家库，充分发挥史志专家和社会各界有关专家、学者的作用，为史志事业发展提供智力支持。

本规划纲要由德州市地方史志办公室负责对落实和执行情况进行督促检查。

4. 关于《德州市志(1986—2011)》审查验收的批复

山东省地方史志编纂委员会文件

鲁史志编发〔2018〕7号

关于《德州市志（1986—2011）》送审稿审查验收的批复

德州市地方史志编纂委员会:

《关于对〈德州市志（1986—2011）〉进行审定的请示》收悉。送审稿已经山东省地方史志编纂委员会审查，请你们按审查意见认真修改后，报德州市人民政府批准出版。请将德州市人民政府批复文件一式五份报省地方史志编纂委员会。

附件:《德州市志（1986—2011）》送审稿审查意见

山东省地方史志编纂委员会

2018年10月13日

-1-

5. 关于《德州市志(1986—2011)》正式出版的批复

德州市人民政府

德政字〔2018〕60号

德州市人民政府关于《德州市志（1986—2011）》正式出版的批复

市史志办:

你办《关于〈德州市志（1986—2011）〉正式出版的请示》（德志办〔2018〕19号）收悉。经市政府研究，同意《德州市志（1986—2011）》正式出版。

德州市人民政府

2018年11月14日

（此件公开发布）

— 1 —

后　　记

中华人民共和国成立后，德州市开展过两轮志书编修，编纂了两部地市级综合志书，一部是1992年出版发行的《德州地区志(1840—1985)》，再就是这部新编《德州市志(1986—2011)》。

1982年，按照全国统一部署，德州地区和各县(市)陆续设立史志编纂机构，着手编纂第一轮志书，到1995年全市首轮修志任务完成，共计出版地区级志书1部，县级志书11部。2002年，启动第二轮志书编修，至2018年4月，有修志任务的10个县(市)全部完成二轮志书编纂工作。

2002年8月，全市第二轮续志启动会议

二轮地级德州市志编修工作可谓一波三折，先后经历了2002、2009年两次启动，均由于种种原因而夭折，令人感慨唏嘘。2012年初第三次启动，历经6年的紧张编纂，即将付梓发行，发挥其应有的存史、资治、教化的功用。

一

2012年4月，德州市政府召开第三次市志编修工作动员会，当时，德州市已经落后于全省二轮修志的整体进度。时年，我已年届五十，就任史志办公室主任不久，深感责任重大，时不我待，形势逼人而惴惴不安，唯恐拖全省修志工作的后腿，“无颜见江东父老”，辜负了使命和重托。

动员会议后，我们采取以会代训的方式，邀请省修志专家对各单位撰稿人进行辅导培

2012 年 9 月，聘请顾问和特邀编辑

训，组织大家撰写本单位、本系统的分志资料稿。当时，办公室人员都没有修志经历，我也仅是赶上首轮地区志编修的末班车，没有参与执笔撰写。在确定我任主编，副主任王立云和夏传玉为副主编的情况下，面对局面落后、人手缺乏的状况，我们确立了“开门修志”，乘势借力的修志理念。经研究决定，聘请徐洪岭（市史志办公室原主任、《德州地区志（1840—1985）》主编）、刘承智（市文联原主席、《夏津县志（1840—1985）》主编）担任顾问。聘请翟京德（原德州市史志办公室主任、《德州市志（1840—1990）》主编），王德河（夏津县史志办公室原主任、《夏津县志（1840—1985）》执行主编），韩维新（平原县史志办公室原主任、《平原县志（1986—2008）》主编），王玉玺（市党史研究室原副主任、《中共德州市组织史》副主编）为特邀编辑，参与执笔撰写，并委以重任担任副主编。四位特邀编辑都是全市编史修志的行家里手，勤奋敬业，甘于奉献，成为志书编纂的中坚力量。

这次志书的编纂，资料征集和初稿编写同步进行。大家分工明确，合作密切，实行编辑对副主编、副主编对主编的逐级负责制。郑琳、李文、马淑华、陈庆明、刘振、韩红秀、孔祥龙等编辑作为联络员，分工负责联系督促部门和单位各分志资料稿编写，为确保编写进度和志书质量奠定了基础。

初稿编写阶段，我们把全书分为 36 编，我负责 1—6 编，王立云负责 7—12 编，王德河负责 13—18 编，王玉玺负责 19—24 编，韩维新负责 25—30 编，翟京德负责 31—36 编。夏传玉挂职结束后，参加了部分编章的编写。到 2014 年下半年，初稿基本完成。次年初，根据编写进度和工作实际，重新进行分工，王德河和翟京德分别负责 1—18 编和 19—36 编合编修改。韩维新负责人物资料征集撰稿，并对政治类编章调整修订。王玉玺负责大事记和有关机构人员资料的核补。我总揽全局，通览全书、谋篇布局和图片资料的整理等。整个编写工作有条不紊，循序进行。统编成型后，大家交叉审阅，然后再行修改，统一规范，统一风格。其间，对大事记、人物和图片资料进行专题公开征集。至 2017 年底，统编通改六易其稿，编章修改不计其数。人物、图片几经筛选斟酌方才定稿。2018 年 7 月，印发征求意见稿

2012年9月，首次《德州市志》编务会

向社会公开征求意见。8月，省地方史志办公室组织召开《德州市志(1986—2011)》评审会议。会后，我们结合专家的建议和部门反馈的意见，我和四位特邀编辑集中时间，精心补充修订。10月，根据省地方史志编纂委员会批复和方志出版社审读意见，加班加点，精雕细琢，特别对数据图表，逐一梳理核对，唯恐微瑕流目，留下遗憾。11月，市人民政府批准正式出版。

整个志书编纂过程中，全体人员坚守为当代提供资政辅治之参考、为后世留下堪存堪鉴之记述的目标，志存高远，同心同德，心无旁骛，不遗余力，埋头苦干，秉笔著史。尤其几位特邀副主编，虽年事已高，依然宵衣旰食，不用扬鞭自奋蹄，令人感佩！其景其情，非亲历不足以为之感动！

二

志书编纂是一个不断完善的过程。市志框架结构，初期参考了外地的篇目，听取了省史志办公室基层志指导处的意见，后数次修改调整，编写过程中又不断完善，直到定稿方止。整部志书采用述、记、志、传、图、表、录等体裁，诸体并用。前置概述、大事记统冠全书，后缀附录以佐证史实。主体以志为主，坚持横排门类竖写始末。志体部分以编为单元，编下设章、节、目，图表穿插其中。全书分上中下3册，总计260余万字，图片400多幅，卷帙浩繁，内容丰富，图文并茂。尤其是创设了“引黄工程”、“太阳城建设”等专记，浓墨重彩地把最具地方特色的事物记载下来，凸显德州特色。

省级评审会对志稿给予了较高评价，专家们赞叹“这是行家修的志书”。方志出版社评价“分类科学，脉络清晰，内容丰富，特色鲜明，文字流畅，编排规范，是众多的地方志书中不多见的佳作。”

在志书编纂的同时，为了展示阶段性修志成果，我们还编辑出版了40万字的《德州大事记(1840—2015)》，集175年的历史于一帙，反响良好。

三

德州市志编纂工作自始至终是在市委、市政府的正确领导下，在各级领导关心和有关单位大力支持下进行的。

2012年至2017年，德州市地方史志编纂委员会经历了两次大的调整，历届编委会都是市委书记任名誉主任，市长任主任，分管的副市长等为副主任，市直有关部门单位负责人为委员。每届编委会都对修志给予强有力的领导和大力支持。时任贵州省委书记赵克志离开德州数年仍关心修志工作，写信给我们提出指导意见。市(地)委原书记马仲才、莫振奎、雷建国及原市长孙永春等，通过不同方式表达关心和支持。原书记吴翠云主动听取汇报提出意见要求，调任之时，还特意叮嘱要时间服从质量，把志书编好。市委书记陈勇关心修志，审阅部分内容并作序。市长陈飞大力支持，凡属修志工作一路绿灯。编委会委员、市政府办公室副主任郑玉宽，在编纂过程中，主动组织协调，确保了各个环节通畅。省史志办公室原主任刘秋增始终关注德州的修志工作，志书付梓前夕欣然作序。省史志办公室主任刘爱军两次到德州调研指导修志工作。

志书的基础资料来源于全市180多个单位。动员会之后，各单位迅速行动，特别是市委办公室、市纪委办公室、政研室、经信委、教育局、体育局、统计局、国土局、财政局、水利局、交通局、军分区等积极配合，率先垂范，提前完成分志稿编写任务。各单位参与分志稿的撰写人员达300余人，他们不辞辛苦，查档调访，悉心编写资料，报审之后多半返回修改补充，

2018年8月，《德州市志》省级专家评审会

直至符合要求。其功不可没,谨将148名主要供稿者留名于后。

顾问徐洪岭、刘承智两位先生自开始即参与其中,当好参谋,出计献策。方志出版社编审王笃银先生提前介入,提出诸多有价值的意见建议。德州学院教授季桂起先生两次审阅志稿。省史志系统参与志稿评审的7位专家字斟句酌,精心点评。方志出版社的三级编审对志稿认真审读,把好最后一道关口。可以说,《德州市志(1986—2011)》是众手成志的结果,集体智慧的结晶。

四

修志千秋事,得失寸心知。从2012年开始,我们坚持"加强队伍建设,突出主体业务,创新史志成果"发展战略,秉持"开门修志、快乐修志"理念,由"一本书主义"发展到地方志、综合年鉴、地情网站、方志馆、地域文化研究"五业并举"。期刊、丛书、旧志、年鉴等成果连续不断的推出,丰富了史志资料,促进了市志编纂。

"为党立言,为国存史,为民修志",时代赋予我们修志使命,给予我们奉献社会机会。大家使命在肩,乐此不疲,欣欣然而自豪。时下,机构改革在即,修志传统当绵绵不断。新时代,新作为,愿今日之事成明日启示。六度寒暑,三卷志书,一番心血,倘能裨益当代,启迪后来,足矣!

在志书出版发行之际,谨向关心支持修志事业的各级领导、各界人士和诸位同仁表示诚挚的谢意!特别向市史志办公室以及县(市区)的同事们道一声珍重,说一句感谢!

李其常

2018年11月

索 引

SUOYIN

K

Z

《德州市志（1986－2011）》供稿人

（按姓氏笔画为序）

马俊凯　马　健　马敬诚　王大凯　王子杰　王长青　王文升　王玉林

王玉玺　王永华　王竹南　王华新　王庆鱼　王志玲　王丽斐　王佳玮

王育恒　王　栋　王宪清　王　勇　王艳晓　王晓华　王海龙　王　敏

王富成　王　楠　王　鹏　王腾飞　王新勇　王　静　井凤燕　方　田

孔令花　孔祥勇　石庆重　石敬涛　田永霞　田汝波　白福金　司晓博

匡　辉　邢书明　邢　杰　师国友　曲文胜　吕永蕾　吕红涛　吕志刚

朱甲羽　朱瑞山　刘飞飞　刘天柱　刘玉坤　刘全宾　刘汝星　刘拥军

刘绍峰　刘喜占　刘朝峰　刘　静　齐瑞芬　孙　凯　孙占泉　孙中成

孙成林　牟德智　李　力　李玉坤　李冬刚　李华耿　李纪三　李国平

李明远　李金波　李素辉　李　峰　李培涛　李晶晶　李新峰　李　瑱

杨开学　杨世平　杨家祯　杨晴云　杨　鑫　时　波　吴丙友　汪湘东

宋开峰　宋以海　宋占文　宋永星　宋　伟　宋若禺　张令峰　张立英

张成民　张　帆　张秀喜　张英杰　张泽军　张学松　张　娜　张振峰

张爱军　张　敏　张　缨　张　磊　陈廷兵　陈怀文　陈建磊　陈晓梅

苗君青　苗　琳　周永兴　郑洪涛　封　琳　赵汝涛　赵璎珞　荣安生

洪　伟　宫玉河　贾卫国　徐　涛　徐健楠　高文浩　高胜寒　高洪木

高洪玉　高登科　唐玉壮　辛文斐　桑丽萍　曹东辉　曹晓丽　崔玉军

崔金鹏　隋桂婷　韩　军　鲁海峰　雷　玥　潘巨章　潘全柱　薛居安

戴连强　戴　骞　魏大鹏　魏勇军